Korruption im Rahmen
der Verordnungstätigkeit
niedergelassener Vertragsärzte

Europäische Hochschulschriften Recht

European University Studies in Law

Publications Universitaires Européennes de Droit

Band/Volume 6267

Simone Lorenz

Korruption im Rahmen der Verordnungstätigkeit niedergelassener Vertragsärzte

Rechtfertigung und Ausgestaltung der Straftatbestände „Bestechlichkeit und Bestechung im Gesundheitswesen“ (§§ 299a, 299b StGB)

PETER LANG

Bibliografische Information der Deutschen Nationalbibliothek
Die Deutsche Nationalbibliothek verzeichnet diese Publikation in der Deutschen Nationalbibliografie; detaillierte bibliografische Daten sind im Internet über http://dnb.d-nb.de abrufbar.

Zugl.: Heidelberg, Univ., Diss. iur., 2021

Gedruckt auf alterungsbeständigem, säurefreiem Papier.

D 16
ISSN 0531-7312
ISBN 978-3-631-86420-3 (Print)
E-ISBN 978-3-631-86327-5 (E-PDF)
E-ISBN 978-3-631-86644-3 (EPUB)
DOI 10.3726/b19016

Peter Lang – Berlin · Bern · Bruxelles · New York · Oxford · Warszawa · Wien

Diese Publikation wurde begutachtet.

www.peterlang.com

Vorwort

Die vorliegende Arbeit wurde von der Juristischen Fakultät der Ruprecht-Karls-Universität Heidelberg im Wintersemester 2020/2021 als Dissertation angenommen. Die Disputation fand am 22.04.2021 statt.

An dieser Stelle möchte ich mich zunächst in ganz besonderem Maße bei meinem Doktorvater, Herrn Prof. Dr. Dr. h.c. Gerhard Dannecker, für die Betreuung meiner Dissertation, seine kontinuierliche Unterstützung und insbesondere für seine konstruktiven und wertvollen Anmerkungen sowie seine stete Diskussionsbereitschaft bedanken. Mein Dank gilt zudem Herrn Prof. Dr. Jan C. Schuhr für die sehr zügige Erstellung des Zweitgutachtens sowie Herrn Prof Dr. Volker Haas für die Übernahme des Vorsitzes im Prüfungsausschuss.

Ein besonders herzlicher Dank gebührt an dieser Stelle schließlich meiner Mutter, die mir durch ihre jederzeitige bedingungslose und unermüdliche Unterstützung und Förderung meine juristische Ausbildung und die vorliegende Arbeit erst ermöglicht hat, sowie meinem Partner für seinen Rückhalt, seine Geduld und seinen steten Zuspruch während der Erstellung dieser Arbeit.

München, Juli 2021
Simone Lorenz

Inhaltsverzeichnis

Abkürzungsverzeichnis

a.A.	andere Auffassung
a.a.O.	am angegebenen Ort
Abs.	Absatz
a.F./aF	alte Fassung
AG	Amtsgericht
AMG	Gesetz über den Verkehr von Arzneimitteln
AMVV	Verordnung über die Verschreibungspflicht von Arzneimitteln
AnwBl	Anwaltsblatt
AO	Abgabenordnung
ApoG	Gesetz über das Apothekenwesen
ApoBetrO	Apothekerbetriebsordnung
A&R	Arzneimittel & Recht/Zeitschrift für Arzneimittelrecht und Arzneimittelpolitik
Art.	Artikel
ArztR	ArztRecht
Ärzte-ZV	Zulassungsverordnung für Vertragsärzte
BÄO	Bundesärzteordnung
BB	Betriebs-Berater
BeckRS	Beck online Rechtsprechung
Beschl. v.	Beschluss vom
BfArM	Bundesinstitut für Arzneimittel und Medizinprodukte
BGB	Bürgerliches Gesetzbuch
BGBl	Bundesgesetzblatt
BGH	Bundesgerichtshof
BGHSt	Entscheidung des Bundesgerichtshof in Strafsachen
BGHZ	Sammlung der Entscheidungen des BGH in Zivilsachen
BO	Berufsordnung
BKA	Bundeskriminalamt
BMJV	Bundesministerium der Justiz und für Verbraucherschutz
BMV	Bundesmantelvertrag
BMV-Ä	Bundesmantelvertrag-Ärzte
BR	Bundesrat
BR-Drucks./BR-Drs.	Bundesratsdrucksache

BSG	Bundessozialgericht
BSGE	Entscheidung des Bundessozialgerichts
BT	Bundestag
BT-Drucks./BT-Drs.	Bundestagsdrucksache
BtMG	Gesetz über den Verkehr mit Betäubungsmitteln
BVerfG	Bundesverfassungsgericht
BVerfGE	Sammlung der Entscheidungen des BVerfG
BvR	Registerzeichen/Aktenzeichen des BVerfG; es weist auf Verfassungsbeschwerdeverfahren hin
bzw.	beziehungsweise
ca.	circa
CCZ	Corporate Compliance Zeitschrift
CDU	Christlich Demokratische Union Deutschlands
CE-Kennzeichnung	Verwaltungszeichen, mit dem erklärt wird, dass das Produkt die Freiverkehrsfähigkeit nach EU-Verordnung zum Ausdruck bringt
CSU	Christlich-soziale Union in Bayern e.V.
DAZ	Deutsche Apotheker Zeitung
d.h.	das heißt
diesbzgl.	Diesbezüglich
DStR	Deutsches Steuerrecht
Dtsch Arztebl	Deutsches Ärzteblatt
Dtsch Arztebl Int	Deutsches Ärzteblatt International
DZWIR	Deutsche Zeitschrift für Wirtschafts- und Insolvenzrecht
EBM	einheitlicher Bewertungsmaßstab
EDV	elektronische Datenverarbeitung
Einf.	Einführung
f.	folgende
FDP	Freie Demokratische Partei
FD-StrafR	Fachdienst Strafrecht
ff.	fortfolgende
Fn.	Fußnote
FS	Festschrift
FSA	Freiwillige Selbstkontrolle für die Arzneimittelindustrie e.V.
GA	Goldammer´s Archiv für Strafrecht
gem.	gemäß
GesR	GesundheitsRecht

GG	Grundgesetz
GKV	Gesetzliche Krankenversicherung
GKV-GRG	GKV-Gesundheitsreformgesetz
GmbH	Gesellschaft mit beschränkter Haftung
GOÄ	Gebührenordnung für Ärzte
GO-BR	Geschäftsordnung des Bundesrates
GO-BT	Geschäftsordnung des Deutschen Bundestages
GRUR	Gewerblicher Rechtsschutz und Urheberrecht
GS	Gedächtnisschrift
GSSt	Großer Senat für Strafsachen
GuP	Gesundheit und Pflege
GVG	Gerichtsverfassungsgesetz
HeilM-RL	Heilmittel-Richtlinie
h.M.	herrschende Meinung
HRRS	Höchstrichterliche Rechtsprechung zum Strafrecht
HWG	Heilmittelwerbegesetz
i.d.F.	in der Fassung
IKK	Innungskrankenkassen
i.V.m./iVm	in Verbindung mit
JA	Juristische Arbeitsblätter
Jura	Juristische Ausbildung
jurisPR-Compl	juris PraxisReport Compliance & Investigations
jurisPR-StrafR	Juris PraxisReport Strafrecht
JuS	Juristische Schulung
JW	Juristische Wochenschrift
JZ	Juristenzeitung
Kap.	Kapitel
KK	Krankenkasse
KorrBekG	Gesetz zur Bekämpfung der Korruption
KPzKP	Kölner Papiere zur Kriminalpolitik
KritV	Kritische Vierteljahresschrift
KV	Kassenärztliche Vereinigung
LG	Landgericht
LK	Leipziger Kommentar
MBKK	Musterbedingungen des Verbandes der privaten Krankenversicherung für die Krankheitskosten- und Krankenhaustagegeldversicherung
MBO	Musterberufsordnung

MBO-Ä	(Muster-)Berufsordnung für die in Deutschland tätigen Ärztinnen und Ärzte
MDR	Monatsschrift für Deutsches Recht
MedR	Medizinrecht
medstra	Zeitschrift für Medizinstrafrecht
Mio.	Millionen
MPG	Medizinproduktegesetz
MPJ	Medizinprodukte Journal
MPR	Zeitschrift für das gesamte Medizinprodukterecht
Mrd.	Milliarden
MVZ	Medizinisches Versorgungszentrum
m.w.N.	mit weiteren Nachweisen
N.F/nF	Neue Fassung
NJW	Neue Juristische Wochenschrift
NK	Nomos Kommentar
NK	Zeitschrift Neue Kriminalpolitik
Nr.	Nummer
NStZ	Neue Zeitschrift für Strafsachen
NStZ-RR	NStZ- Rechtsprechungsreport
NVwZ	Neue Zeitschrift für Verwaltungsrecht
NZG	Neue Zeitschrift für Gesellschaftsrecht
NZS	Neue Zeitschrift für Sozialrecht
NZWiSt	Neue Zeitschrift für Wirtschafts-, Steuer- und Unternehmensstrafrecht
OLG	Oberlandesgericht
PharmR	Pharma Recht
RDG	Rechtsdepesche für das Gesundheitswesen
RG	Reichsgericht
RGSt	Entscheidungen des Reichsgerichts in Strafsachen
Rn.	Randnummer
Rspr.	Rechtsprechung
RVO	Rechtsverordnung
S.	Seite(n)
S. (nach §)	Satz
SGB IV	Viertes Sozialgesetzbuch – Gemeinsame Vorschriften für die Sozialversicherung
SGB V	Fünftes Sozialgesetzbuch – Gesetzliche Krankenversicherung
SGB IX	Neuntes Sozialgesetzbuch – Rehabilitation und Teilhabe behinderter Menschen

sog.	sogenannte/r/s
SozR	Sozialrecht
SPD	Sozialdemokratische Partei Deutschlands
StGB	Strafgesetzbuch
StR	Registerzeichen in Strafsachen; steht für Revisionen und Vorlegungssachen
StraFo	StrafverteidigerForum
StrÄndG	Strafrechtsänderungsgesetz
StV	Der Strafverteidiger
TI	Transparency International
u.a.	unter anderem
Urt. v.	Urteil vom
UWG	Gesetz gegen den unlauteren Wettbewerb
Var.	Variante
VersR	Versicherungsrecht
Vgl.	vergleiche
Vorbem.	Vorbemerkung
VVDStRL	Veröffentlichungen der Vereinigung der Deutschen Staatsrechtslehrer
WiJ	Journal der Wirtschaftsstrafrechtlichen Vereinigung e.V.
wistra	Zeitschrift für Wirtschafts- und Steuerstrafrecht
z.B.	zum Beispiel
ZBJV	Zeitschrift des Bernischen Juristenvereins
ZIS	Zeitschrift für Internationale Strafrechtsdogmatik
ZJS	Zeitschrift für das Juristische Studium
ZMGR	Zeitschrift für das gesamte Medizin- und Gesundheitsrecht
ZR	Registerzeichen in Zivilsachen; steht für Revisionen, Beschwerden gegen die Nichtzulassung der Revision, Anträge auf Zulassung der Sprungrevision, Berufungen in Patentsachen
ZRP	Zeitschrift für Rechtspolitik
ZStW	Zeitschrift für die gesamte Strafrechtswissenschaft
ZWH	Zeitschrift für Wirtschaftsstrafrecht und Haftung im Unternehmen

Einführung

A. Hinführung zum Thema

„Als Mitglied der ärztlichen Profession gelobe ich feierlich, mein Leben in den Dienst der Menschlichkeit zu stellen. Die Gesundheit und das Wohlergehen meiner Patientin oder meines Patienten werden mein oberstes Anliegen sein. Ich werde die Autonomie und die Würde meiner Patientin oder meines Patienten respektieren. Ich werde den höchsten Respekt vor menschlichem Leben wahren. Ich werde nicht zulassen, dass Erwägungen von Alter, Krankheit oder Behinderung, […] oder jeglicher anderer Faktoren zwischen meine Pflichten und meine Patientin oder meinen Patienten treten. […] Ich werde meinen Beruf nach bestem Wissen und Gewissen, mit Würde und im Einklang mit guter medizinischer Praxis ausüben. Ich werde die Ehre und die edlen Traditionen des ärztlichen Berufes fördern. Ich werde meinen Lehrerinnen und Lehrern, meinen Kolleginnen und Kollegen und meinen Schülerinnen und Schülern die ihnen gebührende Achtung und Dankbarkeit erweisen. Ich werde mein medizinisches Wissen zum Wohle der Patientin oder des Patienten und zur Verbesserung der Gesundheitsversorgung teilen. […] Ich werde, selbst unter Bedrohung, mein medizinisches Wissen nicht zur Verletzung von Menschenrechten und bürgerlichen Freiheiten anwenden. Ich gelobe dies feierlich, aus freien Stücken und bei meiner Ehre."[1]

I. „Bestechende Aussichten für Mediziner?"[2]

Dieses Gelöbnis der Ärzte steht in einem eklatanten Widerspruch zu den Schlagzeilen, die durch korruptives Verhalten im Gesundheitswesen seit einigen Jahren wiederholt geschrieben wurden. Nicht zuletzt dank des „Herzklappen-", des „Ratiopharm-" oder des „Hörgeräte-Skandals" verwundert es daher nicht, dass ein (allein) an diesem Kodex orientiertes Handeln der Ärzte mehrfach öffentlich in Frage gestellt wurde.[3] Besonders die oftmals ausbleibenden strafrechtlichen

---

1 Das ärztliche Gelöbnis in der (Muster-)Berufsordnung für die in Deutschland tätigen Ärztinnen und Ärzte – MBO-Ä 1997 – in der Fassung der Beschlüsse des 121. Deutschen Ärztetages 2018 in Erfurt, geändert durch Beschluss des Vorstandes der Bundesärztekammer am 14.12.2018, (MBO-Ä).

2 Berliner Zeitung, Korruption unter Ärzten – Bestechende Aussichten für Mediziner, 17.07.2012.

3 Die WirtschaftsWoche, „Ratiopharm: Geld und Geschenke für Ärzte", 17.11.2009; rp online, „Korruption in der Hörgeräte-Branche", 08.01.2009; SWR, „Weiße

Folgen für die Beteiligten trafen zunehmend auf Unverständnis.[4] So auch nach der bedeutenden Entscheidung des Großen Senats für Strafsachen vom 29.03.2012[5], in der die Strafbarkeit vertragsärztlich zugelassener Ärzte bei der Wahrnehmung der ihnen im Rahmen der vertragsärztlichen Versorgung übertragenen Aufgaben nach § 73 Abs. 2 SGB V, hier explizit bei der Verordnung von Arzneimitteln, nach § 299 StGB wegen Bestechlichkeit im geschäftlichen Verkehr ebenso abgelehnt wurde wie die Einordnung des Vertragsarztes nach § 11 Abs. 1 Nr. 2 lit. c StGB als Amtsträger und damit eine Strafbarkeit nach §§ 331 ff. StGB. Schlagzeilen wie „Ärzte dürfen Geschenke von Pharmafirmen annehmen"[6] oder „Richter können nichts machen – Ärzte-Bestechung ist völlig legal"[7] seien nur beispielhaft für die öffentlichen Reaktionen auf das Urteil genannt. Auch in der juristischen Fachliteratur wurden umfassende jahrelange Diskussionen und Auseinandersetzungen hinsichtlich der Strafbarkeit korruptiven Verhaltens von Vertragsärzten und einer möglichen Subsumtion dieses Verhaltens unter die Straftatbestände, insbesondere unter die §§ 299, 331 ff. StGB, ausgetragen.[8] Der Beschluss des BGH brachte, unabhängig von seiner inhaltlichen Bewertung, neben Schlagzeilen daher – zumindest auf den ersten Blick – eines: Klarheit.[9] Auf den zweiten Blick folgten aber auch viele Fragen, die beim Tenor des Beschlusses beginnen und sich bis zu den Auswirkungen des Beschlusses, auch auf die Untreuestrafbarkeit, erstrecken.[10] Im Ergebnis blieb vor allem die Ernüchterung, dass ein vom BGH als Korruption deklariertes Verhalten nach den zum damaligen Zeitpunkt existierenden Korruptionstatbeständen

---

Kittel – dunkle Geschäfte", 21.01.2010; *Ketterer,* Das Parlament Nr. 14-15, 2012. Vgl. auch *Duttge* in: Duttge, S. 4; *Clade*, Dtsch Arztbl. 44/2000, A2897.

4 Neue Westfälische, „Ratiopharm-Skandal: Ärzte werden nicht bestraft", 13.09.2009; Spiegel Online, „Das erschüttert den Glauben an den Rechtsstaat", 14.09.2009; Spiegel Online, „Legale Korruption", 14.09.2009. Einen Straftatbestand befürworteten schon damals: *Steinhilper*, MedR 2010, 497, 500; *Dieners/Taschke*, PharmR 2000, 309 ff.; *Kölbel*, NStZ 2011, 195, 200; *Pragal/Apfel*, A&R 2007, 10, 11; *Sturm*, ZWH 2011, 41, 47.

5 BGH, Beschluss vom 29.03.2012 – GSSt 2/11, BGHSt 57, 202, 208.

6 Spiegel Online, „Ärzte dürfen Geschenke von Pharmafirmen annehmen", 22.06.2012.

7 n-tv online, „Ärzte-Bestechung ist völlig legal", 22.06.2012.

8 Diese Diskussion wurde offensichtlich ausgelöst durch *Pragal*, NStZ 2005, 133, 134 f.; vgl. zur Diskussion z.B. *Klötzer*, NStZ 2008, 12 ff.; *Reese*, PharmR 2006, 92 ff.; *Neupert*, NJW 2006, 2811 ff.; vgl. hierzu die Ausführungen in dieser Arbeit im 2. Kapitel A. I. 1. (S. 79 ff.).

9 So auch *Ihwas/Lorenz*, ZJS 2012, 712, 718; *Sahan*, ZIS 2012, 386.

10 *Geiger*, CCZ 2012, 172, 176; *Kraatz*, NZWiSt 2012, 273, 277; *Brand/Hotz*, PharmR 2012, 317, 320; *Leimenstoll*, wistra 2013, 121; vgl. hierzu auch 2. Kapitel A. I. 2. d) dd) (S. 123 ff.) bzw. II. 1. b) (S. 129 ff.).

straflos sei. Nicht verwunderlich erscheint es daher, dass die Entscheidung und die mit ihr einhergehenden Folgen nicht nur in der Presse, sondern auch in der Fachliteratur teils auf herbe Kritik stießen. So bezeichnet *Fischer* den Beschluss als ein *„katastrophales und nicht vertretbares praktisches Ergebnis"*, das Strafbarkeitslücken entstehen lasse, die *„rechtspolitisch nicht legitimierbar"* seien.[11]

II. Das Gesetz zur Bekämpfung von Korruption im Gesundheitswesen

In der Konsequenz wurde der Ruf an den Gesetzgeber nach einem neuen Straftatbestand im StGB speziell zur Erfassung von Korruption im Gesundheitswesen lauter.[12] Der BGH selbst hat in seiner Entscheidung eine entsprechende Aufforderung formuliert, die nun entstandene Regelungslücke zu schließen:

„Vor dem Hintergrund der seit längerem im Strafrecht geführten Diskussion sowie im Hinblick auf gesetzgeberische Initiativen [...] zur Bekämpfung korruptiven Verhaltens im Gesundheitswesen verkennt der Große Senat für Strafsachen des BGH nicht die grundsätzliche Berechtigung des Anliegens, Missstände, die – allem Anschein nach – gravierende finanzielle Belastungen des Gesundheitssystems zur Folge haben, mit Mitteln des Strafrechts effektiv entgegenzutreten. Die Anwendung bestehender Strafvorschriften, deren Tatbestandsstruktur und Wertungen der Erfassung bestimmter Verhaltensweisen im Zusammenhang mit der Erbringung von Gesundheitsleistungen nach den Vorschriften der gesetzlichen Krankenversicherung als strafrechtlich relevant entgegenstehen, auf der Grundlage allein dem Gesetzgeber vorbehaltener Strafwürdigkeitserwägungen ist der Rechtsprechung jedoch versagt."[13]

Die Fälle korruptiven Verhaltens sind mannigfaltig[14] und die Schäden enorm. Die Schäden zeigen sich nicht nur in finanzieller Hinsicht und treffen dabei die

---

11 *Fischer*, StGB, 62. Auflage, § 299 Rn. 10e.

12 Befürwortet wurden die neuen Tatbestände z.B. von: *Bannenberg* in: Wabnitz/Janovsky, Kap. 12, Rn. 86; *Dannecker/Schröder* in: Kubiciel/Hoven, S. 52; *Kubiciel*, WiJ 2016, 1, 2; *Kubiciel*, KPzK 1/2015, S. 4 ff.; *Kubiciel/Tsambikakis*, medstra 2015, 11, 12; *Passarge*, DStR 2016, 482, 487; *Schröder*, NZWiSt 2015, 322, 323; *Brettel/Duttge/Schuhr*, JZ 2015, 929, 930 f.; *Fischer*, medstra 2015, 1, 2; *Gaede/Tsambikakis/Lindemann*, medstra 2015, 142, 144; *Gädigk*, medstra 2015, 268 ff.; *Geiger*, medstra 2015, 97 ff.; *Wigge*, NZS 2015, 447, 452; *Braun*, MedR 2013, 277 ff., *Dannecker*, ZRP 2013, 37 ff., *Hecker*, JuS 2012, 852, 855; *Brand/Hotz*, PharmR 2012, 317, 319; *Cosack*, ZIS 2013, 226; vgl. hierzu auch 2. Kapitel B. I. (S. 173 ff.).

13 BGH, Beschluss vom 29.03.2012 – GSSt 2/11, BGHSt 57, 202, 217 f.

14 Vgl. die dargestellten verschiedenen Sachverhalte bei *Pragal*, NStZ 2005, 133, 134, 136 sowie im 1. Kapitel A. II. 2. (S. 21 ff.).

Solidargemeinschaft ebenso wie jeden Einzelnen,[15] sondern es drohen vor allem auch gravierende Nachteile im Rahmen der ärztlichen Behandlung, wenn medizinische Entscheidungen nicht sachlich sowie unabhängig von äußeren Einflüssen und allein am Wohle der Patienten orientiert erfolgen. Zudem ist der Ruf der gesamten Ärzteschaft betroffen.[16] Neben finanziellen Schäden für die Ärzte und Leistungserbringer selbst, können auch Auswirkungen auf das Budget der Ärzte für Arzneimittel eine mögliche Folge sein.[17] Andererseits darf nicht außer Acht gelassen werden, dass auf dem Gesundheitsmarkt Kooperationen unter den einzelnen Leistungserbringern und vor allem auch zwischen den Ärzten und der Pharmaindustrie sowie Herstellern von medizinischen Produkten nicht wegzudenken sind, um einen steten Fortschritt im Rahmen der medizinischen Entwicklungen und eine optimale Behandlung zu gewährleisten.[18] Es wäre verfehlt, die gesamte Ärzteschaft unter einen generellen Verdacht zu stellen.

Dem „Appell“[19] des Großen Senats ist der Gesetzgeber mittlerweile nachgekommen, und so trat am 04.06.2016 das Gesetz zur Bekämpfung der Korruption im Gesundheitswesen in Kraft.[20] Zuvor hatte es zahlreiche weitere, sowohl vom Bund[21] als auch von einzelnen Bundesländern[22] sowie aus der Literatur[23] initiierte Vorschläge für eine strafrechtliche Verschärfung der Rechtslage gegeben. Nicht nur das *Ob* einer neuen Regelung, um die vermeintlich entstandene Gesetzeslücke zu schließen, sondern insbesondere auch das *Wie* brachte einige

---

15 Schätzungen zufolge belaufen sich die Schäden auf „5 bis 17 Milliarden Euro“ im Jahr, vgl. den Antrag „Korruption im Gesundheitswesen effektiv bekämpfen“ der Fraktion Die Linke, BT-Drucks. 18/5452, S. 1. Solche Aussagen werden aber vielfach als zu unbestimmt und unklar bezeichnet und kritisiert, vgl. *Kubiciel,* MedR 2016, 1; *Brettel/Duttge/Schuhr*, JZ 2015, 929, 930. Vgl. 1. Kapitel B. I. (S. 30 ff.).

16 BT-Drucks. 18/6446, S. 11; *Brandts/Seier* in: FS Herzberg, S. 811 f.

17 *Ulsenheimer*, § 14 Rn. 22.

18 BT-Drucks. 18/6446, S. 18; *Halbe,* MedR 2015, 168; *Sartorius*, S. 21; *Diener*, PharmR 2012, 510, 511; *Badle*, medstra 2015, 139; *Bongartz,* S. 58.

19 *Geiger,* NK 2012, 136, 137; *Bongartz,* S. 56.

20 Gesetz zur Bekämpfung von Korruption im Gesundheitswesen, G. v. 30.05.2016, BGBl. I, S. 1254 (Nr. 25).

21 BT-Drucks. 17/14184.

22 Vgl. zum Beispiel den Gesetzesentwurf des Freistaats Bayern, BR-Drucks. 16/15. Ausführlich zu den wichtigsten Entwürfen, 2. Kapitel C. I. (S. 202 ff.) und II. (S. 207 ff.).

23 *Frister* in: AG Medizinrecht im DAV/IWR, S. 99 f; *Dannecker*, ZRP 2013, 37, 41; *Brettel/Duttge/Schuhr*, JZ 2015, 929, 934 f.; *Schröder,* NZWiSt 2015, 361, 363 ff.; Transparency International, Pressemitteilung vom 04.04.2013; Vgl. hierzu 3. Kapitel A. III. 5. b) (S. 337 ff.).

Unstimmigkeiten mit sich und wurde kontrovers diskutiert, was vor allem auch durch zwei bereits vor dem Bundesrat gescheiterte Gesetzesentwürfe aus der 17. Legislaturperiode belegt wird[24]. Das neue Gesetz sieht nun zwei neue Tatbestände im 26. Abschnitt des StGB „Straftaten gegen den Wettbewerb" vor. Die beiden Tatbestände § 299a StGB „Bestechlichkeit im Gesundheitswesen" und § 299b StGB „Bestechung im Gesundheitswesen" bilden das Kernstück des verabschiedeten neuen Gesetzes und hatten bereits vor ihrem In-Kraft-Treten zahlreiche Diskussionen ausgelöst, die sich auch nach dessen Erlass noch fortsetzten.

B. Problemstellung und Gang der Untersuchung

Das erklärte Ziel des Gesetzgebers war ausweislich der Gesetzesbegründung die Schaffung von Tatbeständen zur Erfassung von Korruption im Gesundheitswesen, um die im Rahmen der „strafrechtlichen Bekämpfung von Korruption im Gesundheitswesen" aufgetretenen Lücken zu schließen.[25] In einem ersten Schritt wird daher im ersten Kapitel dieser Arbeit untersucht, ob es sich bei den als Korruption deklarierten Verhaltensweisen auch tatsächlich um Korruption im kriminologischen Sinne handelt. Es wird hierzu eine Untersuchung des Begriffes der Korruption erfolgen, um sodann eine Subsumtion der vermeintlich korruptiven Verhaltensweisen unter die gewonnene Definition vorzunehmen. Im Anschluss soll eine Analyse von den auf dem deutschen Gesundheitsmarkt vorherrschenden besonderen Faktoren, die dessen Korruptionsanfälligkeit begünstigen und zur Rechtfertigung der §§ 299a, 299b StGB beitragen können, erfolgen. Insbesondere wird hierbei auf die kriminogene Stellung des Vertragsarztes im Gesundheitssystem und im Rahmen der Verordnungstätigkeit eingegangen. Es erfolgt eine Darstellung der Grundzüge des deutschen Gesundheitssystems und der vertragsärztlichen Versorgung, insbesondere der vom Vertragsarzt vorzunehmenden Verordnungen.

Im zweiten Kapitel der Arbeit wird analysiert, ob und gegebenenfalls warum die Einführung neuer Tatbestände im StGB zur Erfassung von Korruption im Gesundheitswesen verfassungsrechtlich, jedenfalls aber rechtspolitisch geboten war. Der vor der Entscheidung des BGH aus dem März 2012 existierende Meinungsstand hinsichtlich der Anwendung der Normen der § 299 StGB und § 11 Abs. 1 Nr. 2 lit. c StGB auf korruptives Verhalten von Vertragsärzten, die wesentlichen Streitpunkte und die Handhabung der Gerichte hinsichtlich der

24 BT-Drucks. 17/14184; BR-Drucks. 451/13.
25 BT-Drucks. 18/6446, S. 1.

Anwendung der Normen wird aufgezeigt. Sodann erfolgt eine Auseinandersetzung mit der Entscheidung des Großen Senats und ihren Auswirkungen. Es wird erläutert, warum eine ausreichende Erfassung korruptiven Verhaltens und dessen Unwerts durch andere Straftatbestände im StGB oder außerstrafrechtliche Normen bzw. Verordnungen nicht gegeben war und weshalb die Einführung von Straftatbeständen als erforderlich erscheint. Die wesentlichen Stationen des jahrelangen Prozesses von der Entscheidung zur Einführung von Tatbeständen zur Erfassung korruptiven Verhaltens im Gesundheitswesen über diverse Gesetzesvorschläge bis hin zu dem Erlass von „Korruptionstatbeständen" im StGB werden aufbereitet.

Daran anschließend werden im dritten Kapitel das „Gesetz zur Bekämpfung von Korruption im Gesundheitswesen", insbesondere dessen konkrete Ausgestaltung und seine Lozierung im StGB, analysiert und einige ausgewählte Problemstellungen näher untersucht. Es erfolgt eine Prüfung, ob und inwieweit es dem Gesetzgeber tatsächlich gelungen ist, sein in der Gesetzesbegründung formuliertes Ziel, die Schaffung von Korruptionstatbeständen, umzusetzen und ob es sich aufgrund der geschützten Rechtsgüter und insbesondere der Ausgestaltung der Normen und der sich daraus ergebenden eingeschränkten Reichweite der Norm nicht doch um Wettbewerbsdelikte handelt. Es erfolgt ebenfalls eine Untersuchung, warum der Schutz des für die Arzt-Patienten-Beziehung elementaren Vertrauensverhältnisses zwischen Arzt und Patient ein legitimes und erforderliches Ziel des Gesetzgebers darstellt.

Abschließend erfolgt in der Schlussbetrachtung eine Zusammenfassung der wesentlichen Ergebnisse der Arbeit und eine kurze Darstellung der Konsequenzen, die sich aus dem neuen Gesetz für das Gesundheitswesen und die dortige Zusammenarbeit ergeben werden sowie ein Ausblick auf die Maßnahmen, die gegebenenfalls von den Beteiligten zu ergreifen sind.

Es haben sich in den letzten Jahren vielfältige Varianten von Korruption auf dem Gesundheitsmarkt offenbart. Für die konkrete Auseinandersetzung mit den einzelnen Varianten ist jeweils eine Heranziehung und Untersuchung der spezifischen rechtlichen Regelungen und der hierzu ergangenen umfassenden Rechtsprechung sowie eine Befassung mit den Details der unterschiedlichen Fallkonstellationen erforderlich. Eine Abhandlung sämtlicher Konstellationen würde aufgrund ihrer jeweiligen Komplexität zur Folge haben, dass die erforderliche intensive Auseinandersetzung mit den teils wichtigen Einzelheiten der Varianten nicht erfolgen könnte und würde somit der wesentlichen Bedeutung der einzelnen Sachverhalte nicht hinreichend gerecht werden.

Die vorliegende Untersuchung konzentriert sich daher auf korruptive Verhaltensweisen im Zusammenspiel mit der Verordnungstätigkeit des

Vertragsarztes. Die Einschränkung auf diese Thematik wird einerseits aufgrund der dem Beschluss des Großen Senats vom März 2012 zugrundeliegenden Fallkonstellation vorgenommen, in welcher Vertragsärzten für Verordnungen bestimmter Arzneimittel Prämien gezahlt wurden. In Folge dieses Beschlusses war diese Fallgestaltung diejenige, mit der sich die Rechtswissenschaft, Presse und auch der Gesetzgeber im Rahmen des Gesetzgebungsverfahrens vermehrt auseinandersetzten. Bei den Verordnungen handelt es sich aufgrund ihrer Häufigkeit um eine Thematik, die von wesentlicher volkswirtschaftlicher Bedeutung ist und mit der jeder Einzelne regelmäßig bei seinen Arztbesuchen mehrfach konfrontiert wird, so dass die Verordnungstätigkeit von enormer Bedeutung für die Allgemeinheit ist.

Des Weiteren ist die Stellung des Vertragsarztes im Gesundheitssystem und insbesondere im Rahmen der Verordnungstätigkeit vielfach Gegenstand von höchstrichterlichen Entscheidungen gewesen und unterlag dort einer gewissen Wandlung, mit der teilweise auch unterschiedliche Konsequenzen für deren strafrechtliche Ahndung verbunden werden, weshalb insbesondere eine Auseinandersetzung mit dessen besonderer Position als „gatekeeper“[26] wesentlich erscheint. Aufgrund der besonderen Verantwortung, die dem Vertragsarzt im Rahmen des gesetzlichen Versorgungssystems nicht zuletzt wegen seiner weitreichenden Entscheidungsmacht in Bezug auf vorzunehmende Verordnungen zugeschrieben wird, nimmt er eine Stellung ein, die eine Abhängigkeit anderer Leistungserbringer und Pharmaunternehmen sowie Hersteller medizinischer Produkte schafft, weswegen seine Position besonderen Anreiz für korruptive Einflussnahmen bietet und sich hinsichtlich der ihm anvertrauten Entscheidungsmacht hinreichend von der Stellung anderer Akteure auf dem Gesundheitsmarkt unterscheidet.

---

26 *Geiger*, NK 2013, 136, 144; vgl. hierzu ausführlich 1. Kapitel, B. VI. 3. (S. 58 ff.).

1. Kapitel
Korruption begünstigende Faktoren des Gesundheitsmarktes

A. Korruption im Gesundheitswesen

Ausweislich der Gesetzesbegründung zum „Entwurf eines Gesetzes zur Bekämpfung von Korruption im Gesundheitswesen" wollte der Gesetzgeber mit den Straftatbeständen zur Erfassung von Bestechlichkeit und Bestechung im Gesundheitswesen Tatbestände einführen, die die Lücken im Rahmen der „strafrechtlichen Bekämpfung von Korruption im Gesundheitswesen" schließen und den „Unrechtsgehalt von Korruption" hinreichend erfassen.[27] Um analysieren zu können, ob und inwieweit es dem Gesetzgeber gelungen ist, Korruptionstatbestände für das Gesundheitswesen und somit Tatbestände, die tatsächlich korruptive Verhaltensweisen erfassen sowie die von diesen beeinträchtigten Rechtsgüter schützen, zu schaffen, stellt sich zunächst einmal die Frage, ob die Verhaltensweisen, die von den Tatbeständen hinsichtlich der Verordnungstätigkeit des Vertragsarztes erfasst werden sollen, tatsächlich der Korruption im kriminologischen Sinne zuordenbar sind.

I. Korruptionsbegriff

Eine einheitliche und allgemein anerkannte Begriffsdefinition der Korruption existiert nicht. Sowohl zwischen den unterschiedlichen Bereichen der Wissenschaften wie Politikwissenschaften, Wirtschaftswissenschaften, Sozialwissenschaften, der Theologie und der Sozialpsychologie als auch jeweils in den einzelnen Wissenschaften für sich, insbesondere im rechtswissenschaftlichen Bereich, besteht Uneinigkeit über die konkrete Beschreibung von Korruption.[28] Teilweise wird der Begriff der Korruption daher als Überbegriff für eine Vielzahl von unerwünschten und zu despektierenden Verhaltensweisen angesehen.[29] So

27 BT-Drucks. 18/6446, S. 1.

28 *Bannenberg/Schaupensteiner*, S. 26; *Pragal*, ZIS 2006, 63, 71. Zum Diskussionsstand: *Höffling*, S. 14 ff.

29 *Hettinger*, NJW 1996, 2263, 2268; auch *Kindhäuser*, ZIS 2011, 461 sieht Korruption als *„eine bestimmte Angriffsform, durch die ganz unterschiedliche strafrechtlich geschützte Interessen verletzt werden können"*.

wird nach dem allgemeinen Sprachgebrauch unter Korruption ein weiter Bereich moralisch verwerflicher Sachverhalte, die sich vom Amtsmissbrauch über den politischen bis hin zum gesellschaftlichen Sittenverfall erstrecken, verstanden.[30] Ergänzend ist zu erwähnen, dass auch das Gesetz keine Definition der Korruption aufweist, wenngleich eine solche Begriffsbestimmung für eine kriminologische Betrachtungsweise nicht entscheidend wäre. Auch wird der Begriff weder im Strafgesetzbuch noch in strafrechtlichen Nebengesetzen verwendet.[31]

1. Wortbedeutung

Der Begriff entstammt dem Lateinischen „corrumpere" und kann unter anderem mit vernichten, verderben, verfälschen, verführen, verleiten, zerstören und bestechen übersetzt werden.[32] Bereits die vielen Varianten und der damit einhergehende Spielraum an Übersetzungsmöglichkeiten lässt die Schlussfolgerung zu, dass eine eindeutige Definition des Begriffes schwer möglich ist.[33] Auch lassen sich auf diese Weise keine korruptionsspezifischen Charakteristika feststellen, nachdem die nicht abschließend aufgeführte Aufzählung an Übersetzungsvarianten keinen Rückschluss auf solche zulässt und die Übersetzungsmöglichkeiten zu weit voneinander abweichen.[34]

---

30 *Gaßner*, NZS 2012, 521; *Gaßner/Klass*, PharmR 2002, 309, 310 m.w.N.

31 Das StGB weist keinen Tatbestand auf, der mit Korruption betitelt wird. Es wird lediglich in § 299 StGB, „Bestechlichkeit und Bestechung im geschäftlichen Verkehr" und den §§ 331-334 StGB, „Vorteilsannahme“ und „Bestechlichkeit“ bzw. „Vorteilsgewährung“ und „Bestechung“ von Amtsträgern, aufgezeigt, wann ein strafrechtlich relevantes Verhalten in diesem Bereich gegeben ist. Dies gilt ebenso für die in § 108b StGB geregelte „Wählerbestechung" und die von § 108e StGB erfasste „Abgeordnetenbestechung". Auch in der Vorschrift des § 197a SGB V vermeidet der Gesetzgeber den Begriff der Korruption und spricht vielmehr von „Fehlverhalten im Gesundheitswesen“ und „Unregelmäßigkeiten“ bzw. „rechtswidrige oder zweckwidrige Nutzung von Finanzmitteln“.

32 PONS, online-Wörterbuch, Latein – Deutsch: corrumpere.

33 *Niehaus* in: Graeff/Grieger, S. 58; *Bongartz*, S. 31: Die Übersetzung lässt eine „ausgedehnte Interpretation“ zu.

34 *Niehaus* in: Graeff/Grieger, S. 58. *Gaßner* in: Arnim, S. 60 nähert sich dem Begriff über die jeweiligen Objekte zu den einzelnen Begriffen an. Aufgrund dieser Auseinandersetzung lassen sich seiner Auffassung nach bereits wesentliche Bestandteile des Korruptionsbegriffes, wie das Volk, die Gesetze und die Moral, ausmachen. Der spezielle Hinweis auf die Bestechung verweise auf das Zusammenspiel zweier zu Lasten eines Dritten, was ebenfalls ein wesentliches Element der Korruption darstellt.

2. *Verschiedene Auffassungen des Korruptionsbegriffes*

a) „Täterorientierte Definition“[35]

aa) Weltbank und Vereinte Nationen

Die Weltbank definiert Korruption als *„the abuse of public office for private gain“*[36]. Übersetzt ist danach „der Missbrauch eines öffentlichen Amtes für private Zwecke“ als Korruption einzuordnen. Es ergeben sich hierbei aufgrund der weiten Fassung jedoch Abgrenzungsprobleme zu anderen kriminellen Verhaltensweisen. Es reicht nach der Definition der Weltbank, wenn die Handlung zum persönlichen Vorteil eines Einzelnen erfolgt, wobei der Vorteil aus der ihm aufgrund seiner Stellung übertragenen Kompetenz resultiert. Es wird weder die Rechtswidrigkeit der Handlung verlangt noch ein Austauschgeschäft oder die Einwirkungshandlung einer anderen Person gefordert.

Ebenso allgemein gefasst ist die Definition der Vereinten Nationen, die Korruption als *„Missbrauch einer öffentlichen oder privatwirtschaftlichen Stellung zum eigenen direkten oder indirekten Vorteil“*[37] definiert. Die UN unterscheidet hierbei zwischen „grand corruption“, worunter Korruption aufgrund einer einflussreichen Stellung durch den Missbrauch erheblicher Macht zu verstehen ist und der „petty corruption“, die geringere Zahlungen und Vorteile umfasst.[38] Neben der Tatsache, dass auch diese Definition sehr weitreichend ist, da viele kriminelle Verhaltensweisen dem eigenen Nutzen dienen,[39] muss Korruption nicht immer ausschließlich dem eigenen Vorteil dienen.

bb) Transparency International

Ähnlich der Definition der Weltbank sah die Antikorruptionsorganisation Transparency International[40] allgemein in früheren Publikationen den

35 So die Bezeichnung verwendet von *Kindhäuser*, ZIS 2011, 461, 463.

36 *The World Bank*, 1997, S. 8.

37 Vereinte Nationen, 2014, S. 23: *„The misuse of a public or private position for direct or indirect personal gain"*.

38 Vereinte Nationen, 2014, S. 23.

39 Eine täterorientierte Definition mit dem Argument ablehnend, dass wohl die meisten Straftaten aus Eigennutz begangen werden, auch *Kindhäuser*, ZIS 2011, 461, 463.

40 Bei Transparency International handelt es sich um eine internationale gemeinnützige Nicht-Regierungsorganisation, die sich die Bekämpfung von Korruption und deren Prävention zum Ziel gemacht hat und zu diesem Zwecke Einfallstore für Korruption und Betrug im Gesundheitswesen aufzeigen will.

„Missbrauch von Macht zum privaten Nutzen“[41] als Korruption an. Inzwischen wird Korruption von ihr als *„Missbrauch von anvertrauter Macht zum persönlichen Nutzen (Vorteil)“*[42] definiert.[43] Demgegenüber einschränkend wird ein Verhalten von Korruption speziell im Gesundheitswesen von TI als korrupt eingeordnet, *„wenn zugunsten einer bestimmten Gruppe der im Gesundheitsmarkt Agierenden missbräuchlich Vorteile zu Lasten anderer Gruppen bzw. der Allgemeinheit bewirkt werden."*[44] Nach dieser Definition werden zwar auch die Vorteile für Dritte erfasst,[45] jedoch kommt die Interaktion zwischen zwei Personen zu Lasten der anderen Gruppen bzw. der Allgemeinheit nicht zum Ausdruck.[46] Diese Definition gibt keinen Aufschluss darüber, inwiefern die missbräuchlichen Vorteile bewirkt werden müssen und lässt einen weiten Auslegungsspielraum dahingehend zu, ob hierbei Gesetze zu brechen sind oder zwei Parteien zusammenwirken müssen. Dadurch lässt sich kaum eine substantiierte Abgrenzung zu anderen kriminellen Verhaltensweisen, wie der Untreue, bei der auch eine Machtposition für einen Vorteil ausgenutzt wird, vornehmen.[47]

b) Korruption als Austauschverhältnis

aa) Volk und Pragal

Volk sieht Korruption in einem *„Tausch“* von Vorteilen *„unter Regelverstoß“* begründet.[48] Im Mittelpunkt dieser Definition steht der „Tausch“, der zum Ausdruck bringt, dass sowohl der Geber als auch der Nehmer des Vorteils an der Korruption beteiligt sind und beide durch ein Geschäft einen Vorteil erzielen wollen.[49] Ein solches Tauschverhältnis wird nach vielfach vertretener Auffassung

---

41 Transparency International, Transparenzmängel im Gesundheitswesen, S. 2.

42 Transparency International, Transparenzmängel, Korruption und Betrug im deutschen Gesundheitswesen, S. 3. Kritisch zum eher weiten Begriffsverständnis auch *Bongartz*, S. 31 f.

43 Diese Änderung begrüßend *Gaßner* in: Arnim, S. 61.

44 Transparency International, Transparenzmängel im Gesundheitswesen, S. 2. Mit dieser Definition will man die Gesamtstruktur, die durch ihre Intransparenz Raum für Korruption lässt, in den Vordergrund stellen.

45 Korruption wird nicht zwangsläufig zum eigenen privaten Vorteil vollzogen, sondern oftmals auch zu Gunsten Dritter, wie Unternehmen oder politische Parteien, vgl. *Alemann* in: Alemann, S. 19; *de Nève* in: Achathaler/Domenica/Pazmandy, S. 131.

46 *Niehaus* in: Graeff/Grieger, S. 64.

47 *Alemann* in: Alemann, S. 20; *de Nève* in: Achathaler/DomenicaPazmandy, S. 131.

48 *Volk* in: GS für Zipf, S. 422; so auch *Kronawitter*, S. 21.

49 Kritisch zu den Begriffen „Geber“ und „Nehmer“, die aufgrund des Tauschverhältnisses eine fehlerhafte Vorstellung erwecken können, *Pragal*, ZIS 2006, 63, 72.

als wesentliche Voraussetzung für Korruption angesehen.[50] Allerdings ist das Austauschverhältnis an sich noch nicht strafbar, sondern in der freien Wirtschaft vielmehr ausdrücklich gewollt, weswegen es noch der Regelwidrigkeit des Tauschgeschäfts bedarf.[51] Fraglich ist jedoch bei diesem Ansatz, woran sich die Regelwidrigkeit zu orientieren hat. Abstellen kann man auf die Vertragsregeln für das dem Tausch zugrunde liegende korrupte Geschäft, die „Innenregeln" zwischen „Agent" und „Prinzipal" oder die allgemeinen „Außenregeln" wie Wirtschafts- oder Gesellschaftsordnung.[52] Des Weiteren kann die Regelwidrigkeit an den Vorteil an sich, an die Bevorzugung oder an die Verbindung dieser beiden Elemente oder an eine allgemeine Pflichtwidrigkeit hierbei anknüpfen.[53] Eine solche Definition ist daher zu ungenau und die Regelwidrigkeit öffnet einen zu breiten Gestaltungsspielraum.[54] Eine Abgrenzung von weiteren Delikten ist auf diese Art nicht möglich, da lediglich auf die Regelwidrigkeit des Handelns bzw. der Erlangung des Vorteils des Vorteilsnehmers im Rahmen eines Tauschverhältnisses abgestellt wird, die auch bei Drogen-, Waffenhandel[55] oder Hehlerei vorliegt.[56]

Pragal hat die Definition durch Zusätze konkretisiert und bezeichnet Korruption als *„regelwidrigen Tausch einer Entscheidung (bzw. der Einflussnahme auf*

---

50 *Alemann* in: Alemann, S. 30: „Austauschprozess"; *Pragal,* ZIS 2006, 63, 71: Korruption stelle einen „illegalen Tausch" dar; *Heine,* ZBJV 2002, 533, 544; *Kölbel* in: Duttge, S. 89; *Kindhäuser,* ZIS 2011, 461, 463: Das gehe „in die richtige Richtung". Es sei gerade charakteristisch für Korruption, dass zwei Menschen in Interaktion treten, weswegen Korruption vielfach als Missachtung von Normen oder auch moralischen Werten und damit als Verstoß gegen die ordnungsgemäße Aufgabenerfüllung durch illegale Interaktion zwischen Vorteilsgeber und Vorteilsnehmer bezeichnet wird, vgl. *Litzcke/Linssen/Maffenbeier/Schilling,* S. 8 m.w.N. für diese oder eine vergleichbare Auffassung der Korruptionsauslegung.

51 *Pragal,* ZIS 2006, 63, 72. So auch *Volk* in: GS für Zipf, S. 421; *Heine,* ZBJV 2002, 533, 542 f.

52 *Volk* in: GS für Zipf, S. 422, 425 f.; *Pragal,* ZIS 2006, 63, 72; vgl. auch *Heine,* ZBJV 2002, 533, 547 f. „Principal-agent-relationships" sind Beziehungen, bei denen sich der Prinzipal als Auftraggeber eines Agent, also Beauftragten, zur Wahrnehmung einer Aufgabe bedient, wobei Letzterer regelmäßig einen Informationsvorsprung besitzt, vgl. *Savedoff/Hussmann* in: Jahrbuch Korruption 2006, S. 47.

53 *Heine,* ZBJV 2002, 533, 546; so auch *Pragal,* ZIS 2006, 63, 72; ähnlich auch *Volk* in: GS für Zipf, S. 425.

54 So auch *Heine,* ZBJV 2002, 533, 544.

55 *Pragal,* ZIS 2006, 63, 72.

56 *Kindhäuser,* ZIS 2011, 461, 463.

eine solche) gegen einen Vorteil".[57] Eine genauere Definition der Regelwidrigkeit wird auch hierbei nicht entbehrlich. Die Vorteilsgewährung ist jedoch als „korruptionsspezifisch" festzuschreiben.[58] Diese kommt in den verschiedenen Korruptionsbeziehungen stets zum Ausdruck.[59]

bb) De Nève

Auch *de Nève* stellt in ihrem Ansatz auf eine Tauschbeziehung ab. Sie versteht Korruption als *„eine (i) geheime und (ii) freiwillige Tauschbeziehung zwischen (iii) mindestens zwei Akteuren [...] die zur (iv) Erlangung von Vorteilen angelegt ist und mit (v) der Verletzung bestehender Normen und Regeln einhergeht. Durch Korruption entstehen (vi) Kosten für (unbeteiligte) Dritte bzw. das Gemeinwohl"*.[60] Als wesentlich sieht sie vor allem die Merkmale der Freiwilligkeit und der Geheimhaltung an. Entgegen der teilweise vertretenen Auffassung,[61] dass es sich bei Korruption um ein heimliches Vorgehen handeln muss, ist es jedoch überzeugender, die Heimlichkeit nicht als Voraussetzung der Korruption zu deklarieren. Zwar liegt es zwangsläufig in der Natur der Sache, dass es sich meistens um heimliche Geschäfte handelt, da der erlangte Vorteil ebenso wenig von demjenigen bekannt gegeben wird, der ihn erhalten hat, wie er von demjenigen, der ihn gewährt hat, verbucht wird.[62] Allerdings erscheint die Geheimhaltung nicht zwingend notwendig, um einen Sachverhalt der Korruption zuzuordnen.[63] Ebenso ist die Freiwilligkeit keine zwingende Voraussetzung, auch wenn sie generell ein taugliches Abgrenzungskriterium zum Tatbestand der Erpressung darstellt und in den meisten Fällen ohnehin gegeben ist. Auch die Notwendigkeit der Kostenentstehung für Dritte oder die Allgemeinheit ist kein zutreffendes Ausschlusskriterium. Generell ist es eine Folge der Korruption, dass ein Schaden entsteht. Dieser Schaden muss jedoch nicht immer in einem Vermögensschaden

---

57 *Pragal*, ZIS 2006, 63, 72, der die Vornahme einer konkreten Entscheidung als den hauptsächlichen Tauschgegenstand ansieht.

58 *Eisenberg/Kölbel*, S. 915.

59 *Eisenberg/Kölbel*, S. 915.

60 *De Nève* in: Achathaler/Hofmann/Pazmandy, S. 131 f.

61 *Ahlf*, S. 154 und *Vahlenkamp/Krauß*, S. 20.

62 *Kindhäuser*, ZIS 2011, 461, 466.

63 *Dölling*, S. 10: Dieser sieht die Geheimhaltung des Handelns als charakteristisch, aber nicht als Voraussetzung zum Begriffsverständnis an; so auch *Bongartz*, S. 35; *Niehaus* in: Graeff/Grieger, S. 62: Es sind Fälle bekannt, die auch ohne Verdeckung der Absichten den Tatbestand der Vorteilsannahme verwirklichen; so auch *Kronawitter*, S. 21 mit einem Beispiel in Fn. 103.

münden, sondern kann sich auch in einem wirtschaftlichen oder gesellschaftlichen Schaden äußern oder ein generelles Ungleichgewicht mit sich bringen.[64] Allein die Feststellung, dass sich aus dem Verhalten negative Folgen ergeben, begründet nicht das Verlangen eines Schadeneintritts, weil es allen mit Strafe bedrohten Sachverhalten immanent ist, dass sie nachteilige Auswirkungen haben.[65]

cc) Bundeskriminalamt

Das Bundeskriminalamt (BKA) definiert den Begriff Korruption als „*Missbrauch eines öffentlichen Amtes, einer Funktion in der Wirtschaft oder eines politischen Mandats zugunsten eines Anderen, auf dessen Veranlassung oder Eigeninitiative, zur Erlangung eines Vorteils für sich oder einen Dritten, mit Eintritt oder in Erwartung des Eintritts eines Schadens oder Nachteils für die Allgemeinheit (in amtlicher oder politischer Funktion) oder für ein Unternehmen (betreffend Täter als Funktionsträger in der Wirtschaft)*".[66] Nach der Meinung des BKA ist es folglich erforderlich, dass jemand zugunsten eines Anderen oder auf dessen Veranlassung, die Möglichkeiten, die ihm aufgrund seiner Position gegeben sind, missbraucht. Dies hat zur Folge, dass mindestens zwei Personen auf der "Seite des Vorteils" beteiligt sein müssen. Zudem kommt eine Unrechtsvereinbarung zur Geltung, da der Missbrauch der Position zur Erlangung des Vorteils stattfindet. Jedoch verlangt auch diese Definition den Eintritt eines Schadens bzw. dessen Erwartung, was jedoch nicht zwangsläufig erforderlich ist.[67]

dd) Dölling und Brettel/Duttge/Schuhr

Dölling umschreibt Korruption damit, „*dass eine Person, die bestimmte Aufgaben wahrzunehmen hat, für ein Handeln oder Unterlassen im Rahmen der Aufgabenerfüllung unzulässige Vorteile erhält. Hierbei kann die Person für eine öffentlich-rechtliche oder privatrechtliche (wirtschaftliche oder gesellschaftliche) Organisation tätig sein.*“[68] Wesentlich ist für *Dölling* hierbei, dass der Vorteilsgeber in den meisten Fällen den Willen hat, auf den Vorteilsnehmer bei der Wahrnehmung seiner Aufgaben „in sachwidriger Weise“ einzuwirken.[69] Der Vorteilsnehmer

64 Vgl. hierzu auch die Ausführungen von *Dannecker/Schröder* in: Kubiciel/Hoven, S. 44 f.
65 *Niehaus* in: Graeff/Grieger, S. 62 f.
66 BKA, Bundeslagebericht Korruption 2011, S. 5.
67 *Kronawitter*, S. 21 hält diese Definition zudem für problematisch, da sie sich zu sehr auf den Vorteilsnehmer konzentriere und den Vorteilsgeber außen vor lasse.
68 *Dölling* in: Dölling, S. 3.
69 *Dölling* in: Dölling, S. 3.

wiederum nutzt für die Erlangung unzulässiger Vorteile seine Machtposition aus. Er versteht daher unter Korruption einen *„Angriff auf die sachgerechte Aufgabenerfüllung durch eine regelwidrige Austauschbeziehung zwischen Geber und Nehmer.“*[70] Von zentraler Bedeutung ist damit die Aufgabenerfüllung, welche der Vorteilsnehmer nicht mehr an den damit grundsätzlich verbundenen Zielen orientiert, sondern vordergründig an seinen eigenen Vorteilen; hierdurch treten Schäden bei den Unternehmen oder Einrichtungen ein, die ihre Aufgaben nicht mehr interessengerecht erfüllen können, was wiederum Schäden und Auswirkungen für die gesamte Gesellschaft mit sich bringen kann.[71]

Brettel/Duttge/Schuhr stellen ebenfalls auf eine Unrechtsvereinbarung ab, durch die eine Verknüpfung eines Vorteils mit einem beruflichen Verhalten erfolgt.[72] Für ein korruptives Verhalten sei es hierbei irrelevant, ob das berufliche Verhalten und damit das „Referenzverhalten“ der Unrechtsvereinbarung rechtswidrig ist. Ein Verhalten dürfe jedoch nur dann „inkriminiert“ werden, wenn es selbst pflichtwidrig sei. [73] Der Vorteil muss damit zu einer *„bereits für die Beteiligten erkennbaren Gefahr einer unsachlichen (und damit selbst berufspflichtwidrigen) Auswahlentscheidung“* führen. [74] Speziell für Korruption im Gesundheitswesen sei das Verhalten pflichtwidrig, wenn es *„die Integrität heilberuflicher Entscheidungen (ihre sachliche Richtigkeit sowie Manipulationsfreiheit) oder ihre Wirtschaftlichkeit gefährdet“* und es hierbei gegen medizinrechtliche Vorgaben verstößt und nicht therapeutisch gerechtfertigt ist.[75]

ee) Kindhäuser, Saliger und Dannecker/Schröder

Kindhäuser sieht ein zweiseitiges Verhältnis und den damit einhergehenden Willen, die eine Leistung nur zu erbringen, um die Gegenleistung zu erlangen, als richtigen Ansatzpunkt für eine Definition an. Erforderlich ist seiner Meinung nach jedoch, *„dass sich die Belohnung auf eine besondere fremdnützige Pflichtenstellung bezieht“* und nicht lediglich auf allgemeine Pflichten, die nicht der Wahrnehmung der Interessen eines Auftraggebers dienen.[76] Somit bedarf

70 *Dölling* in: Dölling, S. 3.
71 *Dölling* in: Dölling, S. 3.
72 *Brettel/Duttge/Schuhr*, JZ 2015, 929, 932.
73 *Brettel/Duttge/Schuhr*, JZ 2015, 929, 932.
74 *Brettel/Duttge/Schuhr*, JZ 2015, 929, 932.
75 *Brettel/Duttge/Schuhr*, JZ 2015, 929, 932 f.
76 *Kindhäuser*, ZIS 2011, 461, 463: Vorteilsnehmer kann im Rahmen einer Korruption nur ein „Agent“ sein.

es eines Dreiecksverhältnisses, in dem eine Person die Aufgabe inne hat, die Interessen eines Dritten wahrzunehmen sowie für diesen zu handeln und eine weitere Person bereit ist, einen Vorteil zu gewähren.[77] Des Weiteren sieht es *Kindhäuser* als erforderlich an, dass „*der Vorteil für die in Frage stehende Diensthandlung nicht förderlich ist*" und somit im Ergebnis der Vorteil im Widerspruch zu einer ordnungsgemäßen Aufgabenerfüllung aufgrund besonderer Pflichtenstellung steht.[78] Diese „*Interessenwidrigkeit zwischen der Ausübung dienstlicher Entscheidungsmacht und dem Vorteil*" sieht er dabei als wesentliches Merkmal der Korruption an.[79] Gesamthaft wird Korruption von *Kindhäuser* definiert als „*interessenwidrige Verknüpfung eines Vorteils mit der Ausübung übertragener Entscheidungsmacht.*"[80]

Diese Gedanken wurden von *Saliger* weitergeführt. Ein wesentliches Merkmal der Korruption ist auch für ihn die interessenwidrige Unrechtsvereinbarung.[81] Er sieht es aber zusätzlich als erforderlich an, dass es sich bei der Gegenleistung des Vorteilsgebers an den Vorteilsempfänger um einen unzulässigen Vorteil handelt.[82] *Kindhäuser* stellt ausdrücklich klar, dass zwar die Verknüpfung der Ausübung der Entscheidungsmacht mit dem Vorteil interessenwidrig sein muss, nicht jedoch die Entscheidung oder der Vorteil für sich.[83] Dies ist insofern zutreffend, als dass nicht ersichtlich ist, dass es für die Annahme des Vorliegens von Korruption eines Vorteils bedarf, der zwangsläufig rechtswidrig sein muss.[84] Übereinstimmend mit *Kindhäuser* fordert aber auch *Saliger* ein Dreiecksverhältnis, wenn er verlangt, dass der Nehmer sich zum „Diener zweier Herren" macht.[85] Im Ergebnis beschreibt *Saliger* Korruption als „*vorteilsbedingte und interessenwidrige Dienerschaft zweier Herren*".[86] Diese Definition erscheint aber schon deswegen nicht unproblematisch, da die Dienerschaft nur gegenüber dem Vorteilsgeber und nicht gegenüber dem Geschäftsherrn, für den er die Aufgabe

---

77 *Kindhäuser*, ZIS 2011, 461, 463.
78 *Kindhäuser*, ZIS 2011, 461, 463.
79 *Kindhäuser*, ZIS 2011, 461, 464.
80 *Kindhäuser*, ZIS 2011, 461, 463.
81 *Saliger* in: FS Kargl, S. 495.
82 *Saliger* in: FS Kargl, S. 495.
83 *Kindhäuser*, ZIS 2011, 461, 464.
84 So auch *Volk* in: GS für Zipf, S. 425; *Rotsch* in: Kuhlen/Kudlich, S. 162.
85 *Saliger* in: FS Kargl, S. 497.
86 *Saliger* in: FS Kargl, S. 498; so auch *Gaede* in: NK-WiStrR, § 299 Rn. 8.

erfüllt, vorteilsbedingt ist[87] und umgekehrt die Dienerschaft nur gegenüber dem Geschäftsherrn interessenwidrig ist.

Demgegenüber sehen *Dannecker* und *Schröder* das die Korruption im Wesentlichen kennzeichnende Merkmal nicht in der Interessenwidrigkeit, sondern in der *„Nichteinhaltung der „institutionellen" Rolle, die den Bestochenen bzw. zu Bestechenden verpflichtet, die Verwaltung der Institution (sei es einer „öffentlichen" oder einer privaten Institution) in deren Interesse selber zu verfolgen und voranzubringen."*[88] Beim Abstellen auf das Merkmal der Interessenwidrigkeit sei eine Vielzahl von pflichtwidrigen Handlungen erfasst, bei denen die fremden Interessen hinter die eigenen gestellt werden, wie beispielsweise bei der Untreue.[89] Bei der Korruption werden allerdings die Interessen der Institution zu Gunsten „privater" Interessen des Vorteilsnehmers vernachlässigt.[90] Dem Bestochenen muss hierbei eine Funktion im Rahmen der Institution obliegen, die ihn dazu befugt, auf Entscheidungen in der Institution einzuwirken.[91]

3. *Zusammenfassung und Definition aufgrund der gewonnenen Ergebnisse*

Die zuvor dargestellten Auffassungen, die Korruption auf unterschiedlichste Weise beschreiben und definieren, zeigen deutlich auf, dass keine Einigkeit in der kriminologischen Forschung in Bezug auf die Definition von Korruption besteht.[92] Dennoch lassen sich einige Kriterien ausmachen, die zumindest dazu geeignet erscheinen, korruptive Sachverhalte von anderen zu unterscheiden. Eine Definition, die das Zusammenwirken zweier Beteiligter – im Sinne eines Tauschverhältnisses – und damit eines der bedeutendsten Merkmale der Korruption, nicht hinreichend zum Ausdruck bringt, ist hierbei als „unzureichend" anzusehen, da sich durch eine solche Definition in vielerlei Hinsicht Abgrenzungsschwierigkeiten in Bezug auf andere strafbare Verhaltensweisen ergeben. [93] Die Ansicht, die Korruption als ein zweiseitiges Austauschverhältnis, dem ein Tausch von Vorteilen zugrundeliegt, beschreibt, vermag allerdings

87 *Rotsch* in: Kuhlen/Kudlich, S. 164.
88 *Dannecker/Schröder* in: Kubiciel/Hoven, S. 43.
89 *Dannecker/Schröder* in: Kubiciel/Hoven, S. 43.
90 *Dannecker/Schröder* in: Kubiciel/Hoven, S. 43.
91 *Dannecker/Schröder* in: Kubiciel/Hoven, S. 43.
92 So auch *Dölling* in: Dölling, S. 3.
93 *Kindhäuser*, ZIS 2011, 461, 463, der das zweiseitige Verhältnis als Ausgangsgrundlage ansieht; so wohl auch *Bongartz*, S. 39.

ein wesentliches Merkmal der Korruption ebenfalls noch nicht zu erfassen. Dieses liegt in der Aufgabenerfüllung bzw. Entscheidungsausübung begründet. Der Vorteilsnehmer ist aufgrund seiner Position dazu verpflichtet, eine Aufgabe wahrzunehmen und damit die Interessen eines Auftraggebers oder einer Institution zu wahren, woraus bei konkreter Betrachtung ein Dreiecksverhältnis resultiert.

Bei der Aufgabenerfüllung kann es sich, wie *Dölling* ausführt, um ein Tun oder Unterlassen handeln. Der vom Vorteilsgeber in Aussicht gestellte Vorteil bezieht sich auf diese Aufgabenerfüllung oder Position und das Interesse, das durch den Vorteil erzeugt wird, läuft dem Interesse an einer sachgerechten Erfüllung zuwider.[94] Dieses Merkmal des Interessenwiderspruchs allein erscheint jedoch noch nicht ausreichend, um das Unrecht korruptiven Verhaltens hinreichend detailliert zu beschreiben und von anderen strafbaren Handlungen abzugrenzen. Widerstreitende Interessen sind auch charakteristisch für andere Delikte, wie beispielsweise die Untreue. Bei dieser wird die Pflicht zur Wahrung und Betreuung von (Vermögens-) Interessen übertragen, welche pflichtwidrig unter Entstehung eines Vermögensnachteils verletzt werden, so dass entgegen der Interessen des Vermögensinhabers gehandelt wird.[95] In diesen Fällen ist die Pflichtverletzung ebenfalls nicht förderlich für die übertragene Aufgabe der Betreuung des Vermögens und die Wahrung der Interessen des Vermögensinhabers. Über die Interessenwidrigkeit hinaus ist zu einer stärkeren Abgrenzung daher darauf abzustellen, dass die Aufgabenerfüllung und damit die Verfolgung der Interessen des Auftraggebers zu eigenen Gunsten vernachlässigt werden, was wiederum daraus folgt, dass jemand eine ihm übertragene Position nicht erfüllt.[96] Für das Erlangen des eigenen Vorteils werden die Interessen, die kraft der übertragenen Position für eine Institution wahrgenommen werden sollen, hinten angestellt und nicht entsprechend der Erwartung erfüllt. Bei dem Vorteil, der für diese Vernachlässigung geleistet wird, kann es sich um jegliche Art von Motivation handeln, die dazu führt, die Aufgaben nicht sachgerecht zu erfüllen.[97]

Zutreffend ist auch, dass der Vorteil und die Entscheidung hinsichtlich der Aufgabenerfüllung nicht per se rechtswidrig sein müssen.[98] Charakteristisch für

---

94 *Kindhäuser*, ZIS 2011, 461, 463; *Dölling* in: Dölling, S. 3.
95 Vgl. hierzu auch *Dannecker/Schröder* in: Kubiciel/Hoven, S. 43.
96 *Dannecker/Schröder* in: Kubiciel/Hoven, S. 43.
97 *Kindhäuser*, ZIS 2011, 461, 463.
98 Vgl. hierzu auch *Brettel/Duttge/Schuhr*, JZ 2015, 929, 931.

Korruption ist, dass die Verknüpfung des Vorteils mit der Aufgabenerfüllung dazu führt, dass die aufgrund einer bestimmten Stellung in einer Institution übertragene Entscheidungsmacht und die damit verbundene Vertretung von Interessen, für den eigenen Vorteil vernachlässigt werden bzw. vernachlässigt werden sollen, was wiederum zu einer nicht sachgerechten Wahrnehmung der übertragenen Befugnisse führt. Bereits das Handeln, das konkret zu einer solchen Vernachlässigung der übertragenen Interessen gegen Vorteilsgewährung führen soll bzw. die Bereitschaft, diese Interessen gegen den Erhalt von Vorteilen zu vernachlässigen, gefährden bzw. verletzen die Einhaltung der institutionellen Rolle. Eine tatsächliche Vernachlässigung der anvertrauten Interessen ist daher nicht erforderlich. Ergänzend sei darauf hingewiesen, dass auch der Gesetzgeber einen solchen "Versuch" bereits als strafwürdiges Korruptionsunrecht ansieht.[99]

Den Verstoß gegen eine übertragene Rolle und die Vernachlässigung von Interessen näher und für alle Fälle gleichermaßen zu bestimmen, ist jedoch nicht möglich. Er ist vielmehr jeweils danach zu bemessen, welche konkreten Interessen der Vorteilsnehmer bei seiner Aufgabenerfüllung bzw. der Ausübung der ihm aufgrund seiner Position verliehenen Entscheidungsmacht zu beachten hat.[100] Auch die daraus resultierenden Folgen für die Institution und die Allgemeinheit spiegeln sich nicht immer in konkreten und unmittelbar greifbaren Nachteilen wider. Im Endeffekt wird die Vernachlässigung der übertragenen Stellung im System jedoch zu Ungerechtigkeiten oder Ungleichbehandlungen führen, welche sich in wirtschaftlichen oder persönlichen Nachteilen zeigen können sowie in einem gänzlichen Misstrauen einer Institution gegenüber.

Unter Beachtung der gewonnenen Ergebnisse im Rahmen der vorstehenden Analyse der verschiedenen Definitionen von Korruption, kann diese zusammengefasst definiert werden, als *die Verknüpfung eines Vorteils mit der Ausübung übertragener Entscheidungsmacht für eine öffentliche oder private Institution zwischen Vorteilsgeber und Vorteilsnehmer, wobei die mit der Übertragung der Entscheidungsmacht zugeteilte Rolle ebenso wie die damit verbundenen und zu verfolgenden Interessen für die Institution für die Verwirklichung von eigenen Interessen an dem Vorteil durch ein Tun oder Unterlassen vernachlässigt werden bzw. werden sollen und somit eine unsachgerechte Wahrnehmung der übertragenen Position erfolgt.*

---

99 Vgl. zur Vorverlagerung der Strafbarkeit durch die Tatvariante des „Forderns" bzgl. § 299a StGB auch *Dannecker/Schröder* in: NK-StGB, § 299a Rn. 206 und *Rogall* in: SK-StGB, § 299a Rn. 69.

100 *Kindhäuser*, ZIS 2011, 461, 463 für die Interessenwidrigkeit.

II. Korruptionstatbestände für das Gesundheitswesen

1. Übertragung des gewonnenen Korruptionsbegriffes auf Korruption im Gesundheitswesen

Die hier gewonnene Definition der Korruption lässt sich auch auf Korruption im Gesundheitswesen, insbesondere im Zusammenhang mit niedergelassenen Vertragsärzten, übertragen. Der Vertragsarzt vernachlässigt bzw. soll in Folge eines Interesses an einem gewährten oder in Aussicht gestellten Vorteils seine von ihm als Vertragsarzt zu verfolgenden Interessen vernachlässigen, die darin liegen, bei der Versorgung der gesetzlich Versicherten unbeeinflusst und allein an deren Wohl und an einer wirtschaftlichen Behandlung orientiert zu handeln, indem er seine Position als Vertragsarzt und die damit einhergehende Entscheidungsmacht nicht an den von ihm zu verfolgenden Interessen ausrichtet, sondern zugunsten der Erlangung des Vorteils einsetzt.

2. „Korruptive" Praktiken im Gesundheitswesen – Korruption im kriminologischen Sinne?

Anhand der gewonnenen Definition wird im Folgenden untersucht, ob es sich bei den Verhaltensweisen im Zusammenspiel mit der Verordnungstätigkeit niedergelassener Vertragsärzte tatsächlich um Korruptionsunrecht im kriminologischen Sinne handelt.

a) Pharmamarketing

aa) Erläuterung des Pharmamarketings

Exemplarisch für korruptive Verhaltensweisen im Gesundheitswesen wird in der Gesetzesbegründung insbesondere die Beeinflussung des Verschreibungsverhaltens von Ärzten durch Pharmaunternehmen zugunsten ihrer Produkte mittels Prämienzahlungen genannt.[101] Diese Methode der Beeinflussung lässt sich dem

101 BT-Drucks. 18/6446, S. 11; *Krüger*, ZIS 2011, 692; *Pragal*, NStZ 2005, 133, 134: Es handle sich um ein „offenes Geheimnis des Gesundheitswesens", dass niedergelassene Ärzte von Pharmaunternehmen Zuwendungen für die Verschreibung ihrer Produkte erhalten. Um einen solchen Sachverhalt handelte es sich auch bei der Entscheidung des Großen Senats des BGH (BGHSt 57, 202 ff.), in der er entschied, dass die §§ 299, 331 ff. StGB nicht für niedergelassene Vertragsärzte Anwendung finden, vgl. hierzu 2. Kapitel A. I. 2. (S. 107 ff.). Es kommt auch vor, dass Hersteller von Medizinprodukten ihre medizinischen Geräte an Ärzte verschenken und diese als Gegenleistung die

sog. Pharmamarketing zuordnen, welches die Begünstigung der Abnehmer von Medikamenten oder der Arzneimittelversuche durchführenden Ärzte mittels Geschenken, Rabatten, Bargeld, Umsatzbeteiligungen oder anderen Gegenleistungen umschreibt.[102] Eine Form der Gegenleistung bilden zudem Rückvergütungen (auch „Kick-backs" genannt), die den Ärzten von den Pharmaherstellern in Höhe eines bestimmten Prozentsatzes des Herstellerabgabepreises für die Verordnungen geleistet werden.[103]

Besonders verbreitet ist die Methode, sich direkt mit den Vertragsärzten in Kontakt zu setzen und den Versuch zu unternehmen, auf diese so einzuwirken, dass sie ihre Verordnungen zu Gunsten des jeweiligen Pharmakonzerns und dessen Produkte vornehmen.[104] So ergab eine Befragung, dass ca. 77 % der deutschen niedergelassenen Ärzte mindestens einmal in der Woche von Pharmavertretern besucht werden, 19 % sogar täglich.[105] Diese Besuche dienen neben der Vorstellung der eigenen Produkte oftmals auch dazu sowohl die Verordnungswahrscheinlichkeit des Arztes in Bezug auf die eigenen Produkte ausfindig zu machen als auch durch mehrere Besuche eine enge Beziehung aufzubauen.[106]

Verpflichtung eingehen, innerhalb eines gewissen Zeitraumes ein bestimmtes Kontingent von den Geräten zu verordnen, *Haeser,* MedR 2002, 55, 56; BGHSt 47, 295 ff.

102 *Kölbel,* NStZ 2011, 195, 195 f. Die Bandbreite der Geschenke reicht hierbei von Kugelschreibern bis hin zu Fachliteratur und Konzertkarten oder Geräten für die Arztpraxis, *Wiesner/Lieb* in: Lieb/Klemperer/Ludwig, S. 164; *Brand/Hotz,* PharmR 2012, 317; *Haeser,* MedR 2002, 55, 56. OLG Hamm, NStZ-RR 2006, 13: Entsorgung von speziellen Abfällen für den Arzt. Bargeld und die Zuwendung von Luxusgegenständen, wie Uhren, stellen ebenfalls gängige Geschenke dar, *Brockhaus/Dann/Teubner/Tsambikakis,* wistra 2010, 418 sowie *Pragal,* NStZ 2005, 133, 134. Nach *Badle,* NJW 2008, 1028 belaufen sich die Geschenke von Pharmaunternehmen im Jahr auf bis zu eine Milliarde Euro. Vgl. zu weiteren Beispielen von Zuwendungen, *Andreschewski,* S. 35 ff.; *Bongartz,* S. 92.

103 *Kraatz,* NZWiSt 2012, 273; *Badle,* NJW 2008, 1028, 1033; *Haeser,* MedR 2002, 55, 56; AG Ulm, Urt. vom 26.10.2010 - Az.: 3 Cs 37 Js 9933/07.

104 *Warntjen/Schelling,* PharmR 2010, 509 sehen den Vertragsarzt in der entscheidenden Position für die Pharmahersteller, um mit den Patienten und damit den Endabnehmern ihrer Produkte in Kontakt zu treten.

105 *Lieb/Brandtönies,* Dtsch Arztebl 2010, 392; vgl. hierzu und zu den Ausgaben für Marketing der Pharmaunternehmen das Gutachten 2005 des Sachverständigenrates zur Begutachtung der Entwicklung im Gesundheitswesen, BT-Drucks. 15/5670, S. 331 ff.

106 *Kölbel* in: Duttge, S. 92; *Gelshorn,* S. 5: Die Zusammenarbeit, auch in Form von Besuchen in den Praxen und Verteilung von Arzneimittelmustern, diene der Werbung und Vermarktung der jeweiligen Produkte.

Es ist anzunehmen, dass bei diesen Besuchen auch ermittelt werden soll, inwieweit ein Arzt bei seiner Produktwahl beeinflussbar ist.[107] Es wurde bereits empirisch belegt, dass Geschenke wie Fortbildungen, Muster-Produkte und dergleichen sich tatsächlich auf das Verschreibungsverhalten der Ärzte auswirken und zu einer erhöhten Verschreibung der angeworbenen Produkte führen,[108] wobei die Ärzte hierbei in Kenntnis über die Absichten der Vertreter sind, dies jedoch teilweise als ethisch unproblematisch betrachten.[109] Gleichgültig welche Zuwendung erfolgt oder in welcher Höhe, erhöht sich die Wahrscheinlichkeit der Produktverschreibung bereits durch einen Besuch des entsprechenden Pharmavertreters.[110] So wird die Teilnahme am Pharmamarketing nach Beurteilung eines ehemaligen Präsidenten der Berliner Ärztekammer nur von einem Drittel der Ärzte abgelehnt.[111]

Vielfach wird die Verschreibung der eigenen Produkte auch durch die erhöhte Abgabe von Arzneimittelmustern erreicht.[112] So hat der Arzt ein Produkt, das er ohne Auswirkung auf sein Arzneimittelbudget an den Patienten abgeben kann, und bei Zufriedenheit besteht die Möglichkeit einer erneuten Verschreibung.[113] Weiterhin stellen auch Fortbildungsveranstaltungen eine breite Fläche zur Präsentation von Produkten und zum Einwirken auf das Verschreibungsverhalten von Ärzten dar, vor allem wenn man bedenkt, dass in Deutschland eine Fortbildungspflicht besteht.[114] Hierbei werden viele Veranstaltungen von der Industrie

---

107 *Kölbel* in: Duttge, S. 92; vgl. auch a.a.O. Fn. 21 ff. mit vielen weiteren Nachweisen zu den Methoden der Beeinflussung, Studien und Umfragen, die die folgenden Ausführungen von *Kölbel* belegen; *Lieb/Brandtönies,* Dtsch Arztebl 2010, 392: 76 % der befragten Ärzte gehen davon aus, dass die Pharmavertreter sie immer oder häufig beeinflussen wollten und 49 % geben an, dass sie sich nur gelegentlich, selten oder nie angemessen informiert fühlen.

108 *Kölbel* in: Duttge, S. 92 m.w.N. in Fn. 43.

109 *Kölbel* in: Duttge, S. 93 m.w.N. in Fn. 24.

110 *Fischer,* GuP 2014, 91, 93, Fn. 17 und *Kölbel* in: Duttge, S. 92, Fn. 22, beide mit Nachweisen zu einigen beispielhaften Studien.

111 *Pragal,* NStZ 2005, 133, 134: die damals von *Pragal* angegebene Primärquelle konnte nicht mehr aufgefunden werden, so auch *Cosack,* ZIS 2013, 226, 232.

112 Nach § 47 Abs. 4 S. 1 AMG sind pro Jahr maximal 2 Muster je Fertigarzneimittel in der kleinsten Packungsgröße erlaubt und zwar nur auf schriftliche Anforderung. *Wiesner/Lieb* in. Lieb/Klemperer/Ludwig, S. 164: Arzneimittelmuster werden mit am häufigsten entgegengenommen (neben Schreibwaren).

113 *Fischer,* GuP 2014, 91, 93 m.w.N. in Fn. 22, 23.

114 Vgl. § 95d SGB V. Auch in der Gesetzesbegründung wird die Übernahme der Kosten von Fortbildungsveranstaltungen als möglicher Vorteil dargestellt, BT-Drucks. 18/

selbst ausgerichtet oder gesponsert, Hotelübernachtungen, Essen und Fahrtkosten teilweise für die Ärzte bezahlt[115], die Themen von den Firmen und Sponsoren bestimmt und die Vorträge zum Teil selbst von ihnen geschrieben.[116]

bb) Erfassung von der Definition der Korruption

Diese Verhaltensweisen lassen sich im Ergebnis auch der dieser Arbeit zugrundegelegten Definition von Korruption unterordnen. So hat in den exemplarisch aufgeführten Fällen der Vertragsarzt aufgrund seiner Zulassung nach § 95 Abs. 2 S. 4 SGB V i.V.m. der Zulassungsverordnung für Ärzte die Position inne, die vertragsärztliche Versorgung der gesetzlich versicherten Patienten zu übernehmen.[117] Im Rahmen dieser Aufgabenerfüllung, zu der vordergründig auch die Verordnungstätigkeit des Vertragsarztes gehört[118], wird durch den Vorteilsgeber, in diesem Falle die Pharma- und Industriekonzerne bzw. deren Vertreter, auf den Vertragsarzt mit dem Ziel eingewirkt, dass dieser vornehmlich deren Mittel und Produkte verschreibt, unabhängig davon, ob diese die kostengünstigste und gegebenenfalls wirkungsvollste Alternative darstellen. Dafür, dass der Vertragsarzt im Rahmen der ihm anvertrauten Entscheidungsmacht in Bezug auf die Verordnungen von Medikamenten die Produkte gewisser Hersteller bevorzugt, erhält er von diesen im Gegenzug einen Vorteil in Form von Sachleistungen, Rabatten oder Beteiligungen. Bereits das Interesse des Arztes an diesen Vorteilen führt zu einem Interessenkonflikt in Bezug auf die Erfüllung der Interessen der Krankenkassen, der Patienten und der Allgemeinheit an einer sachgerechten Aufgabenerfüllung, nach der eine Verordnung an ihrem Wohl orientiert, unbeeinflusst und wirtschaftlich zu erfolgen hat und hat damit eine Vernachlässigung der ihm übertragenen Rolle zur Folge. Eine nicht ordnungsgemäße Wahrnehmung der ihm übertragenen Funktion ist insbesondere anzunehmen, wenn der Arzt eine Verordnung aufgrund des Interesses an dem ihm angebotenen Vorteil vornimmt. Hinsichtlich der Weitergabe von kostenlos überlassenen Arzneimittelproben kommt Korruption dann in Betracht, wenn

---

6446, S. 18 unter Verweis auf BGH, Urteil vom 23.10.2002 – 1 StR 541/01. Vgl. hierzu auch *Andreschewski*, S. 42 f.; *Bongartz*, S. 74 f.

115 *Haeser*, MedR 2002, 55, 56, die Übernahme von Reisekosten sei die wohl gängigste Zuwendung an Ärzte; es werden teilweise auch die Reisekosten für Familienmitglieder übernommen, BGH NStZ 2000, 90.

116 *Fischer*, GuP 2014, 91, 93 f.

117 *Wigge* in: Schnapp/Wigge, § 2 Rn. 1; vgl hierzu auch dieses Kapitel B. VI. 1. a) cc) (S. 49 f.) bzw. dd) (S. 50 f.).

118 Vgl. hierzu dieses Kapitel B. VI. 3. a) (S. 58 ff.).

sich der Arzt bei der Weitergabe nicht allein an sachgerechten Kriterien orientiert, sondern auch von dem Interesse an Vorteilen leiten lässt, was insbesondere zu bejahen sein wird, wenn beispielsweise Vorteile für weitere Verordnungen dieses Medikaments in Aussicht gestellt werden oder der Erhalt von den Mustern über die zulässige Anzahl hinaus zu einer erhöhten Verschreibung des Medikaments führt.

b) Zuweisung gegen Entgelt[119]

aa) Erläuterung von Zuweisungen gegen Entgelt

Zudem geht es dem Gesetzgeber um die Bekämpfung von Fällen, in denen Vorteile in Form von Zuwendungen, Boni oder sog. „Kick-backs" an Ärzte geleistet werden, um die Zuführung von Patienten oder Untersuchungsmaterial, insbesondere an Kliniken, Sanitätshäuser, Labore oder (radiologische) Fachärzte zu erzielen.[120] Oftmals werden Vergütungen an die Vertragsärzte bezahlt, damit sie einen Patienten an einen weiteren Leistungserbringer überweisen. Die Vertragsärzte erhalten ihre Vergütung hierbei für die gezielte Patientenzuführung, durch die sie – sei es durch Überweisungen, Einweisungen oder Empfehlungen[121] – veranlassen, dass der Patient die Sach- und Dienstleistungen des Vorteilsgebers in Anspruch nimmt.[122] Neben den Fällen von Zuweisungen in Zusammenhang mit Pharmaunternehmen oder Laboren und weiteren Leistungserbringern,

---

119 Auch wenn sich die vorliegende Arbeit grundsätzlich nur auf die Verordnungen des Vertragsarztes beschränkt (vgl. Einführung B.), erfolgt aufgrund der expliziten Erwähnung dieser Verhaltensweise des Gesetzgebers in seiner Gesetzesbegründung (BT-Drucks. 18/6446, S. 11) und insbesondere aufgrund der Bedeutung des Themas, das in den letzten Jahren oftmals Gegenstand von höchstrichterlichen Entscheidungen war (vgl. z.B. BGH, NJW 2011, 2211 ff. u. BGH, NJW 2005, 318), zumindest eine kurze Darstellung dieser Thematik.

120 BT-Drucks. 18/6446, S. 11; *Bahner*, S. 5; *Schneider/Gottschaldt*, wistra 2009, 133 ff.; *Kölbel*, wistra 2009, 129; *Kölbel*, NStZ 2011, 195, 197 f.

121 Bei den §§ 299a, 299b StGB ist es umstritten, ob von „Zuführung" Verweisungen und Empfehlungen erfasst werden sollen. Der Gesetzgeber hatte ausgeführt, dass hierunter jede Einwirkung auf einen Patienten fällt, BT-Drucks, 18/6446, S. 20; dem zustimmend *Dannecker/Schröder* in: NK-StGB; § 299a Rn. 172; kritisch *Tsambikakis*, medstra 2016, 131, 135 f.; a.A.: *Schneider*, medstra 2016, 195, 202; *Bahner*, S. 63 f. Vgl. hierzu ausführlich 3. Kapitel A. III. 1. b) cc) (3) (c) (S. 310 ff.).

122 *Kölbel* in: Duttge, S. 89, 93; vgl. hierzu auch *Kölbel*, wistra 2009, 129 ff.; *Kölbel*, NStZ 2011, 195 ff.

vor allem im Rahmen der Versorgung mit Hilfsmitteln,[123] spielt aber auch die Kooperation mit den Krankenhäusern im Rahmen der Zuweisungen eine bedeutende Rolle[124]. So können Vertragsärzte, als sogenannte Honorarärzte, stationäre ärztliche Krankenhausleistungen durchführen, als Konsiliarärzte, also in Fachgebieten, die im Krankenhaus nicht vertreten sind, tätig werden oder als Belegärzte ihre Patienten als im Krankenhaus nicht angestellte Vertragsärzte stationär behandeln und hierbei die Mittel und Einrichtungen der Krankenhäuser nutzen, wobei diese Kooperationsformen viel Spielraum für entgeltliche Zuweisungen beinhalten.[125] Zudem kommen Kooperationen legaler und illegaler Art auch im Rahmen von vor- bzw. nachstationären Behandlungen durch das Krankenhaus nach § 115a SGB V in Betracht.[126]

bb) Erfassung von der Definition der Korruption

In den vorstehend dargestellten Fallkonstellationen wird dem Vertragsarzt für eine gezielte Zuweisung eines Patienten oder Untersuchungsmaterial an Kliniken oder Fachärzte ein Vorteil in Aussicht gestellt, der sich in Geld, Prämien oder anderen Vergünstigungen äußern kann. Ein solches Verhalten begründet dann im Sinne der gefundenen Definition ein korruptives Verhalten, wenn das Gewähren oder Anbieten des Vorteils für eine Zuweisung zu einer Vernachlässigung der vom Vertragsarzt aufgrund seiner Funktion zu verfolgenden Interessen zu Gunsten eigener Interessen führt bzw. führen soll. Dies wird insbesondere dann anzunehmen sein, wenn der Vertragsarzt bei der Zuweisung nicht primär die Interessen des Patienten im Blick hat und damit seine berufsrechtliche Unabhängigkeit nicht gewahrt wird, sondern von seiner ihm übertragenen Verpflichtung zur unbeeinflussten und am Wohl des Patienten ausgerichteten Behandlung und der damit verbundenen Aufklärungspflicht dem Patienten gegenüber abweicht und bei der Zuweisung keine neutrale und objektive Bewertung vornimmt. Dies ist ohne Zweifel dann anzunehmen, wenn kein Grund für eine Zuweisung besteht, wird aber auch regelmäßig dann zu bejahen sein, wenn

---

123 BGH, MedR 2002, 256; BGH, MedR 2006, 168; OLG Koblenz, MedR 2005, 723; OLG Stuttgart, MedR 2007, 543; BGH, NJW 2009, 3582; BGH, MedR 2011, 500; BGH, GesR 2012, 621.

124 OLG Schleswig-Holstein, MedR 2004, 270; LSG Niedersachsen-Bremen, GesR 2006, 510; LSG Sachsen, GesR 2008, 548; BGH, MedR 2010, 555; VG Frankfurt, GesR 2010, 313.

125 *Wollersheim* in: FS für Steinhilper, S. 161 ff.

126 Beispielsweise: OLG Düsseldorf, NStZ 2010, 451.

insbesondere keine angemessenen Vergütungen geleistet werden oder keine Gründe für die fachliche Einbeziehung des konkret zugewiesenen Arztes oder der Klinik bestehen. In diesen Fällen führt der Vorteil, der dem Vertragsarzt versprochen wurde, zu einer Vernachlässigung der ihm übertragenen Rolle als Vertragsarzt. In den Fällen, in denen der Vertragsarzt beispielsweise als Honorararzt in einem Krankenhaus tätig wird, ist Korruption im Sinne der kriminologischen Einordnung dann anzunehmen, wenn sich der Vertragsarzt bei der Zuweisung des Patienten an ein Krankenhaus nicht allein an sachlichen Kriterien orientiert, sondern sich durch das Interesse an dem Vorteil beeinflussen lässt. Es ist hierbei ausreichend, dass die Bereitschaft kundgetan wird, sich bei der Entscheidung durch den in Aussicht gestellten Vorteil beeinflussen zu lassen; nicht erforderlich ist eine tatsächlich sachwidrige Entscheidung.[127] Der Vorteil für den Arzt könnte hierbei beispielsweise darin begründet liegen, dass er seine Leistungen, die er sodann im Krankenhaus erbringt, überhöht abrechnen kann. In diesem Falle wäre korruptives Verhalten im kriminologischen Sinne anzunehmen.

c) Anwendungsbeobachtungen

aa) Erläuterung von Anwendungsbeobachtungen

Auch die Möglichkeit, durch vertragliche Vereinbarungen in Bezug auf die Durchführung von Anwendungsbeobachtungen in korruptiver Weise Einfluss auf das Verschreibungsverhalten von Vertragsärzten zu nehmen, wurde in der Gesetzesbegründung als in der Vergangenheit gebräuchliche Vorgehensweise beschrieben.[128]

Grundsätzlich dürfen Medizinprodukte in Deutschland gemäß § 6 Abs. 1 S. 1 MPG nur in den Verkehr gebracht oder in Betrieb genommen werden, wenn sie mit einer CE-Kennzeichnung versehen sind. Diese erhält ein Produkt, wenn es den grundlegenden Anforderungen gerecht wird und das vorgeschriebene Konformitätsbewertungsverfahren durchgeführt worden ist. Um diesen Anforderungen gerecht zu werden und insbesondere für die Durchführung der klinischen Prüfungen, ist die jeweilige Herstellerfirma auf eine Zusammenarbeit mit Ärzten angewiesen, da nur diese und medizinische Einrichtungen über die entsprechende Ausstattung verfügen, um die Prüfungen abzuhalten.[129]

---

127 Vgl. hierzu auch BGHSt 54, 39.

128 BT-Drucks. 18/6446, S. 19. Vgl. zur Häufigkeit von Anwendungsbeobachtungen *Kölbel* in: Duttge, S. 90, Fn. 13 m.w.N.; vgl. zu den Anwendungsbeobachtungen auch *Böse/ Mölders*, MedR 2008, 585 ff.

129 Vgl. *Lüderssen*, S. 15.

Unter Anwendungsbeobachtungen versteht man nach § 67 Abs. 6 S. 1 AMG Studien, die zum Erkenntnisgewinn bei der Verabreichung bereits zugelassener oder registrierter Arzneimittel oder Medizinprodukte dienen.[130] Sie werden anhand von Medizinprodukten durchgeführt, die bereits eine CE-Kennzeichnung tragen dürfen und dienen zum einen der Produktsicherheit und zum anderen der Erlangung von wissenschaftlichem Erkenntnismaterial, das auch nach § 22 Abs. 3 AMG in die Nutzen-Risiko-Bewertung von bekannten Arzneimitteln mit einbezogen werden kann.[131] Der Arzt dokumentiert folglich seine Erfahrungen mit den Produkten, so dass der Hersteller einen Eindruck hat, inwiefern sich das Produkt in der tatsächlichen alltäglichen Anwendung verhält, § 4 Abs. 23 S. 3 AMG.[132]

bb) Erfassung von der Definition der Korruption

Ein unzulässiges Verhalten ergibt sich aber nicht bereits per se aus der Durchführung der Beobachtungen durch den Arzt gegen Bezahlung.[133] Es resultiert vielmehr daraus, dass durch das Honorar nicht nur die Dokumentation des Arztes bezüglich seiner Beobachtungen entlohnt wird, sondern ein erheblich erhöhtes Honorar geleistet wird oder durch die Beobachtungen keine wissenschaftlich relevanten Erkenntnisse erwartet werden können und somit allein die Verwendung eines bestimmten Produktes und die mit der Studie einhergehenden Marketingzwecke im Vordergrund stehen – trotz des Verbots gemäß § 67 Abs. 6 S. 3 AMG.[134] Ein Indiz hierbei kann sein, dass sich die Höhe des Honorars nicht an dem Umfang der Arbeit des Arztes orientiert, sondern diesen erheblich übersteigt. Es existieren sogar Schätzungen, die besagen, dass ca. 80 % aller durchgeführten Anwendungsbeobachtungen allein oder in erster Linie der Erzielung von Umsätzen dienen, wobei dieser Aussagegehalt wiederum dadurch

---

130 *Fenger/Göben*, Rn. 155; vgl. zu den Anwendungsbeobachtungen auch *Bongartz*, S. 71 ff.

131 *Geiger*, NK 2013, 136, 141; *Schneider/Strauß*, HRRS 2011, 333, 335.

132 *Kölbel* in: Duttge, S. 90. Dies geschieht meistens in Form eines Fragebogens, *Haeser*, MedR 2002, 55.

133 *Geiger*, NK 2013, 136, 141; a.A. wohl Transparency International, Positionspapier Anwendungsbeobachtungen vom 03.11.2010, S. 1, *„legalisierte Form der Bestechung von Ärzten"*.

134 *Kölbel* in: Duttge, S. 91. Dafür, dass Anwendungsbeobachtungen vorwiegend Marketingzwecken dienen könnten, *Krüger*, StraFo 2012, 308, 310; *Fenger/Göben*, S. 51, *Böse/Mölders*, MedR 2008, 585.

bestärkt wird, dass die meisten Dokumentationen der Anwendungsbeobachtungen kaum einen wissenschaftlichen Gehalt haben.[135]

Bei der Teilnahme an vergüteten Anwendungsbeobachtungen handelt es sich um Korruption im kriminologischen Sinne, wenn die Vergütung in keinem angemessenen Verhältnis zu den ärztlichen Leistungen steht und der Vertragsarzt durch den Vorteil dazu veranlasst werden soll, bevorzugt bestimmte Arzneimittel zu verordnen. Dies wird regelmäßig dann bejaht werden können, wenn die Vergütung die ärztliche Leistung erheblich übersteigt. Eine solche Einwirkung auf den Vertragsarzt kann dazu führen, dass durch das Interesse an dem Vorteil die ärztliche Unabhängigkeit und die Sachgerechtigkeit bei der Auswahl der Medikamente im Rahmen der Verordnungstätigkeit des Vertragsarztes beeinflusst und vom Vertragsarzt vernachlässigt werden, wenn er deswegen bestimmte Produkte bevorzugt verordnet, obwohl keine medizinische Indikation vorliegt oder andere Produkte gleich effektiv aber wirtschaftlich günstiger wären.[136]

3. Zwischenergebnis

Bei den vorstehenden Verhaltensweisen, die der Gesetzgeber mit den neuen Tatbeständen insbesondere erfassen wollte und die er grundsätzlich als korruptives Verhalten eingeordnet hatte, handelt es sich generell um Korruption im kriminologischen Sinne anhand der in dieser Arbeit herausgearbeiteten Definition. Damit stellt die Intention des Gesetzgebers, einen Tatbestand zu schaffen, um Korruption im Gesundheitswesen zu erfassen, im Grundsatz zumindest einen zutreffenden Ansatz dar. Inwiefern es dem Gesetzgeber tatsächlich gelungen ist, einen Tatbestand zur Erfassung von Korruption durch die konkrete

---

135 *Kölbel* in: Duttge, S. 91, mit den entsprechenden Nachweisen zu den Schätzungen und Analysen in Fn. 15, 16. Eine weitere Methode der Pharmaindustrie ihre Umsätze zu steigern, soll darin liegen, dass sie versuchen die Ergebnisse der Studien zu beeinflussen. Die positiveren Veröffentlichungen zu den Studien sollen den Verkauf der betreffenden Produkte steigern. In den USA haben Studien, die von der Pharmaindustrie gesponsert werden, wesentlich öfter ein positives Studienergebnis zur Folge, als solche, die unabhängig von Pharmakonzernen durchgeführt werden, *Kölbel* in: Duttge, S. 91, mit Verweis auf die Studien zu den genauen Zahlen in Fn. 17. Vgl. auch *Böse/Mölders*, MedR 2008, 585, zu dem Verdacht, dass Arzneimittel teilweise nur zum Zwecke der vergüteten Anwendungsbeobachtung verordnet werden.

136 *Brettel/Duttge/Schuhr*, JZ 2015, 929, 931. *Bussmann/Burkhart/Salvenmoser*, S. 12: 77 % der befragten Unternehmen stufen das Korruptionsrisiko bei Anwendungsbeobachtungen „als mittel bis sehr hoch“ ein.

Ausgestaltung der Normen für das Gesundheitswesen zu schaffen, ist den Ausführungen im 3. Kapitel dieser Arbeit vorbehalten.

B. Korruption begünstigende Faktoren des Gesundheitsmarktes im Einzelnen

Im Rahmen der verfassungsrechtlichen, kriminalpolitischen und dogmatischen Rechtfertigung der Einführung von Tatbeständen, die korruptive Verhaltensweisen im Rahmen der Verordnungstätigkeit der niedergelassenen Vertragsärzte erfassen, können auch korruptionsbegründende Faktoren von Relevanz sein und zumindest zu deren Rechtfertigung beitragen, weshalb im Folgenden ein Überblick über das deutsche Gesundheitssystem und die Stellung des Vertragsarztes, die dieser darin einnimmt, geschaffen wird. Hierbei werden die besonderen kriminogenen Faktoren herauskristallisiert, die der Gesundheitsmarkt in sich birgt und die korruptives Verhalten verursachen oder bestärken können und unter Umständen zur Rechtfertigung des Erlasses der §§ 299a, 299b StGB beigetragen haben. Schließlich begründet der Gesetzgeber deren Einführung mit dem „bestehenden Korruptionsrisiko" auf dem Gesundheitsmarkt.[137]

I. Gewaltige Finanzkraft

Laut dem Statistischen Bundesamt beliefen sich die Gesundheitsausgaben[138] für das Jahr 2018 auf 390,6 Mrd. Euro, was rund 11,7 % vom Bruttoinlandsprodukt in Deutschland ausmacht und einen Anstieg gegenüber dem Vorjahr von 4,0 % bedeutet.[139] Auf jeden Einwohner entfallen damit im Schnitt Ausgaben von 4.712 Euro.[140] Die gesetzliche Krankenversicherung war im Jahr 2018 mit 222,1 Mrd. Euro und damit rund 57 % der Ausgaben der größte Ausgabenträger im Gesundheitswesen.[141] Sie ist zudem mit ca. 72,8 Mio. Versicherten, was

---

137 BT-Drucks. 18/6446, S. 13.

138 Unter Gesundheitsausgaben fallen nach Definition des Statistischen Bundesamts *„Ausgaben für den Endverbrauch von Gesundheitsgütern und -dienstleistungen sowie Investitionen im Gesundheitssektor (ohne Vorleistungen wie Produktion von Arzneimitteln und Absatz an Apotheken). Zudem sind Forschungs- und Entwicklungskosten enthalten, sofern sie zu Lasten der Ausgabenträger gehen. Auch Aufwendungen für Pflege, betriebliche Gesundheitssicherung und gesundheitliche Maßnahmen zur Wiedereingliederung ins Berufsleben gelten als Gesundheitsausgaben."*

139 Statistisches Bundesamt, Pressemitteilung Nr. 164 vom 12.05.2020.

140 Statistisches Bundesamt, Pressemitteilung Nr. 164 vom 12.05.2020.

141 Statistisches Bundesamt, Pressemitteilung Nr. 164 vom 12.05.2020.

ca. 88 % der deutschen Bevölkerung ausmacht, der Hauptversicherungsträger in Deutschland.[142] Von den Gesamtausgaben entfielen rund 102,9 Mrd. Euro auf Waren, namentlich Arzneimittel (60 Mrd. Euro), Hilfsmittel (19,8 Mrd. Euro), medizinische Geräte und Zahnersatz.[143] Den zweiten Schwerpunkt der Ausgaben bilden mit 99,7 Mrd. Euro die ärztlichen Leistungen. Diese beiden Hauptausgaben haben sich seit dem Jahre 1992 mehr als verdoppelt.[144] Bereits diese Zahlen zeigen deutlich, welchen bedeutenden Anteil die Gesundheitsausgaben einnehmen, aber auch welch, enormes Wachstumspotenzial in dem Gesundheitsmarkt steckt.[145] Mit rund 3 % im Jahr in den 10 Jahren nach der Jahrhundertwende konnten die in der Gesundheitsbranche verbuchten Umsätze einen gegenüber dem Sozialprodukt (nominal 1,9 % pro Jahr) wesentlich höheren Anstieg erzielen.[146] Schätzungen zufolge wird der deutsche Gesundheitssektor seine Wachstumsrate mit durchschnittlich 3,5 % pro Jahr auch weiter ausbauen.[147] Damit dürfen sich die Industrien des Gesundheitssektors zu den profitabelsten und wachstumsstärksten zählen.[148] Dafür sprechen auch die Beschäftigungszahlen, die belegen, dass 2018 rund 5,7 Millionen Menschen in dem Gesundheitsbereich tätig waren,[149] was fast. 13 % der im Jahre 2018 Erwerbstätigen in Deutschland ausmacht.

Die demografische Entwicklung, die zu einem Anstieg der Zahl älterer Menschen führt, das hohe Entwicklungspotenzial hinsichtlich medizinisch-technischem Fortschritt, das der Gesundheitsmarkt birgt und das wachsende Einkommen sowie die damit zunehmende Bereitschaft zu Gesundheitsausgaben

142 vdek, Daten zum Gesundheitswesen: Versicherte; die Daten wurden für das Jahr 2018 erhoben.

143 Statistisches Bundesamt/Robert Koch Institut, Gesundheitsausgaben in Deutschland in Mio. €.

144 Statistisches Bundesamt/Robert Koch Institut, Gesundheitsausgaben in Deutschland in Mio. €.

145 *Gaßner*, NZS 2012, 521. Auf die enorme wirtschaftliche Bedeutung des Gesundheitswesens verweist auch BT-Drucks. 18/6446, S. 1, 11; *Dannecker/Schröder* in: Kubiciel/Hoven, S. 52 f.: „teures" System; *Kubiciel* in: Kubiciel/Hoven, S. 69: „*Das deutsche Gesundheitswesen ist eines der teuersten der Welt*".

146 Deutsche Bank DB Research, Wachstumsmarkt Gesundheitswirtschaft, 09.12.2012.

147 Deutsche Bank DB Research, Wachstumsmarkt Gesundheitswirtschaft, 09.12.2012.

148 *Gaßner*, NZS 2012, 521.

149 Statistisches Bundesamt, Gesundheitspersonal.

der Menschen begründen diese ansteigenden Zahlen[150] ebenso wie korruptionsbedingte Fehlallokationen von Geldern[151] und Straftaten[152]. Aufgrund des finanziellen Potenzials, das die Gesundheitsbranche bietet, birgt sie einen enormen Anreiz dahingehend, sich unberechtigterweise an diesen Geldern zu bereichern und ist in hohem Maße für korruptive Praktiken anfällig.[153] In welchen Maßen sich die finanziellen, durch Korruption bedingten Schäden auf dem Gesundheitsmarkt tatsächlich bewegen, ist nicht hinreichend belegt. Es werden Zahlen aufgeführt, die den Schaden mit jährlich 5 bis 18 Mrd. beziffern.[154] Es wird kritisiert, dass es sich bei den diesbezüglich angeführten Zahlen jedoch lediglich um Schätzungen handle, die auf keiner konkreten Tatsachengrundlage aufbauen bzw. bei denen unklar sei, auf welche korruptiven Verhaltensweisen

---

150 Deutsche Bank DB Research, Wachstumsmarkt Gesundheitswirtschaft, 09.12.2012; vgl. auch *Gaßner*, NZS, 2012, 521. Zur Wahrnehmung der Patienten ihrer Gesundheit als „superiores Gut“, vgl. a.a.O. Fn. 27.

151 *Kubiciel/Tsambikakis*, medstra 2015, 11, 12; *Kubiciel*, KPzKp 5/2014, S. 4.

152 *Transparency International* in: Jahrbuch Korruption 2006, S. 26.

153 So auch *Gaßner*, NZS 2012, 521; 523; *Badle*, medstra 2015, 23; in dem wirtschaftlichen Potential sehen einen kriminogenen Faktor auch *Maas*, NStZ 2015, 305, 308; *Kubiciel/Tsambikakis*, medstra 2015, 11, 12; die Anfälligkeit hinsichtlich finanzieller Angriffe bejaht auch *Bahner*, S. 3; *„Große Geldströme in Solidarsystemen bilden eine „natürliches“ Anziehungsfeld für kriminelle Machenschaften.“*, *Fischer*, medstra 2015, S. 1; *Kubiciel*, Stellungnahme vom 02.12.2015, S. 3 sieht in der Finanzkraft des Gesundheitssystems ebenfalls einen korruptionsbegünstigenden Faktor; ebenso *Kubiciel*, KPzKp 4/2015, S. 5; *Sartorius*, S. 20; *Bongartz*, S. 79.

154 BT-Drucks. 17/12451, S. 2: Es sei zudem von einer erheblichen Dunkelziffer auszugehen; BT-Drucks. 17/3685, S. 1 unter Berufung auf European Healthcare Fraud and Corruption Network, deren Experten die Schäden auf 3 bis 10 Prozent der Gesundheitsausgaben schätzen; BT-Drucks. 17/9587; „5 bis 17 Milliarden“: BT-Drucks. 18/5452, S. 1; *Badle*, NJW 2008, 1028; *Wengenroth/Meyer*, JA 2012, 646. Im Gesetzesentwurf BT-Drucks. 18/6446 finden sich keine konkreten Angaben zu den verursachten finanziellen Schäden. Der Gesetzgeber beschränkt sich auf die Einschätzung, dass von einer Fallzahl „voraussichtlich im niedrigen dreistelligen Bereich“ auszugehen sein wird, a.a.O. S. 3. *Martiny* in: Duttge, S. 22 f. verweist auf die polizeiliche Kriminalstatistik, nach der 1999 im Gesundheitsbereich ca. 13.500 Fälle von Wirtschaftskriminalität und ein Schaden von 20 Mio. DM festgehalten wurde, wobei von einer geschätzten Dunkelziffer von ca. 90 – 95 % bei Korruptionsdelikten auszugehen sei, vgl. hierzu a.a.O. Fn. 9 und 10. Schätzung des Schadens auf eine Milliarde: *Badle*, NJW 2008, 1028. *Andreschewski*, S. 19: Die Nennung konkreter Schadensangaben sei bei Korruptionsdelikten *„nur schwer wenn nicht sogar unmöglich“*. Auch *Kronawitter*, S. 23 geht von einer hohen Dunkelziffer aus.

sich diese konkret beziehen,[155] was sich bereits an der erheblichen Spannweite der Zahlen zeigt. Unabhängig davon, welche Höhe der Schaden konkret erreicht, sind korruptionsbedingte Schäden allerdings wohl kaum gänzlich in Abrede zu stellen, was auch einige Studien bestätigen.[156] Eine fehlende empirische Basis ist im Rahmen von Gesetzesvorhaben allerdings keine Seltenheit, weswegen das BVerfG dem Gesetzgeber eine Einschätzungsprärogative einräumt.[157] Eingeschränkt wird dieser Spielraum durch den Verhältnismäßigkeitsgrundsatz,[158] wobei festzuhalten ist, dass nur offenkundige Verletzungen dieses Grundsatzes

155 *Schneider*, HRRS 2013, 473, 478; *Kubiciel*, KPzKp 5/2014, S. 5; kritisch auch: *Brettel/Duttge/Schuhr*, JZ 2015, 929, 930; Bundesärztekammer, Stellungnahme vom 20.11.2015, S. 12; *Kubiciel*, Stellungnahme vom 02.12.2015, S. 3; *Kubiciel*, MedR 2016, 1.

156 *Bussmann/Burkhart/Salvenmoser*, S. 8 ff., die aufzeigen, dass Bestechungsgelder offensichtlich nicht gänzlich unüblich sind, wenngleich die Anzahl „eindeutiger“ Fälle von Korruption in der Pharmabranche nur 2 % über der Zahl aller Branchen liegt. *Bussmann*, Unzulässige Zusammenarbeit im Gesundheitswesen durch „Zuweisung gegen Entgelt“, S. 8: 20 % der niedergelassenen Ärzte gehen davon aus, dass eine gezielte Zuweisung gegen Zuwendungen gelegentlich oder gar häufig (ca. 20 %) erfolgt; 65 % der nicht-ärztlichen Leistungserbringer meinen, dass Ärzten gelegentlich oder häufig Zuwendungen für Zuweisungen gewährt werden. *Lieb/Brandtönies*, Dtsch Arztebl 2010, 392 haben in ihrer Befragung ermittelt, dass 77 % der befragten Ärzte mind. einmal in der Woche und 19 % sogar täglich von Vertretern der Pharmaindustrie aufgesucht werden, wobei 76 % davon ausgehen, dass die Vertreter sie immer oder häufig beeinflussen wollen; dagegen fühlen sich aber nur 6 % selbst immer oder häufig beeinflusst, 21 % halten aber ihre Kollegen für beeinflusst. GKV-Spitzenverband, Stellungnahme 02.12.2015, S. 5 führt aus, dass bei den Stellen zur Bekämpfung von Fehlverhalten im Gesundheitswesen der gesetzlichen Kranken- und Pflegekassen nach wie vor gleichbleibend Hinweise auf Korruption eingehen. *EHFCN*, Study on Corruption in the Healthcare Sector, S. 237 ff. *Fischer*, medstra 2015, 1, geht davon aus, dass Korruption auf dem Gesundheitsmarkt in „nennenswertem Ausmaß“ vorkommt. *Kubiciel*, KPzKp 5/2014, eine „Risikoanalyse“ spreche für „eine Anfälligkeit des Gesundheitsmarktes für einzelne Formen der Korruption“. Es ist zudem von einer erheblichen Dunkelziffer im Rahmen der Korruption auszugehen, vgl. *Martiny* in: Duttge, S. 22 f.; so auch *Gädigk*, medstra 2015, 268, 272.

157 BVerfGE 120, 224, 240; *Schröder*, NZWiSt 2015, 321, 323 f.; *Kubiciel*, KPzKp 5/2014, S. 5; *Brettel/Duttge/Schuhr*, JZ 2015, 929, 930; a.A. offensichtlich *Kindhäuser*, Universitas 1992, 227, 230, nach dem die Rechtsgutsgefährdung einen belegbaren Schaden erzeugen muss und die Verhaltensweisen, die sozialethisch zu missbilligen sind, nachweislich den konkreten Schaden hervorgerufen haben müssen.

158 BVerfGE 50, 205, 215; BVerfGE 96, 10, 23 f., 26; BVerfGE 120, 224, 239, 241; *Paulduro*, S. 90; *Appel*, S. 171 ff.; *Kaspar*, S. 78 ff.

von Bedeutung sind.[159] Das BVerfG überprüft lediglich, ob der Gesetzgeber von seinem Beurteilungsspielraum in vertretbarem Ausmaß Gebrauch gemacht hat.[160]

II. Intransparenz des Gesundheitssystems

Das deutsche Gesundheitssystem verfügt über eine Intransparenz, die durchaus ein *„Einfallstor für Korruption und Betrug im Gesundheitswesen“*[161] darstellen kann.

1. „Definitionshoheit“[162] des Leistungserbringers

Die Intransparenz beginnt bereits bei der Definition von “krank“. Sie bestimmt sich nach den individuellen Maßstäben, die im jeweiligen Fall angesetzt werden und damit zumeist nach dem Urteil der Leistungserbringer.[163] So ist es nicht unüblich, dass beispielweise für Blutwerte je nach Labor oder Arzt unterschiedliche Toleranzwerte angesetzt werden und sich gemessen an diesen Werten entscheidet, ob man “krank“ ist oder nicht, was aber anhand der jeweils angesetzten Werte zu einem unterschiedlichen Urteil führen kann.[164] Der Arzt hat zu entscheiden, was zur Behandlung im einzelnen Fall medizinisch notwendig ist[165] und hat dadurch theoretisch die Möglichkeit als Anbieter gleichzeitig die Nachfrage von seinen Leistungen und denjenigen der Pharmaindustrie zu beeinflussen, worin sich der Gesundheitsmarkt von vielen Branchen unterscheidet[166] und was zumindest einen Anreiz für Pharmakonzerne darstellt, mittels Zuwendungen eine häufige Verordnung der eigenen Arzneimittel oder gar eine medizinisch nicht indizierte Verordnung zu erzielen.

Des Weiteren trägt auch das große Spektrum an therapeutischen und medizinischen Angeboten zur Intransparenz bei. So existieren auf dem deutschen

---

159 BVerfGE 92, 277, 326; *Schröder*, NZWiSt 2015, 321, 324.

160 BVerfG, NJW 1993, 1751, 1756. Vgl. hierzu ausführlicher 2. Kapitel B. II. 1. a) (S. 177 ff.).

161 Transparency International, Transparenzmängel, Korruption und Betrug im deutschen Gesundheitswesen, S. 4; so auch *Gaßner/Klass*, PharmR 2002, 356, 357.

162 *Gaßner/Klass*, PharmR 2002, 356, 358.

163 *Gaßner* in: Arnim, S. 68.

164 *Gaßner* in: Arnim, S. 68.

165 BT-Drucks. 14/6871 Rn. 25; Vgl. hierzu noch 1. Kapitel B. VI. 3. a) bb) (S. 59 f.) bzw. dd) (3) (S. 67).

166 *Gaßner/Klass*, PharmR 2002, 356, 358.

Gesundheitsmarkt viele und auch oftmals mehrere wirkungsgleiche Arzneimittel.[167] Die Entwicklung neuer Arzneimittel ist mit einer enormen Zeitdauer und einer hohen Kostenintensität verbunden.[168] Daher liegt der Versuch nahe, dem Arzt, der zur Verordnung erforderlich ist, das eigene Präparat mittels Zuwendungen oder umsatzbezogenen Vergütungen anzupreisen, um konkurrenzfähig zu bleiben und eine Verordnung zu erreichen, auch wenn es eventuell gleich wirksame oder noch wirksamere Konkurrenzprodukte gibt.[169]

2. *Komplexes Versorgungs- und Abrechnungssystem*

Wesentlich ist auch das komplexe und intransparente Versorgungssystem, das vor allem im Bereich der gesetzlichen Krankenkassen vorherrscht und über das selbst Fachleute sagen, dass es *„Experten des Sozialrechts nicht verstehen“*[170].

a) Abrechnungssystem und fehlender Kostenüberblick des Patienten

Hauptursächlich für die Intransparenz ist insbesondere das in § 2 Abs. 2 SGB V verankerte Sachleistungsprinzip, nach dem Leistungen innerhalb der gesetzlichen Krankenkassen als Sach- und Dienstleistungen in natura erbracht werden. Hierzu schließen die Krankenkassen mit den Kassenärztlichen Vereinigungen Verträge, wobei die Mitglieder dieser Vereinigungen die Vertragsärzte sind. Die Leistungserbringer verpflichten sich hierbei im Rahmen eines Gesamtvertrages zur Übernahme der Versorgung der Versicherten, während die Krankenkasse die Bezahlung einer Gesamtvergütung zusagt.[171]

---

167 *Martiny* in: Duttge, S. 23. Viele sprechen sogar von einem weitestgehend gesättigten Markt *Martiny* in: Duttge, S. 18, mit einigen anschaulichen Beispielen; *Bausback* in: Kubiciel/Hoven, S. 33; BR-Drucks. 16/15, S. 5. In Deutschland sind 47.133 verschreibungspflichtige Arzneimittel auf dem Markt, BfArM, Verkehrsfähige Arzneimittel im Zuständigkeitsbereich desBfArM, Stand 18.10.2016.

168 *Bausback* in: Kubiciel/Hoven, S. 33.

169 Vgl. hierzu auch *Martiny* in: Duttge, S. 23; *Nestler*, JZ 2009, 984, 989; ähnlich auch *Pragal*, StV 2005, 133, 134.

170 *Lege*, VVDStRL 70 (2011), 112, 127; ähnlich auch *Badle*, medstra 2015, 2, 3; *Fischer*, medstra, 1 meint, *„dieses durch und durch widersprüchliche, verschwenderische und ineffektive System zieht kriminelle Energie geradezu an“*. *Steinhilper*, GesR 2010, 398, 340 führt allgemein aus, dass es sich um *„unklare, unsinnige, zu komplizierte oder widersprüchliche sowie lückenhafte Normen, ungerechte Regelungen“* handle. *Kubiciel*, Stellungnahme vom 02.12.2015, S. 3 sieht ebenfalls allgemein die komplizierten Verfahren und Normen als korruptionsbegünstigend an; ebenso auch *Kubiciel/Tsambikakis*, medstra 2015, 11, 12; *Sartorius*, S. 20.

171 *Simon*, S. 178; vgl. hierzu auch § 82 Abs. 2 S. 1 SGB V.

Ihre Vergütung beziehen die Vertragsärzte von den Kassenärztlichen Vereinigungen, die für die Verteilung der Gesamtvergütung, welche die Krankenkassen nach § 85 Abs. 1 SGB V an die Vereinigungen zur Begleichung der ärztlichen Leistungen bezahlt, verantwortlich sind.[172] Somit haben die Vertragsärzte weder einen Anspruch auf Vergütung gegen ihre Patienten noch gegen die Krankenkassen.[173] Die Vergütung des jeweiligen Arztes bemisst sich nach § 87b Abs. 1 SGB V anteilsmäßig an der Gesamtvergütung nach einem Honorarverteilungsmaßstab, den die Kassenärztlichen Vereinigungen mit den Verbänden der Krankenkassen erlassen haben und orientiert sich an Art und Umfang der ärztlichen Leistungen.[174]

Dies hat zur Folge, dass zwischen den Patienten und Vertragsärzten, abgesehen von individuellen Grundleistungen, die der Arzt gegen eine separat vom Patienten zu entrichtende Vergütung erbringt, keine Gelder fließen.[175] Aus diesem Grund entzieht es sich im Normalfall der Kenntnis des Patienten, welche Leistungen der behandelnde Arzt abrechnet und welche Kosten durch die von ihm beanspruchten Leistungen entstanden sind.[176] Damit können die Versicherten nicht als Kontrolleure der von den Ärzten in Rechnung gestellten Kosten fungieren. Umgekehrt wissen die Kassenärztlichen Vereinigungen nicht, ob die abgerechneten Leistungen tatsächlich erbracht worden sind.[177] Dies hat zwangsläufig eine enorme Kostenintransparenz zur Folge, die sich ebenfalls in einem fehlenden Kostenbewusstsein der Versicherten widerspiegelt.[178] Aus dieser Undurchsichtigkeit wird für den Leistungserbringer zumindest die Möglichkeit zur Ausweitung der Leistungen oder unwirtschaftlicher Leistungen geschaffen,[179] die durch Zuwendungen der Pharmaindustrie wiederum begünstigt werden kann.

---

172 Vgl. BVerfGE 11, 30, 34; *Bongartz*, S. 41.

173 Vgl. BVerfGE 11, 30, 34.

174 Vgl. hierzu auch *Simon*, S. 178 ff., 182 ff.; *Busse/Blümel/Ognyanova*, S. 143 f.; *Kronawitter*, S. 9.

175 *Wenner* in: MedR-Komm, § 2 SGB V Rn. 9.

176 *Martiny* in: Duttge, S. 18, 22; vgl. auch *Bahner*, S. 3; *Badle*, NJW 2008, 1028, 1032; *Kölbel*, NStZ 2009, 312, 316 f.; *Kubiciel*, KPzK 4/2015, S. 4; *Kubiciel*, Stellungnahme vom 02.12.2015, S. 2; *Bongartz*, S. 83.

177 *Bahner*, S. 3.

178 *Steinmeyer/Grötschel* in: Gesamtes MedR, § 2 SGB V Rn. 18; *Fischer*, medstra 2015, 1; Transparency International, Transparenzmängel, Korruption und Betrug im deutschen Gesundheitswesen, S. 20.

179 *Savedoff/Hussmann* in: Jahrbuch Korruption 2006, S. 47; *Gaßner/Klass*, PharmR 2002, 356; *Gaßner* in: Arnim, S. 69; *Kubiciel*, KPzKp 5/2014, S. 4. *Bongartz*, S. 80, 83 f.

b) Konflikt der Leistungserbringer

Budgetierungen und Vorgaben bei den gesetzlichen Krankenkassen bewirken, dass im Falle der Überschreitung des Budgets der Arzt seine Leistungen nicht mehr oder nur noch anteilig vergütet bekommt, weswegen er abwägen muss, welche Leistungen er seinen Patienten zukommen lässt, da er ansonsten gegebenenfalls einer sozialrechtlichen Haftung unterfällt.[180] Auf der anderen Seite muss der Arzt, insbesondere aufgrund des Anspruchs des Patienten auf vertragsärztliche Versorgung nach § 27 Abs. 1 S. 1 SGB V, an welcher der Vertragsarzt teilnimmt,[181] sowie des Behandlungsvertrages mit dem Patienten und seiner zivilrechtlichen Haftung, die sich im Falle einer Behandlung unter dem medizinischen Standard ergeben kann, diesem eine angemessene Behandlung ermöglichen.[182] Dies kann unter Umständen dazu führen, dass der Arzt in eine Konfliktsituation zwischen einerseits geringen finanziellen Mitteln und andererseits generell möglichen medizinischen Behandlungsmöglichkeiten gerät.[183] Der Arzt bezieht eine gemessen an einer Gebührenordnung vorgegebene Vergütung, weshalb sich die Preise für seine Leistungen nicht an der konkreten Marktsituation oder an Mitbewerbern orientieren können.[184] Andererseits unterliegt er einem gewissen ökonomischen Druck, da er als Freiberufler das wirtschaftliche Risiko seiner Tätigkeit trägt.[185] Hierdurch kann zumindest ein Anreiz entstehen, Zuwendungen anzunehmen oder Verordnungen auszustellen bzw. Zuweisungen vorzunehmen, die mit anderen finanziellen Erleichterungen oder Zuwendungen verbunden sind.[186]

---

180 *Gaßner/Klass*, PharmR 2002, 356, 359; Transparency International, Transparenzmängel, Korruption und Betrug im deutschen Gesundheitswesen, S. 20; *Bongartz*, S. 86; vgl. auch *Andreschewski*, S. 27. *Dannecker/Schröder* in: Kubiciel/Hoven, S. 53, weisen darauf hin, dass die „Rationierungen medizinischer Leistungen" erst an ihrem Beginn stehe.

181 Vgl. noch 1. Kapitel B. VI. 1. (S. 47 ff.).

182 *Steinhilper* in: Laufs/Kern, § 25 Rn. 6, der den Konflikt zwischen „Sparzwang" und „Heilauftrag" sieht; *Bongartz*, S. 86.

183 *Steinhilper* in: Laufs/Kern, § 25 Rn. 6.

184 *Gaßner* in: Arnim, S. 67.

185 *Gaßner/Klass*, PharmR 2002, 356, 359; *Sartorius*, S. 20 f; *Bongartz*, S. 82. Ausführlich hierzu 1. Kapitel B. VI. 1. a) aa) (S. 47 f.) bzw. 3. b) cc) (1) (S. 70 ff.).

186 Zur korruptionsbegünstigenden Wirkung einer nicht angemessenen Vergütung *Gaßner* in: Arnim, S. 70; *Murmann* in: Duttge, S. 111; *Gaßner/Klass*, PharmR 2002, 356, 359; vgl. zu diesem Aspekt auch: *Nestler*, JZ 2009, 984, 989 f.; *Kölbel*, NStZ 2009, 312, 317; *Makoski*, MedR 2009, 376; *Sartorius*, S. 21.

3. *Vielzahl der beteiligten Akteure*

Die dargestellte Intransparenz ist nicht zuletzt eine Folge der relativ großen Anzahl von am Geschehen auf dem Gesundheitssystem Beteiligten und der sich daraus ergebenden Vielschichtigkeit der Kommunikationsebenen.[187] Die Vielzahl der beteiligten Akteure, die die Nachvollziehbarkeit der Beziehungen dieser zueinander und der jeweiligen Verantwortlichkeit erschwert, spielt zwar im Wesentlichen bei dem Problemfeld der entgeltlichen Zuweisungen eine Rolle, das nicht Gegenstand dieser Arbeit ist. Es soll aber dennoch im Folgenden kurz auf diese grundsätzliche Problematik verwiesen werden, ohne die Ausführungen hierzu zu vertiefen.

Namentlich sind mit den Patienten, den Leistungserbringern, den Versicherungen, den Lieferanten für Arzneimittel, medizinischen Geräte und Sonstigem sowie den staatlichen Aufsichtsbehörden fünf wesentliche Akteure auf dem Gesundheitsmarkt vertreten.[188] Diese Komplexität trägt dazu bei, dass die einzelnen Beziehungen und Zusammenspiele teilweise nicht ohne Weiteres im Detail nachvollzogen und überblickt werden können.[189] Hierdurch werden die Kontrollen, Ermittlungen und das Ausfindigmachen der Quelle des Fehlverhaltens erheblich erschwert. Intransparente Systeme bieten einen Nährboden für rechtswidriges Verhalten und leisten ihren Beitrag dazu, dass ein Geschädigter oftmals nur schwer ausgemacht werden kann.[190] Bei Korruption haben zudem Vorteilsgeber und Vorteilsnehmer einen Nutzen aus der Tat, so dass eine Aufdeckung regelmäßig durch Verschleierungsmaßnahmen erschwert wird.[191] Ebenso schwierig ist es daher den Verursacher zu identifizieren. Die Verdeckung der Taten wird zusätzlich durch die Anonymität begünstigt, die auf dem

---

187 So auch *Kölbel* in: AG Medizinrecht im DAV/IMR, S. 64; vgl. hierzu auch *Martiny* in: Duttge, S. 18; *Murmann* in: Duttge, S. 110 f.; BR-Drucks. 16/15, S. 4. Die Vielschichtigkeit resultiert vor allem auch aus der gegenseitigen Abhängigkeit der Marktteilnehmer hinsichtlich des jeweiligen Fachwissens, der erforderlichen Teilhabe an Innovationen und der Tatsache, dass umfassende Behandlungen meist nicht von nur einem Leistungserbringer erbracht werden können, *Andreschewski,* S. 21 f.

188 *Savedoff/Hussmann* in: Jahrbuch Korruption 2006, S.48.

189 *Transparency International* in: Jahrbuch Korruption 2006, S. 25.

190 *Martiny* in: Duttge, S. 18; so auch *Savedoff/Hussmann* in: Jahrbuch Korruption 2006, S. 47 f.; in diesem Sinne wohl auch *Bongartz,* S. 79.

191 *Bahner*, S. 2; *Gädigk,* medstra 2015, 268, 272; *Bongartz,* S. 85; *Kronawitter*, S. 23 f. Anzeigen in diesem Bereich erfolgen „sehr zurückhaltend", *Andreschewski,* S. 19; *Bannenberg* in: Wabnitz/Janovsky, S. 684 Rn. 146: Bei Korruptionsdelikten handelt es sich in erster Linie um anonyme Anzeigen.

Gesundheitsmarkt in gewisser Weise, auch aufgrund der datenschutzrechtlichen Vorgaben,[192] vorzufinden ist. So ist bei einer Schädigung eines Versicherungsunternehmens, das Millionen Versicherte an sich bindet, der eigentlich Geschädigte nicht klar festzustellen.[193] Zudem werden Gesundheitsleistungen meist nicht nur von einer Person erbracht, sondern vielmehr durch das Zusammenwirken mehrerer Leistungserbringer, so dass ein Verantwortlicher aufgrund der Komplexität der Sachverhalte oft nicht mehr ausgemacht werden kann.[194] Im Falle von Geschäftsbeziehungen, bei denen die Geschäftspartner in direktem Austausch stehen, ist eine unmittelbare Kontrolle einfacher, da Abrechnung und Leistung in der Regel zwischen den Parteien ausgetauscht werden und nicht über Dritte erfolgen. [195]

Ein anderer Faktor ist, dass Kooperationen auf dem Gesundheitsmarkt gewollt und auch erforderlich sind. Die Zusammenarbeit zwischen den Ärzten und der Industrie sind von Bedeutung für die Entwicklung neuer Produkte[196] ebenso wie die Kooperation zwischen den Leistungserbringern für eine umfassende Patientenbehandlung erforderlich sein kann. Aufgrund der Intransparenz des Systems und den vielfältigen Beziehungen zueinander existieren allerdings einige „Graubereiche" der Zusammenarbeit, so dass nicht zwangsläufig ein Mitwirken an einem unzulässigen Verhalten von allen vorsätzlich erfolgen muss.[197]

---

192 Vgl. hierzu *Gaßner* in: Arnim, S. 68; *Gaßner/Klass*, PharmR 2002, 356, 357.

193 *Martiny* in: Duttge, S. 19.

194 *Gaßner* in: Arnim, S. 68 f.

195 *Martiny* in: Duttge, S. 18 f.

196 *Bauer* in: FS Oberender, S. 635.

197 So wohl auch *Murmann* in: Duttge, S. 114; *Duttge* in: Kubiciel/Hoven, S. 28, hinsichtlich durch Organisationsmängel bedingten unvorsätzlichen Handelns; *Weimer* in: FS Steinhilper, S. 249 ff., führt aus, es habe sich „ein gewisser Fatalismus" in Bezug auf Risiken bei den Ärzten verbreitet. Vgl. auch *Duttge* in: Duttge, S. 9. So sprachen sich auch beinahe zwei Drittel der Pharmaunternehmen nach der Entscheidung des BGH für die Einführung einer Norm zur Erfassung korruptiven Verhaltens niedergelassener Vertragsärzte aus, *Bussmann/Burkhart/Salvenmoser*, S. 14; nur 14 % der befragten Unternehmen stimmten gegen die Einführung einer strafrechtlichen Regelung.

III. Informationsasymmetrie unter Berücksichtigung der besonderen Position des Vertragsarztes

Ein weiteres den Gesundheitsmarkt prägendes Element ist die Informationsasymmetrie, die zwischen Leistungserbringer und -empfänger besteht.[198] Für die Patienten ist es aufgrund mangelnder Fachkenntnisse meistens nicht möglich, selbst diagnostische oder therapeutische Maßnahmen zu ergreifen. Zudem kann allein der Arzt Verordnungen oder Leistungen auf Kosten der Versicherungen anordnen und verschreibungspflichtige Medikamente verordnen. Der Patient ist daher bei der Frage nach dem Erfordernis einer Behandlung sowie deren Ausgestaltung und Dauer von dem Wissen seines Arztes ebenso abhängig wie von dessen Befugnis, die Leistungen für den Patienten zu verordnen.[199] Aufgrund dieses Wissensnachteils wird vertreten, dass dem Patienten kaum eine Kontrollmöglichkeit oder Kritikbereitschaft hinsichtlich der ihm angebotenen Leistungen obliege, was wiederum dazu führe, dass die Patienten kein echtes Wahlrecht hinsichtlich der Leistungserbringer und Leistungen haben, medizinisch nicht indizierte Verordnungen oder nicht fachgerechte Zuweisungen nicht erkennen können und unsachgemäße Leistungen nicht vom Markt verdrängt werden, wie es in anderen Wirtschaftsbereichen aber der Fall sei.[200] Dies unterscheide den Gesundheitsmarkt von den auf vielen anderen Märkten klassischerweise vorherrschenden Austauschverhältnissen, in denen sich der Käufer und Verkäufer

---

198 *Savedoff/Hussmann* in: Jahrbuch Korruption 2006, S. 46 mit Ausführungen zu weiteren Informationsasymmetrien auf dem Gesundheitsmarkt; *Gaßner*, NZS 2012, 521, 523; *Kölbel* in: AG Medizinrecht im DAV/IWR, S. 64; *Dannecker/Schröder* in: NK-StGB, § 299a Rn. 54, 62.

199 Vgl. *Noweski*, S. 28 f. Diese führt sogar stellenweise soweit, dass die Patienten aus Sorge vor dem Befund und der damit einhergehenden Behandlung in ihrem Arzt einen idealisierten Helfer sehen, *Noweski*, S. 28 f. So ergab eine Umfrage bei praktizierenden Ärzten, dass manche Patienten nicht nur ihre gesundheitlichen, sondern auch ihre privaten und sozialen Probleme – ohne medizinischen Hintergrund – ihrem Arzt anvertrauen, *Noweski*, S. 28, mit Nachweis in Fn. 69. Dies kann jedoch unter Umständen von wichtiger Bedeutung für die Anamnese und eine umfassende Behandlung des Patienten sein.

200 *Gaßner/Klass*, PharmR 2002, 386, 389; *Savedoff/Hussmann* in: Jahrbuch Korruption 2006, S. 47, mit dem Beispiel, dass der Patient sich an den Arzt wendet, um geheilt zu werden, dieser aber unter Umständen neben der Genesung des Patienten auch seine wirtschaftlichen Ziele verfolgt und dementsprechend Leistungen verordnet, deren Nutzen und Notwendigkeit der Patient aber nicht nachvollziehen kann. Zur mangelnden Kontrollmöglichkeit aufgrund des Wissensnachteils auch *Bongartz*, S. 79.

mit den gleichen Kenntnissen und Informationen ausgestattet und damit auf einer gleichen Ebene begegnen.[201]

Dem ist jedoch entgegenzuhalten, dass es durchaus auch andere Bereiche und freie Berufe gibt, in denen Informationsasymmetrien zwischen Leistungserbringer und Leistungsempfänger bestehen, wie beispielsweise bei Anwälten, Steuerberatern oder Architekten.[202] In diesen beratenden Berufskategorien besteht ebenfalls in der Regel ein enormer Wissensunterschied zwischen den Leistungserbringern und den Leistungsempfängern. Es handelt sich hierbei folglich nicht um ein Merkmal, das allein dem Gesundheitsmarkt anhaftet.[203] Dennoch ist der Informationsasymmetrie nicht ihre Korruption begünstigende Wirkung abzusprechen.

An dieser Stelle ist zudem festzuhalten, dass allein ein Verweis auf das auch in anderen Berufskategorien existierende Wissensgefälle unberücksichtigt lassen würde, dass der Arzt im Gefüge des gesetzlichen Krankenversicherungssystems eine besondere Rolle einnimmt und auf dem Gesundheitsmarkt weitere wesentliche Faktoren hinzutreten, die Korruption erleichtern und korruptive Einflussmöglichkeiten schaffen, so dass unzulässige Beeinflussungen wesentlich häufiger vorzukommen scheinen als bei den anderen genannten Berufen.[204] Der Vertragsarzt hat eine Stellung inne, die eine enorme Abhängigkeit in wirtschaftlicher Hinsicht für Dritte von seinem Verordnungsverhalten schafft, die nicht vergleichbar mit anderen freien Berufen erscheint.[205] Er nimmt die Verordnung

---

201 *Gaßner*, NZS 2012, 521, 523; *Gaßner* in: Arnim S. 67 unter Verweis auf die „Invisible hand" – Metapher von Adam Smith *(Smith*, S. 345), die die Grundregel der Marktwirtschaft darstellt und besagt, dass jeder Marktteilnehmer seine Interessen leicht verfolgen kann und hierbei den anderen nicht überlegen ist.

202 *Schneider*, HRRS 2013, 473, 478; *Schneider/Kaltenhäuser*, medstra 2015, 24, 30; *Schneider/Ebermann*, A&R 2015, 202, 205; *Dannecker/Schröder* in: NK-StGB, § 299a Rn. 54; *Quaas*, MedR 2001, 34, 35; Stellungnahme der Bundesärztekammer, 20.11.2015, S. 12; so auch *Gaßner/Klass*, PharmR 2002, 356, 358, die den Umfang des Problems aber bei den anderen freien Berufen geringer einschätzen.

203 *Dannecker/Schröder* in: NK-StGB, § 299a Rn. 54; *Schneider*, HRRS 2013, 474, 478; *Reinhardt*, S. 266.

204 *Dannecker/Schröder* in: NK-StGB, § 299a Rn. 54; *Kubiciel*, KPzK 5/2014, S. 3; *Kubiciel/Tsambikakis*, medstra 2015, 11, Fn. 5; *Cosack*, ZIS 2013, 226, 229; *Duttge* in: Duttge, S. 3; *Murmann* in: Duttge, S. 113; *Kubiciel*, Stellungnahme vom 02.12.2015, S. 7 f.; a.A. wohl *Schneider*, HRRS 2013, 473, 478, der Zweifel hinsichtlich der Validität der empirischen Erkenntnisse äußert.

205 *Reinhardt*, S. 267; für eine mächtige wirtschaftliche Stellung aufgrund der Verordnungen auch *Badle*, medstra, 2, 3. Für eine Abhängigkeit auch: BT-Drucks. 18/6446, S. 11; *Bahner*, S. 4.

vor und kann hierbei zugleich die Ersetzung des Arzneimittels ausschließen (vgl. § 129 Abs. 1 S. 1 Nr.1 lit. b SGB V), so dass allein ihm die Entscheidung obliegt, ob ein Medikament und welches verordnet wird,[206] was einen großen Anreiz für Beeinflussungen seines Verordnungsverhaltens schafft. Das Beratungsverhältnis zwischen Arzt und Patient bezieht sich auf den Gesundheitszustand des Patienten und betrifft unter Umständen dessen gesundheitliche Existenz, weswegen sich das Verhältnis wesentlich von dem mit anderen Beratern unterscheidet und hinsichtlich seiner Bedeutung kaum vergleichbar erscheint.[207]

IV. „Moral Hazard"-Problem

Wie für die meisten Versicherungssysteme, ist auch für das Gesundheitswesen das sog. „Moral Hazard"[208]-Verhalten kennzeichnend, das daraus resultiert, dass es sich nicht um einen klassischen Austauschmarkt handelt, sondern um einen Versicherungsmarkt, bei dem der Preis der angebotenen Leistungen nicht durch die Nachfragenden selbst beglichen wird, sondern durch die Versicherungen und damit durch Dritte.[209] Unter dem „Moral Hazard"-Problem in Versicherungssystemen versteht man den Anreiz, sich aufgrund seiner Mitgliedschaft in einer Versicherung weniger schadensmindernd zu verhalten, da die Kosten von einem Kollektiv getragen werden und nicht der einzelne Versicherungsnehmer hierfür einstehen muss, was diesem auch bewusst ist.[210] Dieser Anreiz ist auf dem Gesundheitssektor sogar in zweifacher Hinsicht vorhanden. Zum einen in Bezug auf den Patienten, der mangels direkter Kostenübernahme der von ihm in Anspruch genommenen Leistungen dazu geneigt ist, ein Maximum an Leistungen zu fordern, unabhängig davon, ob diese für ihn einen Nutzen haben oder

---

206 *Axer* in: Becker/Kingreen, SGB V, § 129 Rn. 21; *Kraatz*, NZWiSt 2012, 273, 277; *Gelshorn*, S. 87.

207 *Reinhardt*, S. 266 f.; vgl. hierzu auch *Gaede/Lindemann/Tsambikakis*, medstra 2015, 142, 146; *Maas*, NStZ 2015, 305, 308.

208 Moralisches Risiko; vgl. hierzu *Pauly*, S. 535; es wird zwischen ex-ante Moral Hazard (vor der Erkrankung durch Vernachlässigung der Maßnahmen zur Vermeidung von Krankheiten) und ex-post Moral Hazard (nach dem Eintritt der Erkrankung durch eine Inanspruchnahme der medizinischen Leistungen in einem nicht erforderlichen Ausmaß) unterschieden, *Bieback*, SGb 01/2012, 1, 4.

209 *Gaßner* in: Arnim, S. 67.

210 *Gaßner* in: Arnim, S. 67; auch *Fischer*, medstra 2015, 1 sieht eine Gefahr darin begründet, dass in Solidarsystemen „scheinbar Geld ohne Ende" existiert und ein persönlich Geschädigter selten bekannt ist.

nicht.[211] Zum anderen besteht der Anreiz in Bezug auf den behandelnden Arzt, der dazu geneigt ist, dem Patienten Behandlungen zu verordnen, die überteuert oder gar überflüssig sind, wenn er hierfür anderweitig Zuwendungen oder Vergünstigungen erhält, da die Kosten nicht dem begrenzten Budget seines Patienten unterfallen, sondern zu Lasten der Versicherung gehen, die nach außen über ein scheinbar unbegrenztes Kontingent verfügt.[212]

Das „Moral Hazard"-Problem kann jedoch grundsätzlich bei allen Versicherungen auftreten, so dass dieses nicht allein symptomatisch für das Gesundheitswesen oder die gesetzliche Krankenversicherung ist.[213] Dies stellt aber zum einen nicht in Abrede, dass es sich hierbei um einen korruptionsbegünstigenden Faktor handelt. Zum anderen begünstigen Faktoren wie die Informationsasymmetrie zwischen Arzt und Patient und die Abrechnungsmodalitäten des gesetzlichen Krankenversicherungssystems das „Moral Hazard"-Problem zusätzlich. In der privaten Krankenversicherung gilt beispielsweise das Kostenerstattungsprinzip und es wird vom Arzt direkt gegenüber dem Patienten abgerechnet. Hierdurch kann grundsätzlich eine bessere Kostenkontrolle erfolgen und ein Kostenbewusstsein entstehen, wenngleich der Patient dennoch nicht immer nachvollziehen können wird, ob eine Abrechnung korrekt ist oder Leistungen indiziert waren.[214] Auch bei den meisten anderen Versicherungen erfolgt die Leistung der Versicherung meist direkt an den Versicherten bzw. stellt der Versicherte seinen Antrag auf Kostenübernahme direkt bei der Versicherung. In der gesetzlichen Krankenversicherung erfährt der Versicherte weder etwas über die Abrechnung noch über den Geldfluss, weswegen eine Ausdehnung der abgerechneten Leistungen einfacher erscheint.

---

211 *Gaßner/Klass*, PharmR 2002, 356; *Fischer*, medstra 2015, 1 führt aus, dass es dem Einzelnen „fast gleichgültig" sei, ob die durch die vertragsärztliche Versorgung erhaltenen Leistungen ordnungsgemäß ergehen oder die kostengünstigste Variante darstellen. Zum Zwecke des Naturalleistungsgrundsatzes hat das BSG ausgeführt, er führe zur *„Unmittelbarkeit der Bedarfsbefriedigung."*, BSGE 55, 188, 193. Die Unmittelbarkeit birgt aber eine Gefahr des Missbrauchs des einzelnen Versicherten, welcher zu erhöhten Kosten für die Solidargemeinschaft führen kann.

212 *Gaßner* in: Arnim, S. 67; *Martiny* in: Duttge, S. 19.

213 *Gaßner*, NZS 2012, 521, 523 unter Verweis auf die Reisegepäckversicherung.

214 Ähnlich auch *Martiny* in: Duttge, S. 22.

V. Unzureichende Kontrollen und Erfassung durch Berufs- und Sozialrecht

Trotz der Bemühungen, korruptiven Verhaltensweisen mit berufs- und sozialrechtlichen Regelungen[215] sowie Initiativen zur Selbstregulierung[216] entgegenzutreten, konnte es mit diesen Maßnahmen nicht gelingen der Korruption, insbesondere den unzulässigen Einflussnahmen der Pharmaunternehmen auf die Ärzteschaft, mit der erforderlichen Wirkung Einhalt zu gebieten. [217] Die mit Korruption verbundenen nachteiligen Auswirkungen[218] auf das Gesundheitswesen, wie insbesondere die Beeinträchtigung des Vertrauens der Patienten in eine sachgerechte und unbeeinflusste Behandlung, die finanziellen Auswirkungen sowie die Sicherstellung eines lauteren Wettbewerbs konnten durch diese Regelungen nicht verhindert werden. Dies mag an den mangelnden

---

215 Vgl. zu den berufsrechtlichen Regelungen der unerlaubten Zuweisung und Zuwendung dieses Kapitel B. VI. 1. a) dd) (S. 50 f.). Nachdem auf die Kooperationen zwischen den einzelnen Leistungserbringern und deren Zusammenarbeit sowohl aus medizinischen, also auch aus ökonomischen Gründen nicht verzichtet werden kann, bemühte sich der Gesetzgeber auch um sozialrechtliche Regelungen hierzu, die mit der Neufassung des § 128 SGB V, der die Zusammenarbeit zwischen den Leistungserbringern und Vertragsärzten regelt, und mit § 73 Abs. 7 SGB V – eine dem Berufsrecht angepasste Norm, die ein Verbot der Zuweisung gegen Entgelt beinhaltet – umgesetzt wurden und die rechtlichen Grenzen der Kooperationen aufzeigen sollen, *so Wollersheim* in: FS für Steinhilper, S. 158 u. 161: § 128 SGB V wurde durch das Gesetz zur Weiterentwicklung der Organisationsstrukturen in der gesetzlichen Krankenversicherung, welches Januar 2009 in Kraft getreten ist, neu gefasst und § 73 Abs. 7 SGB V wurde durch das Gesetz zur Verbesserung der Versorgungsstrukturen in der gesetzlichen Krankenversicherung, das zum 01.01.2012 in Kraft getreten ist, eingeführt. Zudem wurden mit den §§ 115a, 115b und 116b SGB V Regelungen für „sektorübergreifende Kooperationen" getroffen, *Wollersheim* in: FS für Steinhilper, S. 161. Dagegen gehört das Verbot der Zuweisung gegen Entgelt schon länger zu den Kerninhalten des ärztlichen Berufsrechts der jeweiligen Berufsordnungen, *Wollersheim* in: FS für Steinhilper, S. 159.

216 Vgl. hierzu ausführlich 2. Kapitel B. II. 1. b) bb) (3) (S. 188 ff.).

217 *Bannenberg* in: Wabnitz/Janovsky, Kap. 12 Rn. 86: Der Verweis auf standesrechtliche Verbote sei „scheinheilig"; *Kölbel,* medstra 2016, 193; *Schröder,* NZWiSt 2015, 321, 324 f.; BT-Drucks. 18/6446, S. 13 f.; *Reinhardt*, S. 263 f.; *Kubiciel*, Stellungnahme vom 02.12.2015, S. 6; Zweifel diesbzgl. anmeldend auch *Kölbel*, StV 2012, 592, 593. Vgl. hierzu ausführlich 2. Kapitel B. II. 1. b) bb) (S. 180 ff.).

218 BT-Drucks. 18/64464, S. 12. Vgl. hierzu eingehend 2. Kapitel B. II. 1. a) (S. 177 ff.) u. 2 a). (S. 196 ff.) m.w.N.

Ermittlungsbefugnissen,[219] der fehlenden Erfassung von anderen Personen als Berufsträgern[220], aber auch an der unzureichenden sozialethischen Missbilligung des Verhaltens durch diese Normen liegen.[221] Die eingeschränkten Ermittlungsbefugnisse sind anscheinend auch einer nicht ganz unbedeutenden Zahl der Ärzte sowie den weiteren Akteuren auf dem Gesundheitsmarkt bewusst, was wiederum ein niedrigeres Entdeckungsrisiko etwaiger von ihnen angenommener Zuwendungen zur Folge hat und die Annahme solcher Leistungen begünstigen kann.[222] Die fehlende symbolische Wirkung, die den Nebengesetzen teilweise zugesprochen wird,[223] zeigt sich auch darin, dass sich die Berufsträger teilweise deren Bedeutung und Auswirkungen zumindest nicht immer vollumfänglich bewusst sind, so dass deren Abschreckungswirkung nicht zur vollen Geltung gelangt.[224]

Des Weiteren ist das *„korporative System der Selbstverwaltung der Ärzteschaft und gesetzlichen Krankenversicherung"* geprägt von den Interessen dieser Gruppen und orientiert sich nicht immer allein am Allgemeinwohl.[225] Es ist zwar

---

219 BT-Drucks. 18/6446, S. 13 f.; *Braun*, MedR 2013, 277, 282; *Cosack*, ZIS 2013, 226, 231; *Gädigk*, medstra 2015, 268, 271; *Kölbel*, StV 2012, 592, 593; *Reinhardt*, S. 264.

220 BT-Drucks. 18/6446, S. 13; Referentenentwurf des BMJV vom 04.02.2015, S. 12; *Eckstein/Püschel*, Newsdienst Compliance, 2015, 71001, S. 2; *Gädigk*, medstra 2015, 271; *Reinhardt*, S. 265.

221 BT-Drucks. 18/6446, S. 13; *Bahner*, S. 11; *Cosack*, ZIS 2013, 226, 232; sowie 2. Kapitel B. II. 1. b) bb) (2) (b) (S. 184 ff.) u. (4) (S. 192).

222 *Bussmann*, Unzulässige Zusammenarbeit im Gesundheitswesen durch „Zuweisung gegen Entgelt", S. 9: 52 % der im Rahmen der Studie befragten niedergelassenen Ärzte und 53 % der nicht-ärztlichen Leistungserbringer geben an, dass sie sich der mangelnden Kontrollen und Sanktionen bewusst sind.

223 *Kubiciel*, WiJ 2016, 1, 3; *Kubiciel/Tsambikakis*, medstra 2015, 11, 12: *„kommunikativ suboptimal"*.

224 In einer Studie haben 19 % der befragten niedergelassenen Ärzte angegeben, dass sie § 31 MBO-Ä nicht kennen bzw. sich nicht dafür interessieren; 21 % der befragten nicht-ärztlichen Leistungserbringer haben keine Kenntnis von oder kein Interesse an der Regelung des § 128 Abs. 2 u. 6 SGB V; 40 % der Befragten sehen das Verbot der Zuweisung gegen Entgelt lediglich als Handlungsempfehlung an, vgl. *Bussmann*, Unzulässige Zusammenarbeit im Gesundheitswesen durch „Zuweisung gegen Entgelt", S. 7.

225 *Zimmermann*, S. 423 f.; der Bundesausschuss der Ärzte und Krankenkassen verfügt über einen wesentlichen Einfluss auf das Gesundheitssystem, wird aber paritätisch von Vertretern der Ärzteschaft und den Krankenkassen gebildet und ist damit nicht neutral; die Selbstverwaltungskörperschaften werden überwiegend anhand von

grundsätzlich eine Prüfung der Abrechnung der ärztlichen Leistungen im Rahmen der Wirtschaftlichkeitsprüfung durch Krankenkassen und Kassenärztliche Vereinigungen vorgesehen[226], jedoch finden diese nur unzureichend und mittels Stichproben statt und vermögen regelmäßig nur erhebliche „Ausreißer“ zu erfassen.[227] Es erscheint daher zumindest schwierig zu erkennen, ob ein Arzt beispielsweise immer Produkte eines Herstellers verordnet, auch wenn es günstigere oder wirksamere Alternativen gegeben hätte oder ob Zuweisungen wirklich sachgerecht und allein am Patientenwohl erfolgt sind.

VI. Die Stellung des Vertragsarztes

Korruptionsrisiken werden nach der Gesetzesbegründung insbesondere auch dadurch hervorgerufen, dass bestimmten Heilberufsgruppen, vordergründig den Ärzten, Entscheidungsbefugnisse von erheblichem Gewicht zukommen, die für andere Marktteilnehmer von wesentlicher wirtschaftlicher Relevanz seien und die Motivation für rechtswidrige Einwirkungen auf ärztliche Entscheidungen begründen können.[228] Um sich vergegenwärtigen zu können, von welcher Bedeutung die Position des Vertragsarztes im Rahmen der Gesundheitsversorgung tatsächlich ist, erfolgt im Folgenden zunächst eine allgemeine Darstellung der vertragsärztlichen Versorgung in Deutschland, um daran anschließend die Stellung des Vertragsarztes in diesem System, insbesondere im Rahmen der Verordnungen von Arznei- und Hilfsmitteln zu analysieren.

Friedenswahlen gewählt und die Wahlen erfolgen nur von den Organisationen der Versicherten und Arbeitgeber, *Gaßner/Klass,* PharmR 2002, 356, 360.

226 Vgl. eingehend zur Wirtschaftlichkeitsprüfung dieses Kapitel B. VI. 3. a) dd) (2) (S. 62 ff.).

227 *Martiny* in: Duttge, S. 22; *Gaßner* in: Arnim, S. 71; *Gaßner/Klass*, PharmR 2002, 356, 361.

228 BT-Drucks. 18/6446, S. 11; *Bahner*, S. 3; *Geiger*, NK 2013, 136, 144; *Scholz* in: Spickhoff, Medizinrecht, § 32 MBO-Ä Rn.1; *Gaede/Lindemann/Tsambikakis*, medstra 2015, 142, 146 gehen von einer „besonderen Gefahrenlage“ aus, die in erster Linie bei der „Schlüsselfigur des (Vertrags-) Arztes“ existiere. *Andreschewski, S. 20,* spricht von „Schlüsselpositionen einzelner Marktteilnehmer“, vornehmlich der Ärzteschaft und vereinzelt der Pharmazeuten.

1. Die vertragsärztliche Versorgung

a) Der Vertragsarzt

„Vertragsarzt" ist jeder niedergelassene Arzt, der aufgrund seiner Zulassung nach § 95 Abs. 2 S. 4 SGB V i.V.m. der Zulassungsverordnung für Ärzte dazu berechtigt und verpflichtet ist, neben den zugelassenen medizinischen Versorgungszentren, den ermächtigten Ärzten und Einrichtungen an der vertragsärztlichen Versorgung von gesetzlich versicherten Patienten teilzunehmen.[229]

aa) Die vertragsärztliche Tätigkeit als freier Beruf

Der Arzt übt nach Maßgabe des § 1 Abs. 1 MBO-Ä[230] einen Beruf aus, der *„seiner Natur nach ein freier Beruf"* ist. Nach der Rspr. des BVerfG[231] ist der Begriff der „Freiberuflichkeit" kein eindeutiger rechtlicher Begriff, sondern ein soziologischer Begriff.[232] Dieser in rechtlicher Hinsicht nicht hinreichend bestimmte *„Sammelname"* umfasst viele verschiedene Berufe,[233] denen eine gewisse Berufsrealität bzw. gesellschaftliche Funktion zuzuweisen ist.[234] Das BVerfG hat auch den Vertragsarzt dieser Begrifflichkeit zugeordnet, obwohl er insoweit eine öffentliche Aufgabe wahrnehme.[235] Die Zulassung zur vertragsärztlichen Versorgung begründe keine differenzierte Betrachtung zwischen Vertragsärzten und anderen freiberuflich tätigen Ärzten, da er trotz seiner Einbindung in ein *„subtil organisiertes öffentlich-rechtliches System"* weder zu den Krankenkassen

229 *Wigge* in: Schnapp/Wigge, § 2 Rn. 1. Herkömmlich wurde zwischen Kassenärzten und Vertragsärzten differenziert, wobei die Kassenärzte für die bei den Primärkassen Versicherten zugelassen waren und die Vertragsärzte für die Versicherten der Ersatzkassen; im Rahmen des Gesundheitsstrukturengesetzes vom 21.12.1992, das am 01.01.1993 in Kraft getreten ist, verabschiedete man sich von dieser Unterscheidung und es war sodann nur noch von dem „Vertragsarzt" und der „vertragsärztlichen Versorgung" die Rede, vgl. *Wigge* in: Schnapp/Wigge, § 2 Rn. 5 f.

230 Die (Muster-)Berufsordnung hat grundsätzlich lediglich „Empfehlungscharakter" für die Landesärztekammern, welche rechtsverbindlich jeweils die Satzungen beschließen, *Scholz* in: Spickhoff, Medizinrecht, MBO, Vorbemerkung, Rn. 1. Die Berufsordnungen der Landesärztekammern orientieren sich jedoch maßgeblich an den Regelungen der (Muster-)Berufsordnung, weshalb im Folgenden auf deren Vorschriften zurückgegriffen wird.

231 BVerfGE 10, 354, 364.

232 BVerfGE 10, 354, 364.

233 Vgl. *Clemens* in: Quaas/Zuck, § 18 Rn. 39.

234 BVerfGE 10, 354, 364; *Hellmann/Herffs*, S. 78.

235 Vgl. BVerfGE 11, 30, 40.

noch zu den Kassenärztlichen Vereinigungen in einem Dienstverhältnis stehe.[236] Mit der Zulassung zum Vertragsarzt sei eine *„besondere Chance"* verbunden, die der Vertragsarzt jedoch auf eigenes wirtschaftliches Risiko und in eigener Verantwortung wahrnehmen muss.[237] An dieser Auffassung wird auch nach wie vor vom BSG[238], dem Großen Senat für Strafsachen des BGH[239] und der herrschenden Meinung im Schrifttum[240] festgehalten. Insofern sei es unerheblich, dass der Vertragsarzt im Rahmen seiner Tätigkeit vielen Einschränkungen unterliege[241] – anders als beispielsweise der Privatarzt –, da diese beiden Bereiche nicht differenziert zu betrachten seien und die Beschränkungen, denen die vertragsärztliche Tätigkeit unterliegt, sich nicht von denjenigen unterscheide, wie sie auch bei anderen freien Berufen vorkommen.[242] Auch innerhalb des Versorgungssystems bleibe der Vertragsarzt freiberuflich tätig, womit die elementaren Kriterien des freien Arztberufes für ihn uneingeschränkt gelten: Ein hohes Maß an Eigenverantwortlichkeit und Risiko in wirtschaftlicher Hinsicht, eigene Verantwortlichkeit im Rahmen der Berufsausübung an sich, Unabhängigkeit und eine besondere Sachkunde.[243] Auch das BVerfG hält nach wie vor an seiner Ansicht fest und ordnet die vertragsärztliche und privatärztliche Tätigkeit einem Beruf zu, der lediglich unterschiedlich ausgeübt wird und sieht diesen insgesamt als freien Beruf an.[244]

---

236 BVerfGE 11, 30, 39.

237 BVerfGE 11, 30, 40.

238 Vgl. BSGE 106, 122.

239 Vgl. BGHSt 57, 202.

240 Vgl. *Clemens* in: Quaas/Zuck, § 13 Rn. 44; *Hermann/Herffs*, S. 80; *Eggerts/Klümper*, A&R 2010, 211, 212 f.; *Klötzer*, NStZ 2008, 12, 14; *Reese*, PharmR 2006, 92, 94; *Taschke*, StV 2005, 406, 411; a.A. *Pragal/Apfel*, A&R 2007, 10,12 f.

241 Vgl. hierzu die Ausführungen von *Clemens* in: Quaas/Zack, § 18 Rn. 42, der aufgrund dieser Beschränkungen bisher sogar den Vertragsarzt als eigenständigen Beruf ansah, diese Meinung jedoch jetzt aufgab. Ähnlich auch *Steinhilper* in: Laufs/Kern, § 25 Rn. 6, der die generelle Frage sieht, ob bei weiteren Regulierungen nicht die *„Grenzen der Freiberuflichkeit des Vertragsarztes überschritten werden"*. Das BVerfG spricht dagegen in seiner Entscheidung hinsichtlich der Beschränkungen von *„für das Gesamtbild nicht entscheidenden Punkten"*.

242 BVerfGE 11, 30, 41 f., 44 f.

243 BVerfGE 9, 339, 351; 16, 286, 289; *Sodan*, NZS 2001, 169, 173; ähnlich auch *Taschke*, StV 2005, 406, 407: Professionalität, Eigenverantwortlichkeit und Unabhängigkeit.

244 Vgl. BVerfG NJW 2000, 3057; BVerfG NJW 2004, 2660, 2661; BVerfGE 103, 172, 184 unter Bezugnahme auf BVerfGE 11, 30, 41 – 43; vgl. hierzu auch die Stellungnahme in diesem Kapitel B. VI. 3. b) cc) (1) (S. 70 ff.).

bb) Die Zulassung als Vertragsarzt

Für die Ausübung der Tätigkeit als Vertragsarzt ist eine Zulassung erforderlich, über die der Zulassungsausschuss bei der Kassenärztlichen Vereinigung im Rahmen eines zweistufigen Zulassungsverfahrens zu entscheiden hat, §§ 95 ff. SGB V: Für die erste Stufe ist nach § 95 Abs. 2 SGB V der Nachweis einer Eintragung ins Arztregister erforderlich, das von den Kassenärztlichen Vereinigungen für jeden Zulassungsbezirk geführt wird. Die Eintragung erfolgt auf Antrag des Arztes an seinem Wohnort, wenn er über die Approbation[245] als Arzt verfügt, sowie über einen erfolgreich erworbenen Facharzttitel, § 95 a Abs. 1 SGB V, § 3 Ärzte-ZV. Auf der zweiten Stufe entscheidet nach erfolgter Eintragung im Arztregister der Zulassungsausschuss[246] über den Antrag auf Zulassung als Vertragsarzt. Für eine positive Entscheidung ist es erforderlich, dass in dem gewählten Bezirk noch Vertragsarztsitze frei sind bzw. in absehbarer Zeit frei werden. Werden die vorstehenden Vorgaben erfüllt, hat der Arzt einen rechtlichen Anspruch auf die Zulassung,[247] welche in Form eines Verwaltungsaktes ergeht.[248]

cc) Rechte des Vertragsarztes

Mit seiner Zulassung werden dem Vertragsarzt diverse öffentlich-rechtliche Berechtigungen zuteil. Insbesondere sind hierbei das Recht und die Pflicht nach § 95 Abs. 3 SGB V zur Teilnahme an der ambulanten Versorgung von Patienten, die bei der gesetzlichen Krankenkasse versichert werden, zu erwähnen.[249] Bei der Ausführung der Behandlung ist der Vertragsarzt an das Sachleistungsprinzip nach § 2 Abs. 2 S. 3 SGB V sowie an den Leistungskatalog des einheitlichen Bewertungsmaßstabs (EBM) und an weitere Richtlinien und Regelungen gebunden, die Budgetierungen, Rationierungsregelungen und dergleichen enthalten.[250] Des Weiteren wird der Vertragsarzt mit der Zulassung nach § 95 Abs. 3 SGB V Pflichtmitglied in der jeweils für ihn zuständigen Kassenärztlichen Vereinigung, weswegen sich für ihn weitere Rechte ergeben.[251]

---

245 Darunter versteht man die staatliche Zulassung zur Ausübung des ärztlichen Berufes.

246 Der Zulassungsausschuss wird nach § 96 Abs. 2 SGB V paritätisch von Vertretern der Ärzteschaft und den Krankenkassen gebildet.

247 BVerfG NJW, 1960, 715, 717; *Wigge* in: Schnapp/Wigge, § 2 Rn. 2.

248 *Joussen* in: Becker/Kingreen, § 96 Rn. 7.

249 *Simon*, S.172, 174.

250 *Steinhilper* in: Laufs/Kern, § 25 Rn. 3.

251 Z.B. das aktive und passive Wahlrecht, *Steinhilper* in: Laufs/Kern, § 25 Rn. 4.

Ab bestandskräftiger Entscheidung hinsichtlich seiner Zulassung erlangt der Vertragsarzt das Recht auf Teilhabe an der Gesamtvergütung über die Honorarverteilung nach § 87b Abs. 1 S. 1 SGB V i.V.m. der jeweiligen Vorschrift des Honorarverteilungsmaßstabes.[252]

dd) Die Pflichten des Vertragsarztes

Die Zulassung bringt aber auch wesentliche Pflichten mit sich. Hierbei sieht sich der Vertragsarzt mit zahlreichen Regelungen aus dem SGB V, der Ärzte-ZV und Normen aus den Bundesmantelverträgen, Verträgen und Richtlinien auf Bundes- und Landesebene konfrontiert.[253] Neben der Verpflichtung zur generell persönlichen Erbringung von vertragsärztlichen Leistungen unter Einhaltung des Wirtschaftlichkeitsgebotes nach § 12 Abs. 1 SGB V, beispielsweise der Behandlung und der Versorgung mit Arzneimitteln sowie Überweisungen an andere Ärzte (§ 73 SGB V), treffen den Arzt auch die ärztliche Schweigepflicht (§ 203 StGB), die Residenz- und Präsenzpflicht (§ 24 Abs. 2 Ärzte-ZV), Fortbildungsverpflichtungen (§ 95d SGB V), die Verpflichtung, Abrechnungen fristgerecht und exakt bei der Kassenärztlichen Vereinigung einzureichen, Mitwirkungspflichten bei diesen und den Krankenkassen und weiteren Behörden in Form von Auskunfts-, Mitteilungs- und Dokumentations- sowie Archivierungspflichten.[254]

Wesentliche Pflichten ergeben sich für den Vertragsarzt insbesondere auch aus dem ärztlichen Berufsrecht. Von besonderer Bedeutung sind für den hiesigen Zusammenhang vor allem die §§ 31, 32 MBO-Ä.[255] § 31 Abs. 1 MBO-Ä beinhaltet das Verbot der Zuweisung von Patientinnen und Patienten oder der Verordnung oder den Bezug von Arznei- oder Hilfsmitteln oder Medizinprodukten gegen Entgelt oder andere Vorteile. Als Zuweisung wird hierbei jede Einwirkung auf den Patienten angesehen, die in der Absicht erbracht wird, seine Wahl von Leistungserbringern oder Ärzten zu beeinflussen.[256] Neben der Zuweisung fallen daher auch Verweisungen oder Empfehlungen unter diesen

---

252 *Schnapp* in: FS Steinhilper, S. 145; *Clemens* in: Quaas/Zuck, § 18 Rn. 55; vgl hierzu bereits dieses Kapitel B. II. 2. a) (S. 35 f.).

253 *Steinhilper* in: Laufs/Kern, § 25 Rn. 5.

254 Hinzu kommt eine Kennzeichnungspflicht (§ 44 Abs. 7 BMV-Ärzte) und die Pflicht zum Bereitschaftsdienst (§§ 75 Abs. 1, 76 Abs. 1 SGB V), vgl. zu dieser Aufzählung: *Steinhilper* in: Laufs/Kern, § 25 Rn. 6 ff.

255 Bzw. deren jeweilige Umsetzung in den Berufsordnungen der Landesärztekammern.

256 BGH MedR 2011, 500, 506.

Begriff.[257] Die Norm dient der Wahrung der ärztlichen Unabhängigkeit und soll zum einen das Vertrauen der Patienten in die Sachlichkeit der Entscheidungen der Ärzte schützen und zum anderen ungerechtfertigte Wettbewerbsvorteile der Ärzte untereinander verhindern.[258] Der Arzt hat seine Entscheidungen ausschließlich unter medizinischen Gesichtspunkten im Sinne des Patienten zu treffen und darf sich nicht von wirtschaftlichen Kriterien beeinflussen lassen.[259] Nach § 31 Abs. 2 MBO-Ä ist es den Ärzten zudem untersagt, ihren Patienten ohne hinreichenden Grund, gewisse Anbieter gesundheitlicher Leistungen zu empfehlen oder an sie zu verweisen. Nur auf konkrete Bitten des Patienten ist der Arzt zum Ausspruch von Empfehlungen berechtigt.[260] Auch § 32 MBO-Ä schützt das Vertrauen in die Unabhängigkeit der ärztlichen Entscheidungen. Nach § 32 Abs. 1 S. 1 MBO-Ä ist es den Ärzten untersagt, von Patienten oder Anderen Geschenke oder andere Vorteile für sich oder Dritte zu fordern, sich versprechen zu lassen oder anzunehmen, wenn dadurch der Eindruck erweckt wird, dass die Unabhängigkeit der ärztlichen Entscheidungen beeinflusst werde. Aufgrund des Schutzzwecks der Norm müssen die Entscheidungen zumindest einen mittelbaren Patientenbezug aufweisen.[261]

b) Umsetzung der vertragsärztlichen Versorgung

aa) Kassenärztliche Vereinigungen

Die vertragsärztliche Versorgung der Versicherten erfolgt nach § 72 Abs. 1 S. 1 SGB V durch das Zusammenwirken von Ärzten und weiteren diversen Leistungserbringern mit den Krankenkassen. Um ihre Aufgaben, die ihnen das SGB V überträgt, erfüllen zu können, sind die Vertragsärzte nach § 77 Abs. 1 S. 1 SGB V dazu angehalten, für jedes Bundesland mindestens eine Kassenärztliche Vereinigung zu bilden, welche wiederum zusammen nach § 77 Abs. 4 S. 1 SGB V die Kassenärztliche Bundesvereinigung bilden. Die Kassenärztlichen Vereinigungen und die Bundesvereinigung sind dazu verpflichtet, für die Sicherstellung der vertragsärztlichen Versorgung nach Maßgabe des § 73 Abs. 2 SGB V zu sorgen und gegenüber den Krankenkassen und deren Verbänden dafür einzustehen,

---

257 BGH MedR 2011, 500, 506; *Schmidt*, S. 88 – 135; *Pragal/Handel*, medstra 2015, 337, 341.

258 *Scholz* in: Spickhoff, Medizinrecht, § 31 MBO Rn. 1; vgl. hierzu ausführlich *Schmidt*, S. 115 ff.

259 *Scholz* in: Spickhoff, Medizinrecht, § 31 MBO Rn. 2.

260 BGH MedR 2011, 500, 502 f.

261 Vgl. hierzu: *Scholz* in: Spickhoff, Medizinrecht, § 32 MBO Rn. 6.

dass die vertragsärztliche Versorgung den vertraglichen und gesetzlichen Vorgaben entspricht, § 75 Abs. 1 S. 1 SGB V.[262] Jedoch werden die Krankenkassen hierdurch nicht von der Verpflichtung zur Sicherstellung der vertragsärztlichen Versorgung entbunden. Diese Aufgabe obliegt ihnen gemeinsam mit den Kassenärztlichen Vereinigungen, der sie durch das Abschließen von Kollektivverträgen nach § 72 Abs. 2 SGB V zwischen den Verbänden der Krankenkassen und den Kassenärztlichen Vereinigungen und durch Beteiligung in Selbstverwaltungsgremien, wie z.B. Berufungs- und Zulassungsausschüssen, gerecht werden.[263] Die Kassenärztlichen Vereinigungen sind neben der Sicherstellung der vertragsärztlichen Versorgung nach § 75 Abs. 2 S. 1 SGB V auch dafür verantwortlich, dass die Interessen der Vertragsärzte gegenüber den Krankenkassen vertreten werden.

bb) Sachleistungsprinzip

Die vertragsärztliche Versorgung basiert nach § 2 Abs. 2 S. 1 SGB V auf dem Grundsatz des Sachleistungsprinzips.[264] Entscheidend ist, dass dieser Anspruch nicht gegenüber den Ärzten, sondern gegenüber den Krankenkassen existiert, §§ 11, 27, 28 SGB V.[265] Um dieser Verpflichtung auf Anspruchserfüllung gerecht zu werden, ist eine bloße Vermittlung dieser Leistungen durch die Krankenkassen nicht ausreichend; es ist vielmehr ihre Pflicht, die Sachleistung *„zur Verfügung zu stellen"*.[266] Zur Erfüllung dieser Verpflichtung bedient sich die

262 Vgl. BVerfGE 11, 30; *Schiller* in: Schnapp/Wigge, § 5 Rn. 100: Gewährleistungsauftrag.

263 BSG SozR 3-2500 § 106 SGB V Nr. 8, 41; *Kremer/Wittmann*, Kapitel 1, Rn. 3.

264 Vgl. hierzu *Zuck* in: Quaas/Zuck, § 9 Rn. 2 ff. Hier liegt ein entscheidender Unterschied zur Versorgung durch die privaten Krankenversicherungen, bei denen das Kostenerstattungsprinzip herrscht. Im Rahmen des Kostenerstattungsprinzips wird die vom Arzt vorgenommene Behandlung nach der amtlichen Gebührenordnung für Ärzte abgerechnet (GOÄ) und diese sodann vom Patienten selbst an den Arzt beglichen. Der erstattungsfähige Anteil wird dem Patienten von seiner Krankenkasse ersetzt; vgl. hierzu auch *Hauck* in: MAH SozR, § 18 Rn. 3; *Schnapp* in: Duttge, S. 53. Kritisch zu dem verbreiteten Begriff des Sachleistungsprinzips im Zusammenhang mit den Leistungen der gesetzlichen Krankenversicherung: *Joussen* in: Beck´scher Online-Kommentar Sozialrecht, SGB V § 2 Leistungen Rn. 5: Der Begriff sei „zu kurz gegriffen", da die Leistungen nicht nur Sachleistungen, sondern eben auch Dienstleistungen umfassen, wie bereits aus dem Gesetz in § 2 Abs. 2 SGB V selbst hervorgeht.

265 Zwischen den gesetzlichen Krankenkassen und ihren Versicherten existiert ein mitgliedschaftliches Rechtsverhältnis, welches ein öffentlich-rechtliches ist, *Joussen* in: Beck´scher Online-Kommentar Sozialrecht, SGB V § 2 Leistungen Rn. 8.

266 *Schnapp* in: Duttge, S. 51.

gesetzliche Krankenkasse diverser Leistungserbringer, mit denen sie zuvor Verträge abschließt.[267] Hierzu sind nach § 95 Abs. 3 SGB V auch die Vertragsärzte zu zählen. Dies hat zur Folge, dass die Versicherten die Sach- und Dienstleistungen[268] in natura erhalten und damit nur einen Rechtsanspruch auf die Sach- und Dienstleistungen an sich haben, die für ihre Behandlung erforderlich sind.[269] Sie müssen generell das Entgelt für diese Leistungen nicht auslegen,[270] und haben somit auch in der Regel keinen Anspruch auf Kostenerstattung für die Heilbehandlung, wie sich aus § 13 SGB V ergibt.

2. *Rechtsbeziehungen der Vertragsärzte*

Um die Stellung des Vertragsarztes bei der Verordnungstätigkeit und seine daraus grundsätzlich resultierende Anfälligkeit für Korruption nachvollziehen zu können, ist es erforderlich, sich die Rechtsbeziehungen zwischen den einzelnen im Rahmen der Verordnungstätigkeit Beteiligten zu vergegenwärtigen.

a) Rechtsbeziehung zwischen Vertragsarzt und gesetzlicher Krankenkasse

Der Vertragsarzt steht zu den gesetzlichen Krankenkassen in keiner Verbindung, die auf einer unmittelbaren Rechtsbeziehung beruht.[271] Diese Annahme

---

267 Vgl. *Krauskopf*, SGB V § 2 Rn. 8.

268 Der Begriff Sachleistungen umfasst das Zur-Verfügung-Stellen von Einrichtungen und Gegenständen; Dienstleistungen sind Tätigkeiten, die Menschen erbringen, vgl. *Joussen* in: Beck´scher Online-Kommentar Sozialrecht, SGB V § 2 Leistungen Rn. 5.

269 Vom Sachleistungsprinzip wird in Ausnahmefällen zugunsten des Kostenerstattungsprinzips abgewichen, wie z.B. in §§ 13,14 SGB V, § 15 SGB IX. Des Weiteren gibt es seit 2004 auch für gesetzlich Versicherte die Möglichkeit das Kostenerstattungsprinzip zu wählen, vgl. § 13 SGB V und Rechnungen beim Arzt selbst zu begleichen und sich den Anteil, den die Krankenkassen übernehmen sodann erstatten zu lassen, vgl. hierzu *Joussen* in: Beck´scher Online-Kommentar Sozialrecht, SGB V § 2 Leistungen Rn. 9 m.w.N. Es gilt jedoch weiterhin das Sachleistungsprinzip. Ein Anspruch auf Geldleistungen ist in §§ 44-51 SGB V vorgesehen.

270 Dies war eines der *„ursprünglichen Ziele bei der Normierung dieses Prinzips"*, so *Joussen* in: Beck´scher Online-Kommentar Sozialrecht, SGB V § 2 Leistungen Rn. 6.

271 BVerfGE 11, 30 Rn. 24; BSG, SozR 4-2500, § 72 Nr. 2 Rn. 130: *„Das vom Gesetz festgelegte […] Vergütungssystem vermeidet grundsätzlich unmittelbare Rechtsbeziehungen zwischen den Krankenkassen als Leistungsträgern und den Vertragsärzten als Leistungserbringern"*; *Clemens* in: Quaas/Zuck, § 18 Rn. 52; *Rompf* in: Schnapp/Wigge, § 3 Rn 24; *Dannecker*, GesR 2010, 281, 284; *Klötzer*, NStZ 2008, S. 14; *Ulsenheimer*, MedR 2005, 622, 625; *Schnapp* in: FS Herzberg, S. 795 ff., 801 f.; *Duttge* in: Duttge, S. 8 führt aus, dass *„keinerlei Rechtsbeziehungen, schon gar kein irgendwie*

bestätigt sich bei Betrachtung der §§ 72 bis 106d SGB V, die die Beziehung zwischen Krankenkasse und Vertragsarzt regeln.[272] So existieren in diesem Verhältnis keine Rechte und Pflichten, die die Krankenkassen selbst und unmittelbar gegen die Vertragsärzte durchsetzen können. Den Anspruch auf Behandlung können die Krankenkassen nicht ohne Mitwirkung weiterer Instanzen erzwingen und im Gegenzug können die Vertragsärzte ihren Anspruch auf Vergütung nicht gegenüber den Krankenkassen geltend machen.[273] Zudem übernehmen es die Kassenärztlichen Vereinigungen für die Vertragsärzte, die rechtlichen Beziehungen durch Satzungen zu regeln, die nach § 81 Abs. 3 Nr. 1 SGB V für diese verpflichtend sind.[274] Damit steht nach § 75 Abs. 1 S. 1 SGB V die Kassenärztliche Vereinigung gegenüber den Krankenkassen dafür ein, dass die vertragsärztliche Versorgung im Rahmen der gesetzlichen und vertraglichen Anforderungen erfolgt.[275] Auch aus der Vorschrift des § 72 Abs. 1 SGB V lässt sich keine unmittelbare rechtliche Beziehung zwischen Krankenkassen und Vertragsärzten ableiten.[276] Die Vorschrift besagt nur, dass beide zur Sicherstellung der vertragsärztlichen Versorgung zusammenwirken. Jedoch behält hierbei jeder seinen eigenen Kompetenz- und Verantwortungsbereich. Der Arzt entscheidet hinsichtlich einer etwaig medizinisch notwendigen Behandlung und

---

auftragsähnliches Rechtsverhältnis" bestehe. Ebenso *Schnapp* in: Duttge, S. 52, der unter Berufung auf *Sahan/Urban*, ZIS 2011, 23, 24, auch jegliche rechtsgeschäftliche Beziehung ausschließt; *Sahan*, ZIS 2007, 69, 73; a.A.: *Pragal/Apfel*, A&R, 10, 12, die eine Rechtsbeziehung annehmen, weil die Krankenkassen am Bundesmantelvertrag und Gesamtvertrag beteiligt sind und diese teilweise für den Vertragsarzt verpflichtend sind.

272 *Zuck* in: Quaas/Zuck, 2. Auflage § 17 Rn. 25.

273 *Wigge* in: Schnapp/Wigge, § 2 Rn. 39; *Ulsenheimer*, MedR 2005, 622, 626. BSG SozR 4-2500, § 72 Rn. 130: keine Vertragsbeziehung zwischen Krankenkassen und Vertragsärzten. Sofern Verträge in diesem Verhältnis geschlossen werden, "firmieren" für Leistungserbringer die Kassenärztlichen Vereinigungen und nicht die Ärzte, vgl. *Schnapp* in: Duttge, S. 53; a.A. wohl: *Eggerts/Klümper*, A&R 2010, 211, 212.

274 *Schnapp* in: Duttge, S. 53.

275 *Clemens* in: Quaas/Zuck, § 19 Rn. 97. Die Kassenärztlichen Vereinigungen stehen zu den gesetzlichen Krankenkassen in einer rechtsgeschäftlichen Beziehung nach § 72 Abs. 2 SGB V, innerhalb derer Regelungen über eine ausreichende, zweckmäßige und wirtschaftliche Versorgung der Versicherten unter Berücksichtigung des allgemein anerkannten Standes der medizinischen Erkenntnisse zu gewährleisten ist und eine angemessene Vergütung der ärztlichen Leistungen erfolgt, BGH, wistra 1992, 95.

276 *Huster* in: Becker/Kingreen, § 72 Rn. 3.

deren Ausgestaltung, wohingegen die Krankenkasse die Verordnungen des Arztes finanziell ausgleicht, soweit sie in ihren Leistungskatalog fallen.[277]

b) Rechtsbeziehung zwischen Vertragsarzt und Kassenärztlichen Vereinigungen

Durch die Zulassung wird der Vertragsarzt nach § 95 Abs. 3 SGB V Pflicht- bzw. Zwangsmitglied[278] in seiner jeweiligen Kassenärztlichen Vereinigung und steht zu dieser in einem öffentlich-rechtlichen Mitgliedsverhältnis. Der Kassenärztlichen Vereinigung obliegt im Falle einer Pflichtverletzung durch den Vertragsarzt die Disziplinargewalt.[279] Die Beziehung zu den Kassenärztlichen Vereinigungen begründet jedoch kein Dienstverhältnis. Aus dem Aspekt, dass der Vertragsarzt mit seiner Zulassung die Berechtigung und Verpflichtung erlangt, die Versorgung der Versicherten zu übernehmen und die Behandlung entsprechend der jeweiligen Vorgaben zu vollziehen, lässt sich ein solches Verhältnis nicht begründen.[280] Der Arzt nimmt diese Verpflichtung in eigener Verantwortung und auf eigenes wirtschaftliches Risiko im Rahmen seiner freiberuflichen Tätigkeit wahr und übernimmt allein die Haftung gegenüber den Patienten für etwaige Behandlungsfehler im Rahmen der Vorschriften des bürgerlichen Rechts. Auch die Kassenärztliche Vereinigung tritt insoweit nicht als Dienstherr der Vertragsärzte in Erscheinung.[281] Sie steht zum einen nicht für deren Verschulden ein, zum anderen trifft sie auch nicht die Fürsorgepflicht, die einem Dienstherrn im öffentlichen Dienst zukommt.[282]

c) Rechtsbeziehung zwischen Vertragsarzt und Patient

Es herrscht keine Einigkeit darüber, ob es sich bei dem Verhältnis zwischen Vertragsarzt und Patient um eine privat- oder öffentlich-rechtlich ausgestaltete Beziehung handelt.[283] Die Annahme, es handele sich um ein öffentlich-rechtliches

---

277 *Taschke,* StV 2005, 406, 407.
278 BSG, NZS 1999, 515, 517.
279 *Steinhilper* in: Laufs/Kern, § 25 Rn. 8.
280 BVerfGE 11, 30, 39.
281 BVerfGE 11, 30, 39.
282 BVerfGE 11, 30, 39 f.
283 Sehr anschaulich hierfür die unterschiedliche Auffassung innerhalb eines juristischen Kommentars: *Quaas* in: Quaas /Zuck, 2. Auflage, § 13 Rn. 4 vertritt die Meinung zwischen dem Vertragsarzt und dem Patienten existiere eine privatrechtliche Beziehung, während *Zuck* in: Quaas/Zuck, 2. Auflage, § 17 Rn. 4 der Ansicht ist, es handle sich um ein öffentlich-rechtliches Verhältnis.

Verhältnis, stützt sich vor allem auf das vorherrschende Sachleistungsprinzip.[284] Aufgrund dessen müsse der Patient keinen unmittelbaren Vertrag mit seinem Vertragsarzt abschließen und stehe nur in einer unmittelbaren Rechtsbeziehung zu seiner Krankenkasse. Dafür spreche auch, dass die vertragliche Gestaltungsfreiheit durch das Wirtschaftlichkeitsgebot maßgeblich beeinflusst werde.[285] Die Vorschrift des § 76 Abs. 4 SGB V[286] halte den Vertragsarzt nur dazu an, die Sorgfaltspflichten des BGB einzuhalten und sei ein argumentum e contrario für die öffentlich-rechtliche Zuordnung.[287] Einer solchen Regelung hätte es nämlich nicht bedurft, wenn bereits ein privatrechtlich ausgestaltetes Rechtsverhältnis anzunehmen wäre.[288] Hierfür spreche auch die Regelung des § 69 SGB V, die den Willen des Gesetzgebers verdeutliche, das gesamte System der vertragsärztlichen Versorgung dem öffentlichen Recht zuzuordnen.[289]

Demgegenüber wird von der wohl herrschenden Meinung[290] ein privatrechtlicher Vertrag zwischen dem Patienten und dem Vertragsarzt angenommen. Hierbei wird ein Vergleich mit dem privatversicherten Patienten angestellt, für den ebenfalls ein privatrechtliches Verhältnis zum Arzt angenommen wird.[291] Wenngleich diese Schlussfolgerung aufgrund der unterschiedlichen Ausgestaltung des privatärztlichen und des gesetzlichen Versorgungssystems allein noch nicht zu überzeugen vermag, sprechen aber jedenfalls die freie Arztwahl sowie das Selbstbestimmungsrecht des Patienten und die Aufklärungspflichten des Arztes gegenüber dem Patienten, die die Privatautonomie des Patienten widerspiegeln.[292] Diese Meinung stützt sich vor allem auf § 76 Abs. 4 SGB V, da sich hiernach der Vertragsarzt mit Abschluss eines Behandlungsvertrages dazu

---

284 BSGE 33, 158, 160 f.; 59, 172, 177; *Zuck* in: Quaas/Zuck, 2. Auflage, § 8 Rn. 55; *Krauskopf/Clemens* in: Laufs/Kern, § 27 Rn. 27 ff.; *Schnapp* in: FS Herzberg, S. 801.

285 BSGE 59, 172.

286 Die Gesetzesbegründung spricht insoweit nur von einer klarstellenden Wirkung, die der Vorschrift zukommt und trägt nicht zu einer Aufklärung des bestehenden Streites bei, BT-Drucks. 1/3904, S. 20.

287 *Ballhausen*, S. 119.

288 Vgl. *Lang* in: Becker/Kingreen, 2. Auflage, § 76 Rn. 22 f.

289 *Zuck in*: Quaas/Zuck, 2. Auflage, § 17 Rn. 4.

290 BGHZ 76, 259, 261; BGHZ 97, 273, 276; BGHZ 100, 363, 367; BGH NJW 2006, 767; BGH NJW-RR 2006, 811; BSG NZS 1994, 125 ff.; *Müller-Glöge* in: MüKo-BGB, § 611 Rn. 84; *Quaas* in: Quaas/Zuck, 2. Auflage, § 13 Rn. 4, *Deutsch/Spickhoff*, Medizinrecht, Rn. 74.

291 *Lang* in: Becker/Kingreen, 2. Auflage, § 76 Rn. 22.

292 *Deutsch/Spickhoff*, Medizinrecht, Rn. 74.

verpflichtet, die von dem bürgerlichen Vertragsrecht vorgeschriebene Sorgfalt einzuhalten.[293]

Für die letztere Ansicht spricht im Ergebnis, dass sich ein entscheidender Unterschied zwischen einem Kassenpatienten und einem Privatpatienten allein bei der Betrachtung ihres Verhältnisses im Rahmen der Behandlung zum Arzt nicht ausmachen lässt. Beide suchen den Arzt aus freien Stücken und mit dem gleichen Ziel – der ärztlichen Versorgung – auf. Ihnen obliegt dabei die Wahl des Arztes,[294] so dass bei beiden Gruppen ein Verhältnis vorliegt, das von den gleichen Aspekten, wie u.a. Vertrauen, geprägt ist.[295] Auch der gesetzlich versicherte Patient und der Arzt können den Behandlungsvertrag maßgeblich beeinflussen, indem sie dessen Inhalt hinsichtlich Art und Dauer der Behandlung festlegen und der Patient auch selbst bestimmen kann, ob er das Verhältnis fortsetzt. Vor allem vor dem Hintergrund der mittlerweile eingeführten §§ 630a ff. BGB, in denen das Arzthaftungsrecht im BGB zusammengeführt wurde, ist die Annahme einer privatrechtlichen Beziehung vorzugswürdig.[296]

d) *Zwischenergebnis*

Die vorstehenden Ausführungen zeigen bereits, welche wesentliche Funktion der Vertragsarzt im Versorgungssystem der gesetzlichen Krankenversicherung einnimmt. Der Vertragsarzt steht in keiner unmittelbaren rechtlichen Beziehung zu den Krankenkassen und in keinem Dienstverhältnis zu den Kassenärztlichen Vereinigungen. Er erbringt die vertragsärztliche Versorgung eigenverantwortlich und entscheidet in Bezug auf eine etwaige erforderliche medizinische Behandlung grundsätzlich allein. Hiermit werden ihm Rechte in nicht unbeträchtlichem Umfang zuteil.

---

293 *Müller-Glöge* in: MüKo-BGB, § 611 Rn. 84.

294 Dem Kassenpatienten obliegt die Wahl zwar lediglich im Rahmen der zur vertragsärztlichen Versorgung zugelassenen Vertragsärzte, jedoch ist der Patient bei der Auswahl hier frei und es wird ihm kein Arzt zugewiesen, so dass das Element der Vertragsfreiheit durchaus gegeben ist.

295 Insoweit führt *Lang* in: Becker/Kingreen, 2. Auflage, § 76 Rn. 22 aus, dass sich das *„äußere Erscheinungsbild der Behandlungsanbahnung"* nicht voneinander unterscheidet.

296 *Wagner* in: MüKo-BGB, § 630a BGB Rn. 16; *Lang* in: Becker/Kingreen, § 76 Rn. 23; *Spickhoff*, VersR 2013, 267, 268; so auch der Gesetzgeber BT-Drucks. 17/10488, S. 18 f.; a.A. *Hauck*, NJW 2013, 3334, 3336 f.

3. *Die Schlüsselstellung des Vertragsarztes im Rahmen des Verordnungssystems*

Nachdem nun einige grundlegende Aspekte zur Position des Vertragsarztes und des Versorgungssystems der gesetzlichen Krankenkassen geklärt wurden, wird im Folgenden eine Auseinandersetzung mit der Verordnungstätigkeit im Speziellen und der Rolle des Arztes im Rahmen dieses Verordnungsmechanismus erfolgen, da diese für die zugrundeliegende Arbeit von essentieller Bedeutung sind.

a) Die Verordnung von Arznei- und Hilfsmitteln

aa) Anspruch der Versicherten

Nach § 27 Abs. 1 S. 1 SGB V haben die Versicherten gegen die Krankenkassen einen Anspruch auf vertragsärztliche Versorgung, wenn diese notwendig ist, um eine Krankheit zu erkennen, zu heilen, ihre Verschlimmerung zu verhüten oder Krankheitsbeschwerden zu lindern.[297] Von diesem Anspruch ist gemäß § 27 Abs. 1 S. 2 Nr. 1 und 3 SGB V unter anderem auch die ärztliche Behandlung und die Versorgung mit Arznei-, Verband-, Heil- und Hilfsmitteln[298] umfasst. Gewährt werden dem Versicherten diese Leistungen in Form von Sach- und Dienstleistungen, sofern nicht etwas anderes im Gesetz vorgesehen ist.[299] Nach § 27 Abs. 1 S. 2 Nr. 3 i.V.m. § 31 Abs. 1 SGB V haben die Versicherten einen Anspruch auf Versorgung mit apothekenpflichtigen Arzneimitteln[300],

297 Es handelt sich hierbei gemäß der Rechtsprechung des BSG um einen Anspruch dem Grunde nach, BSG, SozR 3-220 § 182 Nr. 15 sowie BSG, SozR § 182 Nr. 13. Die §§ 27 ff. SGB V stellen Rechtsgrundlagen dar, die einer genaueren Konkretisierung hinsichtlich des Inhalts des Anspruchs des Versicherten nach Maßgabe der §§ 28 ff SGB V, der entsprechenden Verordnungen und Richtlinien bedürfen, vgl. hierzu BSGE 73, 271, 278 ff.; BSGE 81, 54, 60 f.; *Schimmelpfeng-Schütte*, NZS 1999, 530, 531.

298 Hilfsmittel sind Sachen, die den Erfolg einer Heilbehandlung sichern, indem sie entlasten, unterstützen oder ersetzen, oder Behinderungen, die aus Gesundheitsschäden resultieren, ausgleichen bzw. diese mildern oder verhindern, vgl. BSG, NZS 2001, 532; *Butzer* in: Becker/Kingreen, § 33 SGB V Rn. 4.

299 Das Sachleistungsprinzip wird insofern als *„übernormatives Grundprinzip des Rechts der gesetzlichen Krankenversicherung"* bezeichnet, *Zuck* in: Quaas/Zuck, § 9 Rn. 2.

300 Der Arzneimittelbegriff wird im SGB V nicht definiert. Die aktuellere Rspr. bedient sich zur Begriffsdefinition der Legaldefinition des § 2 AMG, vgl. BSGE 96, 153; BSGE 100, 103. Die Gerichte bedienen sich dieser Definition, obwohl die des SGB V die Arzneimittel kurz als Substanzen definiert, die bestimmungsgemäß dahingehend

sofern diese nicht nach § 34 SGB V oder durch Richtlinien nach § 92 Abs. 1 S. 2 Nr. 6 SGB V ausgeschlossen sind.[301]

bb) Verordnungstätigkeit des Vertragsarztes – Rechtsprechung des BSG zum Rechtskonkretisierungskonzept und der „Schlüsselrolle" des Vertragsarztes – BSGE 73, 271 ff.

Die §§ 2, 27 ff. SGB V bilden lediglich ausfüllungsbedürftige Rahmenrechte[302] zur Krankenbehandlung der Versicherten, die noch einer Umsetzung und einer Konkretisierung durch den Vertragsarzt in jedem einzelnen Behandlungsfall bedürfen.[303] Das BSG führt in einem Urteil aus dem Jahre 1993 aus, dass das subjektiv-öffentliche Recht auf Krankenbehandlung generell von der „kassenärztlichen Versorgung" konkretisiert werde, so auch durch §§ 72, 73, 75, 92 SGB V.[304]

---

wirken, dass sie Krankheitszustände heilen oder bessern, vgl. BSGE 46, 179, 182; BSGE 81, 240. Man unterscheidet zwischen freiverkäuflichen Arzneimitteln, deren Verkauf auch durch Drogerie- oder Lebensmittelmärkte erfolgen darf und die nicht der Verschreibungspflicht unterliegen, apothekenpflichtigen Arzneimitteln, die nur in Apotheken angeboten werden dürfen, aber nicht zwingend einer ärztlichen Verschreibung bedürfen und den verschreibungspflichtigen Arzneimitteln (§ 48 AMG), die ausschließlich in Apotheken und nach Vorlage einer ärztlichen Verschreibung verkauft werden dürfen, wobei letztere in einer Verordnung des Bundesministeriums für Gesundheit und Soziale Sicherung festgeschrieben sind, *Simon,* S. 223 f. In Deutschland befinden sich laut dem Bundesinstitut für Arzneimittel und Medikamente derzeit 102.2176 verkehrsfähige Arzneimittel auf dem Markt, von denen 47.133 verschreibungspflichtig sind, BfArM, Verkehrsfähige Arzneimittel im Zuständigkeitsbereich desBfArM, Stand 18.10.2016.

301 Ausgenommen sind nach § 34 Abs. 1 S. 1 SGB V beispielsweise nicht verschreibungspflichtige Arzneimittel sowie nach § 34 Abs. 1 S. 7 SGB V Arzneimittel, bei deren Anwendung eine Erhöhung der Lebensqualität im Vordergrund steht bzw. nach § 34 Abs. 1 S. 8 SGB V die sogenannten Life-Style-Mittel. Nach § 34 Abs. 3 SGB V ist es zudem möglich, in einer Rechtsverordnung unwirtschaftliche Arzneimittel auszuschließen. Ein Ausschluss von Hilfsmitteln kann nach § 34 Abs. 4 SGB V ebenfalls durch Rechtsverordnung vorgenommen werden, wenn sie von geringem oder umstrittenem therapeutischen Nutzen sind. Der Gemeinsame Bundesausschuss bestimmt zudem in den Richtlinien nach § 92 Abs. 1 S. 2 Nr. 6 SGB V weitere wichtige Konkretisierungen für die Arzneimittelverordnung.

302 Mit dieser Bezeichnung wird lediglich die „Abstraktheit" der Formulierung im Gesetz dargestellt, *Schnapp* in: Duttge, S. 55.

303 BSGE 105, 157, 163; BSGE 73, 271, 280 f.; *Zuck* in: Quaas/Zuck, 2. Auflage, § 17 Rn. 19; *Schnapp* in: Duttge, S. 55; *Pragal,* NStZ 2005, 133, 134; *Eggerts/Klümper,* A&R 2010, 211, 212. Kritisch zur Figur des Rahmenrechts: *Neumann,* SGb 1998, 609 ff.; *Axer* in: Schnapp, S. 124 f.

304 BSGE 73, 271, 280.

Die Rahmenbedingungen hierfür werden vom Gemeinsamen Bundesausschuss durch Richtlinien hinsichtlich Notwendigkeit, Wirtschaftlichkeit, Zweckmäßigkeit und Erforderlichkeit festgelegt.[305]

Innerhalb dieser Maßstäbe obliege es dem Vertragsarzt, den Anspruch des Versicherten auf Krankenbehandlung verbindlich zu konkretisieren.[306] Sinn dieses „Konkretisierungskonzeptes" sei es, dass ein Vertragsarzt und damit ein *„mit der erforderlichen Rechtsmacht beliehener Arzt"*[307] eine Krankheit diagnostiziere und für deren Behandlung eine medizinisch zweckmäßige Dienst- oder Sachleistung verordne.[308] Nachdem der Vertragsarzt als gesetzlicher Leistungserbringer des Krankenversicherungsträgers handelt, muss sich letzterer dessen Handeln hinsichtlich der Entstehung und Erfüllung des Anspruchs des Versicherten auf Krankenbehandlung zurechnen lassen, womit er rechtlich an die medizinische Diagnose des ordnungsgemäß handelnden Vertragsarztes gebunden sei.[309] Eine Verweigerung einer vom Vertragsarzt verordneten Leistung, die im Rahmen der kassenärztlichen Versorgung liegt, sei seitens der Krankenkassen daher nicht deswegen möglich, weil sie diese für medizinisch nicht notwendig oder die Diagnose des Vertragsarztes für unzutreffend erachtet, sondern sie seien hierbei allein auf einen kassenärztlichen Rückgriff nach § 106 SGB V verwiesen.[310] Insofern werde dem Vertragsarzt eine *„Schlüsselrolle"* im Rahmen der *„konstitutiven Ausgestaltung eines konkreten Dienst- oder Sachleistungsanspruchs aus dem subjektiv-öffentlichen Recht auf Krankenbehandlung"* zuteil.[311]

cc) „Lenkungsfunktion"[312] des Vertragsarztes

Erst durch das Mitwirken des Vertragsarztes wird der Anspruch des Versicherten konkretisiert und auch begründet.[313] Nachdem etwaige Leistungen von einer

---

305 BSGE 73, 271, 280; der Bundesausschuss der Ärzte und Krankenkassen wurde neben weiteren vier Ausschüssen durch den Gemeinsamen Bundesausschuss ersetzt, § 91 SGB V.

306 BSGE 73, 271, 280 f.

307 BSGE 73, 271, 281. Aus dieser Bezeichnung wurde in der Literatur teilweise geschlussfolgert, der Vertragsarzt sei Beliehener im Sinne der Dogmatik des Verwaltungsrechts. Kritisch hierzu *Schnapp* in: Duttge, S. 56. Kritisch bzgl. der Weite der Rechtsmacht auch *Klötzer*, NStZ 2008, 12, 15; *Schnapp*, NZS 2001, 337, 339.

308 BSGE 73, 271, 281.

309 BSGE 73, 271, 282.

310 BSGE 73, 271, 282.

311 BSGE 73, 271, 283.

312 BT-Drucks. 18/6446, S: 11.

313 *Zuck* in: Quaas/Zuck, 2. Auflage, § 17 Rn. 19 f.

Verordnung des Vertragsarztes abhängig sind, spricht man in diesem Zusammenhang auch von einem *„gesetzlichen Verordnungsvorbehalt“*.[314] Die *„Schlüsselrolle“*[315] des Vertragsarztes ergibt sich daher in erheblichem Maße aufgrund seiner „Verordnungshoheit“[316] und wird insbesondere auf die Verschreibungs- und Apothekenpflicht für Arzneimittel“ nach §§ 43, 48 AMG und die Befugnis zur Verordnung von Arzneimitteln durch den Arzt nach § 48 AMG und § 2 Abs. 1 Nr. 1 AMVV zurückgeführt.[317] Pharmazeutische Unternehmen bzw. Hersteller von Hilfsmitteln und Medizinprodukten sind daher in erheblichem Maße von den Verordnungen der Vertragsärzte abhängig. Den Ärzten als „gatekeeper“[318] im Gesundheitswesen obliegt somit eine „Lenkungsfunktion“ von erheblichem Gewicht und enormer Bedeutung für die Volkswirtschaft, [319] da er mit seinen Verordnungen wesentlichen Einfluss auf die kostenintensivsten Leistungsbereiche ausübt.[320]

---

314 BSG SozR 3-2500 § 13 SGB V Nr. 4 (Bl. 22).

315 BSGE 73, 271, 283; 77, 194, 200; aufgrund dieses Urteils und der genannten „Schlüsselrolle“ wurde der Vertragsarzt sodann mehrfach als „Schlüsselfigur“ betitelt, 77, 194, 200; *Schnapp* in: Duttge, S. 54; *Schnapp* in: FS Herzberg, S. 798; *Kölbel* in: Duttge, S. 93; *Wigge*, NZS 1999, 584, 586; *Krüger*, ZIS 2011, 692, 699; *Bausback* in: Kubiciel/Hoven, S. 33; *Gelshorn*, S. 15: „Schlüsselrolle“. Dies blieb jedoch nicht ohne Kritik, *Schnapp* in: Duttge, S. 54, der die Bezeichnung „Schlüsselrolle“ als *„Metapher ohne juristischen Gehalt“* einordnet; *Zuck* in: Quaas/Zuck, 2. Auflage, § 17 Rn. 21, der in der Zuweisung einer „Schlüsselrolle“ keine weitergehende Aussage sieht und die Schlussfolgerung, der Vertragsarzt werde dadurch zur zentralen Gestalt der Leistungserbringung in den gesetzlichen Krankenkassen, damit zurückweist, dass allen in § 72 Abs. 1 S. 1 SGB V genannten Leistungserbringern eine zentrale Rolle im Rahmen der vertragsärztlichen Versorgung einnehmen. Er gesteht dem Vertragsarzt jedoch eine *„herausragende Bedeutung“* im Rahmen der vertragsärztlichen Versorgung gegenüber den anderen Leistungserbringern zu, allerdings ohne weiteren Aussagegehalt diesbezüglich.

316 *Badle*, medstra 2015, 2, 3.

317 BT-Drucks. 18/6446, S. 11; vgl. auch *Bongartz*, S. 84 f.

318 *Geiger*, NK 2013, 136, 144. Der Begriff des gatekeepers ist zurückzuführen auf die Channel-Theorie, die von dem Psychologen *Kurt Lewin* begründet wurde und besagt, dass ein gatekeeper die Entscheidungsmacht über gewisse Bereiche inne hat, *Lewis*, S. 174 ff.

319 BT-Drucks. 18/6446, S. 11; *Kubiciel*, Stellungnahme vom 02.12.2015, S. 3; *Badle*, medstra 2015, 2, 3; *Sartorius*, S. 21.

320 *Badle*, medstra 2015, 2, 3. Vgl. hierzu bereits dieses Kapitel B. I. (S. 30 ff.).

dd) Einschränkungen der Verordnungstätigkeit – Wirtschaftlichkeitsgebot

Im Rahmen seiner Verordnungstätigkeit unterliegt der Vertragsarzt gewissen Gesetzen und Regelungen. So haben die Versicherten keinen grenzenlosen Anspruch auf Leistungen gegen ihre Krankenkassen.

(1) Ausschlüsse

Der Vertragsarzt hat insbesondere die Ausschlüsse in § 34 SGB V und die Richtlinien des Gemeinsamen Bundesausschusses zu beachten. Ein Verstoß hiergegen kann mit Regressforderungen geahndet werden, unabhängig davon, ob dieser im Interesse des Versicherten passiert.[321] Neben weiteren gesetzlichen und vertraglichen Bestimmungen wie den Bundesmantelverträgen und den Gesamtverträgen sowie den Satzungen der Kassenärztlichen Vereinigungen ist der Vertragsarzt auch an die Richtlinien des Bundesausschusses der Ärzte und Krankenkassen (§§ 95 Abs. 3 S. 3, 92 Abs. 7 SGB V) gebunden.

(2) Das Wirtschaftlichkeitsgebot

Gemäß § 70 Abs. 1 S. 2 SGB V ist für den Vertragsarzt zudem auch das Wirtschaftlichkeitsgebot nach § 12 Abs. 1 SGB V bindend, das gemäß § 2 Abs. 1 S. 1 SGB V auf alle Leistungen der gesetzlichen Krankenversicherung Anwendung findet und die Ansprüche der Kassenpatienten und damit auch den Handlungsspielraum der Vertragsärzte beschränkt.[322]

(a) Begriff der Wirtschaftlichkeit

Allgemein versteht man unter der Wirtschaftlichkeit eine Besinnung auf das Rationalitätsprinzip; es wird verlangt, unter Verwendung möglichst geringer Mittel ein bestimmtes Ziel zu erreichen bzw. bei konkret vorgegebenen Mitteln ein Ziel bestmöglich zu erreichen.[323] Im Rahmen einer Zweck-Mittel-Relation erfolgt also zwischen vorhandenen Alternativen unter Kosten-Nutzen-Gesichtspunkten eine Entscheidung.[324] Die Volksgesundheit ist hierbei das

---

321 BSG, MedR 2007, 447.

322 *Leimenstoll*, wistra 2013, 121, 124. Das Wirtschaftlichkeitsgebot hat in vielen Richtlinien, Bestimmungen und Gesetzen seinen Niederschlag gefunden, vgl. hierzu die Aufzählung bei *Butenschön*, S. 71. Für den Arzt gibt es vor allem Einschränkungen auf dem Gebiet der Arzneimittelverschreibungen (z.B. Richtlinien nach § 92 I S. 2 Nr. 6 SGB V).

323 *Zuck* in: Quaas/Zuck, § 9 Rn. 29.

324 *Zuck* in: Quaas/Zuck, § 9 Rn. 29.

erklärte Ziel.[325] Daneben sind aber auch die finanzielle Stabilität der Kostenträger und die Funktionsfähigkeit der Leistungserbringer relative Zwecke[326], weshalb sich ein Spannungsverhältnis der erklärten Ziele und Zwecke zumindest unmittelbar nicht gänzlich verneinen lässt. Das Ziel der Volksgesundheit wird nicht immer mit dem Zwecke der Erhaltung der finanziellen Stabilität vereinbar sein, da Behandlungen und Therapien meist mit nicht ganz unerheblichen Kosten verbunden sind. Andererseits trägt die Sicherung der finanziellen Stabilität wiederum zur Erhaltung der Volksgesundheit bei, um die erforderlichen Behandlungen sicherzustellen.

(b) § 12 SGB V

Die Wirtschaftlichkeit bildet nach allgemeiner Auffassung den Oberbegriff und umfasst die weiteren im SGB V enthaltenen Einzelbegriffe in diesem Zusammenhang.[327] In § 12 Abs. 1 S. 1 SGB V werden vier Kriterien für die Wirtschaftlichkeit genannt. Die Leistungen müssen ausreichend, zweckmäßig sowie wirtschaftlich sein und sie dürfen das Maß des Notwendigen nicht überschreiten. Alle Leistungen, die nicht notwendig oder unwirtschaftlich sind, dürfen die Leistungserbringer auch nicht bewirken. Die Versicherten können diese nicht für sich in Anspruch nehmen und die Krankenkassen können sie nicht bewilligen, § 12 Abs. 1 S. 2 SGB V.

„*Ausreichend*" meint, dass eine Leistung angesichts ihres Zwecks in Bezug auf Umfang und Qualität eine hinreichende Chance auf einen Heilerfolg eröffnet und damit die Mindestanforderungen sichergestellt werden.[328] Demgegenüber bildet der Begriff „*zweckmäßig*", über dem durch die ausreichende Leistung gesetzten Mindeststandard, eine Bandbreite geeigneter Maßnahmen.[329] Die Zweckmäßigkeit orientiert sich an einer Prognose hinsichtlich der Eignung der Maßnahme und des damit avisierten Ziels.[330] Das BSG erachtet eine Leistung dann für zweckmäßig, „*wenn andere Behandlungsmöglichkeiten aus medizinischen Gründen auszuscheiden haben und bestimmte Voraussetzungen hinsichtlich*

325 *Zuck* in: Quaas/Zuck, § 9 Rn. 32.

326 *Zuck* in: Quaas/Zuck, § 9 Rn. 35: Relative Zwecke, weil ihre Träger zudem Mittel für das Ziel Gesundheit sind, welches absolut ist.

327 *Zuck* in: Quaas/Zuck, § 9 Rn. 18, 43. Bei dem Begriff der Wirtschaftlichkeit handelt es sich um einen von den Gerichten voll überprüfbaren unbestimmten Rechtsbegriff, BSGE 19, 123, 127.

328 BSG, SozR 2200 § 257 a Nr. 10; *Waltermann* in: K/K/W, § 12 SGB V Rn. 3.

329 *Waltermann* in: K/K/W, § 12 SGB V Rn. 4.

330 *Zuck* in: Quaas/Zuck, § 9 Rn. 19.

der Möglichkeit eines Behandlungserfolgs erfüllt sind".[331] Ein Arzneimittel ist dann zweckmäßig, wenn es nach der Erfahrung der Ärzte dazu geeignet ist, die Krankheit zu heilen, zu bessern, zu lindern oder eine Verschlimmerung zu verhindern.[332]

Unter *„wirtschaftlich"* nach § 12 Abs. 1 S. 1 SGB V versteht man eine Wirtschaftlichkeit im engeren Sinn. Eine Maßnahme, die über dem Mindeststandard innerhalb der Bandbreite des Zweckmäßigen mit den verwendeten Mitteln den größtmöglichen Nutzen erzielt oder mit den geringst möglichen Mitteln einen bestimmten Nutzen erreicht, ist wirtschaftlich.[333] Im Mittelpunkt steht die „Mittel-Zweck-Relation"[334] bzw. die „Kosten-Nutzen-Analyse"[335]. Stehen somit mehrere Arzneimittel zur Behandlung zur Auswahl, ist das kostengünstigste zu verschreiben.[336] Das Maß des Notwendigen wird dann nicht überschritten, wenn die Leistung *„unvermeidlich, zwangsläufig und unentbehrlich"* erforderlich ist, um die Krankheit zu behandeln.[337] Die Leistungen sollen somit auf das Notwendige beschränkt werden, jedoch medizinisch notwendige Leistungen dem Patienten gewährt werden.[338]

Auf der einen Seite ist die Wirtschaftlichkeit somit anspruchsbegründend, da der Versicherte auf seine im weiteren Sinn wirtschaftliche Leistung einen Anspruch hat.[339] Auf der anderen Seite hat der Versicherte auf alles, was nicht unter die Wirtschaftlichkeit im weiteren Sinne fällt, keinen Anspruch, weswegen die Wirtschaftlichkeit zudem anspruchsbegrenzend ist.[340]

(c) Qualität und Wirksamkeit

Nach § 2 Abs. 1 S. 3 SGB V haben die Leistungen des Weiteren in ihrer Qualität und Wirksamkeit dem allgemeinen Stand der medizinischen Erkenntnisse zu entsprechen und den medizinischen Fortschritt zu berücksichtigen. Die Wirksamkeit steht für den Erfolg, der mit einer Leistung eintreten kann. Die Wirksamkeit einer Leistung ist daher der Wirtschaftlichkeit vorausgeschaltet; eine

---

331 BSGE 64, 255, 257 f.; BSGE 63, 102, 103; BSG, SozR 3-2500, § 12 SGB V Nr. 2 (Bl.4).
332 BSGE 70, 24, 26 f.
333 *Waltermann* in: K/K/W, § 12 SGB V Rn. 5.
334 BSGE 5, 277, 279.
335 *Waltermann* in: K/K/W, § 12 SGB V Rn. 5.
336 BSG, SozR 4–2500 § 106 Nr. 6.
337 BSG, SozR 2200 § 182b Nr. 25.
338 *Greiner/Benedix*, SGb 01/13, 1.
339 *Zuck* in: Quaas/Zuck, § 9 Rn. 43.
340 *Zuck* in: Quaas/Zuck, § 9 Rn. 43.

Leistung muss wirksam sein, damit sich die Frage nach ihrer Wirtschaftlichkeit überhaupt stellen kann.[341] Auch die Qualität einer Leistung, die sich durch die Medizin selbst, durch Empfehlungen, Leitlinien und Richtlinien bestimmt, muss gegeben sein, damit sie wirtschaftlich sein kann.[342]

(d) Überprüfung des Wirtschaftlichkeitsgebots

Zur Überprüfung der Frage, ob im Einzelfall das Wirtschaftlichkeitsgebot eingehalten wird, erfolgt nach § 106 SGB V eine Wirtschaftlichkeitsprüfung.[343] Gemäß § 106 Abs. 1 SGB V überwachen die Krankenkassen und die Kassenärztlichen Vereinigungen die Wirtschaftlichkeit der vertragsärztlichen Versorgung. Die Prüfung ärztlicher Leistungen erfolgt hierbei nach § 106a SGB V durch eine Zufälligkeitsprüfung auf Grundlage von arzt- und versichertenbezogenen Stichproben[344] und die Prüfung ärztlich verordneter Leistungen nach § 106b SGB V[345] durch die Prüfungsstellen nach § 106c SGB V. Es

341 *Zuck* in: Quaas/Zuck, § 9 Rn. 21 m.w.N. in Fn. 49.

342 *Zuck* in: Quaas/Zuck, § 9 Rn. 22.

343 Durch das GKV-Versorgungsstärkungsgesetz wurde zum 01. Januar 2017 die Wirtschaftlichkeitsprüfung neu geordnet und die § 106 ff. SGB V inhaltlich umfassend überarbeitet, BGBl. 2015, I S. 1211.

344 Gegenstand der Prüfung ist nach § 106a Abs. 2 SGB V die Indikation für die Leistungen, die Eignung zu Erreichung des Therapieziels, die Beachtung von Qualitätskriterien und die Angemessenheit der verursachten Kosten unter Berücksichtigung des Behandlungsziels. Auf Bundesebene werden nach § 106a Abs. 3 SGB V weitere Regelungen zu Inhalt und Durchführung der Prüfung getroffen, die Inhalt der Prüfvereinbarungen der Landesverbände der Krankenkassen und der Ersatzkassen sowie der Kassenärztlichen Vereinigungen werden, die wiederum weitere Details zur Ausgestaltung der Prüfung festlegen (§§ 106a Abs. 4 , 106 Abs. 1 S. 2 SGB V).

345 Die Prüfung der Wirtschaftlichkeit von ärztlich verordneten Leistungen wird seit 2017 auf Grundlage von „Vereinbarungen der Selbstverwaltungspartner auf Landesebene" geprüft, BT-Drucks. 18/4095, S. 110. Die Landesverbände der Krankenkassen und Ersatzkassen und die Kassenärztlichen Vereinigungen treffen zu diesem Zwecke für die Prüfung der ärztlich verordneten Leistungen (§ 73 Abs. 2 Nr. 5, 7, 8, § 12 SGB V) auf regionaler Ebene Prüfvereinbarungen nach § 106b Abs. 1 SGB V. Hinsichtlich derer inhaltlichen Ausgestaltung gelten nach § 106b Abs. 2 SGB V vorrangig die einheitlichen Rahmenvorgaben der Kassenärztlichen Bundesvereinigungen und des Spitzenverbandes Bund der Krankenkassen, die die „Mindeststandards bundeseinheitlich" regeln, BT-Drucks. 18/4095, S. 111. Die Rahmenvorgaben auf Bundesebene sehen vorrangig statistische Auffälligkeitsprüfungen vor. Vgl. hierzu § 3 Abs. 2 der Rahmenvorgaben nach § 106b Abs. 2 SGB V für die Wirtschaftlichkeitsprüfung

ist bei der Prüfung zwischen diesen beiden Leistungsbereichen zu unterscheiden.[346]

Seitens des BSG wird den Überprüfungen des Wirtschaftlichkeitsgebots eine hohe Wichtigkeit zuteil.[347] Eine effektive Kontrolle der vertragsärztlichen Tätigkeit ist offensichtlich auch seitens des Gesetzgebers gewollt, nachdem Verschärfungen der Gesetze in den Jahren 2003 und 2007 vorgenommen wurden.[348] Bei minder schweren Verstößen erfolgt nach § 106b Abs. 2 S. 3, § 305a SGB V vorrangig eine individuelle Beratung durch die Kassenärztliche Vereinigung und die Krankenkasse. Es kann jedoch auch zu Nachforderungen oder Honorarkürzungen kommen (§ 106 Abs. 3 SGB V). Kommt es zu mehreren Verstößen hat der Arzt mit Konsequenzen in Form von Verwarnungen, Verweisen, Geldbußen und der Anordnung des Ruhens der Zulassung zu rechnen.[349] Bei andauernden Verstößen kommt auch die Entziehung der Zulassung (§ 95 Abs. 6 SGB V) in Betracht.[350]

(e) Keine Überprüfung durch die Apotheken

Der Apotheker nimmt neben seinen pharmazeutischen und pharmakologischen Prüfungspflichten nach §§ 17 Abs. 8, 20 ApoBetrO lediglich die Überprüfung vor, ob das verordnete Medikament von der kassenärztlichen Versorgung nach § 31 SGB V umfasst ist, vgl. §§ 34, 93 SGB V.[351] Eine weitergehende Überprüfung durch die Apotheker, vor allem unter dem Gesichtspunkt der sachlichen Rechtfertigung der Verordnung, ist jedoch nicht vorgeschrieben.[352] Eine solche Verpflichtung würde sowohl in zeitlicher als auch in fachlicher Hinsicht den Aufgabenbereich der Apotheker überstrapazieren.[353] Aufgrund seiner Position im

---

ärztlich verordneter Leistungen vom 30. November 2015 – zuletzt geändert am 17.07.2018 – vereinbart zwischen dem Spitzenverband Bund der Krankenkassen (GKV-Spitzenverband) und der Kassenärztlichen Bundesvereinigung. Im Übrigen kann die Ausgestaltung der Prüfungen frei erfolgen, BT-Drucks. 18/4095, S. 110. Es können aber nach § 106 Abs. 1 S. 2 SGB V auch Einzelfallprüfungen bezogen auf den konkreten Behandlungsfall erfolgen.

346 BT-Drucks. 18/4095, S. 138.

347 BSGE 75, 220, 222 f.

348 *Steinhilper*, GesR 2009, 337, 345; *Leimenstoll*, wistra 2013, 121, 125.

349 § 81 Abs. 5SGB V i.V.m. der jeweiligen Satzung der entsprechenden Kassenärztlichen Vereinigung.

350 BSGE 93, 269.

351 Vgl. BGHSt 49, 17, 20.

352 Vgl. BSGE 77, 194, 207 f., 209.

353 Vgl. BSGE 77, 194, 207 f., 209.

Rahmen der kassenärztlichen Versorgung ist der Apotheker *„weder ein medizinischer Obergutachter noch eine Aufsichtsbehörde des Arztes"*[354], so dass der Vertragsarzt weiterhin durch die Verordnungen eine Schlüsselposition einnimmt.[355]

(3) Auswirkungen auf die Stellung des Vertragsarztes

Das Wirtschaftlichkeitsgebot vermag die Schlüsselrolle des Vertragsarztes, welche ihm aufgrund seiner Verordnungstätigkeit zuteil wird, zumindest im Grundsatz nicht zu beeinträchtigen. Dem Vertragsarzt obliegt die entscheidende Befugnis hinsichtlich der verbindlichen medizinischen Diagnose[356] sowie der entsprechenden Verordnung.[357] Selbst wenn feststeht, dass der Patient nach den gesetzlichen Regelungen und dem Leistungskatalog einen Anspruch gegen die gesetzlichen Krankenkassen hat, sind alle auf die Verordnung des Arztes angewiesen.[358] Die vom Vertragsarzt aufgrund der festgestellten Krankheit verordnete Leistung kann von der Krankenkasse nicht mit der Begründung abgelehnt werden, die Diagnose wäre nicht zutreffend oder widerspreche dem Wirtschaftlichkeitsgebot.[359] Allein die wirtschaftliche Entscheidung kann in einem gewissen Rahmen einer Überprüfung unterzogen werden. Dies spiegelt sich auch in dem mit dem Gebot verfolgten Zweck – die Erhaltung der Leistungsstandards an die medizinische Versorgung und die Bewahrung der Stabilität der gesetzlichen Krankenversicherung – wider.[360]

---

354 Vgl. BSGE 77, 194, 207 f., 209.

355 *Axer* in: Becker/Kingreen, SGB V, § 129 Rn. 10; *Kraatz*, NZWiSt 2012, 273, 277; *Gelshorn*, S. 87.

356 BSGE 73, 271, 282; *Klötzer*, NStZ 2008, 12, 15; *Geis*, GesR 2006, 345, 352; *Kreul*, S. 112.

357 BSGE 77, 194; *Geis*, GesR 2006, 345, 351.

358 BGH, NJW 2016, 3253, 3254: Die Verordnung stelle neben der medizinischen Indikation des Versicherungsfalls auch fest, dass das Heilmittel auf Kosten der Krankenkassen zur Erfüllung der Sachleistungspflicht erbracht werde. Daraus ergibt sich eine Stellung des Vertragsarztes gegenüber den gesetzlichen Krankenkassen, die von einer besonderen Verantwortung für deren Vermögen geprägt sei.

359 BSGE 77, 194.

360 *Kühl*, S. 31; *Gelshorn*, S. 87; *Trenk-Hinterberger* in: Spickhoff, § 12 SGB V Rn. 1; *Scholz* in: Becker/Kingreen, SGB V, § 12 Rn. 1, 2 f. Vgl. zum fehlenden Abschreckungspotential hinsichtlich zu Unrecht abgerechneter Leistungen, *Gaßner/Klass*, PharmR 2012, 356, 361.

b) Die rechtliche Stellung des Vertragsarztes bei der Verordnung von Arznei- und Hilfsmitteln

Hinsichtlich der rechtlichen Stellung des Vertragsarztes, die dieser im Rahmen seiner Verordnungstätigkeit einnimmt, erfolgte im Laufe der Jahre eine Fortentwicklung der Rechtsprechung des BSG, die im Folgenden dargestellt wird.

aa) Die Vertretertheorie – BSGE 77, 194 ff.

Das BSG hat die dem Vertragsarzt zugeschriebene „Schlüsselrolle" in seinem Urteil vom 17.01.1996 weiterentwickelt. Demnach vertrete der Vertragsarzt bei der Verschreibung von Sachleistungen aufgrund der ihm übertragenen Rechte, wie insbesondere §§ 33, 72 Abs. 1, 73 Abs. 2 Nr. 7 SGB V, die Krankenkasse.[361] Aufgrund der Verschreibung durch einen Vertragsarzt erhält der Versicherte bei der Apotheke das Arzneimittel auf Kosten der Krankenkasse, die wiederum vertraglich zur Begleichung des hierfür entstandenen Kaufpreises – abzüglich eines vom Versicherten gegebenenfalls zu tragenden Anteils – verpflichtet wird. Nachdem die Arzneimittelversorgung im Rahmen der vertragsärztlichen Versorgung stattfindet, wird die Bezahlung von der Krankenkasse in der Regel nur übernommen, wenn die Verordnung durch einen Vertragsarzt auf einem „Kassenrezept" basiert.[362] Dies vorangestellt, führte das BSG sodann wie folgt aus:

„Der Vertragsarzt kann somit als "Schlüsselfigur" der Arzneimittelversorgung bezeichnet werden [...]. Er verordnet dem Versicherten ein bestimmtes Arzneimittel, welches er bei der diagnostizierten Krankheit als medizinisch notwendig erachtet. Bei Ausstellung dieser Verordnung handelt er kraft der ihm durch das Kassenarztrecht verliehenen Kompetenzen als Vertreter der KK. Er gibt somit mit Wirkung für und gegen diese eine Willenserklärung ab. Der Apotheker, dem das Kaufvertragsangebot der KK mit der Vorlage der kassenärztlichen Verordnung angetragen wird, nimmt dieses an, indem er dem Versicherten das Arzneimittel aushändigt. Es handelt sich mithin um einen zwischen der KK und dem Apotheker – unter Einschaltung des Vertragsarztes als Vertreter der Krankenkasse – geschlossenen Vertrag zugunsten des Versicherten."[363]

---

361 BSGE 77 194, 200; BSGE 94, 213, 216.

362 BSGE 77, 194, 200.

363 BSGE 77, 194, 200. Ebenso im Ergebnis BGH, Beschluss vom 25.11.2003 - 4 StR 239/03, BGHSt 49, 17, 19; *Axer* in: FS Schnapp, S. 356; *Hilgendorf* in: Wabnitz/Janovsky, Kap. 13, Rn. 101; a.A. *Obermayer,* S. 148 ff., 152; *Schmitt,* S. 217 ff., 232, 237; *Wigge,* NZS 1999, 584, 586. Diese Auffassung nimmt einen Kaufvertrag zwischen dem Versicherten und dem Apotheker an, wobei der Kaufpreisanspruch des Apothekers ebenfalls gegenüber der Krankenkasse besteht. Dieser geht im Rahmen der antizipierten Schuldübernahme auf die Krankenkasse über. Kritisch auch *Schnapp* in: FS Herzberg, S. 802 ff. Ob der Versicherte im Rahmen dieser Konstruktion durch die Übermittlung

bb) *Änderung der Rechtsprechung des BSG aus dem Jahr 2009 unter Aufgabe der Vertretertheorie*

Die Vertretertheorie hat das BSG im Jahr 2009 aufgegeben:

„An dieser rechtlichen Konstruktion hält der erkennende Senat nach erneuter Prüfung nicht mehr fest; der Vergütungsanspruch des Apothekers hat seine Grundlage vielmehr unmittelbar im öffentlichen Recht. Denn die Konstruktion über einen im jeden Einzelfall abzuschließenden, den Versicherten begünstigenden öffentlich-rechtlichen Kaufvertrag zwischen Apotheker und Krankenkasse ist entbehrlich, weil sich schon aus § 129 SGB V iVm den Verträgen nach § 129 Abs. 2 und Abs. 5 Satz 1 SGB V eine tragfähige Rechtsgrundlage ergibt, […].“[364]

Die Annahme eines Kaufvertrags widerspreche schon dem § 69 Abs. 1 S. 3 SGB V, der die Anwendung von Vorschriften des Bürgerlichen Gesetzbuchs nur „im Übrigen" und damit für den Fall, dass die Regelungen des SGB V nicht ausreichend sind, für anwendbar erachtet.[365] Jedoch sehe bereits § 129 SGB V eine dahingehende Regelung vor, dass die Apotheken[366] unter Berücksichtigung der Rahmenverträge nach § 129 Abs. 2 SGB V und der auf Landesebene geschlossenen Verträge nach § 129 Abs. 5 S. 1 SGB V zur Abgabe von verordneten Arzneimitteln an die gesetzlich Versicherten auf öffentlich-rechtlicher Basis befugt und verpflichtet sind.[367] Der Gegenanspruch der Apotheken auf Bezahlung der Medikamente gegen die gesetzlichen Krankenkassen sei zwar gesetzlich nicht in § 129 SGB V normiert, werde aber von § 129 SGB V als bestehend angesehen.[368] Diese Begründung des Vergütungsanspruchs sei Ausdruck der

---

des Kaufvertragsangebots an den Apotheker als Bote agiert, ist laut dem BSG in dem Urteil ohne Bedeutung. Dies bejahend: BGHSt 49, 17, 19.

364 BSGE 105, 157, 162.

365 So auch *Schnapp*, GesR 2012, 705, 707.

366 Die Pflicht richtet sich unmittelbar an denjenigen, der die Apotheke betreibt. Apotheke im Sinne des SGB V meint jede Apotheke, die die berufsrechtlichen Voraussetzungen des ApoG, der ApoBetrO und der speziellen Berufsordnungen der Apothekerkammern der Länder erfüllt, *Axer* in: Becker/Kingreen, § 129 Rn. 3, 7.

367 BSGE 105, 157, 162. Die Rechtsbeziehung zwischen den gesetzlichen Krankenkassen und den Apotheken ist eine öffentlich-rechtliche. Die Neufassung des § 69 SGB V durch das GKV-Gesundheitsreformgesetz 2000 vom 22.12.1999 hat bewirkt, dass das Verhältnis der Krankenkassen zu den Leistungserbringern seit dem 01.01.2000 ausschließlich sozialversicherungsrechtlich und damit öffentlich-rechtlich ist, vgl. BT-Drucks. 14/1245, S. 67 f.; BSG, Urt. v. 25.09.2001 – B 3, BSGE 89, 24, 30 f. Zuvor war das Verhältnis nach ständiger Rspr. des BSG zu den Apotheken und allen nichtärztlichen Leistungserbringern ein zivilrechtliches, vgl. BSGE 86, 166; BSGE 89, 24.

368 BSGE 105, 157, 162.

Einbeziehung der Apotheken in den den Krankenkassen obliegenden öffentlich-rechtlichen Versorgungsauftrag.[369] Die vertragsärztliche Verordnung bilde den Mittelpunkt der vom Versorgungsauftrag inbegriffenen Arzneimittelversorgung der Versicherten.[370]

cc) Kritische Stellungnahme

(1) Vertragsarzt als Freiberufler

Um die Konstruktionen des BSG beurteilen zu können, hilft es, sich noch einmal die Aufgabenverteilung nach dem System der vertragsärztlichen Versorgung zu vergegenwärtigen. Der Vertragsarzt ist im Rahmen der ärztlichen Behandlung für die Verordnungen von Arznei- und Hilfsmitteln zuständig; die Apotheken geben aufgrund dieser Verordnung die verschriebenen Mittel an den Versicherten ab und den gesetzlichen Krankenkassen obliegt generell die Bezahlung dieser Mittel gegenüber den Apotheken. Der Vertragsarzt erfüllt durch die Verordnung eine eigene Aufgabe,[371] die ihm kraft Gesetzes übertragen wurde. Er nimmt diese Aufgabe eigenverantwortlich und in freiberuflicher Tätigkeit im Rahmen der ärztlichen Behandlung wahr.[372] Für die freiberufliche Tätigkeit des Vertragsarztes spricht, dass er die vom BVerfG hierfür aufgestellten Kriterien[373] erfüllt, obwohl er sich durch seine Zulassung im System der gesetzlichen Krankenversicherung bewegt. Die geforderte besondere Sachkunde ist bei der ärztlichen Tätigkeit schon aufgrund des notwendigen spezifischen Fachwissens, das in einer mehrjährigen akademischen und praktischen Ausbildung erworben wird, gegeben. Die Tätigkeit zeichnet sich zudem durch die selbst zu verantwortenden und eigenständigen Entscheidungen aus, für die der Vertragsarzt persönlich einzustehen hat.[374]

Diese Verantwortung wird dem Vertragsarzt nicht durch seine Zulassung abgenommen, da kein Arbeit- oder Dienstgeber die Verantwortung für sein

---

369 BSGE 105, 157, 162.

370 BSGE 105, 157, 162 f.

371 *Klötzer,* NStZ 2008, 12, 14.

372 So auch *Schimmelpfeng-Schütte,* GesR 2006, 529, 531, der darlegt, dass besondere Gründe vorliegen müssten, wenn der Vertragsarzt bei der Verordnung als Vertreter der Krankenkassen handelt, da er bei der ärztlichen Behandlung an sich anerkanntermaßen kein Vertreter ist.

373 Vgl. zu den Kriterien BVerfGE 9, 339, 351; BVerfGE 10, 354, 364 ff.; BVerfGE 46, 224, 242; BVerfGE 16, 286, 294.

374 So auch *Reinhardt*, S. 20.

Handeln übernimmt. Durch seine Zulassung entfallen auch nicht das Risiko sowie die Eigenverantwortlichkeit seiner Tätigkeit in wirtschaftlicher Hinsicht. Die wirtschaftliche Rentabilität seiner Tätigkeit bemisst sich nach der von ihm aufgewandten Arbeitskraft sowie seinen Leistungen, weswegen ihn das Risiko einer freiberuflichen Tätigkeit trifft.[375] Der Vertragsarzt geht kein weisungsgebundenes Dienstverhältnis ein und die Kassenärztlichen Vereinigungen übernehmen keine Fürsorgepflichten. Die die Freiberuflichkeit kennzeichnende Unabhängigkeit bleibt durch die weisungsfreie Erfüllung der Versorgung, die der Arzt nach der ärztlichen Sitte, seinem fachlichen Wissen und am Wohl des Patienten ausgerichtet vorzunehmen hat, bestehen.[376]

An dieser Einschätzung vermag sich auch nichts dadurch zu ändern, dass der Vertragsarzt das Wirtschaftlichkeitsgebot zu beachten hat. Es ist zwar zutreffend, dass er dadurch gewisse Vorgaben bei seinen Verordnungen einzuhalten hat, solche hat aber auch der Privatarzt gegenüber seinen Patienten in Form der Rücksichtnahme auf deren finanzielle Leistungsfähigkeit zu beachten.[377] Das Wirtschaftlichkeitsgebot hat keinen Einfluss darauf, dass der Vertragsarzt seine Entscheidungen „unabhängig und weisungsfrei“ vornimmt.[378] Diese Unabhängigkeit wird durch § 32 Abs. 1 S. 1 MBO-Ä geschützt.[379] Sie hängt nicht von der konkreten Form der Organisation der Ausübung der Berufstätigkeit ab, sondern gilt gleichermaßen für alle Ärzte.[380] Der Vertragsarzt übt den gleichen Beruf aus wie ein privater Arzt; hieran kann sich allein aufgrund einer Kassenzulassung nichts ändern.[381] Dies wird durch die Regelungen in § 72 Abs. 1 und 2 SGB V gestützt, nach denen die Ärzte mit den Krankenkassen zusammenwirken und die Details zur Erbringung der vertragsärztlichen Versorgung noch weiterer Verträge bedürfen, was für eine selbständige und eigenverantwortliche Tätigkeit spricht.[382] Für die Vertreterkonstruktion des BSG bleibt daher kein Raum.[383]

---

375 BSGE 35, 247, 252.

376 BVerfGE 9, 338, 351; BSGE 35, 247, 250; *Hellmann/Herffs*, S. 79.

377 BVerfG, NJW 1960, 715.

378 BGH NJW 1978, 589; BGH, MedR 1994, 152.

379 Vgl. hierzu dieses Kapitel B. VI. 1. a) dd) (S. 50 f.).

380 BGHZ 70, 159, 166; BT-Drucks. 3/2810, S. 1; *Hellmann/Herffs*, S. 80.

381 BVerfG NJW 1960, 715; *Schmidbauer* in: Schnapp/Wigge, § 3 Rn 32.

382 *Eggerts/Klümper*, A&R 2010, 211, 212 f.; so auch *Dieners*, PharmR 2010, 613, 616; *Klötzer;* NStZ 2008, 12, 14; *Taschke*, StV 2005, 406, 411.

383 Vgl. auch *Ulsenheimer* in: Ulsenheimer, Rn. 1179; *Leimenstoll*, Rn. 161.

Zudem widerspricht diese den haftungsrechtlichen Pflichten des Vertragsarztes nach § 823 BGB und § 223 StGB[384] sowie den §§ 630a ff. BGB.

(2) Keine Bestimmung der wesentlichen Vertragsbestandteile

Allein durch die Verordnung kommt außerdem noch kein Rechtsgeschäft zustande. Es ist vielmehr erforderlich, dass der Versicherte das Rezept in der Apotheke abgibt. Es ist seine Entscheidung, in welcher Apotheke er das Rezept einlöst und daher auch, mit wem der Vertrag zustande kommt.[385] Dass die Wahl des Vertragspartners einem Dritten überlassen wird, spricht gegen die Vertretertheorie, da die Vertragsparteien generell die wesentlichen Vertragsbestandteile selbst festlegen müssen. Teilweise wurde daher auch vertreten, der Vertrag komme zwischen dem Apotheker und dem Versicherten zustande und die Pflicht zur Kaufpreisbegleichung gehe auf die Krankenkasse im Wege der antizipierten Schuldübernahme über.[386] Die Verordnung erfolgt oftmals nur unter Angabe des Wirkstoffes bzw. unter Zulassung von „Aut-idem"[387], so dass ein weiterer wesentlicher Bestandteil des Vertrages durch die Verordnung allein noch nicht geklärt ist und der Apotheker das genaue Produkt auswählen kann.[388]

---

384 *Duttge* in: Duttge, S.8, der ausführt, die Vertretertheorie sei nicht mit den ärztlichen Aufgaben und Berufspflichten in §§ 1, 2 MBO-Ä vereinbar. Das Verhältnis zwischen Arzt und Patient muss losgelöst von hierdurch berührten wirtschaftlichen Interessen anderer gesehen werden, da in diesem Verhältnis die Verpflichtung zur Fürsorge und Hilfeleistung des Arztes im Vordergrund steht.

385 *Geis,* GesR 2006, 345, 351; *Brandts/Seier* in: FS Herzberg, S. 817. Vgl. hierzu § 11 Abs. 1 ApoG, nach dem zwischen Apotheken und Ärzten keine Zuweisungen von Verschreibungen erlaubt sind.

386 *Wigge*, NZS 1999, 584, 586; *Geis,* wistra 2005, 369, 371; *Geis*, GesR 2006, 345, 351.

387 Bei der Abgabe haben sie die Regelungen des § 129 SGB V und die des Rahmenvertrages nach §129 Abs. 2 SGB V zu beachten, die Ausfluss des Wirtschaftlichkeitsgebotes nach §§ 12 Abs. 1, 70 Abs. 1 SGB V sind, das aufgrund seiner allgemeinen Geltung auch von den Apotheken einzuhalten ist, *Axer* in: Becker/Kingreen, § 129 Rn. 5, 15. Einer besonderen Erwähnung bedarf hierbei die Aut-idem Regelung, nach der die Apotheke dazu verpflichtet ist, im Falle, dass der Arzt lediglich den Wirkstoff verschreibt oder auf dem Rezept angibt, dass das Arzneimittel auch durch ein anderes mit dem gleichen Wirkstoff ersetzt werden kann, das preisgünstigste Mittel an den Versicherten abzugeben.

388 Vgl. auch *Leimenstoll,* S. 75 ff. zu den fehlenden Voraussetzungen der wirksamen Stellvertretung; vgl. zudem *Kühl,* S. 117 f. zu weiteren Argumenten.

(3) Fehlende Vertretungsmacht

Für die Vertretertheorie fehlt es im Übrigen an den notwendigen Voraussetzungen. Für die wirksame Vertretung bedarf es einer Vertretungsmacht, die die Legitimation zum Handeln für einen Anderen darstellt. Eine solche kann rechtsgeschäftlich begründet werden, kraft Gesetzes oder organschaftlich.[389] Hierfür ist ein Grundverhältnis erforderlich,[390] an dem es jedoch zwischen den gesetzlichen Krankenkassen und den Vertragsärzten fehlt.[391] Wie schon festgestellt, steht der Vertragsarzt in keinem Dienstverhältnis und erbringt die vertragsärztliche Versorgung in freiberuflicher Tätigkeit. Zur Erbringung der Versorgung ist er zudem gegenüber den Kassenärztlichen Vereinigungen verpflichtet. Eine unmittelbare Rechtsbeziehung zu den Krankenkassen existiert nicht.[392] Die Zulassung bewirkt ebenfalls keine Vertretungsbefugnis, da der Zulassungsausschuss mit Vertretern der Ärzteschaft und der Krankenkassen je hälftig besetzt ist und die Zulassung somit nicht dem Geschäftsbetrieb der Krankenkassen zugerechnet werden kann.[393]

(4) Ergebnis

Zusammengefasst ist daher den vielen Kritikern, die bereits vor der Rechtsprechungsänderung des BSG die Vertretertheorie ablehnten, und der Aufgabe dieser Theorie durch das BSG zuzustimmen.[394] Die Vertretertheorie kann aufgrund der Stellung des Vertragsarztes im Versorgungssystem und der fehlenden rechtlichen Beziehung zur Krankenkasse nicht angenommen werden. Die rechtliche Grundlage für die Vergütung der Apotheker ergibt sich aus dem SGB V, weswegen es keiner vertraglichen Konstruktion bedarf bzw. eine solche nach § 69 Abs. 1 S. 3 SGB V untersagt ist. Auch der Große Senat für Strafsachen hat in seiner Entscheidung vom 29.03.2012 der Vertreterkonstellation eine Absage erteilt und folgt der öffentlich-rechtlichen Begründung.[395]

---

389 *Schubert* in: MüKo-BGB, § 164 Rn. 2.

390 *Schubert* in: MüKo-BGB, § 164 Rn. 3.

391 *Schimmelpfeng-Schütte*, GesR 2006, 529, 531; *Leimenstoll*, Rn. 160.

392 BSG MedR 2005, 538, 554; *Schimmelpfeng-Schütte*, GesR 2006, 529, 531. Vgl. 1. Kapitel B. VI. 2. a) (S. 53 ff.).

393 *Geis*, wistra 2005, 369, 370.

394 Vgl. z.B. *Schnapp*, GesR 2012, 705, 714, der von der *„unhaltbaren Vertreter-Konstruktion“* spricht; *Schnapp* in: FS Herzberg, S. 802 ff.; *Brandts/Seier* in: FS Herzberg, S. 821 f.; *Klötzer*, NStZ 2008, 12, 15; *Ulsenheimer*, MedR 2005, 622 ff.; a.A. *Reese*, PharmR 2006, 92, 93 f.

395 BGHSt 57, 202, 214.

4. *Erhebliche Entscheidungsmacht des Vertragsarztes*

Trotz der diversen Änderungen im Rahmen der Rechtsprechung betreffend die rechtliche Stellung des Vertragsarztes hinsichtlich der Verordnungen von Arznei- und Hilfsmitteln wurde das Rechtskonkretisierungskonzept nicht in Abrede gestellt.[396] Nach wie vor kommt dem Vertragsarzt bei der Verordnung eine zentrale Funktion zu,[397] da ihm allein die Entscheidung obliegt, ob eine Verordnung erfolgt und es dieser Verordnung bedarf, um den Sachleistungsanspruch des Versicherten umzusetzen und zu erfüllen.[398] Bei den Verordnungen von Arznei- und Hilfsmitteln handelt es sich um den kostenintensivsten Leistungsbereich, auf den der Arzt aufgrund seiner „Verordnungshoheit" einen erheblichen Einfluss auszuüben vermag.[399]

Der in § 15 Abs. 1 SGB V geregelte Arztvorbehalt, nach dem Behandlungsleistungen, die den Krankenkassen zur Last fallen, ausschließlich von Ärzten, Zahnärzten und Psychotherapeuten vorgenommen werden dürfen, unterstreicht die Machtposition des Vertragsarztes.[400] Durch seine Verordnungstätigkeit sowie den Arztvorbehalt und die damit einhergehende Entscheidungsmacht ist seine Stellung für Beeinflussungen von Pharmaunternehmen und anderen Leistungserbringern besonders reizvoll.[401] An dieser Stelle sei auch auf die Vorschrift des § 10 Abs. 1 HWG verwiesen, nach der verschreibungspflichtige Medikamente Patienten gegenüber nicht angepriesen werden dürfen. Ärzten gegenüber ist dies erlaubt, so dass für die Pharmaunternehmen ein erhöhter Anreiz besteht, auf den Arzt einzuwirken, um die Verschreibung der eigenen Produkte zu erreichen.[402] Neben der Pharmaindustrie sind auch die nicht-ärztlichen Heilberufsangehörigen und die Medizinprodukthersteller von den Verordnungen ihrer

---

396 *Manthey*, GesR 2010, 601, 603.

397 Vgl. beispielsweise BGH, MedR 2011, 651, 654; BT-Drucks. 18/6446, S. 11; *Geiger*, NK 2013, 136, 144; *Scholz* in: Spickhoff, § 32 MBO Rn. 1; *Bausback* in: Kubiciel/Hoven, S. 33.

398 *Barth* in: Spickhoff, § 129 SGB V Rn. 3.

399 Vgl. hierzu 1. Kapitel B. I. (S. 30 ff.); *Badle,* medstra, 2, 3; so auch *Gelshorn,* S. 5.

400 Dafür, dass der Arztvorbehalt diese zentrale Stellung des Arztes fördert auch: *Bausback* in: Kubiciel/Hoven, S. 33 f.; BR-Drucks. 16/15, S. 4; *Geiger*, NK 2013, 136, 144.

401 *Bausback* in: Kubiciel/Hoven, S. 34; *Badle*, medstra 2015, 2, 3 führt aus, dass hiervon „sämtliche Bereiche der medizinischen Versorgung" erfasst seien.

402 BR-Drucks. 16/15, S. 5; *Bongartz*, S. 81; *Martiny* in: Duttge, S. 18 sieht darin eine „Schlüsselstellung" der Ärzte und ihrer Körperschaften begründet. Im Ergebnis so auch: *Bausback* in: Kubiciel/Hoven, S. 34. Vgl. hierzu auch *Martiny* in: Duttge, S. 23. Zu den diversen Einwirkungsmöglichkeiten bei den ärztlichen Verordnungshandlungen, vgl. bereits dieses Kapitel A. II. 2. (S. 21 ff.).

Leistungen durch den Vertragsarzt abhängig, insbesondere weil nicht-ärztliche Leistungen meist nur bei Vorliegen einer ärztlichen Verordnung erstattet werden.[403] Nachdem außerdem die Inanspruchnahme von Leistungen von Fachärzten, Kliniken und Rehabilitationszentren in der gesetzlichen Krankenkasse einer Überweisung durch den Vertragsarzt bedürfen, besteht auch hier ein enormes Abhängigkeitsverhältnis vom Arzt, welches die Gefahr einer unberechtigten Einflussnahme birgt.[404]

5. *Wesentliche Unterschiede zwischen vertrags- und privatärztlicher Versorgung*

Insbesondere das dargestellte komplexe Abrechnungssystem[405] sowie das Sachleistungsprinzip[406] stellen grundsätzlich einen Unterschied des vertragsärztlichen zu dem privatärztlichen Versorgungssystem dar. In der privaten Krankenversicherung gilt das Kostenerstattungsprinzip, weswegen der Privatarzt[407] einen Anspruch auf Kostenbegleichung generell direkt gegenüber seinem Patienten hat. Basis für die Abrechnung ist die GOÄ, die die Preise grundsätzlich verbindlich festlegt.[408] Der Privatarzt kann jedoch abweichend einen höheren Steigerungsfaktor nach § 2 Abs. 1 S. 1,S. 2 GOÄ festlegen.

Einem nach § 12 Abs. 1 SGB V vergleichbaren Wirtschaftlichkeitsgebot unterliegt der Arzt hierbei generell nicht.[409] Er darf nach § 1 Abs. 2 GOÄ nur medizinisch notwendige Leistungen in Rechnung stellen und ist dem Patienten nach dem Grundsatz von Treu und Glauben eine Aufklärung hinsichtlich der anfallenden Kosten schuldig und muss eine entsprechend kostengünstige Behandlung durchführen.[410] Nach Bezahlung der Rechnung gibt der Patient diese an seine Krankenkasse zur Erstattung weiter, soweit die Leistung von seinem Versicherungsvertrag umfasst ist.

---

403 BT-Drucks. 18/6446, S. 11; *Bahner*, S. 4.

404 *Bahner*, S. 3.

405 Vgl. 1. Kapitel B. II. 2. a) (S. 35 f.).

406 Vgl. 1. Kapitel B. VI. 1. b) bb) (S. 52 f.).

407 Grundsätzlich kann jeder Arzt (vgl. §§ 2 ff. MBO-Ä) auch einer Tätigkeit als Privatarzt nachkommen.

408 Gebührenordnung für Ärzte in der Fassung der Bekanntmachung vom 9. Februar 1996 (BGBl. I S. 210, die zuletzt durch Artikel 17 des Gesetzes vom 4. Dezember 2001 (BGBl. I S. 3320) geändert worden ist. Der Privatarzt kann jedoch abweichend einen höheren Steigerungsfaktor nach § 2 I S. 1, 2 GOÄ festlegen. Vgl. hierzu auch *Kronawitter*, S. 5 ff.

409 *Cosack*, ZIS 2013, 226, 227; *Hess* in: Wenzel, Kap. 2 Rn. 55.

410 *Hess* in: Wenzel, Kap. 2 Rn. 56.

Im Falle der Verordnung eines verschreibungspflichtigen Medikaments schließt der Patient aufgrund des Kostenerstattungsprinzips einen Kaufvertrag mit der Apotheke ab und schuldet dieser den Kaufpreis.[411] Aufgrund der Abrechnung direkt gegenüber dem Patienten vermag dieser grundsätzlich die Rechnung einer gewissen Kontrolle zu unterziehen. Auch wenn es ihm aufgrund des Wissensunterschieds nicht immer möglich sein wird, die Rechnungen vollumfänglich zu überprüfen und überteuerte oder medizinisch nicht indizierte Leistungen zu erkennen,[412] wird er unter Umständen bei Abrechnung nicht vorgenommener Leistungen oder einem besonders hohen Rechnungsbetrag Nachfragen vornehmen.[413]

Das System erscheint daher zumindest auf den ersten Blick hinsichtlich der Abrechnungen transparenter. Die Einwirkung auf einen Privatarzt durch Pharmaunternehmen oder Hilfsmittelhersteller mittels unzulässiger Zuwendungen zur Beeinflussung ihres Verordnungsverhaltens wird damit nicht in Abrede zu stellen sein,[414] da auch hier eine Abhängigkeit von den Verordnungen besteht und beispielsweise auch keine Aut-idem-Substitution existiert.[415]

C. Zusammenfassung

Intransparenz, asymmetrische Informationsverteilung und eine Vielzahl von Akteuren kennzeichnen den deutschen Gesundheitsmarkt und haben zur Folge, dass die Korruptionsanfälligkeit ein systemimmanentes Merkmal darstellt.[416] Aber auch weitere Aspekte, wie die verschiedenen Interessen, die die einzelnen Akteure verfolgen, die komplexen Beziehungen, die diese miteinander verbinden,[417] die Vielzahl an Regulierungen[418] und Budgetierungen sowie die enorme Höhe der Finanzmittel, die auf dem Gesundheitsmarkt umgesetzt werden, stellen Faktoren

---

411 *Wigge*, NZS 1999, 584, 589.

412 Ähnlich auch *Martiny* in: Duttge, S. 22.

413 Die Intensität dieser Kontrolle kann im Einzelfall auch davon abhängig sein, welche Bedingungen der jeweilige Versicherungsvertrag enthält und ob der Patient eine Selbstbeteiligung zu erbringen hat und somit nicht alle Kosten erstattet bekommt.

414 *Martiny* in: Duttge, S. 22; *Cosack*, ZIS 2013, 226, 227.

415 *Cosack*, ZIS 2013, 226, 227.

416 Vgl. *Savedoff/Hussmann* in: Jahrbuch Korruption 2006, S.44: „*kein anderer Sektor verfügt über diese spezifische Mischung*". Zu weiteren möglichen kriminogenen Faktoren: *Gaßner/Klass,* PharmR 2002, 356 ff.

417 *Taschke/Zapf*, medstra 2015, 332, 335 sehen die Verknüpfungen und Formen der Kooperationen als fördernd für unzulässige Einflussnahmen an.

418 *Martiny* in: Duttge, S. 18; *Brettel/Duttge/Schuhr*, JZ 2015, 929, 933; *Gaede/Lindemann/Tsambikakis,* medstra 2015, 142, 150; *Dannecker/Schröder* in: Kubiciel/Hoven, S. 63 f.; *Duttge* in: Kubiciel/Hoven, S. 22 f.

dar, die Korruption fördern können, weshalb der Gesundheitsmarkt durchaus als kriminogen erscheinen kann.[419]

Zwar handelt es sich hierbei nicht ausschließlich um Faktoren, die ausschließlich auf dem Gesundheitsmarkt vorzufinden sind, sondern auch auf anderen Märkten auftreten können, jedoch scheint es aufgrund der spezifischen Mischung der Faktoren gemessen an den vielfältigen korruptiven Verhaltensweisen, die sich über die Jahre entwickelt haben und ans Licht gekommen sind, zu einer besonders korruptionsbegünstigenden Wirkung zu kommen.[420] Der Vertragsarzt nimmt in diesem System durch seine Schlüsselstellung sowie seine Möglichkeit, allein über Verordnungen zu verfügen und der meist bedingt durch eine Informationsasymmetrie und das komplexe Abrechnungssystem eingeschränkten Kontrollmöglichkeiten durch den Patienten, die Krankenkassen und Apotheker eine zentrale Funktion ein, die Anreize schafft, auf ihn durch Vorteilsgewährungen Einfluss zu nehmen.[421] Selten trifft ein Patient bei der Medikamentenauswahl eine unabhängige Entscheidung, die er am Preis oder seinem eigenen Willen orientiert; welche Medikamente oder Hilfsmittel in Anspruch genommen werden, richtet sich vielmehr nach den Verordnungen des Arztes, an die auch vielfach die Versicherungen hinsichtlich der Erstattung der Kosten gebunden sind.[422]

Die Reglementierungen verhindern das Verdrängen unzureichender Leistungen vom Markt und das Entstehen von „Wettbewerbsstrukturen“ [423]. Aufgrund der Vielzahl an Regelungen werden wirtschaftliche Verhaltensweisen in erheblicher Weise vorgegeben und stark eingegrenzt, wodurch sich der Gesundheitsmarkt von einem freien Markt deutlich unterscheidet.[424] Preise für die

---

419 *Murmann* in: Duttge, S. 110 f.; vgl. auch *Badle* in: Duttge, S. 28 f.; BR-Drucks. 16/15, S. 4; *Steinhilper*, GesR 2010, 398, 400. Die Berichterstattung der Presse vermag diesen Eindruck in der Öffentlichkeit sicherlich noch zu verstärken, vgl. *Badle* in: Duttge, S. 29; *Weimer* in: FS Steinhilper, S. 238.

420 BT-Drucks. 18/6446, S. 11 m.w.N.; *Badle* in: Duttge, S. 28 f.; *Pragal*, NStZ 2005, 133 m.w.N.

421 *Kölbel* in: AG Medizinrecht im DAV/IMR, S. 64 f.; *Kubiciel*, Stellungnahme vom 02.12.2015, S. 3 f.; BT-Drucks. 18/6446, S. 11; ähnlich auch *Kubiciel*, Stellungnahme vom 02.12.2015, S. 3. *Andreschewski*, S. 21 nimmt zwar auch eineSchlüsselposition an, sieht darin im Endeffekt aber keine *„Begründung für ein erhöhtes Aufkommen wirtschaftskriminellen Verhaltens“*.

422 *Martiny* in: Duttge, S. 18.

423 *Gaßner* in: Arnim, S. 70.

424 *Brettel/Duttge/Schuhr*, JZ 2015, 929, 933; *Duttge* in: Kubiciel/Hoven, S. 22 f.: Von einem freien Wettbewerb sei *„im dichten Regulierungsgestrüpp [...] beim besten Willen nichts zu sehen“*; *Dannecker/Schröder* in: Kubiciel/Hoven, S. 22 f.; *Dannecker/Schröder*

Erbringung ärztlicher Tätigkeiten sowie für Mittel und Produkte sind zumeist vorgegeben und können nicht frei ausgehandelt werden.[425] Hierdurch wird ein klassischer Wettbewerb, durch den überteuerte und unzureichende Leistungen zumeist verdrängt werden, verhindert. Dies kann wiederum die Einflussnahme durch Zuwendungen fördern, da die Pharmaunternehmen und andere Leistungserbringer in hohem Maße von den Verordnungen des Arztes abhängig sind.

Aufgrund der vorherrschenden kriminogenen Faktoren auf dem Gesundheitsmarkt, denen zumindest eine korruptionsbegünstigende Wirkung auf diesem Markt nicht abzusprechen ist und der vielfältigen Erscheinungsformen korruptiven Verhaltens, erscheint es aufgrund der enormen sozialen Bedeutung des Gesundheitswesens für die Allgemeinheit aber auch jeden Einzelnen sinnvoll, etwaigem Fehlverhalten entgegenzusteuern.

---

in: NK-StGB, § 299a Rn. 31; *Martiny* in: Duttge, S. 18; *Schröder*, NZWiSt 2015, 321, 325; *Gaede/Lindemann/Tsambikakis*, medstra 2015, 142, 150; *Tsambikakis*, medstra 2016, 131, 132; *Andreschewski*, S. 219 f.; *Sartorius*, S. 38; *Eisele* in: Schönke/Schröder, § 299a Rn. 2. Für den Bereich der gesetzlichen Krankenversicherung: *Schnapp* in: Duttge, S. 65. Vgl. zum Wettbewerb auf dem Gesundheitsmarkt auch *Dannecker*, ZRP 2013, 37, 39; *Nestler*, GesR 2016, 70, 74. Vgl. auch 3. Kapitel A. I. 1. (S. 243 ff.).

425 *Schnapp* in: Duttge, S. 65; *Duttge* in: Kubiciel/Hoven, S. 22 f.

2. Kapitel
Rechtslage vor der Entscheidung des Großen Senats und die aufgrund der Entscheidung ergangenen wesentlichen Gesetzesentwürfe des Gesetzgebers sowie deren Rechtfertigung

A. Rechtfertigung der Einführung der §§ 299a, 299b StGB aufgrund der Situation vor deren Erlass

I. Gesetzeslage unter Berücksichtigung des Beschlusses des BGH vom 29.03.2012

Es war lange Zeit in der Rechtsliteratur und -praxis extrem umstritten, ob die gesetzlichen Regelungen des Strafrechts auf die Korruption im Gesundheitswesen im Zusammenhang mit niedergelassenen Vertragsärzten anwendbar sind. Diesen Streit hat der BGH durch seine Grundsatzentscheidung vom 29.03.2012 endgültig und abschließend geklärt. In seinem Beschluss hat der BGH klargestellt, dass niedergelassene Vertragsärzte weder die Amtsträgereigenschaft im Sinne des § 11 Abs. 1 Nr. 2 lit. c StGB erfüllen noch zu den Beauftragten der gesetzlichen Krankenkassen zählen und somit im Ergebnis weder die Tatbestände der §§ 331, 332 StGB noch den des § 299 StGB verwirklichen können.[426]

1. Meinungsstand vor der Entscheidung des BGH

Vor der Entscheidung des BGH vom 29.03.2012 herrschte Uneinigkeit darüber, ob Vertragsärzte als Beauftragte im Sinne des § 299 StGB zu qualifizieren sind oder als Amtsträger nach § 11 Abs. 1 Nr. 2 lit. c StGB eingeordnet werden können. Eine umfassende höchstrichterliche Rechtsprechung zu dieser Thematik existierte bis zur Entscheidung des BGH nicht,[427] jedoch waren diese Fragen in der Rechtsprechung bereits Gegenstand von Entscheidungen, in denen die Gerichte jedoch zu divergierenden Ergebnissen gelangten, sofern die Verfahren

---

426 BGH, Beschl. v. 29.03.2012 – GSSt 2/11, BGHSt 57, 202.
427 Pressemitteilung Nr. 76/2011 des Bundesgerichtshof vom 05.05.2011.

nicht bereits zuvor eingestellt worden waren.[428] Eine eingehende Auseinandersetzung mit diesen beiden Fragen erfolgte auch in der Literatur. Im Folgenden wird der Meinungsstand von Rechtsprechung und Literatur vor dem Beschluss des Großen Senats dargestellt.

a) Meinungsstand in Literatur und Rechtsprechung zur Anwendbarkeit des § 299 StGB auf Vertragsärzte

Zunächst ging die wohl herrschende Literaturauffassung – ohne die Thematik genauer zu hinterfragen – davon aus, dass der Vertragsarzt kein tauglicher Täter im Sinne des § 299 StGB sei.[429] Soweit ersichtlich hat sich sodann erstmals *Pragal* mit der Thematik und der Möglichkeit der Strafbarkeit der Vertragsärzte nach § 299 StGB im Jahre 2005 befasst und diese letztendlich bejaht.[430] Zu Beginn traf diese Ansicht beinahe geschlossen auf Ablehnung, was sich jedoch im Laufe der Zeit änderte, so dass diese Meinung schließlich sogar die wohl überwiegende Ansicht darstellte.[431]

aa) Der Tatbestand des § 299 StGB

Nach der Vorschrift des § 299 Abs. 1 StGB a.F.[432] machte und macht sich strafbar, wer als Angestellter oder Beauftragter eines geschäftlichen Betriebes im

---

428 Vgl. das Ratiopharm-Verfahren, bei dem die niedergelassenen Vertragsärzte von dem Unternehmen für die Verschreibung von dessen Medikamenten Beteiligungen von zwei bis acht Prozent des Herstellerabgabepreises erhalten haben. Hier hat die Staatsanwaltschaft die Strafverfahren gegen die Ärzte eingestellt, weil sie nicht Beauftragte der Krankenkassen seien; Staatsanwaltschaft Ulm – Pressemitteilung vom 20.12.2005; Staatsanwaltschaft Augsburg, Beschl. v. 23.01.2009 – 501 Js 14802/09; Generalstaatsanwaltschaft Stuttgart – Pressemitteilung vom 13.04.2006;

429 *Stellpflug,* Arzt und Wirtschaft 2002, 26; *Schaupensteiner* in: BKA, Wirtschaftskriminalität und Korruption; *Geis,* wistra 2005, 369, Fn. 9 m.w.N.

430 *Pragal,* NStZ 2005, 133, 134; *Geis,* wistra 2010, 280.

431 *Brand/Hotz,* PharmR 2012, 317 m.w.N. in den Fußnoten 3 und 4; *Böse/Mölders,* MedR 2008, 585; *Pragal/Apfel,* A&R 2007, 10; *Neupert,* NJW 2006, 2811; OLG Braunschweig wistra 2010, 234; AG Ulm, Urt. v. 26.10.2010 – 3 Cs 37 Js 9933/07.

432 Zugrunde gelegt wird für den folgenden Teil der Bearbeitung die Vorschrift in ihrer Fassung zum Zeitpunkt der Entscheidung des Großen Senats aus dem Jahre 2012, da diese auch auf dieser basierte. Mit dem „Gesetz zur Bekämpfung der Korruption" vom 20.11.2015 (Art. 1 G v. 20.11.2015 BGBl. I S. 2025) wurde ab dem 26.11.2015 das „Geschäftsherrenmodell" in den Tatbestand des § 299 Abs. 1 Nr. 2 und Abs. 2 Nr. 2 StGB eingeführt, wodurch nunmehr auch die Interessen des Geschäftsherrn an der loyalen und unbeeinflussten Ausführung der Pflichten seiner Angestellten

geschäftlichen Verkehr einen Vorteil für sich oder einen Dritten als Gegenleistung dafür fordert, sich versprechen lässt oder annimmt, dass er einen anderen bei dem Bezug von Waren oder gewerblichen Leistungen im Wettbewerb in unlauterer Weise bevorzugt.[433]

(1) Geschäftliche Betriebe

Die Bezeichnung „Geschäftlicher Betrieb" umfasst dabei jede Teilnahme am Wirtschaftsleben, die auf eine gewisse Dauer angelegt ist und sich über den regelmäßigen Austausch von Leistungen und Gegenleistungen definiert.[434] Der BGH hat die Frage, ob auch die gesetzlichen Krankenkassen öffentliche Betriebe nach § 299 Abs. 1 StGB a.F. sind, bisher nicht entschieden. Aber auch öffentliche Unternehmen, die soziale oder wohltätige Aufgaben erfüllen,[435] jedoch nicht darauf ausgerichtet sind, Gewinn zu erzielen, können zu den geschäftlichen Betrieben gerechnet werden, wenn sie am Wirtschaftsverkehr auf geschäftliche Art teilnehmen.[436] Bedingt durch den regelmäßigen und dauerhaften Leistungsaustausch, den die Krankenkassen beispielsweise in Form von Behandlungsverträgen oder Kaufverträgen hinsichtlich Arznei- und Hilfsmitteln vollziehen müssen, um ihrer Versorgungsverpflichtung gegenüber ihren Versicherten gerecht zu werden, können auch die Krankenkassen als Körperschaften des

---

und Beauftragten bei dem Bezug von Waren und Dienstleistungen geschützt werden, vgl. BT-Drucks. 18/4350, S. 21.

433 Diese Norm wurde durch Art. 1 Nr. 3 des Korruptionsbekämpfungsgesetz in das Strafgesetzbuch übernommen und ist im Großen und Ganzen (Es erfolgte eine Anpassung der Norm an den Wortlaut der §§ 331 ff. StGB. Zudem wurde der Tatbestand um das Fordern bzw. Gewähren von Vorteilen für Dritte ergänzt, vgl. BT-Drucks. 13/3353, S. 13.) inhaltsgleich mit seiner Vorgängervorschrift § 12 UWG, die durch Art. 4 Nr. 1 KorrBekG aufgehoben wurde. Die Verankerung der Vorschrift im StGB sollte verdeutlichen, dass Korruption kein Phänomen ist, das lediglich im wirtschaftlichen Sektor auftaucht, sondern auch im Allgemeinen unter sozialethischen Gesichtspunkten zu missbilligen ist, BT-Drucks. 13/6424, S.7.

434 BGHSt 2, 396, 403; BGHSt 10, 358, 365 ff.; BGH, wistra 2011, 375, 382; *Fischer*, StGB, § 299 Rn 5.

435 Insofern zweifelhaft, ob dies auf die Krankenkassen noch zutreffen kann und sie ohne Gewinnerzielungsabsicht eine soziale Aufgabe basierend auf solidarischen Gesichtspunkten wahrnehmen: *Reese*, PharmR 2006, 92, 96.

436 RGSt 66, 380, 384; BGHSt 2, 396, 401; BGH, wistra 2011, 375, 382; *Fischer*, StGB, § 299 Rn 7.

öffentlichen Rechts den geschäftlichen Betrieben im Sinne des § 299 StGB a.F. zugerechnet werden.[437]

(2) Beauftragter im Sinne des § 299 StGB a.F.

Relevant ist für die Vertragsärzte eine mögliche Stellung als Beauftragte, da eine Einstufung als Angestellte nach allgemeiner Ansicht schon mangels des hierfür erforderlichen Dienst-, Werk- oder Auftragsverhältnisses zu den Krankenkassen und der damit verbundenen Weisungsunterworfenheit ausscheidet.[438] Beauftragter ist nach allgemein anerkannter Definition, wer aufgrund seiner Stellung dazu berechtigt und verpflichtet ist, für den Betrieb geschäftliche Handlungen vorzunehmen und auf Entscheidungen hinsichtlich des Waren- und Leistungsaustauschs unmittelbar oder mittelbar Einfluss nehmen kann, ohne Geschäftsinhaber oder Angestellter zu sein.[439] Eine Eingliederung des Beauftragten in den Betrieb stellt keine zwingende Voraussetzung dar, weswegen generell auch freiberuflich Tätige eine Beauftragtenstellung einnehmen, sofern diesen eine ausreichende Einflussnahme auf Entscheidungen des Betriebs möglich ist.[440] Aufgrund seiner Auffangfunktion ist der Begriff weit auszulegen, weshalb allein die tatsächlichen Gegebenheiten entscheidend sind und nicht die Wirksamkeit

---

437 RGSt 68, 70, 74 (Postkrankenkassen); RG, JW 1935, 1861 (Allgemeine Ortskrankenkasse); BGH, wistra 2011, 375, 382; *Sahan*, ZIS 2007, 69, 70 f.; *Böse/Mölders*, MedR 2008, 585, 586; *Pragal*, NStZ 2005, 133, 135: *„Kein Zweifel, dass es sich bei einer Krankenkasse um einen geschäftlichen Betrieb handelt"; Klötzer*, NStZ 2008, 12, 14: „zweifellos"; *Reese*, PharmR 2006, 92, 96; *Taschke*, StV 2005, 406, 410. BGHSt 2, 396, 402 nahm zumindest an, dass auch öffentliche Einrichtungen geschäftliche Betriebe sind, sofern sie auch durch Austausch von Leistungen am Wirtschaftsleben teilnehmen; kritisch: *Schnapp* in: Duttge, S. 64 f.: Die Tätigkeit der Krankenkassen sei nicht wirtschaftlich und sie sind keine Unternehmen nach der Definition der Artikel 81 und 82 EG. Die Krankenkassen nehmen nicht am Wirtschaftsverkehr teil, wie es bei jedermann der Fall sei. Der Große Senat ließ in seiner Entscheidung vom 29.03.2012 das Ergebnis letztendlich offen, wenngleich er sich in den Entscheidungsgründen ebenfalls eher für eine Einordung als geschäftlichen Betrieb ausspricht, BGHSt 57, 202, 210. Vgl. zur Versorgungspflicht der Krankenkassen bereits 1. Kapitel B. VI. 3. a) aa) (S. 58 f.).

438 So auch *Böse/Mölders*, MedR 2008, 585, 586; *Sahan*, ZIS 2007, 69; *Klötzer*, NStZ 2008, 12, 14.

439 BGHSt 2, 396, 401 f.; RGSt 68, 70, 74; 68, 119; 68, 263, 270; 72, 62; OLG Braunschweig, wistra 2010, 234; *Fischer*, StGB, § 299 Rn. 15; *Schuhr* in: Spickhoff, Medizinrecht, StGB § 302 Rn. 11; *Heine/Eisele* in: Schönke/Schröder, § 299 Rn. 8.

440 *Schuhr* in: Spickhoff, Medizinrecht, StGB § 302 Rn. 12.

der zugrundeliegenden Rechtsverhältnisse, so dass auch die faktische Stellung des Beauftragten im oder zum Betrieb, die ihn zur Einflussnahme auf Entscheidungen berechtigt, ausreichend ist.[441]

bb) Befürwortung der Beauftragtenstellung aufgrund Vertreterstellung

Maßgeblich zieht *Pragal*[442] bei der Begründung der Beauftragtenstellung der niedergelassenen Vertragsärzte die zwischen den Krankenkassen und den Vertragsärzten bestehenden Rechtsbeziehungen heran.[443] Unter Berufung auf die damals geltende Rechtsprechung, die den Vertragsarzt beim Abschluss von Kaufverträgen über die von ihm verordneten Sachleistungen als Vertreter der Krankenkassen einordnete, sei die Annahme der Beauftragteneigenschaft des Vertragsarztes kaum von der Hand zu weisen.[444] Aufgrund der Vollmacht[445],

---

441 *Fischer,* StGB, § 299 Rn. 15; *Schuhr* in: Spickhoff, Medizinrecht, StGB § 302 Rn. 11; *Dannecker* in: NK-StGB, § 299 Rn. 35.

442 *Pragal,* NStZ 2005, 133 ff.

443 So auch das OLG Braunschweig in seinem Beschluss vom 23.02.2010 – Ws 17/10, wistra 2010, 234. Das OLG kam als erstes deutsches Obergericht zu dem Ergebnis, dass ein niedergelassener Kassenarzt bei der Verordnung von Medikamenten als Beauftragter der Krankenkassen gemäß § 299 StGB handelt: *„Hat jemand die Befugnis, über fremdes Vermögen zu verfügen und macht sich im Falle einer Verletzung dieser besonderen Vermögensbetreuungspflicht gemäß § 266 StGB strafbar, so handelt er auch als Beauftragter zumindest im Rahmen dieses Aufgabenfeldes."* *Duttge* in: Duttge, S. 9 sieht diese Entscheidung als *„konsequente fortschreibende Verlängerung der punitiven Rechtspraxis zur Untreue auf das Gebiet der Bestechungsdelikte"* an, nachdem auch in dieser Entscheidung die wesentlichen Argumente im Rechtskonkretisierungskonzept und der Schlüsselstellung des Arztes begründet liegen. Im entschiedenen Fall scheiterte die Strafbarkeit jedoch an der erforderlichen Unrechtsvereinbarung, die nach Auffassung des Gerichts nicht erwiesen war. Das AG Ulm schloss sich dem Beschluss des OLG Braunschweig im Oktober 2010 an und verurteilte zwei Vertragsärzte, die fast 20.000 € Rückvergütungen von einem Pharmareferenten für Arzneimittelverordnungen erhalten hatten, AG Ulm, Urt. v. 26.10.2010 – 3 Cs 37 Js 9933/07.

444 Vgl. zu dieser Rspr. 1. Kapitel B. VI. 3. b) aa) (S. 68); *Pragal,* NStZ 2005, 133, 135; auch das OLG Braunschweig beruft sich auf die Schlüsselstellung des Vertragsarztes im Rahmen der Medikamentenverordnung und dessen Vertreterstellung, OLG Braunschweig wistra 2010, 234.

445 Bereits diesen Begriff kritisierend, weist *Reese* darauf hin, dass eine Vollmacht immer auf einer rechtsgeschäftlichen Verleihung einer Vertretungsmacht basiere, an der es hier aber offensichtlich fehle. Die Vertretungsmacht werde aus den gesetzlichen Möglichkeiten, die dem Vertragsarzt eingeräumt werden, hergeleitet, weswegen es sich um eine gesetzliche Vertretungsmacht handele, *Reese,* PharmR 2006, 92, 97.

die dem Vertragsarzt von den Krankenkassen insoweit verliehen werde, werden die Berechtigung des Vertragsarztes für die Kassen geschäftlich tätig zu werden und damit die Beauftragteneigenschaft als erfüllt angesehen.[446] Aus der Tatsache, dass dem Apotheker nicht die Überprüfung der sachlichen Rechtfertigung einer Verordnung obliege,[447] wurde geschlussfolgert, dass der Vertragsarzt eigenverantwortlich Entscheidungen vornehme, die für die Krankenkassen von essentieller Bedeutung seien und maßgeblich deren Vermögensinteressen betreffen.[448] Aus dem Recht über fremdes Vermögen zu verfügen und der damit einhergehenden Vermögensbetreuungspflicht, aus deren Verletzung auch eine etwaige Strafbarkeit nach § 266 StGB abgeleitet werden könne, ergebe sich, dass der Vertragsarzt bezüglich dieses Tätigkeitsbereichs auch als Beauftragter der Krankenkassen handle.[449]

---

446 *Pragal*, NStZ 2005, 133, 136. Im Ergebnis die Beauftragteneigenschaft auch bejahend: *Böse/Mölders*, MedR 2008, 585, 586 ff., die auch keine systematischen Probleme bei der Übertragung der Rechtsprechung zu § 266 StGB auf § 299 StGB sehen, da der Beauftragte auch im Innenverhältnis dazu in der Lage sei, Entscheidungen, die sich auf den Betrieb entfalten, zu treffen, ebenso wie bei der Untreue Zugriff auf das Vermögen genommen werden kann.

447 Vgl. hierzu auch schon 1. Kapitel B. VI. 3. a) dd) (2) (e) (S. 66 f.).

448 Vgl. BGHSt 49, 17 ff.; OLG Braunschweig wistra 2010, 234, das insoweit die geänderte Rechtsprechung des BSG ignoriert, welches im Jahr 2009 seine bisherige Meinung, der Vertragsarzt habe eine Vertreterstellung beim Abschluss von Kaufverträgen über Medikamente für die Krankenkassen inne und die Annahme, dass für jede Verordnung von Medikamenten ein gesonderter Kaufvertrag geschlossen wird, aufgab und nunmehr vertritt, dass sich der Kaufpreisanspruch der Apotheker direkt aus dem Öffentlichen Recht ergebe (BSGE 105, 157), vgl. hierzu ausführlich 1. Kapitel B. VI. 3. b) bb) (S. 69 f.). Es wird nicht nur vom Gericht, sondern auch im Rahmen der Besprechungen des Urteils in der Literatur oftmals – absichtlich oder versehentlich – übersehen, dass sich das Urteil unter Berufung auf die Auffassung von *Pragal* auf eine Rechtsprechung des BSG stützt, die zum Zeitpunkt des Urteils schon aufgegeben worden war, so auch *Dieners*, PharmR 2010, 613, 614.

449 OLG Braunschweig wistra 2010, 234. Zurecht stellt *Geis* fest, dass das Gericht nicht beachtet, dass es vorliegend nicht um die Konkretisierung etwaiger Rahmenrechte des Versicherten geht, sondern um eine unzulässige Einflussnahme auf den Patienten, in welcher Apotheke er sein Rezept einlöst und damit um eine Entscheidung nach der Konkretisierung. Hier eine betriebliche Entscheidung der Krankenkassen anzunehmen, erscheine daher nicht mehr nachvollziehbar, *Geis*, wistra 2010, 280.

cc) Vertreterstellung allein rechtfertigt keine Beauftragung

Stellenweise wird dieser Ansicht mit der Argumentation entgegengetreten, aus der angenommenen Vertreterstellung und der daraus folgenden Annahme des § 266 StGB allein könne keine Beauftragtenstellung nach § 299 StGB a.F. gefolgert werden.[450] So werde in § 266 StGB ausdrücklich auch die Befugnis durch Gesetz und behördlichen Auftrag und nicht nur die durch Rechtsgeschäft wie in § 299 StGB a.F. erwähnt.[451] Der Aspekt, dass die Differenzierung zwischen rechtsgeschäftlicher und gesetzlicher Befugnis von der Rechtsprechung nicht so streng gehandhabt wurde und es insofern auch als ausreichend erachtet wurde, wenn man sich *„vermöge seiner Stellung, wenn auch auf Grund gesetzlicher Regelung, in einem Verhältnis zu dem Betriebe befindet, das ihn zum geschäftlichen Handeln im Interesse des Betriebes berechtigt und verpflichtet und ihm unmittelbaren oder mittelbaren Einfluss auf die in dessen Rahmen zu treffenden geschäftlichen Entschließungen einräumt"*[452], führte zu einer weiten Auslegung des damaligen Bestechungsdelikts in § 12 UWG.[453] Trotz dieser weiten Auslegung wurde jedoch verlangt, dass zum einen ein Tätigwerden des Vertragsarztes für die Krankenkassen vorliegt und zum anderen die Krankenkassen den Vertragsärzten die Befugnis rechtsgeschäftlich in Form einer Beauftragung gewähren.[454] Beide Voraussetzungen sind nach dieser Ansicht jedoch zu verneinen.

(1) Tätigwerden für die Krankenkassen

Zwar wird der Vertragsarzt durch seine Zulassung nach § 95 Abs. 3 SGB V Pflichtmitglied in der für ihn zuständigen KÄV und somit in das vertragsärztliche Versorgungssystem integriert und zur Behandlung der gesetzlich krankenversicherten Personen verpflichtet, jedoch werde ihm hierdurch nicht sein selbständiges Handeln und seine freie Berufsausübung abgesprochen.[455] Die

450 *Geis*, wistra 2005, 369, 370.

451 *Dieners*, PharmR 2010, 613, 617; *Sahan/Urban*, ZIS 2011, 23, 25.

452 RGSt 68, 70, 71 f. unter Annahme einer Beauftragung des stellvertretenden Vorsitzenden des Postkassenkrankenvereins; RGSt 68, 119, 120 bzgl. des Aufsichtsrats einer Genossenschaft; RGSt 68, 263, 270 bzgl. eines geschäftsführenden Vorsitzenden eines Konsumvereins.

453 *Geis*, wistra 2005, 369, 370.

454 *Klötzer*, NStZ 2008, 12, 14; *Geis*, wistra 2005, 369, 370.

455 *Klötzer*, NStZ 2008, 12, 14; *Taschke*, StV 2005, 406, 410. Die Freiberuflichkeit als Argument gegen die Beauftragtenstellung sehen auch: *Brockhaus/Dann/Teubner/Tsambikakis*, wistra 2010, 418, 422; *Reese*, PharmR 2006, 92, 97; *Dieners*, PharmR 2010,

Krankenkasse *„baut nicht nur ihr Kassenarztsystem auf dem Arztberufe als einem freien Berufe auf, in dem sie das Vorhandensein eines solchen Berufes praktisch und rechtlich voraussetzt und sich zunutze macht, sondern sie belässt auch die Tätigkeit des Kassenarztes im Rahmen dieses freien Berufes."*[456] Aus dieser Aussage des BVerfG wird gefolgert, dass der Vertragsarzt lediglich für seine eigene Praxis, auf eigenes wirtschaftliches Risiko tätig werde und nicht für die Krankenkassen.[457] Mit § 95 Abs. 3 SGB V wird der Vertragsarzt daher lediglich in seine Pflicht genommen, weswegen die Vorschrift als „Kompetenzzuweisung" anzusehen sei, deren Umdeutung in einen Auftrag für einen geschäftlichen Betrieb abzulehnen sei.[458] Er werde nur in Erfüllung seiner Pflichten aus dem Behandlungsvertrag und daher privatrechtlich tätig. Die Behandlung erbringe er daher gegenüber seinem Patienten und nicht gegenüber den Krankenkassen.[459]

Die Befürworter der Beauftragtenstellung sehen die Freiberuflichkeit jedoch als irrelevant an[460] und sehen in der Zulassung die Erhebung der Ärzte in eine Stellung, die sie dazu befugt, Entscheidungen für die Krankenkassen zu fällen.[461] Nur durch die Vertragsärzte könne die Krankenkasse den Anspruch der Versicherten auf vertragsärztliche Versorgung und die damit einhergehende Versorgung mit Arznei- und Hilfsmitteln durchsetzen, weswegen die Ärzte der Erfüllung des Versorgungsauftrages dienen.[462] Durch diese Entscheidung

---

232, 233; *Dieners*, PharmR 2010, 613, 618; *Sobotta,* GesR 2010, 471, 474; vgl. hierzu bereits 1. Kapitel B. VI. 3. b) cc) (1) (S. 70 f.).

456 BVerfGE 11, 31, 392.

457 *Klötzer*, NStZ 2008, 12, 15; *Reese*, PharmR 2006, 92, 98; *Taschke*, StV 2005, 406, 410.

458 *Schnapp* in: Duttge, S. 66: Eine solche Umdeutung sei *„reichlich kühn"*.

459 *Schuhr* in: Spickhoff, StGB § 302 Rn. 23; *Krüger*, ZIS 2011, 692, 699 ff.; *Geis*, GesR 2011, 641, 643 ff. Wenn überhaupt könne nur eine Anbindung an die Kassenärztlichen Vereinigungen bejaht werden, da diese für die Bereitstellung der vertragsärztlichen Versorgung durch die Vertragsärzte verantwortlich sind und nicht die Krankenkassen selbst, *Sahan*, ZIS 2007, 69, 73.

460 *Schmidt*, NStZ 2010, 392, 394; BGH MedR 2011, 651, 657: Es sei nicht unüblich, dass ein Beauftragter bei Ausführung der ihm übertragenen Aufgabe freiberuflich tätig ist. Ebenso wie es bei angestellten Personen typisch ist, dass ein Dienstverhältnis zugrunde liegt, ist die Beauftragteneigenschaft regelmäßig auf einen Werks- oder Geschäftsbesorgungsvertrag zurückzuführen, BGH MedR 2011, 651, 657: Aus diesem Grund wurde bereits die Beauftragteneigenschaft von freiberuflichen Ingenieuren (vgl. BGHSt 43, 96, 105) bzw. selbständigen Handelsvertretern (vgl. BGH NJW 1968, 1572, 1573) gerichtlich anerkannt.

461 *Böse/Mölders*, MedR 2008, 585, 587.

462 *Böse/Mölders*, MedR 2008, 585, 587; BGH MedR 2011, 651, 658 (unter Vergleich mit einem als Insolvenzverwalter tätigen Rechtsanwalt), es sei irrelevant, dass der

nehme der Arzt in erheblicher Weise Einfluss auf die betrieblichen Entscheidungen, da durch seine Verordnung die Krankenkassen die Pflicht zur Begleichung des Rezepts bei Einlösung trifft.[463]

Dem Argument wird jedoch damit entgegengetreten, die getroffenen Entscheidungen im Rahmen der Verordnungstätigkeit beeinflussen gerade nicht den Waren- und Leistungsaustausch der Krankenkassen und Entscheidungen hinsichtlich der Finanzierung der Medikamente seien demgegenüber differenziert zu betrachten.[464] Der Vertragsarzt handle einzig für seine Praxis, da er auch allein hafte und das wirtschaftliche Risiko trage.[465]

(2) Einfluss

Die Gegenansicht, die eine Beauftragtenstellung ablehnt, führt an, es fehle zudem an dem erforderlichen Einfluss der Krankenkassen auf das Handeln des Vertragsarztes.[466] Der Vertragsarzt erfülle eine Verpflichtung, die ihm kraft Gesetzes originär zugewiesen worden sei, in eigener Verantwortung. Die Krankenkasse habe generell keinen Einfluss auf die Behandlung und die Entscheidungen, die der Arzt diesbezüglich trifft. Mit der Behandlung seien die Verordnungen fest verbunden, so dass der Arzt immer nur eine Verpflichtung erfülle, die ihm zugewiesen wurde und seine Aufgabe darstelle, weswegen es verfehlt erscheine, von öffentlich-rechtlicher Kompetenz oder Beleihung zu reden.[467]

(3) Befugnis zum Tätigwerden

Es sei zudem auch keine Beauftragung der Vertragsärzte durch die Krankenkassen anzunehmen. Die Annahme, diese Befugnis ergebe sich aus dem Kassenarztrecht, könne nicht überzeugen, da es sich insofern um eine Befugnis kraft Gesetzes handle, die zu einer „Überdehnung" des Tatbestands des § 299 StGB a.F.

Vertragsarzt bei seinen Entscheidungen auch das Patientenwohl zu beachten hat, da er trotzdem mit seiner Verordnung Aufgaben für die Krankenkassen erfülle. Hierfür bedürfe es auch keiner rechtlichen Beziehung oder Weisungsgebundenheit zwischen dem Vertragsarzt und der Krankenkasse. Entscheidend sei allein, dass der Vertragsarzt mittels seiner Verordnungen so Einfluss auf die Entscheidung der Krankenkasse nimmt, dass sie dem Versicherten das Hilfsmittel gewährt.

463 *Böse/Mölders*, MedR 2008, 585, 587 f.

464 *Schuhr* in: Spickhoff, StGB § 302 Rn. 23.

465 *Schuhr* in: Spickhoff, StGB § 302 Rn. 23.

466 *Taschke*, StV 2005, 406, 410 unter Verweis auf BGH GRUR 1964, 263, 267; BGHZ 28, 12.

467 *Taschke*, StV 2005, 406, 410.

führe.[468] Allein das dem Vertragsarzt eingeräumte Recht Verordnungen zu erteilen, lässt die Annahme einer Tätigkeit für die Krankenkassen noch nicht zu und sei lediglich eine „petitio principii"[469]. Auch bei Zugrundelegung des gesamten Kassenarztrechts komme man in Ermangelung unmittelbarer rechtlicher Beziehungen zwischen den Krankenkassen und den Vertragsärzten zu keinem anderen Ergebnis,[470] weswegen der Vertragsarzt auch nicht zivilrechtlich Beauftragter der Kassen sein könne.[471] Der Arzt erbringe mit dem Verschreiben von Medikamenten gerade kein Geschäft der Krankenkassen, da die Krankenkasse die Verpflichtung trage, dem Versicherten eine ärztliche Versorgung zu gewährleisten, weswegen der Arzt nur eine Konkretisierung von bereits existierenden Pflichten vornehme.[472]

Die Berufung zum Tätigwerden in der Zulassung als Vertragsarzt zu sehen, könne ebenfalls kein gegenteiliges Ergebnis begründen. Zum einen erfolge die Zulassung aufgrund eines Antrags in Form eines Verwaltungsakts und somit nicht in rechtsgeschäftlicher Form, zum anderen werde dieser Verwaltungsakt nicht durch die Krankenkassen selbst, sondern durch die Zulassungsausschüsse bestehend aus Vertretern der Vertragsärzte und der Krankenkassen, die bei den

---

468 *Geis*, wistra 2005, 369, 370; *Klötzer*, NStZ 2008, 12,14; *Reese*, PharmR 2006, 92, 99.

469 *Reese*, PharmR 2006, 92, 97.

470 A.A.: *Dannecker*, GesR 2010, 281, 284: Der Aspekt, dass keine unmittelbare rechtliche Beziehung zwischen Vertragsarzt und gesetzlicher Krankenkasse bestehe, schließe eine Beauftragteneigenschaft nicht aus, da auch in anderen Fällen keine rechtliche Beziehung gefordert werde, vgl. *Dannecker* a.a.O., Fn. 36.

471 *Geis*, wistra 2007, 361, 362; *Sahan*, ZIS 2007, 69, 71. Aus dem Wortlaut des § 72 Abs. 1 S. 1 SGB V, nach dem die Ärzte und die Krankenkassen für die Versorgung der Patienten zusammenwirken, ergebe sich gerade, dass diese generell in eigenen Verantwortungsbereichen handeln, weswegen hieraus kein Tätigwerden für die Kassen geschlossen werden kann und der Arzt vielmehr für seine Praxis tätig wird, vgl. *Reese*, PharmR 2006, 92, 96; *Geis*, wistra 2005, 369, 370; *Taschke*, StV 2005, 406, 411; *Klötzer*, NStZ, 2008, 12, 14; *Brockhaus/Dann/Teubner/Tsambikakis*, wistra 2010, 418, 419; a.A. unter Verweis darauf, dass der Vertragsarzt durch die ihm Kraft § 72 Abs. 1, § 73 Abs. 2 Nr. 7 SGB verliehene Kompetenz das Rahmenrecht auf Sachleistungen durch Verordnungen und Zuweisungen konkretisiere und damit dem Insolvenzverwalter vergleichbar sei, der vom Gericht bestellt ist und als gesetzlicher Vertreter des zahlungsunfähigen Unternehmens im Rahmen der Unternehmensfortführung nach § 299 StGB bestochen werden kann, *Dannecker*, GesR 2010, 281, 284 m.w.N. in Fn. 41; *Schmidt*, NStZ 2010, 392, 394 f., der ein personales Befugniserteilungsmoment für entbehrlich erachtet.

472 *Brockhaus/Dann/Teubner/Tsambikakis*, wistra 2010, 418, 419.

Kassenärztlichen Vereinigungen errichtet werden und damit weisungsunabhängig sind und nicht für den geschäftlichen Betrieb der Krankenkassen handeln,[473] vollzogen.[474]

Die Befürworter der Beauftragteneigenschaft berufen sich darauf, dass eine unmittelbare rechtsgeschäftliche Beziehung zwischen dem Vertragsarzt und den Krankenkassen zur Annahme der Beauftragteneigenschaft nicht erforderlich sei und beziehen sich auf vergleichbare Fallgestaltungen, wie den Testamentsvollstrecker und den Insolvenzverwalter, die beide dennoch als Beauftragte eingeordnet werden.[475] Der Vertragsarzt setze aufgrund gesetzlicher Kompetenz den Sachleistungsanspruch des Versicherten um und sei daher beispielsweise mit dem Insolvenzverwalter vergleichbar.[476] Fordert man zusätzlich zur generellen Befugniseinräumung eine „personale Befugniseinräumung", also die Beauftragung durch den Geschäftsherrn, würde es dennoch an einer wirksamen Beauftragung mangeln.[477]

(4) Keine Beauftragteneigenschaft aufgrund gesetzlicher Befugnis

Teilweise gelangt man auch dann nicht zur Annahme der Beauftragtenstellung des Vertragsarztes, wenn man es als ausreichend erachtet, dass sich die Möglichkeit der Einflussnahme und die Berechtigung zum Handeln für den Betrieb kraft

---

473 *Steinhilper,* MedR 2010, 497, 501.

474 *Reese,* PharmR 2006, 92, 98 f. Im Ergebnis die Zulassung als rechtsgeschäftliche Grundlage auch ablehnend: *Brockhaus/Dann/Teubner/Tsambikakis,* wistra 2010, 418, 420; *Geis,* wistra 2007, 361, 362; *Sahan/Urban,* ZIS 2011, 23, 25.

475 Vgl. auch *Dannecker,* GesR 2010, 281, 284; BGH MedR 2011, 651, 657 f., es sei ausreichend, dass die Befugnis des Vertragsarztes im Verhältnis zu den Krankenkassen auf der Zulassung basiere.

476 *Dannecker,* GesR 2010, 281, 284. Überdies gelten für den Arzt durch seine Mitgliedschaft in der Kassenärztlichen Vereinigung, welche auf der Zulassung basiert, die von den Krankenkassen mit seiner Kassenärztlichen Vereinigung getroffenen Vereinbarungen verbindlich, weswegen ein Vertragsbeitritt des Arztes anzunehmen sei, vgl. *Pragal/Apfel,* A&R 2007, 9 ff., die die Konstellation mit der Prokura und dem Geschäftsführer bei einer GmbH vergleichen, weil auch dort die gesetzliche Vertretungsmacht erst durch den Berufungsakt erfolge; dem folgend *Schmidt,* NStZ 2010, 392, 395. Dies wird jedoch dahingehend abgelehnt, dass die Krankenkassen mit den Vertragsärzten nicht in direkte rechtliche Beziehungen – mit Ausnahme der Selektivverträge – treten dürfen, *Steinhilper,* MedR 2010, 497, 501.

477 *Geis,* GesR 2006, 345, 347; *Geis,* wistra 2005, 369, 370; *Reese,* PharmR 2006, 92, 97.

Gesetzes ergibt.[478] Dem Vertragsarzt obliege insoweit lediglich die Kompetenz, eine medizinische Diagnose zu stellen und den Eintritt eines Versicherungsfalls festzustellen sowie eine Behandlungsmaßnahme festzulegen.[479] Der Krankenversicherungsträger sei sodann zwar an diese medizinischen Befunde des Arztes gebunden – sofern diese ordnungsgemäß ergehen –, ihm obliege jedoch die Geltendmachung der Einwendung der Unwirtschaftlichkeit, die sich rechtsvernichtend auswirkt und die Einreden der Unzweckmäßigkeit und der Nichterforderlichkeit[480] bzw. die Veranlassung von diesen Einwendungen[481]. Demzufolge komme die entscheidende Kompetenz zur Einflussnahme auf die Entscheidungen der Krankenkassen den Waren- und Leistungsaustausch betreffend nicht den Vertragsärzten zu.[482]

Nach der später geänderten Rechtsprechung und der Aufgabe der Vertretertheorie,[483] wurde angenommen, der Vertragsarzt kann mangels der Befugnis des Vertragsarztes, rechtliche Entscheidungen für die Krankenkassen zu treffen, keinen Einfluss auf die Entscheidungen hinsichtlich des Waren- und Leistungsaustauschs nehmen, weswegen seine Stellung als Beauftragter verneint werden müsse.[484] Nachdem sich die Befürworter der Beauftragtenstellung maßgeblich

---

478 *Klötzer*, NStZ 2008, 12, 14 unter Bezugnahme auf RGSt 68, 70 ff. Gegen eine Einschränkung auf rechtgeschäftliche Beauftragungen mit der Begründung, dass der Wortlaut des § 299 StGB keine dahingehende Einschränkung enthalte, *Schmidt*, NStZ 2010, 392, 395.

479 Vgl. BSGE 73, 271, 280, 281; BSG, Urt. v. 23.10.1996, NJW 1998, 850 ff.; *Klötzer*, NStZ 2008, 12, 15 f. verneinen daher die Befugnis der Ärzte auf Entscheidungen der Krankenkassen Einfluss zu nehmen; a.A.: *Böse/Mölders*, MedR 2008, 585, 587, die eine Einflussnahme auf vom Betrieb zu treffende Entscheidungen bejahen.

480 Vgl. BSGE 73, 271, 281; BSG NJW 1998, 850, 852.

481 So die später ergangene Rspr. des BSG, vgl. BSGE 77, 195, 203.

482 *Klötzer*, NStZ 2008, 12, 15 f.; a.A.: *Böse/Mölders*, MedR 2008, 585 ff., die auf das Recht der Einreden und Einwendungen jedoch nicht näher eingehen.

483 Vgl. hierzu bereits 1. Kapitel B. VI. 3. b) (S. 68 ff.).

484 *Klötzer*, NStZ 2008, 12, 16; a.A.: BGH MedR 2011, 651, 656: Der Vertragsarzt begründe mit seiner Verordnung den Sachleistungsanspruch des Patienten und von seiner Entscheidung sei abhängig, inwiefern dem Versicherten eine Behandlung zukommt, weswegen er in der für die Begründung der Beauftragteneigenschaft erforderlichen Weise Einfluss auf die Entscheidungen der Krankenkassen nehme. Die Letztentscheidungsbefugnis des Vertragsarztes bei der Verordnung von Sachleistungen sieht der Senat nicht als zwingende Voraussetzung des § 299 StGB an, vgl. auch die Begründung des Generalbundesanwalts, der zuvor Revision eingelegt hatte, BGH, wistra 2011, 375, 376 (so aber das LG Stade in seiner im gleichen Verfahren zuvor ergangenen Entscheidung vom 04.08.2010, in der es für die Verordnung von Arzneimitteln und für

auf die Vertreterkonstruktion berufen haben, sei mit deren Aufgabe ein wesentliches Argument weggefallen.[485]

dd) Beauftragter zugleich Geschäftsinhaber

Dass der Beauftragte nicht zugleich auch Geschäftsinhaber des geschäftlichen Betriebs, für den er tätig wird, sein darf, sehen die Befürworter der Beauftragtenstellung als unproblematisch an, da es insofern nur darauf ankommt, dass es sich um eine betriebsexterne Person handelt.[486] Ob diese sodann selbst Inhaber eines anderen Betriebs ist, sei unerheblich, solange sie nicht Inhaber des Betriebs ist, für den sie beauftragt wurde.[487] Damit sei es unschädlich, wenn der Vertragsarzt selbst Praxisinhaber ist, da er bei seiner Beauftragung für einen anderen geschäftlichen Betrieb, nämlich die gesetzliche Krankenkasse handle. Zudem stelle die Freiberuflichkeit gerade ein typisches Merkmal bei der Abgrenzung des Beauftragten zum Angestellten dar.[488] Aufgrund des Entscheidungsbereichs, der dem Vertragsarzt im Rahmen seiner Verordnungen in Bezug auf das Vermögen der Krankenkassen eingeräumt wird, sei es unzweifelhaft, dass er zumindest faktisch auch für den geschäftlichen Betrieb der Krankenkassen handle.[489]

Die Gegenansicht lehnt die Stellung des Vertragsarztes als Beauftragter mit der Begründung ab, dass der Arzt in seiner eigenen Praxis einen nach

---

die Verordnung von Hilfsmitteln jeweils unterschiedliche Maßstäbe anlegte. Für die Zuwendungen, die den Vertragsärzten im Rahmen der Verordnung von Hilfsmitteln gemacht wurden, lehnte das LG eine Verwirklichung des Tatbestandes der Bestechlichkeit im geschäftlichen Verkehr nach § 299 Abs. 2 StGB ab, da dem Vertragsarzt bei der Verordnung von Hilfsmitteln die erforderliche „Letztentscheidungszuständigkeit" fehle, wenn sich die Krankenkasse nach der gesetzlichen Vorgabe das Recht zur Prüfung hinsichtlich des verordneten Hilfsmittels vorbehält. Diese sei nur im Rahmen der Arzneimittelverordnung gegeben, bei welcher der Arzt dem Patienten, ohne, dass die Krankenkasse hierauf Einfluss nehmen kann, konkrete Arzneimittel, gemäß den Arzneimittelrichtlinien nach Handelsnamen, nach Wirkstoff oder auch als Rezeptur, verschreiben kann, LG Stade, MPR 2011, 97, 104).

485 So auch *Schuhr* in: Spickhoff, StGB § 302 Rn. 22.

486 *Pragal,* NStZ 2005, 133, 135.

487 *Pragal,* NStZ 2005, 133, 136; *Reese,* PharmR 2006, 92, 96; *Dannecker,* GesR 2010, 281, 285; BGH MedR 2011, 651, 657: Dies verhindert nicht die Strafbarkeit, wenn der Betriebsinhaber zugleich auf die Entscheidungen eines anderen Betriebs Einfluss nimmt. Ausreichend wäre es nur dann nicht, wenn der Inhaber nur für seinen eigenen Betrieb Vorteile annimmt.

488 *Schmidt,* NStZ 2010, 392, 395.

489 *Schmidt,* NStZ 2010, 392, 395.

§ 1 Abs. 2 BÄO freien Beruf ausübt und somit selbst Inhaber eines geschäftlichen Betriebs ist.[490] Schon deswegen wird ein Tätigwerden des Vertragsarztes für die Krankenkassen abgelehnt. Eine solche Annahme käme einem „Interessenverrat" der Ärzte gegenüber ihren Patienten gleich, da diese selbst Vertragspartner der Ärzte seien.[491]

ee) Stellungnahme zur Rechtsfrage der Anwendbarkeit von § 299 Abs. 1 StGB a.F.

Aufgrund der früher vertretenen Auffassung der Vertreterstellung des Vertragsarztes bei seinen Verordnungen schien die Annahme einer Beauftragtenstellung des Vertragsarztes zwangsläufig naheliegend.[492] Nach der Aufgabe dieser Theorie greift diese Schlussfolgerung jedoch nicht mehr, weswegen ein elementares Argument weggefallen ist.[493] Ebenso kann die Annahme der Strafbarkeit des Vertragsarztes wegen § 266 StGB nicht ohne eingehende Erläuterung als Fundament für die Annahme von dessen Beauftragtenstellung dienen. Zwar ist das Argument, dass dieses BGH-Urteil noch auf der Vertretertheorie, die inzwischen aber vom BSG aufgegeben wurde, basierte, durch die Entscheidung des BGH vom 18.06.2016, in der er trotz Aufgabe der Vertretertheorie die Strafbarkeit nach § 266 StGB bejahte, wohl inzwischen überholt. [494] Eine unreflektierte Ableitung

490 *Taschke,* StV 2005, 406, 410, 411.

491 *Geis*, wistra 2005, 369, 370.

492 So auch schon *Pragal*, NStZ 2005, 133, 134 ff.; *Pragal/Apfel,* A&R 2007, 10, 12 ff.; *Dannecker,* GesR 2010, 281, 284 f.

493 So auch *Schuhr* in: Spickhoff, StGB § 302 Rn. 22.

494 Zuvor wurde aufgrund der Annahme einer Strafbarkeit des § 266 StGB auf die Annahme einer Beauftragtenstellung der Vertragsärzte geschlossen, *Böse/Mölders*, MedR 2008, 585, 587; *Frister* in: Lindemann/Ratzel, S. 107: Die Einordnung des Vertragsarztes als Beauftragter sei *„zwingende Konsequenz der Grundsatzentscheidung zur Vertragsarztuntreue"*; OLG Braunschweig, NStZ 2010, 392, 393, nach der Änderung der Rspr. durch das BSG. Der Senat nimmt in seiner Begründung hauptsächlich auf die Untreue-Rechtsprechung des BGH Bezug und wendet diese auf § 299 StGB an. Mit diesem Schluss von der Untreue-Strafbarkeit auch auf die Bejahung einer Strafbarkeit nach § 299 StGB folgt er der damaligen Mindermeinung in der Literatur, *Warntjen/Schelling*, PharmR 2010, 509: *„gegen die ganz herrschende Auffassung in der rechtswissenschaftlichen Literatur"*. Daher stieß die unreflektierte Übertragung der Rechtsprechung von § 266 StGB auf § 299 StGB auf teils enorme Kritik (*Blockhaus/Dann/Teubner/Tsambikakis,* wistra 2010, 418, 422; *Dieners*, PharmR 2010, 232; *Geis*, wistra 2010, 280; *Schneider,* StV 2010, 365, 366; *Schneider,* HRRS 2010, 241, 245 ff.; *Sobotta*, GesR 2010, 471; *Steinhilper*, MedR 2010, 497, 499; *Sahan/Urban*, ZIS 2011,

ist allerdings ohnehin nicht ausreichend, da beide Tatbestände getrennt voneinander zu betrachten sind, eine Subsumtion unter die einzelnen Tatbestandsmerkmale differenziert zu erfolgen hat und keine Gleichsetzung der beiden Paragraphen vorgenommen werden kann.[495]

Ebenso wenig ist es gerechtfertigt, allein aufgrund einer generell üblichen weiten Auslegung des Tatbestandes des § 299 Abs. 1 StGB a.F. den Anwendungsbereich auf Vertragsärzte zu erweitern, nur um Strafbarkeitslücken zu vermeiden. Dies muss schon aufgrund des Beschlusses des BVerfG zur Untreue vom 23.06.2010 angenommen werden, in dem gefordert wird, den Anwendungsbereich des § 266 StGB nicht unnötig zu erweitern, sondern diesen zu präzisieren und konkretisieren sowie klar zu definieren.[496] Dieser Beschluss betrifft aber nicht nur § 266 StGB.[497] Es wird vielmehr allgemein zur Präzisierung gemahnt, weswegen nur der Hinweis auf eine generell weite Auslegung des Begriffes des Beauftragten ohne weitere Begründung nicht ausreichend ist.[498]

Dennoch sind die Argumente, die für eine Einordnung des Vertragsarztes als Beauftragter sprechen, nicht gänzlich von der Hand zu weisen. Zum einen ist es irrelevant, dass der Vertragsarzt selbst Geschäftsinhaber ist, da er nicht Inhaber des geschäftlichen Betriebes ist, für den er (vermeintlich) tätig wird und dies entscheidend ist.[499] Zum anderen ist es fraglich, ob eine unmittelbare Rechtsbeziehung zwischen der Krankenkasse und dem Vertragsarzt wirklich erforderlich ist. Wie bereits festgestellt, liegt eine solche nicht vor und die Krankenkasse kann keinen unmittelbar bestimmenden Einfluss auf den Vertragsarzt nehmen.[500]

23, 24; Beschlussprotokoll des 113. Deutschen Ärztetages vom 11. – 14. Mai 2010 in Dresden, S. 91; a.A: *Schmidt*, NStZ 2010, 392, 393 ff.; *Dannecker*, GesR 2010, 281) und wurde auch als *„wirklichkeitsferne Rechtsfortbildung"* betitelt (*Steinhilper*, MedR 2010, 497, 501).

495 *Krüger*, ZIS 2011, 692, 695; *Geis*, wistra 2005, 369, 370; *Reese*, PharmR 2006, 92, 96. So schützt § 266 StGB das Vermögen, wohingegen § 299 StGB den Schutz des lauteren Wettbewerbs vorsieht. Eine Ableitung des Beauftragtenbegriffs aus der Vermögensbetreuungspflicht sei daher abzulehnen und eine selbständige Begriffsbestimmung vorzunehmen, *Manthey*, GesR 2010, 601, 603.

496 BVerfGE 126, 170.

497 *Wittig*, ZIS 2011, 660, 666 ff.: Ausweitung auch auf die Steuerhinterziehung; *Schlösser*, HRRS 2011, 254, 255: Ausweitung auf den Betrug.

498 So auch *Krüger*, ZIS 2011, 692, 696.

499 So auch *Dannecker*, GesR 2010, 281, 285; *Reese*, PharmR 2006, 92, 95; *Fischer*, StGB, § 299 Rn. 10c.

500 Vgl. 1. Kapitel B. VI. 2. a) (S. 53 ff.). Wobei es bereits fraglich erscheint, ob ein solcher Einfluss überhaupt notwendig ist. Der Beauftragte ist gerade kein Angestellter und

Trotz dieser fehlenden unmittelbaren rechtlichen Beziehung nimmt der Vertragsarzt mit seinen Entscheidungen und seinen Verordnungen jedoch einen erheblichen Einfluss auf den Betrieb der Krankenkassen, indem seine Verordnung beispielsweise eine Kostentragungspflicht der Krankenkassen auslöst.[501] Eine unmittelbare rechtliche Beziehung erscheint daher kein notwendiges Kriterium für die Beauftragteneigenschaft zu sein. Dies wird auch durch Heranziehung des zu schützenden Rechtsgutes des § 299 StGB a.F. deutlich, das in erster Linie in der Lauterkeit des Wettbewerbs zu sehen ist und damit im Außenverhältnis des Betriebs und nicht im Innenverhältnis und dem Entstehen der Befugnis zum Handeln.[502] Auch die Freiberuflichkeit steht der Annahme einer Beauftragtenstellung generell nicht entgegen. Ein freiberuflich Tätiger kann sowohl für seinen, als auch für einen anderen Betrieb handeln; jedoch kann dies nur der Fall sein, wenn auch die eigene Tätigkeit besteht, auf die den Waren- und Leistungsaustausch betreffenden Entscheidungen eines anderen Betriebs Einfluss zu nehmen.[503] Zuzugestehen ist, dass der Vertragsarzt mit seinen Entscheidungen und den damit einhergehenden Verordnungen einen erheblichen Einfluss auf die Krankenkassen und deren Betrieb ausübt.[504] Indem er die Rahmenrechte der Versicherten konkretisiert, löst er Ansprüche der Apotheke gegen die Krankenkasse auf Vergütung der Verordnungen aus.[505]

Entscheidend ist jedoch, dass der Vertragsarzt bei der Vornahme der Verordnungen eine eigene Verpflichtung erfüllt, die ihm originär kraft Gesetzes übertragen wurde und keine, die zum Betrieb der Krankenkassen gehört.[506] Er

---

unterliegt daher auch keiner solchen Weisungsgebundenheit. Hierin besteht gerade der Unterschied zu dem Angestellten; ansonsten wäre die Differenzierung zwischen Angestellten und Beauftragten entbehrlich gewesen; vgl. *Krüger*, ZIS 2011, 692, 698; *Schmidt*, NStZ 2010, 393, 395.

501 Vgl. 1. Kapitel B. VI. 3. a) bb) (S. 59 f.); *Schuhr* in: Spickhoff, StGB § 302 Rn. 20 f. Dafür, dass die fehlende unmittelbare rechtsgeschäftliche Beziehung der Beauftragteneigenschaft nicht schadet: *Dannecker*, GesR 2010, 281, 284.

502 *Schuhr* in: Spickhoff, StGB § 302 Rn. 21.

503 *Fischer*, StGB, § 299 Rn. 10c; *Schuhr* in: Spickhoff, StGB § 302 Rn. 18; *Tiedemann* in: LK-StGB, § 299 Rn. 16, 18.

504 *Schuhr* in: Spickhoff, StGB § 302 Rn. 20; vgl. zur Schlüsselstellung des Vertragsarztes 1. Kapitel B. VI. 3. (S. 58 ff.).

505 Vgl. 1. Kapitel B. VI. 3. b) bb) (S. 69 f.).

506 So auch *Sobotta*, GesR 2010, 471, 474; *Schuhr* in: Spickhoff, StGB § 302 Rn. 23. So ist es auch im Falle des Insolvenzverwalters: Dieser wird vom Amtsgericht berufen und nicht vom Schuldner selbst, der trotz der Insolvenzeröffnung grundsätzlich der Inhaber des Betriebs bleibt, *Brand*, DZWIR 2008, 318, 320, der auch die

handelt für sich, seinen Betrieb und im Interesse des Patienten aufgrund des mit diesem geschlossenen Behandlungsvertrages.[507] Damit sucht sich auch nicht der Auftraggeber, namentlich die Krankenkasse, den Beauftragten, also den Vertragsarzt, aus, sondern der Versicherte übernimmt dies, was wiederum gegen eine Beauftragung spricht.[508] Allein aufgrund der Tatsache, dass der Vertragsarzt das Rahmenrecht der Versicherten auf ärztliche Behandlung umsetzt, kann sich noch keine Beauftragtenstellung seinerseits ergeben. Diese Tätigkeit an sich erfolgt gerade nicht für die gesetzlichen Krankenkassen, sondern für den Patienten.[509] Zwar wird der Vertragsarzt kraft Gesetzes zur Wahrnehmung mit der Zulassung verpflichtet, jedoch erfolgt diese Beauftragung nicht für die Krankenkassen, sondern stellt eine originäre Aufgabenzuweisung an den Vertragsarzt dar. Die Wahrnehmung dieser Aufgaben wirkt sich zwar im Rahmen der Kostentragungspflicht auf die Krankenkassen aus, macht den Vertragsarzt jedoch nicht zwangsläufig zum Beauftragten der Krankenkassen.[510] Die Krankenkasse hat keinerlei Einfluss auf die Auswahl und Tätigkeit des Vertragsarztes.[511] Insbesondere bei Arzneimitteln ist nach § 29 Abs. 1 BMV-Ä die Genehmigung von Arzneimittelverordnungen durch die Krankenkasse nicht zulässig.[512] Für das Handeln im eigenen Interesse und gegenüber dem Patienten spricht auch die eigene Haftung des Vertragsarztes.[513] Ein weiteres Präjudiz ist darin zu sehen, dass der Vertragsarzt im Rahmen der Behandlung auch Maßnahmen oder Verordnungen treffen kann, die die Krankenkasse nicht bezahlen muss, sondern der Patient. Dies spielt sich wiederum im Verhältnis zwischen Patient und Vertragsarzt ab und kann nicht den Krankenkassen zugerechnet werden. Insofern erscheint aber eine Differenzierung nicht angebracht und die Behandlung an sich ist als Tätigkeit des Vertragsarztes für den Patienten und für seine Praxis zu

---

Beauftragteneigenschaft des Insolvenzverwalters ablehnt; a.A.: LG Magdeburg, wistra 2002, 156, 157.

507 *Rübenstahl,* HRRS 2011, 324, 330; *Krüger*, ZIS 2011, 692, 699 ff.; *Geis,* GesR 2011, 641, 643 ff.; *Sobotta,* GesR 2010, 471, 474; *Schuhr* in: Spickhoff, StGB § 302 Rn. 23. Vgl. 1. Kapitel B. VI. 2. c) (S. 55 ff.) zur Beziehung zwischen Vertragsarzt und Patient.

508 *Schnapp,* GesR 2012, 705, 712.

509 *Schuhr* in: Spickhoff, StGB § 302 Rn. 23.

510 *Schuhr* in: Spickhoff, StGB § 302 Rn. 23; *Sobotta*, GesR 2010, 471, 474 spricht insoweit von „*Fernwirkungen*" und sieht den Vertragsarzt als sozialrechtlich Befugten an.

511 *Schnapp,* GesR 2012, 705, 712.

512 *Schnapp,* GesR 2012, 705, 712.

513 Vgl. hierzu schon 1. Kapitel B. VI. 3. b) cc) (1) (S. 70 ff.); *Schuhr* in: Spickhoff, StGB § 302 Rn. 23.

werten, die er unabhängig und allein am Wohle des Patienten orientiert erfüllt, weswegen eine Beauftragung im Ergebnis auszuscheiden hat.

b) Meinungsstand zur Anwendbarkeit der §§ 331 ff. StGB auf Vertragsärzte

Nachdem *Pragal* eine Debatte um die Anwendbarkeit des § 299 Abs. 1 StGB entfacht hatte, ließ die Bejahung der Amtsträgereigenschaft des Vertragsarztes nicht mehr allzu lange auf sich warten.[514] Diese Meinung hat jedoch kaum Zuspruch erfahren[515] und die Thematik an sich wurde weiterhin „eher stiefmütterlich“[516] behandelt. Eine Anwendbarkeit der §§ 331 ff. StGB ließe sich nur dann begründen, wenn der Vertragsarzt als Amtsträger im Sinne des § 11 Abs. 1 Nr. 2 lit. c StGB angesehen werden kann. Dies wäre der Fall, wenn er dazu bestellt wäre, bei einer Behörde oder sonstigen Stelle oder in deren Auftrag Aufgaben der öffentlichen Verwaltung wahrzunehmen.

aa) Der Tatbestand der §§ 331 ff. StGB

(1) Sonstige Stellen i.S.d. § 11 Abs. 1 Nr. 2 lit. c StGB

Als sonstige Stellen kommen neben öffentlich-rechtlichen Körperschaften und Anstalten auch behördenähnliche Einrichtungen in Betracht, die unabhängig von ihrer Organisationsform dazu bestimmt sind, öffentliche Aufgaben zu erledigen und Gesetze auszuführen.[517] Bei den Aufgaben muss es sich nicht zwingend um solche der Eingriffs- und Leistungsverwaltung handeln, da es insofern auch ausreicht, wenn sie die staatliche Daseinsvorsorge betreffen.[518] Bei den Krankenkassen handelt es sich nach § 4 Abs. 1 SGB V um rechtsfähige Körperschaften des öffentlichen Rechts mit Selbstverwaltung. Die Organisationsform stellt zwar keinen Nachweis dar, sie ist aber zumindest ein Indiz dafür, dass es sich bei den Krankenkassen um eine behördenähnliche Institution handelt.[519]

---

514 *Brand/Hotz*, PharmR 2012, 317 unter Verweis in Fn. 2 auf *Neupert,* NJW 2006, 2811 ff. und *Pragal/Apfel*, A&R 2007, 10, 16 ff.

515 *Brand/Hotz*, PharmR 2012, 317 bezeichnen die Befürworter der Meinung, dass Vertragsärzte Amtsträger sind als *„einsame Rufer in einem Meer an Gegnern“*.

516 *Krüger,* ZIS 2011, 692, 702. Die Amtsträgerschaft knapp ablehnend z.B. auch *Schneider/Strauß,* HRRS 2011, 333, 334.

517 BGHSt 49, 214, 219; BGHSt 52, 290, 293; BGHSt 54, 39, 41; BGH NJW 2007, 2932, 2933; *Eser/Hecke* in: Schönke/Schröder, StGB, § 11 Rn. 24.

518 BGHSt 49, 214, 219; BGHSt 38, 199, 201; BGHSt 54, 202, 208.

519 BGH, Urt. v. 09.07.2009 - 5 StR 263/08 mit dem Hinweis auf den Entwurf eines Einführungsgesetzes zum Strafgesetzbuch vom 11.05.1973, BT-Drucks. 7/550

Die Funktion der gesetzlichen Krankenkasse zur staatlichen Daseinsvorsorge beizutragen, lässt sich kaum verneinen. So kommt den Krankenkassen nach § 1 S. 1 SGB V die Aufgabe zu, den Gesundheitszustand der Versicherten zu erhalten, zu verbessern oder wiederherzustellen. Dadurch nehmen sie im Rahmen der staatlichen Gesundheitsfürsorge eine bedeutende Position ein[520] und werden als sonstige Stellen eingeordnet.

(2) Bestellung zur Wahrnehmung von Aufgaben der öffentlichen Verwaltung

Das Vorliegen der Bestellung der Vertragsärzte zur Wahrnehmung von Aufgaben der öffentlichen Verwaltung war bis zum Beschluss des Großen Senats höchst umstritten.

bb) Vertragsärzte als Amtsträger

(1) Bestellung

Die erforderliche Bestellung wurde teilweise in der Zulassung zur vertragsärztlichen Versorgung nach § 95 SGB V gesehen.[521] Aufgrund der bedeutenden rechtlichen Folgen,[522] die diese Zulassung mit sich bringt, sei sogar ein Verwaltungsakt und damit ein „ausdrücklicher Bestellungsakt" anzunehmen.[523] Dass die Zulassung eine Bestellung bewirke, wird überwiegend jedoch abgelehnt.[524] Diese habe nur zur Folge, dass der Arzt Pflichtmitglied in der für ihn zuständigen Kassenärztlichen Vereinigung wird und könne somit lediglich

S. 209: Hieraus geht hervor, dass vornehmlich Körperschaften des öffentlichen Rechts als sonstige Stellen qualifiziert werden sollen; BGHSt 54, 39, 41; BGH wistra 2011, 375, 377.

520 BGH wistra 2011, 375, 377.

521 *Neupert*, NJW 2006, 2811, 2812 f., dem zufolge die Annahme einer Bestellung „wenig Schwierigkeiten" bereitet; BGH wistra 2011, 375, 376, Revision des Generalbundesanwalts gegen die Entscheidung des LG Stade vom 04.08.2010; der Auffassung der Revision folgte der Senat, BGH MedR 2011, 651, 653, der ausführt, es sei kein förmlicher Akt erforderlich.

522 Vgl. § 95 Abs. 3 S. 1 SGB V: Mitgliedschaft in der Kassenärztlichen Vereinigung und Berechtigung und Verpflichtung zur Teilnahme an der vertragsärztlichen Versorgung.

523 *Neupert*, NJW 2006, 2811, 2813.

524 So auch *Taschke*, StV 2005, 406, 409; *Klötzer*, NStZ 2008, 12, 16; *Rübenstahl*, HRRS 2011, 324, 326 f.; *Brand* in: DAV/IMR, S. 127; LG Stade, MPR 2011, 97, 104; a.A.: *Neupert*, NJW 2006, 2811, 2812 f.; BGH wistra 2011, 375, 376.

die organisatorische Verknüpfung der Ärzte an diese betreffen.[525] Dass Krankenkassen und Vertragsärzte zur Erfüllung der vertragsärztlichen Versorgung nach § 72 SGB V zusammenwirken, könne eine organisatorische Bindung an die Krankenkassen nicht begründen, nachdem daraus hervorgeht, dass jeder seinen eigenen Tätigkeits- und auch Verantwortungsbereich inne habe.[526] Der Arzt wird durch seine Zulassung in ein *„subtil organisiertes öffentlich-rechtliches System“*[527] einbezogen, jedoch bleibt seine Tätigkeit dennoch eine freiberufliche, wie bereits das BVerfG in seiner Leitentscheidung, die bis heute nicht revidiert wurde, entschieden hat.[528]

(2) Aufgabe öffentlicher Verwaltung im Auftrag einer Behörde

Es ist weiterhin erforderlich, dass der Vertragsarzt Aufgaben der öffentlichen Verwaltung wahrnimmt. Nachdem der Vertragsarzt nicht bei einer Behörde beschäftigt ist und daher nicht institutionell eingegliedert ist, müsste er bei der Aufgabenwahrnehmung im Auftrag einer Behörde handeln.[529] Üben die Tätigkeit Privatrechtssubjekte aus, ist es nach der ständigen Rspr. entscheidend, ob diese im Rahmen einer umfassenden Gesamtbetrachtung als *„verlängerter Arm des Staates erscheinen"*.[530] Hierfür wird sowohl eine organisatorische Gebundenheit an eine Behörde als auch die Ähnlichkeit der Tätigkeit mit der einer Behörde verlangt.[531]

---

525 Das LG Stade, MPR 2011, 97, 104, führt aus, dass die Bestellung nicht zur erforderlichen Anbindung des Vertragsarztes an die Krankenkasse führe. Der Vertragsarzt sei vielmehr mit einem auswechselbaren Leistungserbringer vergleichbar, der für die Krankenkasse deren Sachleistungspflicht verwirklicht und allein über die medizinische Notwendigkeit von Krankenbehandlungen entscheide, LG Stade, MPR 2011, 97, 105.

526 *Taschke*, StV 2005, 406, 409; *Reese*, PharmR 2006, 92, 94; *Geis*, GesR 2006, 345, 350, Fn. 60; *Klötzer*, NStZ 2008, 12, 16.

527 BVerfGE 11, 30, 39.

528 Vgl. schon 1. Kapitel B. VI. 3. b) cc) (1) (S. 70 ff.); *Taschke*, StV 2005, 406, 409.

529 *Neupert*, NJW 2006, 2811, 2813, der unter Berufung auf *Lenckner*, ZStW 106 (1994), 502, 531 ff., zwischen den beiden Tatbestandsvarianten „bei" und „im Auftrag" einer Behörde mit der Begründung differenziert, dass durch den Begriff des Amtsträgers die Personen heraus kristallisiert werden sollen, die auf die Integrität und Funktionsfähigkeit einer Behörde erheblich Einfluss nehmen können und daher ersterer Variante den institutionellen Anteil und letzterer Variante den funktionalen Anteil im Rahmen der Erfüllung der Aufgaben zuschreibt.

530 BGHSt 43, 370, 377; 45, 16, 19; 50, 299, 303; 54, 202, 212.

531 Vgl. BGHSt 45, 16.

(a) Aufgabe öffentlicher Verwaltung

Überwiegend wurde angenommen, dass die medizinische Versorgung zu den Aufgaben der öffentlichen Verwaltung zählt. Sie umfasse eine der wichtigsten Aufgaben der Daseinsvorsorge und gehöre hiermit zu den Aufgaben des Staates.[532]

Diese These wurde jedoch teilweise auch kritisch betrachtet. Trotz der weiten Auslegung des Begriffs der öffentlichen Aufgaben und der Anerkennung, dass nach der mehrheitlichen Ansicht die öffentliche Daseinsvorsorge zu den öffentlichen Aufgaben zählt, stützt sich die Literatur in ihrer Ablehnung der Amtsträgereigenschaft des Öfteren auf die Aussage des BGH[533] in seinem Urteil zum Blutspendenskandal des Bayerischen Roten Kreuzes, dass nicht zwangsläufig alle die Gesundheitsfürsorge betreffenden Rechtsgeschäfte dem Staat zugerechnet werden können und hierzu auch die lediglich technische Maßnahme der Rezeptausstellung zu zählen sei.[534] Der 5. Strafsenat hat in seinem Urteil zwar die Gesundheitsfürsorge als öffentliche Aufgabe eingeordnet, jedoch ausgeführt, dass nicht jedes zivilrechtliche Geschäft in diesem Zusammenhang eine Tätigkeit sei, die dem Staat zugeordnet werden kann.[535] Diese Rechtsprechung wurde teilweise auf die Arzneimittelverordnungen übertragen und daraus geschlussfolgert, es handle sich hierbei dem gesamten Erscheinungsbild nach um keine hoheitliche Tätigkeit, da, wie bei der Abgabe und Beschaffung von Blutkonserven, der abwicklungstechnische Bereich der Versorgung, namentlich Rezeptverschreibung und Arzneimittelbeschaffung, berührt werde.[536] Wenn also schon Angehörige einer Körperschaft, die Tätigkeiten im Rahmen der Gesundheitsfürsorge wahrnehmen, nicht als Amtsträger einzuordnen seien, müsse dies erst recht für Vertragsärzte gelten, die nur mit den Krankenkassen bei der Wahrnehmung eigener Aufgaben zusammenwirken, aber nicht in das Versorgungssystem in organisatorischer Hinsicht eingeordnet sind.[537] Etwas anderes solle sich entsprechend dem Urteil des BGH auch nicht daraus ergeben, dass es sich bei den

---

532 *Neupert,* NJW 2006, 2811, 2812; *Ihwas/Lorenz,* ZJS 2012, 712, 713 f.

533 BGHSt 46, 310: Die Geschäftsführer des Blutspendedienstes des Bayerischen Roten Kreuzes hatten jahrelang medizintechnischen Bedarf von diversen Pharmaunternehmen zu unangemessen hohen Preisen bezogen und als Gegenleistung hierfür Zuwendungen angenommen. Der BGH hatte die Amtsträgereigenschaft der Geschäftsführer jedoch abgelehnt.

534 *Taschke,* StV 2005, 406, 409.

535 BGH NJW 2001, 2102, 2104.

536 *Taschke,* StV 2005, 406, 410.

537 *Taschke,* StV 2005, 406, 410.

Krankenkassen und Kassenärztlichen Vereinigungen um Körperschaften des öffentlichen Rechts handelt.[538]

Eine Übertragung dieser Rechtsprechung wird von Kritikern jedoch abgelehnt, da es insofern an einer Vergleichbarkeit mangele. Der Blutspendendienst sei nicht dazu berechtigt, die Krankenkassen zu verpflichten und zudem sei die Verordnungstätigkeit an sich – unabhängig von ihrer bloßen Fixierung auf dem Rezeptblock – nicht lediglich eine reine Formalie, sondern vielmehr die Konkretisierung des Anspruchs des Patienten gegen die gesetzlichen Krankenkassen auf Versorgung.[539]

Das Urteil wurde auch als Beleg dafür herangezogen, dass man zwischen der Organisation der Daseinsvorsorge und ihrer Durchführung unterscheiden müsse.[540] Lassen sich diese beiden Bereiche nicht trennen, könne die gesamte Tätigkeit als eine hoheitliche eingestuft werden.[541] In den meisten Fällen sei jedoch lediglich die Organisation für die Gewährleistung der Daseinsvorsorge erforderlich, weswegen sodann nur diese eine öffentliche Aufgabe darstelle.[542] So hat auch der BGH in seiner Entscheidung ausgeführt, dass der Blutspendendienst trotz staatlicher Organisation keine effektive Gesundheitsfürsorge gewährleiste, da Private ebenso mit Blutspenden handeln.[543] Wendet man diese Unterscheidung auf Vertragsärzte an, müssen die ärztliche Behandlung und damit die Tätigkeiten nach § 73 Abs. 2 Nr. 1, 2, 3, 4, 10 und 11 SGB V als Amtshandlungen ausscheiden.[544] Verordnungen, Anordnungen und Bescheinigungen wären ebenso nicht erfasst, da sie die Details der Durchführung der jeweiligen medizinischen Behandlung regeln, wohingegen die Organisation der vertragsärztlichen Versorgung eine Angelegenheit der Kassenärztlichen Vereinigungen und der Krankenkassen sei.[545] Daran ändere auch § 72 Abs. 1 S. 1 SGB V, nach dem die Vertragsärzte und Krankenkassen zur Sicherung der vertragsärztlichen Versorgung zusammenwirken, nichts, da der organisatorische Teil nach § 72 Abs. 2

538 BGH NJW 2001, 2102, 2104; *Taschke*, StV 2005, 406, 410.

539 *Neupert*, NJW 2006, 2811, 2813.

540 *Schuhr*, NStZ 2012, 11, 12.

541 *Schuhr*, NStZ 2012, 11, 12.

542 *Schuhr*, NStZ 2012, 11, 12.

543 BGHSt 46, 310, 313; *Schuhr*, NStZ 2012, 11, 12 der weitere Urteile aufzählt, die sich zwar in den Ausführungen nicht explizit auf diese Unterscheidung stützen, aber sich darunter einordnen lassen.

544 *Schuhr*, NStZ 2012, 11, 12.

545 *Schuhr*, NStZ 2012, 11, 12.

und § 77 Abs. 1 S. 1 SGB V nicht durch die einzelnen Vertragsärzte bewirkt werde und diese nicht für die Umsetzung verantwortlich gemacht werden.[546]

Des Weiteren hat der BGH ausgeführt, dass auch die Tatsache, dass das Bayerische Rote Kreuz der staatlichen Aufsicht unterliege, nicht zur Qualifizierung als Amtsträger beitragen kann. Es handle sich hierbei eben nicht um eine Fachaufsicht, sondern lediglich um eine Rechtsaufsicht, die *„nicht als Lenkung durch den Staat oder seine Behörden verstanden werden, was wiederum nach § 11 I Nr. 2 lit. c StGB Voraussetzung für die Gleichstellung mit staatlicher Tätigkeit wäre“*.[547] Bei den Vertragsärzten komme die Aufsicht generell den Landesärztekammern zu und eben nicht den gesetzlichen Krankenkassen. Hinsichtlich der vertragsärztlichen Versorgung haben die Kassenärztlichen Vereinigungen die Aufsicht inne, § 75 Abs. 1 S.1 und S. 2 SGB V.[548]

Gegen die Einordnung der Wahrnehmung öffentlicher Aufgaben durch Vertragsärzte spreche auch, dass Vertragsärzte keiner Haftung nach § 839 BGB unterliegen.[549] Der Beamtenbegriff des § 839 BGB wird sehr weit ausgelegt und nicht im statusrechtlichen Sinne verstanden, sondern im haftungsrechtlichen.[550] Dass Vertragsärzte dennoch nicht hierunter subsumiert werden, hängt mit der Regelung des § 76 Abs. 4 SGB V zusammen, nach der Ärzte die Sorgfalt nach den Vorschriften des bürgerlichen Vertragsrechts einzuhalten haben.[551] Innerhalb der vertragsärztlichen Tätigkeit kommt daher keine Haftung nach staatshaftungsrechtlichen Regelungen in Betracht.

(b) In Ausführung öffentlicher Verwaltung

Teilweise wird vertreten, mit der Verordnung von Medikamenten konkretisiere der Vertragsarzt verbindlich das Rahmenrecht der Versicherten auf vertragsärztliche Versorgung[552] und übernehme dabei eine wesentliche Aufgabe der gesetzlichen Krankenversicherung, so dass er eigenverantwortlich eine öffentliche Aufgabe erfülle.[553] Dies sei umso mehr anzunehmen, wenn man den Arzt

546 *Schuhr*, NStZ 2012, 11, 12.

547 BGHSt 46, 310, 315.

548 *Krüger*, ZIS 2011, 692, 704.

549 *Krüger*, ZIS 2011, 692, 703 f.

550 *Sprau* in: Palandt, § 839 Rn. 15.

551 So auch *Krüger*, ZIS 2011, 692, 703.

552 BSGE 73, 271, 277, 280 f.

553 *Neupert*, NJW 2006, 2811, 2813; *Hellmann/Beckemper*, 2. Auflage, S. 140 (die auch nach der Entscheidung des Großen Senats im Jahr 2012 diese Meinung vertreten, vgl. *Hellmann/Beckemper*, S. 142). BGH, Beschl. v. 05.05.2011 – 3 StR 458/10, wistra 2011,

als Beliehenen einordne, der zur Erfüllung der Aufgaben der gesetzlichen Krankenversicherungen bestellt ist,[554] da Beliehene einer enormen funktionalen Eingliederung in die öffentliche Verwaltung unterliegen.[555] Daran ändern auch die Einschränkungen nichts, denen der Vertragsarzt bei der Aufgabenwahrnehmung unterliegt, da diese nur eine Begrenzung vornehmen, jedoch dem Vertragsarzt nicht die Berechtigung nehmen, die Krankenkassen durch seine Verordnungen zu verpflichten.[556]

Die Gegenansicht geht davon aus, die Konkretisierung des Anspruchs des Versicherten erfolge schon deswegen nicht in Ausführung öffentlicher Verwaltung, weil der Versicherte lediglich einen Anspruch auf Naturalverschaffung gegen seine Kasse habe und damit kein Anspruch des Versicherten auf Finanzierung der Versorgung mit einem Medikament einhergehe.[557] Zudem kann man an dieser Stelle gemessen an dem Wortlaut noch genauer differenzieren. So ist die Krankenkasse nach § 2 Abs. 1 S. 1 SGB V dazu verpflichtet, den Versicherten die Leistungen zur Verfügung zu stellen, erbringen müssen sie diese Leistungen jedoch an sich nicht.[558] Das Erbringen dieser Leistungen wird den Leistungserbringern kraft Gesetzes zugewiesen, § 2 Abs. 3 und 4, §§ 69 ff. SGB V. Somit haben die Krankenkassen lediglich dafür zu sorgen, dass den Versicherten

375, 376, ist der Auffassung, dass die Krankenkassen die Vertragsärzte zur Erfüllung ihrer Aufgaben der öffentlichen Verwaltung einsetzen und es daher nicht erforderlich sei, dass diese als „verlängerter Arm des Staates" agieren.

554 *Neupert*, NJW 2006, 2811, 2813 unter Berufung auf BGHSt 49, 17, 19; BSGE 73, 271, 278.

555 *Lenckner*, ZStW 106 (1994), 502, 534; *Neupert*, NJW 2006, 2811, 2813. Aus der Zulassung folge für den Vertragsarzt die Berechtigung und Verpflichtung zur Teilnahme an der vertragsärztlichen Versorgung, wodurch er in einem öffentlich-rechtlichem System mit der Patientenversorgung eine öffentliche Tätigkeit wahrnehme. Mit der Versorgung der Patienten setzen die Ärzte den Anspruch der Versicherten gegen die Kassen auf ärztliche Versorgung um und verwirklichen hiermit eine der Kernaufgaben der gesetzlichen Krankenkassen. Dem Arzt obliege daher insoweit eine Schlüsselstellung, die ihm die ausschließliche Befugnis einräumt, mit bindender Wirkung für die Krankenkassen zu bestimmen, ob, und wenn ja, welche Behandlungsmaßnahmen dem Versicherten zu verordnen sind. Die Annahme dieser Schlüsselstellung lässt nach Meinung des Senats die Einordnung des Vertragsarztes als einen *„mit öffentlichrechtlicher Rechtsmacht "beliehenen" Verwaltungsträger"* zu, BGH, MedR 2011, 651, 653 f.

556 *Neupert*, NJW 2006, 2811, 2813 unter Verweis darauf, dass nicht alle Medikamente von den gesetzlichen Krankenkassen ersetzt werden müssen.

557 *Klötzer*, NStZ 2008, 12, 16.

558 *Schuhr*, NStZ 2012, 11, 13.

Leistungserbringer bereit stehen.[559] Damit könne aus dem Sachleistungsprinzip nicht gefolgert werden, dass die Krankenkassen zur Behandlung verpflichtet wären und die Vertragsärzte diese Aufgabe umsetzen.[560] Die ärztlichen Aufgaben, wie das Stellen einer Diagnose und die Behandlung, seien zudem keine hoheitlichen Aufgaben der Krankenkassen, weswegen dies erst recht für die Verordnungstätigkeit gelten müsse.[561] Vertragsärzte erbrächten vielmehr typische private Leistungen.[562] Zudem könne der Vertragsarzt im Rahmen der Behandlung des Patienten die Art, Dauer und Intensität der Behandlung selbst festlegen, was gegen ein Tätigwerden als verlängerter Arm des Staates spreche.[563]

cc) Der freiberuflich tätige Vertragsarzt als Amtsträger

Die Amtsträgereigenschaft wird vielfach mit dem Argument abgelehnt, dass der Vertragsarzt freiberuflich und nicht im Rahmen des öffentlichen Dienstes tätig werde.[564] Dass die Tätigkeit des Vertragsarztes keinen öffentlichen Dienst darstellt, könne eine Ablehnung der Amtsträgereigenschaft nach *Neupert* jedoch nicht begründen, da nach der Systematik des § 11 Abs. 1 Nr. 2 StGB lediglich in lit. a und b der öffentliche Dienst erfasst werde und Amtsträger gerade diejenigen Personen seien, die öffentliche Aufgaben erfüllen, ohne in den Organisationsapparat des öffentlichen Dienstes integriert zu sein.[565]

Der Aspekt, dass der Vertragsarzt freiberuflich tätig ist und damit selbständig und eigenverantwortlich gegen Bezahlung, die sich nach der Tätigkeit richtet, Leistungen erbringt, kann nach *Neupert* ebenso zu keiner Ablehnung der Amtsträgereigenschaft führen.[566] Entscheidend sei allein die Frage, ob der

---

559 *Schuhr,* NStZ 2012, 11, 13.

560 *Schuhr,* NStZ 2012, 11, 13 f.

561 *Klötzer,* NStZ 2008, 12, 16; *Ulsenheimer* in: Laufs/Kern, § 152 Rn. 66; a.A.: *Pragal/Apfel,* A&R 2007, 10, 16 ff.

562 *Schuhr* in: Spickhoff, Medizinrecht, StGB § 338 Rn. 19.

563 *Geis,* wistra 2007, 361, 364. Im Ergebnis so auch: *Brockhaus/Dann/Teubner/Tsambikakis,* ZMGR 2011, 123, 128; *Duttge* in: FS Steinhilper, S. 215; *Krüger,* ZIS 2011, 692, 704; *Sahan,* ZIS 2012, 387, 388.

564 *Taschke,* StV 2005, 406, 409; *Pragal,* NStZ 2005, 133.

565 *Neupert,* NJW 2006, 2811, 2812.

566 *Neupert,* NJW 2006, 2811, 2812, wobei er einräumt, dass dies zunächst „überraschend" klingt; die gleiche Ansicht vertritt BGH MedR 2011, 651, 655 unter Bezugnahme auf BGH, Urt. v. 29.01.1998 - 1 StR 64/97, NJW 1998, 2373: Der BGH hat in diesem Urteil einen freiberuflichen Ingenieur als Amtsträger eingestuft, da die Freiberuflichkeit per se dieser Annahme dann nicht entgegensteht, wenn ansonsten die Voraussetzungen des § 11 Abs. 1 Nr. 2 lit. c StGB erfüllt sind.

Vertragsarzt ausreichend in die staatliche Organisation eingebunden wird, unabhängig von seiner freiberuflichen Tätigkeit und der Tatsache, dass der Vertragsarzt auch eine Gewinnerzielungsabsicht verfolgt.[567] Zwangsläufig werde von § 11 Abs. 1 Nr. 2 lit. c StGB vorausgesetzt, dass auch eine solche Einbindung privater Personen möglich ist, soweit der Staat von ihrem auf Gewinn bedachten Einsatz auch profitiert.[568]

Auch dem Wortlaut des § 72 Abs. 1 S. 1 SGB V, nach dem Ärzte und Krankenkassen zur Versorgung der Patienten zusammenwirken und der sich daraus ergebenden Schlussfolgerung, dass der Vertragsarzt und die Krankenkassen je für sich als „selbständige Einheit" agieren, ließe sich nichts Gegenteiliges entnehmen, da die Form der Organisation nicht relevant sei.[569] Es sei vielmehr anzunehmen, dass man mit der Formulierung *„eine Reaktion auf die höchstrichterliche Verneinung der Amtsträgereigenschaft bei privatrechtlichen Organisationsformen"* zeigen will, weshalb Freiberufler durchaus in den Anwendungsbereich fallen können.[570]

Dies wird von der überwiegenden Meinung jedoch abgelehnt. Die Ärzte erbringen ihre Leistungen nicht als „verlängerter Arm", sondern wirken bei ihrer Tätigkeit mit den Leistungsträgern nach § 72 Abs. 1 S. 1 SGB V zusammen, was für einen jeweiligen gesonderten Verantwortungsbereich spreche.[571] Hierfür kann auch angeführt werden, dass die ärztliche Versorgung keine Aufgabe

567 *Neupert*, NJW 2006, 2811, 2812, 2814, der in seinem Fazit die Eingliederung auch damit bejaht, dass der Vertragsarzt nach der damaligen Rspr. des BGH, die eine Vermögensbetreuungspflicht nach § 266 StGB bejahte, abgesehen von seinen medizinischen Entscheidungen, die er frei und unabhängig zu treffen hat, aufgrund der Zulassung in ein *„detailliert strukturiertes öffentlich-rechtliches Rechtsverhältnis"* einsteigt. Die Eingliederung in die jeweilige Struktur der Krankenkasse bejaht auch BGH MedR 2011, 651, 655.

568 *Neupert*, NJW 2006, 2811, 2812.

569 *Neupert*, NJW 2006, 2811, 2812. BGH MedR 2011, 651, 654 f. kommt zu dem Schluss, dass aufgrund der vielgestaltigen Rechtsbeziehungen und der daraus resultierenden engen Beziehung der Vertragsärzte zu den Krankenkassen der Wortlaut des § 72 Abs. 1 S. 1 SGB V, nach dem die Ärzte und die Krankenkassen zusammenwirken, nicht die Einordnung der Vertragsärzte als Amtsträger verhindert. Rechtsbeziehungen zwischen den Krankenkassen und dem Vertragsarzt zeigen sich in den Vorschriften des § 43b SGB V und § 295 SGB V und darin, dass die Krankenkassen nach § 106 Abs. 1 SGB V die Einhaltung des Wirtschaftlichkeitsgebots seitens der Vertragsärzte mittels Prüfungsstellen und Beschwerdeausschuss überprüfen.

570 *Neupert*, NJW 2006, 2811, 2812.

571 *Taschke*, StV 2005, 406, 409 f.; *Schuhr* in: Spickhoff, Medizinrecht, StGB § 338 Rn. 19.

betreffe, die generell von Behörden wahrgenommen werde, sondern eine typische private Leistung darstelle.[572] Zudem sei eine organisatorische Eingliederung der Vertragsärzte in die Krankenkassen zu bezweifeln, da die Zulassung nicht durch diese erfolgt und ihre Vertreter in dem zuständigen Ausschuss lediglich die Minderheit stellen.[573] Die Kontrolle der Tätigkeit des Vertragsarztes begrenze sich auf die wirtschaftlichen Aspekte, die jedoch von den berufsständischen Vereinigungen vollzogen werde.[574] Eine Eingliederung des Vertragsarztes in lediglich eine Krankenkasse und deren Organisationsapparat könne schon deswegen nicht angenommen werden, da er nicht nur für eine tätig wird.[575]

dd) Eigene Stellungnahme

Ob mit der Zulassung nach § 95 SGB V auch eine Bestellung einhergeht, erscheint bereits aufgrund der paritätischen Zusammensetzung des Zulassungsausschusses fragwürdig.[576] Zudem bewirkt die Bestellung, wie bereits festgestellt[577], dass der Arzt Mitglied in der für ihn zuständigen Kassenärztlichen Vereinigung wird und er zur vertragsärztlichen Versorgung berechtigt und verpflichtet wird. Dies sind zweifelsohne bedeutende Folgen. Jedoch darf der Sinn und Zweck des Bestellungsaktes nicht außer Acht gelassen werden. Dieser besteht darin, den Betroffenen auf die Konsequenzen der Bestellung aufmerksam zu machen und ihn vor der damit einhergehenden erhöhten Verantwortung zu warnen.[578] Eine solche Warnung kann anhand der Folgen, die die Zulassung mit sich bringt, allerdings nicht angenommen werden, zumal sich diese auch in vielerlei Hinsicht nicht gegenüber den Krankenkassen, sondern gegenüber den Kassenärztlichen Vereinigungen ergeben, wie die Mitgliedschaft in dieser. Zudem sind die Vertragsärzte auch den Kassenärztlichen Vereinigungen gegenüber zur Erbringung der vertragsärztlichen Versorgung verpflichtet und nicht primär den gesetzlichen Krankenkassen.

Für die Bestellung ist die Eingliederung in die Organisationsstruktur der Krankenkassen als sonstige Stelle bzw. alternativ die über einen einzelnen

572 *Schuhr*, NStZ 2012, 11, 13.
573 *Schuhr*, NStZ 2012, 11, 13.
574 *Schuhr*, NStZ 2012, 11, 13.
575 *Schuhr*, NStZ 2012, 11, 13.
576 Vgl. hierzu 1. Kapitel B. VI. 3. b) cc) (3) (S. 73). In diesem Sinne wohl auch *Kronawitter*, S. 43.
577 Vgl. hierzu 1. Kapitel B. VI. 1. a) bb), cc) (S. 49 f.) und 2. b) (S. 55).
578 BGHSt 61, 135, 137.

Auftrag hinausgehende längerfristige Tätigkeit bei oder für eine sonstige Stelle erforderlich. Da der Vertragsarzt für mehrere Krankenkassen tätig wird, ist eine feste Eingliederung nicht möglich. Zudem handelt der Vertragsarzt freiberuflich und damit in erster Linie für sich, seine Praxis und den Patienten und nicht für die Krankenkassen. Der Vertragsarzt nimmt eine eigene Aufgabe im eigenen wirtschaftlichen Interesse wahr, die lediglich zugleich *auch* im Interesse der Krankenkassen liegt. Dies ist aber für eine Amtsträgerschaft anhand der allgemein gültigen Kriterien trotz der längerfristigen Tätigkeit des Vertragsarztes nicht ausreichend. Zu fordern ist vielmehr die unmittelbare Wahrnehmung von Aufgaben der öffentlichen Verwaltung.[579] Dies ist aber nicht der Fall. Die Behandlung von Patienten ist eine Aufgabe, die allein und originär dem Arzt obliegt. Damit kann der Arzt auch keine diesen unmittelbar zugewiesenen Aufgaben wahrnehmen. Die Tätigkeit der Krankenkassen beschränkt sich auf die Bereitstellung von Sachleistungen. Der Arzt erbringt darüber hinaus aber die Behandlung an sich.[580]

Zwar ist nicht von der Hand zu weisen, dass der BGH auch schon die Amtsträgereigenschaft von Freiberuflern bejaht hat,[581] jedoch waren diese Fälle im Ergebnis anders gelagert. Der BGH bejahte zum Beispiel die Amtsträgereigenschaft eines freiberuflichen Bauingenieurs, der innerhalb eines Ingenieurvertrages mit der Stadt für Bauvorhaben in einem Krankenhaus zuständig war, da die Stadt diese Aufgaben wegen des Mangels an Personal und sachlicher Kompetenz abgegeben hatte; es folgten auch weitere Verträge zwischen der Stadt und dem Ingenieur.[582] Hier wurde der Ingenieur aufgrund konkreten Vertrages in die Stadtverwaltung mit eingebunden und von dieser beauftragt. Zudem übernahm er explizit eine eigentlich dieser zugetragene Aufgabe und trat als Organ der Stadt nach außen auf.[583] Dies ist beim Vertragsarzt nicht der Fall. Es fehlt an der konkreten Einbeziehung in die Struktur der Krankenkassen. Zudem übernimmt der Arzt eine ihm originär obliegende Aufgabe und keine Aufgabe, die generell der Verwaltung obliegt. So hatte der BGH in einem weiteren Fall die Amtsträgereigenschaft eines freiberuflichen Dolmetschers trotz dessen wiederholten bzw. regelmäßigen Tätigwerdens bei amtlichen Prüfungsverfahren abgelehnt. *„Eine bloße Zulassung oder Hinzuziehung ist noch keine Bestellung im*

---

579 BGHSt 61, 135, 140.
580 Vgl. hierzu 1. Kapitel B. VI. 1. b) bb) (S. 52 f.).
581 BGH wistra 1998, 222, 223 f.
582 BGH wistra 1998, 222, 223 f.
583 BGH wistra 1998, 222, 224.

Sinne der Betrauung mit amtlichen Funktionen oder der Wahrnehmung öffentlicher Belange."[584] Die Behandlung von Patienten ist eine ärztliche Aufgabe und keine der Verwaltung an sich. Wenn der Patient einen Arzt aufsucht, stehen die Behandlung und das Interesse der Genesung im Vordergrund.

Als Präjudiz gegen eine Amtsträgereigenschaft wird berechtigterweise auf den Wortlaut des § 72 Abs. 1 S. 1 SGB V verwiesen. Dieser spricht gegen eine Eingliederung in eine Organisationsstruktur und dafür, dass jeder die Verwirklichung seiner eigenen Aufgaben wahrnimmt und niemand die Aufgaben eines anderen übertragen bekommt und in dessen Organisation eingebunden wird. Dass die Überprüfung der Einhaltung der Wirtschaftlichkeit bei der Tätigkeit des Vertragsarztes möglich ist, vermag deswegen zu keinem anderen Ergebnis mehr zu führen. Die Kontrolle des Wirtschaftlichkeitsgebotes obliegt den Kassenärztlichen Vereinigungen und den Krankenkassen gemeinsam, was wiederum gegen eine Einordung in die Struktur der gesetzlichen Krankenkassen spricht.

Im Ergebnis verdient daher die Ablehnung der Amtsträgereigenschaft Zustimmung.

2. *Darstellung und Analyse des Beschlusses des BGH*

Der Beschluss des Großen Senats für Strafsachen geht grundsätzlich auf zwei revisionsrechtliche Verfahren zurück. Die revisionsrechtlichen Verfahren basieren auf den beiden vorinstanzlichen Entscheidungen des LG Stade und LG Hamburg. In dem der Entscheidung des LG Stade zugrunde liegenden Fall wurde den Vertragsärzten, die medizinische Geräte von dem Unternehmen P anmieteten oder leasten, das hierfür zu entrichtende Entgelt anteilig oder vollständig erlassen, sofern sie im Gegenzug Verordnungen für den Bezug von bestimmten Geräten ausstellten und dem Unternehmen P zukommen ließen.[585] Das LG Stade legte in seinem Urteil für die Verordnung von Arzneimitteln und die Verordnung von Hilfsmitteln unterschiedliche Maßstäbe an und lehnte für Zuwendungen, die den Vertragsärzten im Rahmen von Hilfsmitteln gemacht wurden, eine Verwirklichung sowohl des Tatbestandes nach § 299 Abs. 2 StGB a.F. als auch nach §§ 331, 332 StGB ab, bejahte jedoch die Beauftragteneigenschaft bei der Verordnung vor Arzneimitteln.

Das Landgericht Hamburg hatte eine für die X-GmbH tätige Pharmareferentin wegen Bestechung im geschäftlichen Verkehr in 16 Fällen zu einer

---

584 BGHSt 42, 230, 232; der BGH kam zu dem Ergebnis, dass der Dolmetscher primär für den Prüfling tätig wurde.

585 Vgl. dazu und zum Folgenden LG Stade MPR 2011, 97 ff.

Gesamtgeldstrafe verurteilt, da sie im Rahmen von Verordnungsmanagement-Vereinbarungen Prämien an niedergelassene Ärzte für Verordnungen von bestimmten Arzneimitteln auszahlte. . Beide landgerichtlichen Urteile wurden aufgrund jeweils eingelegter Revision vom jeweiligen Strafsenat[586] dem Großen Senat für Strafsachen zur Klärung vorgelegt. Der Große Senat stellte die Entscheidung über die Rechtsfrage des 3. Strafsenats jedoch zurück,[587] und befasste sich in seinem Beschluss letztendlich mit der Vorlagefrage der beim 5. Strafsenat des BGH anhängigen Entscheidung, weswegen im Folgenden in erster Linie eine Auseinandersetzung mit der Entscheidung des LG Hamburg und der diesbezüglichen Vorlage des 5. Strafsenats erfolgt.

a) Der dem Beschluss zugrundeliegende Sachverhalt[588]

Spätestens im Jahre 1997 führte die X-GmbH ein von ihr als „Verordnungsmanagement" betiteltes Prämiensystem ein, in dessen Rahmen jeder niedergelassene Arzt eine umsatzabhängige Vergütung in Form von Geld- oder Sachleistungen dafür erhielt, dass er seinen Patienten Arzneimittel der X-GmbH verschrieb. Die Höhe der bezogenen Leistungen orientierte sich dabei an der Anzahl und dem Preis der verschriebenen X-Medikamente. Der ebenfalls Angeklagte Vertragsarzt B verordnete in Folge dessen vorrangig X-Medikamente. Der Angeklagte B erhielt von der Angeklagten R, die als Pharmareferentin im Außendienst von X angestellt war, insgesamt sieben Schecks im Gesamtwert von 10.146,60 €, die allesamt als Vergütung für in Wirklichkeit nicht stattgefundene wissenschaftliche Vorträge ausgewiesen worden waren. Auf Grundlage von Verordnungsmanagement-Vereinbarungen, nach denen die Ärzte eine Prämie von 5 % des Herstellerabgabepreises der im jeweiligen Quartal verordneten X-Medikamente erhalten sollten, tätigte die Angeklagte R 16 Scheckzahlungen über insgesamt 18.000 €.

b) Die Entscheidung des LG Hamburg

In seinem Urteil ordnete das LG Hamburg das Verhalten der Angeklagten R als Bestechung gemäß § 299 Abs. 2 StGB a.F. ein. Durch das Verhalten des Angeklagten B sah es den Tatbestand des § 299 Abs. 1 StGB a.F. als verwirklicht an. Der

---

586 Für die Revision gegen die Entscheidung des LG Stade war der 3. Strafsenat des BGH zuständig und für die Revision gegen die Entscheidung des LG Hamburg der 5. Strafsenat des BGH, vgl. hierzu noch unter c).

587 BGH NStZ-RR 2011, 303 f.

588 Vgl. hierzu: LG Hamburg MPR 2011, 56, 57 ff.

Vertragsarzt agiere nicht ausschließlich im eigenen Tätigkeitsbereich, sondern handle „gleichzeitig zumindest auch" für die Krankenkasse.[589] Dies sei eine notwendige Konsequenz, die aus dem Sachleistungsprinzip gemäß § 2 Abs. 2 SGB V resultiere. Dessen Umsetzung sei nur durch die Zwischenschaltung eines Arztes möglich.[590] Insoweit sieht das Gericht den Kassenarzt als „beauftragten Erfüllungsgehilfen" der Krankenkassen an.[591] Nicht nur mit der Medikamentenverordnung an sich, sondern auch mit der Wahl eines speziellen Medikaments werde der Arzt sowohl in medizinischer als auch in wirtschaftlicher Hinsicht nach §§ 12, 70 Abs. 1 S. 2 SGB V im Rechts- und Interessenkreis der Krankenkasse tätig, nachdem die Folgen allein Letztere treffen.[592] Der Vertragsarzt treffe im Rahmen der Medikamentenverordnung „zumindest auch" eine betriebliche Entscheidung für die Krankenkasse und handle in deren Aufgabenkreis und führe somit als deren Beauftragter zumindest ein „Auch-Fremdes-Geschäft".[593] Entscheidend sei für die Beauftragung nicht die Vertretung, die im Außenverhältnis erfolgt und lediglich eine Indizwirkung für die Beauftragung habe, sondern die Befugnis, Entscheidungen im Innenverhältnis vorzunehmen und damit die *„materielle Zuweisung der Aufgabenbereiche durch das Vertragsarztrecht"*.[594] Der Vertragsarzt leiste einem geschäftlichen Betrieb im Rahmen von dessen Leistungserbringung Hilfe, indem er für diesen unter Berücksichtigung von dessen Vermögensverhältnissen handle und insofern die Anforderungen an einen Beauftragten erfülle.[595]

Das LG verneinte jedoch die Amtsträgereigenschaft der niedergelassenen Vertragsärzte mit der Begründung, dass diese nicht zur Wahrnehmung von Aufgaben der öffentlichen Verwaltung bestellt seien und aufgrund ihrer Eigenverantwortung und weitreichenden Entscheidungsbefugnisse von der Allgemeinheit nicht als verlängerter Arm der Verwaltung angesehen werden und sah § 334 StGB als nicht verwirklicht an.[596] Die Heranziehung der Wahrnehmung

---

589 LG Hamburg MPR 2011, 56, 62 f.; so auch schon OLG Braunschweig wistra 2010, 234; *Pragal/Apfel*, A&R 2007, 10.
590 Vgl. hierzu schon 1. Kapitel B. VI. 1. b) bb) (S. 52 f.) bzw.1. Kapitel B. VI. 3. a) bb) (S. 59 f.).
591 LG Hamburg MPR 2011, 56, 62.
592 LG Hamburg MPR 2011, 56, 63.
593 LG Hamburg MPR 2011, 56, 63.
594 LG Hamburg MPR 2011, 56, 64.
595 LG Hamburg MPR 2011, 56, 65.
596 LG Hamburg MPR 2011, 56, 70 f.

der Allgemeinheit und des Bewusstseins des Betroffenen selbst[597] durch das LG erscheinen hierbei jedoch zweifelhaft. Gemäß der Rechtsprechung kommt es darauf an, dass das Privatrechtssubjekt bei einer Gesamtbetrachtung als verlängerter Arm des Staates erscheine.[598] Kriterien hierfür sind die organisatorische Anbindung an eine Behörde und die inhaltliche Vergleichbarkeit mit einer behördlichen Tätigkeit.[599] Diese Orientierung erfolgt jedoch im Rahmen einer Gesamtbetrachtung und nicht anhand der Wahrnehmung oder einzelnen Empfindungen. Das Bewusstsein des Vertragsarztes ist zudem ein subjektives Tatbestandsmerkmal bzw. eine Frage der Schuld.

c) Der Vorlagebeschluss

Nachdem die Angeklagte Revision eingelegt hatte, wurde dem Großen Senat für Strafsachen vom 5. Strafsenat die Frage vorgelegt, ob ein niedergelassener, für die vertragsärztliche Versorgung zugelassener Arzt Amtsträger im Sinne der Straftaten im Amt ist, wenn er im Rahmen der vertragsärztlichen Versorgung von Kassenpatienten tätig wird und diesen Medikamente verordnet. Soweit diese Frage verneint wird, hat der Senat hilfsweise gefragt, ob ein solcher Arzt in diesen Fällen Beauftragter eines geschäftlichen Betriebs im geschäftlichen Verkehr nach § 299 StGB ist. Der 5. Strafsenat schloss sich in seiner Entscheidung vom 20.07.2011 insoweit dem Vorlagebeschluss des 3. Strafsenats bei der Arzneimittelverordnung an,[600] jedoch unter Abweichung hinsichtlich der Ausführungen in Bezug auf die Letztentscheidungskompetenz. Eine genauere eigene rechtliche Einschätzung unterließ er.

Der 5. Strafsenat hielt diese Vorlage trotz der bereits erfolgten Vorlage des 3. Strafsenats für erforderlich, da sich die Rechtslage bei der Arzneimittelverordnung anders verhalte als bei der Verordnung von Hilfsmitteln, die der Fallkonstellation des 3. Strafsenats zugrunde liegt.[601] Dies ergebe sich schon daraus, dass dem Vertragsarzt bei der Hilfsmittelverordnung die Letztentscheidungskompetenz fehle.[602] Zudem bezog sich die Verordnung von Arzneimitteln gerade

597 LG Hamburg MPR 2011, 56, 70 f.

598 *Fischer*, StGB, § 11 Rn. 22a; BGHSt 43, 370, 377; BGHSt 49, 214, 219.

599 *Fischer*, StGB, § 11 Rn. 22a; BGHSt 45, 16.

600 *„Bedauerlicherweise"* nach *Rübenstahl,* HRRS 2011, 324, 325. Neben dem Urteil des LG Hamburg wurde auch das Urteil des LG Stade, MPR 2011, 97 ff. aufgrund eingelegter Revision vom 3. Strafsenat des BGH dem Großen Senat für Strafsachen zur Klärung vorgelegt.

601 Vgl. BGH NStZ-RR 2011, 303, 304. Vgl. auch 2. Kapitel A. I. 2. (S. 107 ff.).

602 Vgl. BGH NStZ-RR 2011, 303, 304.

auf konkret angegebene Medikamente, wohingegen die Hilfsmittel nicht unter Nennung eines Herstellers angegeben werden.[603] Hieraus waren gewisse Zweifel des 5. Strafsenats in Bezug auf den Beschluss des 3. Strafsenats und dessen Bejahung der Amtsträgereigenschaft, auch für die Verordnung von Hilfsmitteln, zu entnehmen.[604]

d) Die Entscheidung des Großen Senats

aa) Keine Verwirklichung der §§ 331, 332 StGB durch den Vertragsarzt und der §§ 333, 334 StGB durch die Pharmareferentin

Der BGH hat hinsichtlich der vorgelegten Frage[605] unmissverständlich ausgeführt, dass niedergelassene, für die vertragsärztliche Versorgung zugelassene Ärzte bei der Verordnung von Arzneimitteln nicht als Amtsträger nach § 11 Abs. 1 Nr. 2 lit. c StGB klassifiziert werden können. Vertragsärzte seien nicht dazu bestellt, im Auftrag der gesetzlichen Krankenkassen Aufgaben der öffentlichen Verwaltung wahrzunehmen.[606]

(1) Keine Wahrnehmung der öffentlichen Aufgaben durch Vertragsarzt

Zwar räumt der BGH in seiner Entscheidung ein, dass mit dem Vertragsarztsystem der gesetzlichen Krankenkassen „*unzweifelhaft*" eine öffentliche Aufgabe wahrgenommen werde, da es darauf ausgerichtet sei „*eine flächendeckende, gleichmäßige, an allgemeinen Qualitätsstandards und solidarischen Wirtschaftlichkeits-Gesichtspunkten ausgerichtete Versorgung der Gesamtbevölkerung der Bundesrepublik mit Leistungen der Heil- und Gesundheitsfürsorge sicherzustellen.*[607] Es werde „*eine aus dem Sozialstaatsgrundsatz des Art. 20 I GG folgende Aufgabe erfüllt, durch deren Wahrnehmung in hohem Maße Interessen nicht allein der einzelnen Versicherten, sondern der Allgemeinheit wahrgenommen werden.*"[608]

Diese öffentliche Aufgabe wird nach Auffassung des BGH jedoch nicht von den Vertragsärzten wahrgenommen.[609] Zwar umfasse die öffentliche Verwaltung

---

603 Vgl. BGH NStZ-RR 2011, 303, 304 f.
604 So auch *Sturm*, ZWH 2011, 41, 44; *Rübenstahl*, HRRS 2011, 324, 325.
605 Der Große Senat für Strafsachen stellte die Entscheidung über die Rechtsfrage des 3. Strafsenats (bezogen auf die vertragsärztliche Verordnung von Hilfsmitteln) zunächst einstweilen zurück, vgl. BGH NStZ-RR 2011, 303 f.
606 BGHSt 57, 202, 204.
607 BGHSt 57 202, 206 f.
608 BGHSt 57 202, 206.
609 BGHSt 57 202, 207.

im Sinne des § 11 Abs. 1 Nr. 2 lit. c StGB neben der von Hoheitsträgern ausgeübten Eingriffs- und Leistungsverwaltung auch die Aufgabenwahrnehmung von Privatrechtssubjekten, jedoch müsse das Handeln Letzterer als *„verlängerter Arm"* des Staates erfolgen.[610] Entscheidend ist hierfür, *„dass der Ausführende dem Bürger nicht auf der Ebene vertraglicher Gleichordnung mit der grundsätzlichen Möglichkeit individueller Aushandlung des Verhältnisses entgegentritt, sondern quasi als ausführendes Organ hoheitlicher Gewalt."*[611] Letztlich sei eine wertende Abgrenzung vorzunehmen, die sich daran orientiert, inwiefern das Handeln der jeweiligen Person einen hoheitlichen Eingriffscharakter gegenüber dem Bürger aufweise oder ob das persönliche Verhältnis zwischen den Beteiligten überwiege. Im Verhältnis zu den Vertragsärzten überwiege das persönliche Element zwischen Patient und Arzt, so dass das Handeln des Arztes für eine Körperschaft dahinter zurücktrete.

Dafür spreche die freiberufliche Tätigkeit des Arztes.[612] Für die Wahl des Arztes seien gerade das Vertrauen und der freie Wille des Patienten entscheidend, der sich nach § 76 Abs. 1 S. 1 SGB V seinen Arzt unter den zur vertragsärztlichen Versorgung zugelassenen Ärzten frei aussuchen darf und diese Entscheidung damit dem Einfluss der Krankenkassen entziehe; so werde auch die gesamte Behandlung, ihr Gegenstand und ihre Art und Dauer nur in dem *„jeweiligen persönlich geprägten Verhältnis zwischen Patient und Vertragsarzt"* vereinbart.[613] Nach Auffassung des BGH steht in dieser Beziehung *„der Gesichtspunkt der individuell geprägten, auf Vertrauen sowie freier Auswahl und Gestaltung beruhenden persönlichen Beziehung in einem solchen Maß im Vordergrund, dass weder aus der subjektiven Sicht der Beteiligten noch nach objektiven Gesichtspunkten die Einbindung des Vertragsarztes in das System öffentlicher, staatlich gelenkter Daseinsfürsorge überwiegt und die vertragsärztliche Tätigkeit den Charakter einer hoheitlich gesteuerten Verwaltungsausübung gewinnt."*[614]

Ein anderes Ergebnis werde auch nicht durch die Vorschriften zur Ausstellung der vertragsärztlichen Verordnung von Arznei-, Heil- oder Hilfsmitteln gerechtfertigt, da die Verordnung nur die Konkretisierung der gesetzlichen Ansprüche auf Sachleistungen der Versicherten darstelle, die *„untrennbarer Bestandteil der ärztlichen Behandlung"* sei und sich *„innerhalb des personal*

610 BGHSt 57 202, 207, unter Verweis auf zahlreiche weitere Fundstellen.
611 BGHSt 57 202, 207.
612 BGHSt 57, 202, 208.
613 BGHSt 57, 202, 208.
614 BGHSt 57, 202, 208.

geprägten Vertrauensverhältnisses zwischen der versicherten Person und dem von ihr gewählten Vertragsarzt" vollziehe.[615]

Für diese Ansicht sprechen auch zivilrechtliche Gesichtspunkte, die besagen, dass der BGH die Rechtsbeziehung zwischen Arzt und Patienten als eine privatrechtliche einordnet, weswegen eine Haftung des Arztes nur aufgrund des zwischen den Parteien geschlossenen zivilrechtlichen Behandlungsverhältnisses zustande kommt und nicht aufgrund von Amtshaftungsgrundsätzen.[616]

(2) Keine Bestellung des Vertragsarztes

Ergänzend führte der BGH in seinem Beschluss zudem aus, dass es an dem nach § 11 Abs. 1 Nr. 2 lit. c StGB erforderlichen Tatbestandsmerkmal der "Bestellung" zur Wahrnehmung einer Aufgabe der öffentlichen Verwaltung fehle, da die Zulassung als Vertragsarzt auf einer Entscheidung der Zulassungsausschüsse basiere, § 96 Abs. 1, 2 SGB V, und diese nicht unmittelbar auf die Krankenkassen zurückgeführt werden könne.[617]

bb) Verwirklichung des § 299 Abs. 1 StGB a.F.

Hinsichtlich der Frage, ob der Vertragsarzt bei der Medikamentenverordnung als Beauftragter eines geschäftlichen Betriebs handelt, kam der BGH zu einer anderen Entscheidung als das LG Hamburg und spricht dem Vertragsarzt eine Stellung als Beauftragter ab, obwohl er die gesetzlichen Krankenkassen generell als geschäftliche Betriebe einordnet, da er eine Gewinnerzielungsabsicht für nicht relevant erachtet.[618]

(1) Zulassung und Freiberuflichkeit

Der Große Senat stellt klar, dass gegen eine Beauftragteneigenschaft der Vertragsärzte nicht bereits spreche, dass die gesetzlichen Krankenkassen grundsätzlich keine unmittelbaren Rechtsbeziehungen zu den Vertragsärzten aufnehmen dürfen und es sich bei der Zulassung zur vertragsärztlichen Versorgung nicht um eine Entscheidung der Krankenkassen handle, sondern vielmehr um einen Verwaltungsakt.[619] Des Weiteren sei auch in der Freiberuflichkeit des Vertragsarztes

---

615 BGHSt 57, 202, 209.

616 Vgl. BGHSt 57, 202, 209, unter Bezugnahme auf BGH, VersR 1961 225, 226; BGHZ 63, 265, 270; BGHZ 126, 297, 301 f.

617 BGHSt 57, 202, 210.

618 BGHSt 57, 202, 210.

619 BGHSt 57, 202, 212.

kein Hinderungsgrund zu sehen, da es geradezu typisch sei, dass der Beauftragte freiberuflich oder für seinen eigenen Betrieb tätig sei.[620] Zudem sei es irrelevant, dass der Vertragsarzt in den meisten Fällen zugleich selbst Inhaber einer eigenen Praxis sei. Dieser Umstand sei nur von Interesse, wenn die Vorteilsnahme den eigenen Betrieb betrifft.[621]

(2) Stellung des Vertragsarztes und freie Arztwahl

Aus dem Wortlaut des § 72 Abs. 1 S. 1 SGB V ergebe sich allerdings, dass die Ärzte und Krankenkassen zusammenwirken und die ärztliche Versorgung der Versicherten damit kooperativ und gleichgestellt erfolge.[622] Die Sicherstellung der hinreichenden Versorgung der Versicherten und der angemessenen Vergütung der Vertragsärzte erfolgt nach § 72 Abs. 2 S. 1 SGB V mittels Vereinbarungen zwischen den Kassenärztlichen Vereinigungen und den Verbänden der Krankenkassen im Rahmen der Selbstverwaltung.[623] Die an der ärztlichen Versorgung Beteiligten begegnen sich daher in kooperativem Zusammenwirken und deswegen zwangsläufig auf einer Ebene der Gleichordnung; bereits dieses im Gesetz vorgegebene Konzept stehe der Beauftragung entgegen.[624]

Zudem verweist das Gericht darauf, dass die Wahl des Arztes dem jeweiligen Patienten obliegt und sich dem Mitspracherecht der Krankenkassen und auch des jeweiligen Arztes entzieht.[625] Die Handlung des Arztes erfolge daher auf dem zwischen dem Arzt und Patienten begründeten Behandlungsverhältnis und im Interesse des Patienten, der die Behandlung dieses ausgewählten Arztes wünscht.[626]

(3) Auswirkungen der Verordnung auf Krankenkassen

Eine Beauftragteneigenschaft sei auch nicht vor dem Hintergrund anzunehmen, dass sich die Verordnung von Medikamenten auch auf die Krankenkassen auswirkt.[627] Der Vertragsarzt wird nach neuerer Rechtsprechung nicht als

620 BGHSt 57, 202, 212.
621 BGHSt 57, 202, 212.
622 BGHSt 57, 202, 212 f.
623 BGHSt 57, 202, 212 f. m.w.N.
624 BGHSt 57, 202, 213.
625 BGHSt 57, 202, 213.
626 BGHSt 57, 202, 213.
627 BGHSt 57, 202, 213.

Vertreter der Krankenkassen tätig.[628] Die Frage, ob von einer Vertreterstellung auf eine Beauftragtenstellung geschlossen werden kann, sei daher hinfällig. Die Tatsache, dass das Handeln des Arztes und seine damit verbundene Entscheidung hinsichtlich der Medikamentenverordnung zu Lasten der Krankenkassen erfolgt, sei eine gesetzliche Folge.[629] Dem Arzt obliege lediglich die Auswahl der Behandlung, die auf seiner medizinischen Diagnose und damit dem Feststellen des Vorliegens der Voraussetzungen des Versicherungsfalls basiert. Inwiefern die Krankenkasse die verordneten Leistungen tatsächlich zu ersetzen hat, falle nicht in den Entscheidungsbereich des Arztes.[630] Der Umfang der von den Krankenkassen zu erstattenden vertragsärztlichen Medikamentenverordnung wird nach § 92 SGB V bereits vom Gemeinsamen Bundesausschuss zur Sicherung der ärztlichen Versorgung in Richtlinien festgelegt, womit die für eine Verordnung des Vertragsarztes in Betracht kommenden Medikamente bereits vorgegeben sind.[631] Die Entscheidung hinsichtlich des Medikaments, das der Patient letztendlich ausgehändigt bekommt, sei seit des Arzneimittelausgaben-Begrenzungsgesetzes häufig Sache des Apothekers, der dem Patienten auch ein wirkstoffgleiches preisgünstigeres als das konkret verordnete aushändigen kann, wenn dies nicht ausdrücklich vom verordnenden Vertragsarzt ausgeschlossen wurde, § 73 Abs. 5 SGB V.[632] Dies werde durch die Vorschrift des § 129 Abs. 1 S. 1 Nr. 2 SGB V unterstrichen, in der die Verpflichtung des Apothekers verankert ist, dass er ab einer bestimmten Ersparnis dem Versicherten preisgünstigere importierte Arzneimittel anbieten muss.[633]

(4) Wirtschaftlichkeitsgebot

Die Beauftragtenstellung des Arztes lässt sich auch nicht durch das Gebot der Wirtschaftlichkeit begründen, das der Vertragsarzt bei der Behandlung des Patienten und dessen medikamenteller Behandlung zu beachten hat, vgl. §§ 70 Abs. 1 S. 2, 72 Abs. 2 SGB V. Selbst wenn man diesem Gesichtspunkt Beachtung schenkt, vermag auch dieser nichts daran zu ändern, dass der Patient den Arzt aufgrund eigener Wahl beauftragt und das Verhältnis zu diesem im Interesse

---

628 BGHSt 57, 202, 214, unter Bezugnahme auf BSGE 105, 157, Tz. 15 f. Vgl. hierzu 1. Kapitel B. VI. 3. b) bb) (S. 69 f.).
629 BGHSt 57, 202, 215.
630 BGHSt 57, 202, 215.
631 BGHSt 57, 202, 215.
632 BGHSt 57, 202, 215 f.
633 BGHSt 57, 202, 216.

des Patienten zustande kommt, weshalb das Wirtschaftlichkeitsgebot nicht zur Folge hat, *„dass der Arzt aus dem Auftragsverhältnis zu dem Patienten gleichsam herausgebrochen und zum Beauftragten der Krankenkassen wird"*.[634] Dies gelte umso mehr, als den Krankenkassen die Überprüfung der Einhaltung des Wirtschaftlichkeitsgebots nicht selbst obliege, sondern sie hierfür die Kassenärztliche Vereinigung hinzuziehen müssen, um einen Antrag bei einer Prüfungsstelle zu stellen; es handle sich daher um eine Verpflichtung, die den Vertragsärzten nicht unmittelbar gegenüber den Krankenkassen obliege.[635]

cc) Bewertung der Begründung

Die Entscheidung des BGH ist überwiegend auf Zustimmung[636] getroffen und teils mit „Erleichterung"[637] aufgenommen worden. Gegenüber den Kritikern der Entscheidung wird vor allem auf die Tatsache verwiesen, dass Korruption jedenfalls von Regelungen außerhalb des Strafrechts erfasst und geahndet werde, weshalb mit der Entscheidung kein Freifahrtschein für Korruption im Gesundheitswesen verbunden sei.[638]

---

634 BGHSt 57, 202, 217.

635 BGHSt 57, 202, 217 unter Bezugnahme auf die §§ 106a Abs. 3, Abs. 4, 106 Abs. 4 SGB V a.F.; durch das GKV-Versorgungsstärkungsgesetz wurde zum 01. Januar 2017 und damit nach der Entscheidung die Wirtschaftlichkeitsprüfung neu geordnet und die § 106 ff. SGB V inhaltlich umfassend überarbeitet, BGBl. 2015, I S. 1211; vgl. hierzu bereits 1. Kapitel VI. 3. a) dd) (2) (d) (S. 65 f.).

636 *Ihwas/Lorenz*, ZJS 2012, 712, 718; *Szesny/Remplik*, MedR 2012, 662; *Andreschewski*, S. 114: Das Ergebnis sei *„vollumfänglich zu begrüßen"*; *Gelshorn*, S. 92; *Bongartz*, S. 186: *Brand/Hotz*, PharmR 2012, 317, 319 ff.; *Geiger*, CCZ 2012, 172, 177 ff.; *Hecker*, JuS 2012, 852, 855; *Kraatz*, NZWiSt 2012, 273 ff., teilweise kritisch, aber im Ergebnis zustimmend; *Krüger*, StraFo 2012, 308 ff.; *Sahan*, ZIS 2012, 386, 388; *Wengenroth/Meyer*, JA 2012, 646, 651: Im Ergebnis begrüßenswert. *Duttge* in: FS Steinhilper, S. 212, bzgl. der Amtsträgerschaft: *„Das Ergebnis leuchtet intuitiv ein, doch niemand scheint offenbar so recht sagen zu können, warum."* *Kronawitter*, S. 54: *„Der Entscheidung ist vollumfänglich zuzustimmen"*. Kritisch bzgl. der Ablehnung der Wahrnehmung einer öffentlichen Aufgabe durch den Großen Senat, da die Begründung einen *„vorschnelle[n] Verzicht auf Rechtsdogmatik"* darstelle und der Große Senat sich auf eine „wertende Abgrenzung zurückziehe, *Schnapp*, GesR 2012, 705, 709.

637 So *Duttge* in: FS für Steinhilper, S. 203.

638 So auch *Walter*, CCZ 2012, 199, 200. Vgl. zur Erfassung des Verhaltens von außerstrafrechtlichen Regelungen: 2. Kapitel B. II. 1. b) bb) (S. 180 ff.) und zur Strafbarkeit nach den §§ 263, 266 StGB: 2. Kapitel A. II. (S. 128 ff.).

(1) Begründung der Ablehnung des § 11 Abs. 1 Nr. 2 lit. c StGB

Hinsichtlich der Amtsträgereigenschaft stützte sich der Große Senat in erster Linie darauf, dass die vertragsärztliche Tätigkeit den Charakter einer Aufgabenwahrnehmung der öffentlichen Verwaltung vermissen lasse. Hierbei nahm er eine „wertende" Betrachtung vor,[639] bei der er die persönliche Beziehung des Vertragsarztes zu seinem Patienten in den Vordergrund stellte. Daran könne auch die mit der Verordnungstätigkeit einhergehende Konkretisierung des Sachleistungsprinzips nichts ändern, da diese ein *„untrennbarer Bestandteil der ärztlichen Behandlung"* sei.[640] Diese Auffassung ist zu begrüßen, da die Verordnung mit der Behandlung fest verbunden ist und eine Aufspaltung dieser Bereiche nicht sachgerecht wäre. Eine Behandlung durch einen Arzt basiert auch auf der Verschreibung der zur Behandlung der festgestellten Diagnose erforderlichen Medikamente. Diese Argumentation deckt sich zudem mit der Tatsache, dass dem Patienten gegen seine gesetzliche Krankenkasse, wie bereits festgestellt, nur ein Sachleistungsanspruch zusteht und die Verordnung an sich eine originäre Aufgabe des Arztes ist.[641] Unbefriedigend erscheint jedoch, dass der Große Senat trotz der generellen Bejahung einer öffentlichen Aufgabe der vertragsärztlichen Tätigkeit lediglich im Rahmen einer wertenden Betrachtung den hoheitlichen Charakter abspricht und auf rechtsdogmatische Ausführungen im Wesentlichen verzichtet.[642]

Als weiteres Argument zieht der Senat zu Recht die zivilrechtliche Ausgestaltung des Behandlungsverhältnisses heran und die damit einhergehende mangelnde Haftung nach Amtshaftungsgrundsätzen. Das Behandlungsverhältnis kommt zudem allein aufgrund der Wahl des Patienten nach § 76 Abs. 1 S. 1 SGB V zustande. Sämtliche Elemente der Behandlung, wie ihre Art, die Dauer und die Intensität richten sich nach den Vereinbarungen zwischen Arzt und Patient.

---

639 *Schnapp*, GesR 2012, 705, 709.

640 BGHSt 57, 202, 209; zu diesem Ergebnis gelangt auch *Gelshorn*, S. 51; *Bongartz*, S. 172. *Duttge* in: Schiller/Tsambikakis, S, 211 f. kritisiert das Argument des Großen Senats, dass das persönliche Verhältnis im Rahmen der Beziehung zwischen dem Arzt und dem Patienten im Vordergrund stehe, ohne dabei auf das Verhältnis zwischen Vertragsarzt und Krankenkasse einzugehen, das seiner Meinung nach für die Beurteilung jedoch von erheblicher Relevanz gewesen wäre; a.A. *Andreschewski*, S. 116 Fn. 323.

641 Vgl. 1. Kapitel B. VI. 1. b) bb) (S. 52 f.); *Bongartz*, S. 172. Eine Aufgabe, die „der natur nach" vom Arzt aufgrund seines Fachwissens wahrzunehmen ist. Hinsichtlich des Anspruchs des Versicherten auf lediglich eine „Naturalverschaffung" vgl. auch *Ihwas/Lorenz*, ZJS 2012, 712, 715.

642 *Schnapp*, GesR 2012, 705, 709.

Darin kann keine Handlung des Vertragsarztes als verlängerter Arm des Staates gesehen werden. Gerade auch aufgrund des Wissensvorsprungs des Arztes ist Vertrauen der elementare Grundbaustein für das Behandlungsverhältnis.[643] Der Große Senat sieht daher zu Recht im Rahmen der vorzunehmenden Wertung und Abgrenzung die Elemente der Gleichordnung in Form einer persönlichen Beziehung und der Gestaltungsfreiheit im Vordergrund.

Im Rahmen der Daseinsvorsorge, der den Bereichen zuzuordnen ist, *„derer der Bürger zur Sicherung einer menschenwürdigen Existenz unumgänglich bedarf"*[644] und damit zur Leistungsverwaltung[645] und nicht zur Eingriffsverwaltung zählt, erscheint das Kriterium des Über-/Unterordnungsverhältnisses als Element zur Begründung des Tätigwerdens als verlängerter Arm des Staates ohnehin fragwürdig, da diese Bereiche das Bereitstellen von Leistungen umfassen und wie vorliegend im Bereich der Gesundheitsversorgung sogar Wahlrechte und Ansprüche der Bürger zum Gegenstand haben können und sich daher erheblich von den Rechtsbeziehungen zwischen Bürger und Staat im Rahmen der Eingriffsverwaltung unterscheiden. Der Patient sucht sich insbesondere zumeist seinen Arzt selbst wegen des Vertrauens zu diesem oder dessen fachlicher Ausrichtung aus und wird nicht von einem bestimmten Vertreter des Staates kontaktiert.[646] Klarstellend schließt er sich zudem der h.M. dahingehend an, dass es sich bei den gesetzlichen Krankenkassen um sonstige Stellen im Sinne des § 11 Abs. 1 Nr. 2 lit. c StGB handelt und das Vertragsarztsystem *„unzweifelhaft eine öffentliche Aufgabe"* darstelle. Diese klare Stellungnahme ist zu begrüßen, nachdem die vertragsärztliche und damit medizinische Versorgung der Daseinsvorsorge zuzurechnen ist.

Jedoch fällt die Antwort auf die vielfach diskutierte Frage danach, ob Vertragsärzte zur Aufgabenwahrnehmung bestellt sind, enttäuschend kurz aus. Nachdem es nach Auffassung des Großen Senats hierauf nicht mehr ankomme, stellt er nur noch ergänzend klar, dass die Zulassung nach § 95 SGB V keine

---

643 Vgl. hierzu auch 1. Kapitel B. III. (S. 40 ff.) sowie 3. Kapitel A. I. 2. a) (S. 246 ff.). *Gelshorn*, S. 51, führt aus, dass mangels Wahrnehmung der Patienten des Vertragsarztes als verlängerter Arm der Krankenkassen, der Vertragsarzt auch kein Vertrauen in die Reinheit der Amtsführung aufbauen kann und ein unzulässiges Verhalten daher nur zu einer Beeinträchtigung des Vertrauens in die Arzt-Patienten-Beziehung führen könne.

644 BVerfGE 66, 248, 258.

645 BGHSt 57, 202, 208; BGHSt 46, 310, 313; *Gelshorn*, S. 17; *Neupert*, NJW 2006, 2811, 2812.

646 Vgl. hierzu auch *Bongartz*, S. 173.

Bestellung sei,[647] weil es sich bereits um keine unmittelbare Entscheidung der Krankenkassen handle. Mit dieser Argumentation erteilt der BGH denjenigen eine Abfuhr, die eine Bestellung des Amtsträgers von jeglicher öffentlicher Stelle genügen lassen. Es ist jedoch nicht ersichtlich, wie der BGH die Bezeichnung „unmittelbar" im Detail auslegen will. Es spricht jedoch vieles für eine restriktive Auslegung, nachdem der Zulassungsausschuss sowohl aus Mitgliedern der Ärzteschaft als auch der gesetzlichen Krankenkassen besteht und die Krankenkassen damit über die Zulassung zumindest mitentscheiden und dennoch die Unmittelbarkeit verneint wurde.[648]

(2) Begründung der Ablehnung des § 299 Abs. 1 StGB a.F.

Schon vor der Entscheidung wurde in der Bejahung des § 299 StGB a.F. eine *„unzulässige Überdehnung"* des Tatbestands gesehen.[649] Unter Beachtung der verfassungsrechtlichen Grundsätze und zur Vermeidung von Unklarheiten durch eine zu weite Auslegung von Tatbestandsmerkmalen ist die Entscheidung des BGH durchaus nachzuvollziehen, wenngleich eine Sanktionierung nach dem Strafrecht für das korruptive Verhalten wünschenswert gewesen wäre und das Ergebnis im Endeffekt daher unbefriedigend ist.[650] Dennoch ist es verfehlt, den Schutz eines korruptionsanfälligen Systems, um das es sich bei dem Gesundheitssystem handelt,[651] durch eine (zu) weite Auslegung des Begriffes des Beauftragten zu befördern.[652] Allein aufgrund der Schutzwürdigkeit eines

---

647 *Duttge* in: FS Steinhilper, S. 208, kritisiert, dass die Begründung widersprüchlich sei, da zwar ein nicht förmlicher Bestellungsakt als ausreichend betrachtet werde, das vertragsärztliche Zulassungsverfahren jedoch nicht genüge. *Imbeck* in: FS Steinhilper, S. 89 f. stimmt dagegen dem Großen Senat zu und lehnt eine Beziehung zwischen dem Vertragsarzt und den Krankenkassen ab; die Zulassung wirke nur gegenüber der Kassenärztlichen Vereinigung. Vgl. auch die Darstellung zu diesen Meinungen bei *Andreschewski,* S. 117, Fn. 325.

648 *Brand/Hotz*, PharmR 2012, 317, 319, die daraus nun schlussfolgern, dass der BGH eine Bestellung nur dann akzeptiert, wenn die zuständige öffentliche Stelle die betreffende Person selbst und allein als Amtsträger bestellt, was wiederum künftig zu einer Minimierung der Zahl der Amtsträger führen könnte.

649 *Klötzer*, NStZ 2008, 12, 13; *Geis,* wistra 2005, 369 ff.; *Reese*, PharmR 2006, 92 ff. Siehe hierzu 2. Kapitel A. I. 1. a) cc) (3) (S. 87 ff.).

650 Ähnlich auch *Sahan,* ZIS 2012, 386, 389.

651 Vgl. hierzu ausführlich 1. Kapitel B. (S. 30 ff.).

652 In diesem Sinne auch *Kronawitter,* S. 55, die gemessen an dem „Wortsinnverständnis" von Ärzten und der Allgemeinheit die Einordnung des Arztes als Beauftragten der

Systems eine weite Auslegung von Tatbestandsmerkmalen vorzunehmen, um eine strafrechtliche Ahndung zu ermöglichen, ist eine Argumentation, die schon dem Grundsatz des fragmentarischen Charakters des Strafrechts widersprechen dürfte.[653]

Kurz und knapp handelt der Große Senat vielfach diskutierte Argumente wie die Freiberuflichkeit des Vertragsarztes und den Aspekt, dass er selbst Inhaber eines Betriebes ist, die fehlende unmittelbare Rechtsbeziehung zwischen Vertragsarzt und gesetzlicher Krankenkasse und die Zulassung, die keine unmittelbare Entscheidung der Krankenkassen sei, ab und betont, dass diese der Beauftragtenstellung nicht entgegenstehen. Nachdem diese Punkte, wie gesehen, sehr umfänglich über Jahre diskutiert worden waren, wäre eine genauere Auseinandersetzung hiermit wünschenswert gewesen, wenngleich es nicht Aufgabe des Gerichts sein kann, sich mit jedem Argument umfassend auseinanderzusetzen. Ob die Forderung einer rechtsgeschäftlichen Vollmacht erforderlich oder die gesetzliche ausreichend ist und den damit verbundenen jahrelangen Streit erklärt der BGH in seiner Entscheidung für nicht relevant.[654] Auch der Auffassung des LG Hamburg, das die Meinung vertrat, der Vertragsarzt sei Erfüllungsgehilfe der gesetzlichen Krankenkassen, erteilt das Gericht zutreffenderweise insofern eine indirekte Absage. Mit diesem Ansatz an sich setzt sich der Große Senat in seiner Entscheidung allerdings nicht auseinander. Mit der Behandlung seines Patienten erfüllt der Vertragsarzt jedoch eine Verpflichtung diesem gegenüber, die gerade aus dem zivilrechtlichen Verhandlungsvertrag zwischen diesen beiden Parteien resultiert. Aus den Entscheidungsgründen geht an anderer Stelle hervor, dass die Verschreibung von Medikamenten untrennbar mit der Behandlung des Patienten verknüpft ist. Insofern erfüllt er insgesamt eine eigene Aufgabe, die aus dem Behandlungsvertrag mit dem Patienten resultiert.

Nach dem Großen Senat ist die Stellung des Vertragsarztes im System der gesetzlichen Krankenversicherung das Hauptargument gegen die Beauftrageneigenschaft. Zu Recht stützt sich der Große Senat auf § 72 Abs. 1 S. 1 SGB V, der

---

Krankenkassen ablehnt. Für eine weite Auslegung dagegen das LG Hamburg, MPR 2011, 56, 60 f.

653 *Krüger*, ZIS 2011, 692, 696. Zum fragmentarischen Charakter vgl. noch 2. Kapitel B. II. 1. c) (S. 193 ff.).

654 *Ihwas/Lorenz*, ZJS 2012, 712, 717. *Gelshorn*, S. 73 kommt zu dem Ergebnis, dass keine rechtsgeschäftliche Beauftragung erforderlich sei, jedoch eine unmittelbare Übertragung der Aufgabe für den Betrieb zu handeln durch den Unternehmensinhaber erfolgen müsse; auch *Bongartz*, S. 176 erachtet eine gesetzliche Beauftragung für ausreichend.

zum Ausdruck bringt, dass die an der vertragsärztlichen Versorgung Beteiligten in Kooperation zusammenwirken und sich damit auf der gleichen Ebene begegnen.[655] Mit seinen Ausführungen hinsichtlich der fehlenden Möglichkeit des Vertragsarztes abschließend und alleinverantwortlich zu entscheiden, erteilt der Große Senat zudem der Auffassung des LG Stade eine Absage, das sich darauf stützte, dass der Vertragsarzt neben dem *Ob* der Behandlungserforderlichkeit auch über das *Wie* der Behandlung verbindlich entscheiden könne. Wie in dieser Arbeit bereits herausgearbeitet wurde, obliegt die Entscheidung des *Ob* der Behandlung allein dem Vertragsarzt.[656] Eine abschließende und vollkommen freie Entscheidung hinsichtlich der Behandlung an sich, ist aufgrund Richtlinien, die den Vertragsarzt bei der Wahl von zu verordnenden Medikamenten einschränken, der aut-idem Regelung, dem Wirtschaftlichkeitsgebot und § 129 Abs. 1 S. 1 Nr. 2 SGB V zumindest nicht immer möglich. Auch die Ausführungen des Großen Senats zu dem vom Vertragsarzt bei den Verordnungen generell zu beachtenden Wirtschaftlichkeitsgebot sind zutreffend. So hat der Vertragsarzt nicht die Verpflichtung, dieses Gebot unmittelbar und allein gegenüber den gesetzlichen Krankenkassen einzuhalten. Wie bereits ausgeführt, obliegt die Überwachung der Einhaltung des Wirtschaftlichkeitsgebots vielmehr den Kassenärztlichen Vereinigungen und den Krankenkassen gemeinsam, die entsprechende Prüfungsstellen und Beschwerdeausschüsse eingerichtet haben, §§ 106 I, 106c SGB V.[657] Insofern kann auch hiermit keine Beauftragteneigenschaft begründet werden.

Zu begrüßen ist zudem die klare Stellungnahme des Großen Senats hinsichtlich der Aufgabe der Vertretertheorie, mit der er sich der aktuellen Rechtsprechung des Bundessozialgerichts anschloss. Dadurch blieb jedoch auch die vielfach diskutierte Frage offen, ob eine solche Vertreterstellung im Endeffekt tatsächlich eine Beauftragtenstellung rechtfertigen könnte. Hierzu äußerte sich der Große Senat leider nicht.[658]

---

655 Aufgrund der eigenständigen Aufgabenbereiche wird von den gesetzlichen Krankenkassen keine ihnen obliegende Aufgabe an den Vertragsarzt übertragen; die Behandlung und die Verordnung obliegen allein dem Vertragsarzt, *Gelshorn*, S. 90.

656 Vgl. hierzu 1. Kapitel B. VI. 1. b) (S. 51 ff.) sowie 1. Kapitel B. VI. 3. (S. 58 ff.). *Bongartz*, S. 178 führt aus, dass der Arzt nicht Beauftragter sein könne, da er in erster Linie dem Patienten gegenüber zur optimalen Behandlung verpflichtet sei und dies durchaus im Widerspruch zu den Interessen der Krankenkassen stehe.

657 Vgl. hierzu 1. Kapitel B. VI. 3. a) dd) (2) (d) (S. 65 f.).

658 Die Ablehnung der Beauftragteneigenschaft werteten insgesamt positiv: *Brand/Hotz*, PharmR 2012, 317, 319; *Geiger*, CCZ 2012, 172, 180; *Ihwas/Lorenz*, ZJS 2012, 712,

(3) *Fehlende Auseinandersetzung mit wesentlichen Argumenten*

Obwohl der Entscheidung im Wesentlichen zuzustimmen ist, lässt sie dennoch Raum für Kritik, was – einmal abgesehen von dem Ergebnis und seiner Bedeutung insgesamt – vor allem die Argumentation des BGH und die Auseinandersetzung mit den Argumenten, die zuvor Gegenstand von vielen juristischen Veröffentlichungen und Gerichtsurteilen waren, betrifft. Die gewünschte tiefgehende Erörterung der elementaren Rechtfertigungen für die unterschiedlichen Auffassungen blieb leider aus[659] bzw. fiel sie an einigen Stellen enttäuschend kurz aus.[660] Die Gründe hierfür vermag nur der Senat zu benennen, gemessen an seinen Ausführungen hielt er eine weitere Auseinandersetzung teilweise schlicht für nicht mehr erforderlich, da von ihm bereits ausreichend Gründe vorgetragen wurden, die zu einem zwingenden Ausschluss führen.[661]

---

716 ff.; *Imbeck* in: FS Steinhilper, S. 78; *Hecker*, Jus 2012, 852, 855; *Sahan*, ZIS 2012, 386, 389; *Krüger*, StraFo 2012, 308, 309; *Szensny/Remplik*, MedR 2012, 662; *Ulsenheimer* in: FS Steinhilper, S. 233; *Wengenroth/Meyer*, JA 2012, 646, 649 f. Kritisch dagegen: *Kölbel*, StV 2012, 592 ff.; *Fischer*, StGB, 62. Auflage, § 299 Rn. 10d. Kritisch auch Kraatz, NZWiSt 2012, 273, 275 ff., der im Ergebnis aber zustimmte.

659 Erwartet auch von *Krüger*, ZIS 2011, 692 ff.; *Sturm*, ZWH 2011, 41, 45 ff.; *Sahan*, ZIS 2012, 386, 389. *Andreschewski*, S. 118, spricht in Bezug auf § 299 StGB a.F. von einer knappen, in einzelnen Ansätzen nicht immer überzeugenden, aber insgesamt doch schlüssigen Argumentation.

660 *Schnapp*, GesR, 2009, 705, 709. Durch den Beschluss des BGH ist auch nicht geklärt worden, inwiefern der Vertragsarzt Amtsträger der Kassenärztlichen Vereinigungen sein kann. Teilweise wurde eine solche Konstruktion in der Literatur angedacht, wobei man sich darauf stützte, dass der Vertragsarzt mit der Zulassung Pflichtmitglied in der für ihn zuständigen Vereinigung wird, wodurch unmittelbare rechtliche Beziehungen entstehen, die im Verhältnis zur Krankenkasse eben nicht existieren. Nachdem der BGH sich in seiner Begründung aber maßgeblich auf das Argument stützte, dass der Vertragsarzt vor allem Aufgaben gegenüber seinem Patienten und in dessen Interesse mit der Behandlung wahrnimmt, und dies keine öffentliche Aufgabe darstellt, ist nicht davon auszugehen, dass sich im Verhältnis zu den Kassenärztlichen Vereinigungen eine Amtsträgerschaft begründen lässt; vgl. hierzu *Brand/Hotz*, PharmR 2012, 317, 319.

661 BGHSt 57, 202, 211, 216 f.: „*Da nach alledem der Vertragsarzt bei der Verordnung von Medikamenten nicht Beauftragter im Sinne des § 299 StGB ist, kann dahin gestellt bleiben, ob die Anwendbarkeit des § 299 StGB auf Fälle der vorliegenden Art auch aus den weiteren, im Schrifttum angeführten Gründen ausgeschlossen ist* […].“

dd) *Auswirkungen des Beschlusses des BGH für weitere Verordnungstätigkeiten*

Im Ergebnis ist nach der Entscheidung des BGH ein niedergelassener Vertragsarzt im Rahmen der Erfüllung der ihm obliegenden vertragsärztlichen Versorgung gemäß § 73 Abs. 2 SGB V, hier explizit bei der Medikamentenverordnung, aufgrund fehlender Amtsträgerschaft gemäß § 11 Abs. 1 Nr. 2 lit. c StGB weder nach §§ 331 ff. StGB zu bestrafen, noch nach § 299 StGB a.F., da er kein Beauftragter der gesetzlichen Krankenkassen ist.

(1) Die vom BGH entschiedene Konstellation

Die dargestellte Entscheidung des BGH bezieht sich allerdings ausdrücklich nur auf die Verordnung von Arzneimitteln. Keine Entscheidung erging bisher für weitere Fallkonstellationen, wie beispielsweise die Verordnung von Heilmitteln[662] oder auch die Zuweisung gegen Entgelt.[663] Der Große Senat sprach in seiner Begründung überwiegend von der Verordnung von Medikamenten bzw. Arzneimitteln[664] und nur vereinzelt von der Verordnungstätigkeit allgemein bzw. der Verordnung von Hilfsmitteln *und* Medikamenten[665]. Dennoch entnehmen Stimmen in der Literatur dem Tenor das eindeutige Ergebnis, dass niedergelassene Vertragsärzte allgemein im Rahmen der Wahrnehmung sämtlicher ihnen für die vertragsärztliche Versorgung nach § 73 Abs. 2 SGB V übertragenen Aufgaben nicht unter die Korruptionsdelikte eingeordnet werden können und die Entscheidung damit für alle diese Bereiche der vertragsärztlichen Versorgung, die in § 73 Abs. 2 SGB V aufgelistet sind, Geltung erlangt.[666] Dies ist durchaus nachvollziehbar, da sich der Große Senat in seinem Leitsatz explizit auf die dem Vertragsarzt im Rahmen der vertragsärztlichen Versorgung übertragenen

662 Der beim BGH anhängige Fall die Verordnung von Hilfsmitteln betreffend, hat sich durch Rücknahme der Revision der Staatsanwaltschaft erledigt.

663 *Litzka*, WiJ 2013, 80, 82.

664 BGHSt 57, 202, 211, 212, 214, 215 f., 216.

665 BGHSt 57, 202, 211, 213. Zu dieser unterschiedlichen Handhabung auch *Andreschewski*, S. 126 f.; *Corts*, MPR 2013, 122, 123.

666 *Geiger*, CCZ 2012, 172, 176; *Schröder/Lilie*, FD-StrafR 2012, Nr. 333999; a.A.: *Kraatz*, NZWiSt 2012, 273, 277; kritisch auch *Brand/Hotz*, PharmR 2012, 317, 320, die jedoch im Endeffekt die Annahme eines entgegengesetzten Standpunkts im Rahmen der Hilfsmittelverordnung als schwierig empfinden.

Aufgaben bezieht und nur in Klammern darauf hinweist, dass es im Rahmen der Entscheidung um die Verordnung von Arzneimitteln geht.[667]

(2) Auswirkungen für andere Verordnungen

(a) Auswirkungen hinsichtlich Amtsträgereigenschaft

Legt man die Argumente, mit denen der BGH die Amtsträgereigenschaft der Vertragsärzte abgelehnt hat, bei einer Beurteilung der weiter in Betracht kommenden Sachverhalte zugrunde, ist nicht ersichtlich, wie hierbei ein anderes Ergebnis gerechtfertigt werden kann.[668] Denn allen Konstellationen ist gemein, dass das Verhältnis von Arzt und Patient im Vordergrund steht und bei einer objektiven Betrachtungsweise keine feste Eingliederung in den Ablauf der öffentlichen Verwaltung erkennbar ist. Zudem kann auch die Haftung des Arztes keine andere sein als die nach zivilrechtlichen Gesichtspunkten, nachdem sich an dem generellen Behandlungsvertrag, der dem ärztlichen Tätigwerden zugrunde liegt, nichts ändert, unabhängig davon, welche Aufgabe er im Rahmen der vertragsärztlichen Versorgung letztendlich gerade erfüllt.

(b) Auswirkungen hinsichtlich Beauftragteneigenschaft

Ebenso sind die gewonnenen Erkenntnisse des BGH, mit denen er die Beauftragteneigenschaft der Vertragsärzte im Sinne des § 299 StGB ablehnt, auch auf die anderen Bereiche der vertragsärztlichen Versorgung anwendbar und nicht nur

---

667 Vgl. zu dieser Ungenauigkeit auch *Schuhr*, NStZ 2012, 11, der die Formulierung der dem Großen Senat vorgelegten Fragen schon als problematisch bezeichnete. Zudem wird bei einer Übertragung der Erwägungen des Großen Senats auf Zuweisungen gegen Entgelt davon ausgegangen, dass § 299 und §§ 331 f. keine Strafbarkeit von Vertragsärzten begründen können, zumal es ohnehin schon an einer rechtsverbindlichen Entscheidung durch die Ärzte im Falle einer Zuweisung fehle, *Geiger*, CCZ 2012, 172, 176; *Litzka,* WiJ 2013, 80, 82. Darüber hinaus soll man auch im Falle der Übertragung von den Entscheidungsgründen auf Anwendungsbeobachtungen, wenn sie wissenschaftlich nicht sinnvoll oder überteuert sind, zu keiner Strafbarkeit nach § 299 bzw. §§ 331 ff. StGB der niedergelassenen Vertragsärzte gelangen, *Krüger*, StraFo 2012, 308; *Litzka,* WiJ 2013, 80, 82 f.

668 So auch *Litzka,* WiJ 2013, 80, 82, der eine inhaltliche Abweichung von der Entscheidung des Großen Senats im Bezug auf Hilfsmittel für schwer möglich erachtet; *Andreschewski,* S. 127; *Tsambikakis* in: FS Steinhilper, S. 219; *Dahm* in: FS Steinhilper, S. 28. *Geiger,* medstra 2015, 97, 99 f. geht von einer Übertragbarkeit der Rechtsprechung in Bezug auf die Amtsträgereigenschaft auch auf Krankenhausärzte aus (wohl auch solcher, die unter § 11 Abs. 1 Nr. 2 a) StGB fallen).

auf die Medikamentenverordnung. Der Aspekt, dass die Ärzte und Kassen entgegengesetzte Interessen gleichgeordnet und in Kooperation durch Zusammenwirken verwirklichen, bezieht sich generell auf das Verhältnis von Vertragsarzt und Krankenkassen und nicht nur auf den speziellen Fall der Medikamentenverordnung.[669] Es beschreibt vielmehr die grundsätzliche Beziehung zwischen den beiden Parteien, die für die ganze vertragsärztliche Versorgung gilt.[670] Zu einem anderen Ergebnis gelangt man auch nicht unter Zugrundelegung der weiteren Feststellung des BGH, dass der Vertragsarzt aufgrund der Wahl des Patienten und damit in dessen Interesse tätig wird. Auch dies ist ein Punkt, den der Vertragsarzt in allen Konstellationen verwirklicht. Denn der Vertragsarzt wird immer nur aufgrund der Auswahl des Patienten aktiv werden und hat seine Behandlung und seine Empfehlungen stets an dessen Interessen auszurichten.[671] Diese Argumente sind daher nicht nur explizit auf den Fall der Medikamentenverordnung anzuwenden, sondern auch auf die anderen Konstellationen übertragbar, in denen der Arzt als Vertragsarzt agiert. So scheint es keinen plausiblen Grund zu geben, warum der Arzt generell kein Beauftragter bei der Verordnung von Arzneimitteln ist und aber bei der Verordnung eines Hilfsmittels plötzlich zum Beauftragten der Krankenkassen mutiert.[672]

ee) Zusammenfassende Stellungnahme

Somit hat der Beschluss des BGH eine weitreichende Wirkung, die über die dort ausdrücklich entschiedene Fallkonstellation noch hinausgeht und damit von enormer Bedeutung ist. Es verwundert daher im Grundsatz nicht, dass die Entscheidung des BGH nicht nur in der Presse[673], sondern auch in der Literatur teils auf große Kritik gestoßen ist.[674] So bezeichnet *Fischer* den Beschluss des Großen

---

669 *Tsambikakis* in: FS Steinhilper, S. 218; im Ergebnis daher keine abweichende Beurteilung für die Verordnung von Hilfsmitteln nehmen auch an: *Ihwas/Lorenz*, ZJS 2012, 712, 718; *Krüger*, Strafo 2012, 386, 389; *Litzka*, WiJ 2013, 80, 82.

670 Vgl. *Tsambikakis* in: FS Steinhilper, S. 218; *Geiger*, CCZ 2012, 172, 176; *Brand/Hotz*, PharmR 2012, 317, 320.

671 *Tsambikakis* in: FS Steinhilper, S. 219.

672 *Krüger*, StraFo 2012, 308, 310; *Ihwas/Lorenz*, ZJS 2012, 712, 718 mit weiteren Gründen.

673 So z.B. *Baumann*, „Bestechende Aussichten für Mediziner“, Berliner Zeitung vom 17.7.2012; vgl. hierzu auch Geiger, CCZ 2012, 172 Fn. 4 mit entsprechenden weiteren Nachweisen.

674 *Fischer*, StGB, 62. Auflage, § 299 Rn. 10e; a.A.: *Brand/Hotz*, PharmR 2012, 317, 319: Die Entscheidung verdiene *„im Ergebnis Zustimmung“*, da sich weder die Beauftragtenstellung noch die Amtsträgerschaft de lege lata begründen lässt; so auch *Geiger*, CCZ 2012, 172, 179; *Wengenroth/Meyer*, JA 9/2012, 646, 651: *„begrüßenswerte[n]*

Senats *als „katastrophales und nicht vertretbares Ergebnis. Der Große Senat hat die insoweit bestehenden Missstände gesehen und an den Gesetzgeber appelliert, bestehende Lücken zu schließen. Diese Lücken sind rechtspolitisch nicht legitimierbar. Sie privilegieren teilweise hochorganisiert funktionierende korruptive Systeme zu Lasten der Versicherten.*"[675] Zudem hätte die Entscheidung zur Folge, *„dass die Schmiergeldeinnahmen im Vertragsarztsystem (wieder) legale Betriebseinnahmen im Rahmen der freiberuflichen Tätigkeit von Vertragsärzten*" werden.[676]

Wenngleich diese Ausführungen in ihrer Wortwahl eine dramatische Richtung einschlagen, ist ihre Bedeutung durchaus nachvollziehbar. Gerade im Gesundheitswesen, das einen Bereich bildet, der aufgrund seiner existenziellen Bedeutung für den Menschen von enormer Bedeutung ist und in dem der Arzt aufgrund seiner „Schlüsselstellung" eine Position einnimmt,[677] in der ihm von der Allgemeinheit auch im Rahmen des Solidarsystems und von jedem einzelnen Patienten enormes Vertrauen entgegengebracht wird, ist es unumgänglich, dass korruptive Verhaltensweisen nicht gebilligt, sondern entsprechend geahndet werden.

Dabei darf jedoch nicht außer Acht gelassen werden, dass das Verhalten nicht vollkommen ungesühnt bleibt und auch nach damaliger Rechtslage keineswegs legal war,[678] sondern – unabhängig von einer etwaigen Erfassung durch die §§ 263, 266 StGB, die im Folgenden noch analysiert wird[679] – über außerstrafrechtliche Regelungen im ärztlichen Berufsrecht nach §§ 31, 32 MBO-Ä, im Sozialversicherungsrecht nach § 128 SGB V, im Heilmittelwerberecht nach § 7 HWG und im Wettbewerbsrecht nach § 4 Nr. 1 UWG grundsätzlich zumindest erfasst wird, die teilweise Sanktionen bis hin zur Entziehung der Approbation vorsehen und damit erhebliche und weitreichende Auswirkungen für die Ärzte mit sich bringen können.[680] Ein wesentlicher Aspekt wurde von dem

---

Entscheidung"; *Sahan*, ZIS 2012, 386, 389: Den rechtlichen Ausführungen sei *„zuzustimmen*", dennoch handle es sich um eine *„mutige Entscheidung*" in Anbetracht der zu erwartenden Reaktionen der Öffentlichkeit; Ihwas/Lorenz, ZJS 2012, 712, 718: Der Beschluss sei *„durchweg zu begrüßen*".

675 *Fischer*, StGB, 62. Auflage, § 299 Rn. 10e.

676 *Fischer*, StGB, 62. Auflage, § 299 Rn. 10e.

677 Vgl. hierzu 1. Kapitel B. VI. 3. (S. 58 ff.), 4. (S. 74 f.).

678 So ausdrücklich auch *Geiger*, NK 2013, 136, 139; *Dannecker*, ZPR 2013, 37, 38; *Wengenroth/Meyer*, JA 2012, 646, 651.

679 2. Kapitel A. II. (S. 128 ff.).

680 Dazu ausführlich: *Krüger*, ZIS 2011, 692, 693; *Geiger*, NK 2013, 136, 138 ff.; *Bahner*, S. 101 ff. Vgl. hierzu noch die Darstellung in diesem 2. Kapitel B. II. 1. b) bb) (S. 180 ff.).

Beschluss aber erfüllt: Der Große Senat hat das Verhalten der Vertragsärzte am Schluss seiner Begründung eindeutig als korruptives Verhalten eingeordnet[681] und an den Gesetzgeber appelliert[682]:

„Vor dem Hintergrund der seit längerem im strafrechtlichen Schrifttum geführten Diskussion sowie im Hinblick auf gesetzgeberische Alternativen (vgl. dazu etwa BTDrucks. 17/3685) zur Bekämpfung korruptiven Verhaltens im Gesundheitswesen verkennt der Große Senat für Strafsachen nicht die grundsätzliche Bedeutung des Anliegens, Missständen, die – allem Anschein nach – gravierende finanzielle Belastungen des Gesundheitssystems zur Folge haben, mit Mitteln des Strafrechts effektiv entgegenzutreten. Die Anwendung bestehender Strafvorschriften, deren Tatbestandsstruktur und Wertungen der Erfassung bestimmter Verhaltensweisen im Zusammenhang mit der Erbringung von Gesundheitsleistungen nach den Vorschriften der gesetzlichen Krankenversicherung als strafrechtlich relevant entgegenstehen, auf der Grundlage allein dem Gesetzgeber vorbehaltener Strafwürdigkeitserwägungen ist der Rechtsprechung jedoch versagt."[683]

Den Worten des Großen Senats ist zu entnehmen, dass er die korruptiven Verhaltensweisen von niedergelassenen Vertragsärzten durchaus als strafwürdig ansieht,[684] es aber Aufgabe des Gesetzgebers sei, hierüber und über den Bedarf nach entsprechend ausgestalteten Straftatbeständen zu entscheiden,[685] die den Besonderheiten des Gesundheitsmarktes gerecht werden und den richtigen Weg bei der Bestrafung zwischen straffreien und notwendigen Kooperationen zwischen Ärzten und Industrie finden und dennoch der enormen Vertrauensstellung des Arztes gerecht werden. Zugleich wurde durch die Entscheidung aber auch Klarheit in einer jahrelangen Debatte geschaffen und eine Überdehnung des damals geltenden Korruptionsstrafrechts verhindert, indem der Große Senat das wohl von vielen gewünschte und erwartete Ergebnis nicht in das bestehende Korruptionsstrafrecht hineinlas.[686]

---

681 So auch *Geiger*, CCZ 2012, 172, 177; *Dannecker*, ZRP 2013, 37, 38.

682 Viele sahen in der Verweisung des Themas an den Gesetzgeber einen „Appell", vgl. *Geiger*, NK 2012, 136, 137; *Bongartz*, S 56. *Bausback* in: Kubiciel/Hoven, S. 34 spricht von einem „Wink an den Gesetzgeber". *Sartorius*, S. 27 spricht von einem „klaren Auftrag", *Gelshorn*, S. 8 sah darin einen indirekten Auftrag begründet. *Hohmann* in: MüKo-StGB, § 299a Rn. 10 geht davon aus, dass die verstärkten Bemühungen des Gesetzgebers nach der Entscheidung auf dieser basierten.

683 BGHSt 57, 202, 217 f.

684 *Dannecker*, ZRP 2013, 37, 38.

685 *Dannecker*, ZRP 2013, 37, 38; *Sahan*, ZIS 2012, 386, 389; *Hecker*, JuS 2012, 852, 855.

686 So *Geiger*, CCZ 2012, 172, 177, 179, der der Entscheidung des Großen Senats insgesamt und vor allem in rechtsdogmatischer Hinsicht zustimmte.

II. Weitere Möglichkeiten zur Erfassung von korruptivem Verhalten von Vertragsärzten im Rahmen der Verordnungstätigkeit nach dem StGB

Es stellt sich die Frage, ob das korruptive Verhalten der Vertragsärzte nicht von zum Zeitpunkt der Entscheidung schon existierenden anderen Tatbeständen im StGB erfasst werden konnte und somit die Entscheidung des BGH tatsächlich kein „Freifahrtschein" im strafrechtlichen Sinne für die Annahme von Leistungen ist[687] und weitere Straftatbestände unter Umständen sogar entbehrlich gewesen wären. Zudem ist zu analysieren, inwiefern sich die Entscheidung und die in dieser vorgetragenen Argumente und Feststellungen des Großen Senats auch auf die Begründung einer Strafbarkeit nach anderen Tatbeständen des StGB ausgewirkt haben könnten. Als mögliche Tatbestände kommen hierbei § 266 StGB und § 263 StGB in Betracht, die im Folgenden auf ihre Anwendbarkeit hinsichtlich der Vertragsärzte geprüft werden, da die vordergründig in Frage kommenden Tatbestände der §§ 331 ff. StGB mangels Amtsträgereigenschaft der Vertragsärzte und der § 299 StGB mangels Beauftragtenstellung der Vertragsärzte keine Anwendung finden können. Zumindest der 5. Strafsenat hat in seiner Entscheidung nach der Beantwortung der vorgelegten Fragen durch den Großen Senat verlauten lassen, dass er eine Strafbarkeit nach diesen beiden Tatbeständen nicht gänzlich ausschließe.[688]

1. Strafbarkeit nach § 266 StGB

Ob eine Strafbarkeit nach § 266 StGB für die fraglichen Konstellationen in Betracht kommt, richtet sich zunächst danach, ob dem Vertragsarzt eine Vermögensbetreuungspflicht für die gesetzlichen Krankenkassen zukommt.

---

687 Dafür, dass der Beschluss wegen der möglichen Strafbarkeiten nach § 266 StGB und § 263 StGB keiner sei, *Schröder/Lilie*, FD-StrafR 2012, 333999.

688 BGH, Urteil vom 11.10.2012 – 5 StR 115/11: „*Gegenstand der Anklage ist die Unrechtsvereinbarung, die in diesen Fällen – so der große Senat – nicht Grundlage einer Strafbarkeit sein kann. Dies steht einer Aburteilung wegen Vermögensdelikten entgegen, die andere Schutzgüter und tatbestandliche Voraussetzungen betreffen. Insbesondere lassen sich bei der hier vorliegenden Fallgestaltung – Prämierung der Ausstellung von Rezepten für Medikamente des veranlassenden Pharmaunternehmens – etwa mögliche Schuldsprüche wegen Vergehen nach § 263 oder § 266 StGB gegen die Angeklagten ausschließen, die in Tatidentität zu den Anklagevorwürfen stünden. Dies gilt auch für eine mögliche Strafbarkeit wegen Betrugs zulasten der Privatpatienten bzw. ihrer Versicherungen durch Verschweigen der Kick-Back-Zahlungen.*"

Diese Frage bedarf in jedem Fall einer Prüfung, nachdem Rspr. und h.M die Vermögensbetreuungspflicht nicht nur für den Treubruchstatbestand nach § 266 Abs. 1 Alt. 2 StGB fordern, sondern auch für den Missbrauchstatbestand nach der 1. Alternative.[689]

a) *Die Vermögensbetreuungspflicht gemäß § 266 StGB*

Für eine Vermögensbetreuungspflicht ist es erforderlich, dass der Täter die Vermögensinteressen in nicht ganz unbedeutendem Umfang bei einer ihm im Interesse des Berechtigten übertragenen Aufgabe zu betreuen hat,[690] die Pflicht von einer gewissen Bedeutung ist und damit einen bestimmten Grad an Eigenverantwortlichkeit und Selbständigkeit erfordert.[691] Bei der Vermögensbetreuung muss es sich um eine wesentliche Pflicht handeln, die gerade den Schutz des zu verwaltenden Vermögens beinhaltet.[692]

b) *Vermögensbetreuungspflicht des Vertragsarztes*

aa) *Annahme einer Vermögensbetreuungspflicht in der Entscheidung des BGH vom 25.11.2003*

Eine solche Vermögensbetreuungspflicht des Vertragsarztes gegenüber dem Vermögen der Krankenkassen hatte der 4. Strafsenat im Jahr 2003 bejaht und die Verordnungen von medizinisch nicht indizierten Medikamenten als Untreue eingeordnet.[693] Der BGH kam zu dem Entschluss, dass dem Vertragsarzt bei der Verordnung von Arzneimitteln gegenüber der Krankenkasse eine Vermögensbetreuungspflicht obliege, die er darauf zurückführt, dass der Arzt bei der Medikamentenverordnung eine Angelegenheit der Krankenkassen verwirkliche,[694] und als deren Vertreter Willenserklärungen abgebe, die für und gegen die Krankenkassen wirken.[695] Der Vertragsarzt hat sich hierbei jedoch im Rahmen des Wirtschaftlichkeitsgebots zu bewegen, weshalb ihm eine Vermögensbetreuungspflicht gegenüber den Krankenkassen obliege.[696] Mit der Verschreibung

---

689 BGHSt 24, 386, 387 f.; BGHSt 33, 244, 250; BGHSt 47, 187, 192; BGHSt 50, 331, 342; *Fischer*, StGB, § 266 Rn. 21.

690 BGHSt 13, 315, 317; BGHSt 33, 244, 250; *Fischer*, StGB, § 266 Rn. 21.

691 *Dierlamm* in: MüKo-StGB, § 266 Rn. 45 f. und 52; *Lenckner/Perron* in: Schönke/Schröder, § 266 Rn. 23a.

692 BGHSt 55, 288; BGHSt 56, 203; *Fischer*, StGB, § 266 Rn. 21.

693 BGHSt, 49, 17 ff.

694 BGHSt 49, 17, 24.

695 BGHSt 49, 17, 24.

696 BGHSt 49, 17, 24.

von Leistungen, die auf keiner medizinischen Indikation beruhen, handele der Vertragsarzt entgegen der ihm obliegenden Vermögensbetreuungspflicht.[697]

bb) Annahme einer Vermögensbetreuungspflicht für "Kick-backs" durch Beschluss des BGH vom 27.04.2004

Auch in den Fällen sog. "Kick-backs" hat der BGH diese Annahme der qualifizierten Vermögensbetreuungspflicht bestätigt.[698] In dem der Entscheidung zugrundeliegenden Fall zahlte das Pharmaunternehmen den kassenärztlich zugelassenen Ärzten Rückvergütungen in bar aus, die sich an dem Umsatz orientierten, den die Vertragsärzte mit den von dem Unternehmen gelieferten Augenlinsen und Medikamenten erzielten.[699] Nachdem die Vertragsärzte im Rahmen der Abrechnung gegenüber den Krankenkassen diese Rabatte nicht verrechneten, zahlten die Krankenkassen den Vertragsärzten die vollen Beträge aus.[700]

Während der BGH dem LG folgend, hinsichtlich der Abrechnung der Augenlinsen noch eine Strafbarkeit nach § 263 StGB generell mit der Begründung, dass der Vertragsarzt mit der Abrechnung des vollen Preises pro Augenlinse stillschweigend erklärte, dass diese Kosten auch wirklich entstanden sind, was wegen der „Kick-back"-Zahlungen nicht der Wahrheit entsprach, bejahte und das Urteil aufgrund fehlender Feststellungen aufhob, verneinte er einen Betrug hinsichtlich der Medikamente zum Nachteil des Apothekers.[701] Es fehle insoweit an einer schadensgleichen Vermögensgefährdung, da der Apotheker entsprechend der ärztlichen Verordnung handle und zu keiner Überprüfung des Rezeptes auf seine sachliche Richtigkeit hin verpflichtet sei, sondern *„in seinem Vertrauen auf Bezahlung des Kaufpreises durch die Krankenkassen geschützt"* sei.[702] Dem LG folgend bejahte der BGH grundsätzlich die Voraussetzungen der

---

697 BGHSt 49, 17, 24.

698 BGH wistra 2004, 422 ff.

699 BGH wistra 2004, 422.

700 BGH wistra 2004, 422. Dies steht im Widerspruch zu dem Kostenerstattungsprinzip, nach dem den Ärzten nur der tatsächlich entstandene Aufwand zu ersetzen ist, vgl. *Ulsenheimer* , MedR 2005, 622, 623.

701 BGH wistra 2004, 422, 424,

702 BGH wistra 2004, 422, 424 unter Verweis auf BSG SozR-2500 § 132a Nr. 3. Durch die Vorlage des Rezeptes bei der Verrechnungsstelle könne zwar nach Auffassung des 1. Strafsenats gegebenenfalls auch ein Betrug in mittelbarer Täterschaft durch die Abrechnung des Apothekers vorliegen, im Ergebnis ließ er die Frage jedoch offen, da dieser im vorliegenden Fall allenfalls mitbestrafte Nachtat der Untreue sei, die zeitlich zuvor begangen wird.

Strafbarkeit wegen Untreue, beanstandete jedoch die nicht hinreichenden Feststellungen hinsichtlich der der Verurteilung zugrundeliegenden Zahl der jeweiligen Untreuehandlungen. Durch die Übergabe der überhöhten Verordnungen an den Patienten, der diese dem Apotheker zukommen ließ und dadurch die Verpflichtung der Krankenkasse zur Auszahlung der überhöhten Preise veranlasste, missbrauchten die Ärzte ihre Vertretungsmacht und fügten der Krankenkasse einen Nachteil in Gestalt der schadensgleichen Vermögensgefährdung zu.[703]

cc) Auswirkungen der geänderten BSG-Rechtsprechung auf die Vermögensbetreuungspflicht des Vertragsarztes

Die vorstehenden Entscheidungen aus dem Jahre 2003 und 2004 und die damit einhergehende Bejahung einer Vermögensbetreuungspflicht basieren auf der damaligen Rechtsprechung des BSG, nach der der Vertragsarzt bei der Verschreibung von Sachleistungen als Vertreter der Krankenkasse[704] handelt.

Die Leitsatzentscheidung des BGH und die diese bestätigenden folgenden Entscheidungen aus der Rechtsprechung[705] hatten vielfach Kritik erfahren.[706] Oftmals wurde nach der Grundlage für die angenommene Vertretertheorie des BSG und BGH gefragt.[707] Stellvertretend für die vielen intensiven und kritischen Abhandlungen zu der Thematik wurden die wesentlichen Argumente gegen die Vertretertheorie bereits genannt.[708] Aber auch die Schlussfolgerung des BGH von dem Wirtschaftlichkeitsgebot auf die Vermögensbetreuungspflicht wurde kritisiert. So würde bei der Ahndung jeden Verstoßes gegen das Wirtschaftlichkeitsgebot über jeder Verordnung des Vertragsarztes das „*Damoklesschwert der Untreuestrafbarkeit*" schweben.[709] Dem Vertragsarzt fehle es zudem an der erforderlichen Selbständigkeit in dem Umgang mit dem Vermögen der

---

703 BGH wistra 2004, 422, 423 f.

704 BSGE, 73, 271, 278; BSGE 77 194, 200, vgl. hierzu 1. Kapitel B. VI. 3. b) aa) (S. 58 f.).

705 BGH wistra 2004, 422 ff.; BGH wistra 2006, 421; OLG Hamm NStZ-RR 2006, 13 ff.

706 *Ulsenheimer*, MedR 2005, 622, 626 f.; *Reese*, PharmR 2006, 92, 99 f.; *Schnapp* in: FS Herzberg, S. 798, 802; LG Halle wistra 2000, 279, 280; siehe auch die umfassende Darstellung in *Leimenstoll*, Rn. 298 ff. m.w.N; a.A: *Hellmann/Herffs*, Rn. 339; *Hellmann/Beckemper*, Rn. 492.

707 So auch *Ulsenheimer*, MedR 2005, 622, 626; kritisch auch *Schnapp* in: FS Herzberg, S. 798, 802.

708 Vgl. 1. Kapitel B. VI. 3. b) cc) (S. 70 ff.) dieser Arbeit. Siehe auch die Zusammenfassung der wesentlichen Argumente bei *Leimenstoll*, wistra 2013, 121, 122.

709 *Brandts/Seier* in: FS Herzberg, S. 811, 819; kritisch auch *Geis*, GesR 2006, 345, 354 f.; *Leimenstoll*, wistra 2013, 121, 127.

Krankenkassen, nachdem der Vertragsarzt durch die Richtlinien des § 92 SGB V bei seinen Verordnungen sehr eingeschränkt sei.[710] Zudem sei es nicht die Hauptpflicht des Vertragsarztes, sich um das Vermögen der Krankenkassen zu kümmern, sondern er nehme eine Behandlung des Patienten mit den entsprechenden Verordnungen vor und erfülle hierbei Patienteninteressen sowie eigene wirtschaftliche Ziele, was gegen eine Vermögensbetreuungspflicht spreche.[711] Es war bereits der zum damaligen Zeitpunkt existierenden Rechtsprechung nicht zu entnehmen, dass der Vertragsarzt bei unwirtschaftlichen Verordnungen die gesetzlichen Krankenkassen rechtswirksam verpflichten könne.[712]

Nachdem der Apotheker seinen Vergütungsanspruch gegen die Krankenkassen nach der neuen Rechtsprechung des BSG unmittelbar aus dem öffentlichen Recht erlangt,[713] hatte der BGH die Stellung des Vertragsarztes als Vertreter abgelehnt.[714] Die Annahme der Missbrauchsalternative wurde deswegen im Schrifttum vielfach verneint[715] und die Schlüsselstellung des Vertragsarztes im Rahmen der Verordnungstätigkeit, die er einst nach oftmals vertretener Auffassung inne hatte, nunmehr abgelehnt[716]. Es erscheint jedoch zu vereinfacht und zugleich verfehlt, allein aufgrund der Aufgabe der Vertreterstellung des Vertragsarztes im Rahmen der Verordnungstätigkeit unmittelbar auf eine Verneinung der Schlüsselstellung des Vertragsarztes und damit auch auf eine

---

710 *Geis,* GesR 2006, 345, 352; im Ergebnis auch: *Brand/Hotz,* PharmR 2012, 317, 322; *Butenschön,* S. 138 ff.

711 *Ulsenheimer,* MedR 2005, 622, 626; *Geis,* GesR 2006, 345, 352; *Reese,* PharmR 2006, 92, 100; *Brandts/Seier* in: FS Herzberg, S. 811, 825 f.; *Brand/Hotz,* PharmR 2012, 317, 321; *Leimenstoll,* wistra 2013, 121, 127 f.

712 *Leimenstoll,* wistra 2013, 121, 122.

713 Vgl. hierzu 1. Kapitel B. VI. 3. b) bb) (S. 69 f.); a.A. wurde trotz des Urteils des BSG weiterhin etwa vom OLG Braunschweig wistra 2010, 234 f. vertreten, das nach wie vor einen Kaufvertrag zwischen der Krankenkasse und dem Apotheker zugunsten des Versicherten annimmt, wobei der Vertragsarzt als Vertreter der Krankenkasse fungiert und für diese eine Willenserklärung zum Kaufvertragsabschluss abgibt. Das OLG Braunschweig hält insofern an der Stellung des Vertragsarztes als *„Schlüsselfigur der Arzneimittelversorgung"* fest.

714 BGHSt 57, 202, 214, unter Bezugnahme auf BSGE 105, 157, Tz. 15 f.

715 *Manthey,* GesR 2010, 601, 604; *Leimenstoll,* Rn. 191 ff.; zweifelnd *Geiger,* CCZ 2012, 172, 176.

716 *Manthey,* GesR 2010, 601, 602.

Verneinung der Vermögensbetreuungspflicht zu schließen.[717] So bleibt der Vertragsarzt dennoch derjenige, der den Anspruch der Versicherten auf Sachleistungen umsetzt und durch seine Verordnungen konkretisiert und daher auch weiterhin eine unabkömmliche Rolle in der Arzneimittelversorgung einnimmt. Ohne ihn wäre es auch nach der neuen Auffassung des BSG nicht möglich den Sachleistungsanspruch zu realisieren, nachdem ihm allein die Verordnungstätigkeit obliegt. Lediglich die gesetzliche Begründung für die Entstehung des Kaufpreisanspruches hat sich nunmehr geändert. Es ist gerade nicht erforderlich, dass zur Bejahung der Vermögensbetreuungspflicht auch eine rechtsgeschäftliche Vertreterstellung gegeben sein muss. Die Pflicht kann sich vielmehr auch aus dem Gesetz oder einem behördlichen Auftrag ergeben.[718]

dd) Auswirkung der Entscheidung des Großen Senats auf die Rechtsprechung zur Untreue des Vertragsarztes

Doch nicht nur durch die Änderung der BSG-Rechtsprechung nährte die ohnehin teilweise bestehenden Zweifel an der Untreuestrafbarkeit der Vertragsärzte, auch die Entscheidung des Großen Senats festigte diese. Die Entscheidung des BGH schaffte zwar Klarheit hinsichtlich der Strafbarkeit von Vertragsärzten nach den Korruptionsdelikten im Rahmen ihrer Verordnungstätigkeit. Nach dem Beschluss warfen aber auch viele die Frage nach der Strafbarkeit des Vertragsarztes wegen Untreue in dieser Fallgestaltung erneut auf und hofften auf bzw. forderten auch insoweit ein kritisches Hinterfragen und Prüfen der aktuellen Rechtsprechung zu dieser Thematik.[719]

Nachdem sich der BGH in seinem Beschluss vom 29.03.2012 der Auffassung des BSG angeschlossen und die Ablehnung der Beauftragteneigenschaft des Vertragsarztes unter anderem darauf gestützt hat, dass der Vertragsarzt nicht mehr als Vertreter der Krankenkassen beim Erwerb eines verschriebenen Arzneimittels agiere, liegt auf den ersten Blick die Annahme nahe, dass eine Vermögensbetreuungspflicht bei der Verordnung von Medikamenten nicht mehr angenommen werden wird, wobei festzuhalten ist, dass sich der Große Senat

---

717 Vgl. hierzu bereits 1. Kapitel B. VI. 4. (S. 74 f.). Ohne Bezug zur Vertreterstellung hatten sich bereits *Taschke*, StV 2005, 406, 408 und *Schneider*, HRRS 2010, 241, 245 ff. für die Annahme einer Vermögensbetreuungspflicht ausgesprochen.

718 *Fischer*, StGB, § 266 Rn. 14.

719 Vgl. nur *Leimenstoll*, wistra 2013, 121, der in der Entscheidung einen „*Hoffnungsschimmer für eine baldige kritische Überprüfung und Korrektur auch dieser Untreue-Rechtsprechung*" sieht.

in seinem Beschluss mit dieser Frage nicht befasst hat. Der Große Senat hat in seinen Ausführungen aber auch zum Ausdruck gebracht, dass die Pflicht zur Beachtung des Wirtschaftlichkeitsgebots die Stellung des Vertragsarztes als Beauftragter nicht rechtfertige. Es wurde daher als zweifelhaft erachtet, ob man dem Arzt aufgrund des sozialversicherungsrechtlichen Wirtschaftlichkeitsgebots weiterhin eine Vermögensbetreuungspflicht zusprechen kann.[720] Der Große Senat hat außerdem ausgeführt, dass die Versorgung primär im Interesse des Patienten erfolge. Deswegen wird nunmehr auch geschlussfolgert, dies und nicht die Vermögensbetreuung sei die Hauptpflicht des Vertragsarztes.[721] Diese sei zudem keine selbständige, da der Große Senat auch ausführt, dass der Vertragsarzt nicht abschließend und alleinverantwortlich über die Leistungspflicht, die die Krankenkassen treffe, entscheide.[722] Inwiefern dies zutreffend ist und ob eine Vermögensbetreuungspflicht trotz Aufgabe der Vertretertheorie und der Entscheidung des Großen Senats noch möglich ist, wird im Folgenden erörtert.[723]

(1) Die auf die Entscheidung des Großen Senats folgende Rechtsprechung zur Untreue

(a) Urteil des OLG Stuttgart

Das OLG Stuttgart hatte sich offensichtlich als erstes Gericht nach dem Beschluss des Großen Senats mit den Auswirkungen dieser Entscheidung auf die Strafbarkeit nach den Tatbeständen des StGB im Übrigen zu befassen.[724] In dieser Entscheidung schließt das OLG von der Verneinung der Beauftragteneigenschaft des Vertragsarztes im Sinne des § 299 StGB des Großen Senats darauf, dass an einem Näheverhältnis zwischen Vertragsarzt und Krankenkasse *„erhebliche Zweifel"* bestehen.[725] Begründet wird dies damit, dass der Vertragsarzt

720 So schon *Brandts/Seier* in: FS Herzberg, S. 811, 825 f; ebenfalls kritisch: *Brand/Hotz,* PharmR 2012, 317, 321, die zudem ausführen, dass die Einhaltung des Wirtschaftlichkeitsgebots nach Auffassung des Großen Senats sowohl gegenüber den Krankenkassen als auch gegenüber den Kassenärztlichen Vereinigungen bestehe, womit wiederum ein Argument für die Vermögensbetreuungspflicht schwinde.

721 *Brand/Hotz,* PharmR 2012, 317, 321.

722 *Brand/Hotz,* PharmR 2012, 317, 322.

723 Dies verneinend bzw. kritisch betrachtend: *Brand/Hotz,* PharmR 2012, 317, 320 ff.; *Tsambikakis* in: FS Steinhilper, S. 222; *Wengenroth/Meyer,* JA 2012, 646, 650; *Esser* in: AnwK-StGB, § 266 Rn. 324.

724 *Bülte,* NZWiSt 2013, 346.

725 OLG Stuttgart, NStZ-RR 2013, 174, 175.

bei der Behandlung seiner Patienten primär im Auftrag und im Interesse des Patienten agiere und damit das Vertrauensverhältnis und die persönliche Bindung die wesentlichen Elemente der Behandlung bilden.[726] Die wirtschaftlichen Belange, die der Vertragsarzt zweifelsohne zudem unter Berücksichtigung des Wirtschaftlichkeitsgebots zu beachten hat, seien demgegenüber als nachrangig zu betrachten.[727]

(b) Richtungsweisende Entscheidung des 4. Strafsenats

Der 4. Strafsenats bejahte dagegen in seiner Entscheidung vom 16.08.2016 weiterhin[728] die Vermögensbetreuungspflicht des Vertragsarztes gegenüber dem Vermögen der gesetzlichen Krankenkassen und kam zu dem Ergebnis, dass sich aus der Aufgabe der Vertretertheorie und der Entscheidung des Großen Senats keine Änderung in Bezug auf die Annahme der Vermögensbetreuungspflicht ergeben. In dem zugrundeliegenden Fall hatte ein Vertragsarzt in 479 Fällen medizinisch nicht indizierte Heilmittelverordnungen für physiotherapeutische Leistungen ausgestellt, obwohl er wusste, dass diese nicht erbracht, aber trotzdem bei den Krankenkassen abgerechnet werden sollten.[729] Der Senat bezog sich in seiner Begründung in erster Linie auf das Wirtschaftlichkeitsgebot. Dieses sei nicht nur eine unter- oder nachgeordnete Pflicht zur Rücksichtnahme auf das Vermögen der Krankenkassen, sondern es ergebe sich daraus vielmehr eine Vermögensbetreuungspflicht als Hauptpflicht gemäß § 266 StGB.[730]

Der Senat führt aus, mit der Verordnung des Vertragsarztes werde der Anspruch der Versicherten auf Sachleistungen konkretisiert und der Vertragsarzt erkläre mit seiner Verordnung der Heilmittel, dass sämtliche Anspruchsvoraussetzungen der Verordnung vorliegen.[731] Aufgrund dieser „Rechtsmacht" ergebe sich für den Vertragsarzt mehr als nur eine rein tatsächliche Möglichkeit auf das Vermögen der Krankenkassen einzuwirken.[732] Dafür sei es nicht relevant, dass zwischen den Krankenkassen und den Vertragsärzten keine unmittelbaren vertraglichen Beziehungen existieren. Mit der Verordnung des Vertragsarztes

726 OLG Stuttgart, NStZ-RR 2013, 174, 175.
727 OLG Stuttgart, NStZ-RR 2013, 174, 175.
728 Wie schon bei BGHSt 49, 17.
729 BGH NJW 2016, 3253.
730 BGH NJW 2016, 3253, 3254 f.
731 BGH NJW 2016, 3253, 3254.
732 BGH NJW 2016, 3253, 3254; der BGH scheint sich daher trotz Aufgabe der Vertretertheorie durch das BSG noch nicht gänzlich von dem Vertragsarzt als Schlüsselfigur im Rahmen der Verordnungen verabschiedet zu haben.

werde dokumentiert, dass das verordnete Heilmittel *„als Sachleistung der gesetzlichen Krankenversicherung auf Kosten der Krankenkasse an den Versicherten abgegeben bzw. erbracht wird."*[733] Mit der Verordnung werde daher nicht nur die medizinische Indikation des Eintritts des Versicherungsfalles mit Wirkung für den Versicherten und die Krankenkasse festgestellt, sondern auch, dass das Heilmittel notwendig und wirtschaftlich sei und auf Kosten der Krankenkassen zur Erfüllung derer Sachleistungspflicht erbracht wird.[734] Hieraus ergibt sich eine Stellung des Vertragsarztes gegenüber den gesetzlichen Krankenkassen, die von einer besonderen Verantwortung für deren Vermögen geprägt ist.[735] Das zu beachtende Wirtschaftlichkeitsgebot sei in erster Linie als Verpflichtung gegenüber der Krankenkasse zu verstehen. Somit habe der Vertragsarzt *„eine hervorgehobene Pflichtenstellung mit einem selbstverantwortlichen Entscheidungsbereich gegenüber der Krankenkasse inne"*[736]. Die wirtschaftliche Bedeutung der Verordnung führe zu einer Vermögensbetreuungspflicht des Vertragsarztes gegenüber den gesetzlichen Krankenkassen.[737]

Diese Vermögensbetreuungspflicht stelle auch eine Hauptpflicht des Vertragsarztes dar. Hierbei stellt der Strafsenat klar, dass es sich bei der Hauptpflicht eben nicht um „die" wichtigste oder einzige Hauptpflicht des Vertragsarztes handeln muss.[738] Relevant sei vielmehr, dass es sich um eine über eine unter- oder nachgeordnete hinausgehende Pflicht handle, wodurch sie zu einer der Hauptpflichten im Sinne einer zumindest mitbestimmenden Verpflichtung emporsteigt.[739] Die Auferlegung von weiteren Pflichten neben der Grundpflicht zur Wahrung der Interessen der Patienten sei nicht ausgeschlossen und das Recht zur freien Berufsausübung werde hierdurch auch nicht unverhältnismäßig eingeschränkt.[740] Die Charakterisierung der Vermögensbetreuung als Hauptpflicht resultiere zum einen aus der enormen Bedeutung des Wirtschaftlichkeitsgebotes, das den Schutz wesentlicher Gemeinschaftsgüter wie die finanzielle

---

733 BGH NJW 2016, 3253, 3254.

734 BGH NJW 2016, 3253, 3254.

735 BGH NJW 2016, 3253, 3254.

736 BGH NJW 2016, 3253, 3254.

737 BGH NJW 2016, 3253, 3254; wie hier: *Schneider*, HRRS 2010, 241, 245 f.; a.A.: *Ulsenheimer*, MedR 2005, 622, 626 f.; *Geis*, GesR 2006, 345, 352; *Leimenstoll*, wistra 2013, 121, 127 f.

738 BGH NJW 2016, 3253, 3254; damit erteilt der Strafsenat all denjenigen eine Abfuhr, die sich darauf stützen, dass es nur eine Hauptpflicht geben könne.

739 BGH NJW 2016, 3253, 3254 f.

740 BGH NJW 2016, 3253, 3255.

Stabilität und die damit einhergehende Sicherung der Funktionsfähigkeit der gesetzlichen Krankenversicherung bezweckt.[741] Dies ist auch deswegen von besonderer Bedeutung, da der einzelne Versicherte keinen Einfluss auf die Beitragshöhe und die ihm im Versicherungsfall geschuldeten Leistungen hat und daher eines besonderen Schutzes bedarf, welcher durch das Wirtschaftlichkeitsgebot gewährleistet werden soll.[742] Zudem zieht der Senat zur Unterstreichung der Bedeutung des Wirtschaftlichkeitsgebotes als wesentliche Pflicht des Vertragsarztes die Rechtsprechung des Bundesverfassungsgerichts heran, die den Widerruf der Approbation im Falle eines Abrechnungsbetruges und damit eines Verstoßes gegen das Wirtschaftlichkeitsgebot bejaht.[743]

Dass das Wirtschaftlichkeitsgebot nicht direkt gegenüber den gesetzlichen Krankenkassen bestehe, sei ebenso irrelevant, da eine Obliegenheitsverletzung auch dann für § 266 StGB relevant sein kann, wenn die verletzte Obliegenheit oder Norm zumindest auch mittelbar vermögensschützend sei.[744] Der Vermögensbetreuungspflicht, die sich aus dem Wirtschaftlichkeitsgebot ergibt, könne auch nicht das Prüfungsrecht der Kassenärztlichen Vereinigungen und der Krankenkassen entgegengehalten werden. So können die gesetzlichen Krankenkassen eben nicht eigenverantwortlich eine Entscheidung dahingehend treffen, dass die Einrede der Unwirtschaftlichkeit, der Nichterforderlichkeit oder der Unzweckmäßigkeit einer Verordnung berechtigt ist. Damit könne das Prüfungsrecht der zeitlich vorgelagerten Hauptpflicht nicht entgegenstehen.[745]

Hinsichtlich der Vertretertheorie und deren Aufgabe hält der Senat keine Ausführungen mehr für relevant, da eine Untreue in jedem Fall gegeben sei – nur mit der Änderung, dass bei Nichtanwendung der Vertretertheorie der Treubruchtatbestand und nicht der Missbrauchstatbestand einschlägig wäre.[746]

(2) Meinungsstand und Stellungnahme zur Vermögensbetreuungspflicht des Vertragsarztes unter Berücksichtigung der Entscheidung des Großen Senats

Im Folgenden erfolgt eine Darstellung des Meinungsstandes in Bezug auf die Vermögensbetreuungspflicht des Vertragsarztes unter Berücksichtigung der

741 BGH NJW 2016, 3253, 3255.
742 BGH NJW 2016, 3253, 3255.
743 BVerwG NJW 2003, 913.
744 BGH NJW 2016, 3253, 3255.
745 BGH NJW 2016, 3253, 3255 f.
746 BGH NJW 2016, 3253, 3256.

Entscheidung des Großen Senats sowie eine eigene Stellungnahme. Unter Berücksichtigung der gewonnenen Erkenntnisse wird auch die vorstehend dargestellte Entscheidung des 4. Strafsenats vom 16.08.2016 gewürdigt.

(a) Vermögensbetreuungspflicht trotz Bestätigung der Aufgabe der zivilrechtlichen Vertreterkonstellation

Schon nach der Aufgabe der Vertreterkonstellation haben Stimmen in der Literatur auf die Ablehnung des Missbrauchstatbestandes geschlossen und sahen sich durch die Entscheidung des Großen Senats in dieser Annahme bestätigt.[747] Dem kann man jedoch entgegenhalten, dass für die Verwirklichung des Missbrauchstatbestandes hoheitliches Handeln ebenso ausreichend ist wie zivilrechtliches und im Endeffekt die Verordnung des Vertragsarztes einen Anspruch des Apothekers gegen die Krankenkasse auf Vergütung verpflichtend begründet und er damit verbindlich auf das Vermögen der Krankenkasse einwirkt.[748] Denn auch nach der neuen Rechtsprechung des BSG ist der Anspruch der Apotheker auf Vergütung abhängig von der Verordnung, die den Anspruch konkretisiert und die Verpflichtung zur Zahlung der Krankenkassen auslöst.[749] Dies soll auch dann gelten, wenn eine Verordnung vorliegt, die nicht hätte verordnet werden dürfen.[750] Die Krankenkassen werden in der Entscheidung des Großen Senats insoweit auf die Erhebung der Einrede der Unwirtschaftlichkeit bzw. Unzweckmäßigkeit verwiesen – die Verordnung des Arztes bleibt aber trotz ihrer Unwirtschaftlichkeit bindend. So ist der Vergütungsanspruch weiterhin

---

747 *Brand/Hotz*, PharmR 2012, 317, 321 f.; *Manthey* GesR 2010, 601, 602 ff.; *Butenschön*, S. 113. BGH, NJW 2016, 3253 ff., schlussfolgert keine Änderung aus der Aufgabe der Vertretertheorie und der Entscheidung des Großen Senats mit Ausnahme, dass der Treubruchtatbestand an der Stelle des Missbrauchtatbestand anzuwenden sei. *Hoven* in: Kubiciel/Hoven, S. 154 führt zutreffend aus, dass mit der Entscheidung des Großen Senats zu § 299 StGB und §§ 331 ff. StGB zur Strafbarkeit des Vertragsarztes nach § 266 StGB noch keine Auswirkungen verbunden sind; a.A.: *Leimenstoll*, MedR 2017, 96, 102, der die Entscheidung des BGH vom 16.08.2016 nicht für überzeugend erachtet, da sie die *„treffenden Erwägungen des Großen Strafsenats insoweit allzu leicht „beiseite wischt"*.

748 *Bülte*, NZWiSt 2013, 346, 349; BGH NJW 2016, 3256: Hinsichtlich der Vertretertheorie und deren Aufgabe hält der Senat keine Ausführungen mehr für relevant, da eine Untreue in jedem Fall gegeben sei.

749 BSGE 105, 157, 162, Rn 17.

750 *Bülte*, NZWiSt 2013, 346, 349 unter Verweis auf *Herffs*, wistra 2006, 63, 65, der die Meinung bereits vor der Entscheidung des Großen Senats vertreten hatte.

von der Verordnung des Arztes abhängig, unabhängig davon, ob er auf einer vertraglichen oder gesetzlichen Begründung basiert.[751]

(b) Vermögensbetreuungspflicht unter Berücksichtigung des Vertrauensverhältnisses zwischen Arzt und Patient und dem Handeln des Arztes zum Patientenwohl

Vielfach kritisiert wird die Ansicht, die trotz der Entscheidung des Großen Senats weiterhin eine Vermögensbetreuungspflicht annimmt. So sei es widersprüchlich, auf der einen Seite zu sagen, der Vertragsarzt handle im Rahmen der Behandlung vordergründig im Interesse des Patienten,[752] auf der anderen Seite sei es jedoch eine Hauptpflicht, das Vermögen der Krankenkassen zu schützen.[753] Nachdem die bestmögliche Behandlung für den Patienten oftmals sehr teuer ist und der Arzt ihn in der Erlangung dieser unterstützt, könne er nicht zugleich auch das Vermögen der Krankenkassen schützen, indem er die Ausgaben gering hält. Es handle sich hierbei nicht um mehrere parallele Hauptpflichten, sondern um zwei gegenläufige Verpflichtungen, die gegenüber zwei verschiedenen *„Nutznießern"* bestehen und *„in einem kaum auflösbarem Spannungsverhältnis zueinander stehen"*, da die Behandlung des Patienten mit einer finanziellen Belastung für die Krankenkassen verbunden sei.[754] *„Primäre Pflicht"* des Arztes sei es daher *„den Patienten lege artis zu behandeln."*[755] Im Zweifel sei daher immer der Gesundheit und damit dem Wohle des Patienten der Vorrang vor wirtschaftlichen Maßgaben zuzugestehen.[756]

---

751 *Schuhr* in: Spickhoff, StGB § 266 Untreue Rn. 30; a.A.: *Manthey*, GesR 2010, 601, 604.

752 So der Große Senat in seiner Entscheidung, in der er betonte der Vertragsarzt handle trotz der wirtschaftlichen Belange der Krankenkassen, die er bei der Verordnung zu beachten habe, *„in erster Linie im Interesse des Patienten"*, BGH wistra 2012, 341, 345.

753 Vgl. hierzu auch *Geis*, GesR 2006, 345, 352; dies kritisierend auch *Gaede* in: Kubiciel/Hoven, S. 149 f.

754 *Leimenstoll*, MedR 2017, 96, 100; ähnlich auch OLG Stuttgart StraFo 2016, 393.

755 *Schuhr* in: Spickhoff, Medizinrecht, StGB § 266 Untreue Rn. 31. *Dierlamm* in: MüKo-StGB, § 266 Rn. 78, der die Hauptpflicht nur in der Patientenbehandlung begründet sieht und die Vermögensbetreuungspflicht als weitere Hauptpflicht ablehnt.

756 *Leimenstoll*, wistra 2013, 121, 128, unter Bezugnahme auf den „Nikolausbeschluss" des BVerfG, das einem an einer lebensbedrohlichen Krankheit leidenden Patienten einen Anspruch auf Kostenübernahme für eine so genannte neue Behandlungsmethode gegen seine gesetzliche Krankenkasse zusprach. Nach dem Urteil verstoße es gegen das Sozialstaatprinzip und das Recht auf Leben, wenn man diesem eine ärztlich angewandte Behandlungsmethode verweigert, wenn eine allgemein anerkannte und dem medizinischen Standard entsprechende Behandlung nicht zur Verfügung steht

Dem kann jedoch entgegengehalten werden, dass dem Vermögensbetreuungspflichtigen mehrere Hauptpflichten obliegen können und somit auch weitere wesentliche oder gar wichtigere Pflichten neben eine Hauptpflicht treten können.[757] Relevant sei, dass es sich um eine über eine unter- oder nachgeordnete hinausgehende Pflicht handelt, wodurch sie zu einer der Haupflichten im Sinne einer zumindest mitbestimmenden Verpflichtung emporsteigt.[758] Auch wurde bereits angenommen, dass ein Vermögensbetreuungspflichtiger *„janusköpfige Vermögensbetreuungspflichten“* gegenüber verschiedener Vermögen haben kann.[759] Zwar ist es richtig, dass der Vertragsarzt im Auftrag des Patienten und damit auch an seinem Wohl orientiert handelt, jedoch schließt dies allein nicht aus, dass er hierbei die Vermögensinteressen der Krankenkassen wahrnimmt.[760] Das Rechtsverhältnis zwischen Vertragsarzt und Krankenkasse muss nicht ausschließlich oder primär in der Vermögenssorge bestehen.[761] Unabhängig davon, dass er zum Wohle des Patienten seine Verordnungsentscheidung trifft, wird durch diese Entscheidung auch das Vermögen der Krankenkassen belastet. Die Kostenlast, die aus dieser Entscheidung resultiert, betrifft das Vermögen der Krankenkassen unmittelbar und das unabhängig davon, ob die Entscheidung zugleich am Patientenwohl ausgerichtet ist.[762]

---

und eine nicht ganz entfernte Möglichkeit auf Heilung oder eine spürbare positive Wirkung auf den Krankheitsverlauf bestehe, BVerfGE 115, 25 ff. Vgl. zu dem Begriff der „Hauptpflicht“ allgemein *Schuhr* in: Spickhoff, StGB § 266 Untreue Rn. 10 ff.

757 BGH NJW 2016, 3253, 3254; OLG Hamm NStZ 2010, 334, 335; BGHSt 22, 190, 192; BGHSt 33, 244, 250; *Bülte,* NZWiSt 2013, 346, 349; *Lindemann* in: Kubiciel/Hoven, S. 141; *Ransiek*, medstra 2015 92, 96; *Gaede* in: Kubiciel/Hoven, S. 148; *Fischer,* StGB, § 266 Rn. 36.

758 BGH NJW 2016, 3253, 3254 f.

759 BGH NStZ 2000, 375, 376.

760 Vgl. hierzu auch *Schuhr,* der die primäre Hauptpflicht des Vertragsarztes in der Behandlung des Patienten *de lege artis* begründet sieht und die weiteren Verpflichtungen gegenüber der Krankenkasse als Konkretisierung dieser Pflicht ansieht, *Schuhr* in: Spickhoff, StGB § 266 Untreue Rn. 31.

761 BGHSt 1, 186, 188 ff.; 41, 224, 228 f.; 47, 295, 297; *Schuhr* in: Spickhoff, StGB § 266 Untreue Rn. 10. So generell auch *Ransiek*, medstra 2015, 92, 96 ff., der jedoch an die Vermögensbetreuungspflicht erhöhte Anforderungen stellt, wie z.B. Erlaubnis Vermögen zu vermehren oder Pflicht bei Bedrohung des Vermögens einzuschreiten, und diese daher ablehnt.

762 Nach *Schuhr* führe daher *„kein Weg an der zutreffenden Feststellung der Rechtsprechung vorbei, dass der Vertragsarzt mit der von ihm beantragten Zulassung und der tatsächlichen Behandlung von Kassenpatienten eine Vermögensbetreuungspflicht gegenüber*

(c) Vermögensbetreuungspflicht unter Berücksichtigung des Wirtschaftlichkeitsgebotes

Es stellt sich die Frage, ob der Vertragsarzt trotz der für ihn verbindlichen Beachtung des Wirtschaftlichkeitsgebotes nach § 12 Abs. 1 SGB V eine Vermögensbetreuungspflicht hinsichtlich des Vermögens der Krankenkassen inne hat. Durch das Wirtschaftlichkeitsgebot ist er dazu angehalten, bei der Wahl des geeigneten Medikaments zur Behandlung der diagnostizierten Krankheit bei mehreren Optionen das günstigste Mittel zu wählen und insofern das Vermögen der Krankenkassen zu schonen. Von diesem eingeschränkten Entscheidungsrahmen könnte man durchaus auf eine Verneinung der Vermögensbetreuungspflicht schließen.[763]

Per se steht die verpflichtende Beachtung eines Gebots zur Wirtschaftlichkeit der Annahme einer Vermögensbetreuungspflicht jedoch nicht entgegen.[764] So hatte der BGH zur Begründung der Vermögensbetreuungspflicht besonders auf das Wirtschaftlichkeitsgebot Bezug genommen und erklärt, dass gerade durch die Verpflichtung nicht notwendige oder auch unwirtschaftliche Verschreibungen zu unterlassen, die Pflicht zur Wahrnehmung der Vermögensinteressen der Krankenkassen in Erscheinung trete.[765] Daher könne darin zumindest ein Indiz gesehen werden, dass den Vertragsarzt eine Vermögensbetreuungspflicht gegenüber den durch das Gebot Geschützten – der Krankenkasse – treffe.[766]

Die Aussage, dass sich das Wirtschaftlichkeitsgebot an alle in das System der gesetzlichen Krankenkassen Eingebundenen wende und sich deswegen keine Vermögensbetreuungspflicht bergründen lasse,[767] vermag nicht zu überzeugen, da nicht jedem Involvierten auch eine Entscheidungsgewalt wie dem Vertragsarzt zukommt, der mit den Verordnungen das Vermögen der gesetzlichen Krankenkassen belastet. Seine Einhaltung des Wirtschaftlichkeitsgebots hat damit andere Konsequenzen als die der anderen Adressaten des Wirtschaftlichkeitsgebotes,

---

den Krankenkassen übernommen habe.", *Schuhr* in: Spickhoff, StGB § 266 Untreue Rn. 32 m.w.N.

763 *Bülte,* NZWiSt 2013, 346, 350; *Geis*, GesR 2006, 345, 352; *Brand/Hotz,* PharmR 2012, 317, 322; *Butenschön,* S. 138 ff.

764 Vgl. BGH NStZ-RR 2005, 83, 84; *Perron* in: Schönke/Schröder, § 266 Rn 19b; *Bülte,* NZWiSt 2013, 346, 350.

765 BGHSt 49, 17, 24; *Goetze*, S. 178; *Taschke*, StV 2005, 406, 408. BGH NJW 2016, 3253, 3254: Das Wirtschaftlichkeitsgebot sei in erster Linie als Verpflichtung gegenüber der Krankenkasse zu verstehen.

766 *Bülte,* NZWiSt 2013, 346, 350.

767 *Leimenstoll,* wistra 2013, 121, 127.

auch wenn ihm gegenüber den anderen Adressaten *„keine weitergehende Verpflichtung auferlegt“*[768] wird. Allein aus dem Wirtschaftlichkeitsgebot eine Hauptpflicht abzulesen, ist allerdings auch nicht erforderlich,[769] wenngleich der 4. Strafsenat in einer jüngeren Entscheidung vom Wirtschaftlichkeitsgebot auf eine Vermögensbetreuungspflicht als Hauptpflicht des Vertragsarztes schließt.[770] Darüber hinaus trifft den Vertragsarzt nämlich auch eine Verpflichtung, sich um das Vermögen der Krankenkassen zu kümmern. Zwar liegt die Verpflichtung des Arztes darin, die Krankheiten der Patienten zu diagnostizieren und für die Behandlung entsprechende Medikamente und Hilfsmittel zu verordnen. In diesen Verordnungen zeigt sich aber gerade auch die Verpflichtung des Arztes sich um das Vermögen der Krankenkassen zu kümmern. Die Konkretisierung des Anspruchs des Versicherten durch die Verordnung beinhaltet die Feststellung, dass das entsprechende Mittel wirtschaftlich und notwendig ist und zu Lasten des Vermögens der Krankenkasse erbracht wird. Hierdurch hat der Arzt aber nicht nur eine „rein tatsächliche Möglichkeit“ zur Einwirkung auf das Vermögen der Krankenkassen.[771] Somit obliegt dem Vertragsarzt eine wichtige Verpflichtung mit eigenem Verantwortungsbereich gegenüber dem Vermögen der Krankenkassen.[772]

Vor diesem Hintergrund vermag auch nicht zu überzeugen, die Vermögensbetreuungspflicht deswegen abzulehnen, weil den gesetzlichen Krankenkassen die Möglichkeit der rechtsvernichtenden Einwendung der Unwirtschaftlichkeit und die Einreden der Unzweckmäßigkeit und Nichterforderlichkeit zustehen, weswegen eine Verordnung durch den Vertragsarzt im Endeffekt die Krankenkassen

---

768 *Leimenstoll*, wistra 2013, 121, 127.

769 Die Schlussfolgerung von dem Wirtschaftlichkeitsgebot auf eine Hauptpflicht zur Vermögensfürsorge des Vertragsarztes ablehnend: *Leimenstoll*, wistra 2013, 121, 127. Auch *Reese* sieht in der Beachtung des Wirtschaftlichkeitsgebotes keine Hauptpflicht, sondern nur *„eine – wenngleich wichtige – Sekundärpflicht im Rahmen des primären Auftrags der medizinischen Versorgung der Versicherten“*, *Reese*, PharmR 2006, 92, 100.

770 BGH NJW 2016, 3253, 3254 f.: Dies resultiere aus der enormen Bedeutung des Wirtschaftlichkeitsgebotes.

771 BGH NJW 2016, 3253, 3254. Vgl. auch *Bülte*, NZWiSt 2013, 346, 350; *Taschke*, StV 2005, 406, 408; *Schneider*, HRRS 2010, 241, 246; so auch das BVerfG, das den Vertragsarzt als *„Sachwalter der Kassenfinanzen“* betitelt hatte, BVerfGE 103, 172, 192.

772 *Bülte*, NZWiSt 2013, 346, 350; so im Ergebnis auch: *Lindemann* in: Kubiciel/Hoven, S. 142; BGH NJW 2016, 3253, 3254; der BGH scheint sich trotz Aufgabe der Vertretertheorie durch das BSG noch nicht von dem Vertragsarzt als Schlüsselfigur verabschiedet zu haben.

nicht in jedem Fall zur Zahlung verpflichten und seine Entscheidung vielmehr uneingeschränkt gerichtlich überprüft werden kann.[773] Daraus wird teilweise geschlussfolgert, der Vertragsarzt habe nicht die notwendige Entscheidungskompetenz, um abschließend über das Vermögen der Krankenkassen zu verfügen.[774] Vielmehr kann aber aus diesen Überprüfungsmöglichkeiten abgeleitet werden, dass dem Vertragsarzt gerade die entsprechenden Verfügungsmöglichkeiten über das Vermögen der Krankenkassen eingeräumt werden und ihn damit auch die Verpflichtung trifft, deren Vermögensinteressen in erheblichem Umfang wahrzunehmen. Ansonsten bedürfte es nicht der den Krankenkassen eingeräumten Rechtsbehelfe. Zudem verhindern diese Rechtsbehelfe auch nicht den Eintritt einer schadensgleichen Vermögensgefährdung, der mit den Verordnungen einhergeht.[775] Zum einen werden die Abrechnungen im Rahmen der Wirtschaftlichkeitsprüfungen lediglich Stichproben unterzogen,[776] so dass nicht sichergestellt ist, dass überhaupt die Unwirtschaftlichkeit einer Verordnung festgestellt wird. Zum anderen obliegt es nicht den Krankenkassen allein darüber zu entscheiden, ob die entsprechende Einrede gerechtfertigt ist.[777] Die Gefahr des Eintritts eines Nachteils ist damit so erheblich, dass sie zumindest einer Vermögenseinbuße gleichkommt.[778] Zudem ist zu beachten, dass aber auch bei einer unwirtschaftlichen Verordnung, der durch die Verordnung und die Vorlage dieser beim Apotheker entstehende Vergütungsanspruch gleichwohl durch die Krankenkasse zu begleichen ist.[779] Die Einwendung kann also nur noch dazu führen, dass der durch die Auszahlung eingetretene Schaden zu einem späteren

---

773 BSGE 99, 111 ff.

774 *Leimenstoll,* wistra 2013, 121, 125; *Manthey,* GesR 2010, 601, 604.

775 Hier ist lediglich von einer Schadenswiedergutmachung auszugehen, vgl. zu diesem Aspekt allgemein *Hefendehl* in: MüKo, § 263 Rn. 616 ff. Vgl. zur schadensgleichen Vermögensgefährdung, *Dierlamm* in: MüKo, § 266 Rn. 211 ff.; *Hoyer* in: SK-StGB, § 266 Rn. 101 ff.

776 Vgl. hierzu 1. Kapitel, B. VI. 3. a) dd) (d) (S. 65 f.).

777 BGH NJW 2016, 3253, 3255 f.: Das Prüfungsrecht der Kassenärztlichen Vereinigungen und Krankenkassen kann nicht der Vermögensbetreuungspflicht entgegengehalten werden. So können die gesetzlichen Krankenkassen eben nicht eigenverantwortlich eine Entscheidung dahingehend treffen, dass die Verordnung berechtigt ist. Der BGH bezieht sich hierbei auf § 106a Abs. 3 u. 4 SGB V in der alten Fassung, vgl. hierzu 1. Kapitel, B. VI. 3. a) dd) (d) (S. 65 f.).

778 Vgl. allg. zu den Kriterien *Dierlamm* in: MüKo, § 266 Rn. 226.

779 Vgl. auch 2. Kapitel A. II. 2. a) bb) (S. 161 ff.).

Zeitpunkt wieder ausgeglichen wird. Der etwaige nachträgliche Schadensausgleich verhindert die Bejahung des Vermögensnachteils daher nicht.

Nicht relevant erscheint daher auch, dass der Große Senat ausgeführt hat, die Einhaltung des Wirtschaftlichkeitsgebots bestehe *„nicht unmittelbar im Verhältnis zu den Gesetzlichen Krankenkassen“* und auch das Wirtschaftlichkeitsgebot als Begründung für eine Beauftragteneigenschaft abgelehnt hat.[780] Entscheidend ist, dass die Vertragsärzte Entscheidungen treffen, die sich unmittelbar auf das Vermögen der Krankenkassen auswirken. Ob ein Patient ein Medikament oder ein Hilfsmittel erhält, hängt von der Verordnung des Arztes ab, auf einem anderen Wege hat er keine Möglichkeit an ein verschreibungspflichtiges Mittel zu kommen und auch die Krankenkassen können darauf nicht Einfluss nehmen. Selbst wenn feststeht, dass der Patient nach den gesetzlichen Regelungen und dem Leistungskatalog einen Anspruch gegen die gesetzlichen Krankenkassen hat, sind alle auf die Verordnung des Arztes angewiesen.[781] Aus diesem Grund kann kaum verneint werden, dass dieser in enormen Maß auf das Vermögen der Krankenkassen Einfluss ausübt und daher deren Vermögensinteressen wahrnimmt.

(d) Vermögensbetreuungspflicht trotz medizinischer Entscheidungen

Teilweise wird die Vermögensbetreuungspflicht mit der Begründung abgelehnt, dass der Vertragsarzt eine Entscheidung treffe, die in erster Linie auf medizinischen Erwägungen basiere.[782] Dadurch, dass der Vertragsarzt seine Entscheidung daran orientiere, inwiefern das Medikament von medizinischem Wert für die Behandlung des Patienten ist, sei seine das Vermögen der Krankenkassen betreffende Entscheidung nicht von der erforderlichen Eigenständigkeit.[783]

Bei dieser Argumentation bleibt jedoch außer Betracht, dass der Vertragsarzt zwar die Wahl des Medikaments zunächst am Wohl des Patienten orientiert, er jedoch letztendlich seine Entscheidung daran zu orientieren hat, dass es sich

780 BGHSt 57, 202, 217; BGH, NJW 2016, 3253, 3255.

781 BGH NJW 2016, 3253, 3254: Die Verordnung stelle neben der medizinischen Indikation des Versicherungsfalls auch fest, dass das Heilmittel auf Kosten der Krankenkassen zur Erfüllung der Sachleistungspflicht erbracht werde.

782 *Butenschön*, S. 137 ff., 144, 154 m.w.N.; *Ulsenheimer* in: Laufs/Kern, § 153 Rn. 16, führt aus, der Vertragsarzt begreife sich aufgrund *„Ausbildung, Tradition und Heilauftrag in unserem Gesundheitssystem als medizinischer Sachwalter der Gesundheitsinteressen der gesetzlich versicherten Patienten, nicht aber als ökonomischer Sachwalter der Vermögensinteressen der gesetzlichen Krankenkassen.“*

783 *Butenschön*, S. 137 ff., 144, 154 m.w.N.

bei dem verordneten Medikament um das Günstigste derer handelt, die mit der gleichen Wirksamkeit zur Behandlung herangezogen werden können.[784] Hierbei handelt es sich um eine wirtschaftliche Entscheidung, bei der der Arzt auch den für die Vermögensbetreuungspflicht notwendigen Entscheidungsspielraum besitzt. Zudem ist zu beachten, dass nach Auffassung der Rechtsprechung auch bei einem *„engen Entscheidungsspielraum beim Umgang mit dem Geld"* eine Vermögensbetreuungspflicht anzunehmen ist.[785] Trotz der Tatsache, dass die vertragsärztliche Versorgung gewissen Richtlinien nach § 92 SGB V und weiteren Regelungen unterworfen ist, wird dadurch nicht die ihm bei der Wahrnehmung der vertragsärztlichen Versorgung obliegende Eigenständigkeit des Vertragsarztes gehemmt. Der Vertragsarzt ist in der Wahl der Behandlungsmöglichkeiten und der zu diesem Zwecke eingesetzten notwendigen Verordnungen weitestgehend frei, weswegen man ihm durchaus den erforderlichen *„gewissen Ermessensspielraum"*[786] zugestehen kann.[787]

Zudem ist es dem Vertragsarzt möglich „kontrollfrei" über das Vermögen der Krankenkassen durch seine bindenden Verordnungen zu verfügen.[788] Zwar führte der Große Senat aus, dass die Beachtung des Wirtschaftlichkeitsgebots nach § 106 Abs. 1 SGB V dem Vertragsarzt nicht unmittelbar gegenüber den Krankenkassen obliege, sondern die Beachtung hinsichtlich der Einhaltung des Gebots Aufgabe der Kassenärztlichen Vereinigung ist.[789] Darin ist jedoch keine wertende Aussage hinsichtlich der Verpflichtung des Arztes zur Betreuung des Vermögens enthalten; es handelt sich vielmehr um eine Verfahrensregel zur Erlangung einer fairen Entscheidung.[790] So führte der Große Senat auch aus, die Verordnung des Vertragsarztes habe eine *„einem Reflex vergleichbare Wirkung"* für die Kostentragungspflicht der Krankenkassen,[791] wodurch zur Geltung kommt, dass die Vertragsärzte eigenverantwortlich Entscheidungen

784 *Bülte*, NZWiSt 2013, 346, 350.

785 BGHSt 41, 224, 229; BGH NJW 2008, 1827; OLG Hamm NStZ 2010, 334, 335; OLG Karlsruhe NStZ 1990, 82.

786 BGHSt 13, 315; 18, 313; 41, 229.

787 *Hellmann/Beckemper*, Rn. 492; *Bülte*, NZWiSt 2013, 346, 351; a.A.: *Dierlamm* in: MüKo-StGB, § 266 Rn. 78; *Geis*, GesR 2006, 345, 352.

788 *Bülte*, NZWiSt 2013, 346, 351.

789 BGHSt 57, 202, 217: Noch unter Bezugnahme auf die alte Fassung des § 106 SGB V, vgl. 1. Kapitel, B. VI. 3. a) dd) (2) (d) (S. 65 f.).

790 *Bülte*, NZWiSt 2013, 346, 351.

791 BGH wistra 2012, 341, 345.

hinsichtlich des Vermögens der Krankenkassen treffen, die sich unmittelbar auf dieses auswirken.[792]

(e) Vermögensbetreuungspflicht des Vertragsarztes trotz des Berufsbildes

Teilweise bezieht man sich zur Ablehnung der Vermögensbetreuungspflicht auch auf das Berufsbild des Arztes und der mit diesem einhergehenden besonderen Verpflichtung des Arztes zum Handeln zum Wohle seines Patienten in einem Verhältnis, das von besonderem Vertrauen geprägt ist.[793] Inwiefern der Arzt gegenüber seinem Patienten verpflichtet ist, ist jedoch für die Annahme einer Vermögensbetreuungspflicht nicht relevant. Entscheidende Kriterien sind allein die selbständige Befugnis über das Vermögen zu verfügen und dass die Vermögensbetreuungspflicht zu den Hauptpflichten des Vertragsarztes gehört.[794] Zudem erfolge die Verordnung auch nicht im eigenen Interesse des Vertragsarztes, sondern er nehme hierbei zugleich die Pflicht der Krankenkassen wahr, die ihren Versicherten die Behandlungen schulden; dies zeige sich auch darin, dass es unerheblich für den Gebührenanspruch sei, ob die Kostenlast der Verordnung die Krankenkassen treffe oder den Patienten selbst.[795] Unerheblich sei es daher, dass er auch zugleich mit der Behandlung seine Verpflichtung aus dem Behandlungsvertrag mit dem Patienten erfülle.[796] Dem ist nur bedingt im Ergebnis zuzustimmen. Der Vertragsarzt nimmt, wie bereits festgestellt, eine ihm originär zugewiesene Aufgabe wahr und keine Aufgabe der Krankenkasse, die nur die Bereitstellung der Leistungserbringer und Leistungen schuldet. Jedoch ist es unerheblich, dass der Vertragsarzt eine eigene Aufgabe und Verpflichtung, die aus seiner Zulassung und dem Behandlungsvertrag resultiert, erfüllt, sofern er hierbei maßgeblich Einfluss auf das Vermögen der Krankenkassen hat und damit wiederum eine weitere Hauptpflicht erfüllt.

---

792 *Bülte* sieht in der Aussage lediglich die Bestimmung des Geschädigten – die Krankenkasse, *Bülte,* NZWiSt 2013, 346, 350.

793 *Leimenstoll,* wistra 2013, 121, 123.

794 *Bülte*, NZWiSt 2013, 346, 352.

795 *Goetze*, S. 178.

796 *Hellmann/Beckemper*, Rn. 492; BGH NJW 2016, 3253, 3255; a.A.: *Brandts/Seier,* die eine Vermögensbetreuungspflicht des Vertragsarztes ablehnen, *Brandts/Seier* in: FS Herzberg, S. 811, 826.

(f) Fazit zur Vermögensbetreuungspflicht und Stellungnahme zur Entscheidung des 4. Strafsenats vom 16.08.2016

Die Erlangung von verschreibungspflichtigen Medikamenten hängt für den Patienten stets von der Verordnung des Vertragsarztes ab. Selbst wenn die Krankenkasse einen solchen Anspruch bestätigt, bedarf es immer der Verschreibung durch den Vertragsarzt. Die Krankenkassen sind ihrerseits nicht dazu berechtigt, den Patienten unmittelbar die Arzneimittel zukommen zu lassen oder auch nur diese zu verordnen.[797] Bei Erfüllung seiner Verpflichtungen hat der Vertragsarzt das Gebot zur Wirtschaftlichkeit zu beachten, was im Ergebnis für eine Vermögensbetreuungspflicht spricht.[798] Die Verordnung wirkt sich unmittelbar auf das Vermögen der Krankenkassen aus, da diese durch die Verordnung zur Zahlung an die Apotheken verpflichtet werden. Das rechtliche Können des Vertragsarztes im Außenverhältnis, geht daher über sein rechtliches Dürfen im Innenverhältnis hinaus.[799]

Eine Ablehnung der Vermögensbetreuungspflicht unter Hinweis auf das Wirtschaftlichkeitsgebot nach § 12 Abs. 1 SGB V vermag daher nicht zu überzeugen. Zwar ist es zutreffend, dass der Arzt anhand seiner Diagnose das passende Medikament und bei mehreren in Betracht kommenden auch das günstigste Medikament verordnen muss. Jedoch führt dies nicht schon zu einer Verneinung der Vermögensbetreuungspflicht, wenn der Vertragsarzt an gewisse Vorgaben bei der Verordnung gebunden ist, ihm aber dennoch ein entsprechender Ermessenspielraum bei der Vornahme seiner eigenständigen Entscheidung zukommt. Zudem wird dieses Argument bereits auch dadurch entkräftet, dass das Wirtschaftlichkeitsgebot nicht unmittelbar gegenüber den Krankenkassen besteht. Jedoch zeigt es sich als Indiz dafür, dass die Vertragsärzte sehr wohl in erheblichem Umfang eine Vermögensbetreuungspflicht gegenüber den gesetzlichen Krankenkassen innehaben, wenn hinsichtlich des Umgangs mit dem Vermögen Regelungen getroffen werden. Die Konkretisierung des Rechts der Patienten auf Behandlung gegenüber den gesetzlichen Krankenkassen nach § 27 SGB V wird allein durch den Vertragsarzt vorgenommen. Auch wenn er hierbei gewissen Regelungen unterworfen ist, wie insbesondere die abstrakten Maßstäbe, die für die ärztliche Behandlung von dem Gemeinsamen Bundesausschuss nach

---

797 BSGE 73, 271, 281.

798 So auch *Walter*, CCZ 2012, 199, 200, der in seiner Anmerkung zur Entscheidung des Großen Senats eine Vermögensbetreuungspflicht auch wegen § 12 Abs. 1 SGB V für gegeben erachtet.

799 *Herffs*, wistra 2006, 63, 65.

§ 92 SGB V festgelegt werden, und nicht als „Alleinverantwortlicher" agiert, *„verbleibt ihm eine hervorgehobene Pflichtenstellung mit einem selbstverantwortlichen Entscheidungsbereich gegenüber dem Vermögen der Krankenkassen."*[800] Sämtliche Regressmöglichkeiten gegen die Entscheidung bleiben bei einer Schadensfeststellung generell unbeachtet.[801]

Die klare Entscheidung des 4. Strafsenats und insbesondere die darin enthaltene ausführliche Begründung zur Vermögensbetreuungspflicht ist daher zu begrüßen.[802] Die eindeutige Stellungnahme, dass der Vertragsarzt mehrere Hauptpflichten inne haben kann und ihm durch seine Verordnungstätigkeit eine Rechtsmacht zukommt, die sich auch auf das Vermögen der gesetzlichen Krankenkassen erstreckt, verdient Zustimmung. Ebenso ist es zutreffend aus dem Wirtschaftlichkeitsgebot keinen eingeengten Entscheidungsspielraum des Vertragsarztes zu folgern, mit dem eine Vermögensbetreuungspflicht abzulehnen wäre, sondern hieraus die besondere Verantwortung des Vertragsarztes gegenüber dem Vermögen der gesetzlichen Krankenkassen zu schließen. Wünschenswert wäre allenfalls noch eine intensivere Einbeziehung der Entscheidung des Großen Senats gewesen, der das Vertrauen zwischen Arzt und Patient enorm in den Vordergrund stellte.

Auch wenn in dem der Entscheidung zugrundeliegenden Sachverhalt den Verordnungen keine tatsächlich erbrachten Leistungen gegenüberstanden, ist davon auszugehen, dass der BGH gemessen an den vorgetragenen Argumenten zu dem gleichen Ergebnis käme, wenn es sich beispielsweise nicht um die günstigste Verordnung gehandelt hätte.[803] So führte der 5. Strafsenat in seinem Beschluss vom 25.07.2017 aus, dass den Vertragsarzt auch eine Vermögensbetreuungspflicht bei der Verordnung von Sprechstundenbedarf treffe.[804] Nachdem sich die Fälle

---

800 *Schneider,* HRRS 2010, 241, 245 f.

801 *Goetze,* S. 179.

802 So auch *Hoven* in: Kubiciel/Hoven, S. 154, die zutreffend ausführt, dass mit der Entscheidung des Großen Senats zu § 299 StGB und §§ 331 ff. StGB zur Strafbarkeit des Vertragsarztes nach § 266 StGB noch keine Auswirkungen verbunden sind; grundsätzlich auch *Schneider,* HRRS 2017, 231, 234, die jedoch einschränkend ausführt, dass die Begründung dennoch teilweise nicht hinreichend sei bzw. nicht immer nachvollziehbar; a.A.: *Leimenstoll,* MedR 2017, 96, 102.

803 Die Frage nach der Beschränkung der Annahme einer Vermögensbetreuungspflicht auf Fälle, in denen eine medizinische Indikation fehlt, aufgrund des Wortlauts in der Entscheidung des 4. Strafsenats wirft ebenso auf: *Leimenstoll,* MedR 2017, 96, 101, der diese Frage jedoch ebenfalls verneint. Zweifelnd bzgl. einer Anwendung auf Fälle nur unwirtschaftlicher Verordnungen wohl auch *Schneider,* HRRS 2017, 231, 234.

804 BGH NStZ-RR 2017, 313 ff.

in der Entscheidung des 4. Strafsenats in den Jahren 2005 – 2008 ereigneten, konnte der neue Tatbestand des § 299a StGB aufgrund des Verbots der rückwirkenden Strafbegründung noch keine Anwendung finden. Eine weitere Klärung durch die höchstrichterliche Rechtsprechung bleibt daher, vor allem auch vor dem Hintergrund der neuen Straftatbestände im Bereich der Korruption, abzuwarten.[805]

Trotz der vorstehenden Ausführungen wäre es allerdings verfehlt, jegliche unwirtschaftliche Entscheidung,[806] oder Verschreibungen, die sich nicht an den üblichen ärztlichen Behandlungsmethoden orientieren,[807] als Untreue einzustufen. In diesen Fällen wird es regelmäßig schon an einem Schaden bei der Krankenkasse fehlen.[808] Dem Arzt obliegt ein Spielraum bei der Beurteilung der Gewichtung von medizinischen und wirtschaftlichen Aspekten bei einer Behandlung, was schon aus seiner Verantwortung, die er allein für die Behandlung trägt, zu schlussfolgern sei.[809] Eine solche Eingrenzung erscheint durchaus angebracht, vor allem gemessen an der enormen Verantwortung des ärztlichen Berufes und dem der Behandlung zugrundeliegenden Guts der Gesundheit, für dessen Schutz auch einmal unwirtschaftliche Entscheidungen möglich sein müssen, ohne dass der Vertragsarzt in eine Strafbarkeit gerät. Nur so kann der Arzt seinen Beruf entsprechend seines Berufsethos ausführen.

Als selbstverständlich wird es daher teilweise erachtet, dass eine Strafbarkeit wegen Untreue „*schon von Verfassungs wegen auf gravierende Pflichtverletzungen beschränkt bleiben müsste*".[810] In diesem Sinne hatte auch das BVerfG in seinem Beschluss vom 23.06.2010 zur Untreue argumentiert und ausgeführt, dass die Anwendung des Tatbestandes des § 266 StGB auf Sachverhalte zu beschränken sei, die ein klares und deutliches pflichtwidriges Handeln zum Gegenstand haben.[811] Das BVerfG sieht darin keine Eröffnung erweiterter „Wertungsspielräume", die

805 *Leimenstoll,* MedR 2017, 96, 102, spricht sich für eine „*Neubewertung und Korrektur der bisherigen Rechtsprechung zur Untreue von Vertragsärzten*" aus.

806 *Schuhr* in: Spickhoff, StGB § 266 Untreue Rn. 54 m.w.N.

807 *Taschke,* StV 2005, 406, 409.

808 Vgl. hierzu *Taschke,* StV 2005, 406, 408.

809 *Taschke,* StV 2005, 406, 408 f.; so im Ergebnis auch *Bongartz,* S. 199.

810 *Lindemann* in: Kubiciel/Hoven, S. 144; einschränkender *Geis,* GesR 2006, 345, 355, der ausführt es „drängt sich auf", dass nur die „eindeutig unwirtschaftliche" Verordnung strafbar sei.

811 BVerfGE 126, 170, 210; zuvor schon BGHSt 47, 148, 152; BGHSt 47, 187, 197; BGHSt 49, 147, 155 ff., die ausführen, dass es für die Pflichtwidrigkeit nicht ausreiche, dass ein Verstoß gegen eine außerstrafrechtliche Norm vorliege, sondern es sich vielmehr um einen gravierenden Pflichtenverstoß handeln müsse.

für den Einzelnen nicht absehbar sind, sondern möchte das Vorliegen gravierender Pflichtverletzungen nur dann bejahen, wenn eine Pflichtverletzung „evident" ist,[812] womit eine Begrenzung des Tatbestandes bezweckt werden soll.[813] Eine Rechtssicherheit wird dadurch aber nur dann erreicht werden, wenn Klarheit dahingehend existiert, was als offensichtlicher Verstoß eingestuft wird.[814] Der Vorschlag, eine evidente Pflichtwidrigkeit dann zu bejahen, wenn zum Zeitpunkt der Vornahme der Handlung ausgeschlossen werden kann, dass eine Kompensation der Vermögensminderung durch eine Chance auf Vermögensmehrung erfolgen könnte,[815] ist abzulehnen, da ein Schaden keinen sicheren Rückschluss auf die Pflichtwidrigkeit zulässt.[816]

Das BVerfG sieht in seinem Beschluss eine Eingrenzung der Pflichtwidrigkeit durch die Aufgliederung in einzelne Fallgruppen durch die Rechtsprechung als gegeben an.[817] Damit das Kriterium der „Evidenz" nicht als zusätzliches Kriterium für die Normadressaten zur Unsicherheit beiträgt, wann ein Verhalten pflichtwidrig ist und wann nicht, muss jedenfalls verlangt werden, dass bei objektiver Betrachtung aus einer ex-ante Sicht bezogen auf den Zeitpunkt der Vornahme der Handlung erkennbar war, dass eine pflichtwidrige Handlung vorgenommen wird und der eingeräumte Entscheidungsspielraum offensichtlich in unvertretbarer Weise überschritten wird.[818]

Aufgrund des Urteils des BGH aus dem Jahre 2006 zur Untreue und des Beschlusses des BGH aus dem Jahre 2016 wird ein solcher evidenter Fall beispielsweise anzunehmen sein, wenn der Vertragsarzt kollusiv bei der Verordnung nicht indizierter Mittel mit einem bösgläubigen Patienten bzw. nichtärztlichen Leistungserbinger zusammenwirkt.[819] Besteht keinerlei medizinische Indikation

---

812 BVerfGE 126, 170, 210; das Kriterium der Evidenz sehen aus verfassungsrechtlichen Gründen wohl auch als erforderlich an: *Wessing/Krawczyk*, NZG 2010, 1121, 1123; *Böse*, Jura 2011, 617, 622.

813 Sehr kritisch *Beckemper*, ZJS 2011, 88, 90: Zusätzliche Merkmale, die dem Wortlaut des Gesetzes selbst nicht zu entnehmen sind, tragen nicht zur Bestimmtheit der Norm bei.

814 Dies ablehnend *Safferling*, NStZ 2010, 376, 377, aufgrund der „Substanzlosigkeit der Begrifflichkeiten"; sehr kritisch auch *Beckemper*, ZJS 2011, 88, 90 f.

815 *Rönnau*, ZStW 2007, 887, 917.

816 *Dinter*, S. 114.

817 Diese detaillierte Rechtsprechung als Indiz für die extreme Weite des Untreuetatbestands begreifend *Wessing/Krawczyk*, NZG 2010, 1121, 1122.

818 *Fischer*, StGB, § 263 Rn. 68 f., 62.

819 *Schneider*, HRRS 2017, 231, 234.

und wird gegen Zuwendung dennoch eine Verordnung vorgenommen, wird grundsätzlich, unabhängig davon ob der Patient bösgläubig ist oder nicht, eine Pflichtverletzung zu bejahen sein. Als mögliches Kriterium für das Merkmal der Evidenz kann daher auch der Zusammenhang zwischen Zuwendung und unwirtschaftlicher Verordnung in Betracht gezogen werden.[820] Wesentlich ist hierbei jedoch, dass im Rahmen der Prüfung, ob eine Verletzung der Treuepflicht vorliegt, nur darauf abzustellen ist, inwieweit sich objektiv aus diesem Zusammenhang eine Treuepflicht ergibt und dadurch eine unwirtschaftliche Verordnung vorgenommen wurde. Anknüpfungspunkt für die Treuepflicht bleibt aber weiterhin die Verordnung und nicht die Annahme der Zuwendung.[821]

Dass der Große Senat in seiner Entscheidung in enormem Maß auf das Vertrauensverhältnis zwischen Arzt und Patient und das Handeln des Arztes, welches vordergründig zum Wohle des Patienten erfolgt, abstellte, hindert nicht die Annahme einer Vermögensbetreuungspflicht. So betonte der Große Senat auch, dass sich jede Verordnung des Vertragsarztes unmittelbar auf das Vermögen der Krankenkassen auswirkt und diese nur im Nachhinein einer solchen Entscheidung auf Einreden und Einwendungen dagegen verwiesen sind,[822] wodurch die Vertragsärzte unmittelbar eine selbständige Entscheidung im Bereich des Vermögens der Krankenkassen treffen. Aus diesen Gründen ist nicht ersichtlich, weshalb sich durch die Entscheidung des Großen Senats an der möglichen Annahme einer Vertragsarztuntreue etwas geändert haben soll.[823] Trotz vieler kritischer Stimmen aus der Literatur, die auch bereits vor der Entscheidung des Großen Senats existierten, erscheint aufgrund der dargelegten Argumente die Annahme einer Vermögensbetreuungspflicht überzeugender als deren Ablehnung. Nicht umsonst hat das Bundesverfassungsgericht den Vertragsarzt bereits

---

820 Vgl. zu diesem Ansatz *Geis*, GesR 2006, 345, 355.

821 Vgl. hierzu *Geis*, GesR 2006, 345, 355.

822 BGHSt 57, 202, 217.

823 So auch *Schuhr* in: Spickhoff, StGB § 266 Untreue Rn. 32; *Frank/Vogel*, AnwBl 2016, 94, 97; *Bülte*, NZWiSt 2013, 346, 352, der zum Ergebnis kommt, dass *„alles beim Alten"* bleibt; *Lindemann* in: Kubiciel/Hoven, S. 143 f.; *Litzka*, WiJ 2013, 80, 85 hält ein Strafbarkeitsrisiko nach *„heutiger Rechtslage"* konkret für gegeben; *Fischer*, StGB, § 263 Rn. 48; a.A.: *Gaede* in: Kubiciel/Hoven, S. 149 f.; *Tsambikakis* in: FS Steinhilper, S. 220 ff.; *Butenschön*, S. 134 ff.; *Wengenroth/Meyer*, JA 2012, 646, 650; *Esser* in: AnwK-StGB, § 266 Rn. 324; *Brand/Hotz*, PharmR 2012, 317, 321 f.; *Leimenstoll*, wistra 2013, 121 ff.; *Ransiek*, medstra 2015, 92, 96 ff.; *Magnus/Bublitz/Repantis*, medstra 2015, 205, 206.

als „*Sachwalter der Kassenfinanzen*" eingestuft, der dazu befugt und verpflichtet ist, die wirtschaftlichen Mittel der gesetzlichen Krankenkassen zu verwalten.[824]

c) Reichweite der Strafbarkeit nach § 266 StGB

Allein die Annahme der Vermögensbetreuungspflicht des Vertragsarztes gegenüber dem Vermögen der gesetzlichen Krankenkassen vermag noch keine Strafbarkeit nach § 266 StGB zu begründen. Für eine solche müssen auch die weiteren objektiven und subjektiven Tatbestandsmerkmale in der jeweiligen Fallkonstellation erfüllt sein. Es stellt sich daher die Frage, inwieweit § 266 StGB trotz der grundsätzlichen Bejahung einer Vermögensbetreuungspflicht dazu geeignet ist, korruptive Verordnungen zu erfassen.

aa) Medizinisch indizierte Verordnung

Verordnet ein Vertragsarzt ein medizinisch indiziertes Medikament, wird es in vielen Fällen, unabhängig von der Frage, ob eine evidente Pflichtverletzung tatsächlich zu bejahen ist, an der Tatbestandsvoraussetzung des Vermögensnachteils fehlen. Ein Vermögensnachteil bestimmt sich nach dem Prinzip der Gesamtsaldierung durch einen Vergleich des Vermögens vor und nach der pflichtwidrigen Tathandlung.[825] Verschreibungspflichtige Arzneimittel unterliegen einer Preisbindung und es gelten einheitliche Herstellerabgabepreise (§ 78 Abs. 3 AMG) sowie einheitliche Apothekerabgabepreise (§ 78 Abs. 2 AMG), deren exakte Höhe in der Arzneimittelpreisverordnung festgelegt wird.[826] Die Arzneimittelpreisverordnung legt zur Sicherstellung der einheitlichen Abgabepreise nach § 78 AMG die Preisspannen von Pharmaunternehmen und Apothekern beim Verkauf von verschreibungspflichtigen Arzneimitteln fest.[827] Für das Vermögen der Krankenkassen ist es daher unerheblich, von welchem Hersteller das Medikament bezogen wird, da sie immer den gleichen Betrag zu begleichen haben.[828] Eine Zuwendung, die dem Vertragsarzt für die Verordnung von einem bestimmten Hersteller gewährt wird und damit in sein „Auswahlermessen"[829] eingreift, führt daher mangels der Möglichkeit, Zuwendungen an den Arzt in den Preis durch dessen Erhöhung einfließen zu lassen, grundsätzlich nicht zur Minderung

---

824 *Schneider*, HRRS 2010, 241, 246 unter Berufung auf BVerfG NJW 2001, 1779, 1782.
825 BGHSt 47, 295, 301 f.; *Fischer*, StGB, § 266 Rn. 115a.
826 *Cosack*, ZIS 2013, 226; *Gelshorn*, S. 92; *Schneider*, HRRS 2010, 241, 243.
827 *Schneider*, HRRS 20120, 241, 243.
828 *Gelshorn*, S. 92; *Cosack*, ZIS 2013, 226, 226 f.
829 *Schneider*, HRRS 2010, 241, 242.

des Vermögens der Krankenkassen, so dass es in solchen Fällen an einem Vermögensschaden der Krankenkassen fehlt.[830] In diesen Fällen entsprechen sich grundsätzlich der von den Krankenkassen geleistete Betrag und der Wert des verordneten Mittels.

Auch in den Fällen, in denen das verordnete Medikament tatsächlich den Preis von Produkten mit den gleichen Wirkstoffen anderer Hersteller übersteigt – was nicht immer der Fall sein muss, da nicht zwangsläufig ausschließlich die Pharmahersteller von hochpreisigen Produkten auf Vertragsärzte einwirken – steht dem Vertragsarzt bei der Auswahl des Medikaments ein Entscheidungsspielraum zu.[831] Zudem dürfte es auch hier in den meisten Fällen an einem Schaden zum Nachteil der Krankenkassen fehlen, da im Falle der Festlegung von Festbeträgen nach § 35 SGB V die Krankenkasse nur diesen Betrag erstattet und der Patient unter Umständen eine Zuzahlung leisten muss.[832] Mangels Vermögensbetreuungspflicht des Vertragsarztes gegenüber dem Patientenvermögen kommt hier eine Strafbarkeit nach § 266 StGB jedoch nicht in Betracht.[833]

Ein Vermögensnachteil wird jedoch regelmäßig in den Fällen anzunehmen sein, in denen der Vertragsarzt für seine Verordnungen umsatzbezogene Rückvergütungen von einem Hersteller erhält, diese Rückvergütungen jedoch nicht bei der Weiterberechnung an die Krankenkassen in Abzug gebracht werden bzw. den Preisen aufgeschlagen werden. Eine solche Vorgehensweise kommt dann in Betracht, wenn es sich nicht um preisgebundene Fertigarzneimittel handelt, wie insbesondere bei Sprechstundenbedarf,[834] bzw. der Vertragsarzt ein Mittel verordnet, das er auch von einem günstigeren Hersteller hätte verordnen können. Bei diesen Sachverhalten ist allerdings zu beachten, dass allein die Nichtherausgabe von erhaltenen Zuwendungen, die speziell an den Vertragsarzt

830 *Schneider*, HRRS 2010, 241, 243; *Kölbel*, NStZ 2011, 195, 196; *Gelshorn*, S. 92; im Ergebnis so auch *Bongartz*, S. 201 f. Ebenso *Cosack*, ZIS 2013, 226, 226 f. für den Privatpatienten und dessen Vermögen.

831 *Taschke*, StV 2005, 406, 408.

832 *Taschke*, StV 2005, 406, 408; so auch *Bongartz*, S. 202; *Krick*, A&R 2011, 3, 6.

833 *Geis*, GesR 2006, 345, 349; *Taschke*, StV 2005, 406, 408; *Braun*, S. 112 f.; auch aus § 630c III BGB, nach der der Arzt seine Patienten vor der Behandlung über anfallende Kosten aufklären muss, wenn ihm bekannt ist, dass eine vollständige Kostenübernahme nicht feststeht, ergibt sich keine Hauptpflicht, da Aufklärungen in wirtschaftlicher Hinsicht lediglich eine Nebenpflicht abbilden, OLG Stuttgart, VersR 2013, 583, 583 f.; *Reinhardt*, S. 232 f. m.w.N. in Fn. 1357. A.A. wohl *Cosack*, ZIS 2013, 226, 226 f., allerdings nur für Privatpatienten, für Kassenpatienten lehnt er eine solche wohl ab.

834 *Schneider*, HRRS 2010, 241, 242.

geleistet wurden, nicht strafbar ist und keine Pflichtwidrigkeit begründen kann, da es sich hierbei um eine allgemeine Schuldnerpflicht handle und nicht um eine untreuespezifische Treuepflicht.[835] Eine Pflichtwidrigkeit wird jedoch dann anzunehmen sein, wenn gerade die Zuwendung den Vertragsarzt dazu bewogen hat, eine für die Krankenkasse günstigere Verordnung eines ebenfalls in Frage kommenden Mittels nicht vorzunehmen.[836] Stehen sich das Mittel und der hierfür zu entrichtende Preis grundsätzlich wertmäßig im gleichen Rang gegenüber, kann eine Treuwidrigkeit gleichwohl in Betracht kommen, wenn zuvor die Bereitschaft bestand, die Leistung auch zu einem Preis abzugeben, der um die Zuwendung gekürzt ist und der Vertragsarzt somit eine günstigere Verordnung hätte vornehmen können.[837] Inwieweit es sich tatsächlich um eine evidente Pflichtverletzung handelt, bemisst sich nach den Gegebenheiten des jeweiligen Einzelfalls.

Besteht für die Arzneimittel keine Preisbindung, kann das entsprechende Pharmaunternehmen im Rahmen der Preisfindung die Rückvergütung an den Vertragsarzt entsprechend berücksichtigen und diese auf den eigentlichen Preis des Produktes aufschlagen.[838] Wird der aufgeschlagene Betrag sodann an den Vertragsarzt ausbezahlt, ist ein Vermögensnachteil bei den Krankenkassen zu bejahen, unabhängig davon, ob es sich um einen äquivalenten Leistungsaustausch handelt oder der Preis den Wert des Produktes übersteigt.[839] Ein Vermögensnachteil wird dagegen nicht vorliegen, wenn der Treupflichtige durch an ihn gerichtete Zuwendungen lediglich zum Abschluss weiterer Geschäfte ermuntert werden soll.[840]

Gelangt man zur Annahme eines Vermögensnachteils, wird es maßgeblich auf das Vorliegen der subjektiven Tatbestandsseite, mithin das Vorliegen des bedingten Vorsatzes beim Vertragsarzt ankommen. Es wurde teilweise bezweifelt, ob tatsächlich in allen Fällen der erforderliche bedingte Vorsatz in Bezug auf die Vermögensbetreuungspflicht, die Pflichtwidrigkeit und den Vermögensnachteil gegeben sein wird, zumal die Rechtsprechung strenge Anforderungen

---

835 BGHSt 30, 46, 48; BGHSt 47, 295, 298; BGHSt 49, 317 ff.; BGH NStZ 1995, 233 f.; BGH NStZ 2002, 648, 649; a.A. *Haeser,* MedR 2002, 55, 56. Zur daraus resultierenden fehlenden Strafbarkeit bei Einweisungsvergütungen vgl. *Kölbel,* wistra 2009, 129, 131 f.

836 BGHSt 47, 22, 24. Vgl. zur Evidenz der Pflichtverletzung schon 2. Kapitel A. II. 1. b) dd) (2) (f) (S. 147 ff.).

837 BGHSt 47, 295, 298 f.

838 Vgl. hierzu BGH, wistra 2004, 422 ff.; OLG-Hamm NStZ-RR 2006, 13 ff.

839 Vgl. hierzu allgemein *Fischer,* StGB, § 266 Rn 118 f.

840 BGH NJW 1983, 1807, 1809 f.; BGH wistra 2001, 267, 269.

an die subjektive Tatbestandseite stellt.[841] Die Vertragsärzte müssen mit Wissen und Wollen, folglich in dem Bewusstsein einer Vermögensbetreuungsstellung, die sich daraus ergebenden Verfügungsbefugnisse pflichtwidrig missbrauchen, um der Krankenkasse einen Nachteil zuzufügen. Es werden erhebliche Zweifel dahingehend geäußert, dass der Vertragsarzt tatsächlich „Bedeutungskenntnis" von den objektiven Tatumständen im Wege einer „Parallelwertung in der Laiensphäre" hat.[842] Der Vertragsarzt müsste hierfür die Merkmale „Missbrauch einer Verfügungsbefugnis" und Verletzung der „Pflicht zur Vermögensfürsorge" so einordnen und bewerten können, dass er sich der Bedeutung der Begriffe ebenso bewusst ist wie seiner Position im System der gesetzlichen Krankenversicherung und seiner Vermögensbetreuungspflicht.[843]

Dies könnte man einerseits zumindest anzweifeln, da sich der Vertragsarzt vermutlich weniger als „Sachwalter der Vermögensinteressen der gesetzlichen Krankenkassen", sondern eher als selbständig und eigenverantwortlich agierender Arzt sieht, dessen primäres Ziel die Behandlung des Patienten ist. Dies gilt umso mehr, zumal er zu den gesetzlichen Krankenversicherungen in keiner Rechtsbeziehung steht und von diesen keine Vergütung bezieht.[844] Auf der anderen Seite ist zu bedenken, dass der Vertragsarzt durchaus Kenntnis davon haben wird, dass die Kosten der Patienten regelmäßig von den Krankenkassen getragen werden und er mit seinen Verordnungen und Entscheidungen eine Zahlungsverpflichtung seitens der Krankenkassen auslöst. Zudem dürfte regelmäßig ein Bewusstsein dahingehend existieren, dass der Einbehalt und die Nichtoffenlegung etwaiger erhaltener Rückvergütungen grundsätzlich zu einer Pflichtverletzung gegenüber der Krankenkasse führen und sich nachteilig auf deren

---

841 BGHSt 47, 295, 302; *Ulsenheimer*, MedR 2005, 622, 627; dies stark bezweifelnd auch *Ulsenheimer* in: Laufs/Kern, § 153 (Vertragsarzt-)Untreue Rn. 16; *Steinhilper*, MedR 2005, 239.

842 *Ulsenheimer*, MedR 2005, 622, 627; *Steinhilper*, MedR 2005, 239 führt aus, dass die Vermögensbetreuungspflicht regelmäßig *„gänzlich außerhalb des Blickwinkels eines Vertragsarztes"* liegen dürfte.

843 *Ulsenheimer*, MedR 2005, 622, 627.

844 *Ulsenheimer*, MedR 2005, 622, 627 f.; *Ulsenheimer* in: Laufs/Kern, § 153 (Vertragsarzt-) Untreue Rn. 16: Der Vertragsarzt wird sich selbst vielmehr als „medizinischer Sachwalter der Gesundheitsinteressen der gesetzlich versicherten Patienten" sehen. Den Vorsatz bei Zugrundelegung dieser Argumentation auch bezweifelnd, *Bongartz*, S. 203; die jedoch auch auf die aktuelle Rspr. des BGH vom 16.08.2016 verweist und im Ergebnis zu dem Schluss gelangt, dass der subjektive Tatbestand zumindest „regelmäßig" gegeben sein dürfte.

Vermögen auswirken. In den zur Untreue zitierten Entscheidungen des BGH wird die subjektive Tatbestandsseite dementsprechend in keiner Weise problematisiert.[845] Im Ergebnis wird zumindest in jedem Einzelfall eine gesonderte und kritische Betrachtung vorzunehmen sein, ob nicht doch berechtigte Zweifel an der Annahme des Vorsatzes bestehen. Ohne nähere Erläuterung und Berücksichtigung der jeweiligen Gegebenheiten des individuellen Falles die subjektive Tatbestandsseite zu bejahen, dürfte in einigen Fällen ebenso nicht gänzlich sachgerecht sein wie deren Verneinung.

bb) Medizinisch nicht indizierte Verordnung

Ist eine Verordnung medizinisch nicht indiziert, wird grundsätzlich die erforderliche Evidenz in Bezug auf die Verletzung der Vermögensbetreuungspflicht anzunehmen sein. Leistungen, die selbst unter Einbeziehung eines erheblichen Wertungsspielraumes der Ärzte, außerhalb jeglicher Erforderlichkeit liegen und daher überflüssig sind, dürfen von einem Vertragsarzt aufgrund des Wirtschaftlichkeitsgebotes nicht verordnet werden. Nimmt der Vertragsarzt dennoch eine solche Verordnung zu Lasten der Krankenkasse vor, liegt darin eine Verletzung seiner Vermögensbetreuungspflicht begründet.[846] Ebenfalls wird man zur Annahme eines Schadens am Vermögen der Krankenkassen gelangen. Dies ist vor allem dann der Fall, wenn der Vertragsarzt Arzneimittel verordnet, für die der Patient keinerlei Bedarf hat oder solche Mengen, die den Bedarf des Patienten bei Weitem übersteigen und der Patient diese Mittel anderweitig einsetzt.[847] Kritisch zu hinterfragen und zu prüfen ist hierbei jedoch wiederum, ob auch der entsprechende Vorsatz des Vertragsarztes gegeben ist.[848] Dies gilt es in jedem Einzelfall gesondert einer Prüfung zu unterziehen.

d) Zusammenfassung und kritische Würdigung der Erfassung von korruptiven Sachverhalten durch § 266 StGB

Auswirkungen durch die Aufgabe der Vertretertheorie und der Entscheidung des Großen Senats sind auf die generell auch weiterhin anzunehmende Vermögensbetreuungspflicht und damit auf die Untreuestrafbarkeit im Ergebnis nicht festzustellen. Die Vermögensbetreuungspflicht hing weder von der Vertretertheorie

---

845 So auch in seinem Beschluss vom 16.08.2016 – 4 StR 163/16, NJW 2016, 3253, 3257. Vgl. zudem die Entscheidungen BGHSt 49, 17, 24; BGH, wistra 2004, 422 ff.

846 BGHSt 49, 17, 24.

847 *Schneider*, HRRS 2010, 241, 242; *Taschke*, StV 2005, 406, 408.

848 *Cosack*, ZIS 2013, 226, 227.

noch von der Beauftragtenstellung des Vertragsarztes ab, sondern ergibt sich vielmehr aufgrund der enormen Auswirkungen seiner Verordnungen auf das Vermögen der Krankenkassen und dem sozialrechtlichen Wirtschaftlichkeitsgebot. Dennoch ist die Untreue, gemessen an den vorstehenden Ausführungen, nicht dazu geeignet, alle korruptiven Sachverhalte im Zusammenhang mit der Verordnungstätigkeit des Vertragsarztes zu erfassen. So unterfällt die Einwirkung auf einen Arzt mit unzulässigen Mitteln bei generell medizinisch indizierter Verordnung nicht zwangsläufig der Untreue. Regelmäßig fehlt es aufgrund der Preisbindung der Arzneimittel schon an einem Vermögensnachteil bei den Krankenkassen. Im Rahmen der medizinisch nicht indizierten Verordnungen ist grundsätzlich im jeweiligen Einzelfall die subjektive Tatbestandsseite zumindest einer kritischen Prüfung zu unterziehen.

Doch nicht nur die aufgezeigten Anwendungsschwierigkeiten des Untreuetatbestandes in den diskutierten Fallvarianten, sondern auch die Anwendung eines Vermögenstatbestandes auf korruptive Sachverhalte an sich, lassen Zweifel entstehen, ob dieser Tatbestand tatsächlich dazu geeignet ist, den Unrechtsgehalt von Korruption angemessen zu erfassen.[849] Wie eingangs dieser Arbeit bereits aufgezeigt, war es das erklärte Ziel des Gesetzgebers mit den nunmehr geltenden §§ 299a, 299b StGB korruptive Sachverhalte zu erfassen.[850] Der Unrechtsgehalt der Korruption liegt aber gerade nicht in einer Beeinträchtigung von Vermögensinteressen, wie es bei der Untreue der Fall ist,[851] begründet. Wie bereits festgestellt wurde, ist für das Vorliegen eines korruptiven Sachverhaltes der Eintritt eines Vermögensschadens nicht zwangsläufig erforderlich.[852] Bei der Erfassung von Korruption liegt der Schwerpunkt nicht auf dem Schutz von Vermögensinteressen, sondern auf dem Schutz einer interessengerechten und sachgerechten Aufgabenwahrnehmung, bei der die Aufgabe und die damit einhergehende Macht für eine Institution, die jemandem aufgrund einer besonderen Stellung zuteil wird, nicht durch Vernachlässigung der Interessen der Institution zugunsten eigener Interessen vernachlässigt werden darf.[853]

---

849 BT-Drucks. 18/6446, S. 12; *Bahner*, S. 10.

850 Vgl. hierzu 1. Kapitel A. (S. 9).

851 Geschütztes Rechtsgut des § 266 StGB ist das Vermögen des Treugebers, BGHSt 8, 254 ff; BGHSt 14, 38, 47; BGHSt 43, 297 ff.; *Fischer*, StGB, § 266 Rn. 2.

852 Vgl. hierzu 1. Kapitel A. I. 2. b) bb) (S. 14 f.).

853 Vgl. hierzu 1. Kapitel A. I. 3. (S. 18 ff.); vgl. auch BT-Drucks. 18/6446, S. 12; Referentenentwurf vom 04.02.2015, S. 10.

Aufgrund seiner Schutzrichtung werden durch den Unrechtstatbestand allerdings grundsätzlich bereits nur Einwirkungen auf den Vertragsarzt und seine Vornahme heilberuflicher Entscheidungen erfasst, die auch einen Vermögensnachteil für die Krankenkassen mit sich bringen.[854] Eine Anwendbarkeit auf Korruption und eine Sicherung des Vertrauensschutzes, den sich der Gesetzgeber unter anderem mit den neuen Tatbeständen zum Ziel gesetzt hat, gebieten allerdings eine Erfassung von ungerechtfertigten Zuwendungen, durch die die Entscheidungen des Arztes dergestalt beeinflusst werden, dass er keine allein am Wohl des Patienten ausgerichteten Entscheidungen mehr vornimmt.[855] Es bedarf einer Austauschbeziehung zwischen einem Vorteilsgeber und einem Vorteilsnehmer, woraus letztendlich ein Dreiecksverhältnis resultiert. Eine hinreichende Erfassung korruptiven Verhaltens wird in einigen Fällen daher bereits an dem fehlenden Vermögensnachteil scheitern. Von der Untreue werden bereits keine Beeinflussungen des Arztes erfasst, wenn die Arzneimittel einer Preisbindung unterliegen. Hierbei handelt es sich aber grundsätzlich um einen korruptiven Sachverhalt, wenn der Vertragsarzt die Interessen des Patienten und des Gesundheitswesens für seine eigenen Interessen benachteiligt bzw. benachteiligen soll.

Des Weiteren birgt grundsätzlich auch die subjektive Tatbestandsseite Risiken hinsichtlich der Erfassung korruptiver Sachverhalte. So vermag die Tätigkeit des Vertragsarztes, welche die Behandlung von Patienten im Rahmen einer freiberuflichen Berufsausübung umfasst, in objektiver Hinsicht nach der hier vertretenen Auffassung zwar eine Vermögensbetreuungspflicht zu begründen, es bleibt aber in jedem Einzelfall kritisch zu prüfen, ob auch der Vorsatz hinsichtlich einer solchen tatsächlich gegeben ist. Ein Vertragsarzt, der auf eigenes wirtschaftliches Risiko tätig ist, wird sich zwar des von ihm einzuhaltenden Wirtschaftlichkeitsgebotes bewusst sein, dass ihn aber auch eine umfassende Vermögensbetreuungspflicht für die Krankenkassen trifft und welche Bedeutung damit verbunden ist, wird er regelmäßig nicht in der erforderlichen Weise nachvollziehen. Korruptionsunrecht primär durch ein Vermögensdelikt zu erfassen, ist daher schon aufgrund der mangelnden Erfassung des tatsächlichen Unrechtsgehaltes und der Schutzrichtung keine adäquate Lösung, die zudem wesentliche Fälle nicht zu erfassen vermag.

Bei § 266 StGB handelt es sich außerdem um ein Sonderdelikt, weshalb ohnehin nur der Vorteilsnehmer vom Tatbestand erfasst wird. Korruptionstatbestände

---

854 *Schneider*, HRRS 2010, 241, 246; *Reinhardt*, S. 246, in diesem Sinne auch BT-Drucks. 18/6446, S. 12.

855 BT-Drucks. 18/6446, S. 12.

verfolgen aber in der Regel das Ziel, die ordnungsgemäße Aufgabenwahrnehmung sowohl gegen den Vorteilsgeber als auch gegen den Vorteilsnehmer abzusichern und erfassen daher den Geber und den Nehmer, da sich beide an einem rechtswidrigen Vorgang beteiligen. Auch unter diesem Gesichtspunkt erscheint § 266 StGB nicht der geeignete Tatbestand zur Erfassung von Korruption.

2. Strafbarkeit nach § 263 StGB

Es stellt sich die Frage, ob der Tatbestand des § 263 StGB korruptive Sachverhalte im Zusammenhang mit der Verordnungstätigkeit der Vertragsarztes besser zu erfassen vermag oder ob sich, wie bei § 266 StGB, ebenfalls Anwendungsschwierigkeiten ergeben.

a) Reichweite der Betrugsstrafbarkeit in Bezug auf medizinisch nicht indizierte Verordnungen

aa) Rechtsprechung zu medizinisch nicht indizierten Verordnungen

(1) Beurteilung der Strafbarkeit bis zum Jahre 2003

Generell wurde bis zur bereits dargestellten Entscheidung des BGH aus dem Jahre 2003 auch[856] die unwirtschaftliche bzw. unerlaubte Verordnung von Hilfsmitteln und Medikamenten als Betrug nach § 263 StGB eingeordnet. Der Patient wurde in diesen Fällen regelmäßig des Betrugs gegenüber seiner Krankenkasse unter Mithilfe des Vertragsarztes und des gutgläubigen Apothekers schuldig gesprochen und der Vertragsarzt machte sich insofern der Beihilfe zum Betrug strafbar.[857] Durch die Vorlage der Rezepte bei der Krankenkasse erwecke es den Anschein, dass die Medikamente an sich und in ihrer Anzahl von medizinischer Notwendigkeit seien, woraufhin diese irrtumsbedingt eine Vermögensverfügung in Form der Begleichung der entstandenen Kosten vornehme, die für sie jedoch nachteilig ist.[858]

(2) Richtungsänderung durch die Entscheidung des BGH vom 25.11.2003

In seiner Entscheidung, in der der BGH die Verordnung von medizinisch nicht indizierten Medikamenten und Hilfsmitteln erstmals als Untreue einordnete,

---

856 Ebenso wie beim Abrechnungsbetrug.

857 LG Kaiserslautern Urt. v. 31.1.2003 – 2 KLs 6112 Js 7880/01 (nicht veröffentlicht); zusammenfassend aber wiedergegeben bei BGHSt 49, 17, 18.

858 Vgl. Zusammenfassung des Urteil des LG Kaiserslautern bei BGHSt 49, 17, 18.

hob er zugleich die erstinstanzliche Entscheidung des LG Kaiserslautern auf, das den Vertragsarzt wegen Beihilfe zum Betrug verurteilt hatte.[859] Der BGH zog in dieser Entscheidung die Rechtsprechung des 3. Senats des BSG und die darin entwickelte Vertreterstellung des Vertragsarztes bei der Verordnung von Arzneimitteln heran.[860]

(a) Kein Betrug gegenüber dem Apotheker

Dem LG zustimmend führte der BGH zunächst aus, dass die Apotheker durch die Vorlage der Rezepte keinen tatbestandsmäßigen Irrtum erleiden. Nachdem es dem Apotheker generell nicht obliegt zu prüfen, ob eine Verordnung notwendig im Sinne des § 12 Abs. 1 SGB V ist, fehle es an einem Irrtum des Apothekers, der für die Vermögensverfügung in Form der Übergabe der Medikamente und der Hilfsmittel kausal geworden ist.[861] Der Irrtum würde nämlich darauf basieren, dass der Patient mit der Vorlage des Rezeptes über die Notwendigkeit der Leistung konkludent täuscht. Die Apotheker seien aber nach § 17 Abs. 5 Apo-BetrO dazu verpflichtet, die Rezepte unverzüglich einzulösen, weshalb ihnen nur eine sehr eingeschränkte Prüfungskompetenz in Bezug auf die Feststellung der sachlichen Richtigkeit der verordneten Arzneimittel zukommt.[862] Eine Überprüfung jeden Rezepts auf seine medizinische Richtigkeit hin würde zu einer zeitlich-fachlichen Überforderung des jeweiligen Apothekers führen.[863]

(b) Kein Betrug gegenüber der gesetzlichen Krankenkasse

Der BGH lehnte anders als das LG Kaiserslautern in seiner Entscheidung aber auch eine Täuschung durch den Patienten gegenüber der Krankenkasse ab. Die von dem Vertragsarzt als Vertreter der Krankenkasse vorgenommene Vermögensverfügung in Form der Verordnung der Medikamente und Hilfsmittel könne auf keiner Täuschung durch den Patienten basieren, nachdem dem Vertragsarzt bekannt war, dass die Verordnungen nicht medizinisch indiziert sind; deshalb kann auch die Krankenkasse nicht getäuscht werden, da der Vertragsarzt als ihr Vertreter handelte.[864]

---

859 *Duttge* in: Duttge, S. 8, spricht insofern von einem *„Wechsel vom Betrugs- zum Untreuekonzept"*.
860 BSGE 77, 194, 200.
861 BGHSt 49, 17, 21 f.
862 BGHSt 49, 17, 21 f.
863 BGHSt 49, 17, 21 f.
864 BGHSt 49, 17, 23.

Ein Betrug könne auch nicht darin gesehen werden, dass die Rezepte an die gesetzliche Krankenkasse weitergeleitet werden und daraufhin die Krankenkasse diese begleicht. Auch insoweit fehle es an einer betrugsrelevanten Täuschung gegenüber der Krankenkasse, die zu einer Vermögensverfügung zu seinen Gunsten geführt hat. Es sei keine Stoffgleichheit zwischen dem vom Patienten gewollten Vermögensvorteil und der gegenüber dem Vertragsarzt nicht vorgenommenen Rüge hinsichtlich nicht medizinisch indizierter Verordnungen gegeben. Die Krankenkasse sei aber gerade auf solch eine nachträgliche Prüfung der medizinischen Notwendigkeit von Verordnungen verwiesen.[865]

Unterstrichen wurde diese Entscheidung des BGH dadurch, dass die gesamte Konstellation unter besonderer Beachtung der rechtlichen Beziehung von Krankenkassen und Vertragsärzten mehr dem Bild einer Untreuekonstellation ähnelt als dem des Betrugs. So weist die Fallgestaltung nicht das für den Betrug wesentliche Merkmal *„einer irrtumsmotivierten Schädigung durch Angriff auf das Vermögen von außen“* auf.[866] Die Schädigung des Vermögens erfolge vielmehr durch das *„Ausnutzen einer internen besonderen Stellung“*.[867] Durch seine Stellung als Vertreter der Krankenkassen setzt der Vertragsarzt eine Verpflichtung der Krankenkassen gegenüber ihren Patienten um und sei daher hierbei der Krankenkasse gegenüber zur Einhaltung des Wirtschaftlichkeitsgebotes nach § 12 Abs. 1 SGB V verpflichtet, was wiederum seine Vermögensbetreuungspflicht, die für die Untreue stehe, widerspiegele.[868]

bb) Meinungsstand und Stellungnahme zur Betrugsstrafbarkeit bei medizinisch nicht indizierten Verordnungen

Bei medizinisch nicht indizierten Verordnungen wird oftmals vertreten, es fehle schon an einer Täuschungshandlung gegenüber dem Apotheker, da grundsätzlich das vorgelegte Rezept vom Apotheker gemäß § 17 Abs. 5 ApoBetrO nicht hinsichtlich seiner sachlichen Rechtfertigung überprüft wird. [869] Die Krankenkassen nehmen eine solche Überprüfung ebenfalls im Grundsatz nicht vor, weswegen teilweise auch eine Täuschungshandlung gegenüber diesen abgelehnt wird.[870] Fehlt es an einer solchen Überprüfung durch den Apotheker und den

---

865 BGHSt 49, 17, 23.
866 *Taschke*, StV 2005, 406, 408.
867 *Taschke*, StV 2005, 406, 408.
868 BGHSt 49, 17, 24.
869 *Taschke*, StV 2005, 406, 407; *Schneider*, HRRS 2010, 241, 243; *Schuhr* in: Spickhoff, § 263 Rn. 11; *Hellman/Beckemper*, 4. Auflage, Rn. 476.
870 *Schwerdtfeger*, NZS 1998, 97, 101; *Taschke*, StV 2005, 406, 408.

Sachbearbeiter der Krankenkasse, sei mit der Einreichung der Verordnung nicht das Ziel der Herbeiführung eines Irrtums, namentlich einer nicht mit der Realität übereinstimmenden „Fehlvorstellung“ verbunden.[871] Richtigerweise ist in solchen Fällen allerdings zumindest eine Täuschungshandlung zu bejahen. Die Erklärung, die mit der Ausstellung der Verordnung verbunden ist, ist nach der Verkehrsanschauung und den geltenden rechtlichen Regelungen, vorliegend insbesondere des Sozialrechts, zu ermitteln. Der Verordnung ist die konkludente Erklärung des Vertragsarztes zu entnehmen, dass diese wirtschaftlich erfolgt und sich in dem von ihm zu beachtenden Wirtschaftlichkeitsgebot bewegt.[872] Nachdem der Vertragsarzt grundsätzlich nicht zu unwirtschaftlichen Verordnungen nach dem Wirtschaftlichkeitsgebot berechtigt ist, wird man davon ausgehen, dass er dieses bei der Verordnung beachtet hat. Eine konkludente Täuschung ist daher zu bejahen.[873]

Allerdings fehlt es auch bei der Annahme einer Täuschung sodann an einem Irrtum bei dem Apotheker.[874] Insoweit ist der zuvor dargestellten Entscheidung des BGH aus dem Jahre 2003 zuzustimmen. Der Apotheker hat zwar bei der Abgabe zu prüfen, ob die Verordnung gewissen Voraussetzungen gerecht wird, insbesondere „ordnungsgemäß“ ausgestellt wurde, kein erkennbarer Missbrauch vorliegt und das Ausstellungsdatum der Verordnung nicht älter als einen Monat ist.[875] Ähnliche formelle Prüfpflichten ergeben sich auch aus § 17 Abs. 5 ApoBetrO.[876] Eine „Überprüfung der Erstattungsfähigkeit“ ist damit allerdings nicht verbunden und in den ergänzenden Verträgen nach § 129 SGB V teilweise auch ausgenommen.[877] Aus einer Gesamtschau dieser Regelungen ergibt sich, dass der Apotheker grundsätzlich nur formelle Prüfungen vornimmt und einen offensichtlichen Missbrauch auszuschließen hat; er ist jedoch nicht dazu angehalten

871 *Taschke*, StV 2005, 406, 407.

872 In diesem Sinne *Dannecker* in: G/J/W, § 263 StGB Rn. 177; *Hellmann/Herffs*, Rn. 279 ff.; *Reinhardt*, S. 181; *Bongartz*, S. 204; *Krick*, A&R 2011, 3, 5.

873 *Dannecker* in: G/J/W, § 263 StGB Rn. 177; so wohl auch *Fischer*, StGB, § 263 Rn. 60.

874 Vgl. auch *Dannecker* in: G/J/W, § 263 StGB Rn. 177; *Fischer*, StGB, § 263 Rn. 60; *Bongartz*, S. 205.

875 Vgl. hierzu § 3 Abs. 3, Abs. 8 und 9 des Ergänzungsvertrag zum Rahmenvertrag über die Arzneimittelversorgung nach § 129 SGB V in Baden-Württemberg vom 01.04.2015. Ähnlich auch *Fischer*, StGB, § 263 Rn. 60; *Hellmann/Herffs*, Rn. 338; *Reinhardt*, S. 182 f.

876 *Corsten/Raddatz*, MedR 2013, 538, 539.

877 So beispielsweise in § 3 Abs. 7 des Ergänzungsvertrag zum Rahmenvertrag über die Arzneimittelversorgung nach § 129 SGB V in Baden-Württemberg vom 01.04.2015.

die Sachgerechtigkeit der Verordnung zu überprüfen.[878] Dies wird schon deswegen nicht möglich sein, da dem Apotheker nicht die Untersuchungsergebnisse des Arztes vorliegen und ihm die fachlichen Kenntnisse für die Überprüfung nicht vollumfänglich zu eigen sind.[879]

Auch gegenüber der Krankenkasse kann eine Täuschung aufgrund vorstehender Argumentation nicht grundsätzlich ausgeschlossen werden.[880] Der Entscheidung des BGH aus dem Jahre 2003, in der eine Täuschung verneint wurde, kann bereits deswegen nicht mehr gefolgt werden, da diese noch auf der inzwischen aufgegebenen Rechtsprechung des BSG basierte, nach der der Vertragsarzt bei der Verschreibung von Sachleistungen als Vertreter der Krankenkasse[881] handelt.

Ein Irrtum bei den zuständigen Sachbearbeitern der Krankenkasse ist grundsätzlich zu bejahen.[882] Die bloße Unkenntnis von Tatsachen vermag zwar keinen Irrtum zu begründen,[883] ausreichend für eine Irrtumsbegründung ist jedoch ein sogenanntes „sachgedankliches Mitbewusstsein",[884] nach dem der

---

878 So auch schon BSGE 77, 194, 209; BGH NStZ 2004, 568, 570; *Dannecker* in: G/J/W, § 263 Rn. 177; *Schuhr* in: Spickhoff, § 263 Rn. 11; *Hellmann/Herffs*, Rn. 334; *Corsten/Raddatz*, MedR 2013, 538, 539; *Taschke*, StV 2005, 406, 407; *Schimmelpfeng-Schütte*, GesR 2006, 529, 537; *Reinhardt*, S. 182 f. Die Auffassung „offensichtlich unwirtschaftliche" Verordnungen seien durch die Apotheker zu verweigern, da sie bei offensichtlichem Missbrauch keine Medikamente abgeben dürfen (so *Kühl*, Wirtschaftlichkeitsgebot, S. 99), erscheint nicht überzeugend, da eine Überprüfung der Wirtschaftlichkeit durch die Apotheker nicht vorgesehen ist und zeitlich und tatsächlich nicht möglich ist, vgl. hierzu bereits 1. Kapitel B. VI. 3. a) dd) (2) (e) (S. 66 f.).

879 Vgl. auch BGHSt 49, 17, 20 ff.; *Hellmann/Herffs*, Rn. 334; *Reinhardt*, S. 185.

880 So wohl auch *Fischer*, StGB, § 263 Rn. 60.

881 BSGE, 73, 271, 278; BSGE 77 194, 200; vgl. hierzu 1. Kapitel B. VI. 3. b) aa) (S. 68).

882 So BGH, wistra 2006, 421, 424; *Fischer*, StGB, § 263 Rn. 60; a.A. *Bongartz*, S. 205; *Krick*, A&R 2011, 3, 5.

883 BGH wistra 1992, 141; *Schuhr* in: Spickhoff, § 263 Rn. 24. Vgl. hierzu auch den 1. Strafsenat im Jahre 2006, BGH wistra 2006, 421, 424, der im Rahmen seiner Entscheidung zu Kick-back-Fällen ausführte, dass es insoweit ausreichend sei, dass die Mitarbeiter der Krankenkasse stillschweigend davon ausgehen, dass die Kosten, so wie sie abgerechnet werden auch tatsächlich angefallen sind. Es sei bei einem *„standardisierten, auf Massenerledigung angelegten Abrechnungsverfahren"* eben nicht notwendig, dass der bearbeitende Mitarbeiter der Krankenkasse bei jeder separat geltend gemachten Position der positiven Vorstellung unterliege, sie sei gerechtfertigt. So sei es nach Auffassung des Senats für den Irrtum vielmehr bereits ausreichend, dass der Mitarbeiter davon ausgeht, die eingereichte Abrechnung sei in ihrer Gesamtheit *„in Ordnung"*.

884 BGH wistra 2009, 433, 434.

Verfügende ohne Nachdenken davon ausgeht, dass alles „in Ordnung" sei. [885] Die Annahme eines Betruges wird aber jedenfalls daran scheitern, dass keine kausal auf dem Irrtum beruhende Vermögensverfügung vorgenommen wird.[886] Der Sachbearbeiter hat den Vergütungsanspruch des Apothekers unabhängig von der Wirtschaftlichkeit der Leistung zu erfüllen.[887] Dies ergibt sich daraus, dass der Apotheker seinen Vergütungsanspruch aus dem öffentlichen Recht nach § 129 SGB V i.V.m. den Verträgen nach § 129 Abs. 2 und Abs. 5 S. 1 SGB V erhält.[888] Dieser entsteht unabhängig davon, ob es sich um eine wirtschaftliche oder medizinisch indizierte Leistung handelt, da dies vom Apotheker nicht zu prüfen ist und seine Vergütung daher deswegen generell nicht verweigert werden kann.[889] Der Sachbearbeiter wird sich daher auch mit der Wirtschaftlichkeit der Verordnung nicht detailliert befassen, jedenfalls aber nicht gerade wegen dieses Irrtums die Vermögensverfügung vornehmen, da er, unabhängig davon, ob es sich um eine wirtschaftliche Leistung handelt oder nicht, den Vergütungsanspruch des Apothekers in der Regel zunächst einmal erfüllen wird. [890]

b) Reichweite der Betrugsstrafbarkeit in Bezug auf "Kick-back"-Fälle und medizinisch indizierte Verordnungen

aa) Rechtsprechung in Bezug auf "Kick-back"-Fälle

Der 1. Strafsenat schloss sich, wie bereits ausgeführt, der Rechtsprechung des 4. Strafsenats aus dem Jahre 2003 auch im Zusammenhang mit Kick-back-Fällen an und sprach sich für eine Vermögensbetreuungspflicht des Vertragsarztes gegenüber dem Vermögen der Krankenkassen aus und bejahte die Strafbarkeit wegen Untreue.[891] Er bejahte in seinen Ausführungen aber auch das Vorliegen einer betrugsrelevanten Täuschungshandlung der Ärzte zum Nachteil der

---

885 BGH NStZ 2007, 213, 215; *Schuhr* in: Spickhoff, § 263 Rn. 24.

886 Der Irrtum muss für die Vermögensverfügung mindestens mitursächlich sein, BGHSt 24, 386, 389.

887 *Hellmann/Herffs,* Rn. 341.

888 Vgl. hierzu 1. Kapitel B. VI. 3. b) bb) (S. 69 f.).

889 *Hellmann/Herffs,* Rn. 341.

890 *Reinhardt,* S. 188. *Wigge,* NZS 1999, 584, 587 f.: Die Krankenkasse habe die Verpflichtung, entsprechend der nach § 129 SGB V geschlossenen Arzneimittellieferverträgen auch missbräuchlicherweise ausgestellte Verordnungen zu begleichen, wenn der Apotheker keinen Fehler feststellen konnte. Zumindest im Ergebnis die Annahme eines Betruges verneinend auch BGHSt 49, 17, 23; *Fischer*, StGB, § 263 Rn. 60. *Hellmann/Beckemper,* Rn. 499; wohl auch *Kühl*, S. 149; a.A.: *Hellmann/Herffs*, Rn. 340.

891 BGH NStZ 2004, 568 ff. Vgl. 2. Kapitel A. II. 1. b) aa) (S. 129 f.).

Kostenträger, „*weil die Abrechnung des vollen Preises je Augenlinse die stillschweigende Erklärung enthielt, daß diese Kosten tatsächlich und endgültig angefallen waren.*“[892] Dies war jedoch aufgrund der getätigten Kick-back-Zahlungen nicht zutreffend. Zudem zog er auch eine Strafbarkeit wegen Betruges in mittelbarer Täterschaft durch die Abrechnung des Apothekers gegenüber der Krankenkasse in Betracht, ließ jedoch die Frage nach dem Vorliegen der Täuschung und des Irrtums unbeantwortet.

Auch das OLG Hamm gelangte generell zum betrugsrelevanten Verhalten des Vertragsarztes. Dem Gericht lag ein Fall vor, in dem der Vertragsarzt Röntgenkontrastmittel bei einem Unternehmen zu Lasten der Krankenkasse bestellte, ohne dieser anzuzeigen, dass im Gegenzug dieses Unternehmen ein anderes Unternehmen beauftragt hatte, kostenlos den medizinischen Sondermüll aus der Praxis des Vertragsarztes zu entfernen. Hierdurch konnte der Vertragsarzt Einsparungen vornehmen, welche jedoch bei der Abrechnung gegenüber der Krankenkasse nicht berücksichtigt wurden.[893]

Ein Betrug durch den Vertragsarzt schied aus, weil die Abrechnung von dem Unternehmen direkt gegenüber der Krankenkasse vorgenommen wurde. Das Gericht ordnete das Verhalten des Vertragsarztes bei der Verordnung von Röntgenkontrastmittel als Sprechstundenbedarf aber generell als Beihilfe zum Betrug ein, weil gerade erst durch seine Verordnung die Krankenkasse dazu verpflichtet werde, den überhöhten Preis für das Mittel zu zahlen und nicht den niedrigeren Betrag, der durch die dem Vertragsarzt nachträglich gewährten Rabatte tatsächlich entstanden ist.[894] Werden im Rahmen der Abrechnung der Krankenkasse gegenüber Beträge geltend gemacht, die den vollen Betrag für das Mittel abrechnen, sei damit die stillschweigende Erklärung verbunden, „*dass diese Kosten tatsächlich und endgültig angefallen waren und nicht durch dem Arzt gewährte Rabatte nachträglich gemindert wurden.*“[895] Das OLG ließ die Beihilfe zum Betrug jedoch als mitbestrafte Nachtat hinter der ebenfalls bejahten Untreue zurücktreten.[896] Bejaht wurde insoweit auch ein Betrug zum Nachteil der Krankenkasse durch Unterlassen, nachdem der Vertragsarzt die Zuwendung des Arzneimittelherstellers der Krankenkasse nicht anzeigt und ihr diesen Betrag nicht

892 BGH NStZ 2004, 568, 569.
893 Vgl. hierzu OLG Hamm NStZ-RR 2006, 13 f.
894 OLG Hamm NStZ-RR 2006, 13, 14.
895 OLG Hamm NStZ-RR 2006, 13, 14, unter Verweis auf BGH NStZ 2004, 568, 569.
896 OLG Hamm NStZ-RR 2006, 13, 14, ebenfalls unter Verweis auf BGH NStZ 2004, 568, 570.

zukommen lässt.[897] Das Wirtschaftlichkeitsgebot und das Verbot der Annahme von Vergütungen oder Vorteilen im Zusammenhang mit der Verordnung von Arznei-, Heil- und Hilfsmitteln oder Medizinprodukten begründen nach Auffassung des OLG Hamm insofern die Garantenstellung des Vertragsarztes.[898]

Wie bereits ausgeführt, hatte der BGH in seinem Beschluss vom 27.04.2004 in dem Tatkomplex, der die Augenlinsen betraf, grundsätzlich einen Betrug bejaht, da mit der Abrechnung des vollen Preises pro Augenlinse die Erklärung verbunden sei, dass diese Kosten auch vollständig entstanden seien; dies war aufgrund der gewährten Rückzahlungen jedoch unzutreffend.[899]

Zu dem selben Ergebnis gelangte auch der 1. Strafsenat in seiner Entscheidung im Jahre 2006, der einen Irrtum und die darauf basierende irrtumsbezogene Vermögensverfügung bejahte.[900] Der Strafsenat führte aus, dass ein Irrtum auch dann anzunehmen sei, wenn der Mitarbeiter davon ausgeht, die eingereichte Abrechnung sei in ihrer Gesamtheit „in Ordnung".[901] Diese Schlussfolgerung entstehe durch die Stichproben, die durchgeführt werden oder bei Prüfungen von erheblichen Abweichungen und zu der Vorstellung des Mitarbeiters führen, dass auch die nicht geprüften Vorgänge nur Kosten ausweisen, die tatsächlich angefallen sind. Hierfür sei auch die besondere Stellung des Vertragsarztes anzuführen, der aufgrund seiner Zulassung ein entsprechendes Vertrauen genieße, welches eine geminderte Prüfung rechtfertige.[902]

bb) Meinungsstand und Stellungnahme zur Betrugsstrafbarkeit in Bezug auf "Kick-back"- Fälle und medizinisch indizierte Verordnungen

Im Rahmen der Beurteilung der Strafbarkeit von medizinisch indizierten Verordnungen ist zwischen Verordnungen von Medikamenten, für die ein Festbetrag

897 OLG Hamm NStZ-RR 2006, 13, 14.

898 OLG Hamm NStZ-RR 2006, 13, 14.

899 Vgl. bereits 2. Kapitel A. II. 1. b) bb) (S. 130 f.).

900 Der der Entscheidung zugrunde liegende Sachverhalt geht zurück auf den Sachverhalt der Entscheidung des BGH vom 27.04.2004, vgl. auch 2. Kapitel A. II. 1. b) bb) (S. 130 f.). Das Verfahren gegen einen Angeklagten war zwischenzeitlich abgetrennt und mit einem weiteren Verfahren verbunden worden. Das LG hatte den Angeklagten wegen des Tatkomplexes „Augenlinsen" freigesprochen. Die Staatsanwaltschaft hatte dagegen Revision eingelegt; BGH, wistra 2006, 421 ff.

901 BGH wistra 2006, 421, 424. Der BGH bezieht sich insoweit in seinen Ausführungen auf BGHSt 2, 325, 326; 24, 386, 389; *Tiedemann* in: LK-StGB, § 263 Rn. 79, 83.

902 BGH wistra 2006, 421, 424.

festgelegt wurde und Verordnungen von Mitteln, die keiner Preisbindung unterliegen, zu differenzieren.

Bei der Verordnung medizinisch indizierter Medikamente, für die ein Festbetrag nach § 35 SGB V festgelegt wurde, wird regelmäßig eine Strafbarkeit nach § 263 StGB ausscheiden. Nachdem die Krankenkasse nur den Festbetrag erstattet und der Patient die diesen Betrag übersteigende Differenz selbst begleichen muss, liegt kein Vermögensschaden bei der Krankenkasse vor.[903] Eine Verpflichtung des Arztes zur Abgabe der Zuwendungen an die Krankenkasse ergibt sich mangels Rechtsbeziehung und spezieller vertraglicher oder gesetzlicher Regelung nicht.[904] Regelmäßig wird es zudem an der Voraussetzung der erforderlichen Stoffgleichheit von Vorteil und Schaden fehlen.[905] Der Schadenseintritt erfolgt bei der Krankenkasse, wohingegen die Zuwendung und damit die Bereicherung aus dem Vermögen des den Vorteil gewährenden Pharmaherstellers stammt und damit nicht aus dem Vermögen, in dem der Schaden eintritt. [906]

Ein Betrug zulasten des Patienten aufgrund der nicht erforderlichen Zuzahlung oder einer gegebenenfalls höheren Zuzahlung als erforderlich wird grundsätzlich ausscheiden, da der Patient hierfür durch täuschende Angaben des Arztes zu der Auffassung gelangt sein müsste, das teurere Medikament sei medizinisch indiziert und deswegen irrtumsbedingt eine Vermögensverfügung in Form der Zuzahlung vornimmt, wodurch ihm ein Vermögensschaden entsteht.[907] Der Verordnung ist die konkludente Erklärung des Vertragsarztes zu entnehmen, dass diese wirtschaftlich erfolgt und sich in dem von ihm zu beachtenden Wirtschaftlichkeitsgebot bewegt. Eine Täuschung ist daher zu bejahen. Der Patient nimmt durch die Vorlage der Verordnung in der Apotheke auch eine durch einen Irrtum bedingte Vermögensverfügung vor. Der Patient wird sich regelmäßig mit der Verordnung des Vertragsarztes nicht näher befassen und diese in der Annahme einlösen, dass sie „in Ordnung" sei.[908] Ein Irrtum kann jedoch auch dann angenommen werden, wenn man der Annahme unterliegt, dass die Verordnung ordnungsgemäß erstellt worden sei, ohne sich konkrete Vorstellungen hierzu zu machen.[909]

903 *Taschke*, StV 2005, 406, 408; *Gelshorn*, S. 92.

904 So z.B. in § 44 V S. 4 des Bundesmantelvertrags-Ärzte für bestimmte Produkte vorgesehen.

905 *Pragal*, NStZ 2005, 133, 135, Fn. 26; *Cosack*, ZIS 2013, 226, 227.

906 *Pragal*, NStZ 2005, 133, 135, Fn. 26.

907 *Taschke*, StV 2005, 406, 408 hält diese Fälle für wenig praxisrelevant.

908 BGH NStZ 2007, 213, 215; *Fischer*, StGB, § 263 Rn. 57, *Reinhardt*, S. 191.

909 *Fischer*, StGB, § 263 Rn. 57; BGH NStZ 2009, 506, 509.

Der Vermögensschaden wird allerdings nur dann anzunehmen sein, wenn der Patient eine Zuzahlung zu leisten hat und das verordnete Mittel keine angemessene Gegenleistung darstellt.[910] Aber selbst bei der Annahme eines Vermögensschadens wird jedenfalls die erforderliche Stoffgleichheit zu verneinen sein.[911] Hiernach muss der Vorteil des Vertragsarztes unmittelbare Folge der täuschungs- und irrtumsbedingten Vermögensverfügung sein. Der Schaden tritt aber beim Patienten ein, während der Vertragsarzt die Zuwendung von einem Pharmaunternehmen erhält, die folglich nicht aus dem Vermögen des Patienten stammt.[912]

Besteht keine Preisbindung kommt, wie im Rahmen der Darstellung der Rechtsprechung bereits aufgezeigt, ein Betrug durch Unterlassen zu Lasten der Krankenkasse nach §§ 263, 13 StGB in Betracht, da der Vertragsarzt der Krankenkasse gegenüber die Zuwendung oder Rückvergütung verschweigt bzw. ihr den entsprechenden Betrag nicht ausbezahlt.[913] Hierfür müsste dem Vertragsarzt eine Garantenstellung zukommen, die ihn dazu verpflichtet, *„im Rahmen eines spezifischen Verhältnisses“* den beim Opfer bestehenden *„falschen oder fehlenden Vorstellungen“* hinsichtlich vermögensrelevanter Tatsachen mittels entsprechender Aufklärung abzuhelfen.[914]

Es ist umstritten, ob dem Vertragsarzt eine solche Verpflichtung zukommt. Teilweise wird, wie bereits ausgeführt auch vom OLG Hamm, vertreten, die Garantenstellung des Vertragsarztes gegenüber den Krankenkassen ergebe sich aus dem Wirtschaftlichkeitsgebot nach § 12 Abs. 1 SGB V[915] bzw. aus

---

910 *Reinhardt,* S. 191.

911 *Cosack*, ZIS 2013, 226, 227; *Pragal,* NStZ 2005, 133, 136, Fn. 26.

912 Vgl. dazu auch *Pragal*, NStZ 2005, 133, 136, Fn. 26; a.A. wohl *Kühl,* S. 162.

913 OLG Hamm NStZ-RR 2006, 13, 14; *Schneider,* HRRS 2010, 241, 243 f., 245 ff.; *Schuhr* in: Spickhoff, § 263 Rn. 11. Zur Möglichkeit des Betrugs durch Unterlassen: BGHSt 39, 392, 398; OLG Saarbrücken NJW 2007, 2868; *Fischer*, StGB, § 263 Rn. 38. Eine konkludente Täuschung scheidet in diesem Fall mangels Erklärung aus, vgl. auch *Schuhr* in: Spickhoff, § 263 Rn. 11.

914 *Fischer*, StGB, § 263 Rn. 39. Zu den steigenden Anforderungen an eine Aufklärungspflicht BGHSt 39, 392, 399; BGH NJW 2000, 3013, 3014; OLG Bamberg NStZ-RR 2012, 248.

915 OLG Hamm NStZ-RR 2006, 13, 14; *Schuhr* in: Spickhoff, § 263 Rn. 22; *Kölbel*, wistra 2009, 129, 130 f. Kritisch *Bernsmann/Schoß*, GesR 2005, 193, 195: Dem Wirtschaftlichkeitsgebot des § 12 Abs.1 SGB V sei weder eine Aufklärungspflicht noch eine Herausgabepflicht des Vertragsarztes in Bezug auf die erlangten Zuwendungen an die Krankenkassen zu entnehmen.

§ 72 Abs. 1 SGB V[916] und/oder dem in § 32 Abs. 1 MBO-Ä enthaltenen Verbot der Annahme von Vorteilen[917]. Auch aus Ingerenz lasse sich eine Garantenstellung herleiten, da die Vorschriften des SGB V und der MBO-Ä auch den Schutz der Krankenkassen bezwecken.[918] Eine Aufklärungspflicht aus der Regelung des § 32 Abs. 1 MBO-Ä zu entnehmen, erscheint insofern zweifelhaft, da mit dieser Norm das Vertrauen in die Unabhängigkeit ärztlicher Entscheidungen und die Integrität der Ärzteschaft geschützt wird sowie der Patient und das Vertrauen des Patienten zu seinem Arzt.[919] Die Vermögensinteressen der Krankenkassen erfahren hierdurch jedoch keinen Schutz.[920] Dies ergibt sich neben den in der Präambel der MBO-Ä aufgeführten und mit ihr verfolgten Zielen auch aus der Überschrift des entsprechenden Abschnitts in der MBO-Ä „Wahrung der ärztlichen Unabhängigkeit bei der Zusammenarbeit mit Dritten".[921]

Es ist aber jedenfalls denjenigen zuzustimmen, die aus dem Wirtschaftlichkeitsgebot allein oder im Zusammenspiel mit § 72 Abs. 1 SGB V eine Aufklärungspflicht entnehmen wollen. Der Vertragsarzt hat bei seinen Verordnungen auch die Vermögensinteressen der Krankenkassen zu wahren. Wie bereits erläutert, hat der Vertragsarzt nach hier vertretener Ansicht zudem eine Vermögensbetreuungspflicht in Bezug auf das Vermögen der gesetzlichen Krankenkassen inne, wenn er diesbzgl. Entscheidungen trifft.[922] Dem würde es entgegenlaufen, wenn der Vertragsarzt nicht zur Offenlegung von im Rahmen der Verordnung konkret erhaltener Zuwendungen bzw. Rückvergütungen der Krankenkasse verpflichtet wäre, nachdem ihn durch die Vermögensbetreuungspflicht eine enorme Pflichtenstellung in Bezug auf das Vermögen trifft und er auch durch das Wirtschaftlichkeitsgebot zu wirtschaftlichen Verordnungen verpflichtet wird.

Für die Annahme der Garantenstellung spricht daher neben dem Wirtschaftlichkeitsgebot auch die Vermögensbetreuungspflicht des Vertragsarztes. Durch diese entsteht ein so spezielles Verhältnis zwischen Arzt und Krankenkassen,

---

916 OLG Hamm NStZ-RR 2006, 13, 14; *Schuhr* in: Spickhoff, § 263 Rn. 22; *Fischer*, StGB, § 263 Rn. 42.

917 OLG Hamm NStZ-RR 2006, 13, 14; dies zumindest nicht verneinend *Schneider*, HRRS 2010, 241, 244.

918 OLG Hamm NStZ-RR 2006, 13, 14; *Schneider*, HRRS 2010, 241, 246.

919 *Scholz* in: Spickhoff, § 32 MBO Rn. 1; Vgl. hierzu auch die Präambel der MBO-Ä und die dort aufgeführten mit der Verordnung verfolgten Ziele. Vgl. hierzu bereits 1. Kapitel B. VI. 1. a) dd) (S. 50 f.).

920 *Noak*, MedR 2002, 76, 82; *Butenschön*, S. 316; *Reinhardt*, S. 196.

921 *Reinhardt*, S. 196.

922 Vgl. 2. Kapitel A. II. 1. b) dd) (2) (S. 137 ff.).

dass eine Aufklärungspflicht des Vertragsarztes gegenüber den Krankenkassen zu bejahen ist. Zumindest in den Fällen, in denen sich konkret eine Zuwendung, beispielsweise in Form einer Rückvergütung, für eine bestimmte Verordnung feststellen lässt, wird sich daher eine Aufklärungspflicht nicht verneinen lassen.[923] Ob sich eine Garantenstellung auch aus Ingerenz ergibt, ist vorliegend daher nicht mehr relevant.[924] Eine solche wird sich aber jedenfalls aus dem Verstoß gegen das Wirtschaftlichkeitsgebot ergeben, nicht jedoch aus der Verletzung von § 32 MBO-Ä, da letztere Vorschrift nicht den Schutz des Vermögens der Krankenkassen bezweckt.

Die zuständigen Sachbearbeiter der Krankenkassen machen aufgrund der Täuschungshandlung irrtümlicherweise nicht von ihrer Regressmöglichkeit gegen den Vertragsarzt Gebrauch und zahlen den vollständigen berechneten Betrag aus.[925] Ein Vermögensschaden ist zum einen zu bejahen, wenn etwaige Rückvergütungen den Preisen aufgeschlagen werden, die die Krankenkasse zu entrichten hat. Ein Schaden ist aber auch dann anzunehmen, wenn Zuwendungen nicht den Preisen aufgeschlagen werden, wie beispielsweise bei Sprechstundenbedarf, bei dem das Kostenerstattungsprinzip Anwendung findet, nach dem der Arzt nur die tatsächlich angefallenen Kosten erhält.[926] Setzt der Arzt die Krankenkasse aber entsprechend nicht von erhaltenen Zuwendungen in Kenntnis und werden diese nicht in Abzug gebracht, zahlt die Krankenkasse ihm aufgrund eines Irrtums einen zu hohen Betrag.[927]

c) Zusammenfassung und kritische Würdigung

Trotz der generellen Neuorientierung durch die Leitsatzentscheidung des BGH aus dem Jahre 2003 von dem Betrug weg und zur Untreue hin im Rahmen von nicht indizierten oder unerlaubten Verordnungen, ist der Betrug nach wie vor ein Tatbestand gewesen, der vor allem im Rahmen von "Kick-back"-Fallkonstellationen

923 So auch OLG Hamm NStZ-RR 2006, 13, 14; *Schuhr* in: Spickhoff, § 263 Rn. 22; *Kölbel*, wistra 2009, 129, 130 f.; *Fischer*, StGB, § 263 Rn. 42.; a.A.: *Noak*, MedR 2002, 76, 78 f.; *Bernsmann/Schoß*, GesR 2005, 193, 195; *Reinhardt*, S. 195; *Krick*, A&R 2011, 3, 5; wohl auch *Schnapp* in: FS Herzberg, S. 805.

924 Dies bejahend jedenfalls OLG Hamm NStZ-RR 2006, 13, 14; a.A.: *Noak*, MedR 2002, 76, 82; *Butenschön*, S. 317; *Reinhardt*, S. 197.

925 Vgl. hierzu auch BGH, NStZ-RR 2017, 313, Rn. 60.

926 *Schneider*, HRRS 2010, 241, 244.

927 *Schneider*, HRRS 2010, 241, 244; BGHSt 49, 317, 332 ff.; BGH NStZ-RR 2008, 281 f.; den Schaden bejahend, wenn erhaltene Vergünstigungen nicht angegeben werden auch: *Schuhr* in: Spickhoff, StGB § 263 Rn. 43.

seine Bedeutung in der Rechtsprechung und Literatur nicht verloren hat.[928] Auch in der Literatur wurde nach dem Wandel in der Rechtsprechung die Strafbarkeit nach § 263 StGB im Rahmen von nicht indizierten Verordnungen noch nicht vollkommen aufgegeben.[929] Sowohl das OLG Stuttgart[930] als auch *Bülte* sahen in der Entscheidung des Großen Senats keine Auswirkungen auf die Annahme einer Vermögensverfügung i.S.d. § 263 StGB begründet.[931] Jedoch rückte in den letzten Jahren eine Strafbarkeit nach § 266 StGB der Vertragsärzte immer mehr in den Fokus der Rechtsprechung, wie auch das Urteil des 4. Strafsenats aus dem

928 Das OLG Stuttgart hatte in seiner Entscheidung mit Urt. v. 18.12.2012 - 1 Ss 559/12, NStZ-RR 2013, 174 ff., in der der Vertragsarzt jedoch nicht um die fehlende medizinische Indikation seiner Verordnung wusste, einen Betrug angenommen. Der Vertragsarzt verfüge bei der Verordnung von Medikamenten und Hilfsmittel über das Vermögen der Krankenkassen. Zur Begründung dieser Verfügung beruft sich das OLG auf das Gesetz in Verbindung mit dem jeweiligen Kassenarztvertrag, wonach der Vertragsarzt dazu berechtigt ist, den Anspruch des Patienten auf die Leistung von Sachmitteln umzusetzen. Einer weitergehenden Feststellung des besonderen Näheverhältnisses zwischen dem Vertragsarzt als Getäuschten und der Krankenkasse als Geschädigter bedarf es daher nicht. Das OLG bejahte zudem eine schadensgleiche Vermögensgefährdung bei der Krankenkasse durch das Ausstellen des Rezeptes. Um den Schadenseintritt herbeizuführen, müsse der Patient lediglich noch das Rezept in der Apotheke vorlegen. Dies sei jedoch nur ein unwesentlicher Zwischenakt, zumal der Apotheker „mangels echter Überprüfungsmöglichkeit" die Ware ohnehin nur noch übergebe. Der wesentliche Schritt, der das Vermögen der Krankenkasse gefährde, liege in der Verordnung des Arztes.

929 Teilweise wird angenommen, dass auch ein sachgedankliches Mitbewusstsein und damit ein Irrtum der Apotheker hinsichtlich der Wirtschaftlichkeit der Verordnung angenommen werden könne, nachdem das Wirtschaftlichkeitsgebot auch von den Apothekern zu beachten sei, vgl. *Hellmann/Herffs*, S. 112. Des Weiteren wird angenommen, man könne auch die teilweise bemängelte fehlende Stoffgleichheit zwischen der Bereicherung beim Patienten und dem Schaden der Krankenkasse umgehen, indem man hinsichtlich der Stoffgleichheit auf die mittelbare Täuschung des Vertragsarztes und den daraus resultierenden Verzicht der Krankenkassen auf Regressansprüche abstellt, vgl. *Brandts/Seier* in: FS Herzberg, S. 811, 828.

930 Auf ein Näheverhältnis kam es laut dem OLG Stuttgart nicht an. „*An dem Vorliegen eines solchen Näheverhältnisses wären vor dem Hintergrund der Entscheidung des Großen Senats in Strafsachen vom 29. März 2012 (a.a.O.) erhebliche Zweifel angezeigt, nachdem der Große Senat feststellt, dass der Vertragsarzt bei der Verordnung von Medikamenten zwar auch auf die wirtschaftlichen Belange der Krankenkassen Bedacht zu nehmen habe, die ärztliche Behandlung indes in erster Linie im Interesse des Patienten und in seinem Auftrage erfolge*", so das OLG Stuttgart.

931 *Bülte*, NZWiSt 2013, 346, 352.

Jahre 2016 zeigt, dass die Beihilfe zum Betrug als mitbestrafte Nachtat hinter der Untreue zurücktreten ließ.[932] Dies mag zum einen auf die aufgezeigten Anwendungsschwierigkeiten des Betrugstatbestandes in Bezug auf die korruptiven Sachverhalte, die zumeist keine Vermögensschädigung „von außen“ beinhalten, zurückzuführen sein und die – insbesondere nach hier vertretener Ansicht – mangelnde Erfassung durch diesen Tatbestand von den wesentlichen Sachverhalten. Zum Anderen steht man aber auch bei der Anwendung von § 263 StGB vor dem Problem, dass ein Tatbestand, der dem Schutz von Vermögensinteressen dient, nicht den Unrechtsgehalt von Korruption zu erfassen vermag.[933]

III. Zusammenfassung

Mit der Entscheidung des Großen Senats hat der jahrelange Rechtsstreit um die Amtsträger- und Beauftragteneigenschaft des Vertragsarztes ein Ende erlangt. Wenngleich der Beschluss die wünschenswerte Auseinandersetzung mit vielen wesentlichen Argumenten vermissen ließ, kann diesem im Ergebnis, gemessen an der Stellung und den Aufgaben des Vertragsarztes sowie der zivil- und sozialrechtlichen Ausgestaltung dieser, zumindest rechtsdogmatisch zugestimmt werden. Auswirkungen der Entscheidung sind auf die generell auch weiterhin anzunehmende Vermögensbetreuungspflicht und damit die Untreuestrafbarkeit sowie die Betrugsstrafbarkeit im Ergebnis nicht festzustellen, weswegen die Pressemitteilung des BGH, die besagt, dass korruptives Verhalten der Vertragsärzte nach dem damals geltenden Strafrecht nicht strafbar sei,[934] zwar nicht vollkommen korrekt ist, wenngleich nicht außer Acht gelassen werden darf, dass die Untreue und der Betrug, wie vorstehend dargelegt, nicht dazu geeignet sind, die zumindest essentiellen und wesentlichen korruptiven Sachverhalte im Zusammenhang mit der Verordnungstätigkeit des Vertragsarztes tatsächlich hinreichend zu erfassen.[935]

Schon aufgrund der Schutzrichtung der Vermögensdelikte sind diese nicht dazu geeignet, den Unrechtsgehalt von Korruption tatsächlich in der erforderlichen Tiefe zu umfassen, da dieser vordergründig gerade nicht in der Verletzung von Vermögensinteressen zu sehen ist und daher ein Vermögensschaden zur Annahme von Korruption nicht zwangsläufig erforderlich ist. Nachdem die Vermögensdelikte allerdings einen Vermögensschaden voraussetzen, würden

---

932 BGH, NJW 2016, 3253, 3257.

933 Vgl. hierzu bereits 2. Kapitel A. II. 1. d) (S. 156 ff.).

934 BGH, Pressemitteilung Nr. 97/2012 vom 22.06.2012.

935 *Murmann* in: Duttge, S. 113; *Kölbel*, NStZ 2011, 195, 200; *Gelshorn*, S. 93.

wesentliche Sachverhalte unter Umständen nicht erfasst werden. Der Unrechtsgehalt von Korruption ist in einer nicht sachgerechten Aufgabenwahrnehmung durch Vernachlässigung der Interessen einer Institution zugunsten eigener Interessen zu sehen, weswegen mit einem Tatbestand, der diesen Unrechtsgehalt erfasst, eine andere Schutzrichtung verfolgt wird als mit Vermögensdelikten. Die §§ 263, 266 StGB bilden nach der hier vertretenen Auffassung keine adäquaten Tatbestände zur Erfassung der korruptiven Sachverhalte, was wiederum für die Rechtfertigung der §§ 299a, 299b StGB spricht.

B. Verfassungsrechtliche und kriminalpolitische Rechtfertigung

I. Forderung eines neuen Tatbestands

Die Aufforderung an den Gesetzgeber, sich mit der Strafwürdigkeit korruptiven Verhaltens zu befassen, blieb nicht nur ein Anliegen des Großen Senats, der in seiner Entscheidung betonte, dass er nicht verkenne, dass Korruption im Gesundheitswesen mit strafrechtlichen Mitteln Einhalt zu gebieten ist.[936] Der Senat zog damit durchaus in Erwägung, dass der Gesetzgeber das seiner Auffassung nach korruptive Verhalten[937] mit den Mitteln des StGB zu bekämpfen hat. Dieser Meinung schlossen sich in der Folge viele weitere Stimmen an.

1. Rechtspolitische Debatte

Bereits vor der Entscheidung des Großen Senats wurde im Rahmen von gesetzgeberischen Initiativen[938] sowie Anträgen von Abgeordneten der SPD und der Bundestagsfraktion der SPD[939] ein Tätigwerden des Gesetzgebers verlangt. Nach der Entscheidung folgten weitere Initiativen. Die Gesetzesinitiativen aus der 17. Legislaturperiode fielen jedoch dem Grundsatz der Diskontinuität zum Opfer.[940] Die Bundesregierung hielt allerdings an ihrem Vorhaben fest und so wurde im aktuellen Koalitionsvertrag zwischen CDU, CSU und SPD vereinbart: *„Wir werden einen neuen Straftatbestand der Bestechlichkeit und Bestechung*

936 BGHSt 57, 202, 218. Vgl. hierzu 2. Kapitel A. I. 2. d) ee) (S. 125 ff.).

937 So *Dannecker*, ZRP 2013, 37, 38: Der BGH habe *„das in Frage stehende Fehlverhalten als "korruptives Verhalten" gebrandmarkt".*

938 BT-Drucks. 17/3685.

939 Abgedruckt in BT-Drucks. 17/3685.

940 Vgl. hierzu noch 2. Kapitel C. I. (S. 202 f.).

im Gesundheitswesen im Strafgesetzbuch schaffen."[941] Auch die Europäische Kommission hatte sich kritisch gegenüber der einstweilen entstandenen Strafbarkeitslücke geäußert, zumal diese in der Europäischen Union ein Einzelfall ist.[942] Es existierte daher durchaus ein politischer Druck zur Schaffung eines neuen Tatbestandes.

Es wurde auch in der Presse[943] über die Entscheidung des Großen Senats vielfach berichtet. „*Bestechende Aussichten für Mediziner*"[944] sei nur exemplarisch für die vielfältigen kritischen Kommentierungen und Umschreibungsmöglichkeiten der Presse genannt, die sicherlich auch nicht die gewünschte Wirkung bei den Lesern ausbleiben ließ. In diesem Zusammenhang wurden auch diverse Meinungen zu dem Beschluss und die damit einhergehenden Forderungen der Akteure auf dem Gesundheitsmarkt veröffentlicht. So äußerte sich beispielsweise der Vorstand des GKV-Spitzenverbandes und auch der AOK-Bundesverband dahingehend, dass der Beschluss des Großen Strafsenats eine Aufforderung an den Gesetzgeber beinhalte, die aufgezeigten Strafbarkeitslücken zu schließen.[945] In der Rechtsliteratur[946] wurde – teilweise schon vor der Entscheidung

---

941 „Deutschlands Zukunft gestalten", Koalitionsvertrag zwischen CDU, CSU und SPD vom 14.12.2013, S. 55; vgl. auch die weitere übereinstimmende Auffassung diesbzgl. in der Politik: BT-Drucks. 18/6446, S. 1; BR-Drucks. 16/15; *Bausback/Lange*, BR-Protokolle, 936. Sitzung v. 25.09.2015, S. 330 ff.; sowie *Kubiciel*, WiJ 2016, 1, 2, Fn. 15 m.w.N.

942 *Kubiciel*, WiJ 2016, 1, Fn. 6 m.w.N.

943 Vgl. hierzu die Aufzählung bei *Geiger*, NK 2013, 136, Fn. 2.

944 Frankfurter Rundschau, Korruption unter Ärzten – Bestechende Aussichten für Mediziner, vom 17.07.2012, dieser Kommentar sei nur exemplarisch genannt für die vielfältigen Umschreibungsmöglichkeiten der Presse, die sicherlich auch nicht die gewünschte Wirkung bei den Lesern ausbleiben ließ. Vgl. auch Einführung A. I.

945 n-tv online, Ärzte-Bestechung ist völlig legal, 22.06.2012.

946 *Bannenberg* in: Wabnitz/Janovsky, Kap. 12, Rn. 86; *Dannecker/Schröder* in: Kubiciel/Hoven, S. 52; *Kubiciel*, WiJ 2016, 1, 2; *Kubiciel*, KPzK 1/2015, S. 4 ff; *Kubiciel/Tsambikakis*, medstra 2015, 11, 12; *Passarge*, DStR 2016, 482, 487; *Schröder*, NZWiSt 2015, 322, 323; *Brettel/Duttge/Schuhr*, JZ 2015, 929, 930 f.; *Fischer*, medstra 2015, 1, 2; *Gaede/Tsambikakis/Lindemann*, medstra 2015, 142, 144; *Gädigk*, medstra 2015, 268 ff.; *Geiger*, medstra 2015, 97 ff.; *Wigge*, NZS 2015, 447, 452; *Braun*, MedR 2013, 277 ff., *Dannecker*, ZRP 2013, 37 ff.; *Hecker*, JuS 2012, 852, 855; *Brand/Hotz*, PharmR 2012, 317, 319; *Cosack*, ZIS 2013, 226; dies bezweifelnd jedoch *Schneider*, HRRS 2013, 473, 476 f.; *Küpper*, jurisPR-StrafR 16/2012 Anm. 2; a.A. zudem auch *Litzka*, WiJ 2013, 80, 85, der die Einführung eines gesonderten Korruptionsstraftatbestandes nicht für zwangsweise erforderlich erachtet.

des BGH[947] – vielfach die Einführung eines neuen Gesetzes zur Bekämpfung der Korruption im Gesundheitssektor gefordert. Bei der hierzu geführten juristischen Diskussion wurden verschiedene Ansichten geäußert, wie ein solches Gesetz auszusehen habe und vor allem, wo es zu verorten sei, um die Korruption so einzudämmen, dass die ärztlichen Entscheidungen von Einflüssen frei bleiben und dennoch das erforderliche Maß an Kooperation zwischen Ärzten und der Industrie gewahrt bleibt. Die Forderung nach einem Straftatbestand wird daher als im Ergebnis *„kriminalpolitisch sachgerecht“*[948] und *„verfassungsrechtlich unbedenklich“*[949] bezeichnet. Insbesondere der Verband forschender Arzneimittelhersteller,[950] die Deutsche Stiftung Patientenschutz[951] und auch der Deutsche Richterbund[952] begrüßten die ersten Bemühungen und Initiativen zur Schaffung neuer Tatbestände.

2. *Stimmen aus dem Gesundheitsmarkt*

Doch auch die Beteiligten am Gesundheitsmarkt selbst forderten die Einführung klarer strafrechtlicher Normen. Der Präsident der Bundesärztekammer, Prof. Dr. Frank Ulrich Montgomery, äußerte sich positiv über die damals seitens der Politik geplante Einführung eines Strafgesetzes.[953] Die Einführung eines *„klaren Katalogs, aus dem hervorgeht, was unter Bestechung und Korruption fällt und was nicht“*, sei erforderlich, um die Ärzteschaft von einem *„Generalverdacht“* zu befreien. So sprachen sich auch beinahe zwei Drittel der Pharmaunternehmen nach der Entscheidung des BGH für die Einführung einer Strafnorm zur Erfassung korruptiven Verhaltens niedergelassener Vertragsärzte aus.[954] Rund die

---

947 *Steinhilper*, MedR 2010, 497, 500; *Dieners/Taschke*, PharmR 2000, 309 ff.; *Kölbel*, NStZ 2011, 195, 200; *Pragal/Apfel*, A&R 2007, 10, 11; *Sturm*, ZWH 2011, 41, 47.

948 *Kubiciel/Tsambikakis*, medstra 2015, 11; vgl. hierzu auch *Kölbel*, StV 2012, 502.

949 *Kubiciel/Tsambikakis*, medstra 2015, 11, die keine ungerechtfertigte Diskriminierung von Ärzten gegenüber anderen freien Berufen annehmen, da die „Strukturen“ der Berufsgruppen sich in ihrem sozialen Geltungsrang und hinsichtlich der Labilität bzgl. korruptiven Machenschaften nicht ähneln; a. A.: *Schneider*, HRRS 2013, 473, 478, der bei einem Vergleich von Ärzten mit Architekten und Rechtsanwälten kein sachliches Differenzierungskriterium erkennen kann, das eine solche unterschiedliche Behandlung der Berufsgruppen rechtfertigen kann.

950 Die forschenden Pharma-Unternehmen, Stellungnahme vom 02.11.2015, S. 2.

951 Stiftung Patientenschutz, Patientenschutz Info-Dienst, 2/2016, 23.03.2016, S. 1 ff.

952 Deutscher Richterbund, Stellungnahme Nr. 10/15, S. 1.

953 Bundesärztekammer, Pressemitteilung vom 21.05.2013.

954 *Bussmann/Burkhart/Salvenmoser*, S. 14; nur 14 % der befragten Unternehmen stimmten gegen die Einführung einer strafrechtlichen Regelung.

Hälfte aller Unternehmen erachtete ein solches Gesetz als notwendige und sinnvolle Hilfe zur Bekräftigung ihrer eigenen Maßnahmen im Kampf gegen Korruption.[955] Stellvertretend für die gesetzlichen Krankenkassen wurde eine neue Strafvorschrift unmittelbar nach dem Beschluss durch den GKV-Spitzenverband gefordert.[956]

3. Kritische Stimmen

Die Einführung von Straftatbeständen zur Korruption und deren offensive Einforderung trafen aber nicht nur auf uneingeschränkte Zustimmung. Der nach dem Beschluss des Großen Senats in den Raum gestellte Regelungsbedarf hinsichtlich eines Straftatbestandes wurde auch als *„fraglich"* und *„noch nicht hinreichend geklärt"* angesehen.[957] So befürchtete man teilweise die *„Expansion bereits ohnehin konturenloser Straftatbestände"* und befürwortete stattdessen, die Behebung der kritisierten Defizite im Rahmen des vorhandenen Berufs- und Sozialrechts durchzusetzen.[958] Das Berufsrecht, die bestehenden Vorschriften in den Nebengesetzen und die mit diesen verbundenen Sanktionsmöglichkeiten werden von dieser Ansicht als ausreichend angesehen.[959] Eine Strafbarkeitslücke sei daher nicht anzunehmen. Strafrechtliche Sanktionen sollen unter Wahrung der Subsidiarität des Strafrechts und dessen ultima ratio-Funktion nur dann eingesetzt werden, wenn es an anderen angemessenen „Reaktionsmöglichkeiten" mangelt, was vorliegend aufgrund der in den anderen Gesetzen vorhandenen und durchaus als wirkungsvoll erachteten Sanktionsmöglichkeiten nicht der Fall sei.[960] Diese Auffassung beruft sich teilweise auch auf die Selbstheilungskräfte des

---

955 *Bussmann/Burkhart/Salvenmoser*, S. 14; kritisch dagegen: *Bittman/Brockhaus/Rübenstahl/Schröder/Tsambikakis*, WiJ 2015, 176 ff.

956 Position des GKV-Spitzenverbandes zu dem Expertengespräch über Konsequenzen aus dem BGH-Beschluss zur Strafbarkeit von Kassenärzten wegen Bestechlichkeit am 24.10.2012.

957 *Schneider*, HRRS 2013, 473, 476.

958 *Geiger*, NK 2013, 141, 146 f.

959 *Taschke/Zapf*, medstra 2015, 332, 335; *Ulsenheimer* in: FS für Steinhilper, S. 236; *Litzka*, WiJ 2013, 80, 88; Kassenärztliche Bundesvereinigung, Richtig kooperieren; *Grzesiek/Sauerwein*, NZWiSt 2016, 369, 374 hätten eine *„ganzheitliche Reform des Gesundheitswesens zielführender"* gefunden. Kritisch gegenüber den neuen Straftatbeständen fiel deshalb auch die Stellungnahme der Wirtschaftsstrafrechtlichen Vereinigung e.V. aus, vgl. *Bittmann/Brockhaus/Rübenstahl/Schröder/Tsambikakis*, WiJ 2015, 176 ff.

960 *Ulsenheimer* in: FS für Steinhilper, S. 236; *Litzka*, WiJ 2013, 80, 88. Vgl. hierzu 2. Kapitel B. II. 1. b) bb) (S. 180 ff.).

Gesundheitsmarktes und der an diesem teilnehmenden Berufsgruppen selbst und erachtet eine Förderung dieser durch entsprechende Bußgeldvorschriften des Ordnungswidrigkeitenrechtes für sinnvoll.[961] Verhindern will diese Auffassung einen Trend zum Strafrecht, der eben dann nicht erforderlich sei, wenn geltendes Recht bereits die Grundlagen für eine angemessene Sanktionierung illegalen Verhaltens beinhaltet.[962]

II. Strafrechtliche Erforderlichkeit

1. *Verfassungsrechtliche Prüfung der grundsätzlichen Entscheidung zur Einführung der neuen Tatbestände unter Berücksichtigung des ultima ratio-Prinzips*

a) Schutz des Gesundheitswesens durch den Gesetzgeber

Generell ist es die Aufgabe des Gesetzgebers, den Bereich strafbaren Handelns verbindlich festzuschreiben.[963] Er ist insoweit der primäre Adressat staatlicher Schutzpflichten.[964] Die Art und Weise sowie den Umfang des Schutzes im Einzelnen festzulegen, obliegt dem Gesetzgeber, der insbesondere auf dessen Angemessenheit und Wirksamkeit zu achten hat.[965]

Gemessen an diesen Ausführungen kommt dem Gesetzgeber eine erhebliche Einschätzungs- und Entscheidungsprärogative zu, deren Überschreitung die Ausnahme darstellt.[966] Das BVerfG überprüft lediglich, ob der Gesetzgeber von seinem Beurteilungsspielraum in vertretbarem Ausmaß Gebrauch gemacht hat.[967] Dem Schutz des Strafrechts nicht zu bedürfen, scheinen daher zunächst nur Handlungen, die augenscheinlich nicht sozial verwerflich sind.[968] Es ist danach in erster Linie Sache des Gesetzgebers zu entscheiden, welche

961 *Geiger*, NK 2013, 136, 141, 145 f.; *Krüger*, StraFo 2012, 308, 316; *Ulsenheimer* in: FS für Steinhilper, S. 236; *Taschke/Zapf*, medstra 2015, 332, 335; a.A.: *Fischer*, medstra 2015, 1, 2 hält diese Auffassung für „verfehlt"; *Kubiciel*, KPzKP 2014, S. 4 f.

962 *Ulsenheimer* in: FS für Steinhilper, S. 236.

963 BVerfGE 90, 145, 173; BVerfGE 120, 224, 241.

964 *Bethge* in: Maunz/Schmidt-Bleibtreu/Klein/Bethge, BVerfGG, Vorbemerkung, Rn. 166 f. Vgl. zur Herleitung der staatlichen Schutzpflicht allgemein: *Klein*, NJW 1989, 1633 ff.; *Stächelin*, S. 87 f.

965 BVerfGE 88, 203, 254.

966 Vgl. z.B. BVerfGE 88, 87; BVerfGE 97, 169; *Schröder*, NZWiSt 2015, 321, 324; *Kaspar*, S. 64; *Bickenbach*, S. 133 f.

967 BVerfG, NJW 1993, 1751, 1756.

968 *Kaspar*, S. 118.

rechtlichen Mittel er zur Erreichung eines legitimen Zwecks einsetzt. Eingeschränkt wird dieser Spielraum durch den Verhältnismäßigkeitsgrundsatz,[969] der die Erreichung eines legitimen Zwecks mittels der Strafnorm verlangt sowie deren Geeignetheit, Erforderlichkeit und Angemessenheit für die Erlangung des Zwecks, wobei festzuhalten ist, dass nur offenkundige Verletzungen dieser Kriterien von Bedeutung sind.[970] Das BVerfG prüft insbesondere, ob das Gesetz einem legitimen Zweck dient, es zur Erreichung dieses Zwecks nicht vollkommen ungeeignet ist, ob andere mildere gesetzliche Möglichkeiten zur Zweckerreichung in Frage kommen und ob die Einführung einer Strafe gemessen an dem „Unrechts- und Schuldgehalt" der Verhaltensweise, die bestraft werden soll, angemessen ist.[971]

Die weiteren Ansätze, die intern im Strafrecht zur Eingrenzung von strafrechtlichen Normen beitragen sollen, wie beispielsweise das ultima ratio-Prinzip, „subsidiäre Rechtsgutskonzepte" oder die Abhängigkeit der Aufnahme in das StGB von Strafwürdigkeit und Strafbedürftigkeit, werden vom BVerfG grundsätzlich weitestgehend keiner vollumfänglichen und eigenständigen Prüfung unterzogen, wenngleich sie ohnehin auch im Wesentlichen in enger Beziehung zur Verhältnismäßigkeitsprüfung stehen und vom Gesetzgeber grundsätzlich dennoch Beachtung finden müssen – ohne dass er zu ihrer Einhaltung gezwungen ist.[972] Bei diesen Begrenzungen handelt es sich wegen der Einschätzungsprärogative des Gesetzgebers um „kriminalpolitische Postulate".[973]

Es besteht offensichtlich eine Reihe von Missständen, die zumindest den Verdacht begründen, dass sie die Gesundheitsversorgung als Aufgabe des Staates im Sinne der Daseinsfürsorge gefährden.[974] Diesen Missständen ist der Gesetzgeber

---

969 BVerfGE 50, 205, 215; BVerfGE 96, 10, 23 f., 26; BVerfGE 120, 224, 239, 241; *Paulduro*, S. 90; *Appel*, S. 171 ff.; *Kaspar*, S. 78 ff.

970 BVerfGE 92, 277, 326; *Schröder*, NZWiSt 2015, 321, 324.

971 *Schröder*, NZWiSt 2015, 321, 324; BVerfGE 92, 277, 326: Die Verhältnismäßigkeitsprüfung ist zu erfüllen bei der Strafbewehrung und dem Strafmaß, bei der Zumessung der Strafe gemessen an der Schuldhöhe und der Strafbedürftigkeit und der Entscheidung über die Strafverfolgung.

972 *Schröder*, NZWiSt 2015, 321, 324 unter Verweis auf *Roxin*, AT I, § 2 Rn. 94; *Appel*, S. 546; *Bongartz*, S. 236.

973 *Roxin*, AT I, § 2 Rn. 94.

974 *Bussmann/Burkhart/Salvenmoser*, S. 8: 14 % der befragten Pharmaunternehmen berichteten von Korruptionsfällen; 17 % gaben konkrete Verdachtsfälle an, a.a.O. S. 9. 77 % stuften zudem das Korruptionsrisiko bei der Zusammenarbeit mit Ärzten als mittel bis sehr hoch ein, a.a.O. S. 12. *Bussmann*, S. 25: 14 % der befragten niedergelassenen Ärzte sehen Zuweisungen gegen Entgelt als gängige Praxis an (bei

nun entgegengetreten und begründet seine Entscheidung zu strafrechtlichen Regelungen anhand des hohen Korruptionsrisikos für das Gesundheitswesen, welchem eine enorme soziale Bedeutung zukommt.[975] Es müsse eine Gesundheitsversorgung existieren, die frei von unzulässigen Beeinflussungen erfolgt.[976] Es zählt zu den legitimen Aufgaben des Staates, insbesondere des Gesetzgebers, dass er die Institution des Gesundheitswesens ausreichend schützt, diesen Bereich entsprechend beobachtet und im Falle extremen Fehlverhaltens, das bedeutende Allgemeininteressen beeinträchtigt, mit entsprechenden Mitteln entgegenzuwirken und in gravierenden Fällen auch mit „seiner schärfsten Waffe", dem Strafrecht.[977] Sinn und Zweck des Strafrechts ist es, ein Verhalten zu sanktionieren, das die Geeignetheit aufweist *„das Sozialgefüge der Rechtsgesellschaft in besonders gravierendem Maße zu gefährden oder zu schädigen"* und es deshalb rechtfertigt, dass durch die Strafe in so erheblicher Weise in die Rechte des Täters eingegriffen wird.[978] Aufgrund der existenziellen Bedeutung des Gesundheitswesens und seiner ökonomischen Bedeutung ist der Gesetzgeber damit berechtigt, dieses als Gemeinschaftsbelang zu schützen.[979] Folgen von Korruption im Gesundheitswesen können die „Verteuerung medizinischer

---

nicht-ärztlichen Leistungserbringern sind es sogar 46 %) und 35 % stimmen dem zumindest teilweise zu. 26 % der befragten niedergelassenen Ärzte gaben an, schon einmal konkret Vorteile für die Zuweisung von Patienten angeboten bekommen zu haben, a.a.O. S. 47. Vgl. zudem die Ausführungen im 1. Kapitel A. II. 2. (S. 21 ff.), insbesondere auch die Nachweise in Fn. 135, 154, 156, 222 sowie die Rspr.-Fälle im 2. Kapitel A. I. (S. 79 ff.) und II. (S. 128 ff.) und die erwähnten Fälle in der Einführung I. (S. 1 ff.). *Schröder*, NZWiSt 2015, 321, 324 führt aus, dass insbesondere die *„verallgemeinerungsfähigen individuellen Beobachtungen zu fragwürdigen Formen der Zusammenarbeit von Angehörigen der Heilberufe untereinander und mit der Industrie"* (unter Verweis auf *Fischer*, medstra 2015, 1) einen Beleg dafür zu erbringen scheinen, dass durch diese diversen Beeinflussungen, wesentliche Voraussetzungen für die Funktionsfähigkeit des Gesundheitswesens „beeinträchtigt werden".

975 BT-Drucks. 18/6446, S. 13. Vgl. zur Korruptionsanfälligkeit des Gesundheitsmarktes 1. Kapitel B. (S. 30 ff.).

976 BT-Drucks. 18/6446, S. 11.

977 *Bausback* in: Kubiciel/Hoven, S. 36.

978 *Dannecker*, ZRP 2013, 37, 38.

979 So auch *Kubiciel*, WiJ 2016, 1, 3; BT-Drucks. 18/6446, S. 1; *Kubiciel/Tsambikakis*, medstra 2015, 11; *Pragal/Apfel*, A&R 2007, 10, 11; *Bongartz*, S. 229; *Kubiciel*, Stellungnahme vom 02.12.2015, S. 4 spricht von einer *„Institution, die von einer beinahe einzigartigen sozialen Bedeutung ist"*; vgl. auch *Fischer* in: Kempf/Lüderssen/Volk, S. 167 ff.

Leistungen" und allgemein höhere Kosten im Gesundheitswesen sowie ein Vertrauensverlust „in die Integrität heilberuflicher Entscheidungen" mit der daran anknüpfenden Folge, dass erforderliche Behandlungen und Therapien nicht mehr wahrgenommen werden, sein.[980]

b) *Verhältnismäßigkeit der Einführung der §§ 299a, 299b StGB unter Berücksichtigung außerstrafrechtlicher Sanktionierungsmöglichkeiten*

aa) *Zweck und Geeignetheit*

Mit der Einführung der §§ 299a, 299b StGB werden legitime Zwecke verfolgt.[981] Nicht nur aufgrund des erheblichen Entscheidungsspielraums, der dem Gesetzgeber bei der Einführung von Straftatbeständen grundsätzlich zuteil wird, erscheinen daher mit der Schaffung der Tatbestände zur Bekämpfung von Korruption im Gesundheitswesen keine Gründe gegeben, die diesen Entschluss an sich mit Erfolg verfassungsrechtlich angreifen könnten.[982]

Die Einführung der Straftatbestände zum Schutz dieser legitimen Zwecke ist auch kein vollkommen ungeeignetes Mittel, da eine Ungeeignetheit nicht nachgewiesen wurde.[983]

bb) *Erforderlichkeit und Berücksichtigung der außerstrafrechtlichen Sanktionsmöglichkeiten*

Die Erforderlichkeit der §§ 299a, 299b StGB ist zunächst nicht von der Hand zu weisen, da die Vermögensdelikte des Strafrechts die korruptiven Verhaltensweisen nicht umfassend zu erfassen vermögen.[984] Nach der Gesetzesbegründung vermögen die Initiativen zur Selbstregulierung, die in den letzten Jahren auf dem Gesundheitsmarkt eingeführt wurden sowie die außerstrafrechtlichen Regelungen den Unrechtsgehalt korruptiven Verhaltens im Gesundheitswesen nicht hinreichend zu erfassen und können zudem neben ihren eingeschränkten Anwendungsbereichen sowie den existierenden Ermittlungsbeschränkungen die sozialethische Missbilligung von Korruption nicht in vergleichbarer Weise wie Kriminalstrafe zum Ausdruck bringen.[985] Es wurde jedoch, wie bereits

---

980 BT-Drucks. 18/6446, S. 12; *Gelshorn*, S. 97 ff.

981 *Dannecker/Schröder* in: NK-StGB, § 299a Rn. 53; *Schröder*, NZWiSt 2015, 321, 324.

982 *Dannecker/Schröder* in: NK-StGB, § 299a Rn. 53.

983 *Schröder*, NZWiSt 2015, 321, 324.

984 Vgl. hierzu 2. Kapitel A. II. (S. 128 ff.).

985 BT-Drucks. 18/6446, S. 11 f.; vgl. hierzu sogleich ausführlich unter 2. Kapitel B. II. 1. b) bb) (2) (b) (S. 184 ff.) und (3) (b) (S. 188 ff.), (4) (S. 192). Allgemein hierzu: *Kaspar*, Verhältnismäßigkeit, S. 254 f.

angesprochen,[986] auch vertreten, dass die bereits existieren außerstrafrechtlichen Möglichkeiten zur Sanktionierung ausreichend seien und hierbei des Öfteren auf das ultima ratio-Prinzip verwiesen. Auch wenn es sich hierbei, wie bereits festgestellt, um einen von der Strafrechtswissenschaft entwickelten Maßstab handelt, der für den Gesetzgeber nicht ausdrücklich zwingend ist, soll bereits an dieser Stelle auf die diesbezüglichen Einwendungen eingegangen werden.

(1) Das ultima ratio-Prinzip

Die Einwendung des ultima ratio-Prinzips gegen die Einführung von neuen Tatbeständen im StGB mit Verweis auf die primärrechtlichen Regelungen vermag nicht zu überzeugen.[987] Nachdem das Strafrecht die „schärfste Waffe" darstellt, die dem Gesetzgeber zur Verfügung steht, darf nach diesem Prinzip eine Strafnorm grundsätzlich nur dann erlassen werden, wenn das zu schützende Rechtsgut nur durch das Strafrecht und nicht auch anderweitig wirksamen Schutz erfahren kann.[988] Dieses Prinzip wird dahingehend kritisiert, dass es keinen Mehrwert gegenüber der Prüfung der Verhältnismäßigkeit mit sich bringe und daher lediglich rein rhetorischen Charakter habe.[989] Es ist grundsätzlich nicht abzustreiten, dass das ultima ratio-Prinzip bereits in der Verhältnismäßigkeitsprüfung, insbesondere im Rahmen der Erforderlichkeitsprüfung, zum Ausdruck kommt.[990] Das Prinzip soll aber auch speziell den Gesetzgeber dazu anhalten, die Einführung von Sanktionen im Strafrecht, insbesondere aufgrund der mit der Einführung von solchen Strafen verbundenen Konsequenzen und den weitreichenden Eingriffen in die Freiheitsrechte,[991] kritisch zu hinterfragen und sich

986 Vgl. 2. Kapitel B. I. 3. (S. 176 f.).

987 *Murmann* in: Duttge, S. 109; vgl. dazu, ob das ultima ratio-Prinzip einem neuen Tatbestand im StGB entgegensteht eingehend, *Braun*, MedR 2013, 277 ff.: Dieser kommt zu dem Ergebnis, dass dies nicht der Fall ist, da das Strafrecht *„als Ausdruck sittlicher (sozialethischer) Missbilligung ein singuläres Aliud darstellt"*. Das Vorstehende bezweifelnd: *Grzesiek/Sauerwein*, NZWiSt 2016, 369, 371; eine zwingende Notwendigkeit des Strafrechts bezweifeln auch *Taschke/Zapf*, medstra 2015, 332, 335. Diese Thematik vertiefend: *Gaede/Lindemann/Tsambikakis*, medstra 2015, 142, 153; *Aldenhoff/Valluet*, medstra 2015, 195, 198; *Taschke/Zapf*, medstra 2015, 332, 335.

988 BVerfGE 39, 1, 45, 47; *Braun*, MedR 2013, 277, 280; *Wessels/Beulke/Satzger*, AT, Rn. 15; *Jahn/Brodowski*, JZ 2016, 969; *Roxin*, AT I, § 2 Rn. 942 ff.

989 *Gärditz*, JZ 2016, 641, 644 u. 649. Kritisch zum ultima ratio-Prinzip auch, *Appel*, S. 404 ff. und 414 f.

990 *Roxin*, AT I, § 2 Rn. 86 ff.; *Schröder*, NZWiSt 2015, 321, 324.

991 Vgl. hierzu Schünemann, ZIS 2016, 654, 658 ff.

selbst zur Einhaltung von Grenzen zu verpflichten.[992] Voraussetzung der Kriminalisierung eines Verhaltens sollte folglich grundsätzlich auch sein, dass die sonstigen zur Verfügung stehenden Mittel nicht ausreichend sind.[993]

(2) Sanktionsmöglichkeiten durch Regelungen außerhalb des StGB

(a) Kurze Darstellung der außerstrafrechtlichen Regelungen

Gänzlich sanktionslos war korruptives Verhalten auch vor der Einführung der neuen Straftatbestände nicht, da insoweit zumindest außerstrafrechtliche Möglichkeiten zur Sanktionierung bestehen. Neben Vorschriften im Heilmittelwerbegesetz (§ 7 HWG) und im Wettbewerbsrecht (§§ 3, 3a, 4 Nr. 1 UWG) existieren sowohl im Berufs- als auch im Sozialrecht mehrere Gesetze, die ein solches Verhalten ausdrücklich verbieten und unter Strafe stellen. Nach § 32 Abs. 1 MBO-Ä ist es der Ärzteschaft in Deutschland beispielsweise verboten *„von Patienten oder Anderen Geschenke oder andere Vorteile zu fordern, sich versprechen zu lassen, oder anzunehmen, wenn hierdurch der Eindruck erweckt wird, dass die Unabhängigkeit der ärztlichen Entscheidung beeinflusst wird.“* Nach § 31 MBO-Ä ist es zudem verboten *„für die Zuweisung von Patienten oder Untersuchungsmaterial oder für die Verordnung oder den Bezug von Arznei- oder Hilfsmitteln oder Medizinprodukten ein Entgelt oder andere Vorteile sich versprechen oder gewähren zu lassen oder selbst zu versprechen oder zu gewähren.“* Durch die Aufnahme dieser Regelungen – zumindest in vergleichbarer Ausgestaltung– in die Berufsordnungen der Landesärztekammern sind sie für die gesamte Ärzteschaft in der jeweiligen Form verbindlich und die Landesärztekammern übernehmen die Überwachung der Einhaltung dieser Regeln. Ein gerichtlich festgestellter Verstoß gegen dieses Berufsrechts wird mit Verweisen, Geldbußen, Warnungen oder Feststellung der Unwürdigkeit der Ausübung des Arztberufes geahndet.[994]

Es besteht zudem die Möglichkeit des Widerrufs der Approbation eines Arztes, der in unlauterer Weise mit Industrieunternehmen zusammenarbeitet (§ 5 Abs. 2 i.V.m. § 3 Abs. 1 BÄO) bzw. deren Ruhen anzuordnen (§ 6 Abs. 1 BÄO). Hieran sind hohe Anforderungen zu stellen, da insbesondere für den Widerruf der Approbation die Unzuverlässigkeit bzw. Unwürdigkeit des Arztes zur weiteren Ausübung seines Berufes erforderlich ist.[995] Die Rechtsprechung bejaht diese Voraussetzungen regelmäßig, wenn Vermögensdelikte im Rahmen der

---

992 *Schröder,* NZWiSt 2015, 321, 324; *Kaspar,* S. 246; *Roxin,* AT I, § 2 Rn. 94.

993 *Appel,* S. 405.

994 *Braun,* MedR 2013, 277, 278; *Bongartz,* S. 215 f.

995 Vgl. hierzu *Braun,* MedR 2013, 277, 278 f.

Berufsausübung verwirklicht werden.[996] Es ist grundsätzlich auch davon auszugehen, dass bei der Vorteilsannahme durch einen Arzt von Industrieunternehmen, der als Gegenleistung eine Verordnung des entsprechenden Produktes des Unternehmens an seine Patienten gegenübersteht, bei mehrfacher Wiederholung eine Unwürdigkeit bzw. Unzuverlässigkeit regelmäßig zu bejahen sein wird.[997] Die Entziehung der Approbation als Sanktion wird einen Arzt regelmäßig weit mehr beeinträchtigen als eine Geldstrafe oder eine zur Bewährung ausgesetzte Freiheitsstrafe, da sie ihm unter Umständen seine Existenzgrundlage entzieht.

Auch nach § 73 Abs. 7 SGB V ist es den Vertragsärzten nicht gestattet, *„für die Zuweisung von Versicherten ein Entgelt oder sonstige wirtschaftliche Vorteile sich versprechen oder sich gewähren zu lassen oder selbst zu versprechen oder zu gewähren.“* In § 128 Abs. 2 und Abs. 6 SGB V, der ebenfalls für Vertragsärzte verbindlich ist, sind weitere Sachverhalte beschrieben, die eine unzulässige Zusammenarbeit zwischen Vertragsärzten und anderen Leistungserbringern im Gesundheitswesen hinsichtlich der Verordnung von Heil- und Hilfsmitteln und dem Verbot von Zuwendungen zum Gegenstand haben. Bei einem Verstoß der Vertragsärzte gegen dieses Verbot ist nach § 128 Abs. 5a SGB V zudem ein Verstoß gegen vertragsärztliche Pflichten gegeben, wodurch die Möglichkeit der disziplinarrechtlichen Sanktionierung eröffnet ist. Diese ist aber auch dann möglich, wenn der Vertragsarzt bei der Berufsausübung gegen das Berufsrecht verstößt.[998] Auch im Disziplinarverfahren reichen die Maßnahmen zur Sanktionierung nach § 81 Abs. 5 S. 2, 3 SGB V von Verwarnung, Verweisen und Geldbußen bis hin zur Anordnung des Ruhens der Zulassung als Vertragsarzt oder der Beteiligung als Vertragsarzt bis zu zwei Jahren.

Damit ist festzuhalten, dass durchaus außerstrafrechtliche Regelungen vorhanden sind, die die Sachverhalte erfassen, in denen Vertragsärzte Vorteile von Pharmaunternehmen als Gegenleistung für ärztliche Verordnungen zu deren Gunsten annehmen und für diese Verhaltensweisen entsprechende außerstrafrechtliche Sanktionen vorsehen, so dass dieses Verhalten generell seit langer Zeit verboten und sanktioniert war.[999]

---

996 VGH Hessen NJW 1986, 2390 ff.; BVerwG NJW 1998, 2757 ff.; BayVGH MedR 2011, 594.

997 *Braun,* MedR 2013, 277, 279.

998 BSG, Beschl. v. 25.09.1997 – 6 BKa 54 /96.

999 *Braun,* MedR 2013, 277; *Geiger,* NK 2013, 136, 139; *Kronawitter,* S. 84; *Andreschewski,* S. 99: Es existiere *„ein grundsätzlich als ausreichend zu erachtendes Regelungsgeflecht“*;

(b) Unzureichende Erfassung korruptiven Verhaltens sowie dessen Unrechtsgehalts und nicht ausreichende Sanktionierung durch außerstrafrechtliche Regelungen

Aufgrund der Sanktionsmöglichkeiten durch Normen im berufs- und sozialrechtlichen Bereich wurde die Notwendigkeit eines Straftatbestandes teilweise bestritten.[1000] Zwar ist nicht bezweifelbar, dass berufsrechtliche Ahndungen für die Betroffenen teilweise mit erheblichen Konsequenzen verbunden sind und sich damit deren Effektivität nicht gänzlich leugnen lässt.[1001] Diese Regelungen vermögen jedoch den Unrechtsgehalt korruptiven Verhaltens im Gesundheitswesen nicht hinreichend zu erfassen[1002] und haben sich des Weiteren in der Vergangenheit als unzureichend herausgestellt.[1003] Die in diesen Regelungen vorgesehenen Sanktionsmöglichkeiten bleiben hinsichtlich ihres Unwerturteils hinter denen des StGBs zurück.[1004] Diesen Sanktionen ist bereits nicht „dieselbe Lenkungs- und Normbestätigungswirkung" zuzusprechen wie dem Strafrecht.[1005]

Zudem bringen diese Regelungen nicht in derselben Deutlichkeit wie Kriminalstrafe die sozialethische Missbilligung von Korruption zum Ausdruck und können diese auch nicht entsprechend kompensieren.[1006] Bei Straftatbeständen

---

welches im Grundsatz zumindest hinreichende Möglichkeiten zur Ahndung biete; *Bongartz*, S. 207 ff., 235 f.

1000 *Steinhilper*, MedR 2005, 238, 240; *Bernsmann/Schoß*, GesR 2005, 193, 196; *Schneider*, HRRS 2010, 241, 247; *Krüger*, StraFo 2012, 308, 315; *Geiger*, CCZ 2012, 172, 177.

1001 *Herzog* in: Lieb/Klemperer/ Ludwig, S. 136; *Kronawitter*, S. 86; für grundsätzlich hinreichende Ahndungsmöglichkeiten auch *Andreschewski*, S. 96 ff., 99.

1002 BT-Drucks. 18/6446, S. 13; BR-Drucks. 16/15, S. 13 f.; *Braun*, MedR 2013, 277, 280 ff.; *Bahner*, S. 11. *Gelshorn*, S. 106 ff. kommt zu dem Ergebnis, dass die durch Korruption verletzten Rechtsgüter durch die Nebengesetze nicht hinreichend erfasst werden bzw. es an einer effektiven Rechtsdurchsetzung hinsichtlich eines ausreichenden Schutzes der Rechtsgüter fehle. Vgl. auch 2. Kapitel B. II. 1. b) bb) (2) (b) (S. 184 ff.) und (4) (S. 192) sowie die in diesem Gliederungspunkt folgenden Ausführungen.

1003 *Bannenberg* in: Wabnitz/ Janovsky, Kap. 12, Rn. 86: Der Verweis auf standesrechtliche Verbote sei „scheinheilig"; *Schröder*, NZWiSt 2015, 321, 324 f.; BT-Drucks. 18/6446, S. 13 f.; *Reinhardt*, S. 263 f.; *Kubiciel*, Stellungnahme vom 02.12.2015, S. 6; Zweifel diesbzgl. anmeldend auch *Kölbel*, StV 2012, 592, 593.

1004 BT-Drucks. 18/6446, S. 13; Referentenentwurf des BMJV vom 04.02.2015, S. 12; *Maas*, NStZ 2015, 305, 308; *Bongartz*, S. 246.

1005 *Kubiciel/Tsambikakis*, medstra 2015, 11, 12.

1006 *Braun*, MedR 2013, 277, 280 ff.; *Bahner*, S. 11; *Kubiciel/Tsambikakis*, medstra 2015, 11, 13: Eine Regelung außerhalb des Strafrechts wirke „kommunikativ suboptimal".

ist eher mit einer abschreckenden Wirkung zu rechnen als bei den bereits bestehenden Gesetzen und Verordnungen außerhalb des StGB.[1007] Korruptive Verhaltensweisen dürfen nicht als geduldet erscheinen, sondern sind eindeutig und erkennbar als sozial verwerflich einzuordnen.[1008] Verhaltensweisen, die in das StGB aufgenommen werden, werden in so hohem Maße als sozialschädlich eingestuft, dass diese unter Kriminalstrafe gestellt werden müssen, wodurch das StGB der Gesellschaft widerspiegelt, welche Verhaltensweisen als besonders sozial verwerflich einzuordnen sind und der Aufnahme in das StGB bedürfen.[1009] Wegen des „sozialethischen Unwerturteils" findet die Strafe dann Anwendung, wenn die Handlungen dazu geeignet erscheinen „*das Sozialgefüge der Rechtsgesellschaft in besonders gravierendem Maße zu gefährden oder zu schädigen*" und die Handlungen nicht lediglich als störend empfunden werden.[1010] Zu beachten ist folglich, dass durch eine Verortung im StGB ein Signal an die Öffentlichkeit gesendet wird, weil damit zum Ausdruck kommt, dass Korruption im Gesundheitswesen genauso schwer wiegt wie beispielsweise andere Arten von Korruption, die vom StGB erfasst werden.[1011] Unter diesem Blickwinkel ist nachvollziehbar, weshalb außerstrafrechtliche Sanktionen allein keinen Nachweis der gesellschaftlichen Missbilligung von korruptiven Verhaltensweisen im Gesundheitswesen begründen können.[1012] Es könnte der Eindruck entstehen, dass Korruption, die ausschließlich mit Regelungen außerhalb des StGB bekämpft wird, „*weniger schwerwiegend ist als die vom Strafgesetzbuch erfassten Formen*".[1013]

Ein weiteres Problem ist, dass die Berufskammern immer nur das unzulässige Verhalten ihrer Berufsträger ahnden können, nicht jedoch das von anderen Beteiligten, so dass der Vorteilsgeber, insbesondere ein für ein Pharmaunternehmen Handelnder, nicht belangt werden kann, selbst wenn dieser die Initiative

1007 *Bongartz*, S. 260; ähnlich *Fischer*, medstra 2015, 1, 2. Vgl. auch Fn. 1024.

1008 *Kubiciel*, KPzK 1/2015, S. 11 m.w.N.

1009 *Cosack*, ZIS 2013, 226, 232, führt aus, dass durch die Aufnahme in das StGB ein „*Beleg für die gesellschaftliche Missbilligung*" erbracht werde.

1010 *Dannecker*, ZRP 2013, 37, 38.

1011 *Kubiciel/Tsambikakis*, medstra 2015, 11, 13; *Schröder*, NZWiSt 2015, 321, 322 f.; *Kubiciel*, WiJ 2016, 1, 7.

1012 *Cosack*, ZIS 2013, 226, 232; *Kubiciel/Tsambikakis*, medstra 2015, 11, 13; *Kubiciel*, WiJ 2016, 1, 7 führt aus, dass „*eine Regelung außerhalb des Strafrechts eine suboptimale kommunikative Wirkung*" aufweise.

1013 *Kubiciel*, WiJ 2016, 1, 7; *Kubiciel/Tsambikakis*, medstra 2015, 11, 13.

ergreift.[1014] Bietet also jemand einem der Berufsträger einen unzulässigen Vorteil an, verspricht ihm oder gewährt ihm diesen, kann diese Person, sofern sie kein Berufsangehöriger der Kammer ist, nicht von dieser verfolgt werden.[1015] Ein umfassender Schutz vor unzulässigen Austauschbeziehungen kann jedoch nur hinreichend gewährleistet werden, wenn sämtliche an dieser Beziehung in rechtswidriger Weise beteiligten Hauptakteure belangt werden können.[1016] Im Bereich des Sozialrechts können die Regelungen nur im Zusammenhang mit den gesetzlichen Krankenkassen Geltung erlangen, sodass auch in diesem Bereich keine flächendeckende Strafverfolgung gewährleistet werden kann.[1017] Zudem wird auch im Sozialrecht überwiegend nur der Vorteilsnehmer erfasst, so dass eine Anwendung auch auf den Geber überwiegend ausscheiden wird. Um den Gesundheitsmarkt vor Korruption zu schützen, ist es nicht ausreichend, nur den Bereich der gesetzlichen Krankenversicherung zu schützen, da im Zusammenhang mit der Tätigkeit von Privatärzten ebenso die Risiken der Korruption bestehen.[1018]

In beiden Bereichen fehlt es zudem an den erforderlichen Befugnissen, Möglichkeiten und Einrichtungen, um eine Aufdeckung solcher bewusst verdeckt vorgenommener Taten zu ermöglichen.[1019] Die zuständigen Einrichtungen verfügen nicht über die erforderlichen Ermittlungsbefugnisse.[1020] So haben die

1014 BT-Drucks. 18/6446, S. 13; BT-Drucks. 18/5452, S. 3, nach deren Ausführungen die Initiative wohl „häufig" von den Industrieunternehmen ausgehen dürfte; Referentenentwurf des BMJV vom 04.02.2015, S. 12; *Eckstein/Püschel*, Newsdienst Compliance, 2015, 71001, S. 2; *Gädigk*, medstra 2015, 271; *Reinhardt*, S. 265. Auch nach Schröder, NZWiSt 2015, 361, 364 ist in den Beeinflussungen, die aus der Privatwirtschaft stammen, *„das mit Abstand erheblichste Gefährdungspotential für die Unabhängigkeit heilberuflicher Entscheidungen"* zu sehen.

1015 BT-Drucks. 18/6446, S. 13; Referentenentwurf des BMJV vom 04.02.2015, S. 12.

1016 *Cosack*, ZIS 2013, 226, 232.

1017 BT-Drucks. 18/6446, S. 13; *Maas*, NStZ 2015, 305, 308; *Gelshorn*, S. 125. Vgl. zudem *Geiger*, medstra 2015, 97, 103, der ausführt, dass das Zuwendungsverbot in § 128 Abs. 2 SGB V im Rahmen der Arzneimittelversorgung durch Vertragsärzte nur im ambulanten Bereich gelte.

1018 BT-Drucks. 18/6446, S. 13; kritisch auch *Kubiciel*, WiJ 2016, 1, 7; *Schneider*, HRRS 2013, 473, 476. Vgl. zu den Privatärzten auch *Cosack*, ZIS 2013, 226 ff. Vgl. auch 1. Kapitel B. VI. 5. (S. 75 f.).

1019 BT-Drucks. 18/6446, S. 13; *Andreschewski*, S. 99: Ein Beleg seien die relativ wenigen berufsgerichtlichen Verfahren; so im Ergebnis auch *Gelshorn*, S. 121.

1020 BT-Drucks. 18/6446, S. 13 f.; *Neupert*, NJW 2006, 2811; *Braun*, MedR 2013, 277, 282; *Cosack*, ZIS 2013, 226, 231; *Gädigk*, medstra 2015, 268, 271; *Kölbel*, StV 2012, 592, 593; *Reinhardt*, S. 264; *Sartorius*, S. 33. Dagegen erscheint die bisherige

Landesärztekammern bei den Verfahren wegen Verstößen gegen das Berufsrecht keine vergleichbaren Möglichkeiten zur Aufdeckung und Aufklärung wie Staatsanwaltschaften und dürfen insbesondere keine Durchsuchungen von Praxisräumlichkeiten unter Beschlagnahme von Beweismitteln durchführen.[1021] Diesen eingeschränkten Ermittlungsbefugnissen ist sich auch die Ärzteschaft bewusst, was wiederum ein niedrigeres Entdeckungsrisiko etwaiger von ihnen angenommener Zuwendungen zur Folge hat.[1022]

Über die in den außerstrafrechtlichen Regelungen ausgewiesenen Sanktionsmöglichkeiten ist überdies keine hinreichende Abschreckung möglich, da beispielsweise die Entziehung der Approbation aufgrund ihrer enormen Konsequenzen nur bei mehreren, schweren und zumindest grob fahrlässigen Pflichtverletzungen möglich ist.[1023] Vielen Ärzten scheinen die Regelungen des Berufs- und Sozialrechts außerdem nicht bekannt zu sein, was wiederum deren abschreckende Wirkung einschränkt.[1024] Strafrechtliche Regelungen dagegen erlangen zumeist mehr Bekanntheit. Das Disziplinarrecht hat darüber hinaus in erster Linie präventiven Charakter und eine Ordnungsfunktion und dient maßgeblich dem Schutz des vertragsärztlichen Versorgungssystems, so dass den Maßnahmen nicht wie der Kriminalstrafe ein „Vergeltungs- oder Sühnecharakter" zugesprochen werden kann.[1025]

Aufklärungsquote bei den §§ 299a, 299b StGB mit über 90 % im Jahr 2016 und über 95 % im Jahr 2017 „signifikant hoch", vgl. hierzu *Hohmann* in: MüKo-StGB, § 299a Rn. 7 unter Verweis auf die entsprechenden polizeilichen Kriminalstatistiken.

1021 *Braun*, MedR 2013, 277, 282; *Neupert*, NJW 2006, 2811 Fn. 5.; *Cosack*, ZIS 2013, 226, 231; Krüger, StraFo 308, 312; BR-Drucks. 16/15, S. 14.

1022 *Gelshorn*, S. 112 m.w.N.

1023 Position des GKV-Spitzenverbandes zu dem Expertengespräch über Konsequenzen aus dem BGH-Beschluss zur Strafbarkeit von Kassenärzten wegen Bestechlichkeit am 24.10.2012.

1024 In einer Studie haben 19 % der befragten niedergelassenen Ärzte angegeben, dass sie § 31 MBO-Ä nicht kennen (13 %) bzw. sich nicht dafür interessieren (6 %); 21 % der befragten nicht-ärztlichen Leistungserbringer haben keine Kenntnis von oder kein Interesse an der Regelung des § 128 Abs. 2 u. Abs. 6 SGB V; 40 % der Befragten sehen das Verbot der Zuweisung gegen Entgelt lediglich als Handlungsempfehlung an, vgl. *Bussmann*, Unzulässige Zusammenarbeit im Gesundheitswesen durch „Zuweisung gegen Entgelt", S. 7; BT-Drucks. 18/5452, S. 3.

1025 BSG MedR 2001, 49, *Braun*, MedR 2013, 277, 282; *Bongartz*, S. 237.

(3) Initiativen zur Selbstregulierung der Healthcare-Industrie

(a) Einführung zu den Initiativen zur Selbstregulierung

Teilweise wird unter Berufung auf die Selbstheilungskräfte des Gesundheitsmarktes die Erforderlichkeit eines Straftatbestandes abgelehnt.[1026] So existieren im Gesundheitswesen und den betreffenden Branchen Initiativen zur Prävention und Bekämpfung von Korruption, die zulässige Kooperationen fördern und unzulässige Formen der Zusammenarbeit unterbinden sollen.[1027] Mit den Initiativen wird angestrebt, die im Rahmen von Kooperationen existierenden Graubereiche durch genau bestimmte Richtlinien und allgemeine Verhaltenskodizes besser einschätzen zu können und einen lauteren Austausch zu erreichen.[1028] Hierzu werden entsprechende Kodizes eingeführt,[1029] deren Verhaltensregeln im Wesentlichen dazu beitragen sollen, dass Ärzte nicht in rechtswidriger Art in ihren heilberuflichen Entscheidungen beeinflusst werden.[1030] Die Lauterkeit der Zusammenarbeit und des Handelns der Mitgliedsunternehmen soll auch für Außenstehende erkennbar sein und festgehalten werden, um dadurch unter anderem das Vertrauen in die Handlungen der Ärzte zu schützen.[1031]

(b) Bewertung von Initiativen zur Selbstregulierung auf dem Gesundheitsmarkt

Auch wenn die Selbstheilungskräfte des Marktes nicht vollkommen in Abrede zu stellen sind[1032] und es sich um grundsätzlich anzuerkennende Initiativen handelt,[1033] wird vielfach die Ansicht vertreten, dass sie in den letzten Jahren

---

1026 *Geiger*, NK 2013, 136, 141, 145 f.; *Krüger*, StraFo 2012, 308, 316; *Ulsenheimer* in: FS für Steinhilper, S. 236; *Taschke/Zapf*, medstra 2015, 332, 335.

1027 Die wesentlichen Verbände sind der Verein „Freiwillige Selbstkontrolle für die Arzneimittelindustrie e.V." (FSA), der Verein „Arzneimittel und Kooperation im Gesundheitswesen e.V." (AKG),der „Bundesverband der pharmazeutischen Industrie" (BPI) und der Bundesverband der Medizintechnologie (BVMed), vgl. *Bahner*, S. 224 Fn. 1470; *Diener* in: Kubiciel/Hoven, S. 237 Fn. 18.

1028 *Kölbel* in: Duttge, S. 97.

1029 Beispielsweise Kodex Medizinprodukte des Bundesverbandes der Medizintechnologie e.V. oder FSA-Kodex Fachkreise der Pharmaindustrie, vgl. auch die weitere Aufzählung bei *Bahner*, S. 221 f.

1030 *Kölbel* in: Duttge, S. 97.

1031 *Diener* in: Kubiciel/Hoven, S. 237; *Diener*, PharmR 2015, 338.

1032 *Kubiciel/Tsambikakis*, medstra 2015, 11.

1033 BT-Drucks. 18/6446, S. 13; *Taschke/Zapf*, medstra 2015, 332 ff.

nicht zur erforderlichen Verbesserung beitragen konnten[1034] und eine Regelung im StGB nicht ersetzen können.[1035] Die mit diesen Kodizes verbunden Wirkungen sind weitestgehend ernüchternd.[1036] Nur vereinzelt wird eine entsprechende Sanktionierung im Falle des Verstoßes der Verhaltenskodizes vorgesehen, obwohl grundsätzlich davon auszugehen ist, dass eine solche zur tatsächlichen Sicherstellung der Einhaltung der Kodizes förderlich und wohl auch erforderlich wäre.[1037] Beanstandungen im Falle der Missachtung von Verhaltenskodizes können grundsätzlich von jedermann vorgenommen werden.[1038] Hier stellt sich allerdings die Frage, ob Ärzten, Patienten und anderen Unternehmen als den Mitgliedsunternehmen, die Kodizes und deren Inhalte überwiegend überhaupt bekannt sind, was für eine Beanstandung zunächst einmal die Grundvoraussetzung wäre.

Selbst wenn ein Verfahren eingeleitet wird, existiert kein Untersuchungsrecht zur Feststellung von Regelverstößen, woraus sich eine Abhängigkeit hinsichtlich der Aufklärung des Fehlverhaltens von der Überlassung entsprechender Dokumente von Dritten oder der Einräumung des Sachverhaltes durch die Betroffenen ergibt.[1039] Hierdurch werden die Ermittlungen erschwert und sind nur durch die Mithilfe Anderer möglich. Nachdem es sich bei Korruption jedoch regelmäßig um ein verstecktes Verhalten handelt,[1040] wird der Nachweis korruptiven Verhaltens nur selten gelingen.

Exemplarisch sei auf die Verfahren im Falle des Verstoßes gegen das Regelwerk des FSA verwiesen, der – soweit ersichtlich – als einziger Selbstregulierungsverband der Pharmaindustrie, Regelverstöße überhaupt sanktioniert.[1041]

1034 *Cosack*, ZIS 2013, 226, 231; *Kubiciel/Tsambikakis*, medstra 2015, 11; *Kubiciel*, WiJ 2016, 1, 3; *Dannecker/Schröder* in: NK-StGB, § 299a Rn. 61; *Gädigk*, medstra 2015, 268, 271; *Fischer*, medstra 2015, 1, 2; *Murmann* in: Duttge, S. 110; *Kölbel* in: Duttge, S. 99; *Sartorius*, S. 33. a.A.: *Diener* in: Kubiciel/Hoven, S. 241.

1035 BT-Drucks. 18/6446, S. 13.

1036 *Kölbel* in: Duttge, S. 99.

1037 Vgl. hierzu näher: *Diener* in: Kubiciel/Hoven, S. 236 ff.

1038 *Diener* in: Kubiciel/Hoven, S. 240.

1039 *Kölbel* in: Duttge, S. 99.

1040 Vgl. hierzu schon 1. Kapitel A. II. 3. (S. 29 f.).

1041 *Diener* in: Kubiciel/Hoven, S. 241. Bei dem FSA handelt es sich um einen Verein (Freiwillige Selbstkontrolle für die Arzneimittelindustrie e.V.), der 2004 gegründet wurde und im Jahr 2016 57 Mitgliedsunternehmen zählte, die 75 % des Umsatzes, der mit verschreibungspflichtigen Medikamenten erzielt wird, ausmachen. Es wurden 4 verbindliche Kodizes (FSA-Kodex Fachkreise, FSA-Kodex Patientenorganisation, FSA-Transparenzkodex und Empfehlungen Partner im Gesundheitswesen)

In der Mehrheit der Fälle wurden die Verfahren auch hier ohne Sanktionen eingestellt. Im Falle des Abschlusses des Verfahrens durch Entscheidung ergingen in der Regel eine Abmahnung und eine Unterlassungserklärung. Geldstrafen und eine Namensnennung des unzulässig handelnden Unternehmens wurden kaum verhängt.[1042] Damit sind die Wirkungen durch Sanktionierungen sehr gering, da zum größten Teil in den Kodizes gar keine Sanktionen vorgesehen werden und selbst wenn sich Sanktionen in den Kodizes wiederfinden, sind die Aufklärungsmöglichkeiten äußerst beschränkt.

Die Einführung von Kodizes kann aber nur dann zur „wirksamen Regulierung" beitragen, wenn umfassend geprüft wird, ob die Verhaltensregeln eingehalten werden und im Falle des Verstoßes entsprechende Sanktionen zur Anwendung gelangen.[1043] Die Sanktionen des FSA dienen allerdings nicht der Ahndung von Fehlverhalten und Verstößen gegen die Kodizes, sondern sollen zur Schaffung rechtlicher Klarheit und die abgehandelten Fälle zur weiteren Aufklärung sowie zur Konkretisierung hinsichtlich der Verhaltensregeln beitragen.[1044] Wenngleich in den Satzungen der Vereine die Verpflichtung zur Verfolgung von wettbewerbserheblichen Gesetzesverletzungen von Nichtmitgliedern mittels Abmahnungen und Unterlassungsklagen vorgesehen ist,[1045] erstreckt sich die Sanktionsgewalt unmittelbar immer nur auf die Mitgliedsunternehmen,[1046] weshalb in den Fällen des Einwirkens auf das Verordnungsverhalten von Vertragsärzten die Kodizes nicht angemessen Wirkung entfalten können, da sie nur die Vorteilsgeberseite, die Pharmaunternehmen, erfassen und nicht die Vertragsärzte.[1047] Selbst wenn es also Sanktionen gibt, sind diese wiederum nicht dazu geeignet, die sozialethische Verwerflichkeit von Korruption zu erfassen, da sie hinter dem Unwerturteil von Kriminalstrafen zurückbleiben.[1048]

---

verabschiedet, die auch einer steten Überarbeitung unterzogen werden, vgl. *Diener* in: Kubiciel/Hoven, S. 236 f. Die derzeitigen Mitgliedsunternehmen des FSA sind jedoch für immerhin 75 % des Umsatzes in Bezug auf verschreibungspflichtige Arzneimittel verantwortlich, so dass ein wesentlicher Teil der Unternehmen erfasst wird, vgl. *Diener* in: Kubiciel/Hoven, S. 236.

1042 *Kölbel* in: Duttge, S. 100 mit den entsprechenden Fallzahlen hierzu und zu Vorstehendem in tabellarischer Form.

1043 *Diener* in: Kubiciel/Hoven, S. 239.

1044 *Diener* in: Kubiciel/Hoven, S. 240; *Kölbel* in: Duttge, S. 99.

1045 *Schröder*, ZIS 2019, 71, 89, Fn. 190,

1046 *Kölbel* in: Duttge, S. 99; *Bongartz*, S. 224.

1047 *Kölbel* in: Duttge, S. 100.

1048 BT-Drucks. 18/6446, S. 13.

Kodizes stellen demzufolge eine geeignete Initiative dar, um Unternehmen aufzuzeigen, welche Regeln zum rechtssicheren Agieren im Rahmen der Zusammenarbeit einzuhalten sind, sie können aber schon mangels ausreichender Sanktionierungen und ihrem eingeschränkten Anwendungsbereich nur eine zusätzliche Möglichkeit zur Bekämpfung von Korruption darstellen und in ihrer derzeitigen Ausgestaltung eine effektive strafrechtliche Regelung nicht ersetzen.

Verhaltenskodizes stellen zudem keine gesetzlichen Vorschriften im Sinne des § 3a UWG dar und können somit keine Unlauterkeit im Sinne dieser Vorschrift begründen.[1049] Einem Verhaltenskodex kann lediglich Indizwirkung hinsichtlich der Frage ob Unlauterkeit gegeben ist zukommen, indem er Hinweise auf branchenübliche Verhaltensweisen zulässt; eine Wettbewerbswidrigkeit nach § 3 Abs. 1 UWG kann ein Verstoß allein jedoch nicht begründen.[1050]

Des Weiteren wird mit den Richtlinien eine Information der Mitarbeiter der Unternehmen über die rechtlichen Grenzen, die es einzuhalten gilt, und eine Vorgabe entsprechender Verhaltensempfehlungen zur Vermeidung von Korruption bezweckt. Ob darüber hinaus mit den Richtlinien auch eine tatsächliche Selbstbindung der Unternehmen an sich erreicht wird, ist fraglich.[1051] Allein die Einführung von Kodizes wird nicht ausreichen, um strafbares Verhalten einzudämmen; diese müssen vielmehr unternehmensintern gelebt werden und sind durch interne Einrichtungen zu unterstützen. Werden sie nur erlassen, um formal den Anforderungen nachzukommen und der Außenwirkung zu dienen, werden sie dennoch nicht zwangsläufig zur Vermeidung von Korruption führen.[1052] Sich auf die Selbstheilungskräfte des Gesundheitswesens zu verlassen und diese entsprechend mit Bußgeldvorschriften des Ordnungswidrigkeitenrechtes zu stärken,[1053] erscheint daher nicht ausreichend, um der Bedeutung des Gesundheitswesens gerecht zu werden und die korruptiven Verhaltensweisen wirkungsvoller einzudämmen.[1054]

1049 *Bahner*, S. 225 unter Verweis auf BGH MDR 2011, 439.

1050 *Bahner*, S. 225 f. unter Verweis auf BGH MDR 2011, 439. Im Falle der Einhaltung der Kodizes wird das Risiko der Strafbarkeit in der Regel stark eingeschränkt und kann teilweise auch vollkommen ausgeschlossen werden, *Diener* in: Kubiciel/Hoven, S. 241; *Bahner*, S. 226 f.; *Badle*, medstra 2015, 139, 140.

1051 *Kölbel* in: Duttge, S. 101.

1052 *Kölbel* in: Duttge, S. 101 f. m.w.N.

1053 So z.B. *Geiger*, NK 2013, 136, 145 f.; *Krüger*, StraFo 2012, 308, 316; *Ulsenheimer* in: FS für Steinhilper, S. 236.

1054 *Kubiciel*, Stellungnahme vom 02.12.2015, S. 6; *Kubiciel/Tsambikakis*, medstra 2015, 11, 12; *Cosack*, ZIS 2013, 226, 229, 231; *Murmann* in: Duttge, S. 110; *Braun*, MedR

(4) Keine ausreichenden außerstrafrechtlichen Mittel

Gemessen an den Ausführungen zu den Sanktionsmöglichkeiten nach den außerstrafrechtlichen Nebengesetzen und zu den Selbstregulierungen der Healthcare-Industrie, sind diese nicht dazu geeignet, korruptivem Verhalten auf dem Gesundheitsmarkt effektiv entgegenzutreten. Dies liegt zum einen daran, dass mit den existieren Regelungen teilweise schon nicht alle an den unzulässigen Kooperationen Beteiligte belangt werden können, zum anderen fehlt es an den erforderlichen Ermittlungsmöglichkeiten, die gerade bei korruptiven Verhaltensweisen, die überwiegend verdeckt erfolgen, von besonderer Relevanz sind. Zum Teil kommt den Regelungen außerdem nur eine Ordnungsfunktion zu, weswegen sie in keiner Weise in ihrer Funktion mit einer Kriminalstrafe gleichzusetzen sind. Diese Regelungen vermögen das Gesundheitswesen nicht in geeigneter Form zu schützen, da sie den Unrechtsgehalt von Korruption nicht hinreichend erfassen können. Die aufgezeigten Probleme bei der Anwendung von diesen Regelungen, die sich zudem in der Vergangenheit ebenso wie die Selbstregulierungen als nicht ausreichend wirksam erwiesen haben, zeigen deutlich auf, dass ein effektiver Schutz durch diese Regelungen nicht gewährleistet werden kann und sie daher zumindest kein gleich wirksames bzw. vergleichbares Mittel zu strafrechtlichen Regelungen darstellen.

cc) Angemessenheit und fehlende Inbezugnahme von Statistiken

Die mit dem Erlass der Gesetze verbundene Freiheitsbeschränkung erscheint gemessen an den unter Strafe gestellten korruptiven Verhaltensweisen und den damit einhergehenden negativen Folgen auch nicht unangemessen.[1055]

Dass sich der Gesetzgeber in seiner Begründung keiner eigenen Statistiken oder Studien bedient bzw. auch die vorhandenen Studien und Erkenntnisse zur Korruption im Gesundheitswesen und deren finanzielles Ausmaß[1056] nicht in seiner Begründung heranzieht und sich vielmehr darauf beschränkt, auf eine Reihe von aufgetretenen Missständen zu berufen sowie beispielhaft einige Fälle

---

2013, 277 ff.; *Kölbel*, StV 2012, 592, 593; *Dannecker/Schröder* in: NK-StGB, § 299a Rn. 61; a.A. wohl *Badle*, medstra 2015, 2, der unter Verweis auf die begrenzten „Ressourcen der Strafverfolgungsinstitutionen" auf eine Verbesserung durch die „Selbstheilungskräfte des Gesundheitsmarktes" verweist.

1055 *Schröder*, NZWiSt 2015, 321, 324 zum Regierungsentwurf vom 29.07.2015. Vgl. zu den negativen Folgen 2. Kapitel B. II. 1. a) (S. 177 ff.) und 2. a) (S. 196 ff.).

1056 Vgl. hierzu bereits 1. Kapitel B. I. Fn. 154 u. 156; vgl. auch die Aufführung bei *Dannecker/Schröder* in: NK-StGB, § 299a Rn. 55 in Fn. 196.

aufzuführen, erscheint – obwohl nach einigen Ansichten „kriminologisches Erfahrungswissen" einzubeziehen ist[1057] – vernachlässigbar, da ihm ein weiter Einschätzungsspielraum zugestanden wird.[1058] Zudem können auch kriminologische Erkenntnisse in der Regel keine „vollständige Gewissheit" mit sich bringen.[1059] Die Nichtvorlage eines lückenfreien empirischen Erfahrungswissens ist jedoch bei vielen strafrechtlichen Gesetzen der Fall und kein ausschließliches Problem des vorliegenden Gesetzes.[1060] Die grundsätzliche Entscheidung des Gesetzgebers zum Erlass von Strafvorschriften zum Schutz des Gesundheitswesens war daher grundsätzlich verhältnismäßig.[1061]

c) Keine Ungleichbehandlung durch „Sonderstrafrecht für Ärzte"[1062]

Kritik wurde an der Einführung strafrechtlicher Regelungen auch dahingehend geäußert, dass mit der Schaffung von Tatbeständen für Angehörige eines Heilberufes ein „Sonderdelikt" geschaffen werde.[1063] So sei der Missbrauch einer Vertrauensstellung ebenso bei der Ausübung anderer freier Berufe möglich, wie insbesondere bei Architekten oder Rechtsanwälten. Für eine

---

1057 *Puschke*, S. 155 unter Verweis in Fn. 114 auf *Kaspar*, S. 131 und *Bachmann/Goeck* in: Brunhöber/Höffler/Kaspar/Reinbacher/Vormbaum, S. 41. Nach *Kindhäuser*, Universitas 1992, 227, 230, muss Schaden empirisch belegt sein.

1058 *Schröder*, NZWiSt 2015, 321, 323 f.; *Kubiciel*, KPzKp 4/2015, S. 5; vgl. hierzu auch *Lagodny*, S. 173 ff. m.w.N.

1059 *Puschke*, S. 155.

1060 *Kubiciel*, KPzKp 4/2015, S. 5; *Schröder*, NZWiSt 2015, 321, 324; *Dannecker/Schröder* in: NK-StGB, § 299a Rn. 57. Allgemein zu diesem Problem *Kaspar*, S. 414 f.; *Appel*, S. 174 f.

1061 So zum Erlass der §§ 299a, 299b StGB (in Bezug auf den Regierungsentwurf) an sich auch (allerdings mit Bedenken in Bezug auf die konkrete Ausgestaltung des Regierungsentwurfes) *Schröder*, NZWiSt 2015, 321, 324; so im Ergebnis auch *Schröder* in: Frewer/Bergemann/Jäger, S. 138; *Dannecker/Schröder* in: NK-StGB, § 299a Rn. 57. *Andreschewski*, S. 243: Aufgrund des Entscheidungsspielraums war der Entscheidung des Gesetzgebers grundsätzlich nichts entgegenzuhalten.

1062 *Schneider*, HRRS 2013, 473, 478 f.

1063 *Schneider*, HRRS 2013, 473, 478. Kritsch auch: *Schneider/Kaltenhäuser*, medstra 2015, 24, 30; *Schneider/Ebermann*, A&R 2015, 202, 204 f.; *Bittmann/Brockhaus/Rübenstahl/Schröder/Tsambikakis*, WiJ 2015, 176, 178. Im Gegensatz zu einem Allgemeindelikt versteht man unter einem Sonderdelikt im Strafrecht einen Tatbestand, der nicht von jeder Person, sondern lediglich von bestimmten Tätern verwirklicht werden kann, die ein bestimmtes persönliches Merkmal besitzen, das für die Verwirklichung des Tatbestandes erforderlich ist.

Ungleichbehandlung sei allerdings kein sachliches Differenzierungskriterium ersichtlich, da Informationsasymmetrien auch diesen Verhältnissen immanent seien.[1064] Wie bereits eingangs der Arbeit ausgeführt, unterliegen diese Berufe jedoch nicht in dem Maße korruptiven Einflussnahmen wie der Arzt und haben keinen ebenso hohen sozialen Stellenwert.[1065] Zudem wird Korruption auf dem Gesundheitsmarkt durch eine Vielzahl korruptionsbegünstigender Faktoren erleichtert, die auf anderen Märkten nicht in diesem Ausmaß und dieser Kombination vorzufinden sind.[1066] Dem Gut der Gesundheit kommt eine existenzielle Bedeutung zugute und das Gesundheitswesen ist somit eine Institution von einer beinahe einzigartigen sozialen Bedeutung.[1067]

Das Strafrecht wird grundsätzlich durch einen fragmentarischen Charakter gekennzeichnet. Dieser besagt, dass nicht alle Rechtsgüter vom Strafrecht geschützt werden können. Sollte der Schutz eines Rechtsgutes im Strafrecht erfolgen, kann dieses in der Regel nur vor ausgewählten Beeinträchtigungen geschützt werden.[1068] Eine Strafbarkeit in allen Lebensbereichen gleichermaßen ist daher nicht vorgesehen. Dies ergibt sich insbesondere aus dem Verhältnismäßigkeitsgrundsatz, dem Bestimmtheitsgebot und auch dem ultima ratio-Prinzip des Strafrechts. Demnach kann nur jenes Verhalten, welches strafwürdig erscheint und elementare Rechtgüter gefährdet, erfasst werden.[1069] Dies hindert den Gesetzgeber jedoch nicht daran, einer strafwürdigen Rechtsgutverletzung mit den Mitteln des Strafrechts entgegenzutreten, wenn dies für den Schutz der Gesellschaft erforderlich ist.[1070] Durch den Schutz von einzelnen Rechtsgütern

---

1064 *Schneider*, HRRS 2013, 473, 478.

1065 *Cosack*, ZIS 2013, 226, 229; *Kubiciel*, WiJ 2016, 1, 4: Auswahl sei „wohl begründet"; *Gaede/Lindemann/Tsambikakis,* medstra 2015, 142, 146; *Schröder,* NZWiSt 2015, 321, 324 f.; *Rönnau/Wegner* in: Achenbach/Ransiek/Rönnau, §§ 299a, 299b StGB Rn. 20; *Bongartz,* S. 285 f.; *Andreschewski,* S. 245 sieht die besondere Stellung des Arztes als Unterschied an. Vgl. hierzu bereits 1. Kapitel B. III. (S. 40 ff.).

1066 *Dannecker/Schröder* in: NK-StGB, § 299a Rn. 54. Die „*erheblichen Versuchungen, denen die Akteure durch die Strukturen des Gesundheitsmarktes ausgesetzt sein können*" auch hervorhebend, *Schröder*, NZWiSt 2015, 361, 365; *Gaede/Lindemann/Tsambikakis,* medstra 2015, 142, 146 sprechen ebenfalls von vielen Missbrauchsmöglichkeiten auf dem Gesundheitsmarkt; *Sartorius*, S. 33. Vgl. hierzu bereits 1. Kapitel B. (S. 30 ff.).

1067 *Kubiciel,* KPzKP, 2015, S. 6 m.w.N.; *Sartorius*, S. 33; in diesem Sinne auch *Bongartz,* S. 286.

1068 *Kulhanek*, ZIS 2014, 674.

1069 *Dannecker/Schröder* in: NK-StGB, § 299a Rn. 54.

1070 BVerfGE 39, 1, 45, 47.

kommt deren besondere Bedeutung ebenso zur Geltung wie die Strafwürdigkeit der vom Tatbestand unter Strafe gestellten Verhaltensweisen.[1071]

Der Gesetzgeber hat damit mit dem Erlass von Straftatbeständen den Schutz der betroffenen Rechtsgüter ebenso betont wie die sozialethische Missbilligung und die Verwerflichkeit korruptiven Verhaltens im Gesundheitswesen, das sich im Endeffekt nicht nur wirtschaftlich auswirkt, sondern unter Umständen auch die Gesundheit von Einzelnen durch die Nichtwahrnehmung von Untersuchungen und eine starke Rationierung von Leistungen beeinträchtigt.[1072] Für die Wahrnehmung ärztlicher Untersuchungen ist regelmäßig ein besonderes und ausgeprägtes Vertrauensverhältnis geboten, das über das Verhältnis hinausgeht, welches bei der Ausübung anderer freier Berufe mit den ratsuchenden Personen entsteht.[1073] Hierin ist auch ein sachliches Differenzierungskriterium zu den anderen freien Berufen zu sehen. Der Gesetzgeber ist dazu berechtigt, Unterscheidungen vorzunehmen und solche sind nur dann nicht gerechtfertigt, wenn keine klar erkennbaren sachlichen Gründe vorliegen.[1074] Der Schutz der Integrität heilberuflicher Entscheidungen und des lauteren Wettbewerbs des Gesundheitsmarkts und damit im Endeffekt der Gesundheit und dem Leben stellt jedoch einen solchen erkennbaren Unterschied dar. Ungerechtfertigte Beeinflussungen auf den Vertragsarzt zu unterbinden, ist zum Schutz des Vertrauens der Patienten und der Funktionsfähigkeit des Gesundheitssystems aufgrund der Schlüsselstellung des Vertragsarztes daher erforderlich.[1075]

1071 *Dannecker/Schröder* in: NK-StGB, § 299a Rn. 54; *Gädigk*, medstra 2015, 268, 272 f.

1072 *Dannecker/Schröder* in: NK-StGB, § 299a Rn. 54; *Gädigk*, medstra 2015, 268, 272 f.; im Ergebnis auch gegen die Schaffung eines Sonderstrafrechts *Dannecker/Schröder* in: Kubiciel/Hoven, S. 54 f.; *Kubiciel*, MedR 2016, 1, 2; *Schröder*, NZWiSt 2015, 321, 324 f.; *Gaede/Lindemann/Tsambikakis*, medstra 2015, 142, 146. Im Ergebnis wohl mittlerweile auch *Schneider*, medstra 2016, 195.

1073 *Schröder*, NZWiSt 2015, 321, 324 f.; *Schmidt*, S. 22. f. führt aus, es handle sich um ein *„besonderes Vertrauen"*, das *„in vergleichbarer Form bei kaum einem anderen Vertragsverhältnis vorgefunden werden kann"*. Vgl. hierzu noch ausführlich 3. Kapitel A. I. 2. a) (S. 246 ff.).

1074 BVerfGE 50, 142, 162; *Reinhardt*, S. 266.

1075 *Schröder*, NZWiSt 2015, 321, 324 f. Vgl. zur Schlüsselstellung bereits 1. Kapitel B. VI. 3. (S. 58 ff.).

2. *Weitere kriminalpolitische Erwägungen zur Einführung der neuen Tatbestände im StGB unter besonderer Berücksichtigung der enormen Bedeutung des Gesundheitswesens*

Neben den vorstehend bereits genannten kriminalpolitischen Erwägungen, rechtfertigen auch weitere Argumente die Entscheidung des Gesetzgebers, korruptivem Verhalten im Gesundheitswesen mit strafrechtlichen Regelungen zu begegnen.

a) *Bedeutung des Gesundheitswesens und mit Korruption einhergehende negative Folgen*

Für die Einführung der strafrechtlichen Regelungen spricht zunächst einmal die enorme soziale Bedeutung des Gesundheitswesens.[1076] Durch korruptives Verhalten können insbesondere das Vertrauen der Patienten in die Sachlichkeit der ärztlichen Entscheidungen und der Wettbewerb beeinträchtigt werden.[1077] Negative Folgen, die Korruption im Gesundheitswesen mit sich bringt, können zudem, neben den eintretenden Preiserhöhungen in Bezug auf medizinische Leistungen und Kostensteigerungen im Gesundheitswesen,[1078] die Beeinträchtigung der Qualität der gesundheitlichen Versorgung allgemein und der einzelnen Arzneimittel, Produkte und Hilfsmittel[1079] sowie der Dienstleistungen im Speziellen sein.[1080] „Korruptionsbedingte Fehlallokationen“ von Geldern auf dem Gesundheitsmarkt und damit verbundene schädliche Folgen, wie insbesondere eine regelwidrige Verteilung der vorhandenen Mittel sind eine weitere Folge, die Korruption mit sich bringen kann.[1081] Dies kann weitere

---

1076 BT-Drucks. 18/6446, S. 1; *Kubiciel/Tsambikakis*, medstra 2015, 11; *Pragal/Apfel*, A&R 2007, 10, 11; *Kubiciel*, Stellungnahme vom 02.12.2015, S. 4 spricht von einer *„Institution, die von einer beinahe einzigartigen sozialen Bedeutung ist“*; vgl. auch *Fischer* in: Kempf/Lüderssen/Volk, S. 167 ff; *Bongartz*, S. 229.

1077 BT-Ducks. 18/6446, S. 11; Referentenentwurf des BMJV vom 04.02.2015, S. 10 f.; *Braun*, S. 158; *Dannecker*, ZRP 2013, 37, 38 ff.; *Gelshorn*, S. 102 f. Vgl. zu den geschützten Rechtsgüter der §§ 299a, 299b StGB noch 3. Kapitel A. I. (S. 243 ff.).

1078 Vgl. zu dem Anstieg der Kosten bereits 1. Kapitel B. I. (S. 30 ff.); ebenso sprach der Große Senat in seinem Beschluss vom 29.03.2012 davon, dass Korruption *„– allem Anschein nach – gravierende finanzielle Belastungen des Gesundheitssystems“* mit sich bringt, BGHSt 57, 202, 217 f; BT-Drucks. 18/6446, S. 1; Referentenentwurf des BMJV vom 04.02.2015, S. 9; *Dannecker/Schröder* in: Kubiciel/Hoven, S. 52 f.; *Gelshorn*, S. 104 f. Die vermögensschädigende Wirkung bejaht auch *Kubiciel*, WiJ 2016, 1, 2.

1079 Vgl. hierzu auch *Fischer*, medstra 2015, 1.

1080 *Dannecker/Schröder* in: NK-StGB, § 299a Rn. 49.

1081 *Kubiciel/Tsambikakis*, medstra 2015, 11, 12; *Kubiciel*, WiJ 2016, 1, 2.

Rationierungen[1082] von Leistungen und Produkten sowie steigende Kosten im Gesundheitswesen nach sich ziehen, was sich im Endeffekt auf die Gesundheit des Einzelnen niederschlagen kann, wenn diese Leistungen von den Krankenkassen nicht mehr bezahlt werden können bzw. sich diese die Patienten selbst nicht leisten können. Insbesondere die Finanzierung von kostenintensiven Therapien durch die Krankenkassen wird durch die mit Korruption verbundenen Kostensteigerungen erschwert.[1083]

Aufgrund seiner Strukturen weist der Gesundheitsmarkt ohnehin ein besonders „kriminogenes Potenzial" auf und ist nicht zuletzt wegen seiner öffentlich-rechtlichen Ausgestaltung und der teils öffentlichen Finanzierung besonders schutzwürdig.[1084] Zudem muss auch verhindert werden, dass Korruption im Gesundheitswesen zu Lasten der Qualität der Versorgung geht, indem die Konkurrenten nicht mehr versuchen, durch Qualität und Preis zu punkten, sondern ihre Produkte durch unzulässige Einflussnahme zu vermarkten.[1085] Dies hat neben einer Preissteigerung von Produkten, Mitteln und Leistungen und einer damit einhergehenden höheren Kostenbelastung im Gesundheitswesen und der Benachteiligung der mit fairen Mitteln agierenden Konkurrenten, eine Erschütterung des Vertrauens der Allgemeinheit in die medizinische Versorgung zur Folge.[1086]

Auch wenn zu bezweifeln ist, dass bereits einzelne Fälle korruptiven Verhaltens tatsächlich dazu führen können, ganze Berufsgruppen unter einen Generalverdacht zu stellen,[1087] können diese allerdings bei den einzelnen unmittelbar Betroffenen zu einem sinkenden Vertrauen führen und bei einem häufigeren oder regelmäßigeren Auftreten zur Folge haben, dass auch ein genereller Verdacht bei der Allgemeinheit entsteht. Ein solcher Verdacht wiederum kann das Vertrauen der Menschen in die medizinische Versorgung ins Wanken bringen und nach und nach schwinden

---

1082 *Dannecker/Schröder* in: Kubiciel/Hoven, S. 53 m.w.N. in Fn. 42 zu den zunehmenden Rationierungen bzw. *Dannecker/Schröder* in: NK-StGB, § 299a Rn. 61 m.w.N. in Fn. 215.

1083 *Dannecker/Schröder* in: Kubiciel/Hoven, S. 53; *Dannecker/Schröder* in: NK-StGB, § 299a Rn. 61.

1084 *Kubiciel*, MedR 2016, 1, 2.

1085 *Schneider*, StV 2010, 365, 368; BT-Drucks. 18/6446, S. 12; Referentenentwurf des BMJV vom 04.02.2015, S. 10; in diesem Sinne auch *Bongartz*, S. 231 f.

1086 BT-Drucks. 18/6446, S. 12; *Bongartz*, S. 104.

1087 Vgl. *Loos* in: Welzel, S. 879, 891 f. So aber wohl *Braun*, S. 157 f.; Referentenentwurf des BMJV vom 04.02.2015, S. 11.

lassen, [1088] weshalb in der Folge die Gefahr besteht, dass auf medizinisch erforderliche Untersuchungen und Behandlungen verzichtet wird und sich korruptives Verhalten mittelbar auch auf die Gesundheit der Menschen auswirken könnte.[1089] Allein der Verdacht, dass eine Verordnung nur aufgrund von hierfür erhaltenen oder erwarteten Zuwendungen erfolgt, vermag das Vertrauen zu beeinträchtigen.[1090] Einer solchen Entwicklung ist vom Gesetzgeber entgegenzutreten, um zu verhindern, dass das Gesundheitswesen an Vertrauen verliert.[1091] Ob hierfür ein Schutz des Vertrauens in die Sachgerechtigkeit der Entscheidungen erforderlich ist oder ein Schutz der Sachgerechtigkeit der Entscheidungen selbst, wird im Rahmen des 3. Kapitels einer eingehenden Erörterung unterzogen.[1092] Um die soziale Akzeptanz eines Systems zu erhalten, ist es zumindest erforderlich, gegen die Missachtung von Regelungen und Gesetzen von zentralen Gestalten, die in dem System einen bedeutenden Rang einnehmen, mit entsprechenden Ahndungen vorzugehen.[1093]

Der Schutz des Gesundheitswesens stellt daher einen „wichtigen Gemeinschaftsbelang“[1094] dar, der eines ausreichenden Schutzes bedarf.[1095] Der Gesundheit kommt eine existenzielle Bedeutung zu, weshalb ihr Schutz unumgänglich ist. Die Einführung von strafrechtlichen Regelungen kann außerdem dazu beitragen, Unklarheiten in Bezug auf die Zulässigkeit von Kooperationen auf dem Gesundheitsmarkt zu beseitigen.[1096] Aufgrund der enormen sozialen und wirtschaftlichen Relevanz des Gesundheitswesens erscheint es daher „kriminalpolitisch sachgerecht“, dass Straftatbestände zur Bekämpfung von Korruption im Gesundheitswesen eingeführt wurden.[1097]

1088 *Kubiciel*, Stellungnahme vom 02.12.2015, S. 4; *Braun*, S. 157 f.; *Dannecker/Schröder* in: Kubiciel/Hoven, S. 53; *Gelshorn*, S. 102; *Bongartz*, S. 104, 230 f.

1089 *Maas*, NStZ 2015, 305, 308; ähnlich auch *Dannecker/Schröder* in: Kubiciel/Hoven, S. 53.

1090 BT-Drucks. 18/6446, S. 12; Referentenentwurf des BMJV vom 04.02.2015, S. 11. Ähnlich *Dannecker*, ZRP 2013, 37, 41; *Schneider/Kißling*, A&R 2012, 261; *Dannecker/Schröder* in: Kubiciel/Hoven, S. 53; *Kubiciel*, WiJ 2016, 1, 2; *Bongartz*, S. 231.

1091 *Kubiciel*, Stellungnahme vom 02.12.2015, S. 4.

1092 Vgl. 3. Kapitel A. I. 2. b) (S. 259 ff.).

1093 *Kubiciel*, Stellungnahme vom 02.12.2015, S. 4 f.

1094 BVerfGE 90, 145, 172 f., 184.

1095 *Kubiciel*, Stellungnahme vom 02.12.2015, S. 6; so im Ergebnis auch *Bongartz*, S. 229.

1096 *Kubiciel/Tsambikakis*, medstra 2015, 11.

1097 Im Ergebnis so auch *Dannecker*, ZRP 2013, 37; *Schröder*, NZWiSt 2015, 321, 323; *Dannecker/Schröder* in: Kubiciel/Hoven, S. 52; *Fischer*, medstra 2015, 1; *Brettel/Duttge/Schuhr*, JZ 2015, 929; 930 f.; *Gaede/Lindemann/Tsambikakis*, medstra 2015,

b) *Einführung der Tatbestände unter Berücksichtigung der Kritik an der zunehmenden Erweiterung des Korruptionsstrafrechts*

In der Vergangenheit wurde die Erweiterung von Korruptionsstrafrecht oftmals kritisiert[1098] und die damit verbundene Ausweitung der Strafbarkeit bemängelt.[1099] So sei Korruption an sich noch nicht per se strafwürdig und es sei eine differenzierte Analyse und Begründung der Schutzwürdigkeit der jeweils betroffenen Rechtsgüter erforderlich.[1100] Die enorme Bedeutung der Gesundheitsfürsorge als staatliche Aufgabe und die vielfältigen mit Korruption üblicherweise einhergehenden Schäden, die sich sowohl in finanziellen Schäden als auch in einer Vertrauenserschütterung und damit in gesundheitlichen Folgen widerspiegeln können, rechtfertigen eine Strafrechtserweiterung.[1101] Die Erfassung von Korruption im Gesundheitswesen ist aufgrund der enormen Bedeutung kein „Zuviel" im Rahmen der Strafrechtsgesetzgebung und kein Zeichen einer zu weitgehenden Ausdehnung des Strafrechts.[1102] Die Gewährleistung und der Schutz der Gesundheitsfürsorge sind in ihrer Bedeutung und Wichtigkeit schon in keiner Weise gleichzusetzen mit dem Schutz anderer kritisierter aktueller Gesetzgebungsvorhaben im Korruptionsstrafrecht.[1103]

Es erscheint nicht ohne Weiteres nachvollziehbar, weswegen allgemein die Strafbarkeit im Bereich der Bestechungs- und Bestechlichkeitsdelikte ausgeweitet wird, gerade im Gesundheitswesen, welchem eine gewisse Korruptionsanfälligkeit nicht abzusprechen ist,[1104] jedoch auf eine umfassende strafrechtliche

---

142; 144 f.; *Kubiciel*, MedR 2016, 1; *Kubiciel*, WiJ 2016, 1, 2; *Kubiciel/Tsambikakis*, medstra 2015, 11, 12; Referentenentwurf des BMJV vom 04.02.2015, S. 11.

1098 *Kindhäuser*, ZIS 2011, 461, 468 f.; *Kölbel*, NStZ 2011, 200; *Kölbel*, wistra 2009, 132 f.; weitere Nachweise zu kritischen Stimmen bei *Dannecker/Schröder* in: NK-StGB, § 299a Rn. 52 Fn. 186.

1099 *Kindhäuser*, ZIS 2011, 461, 468.

1100 *Kindhäuser*, ZIS 2011, 461, 468.

1101 *Dannecker/Schröder* in: NK-StGB, § 299a Rn. 52, 60.

1102 Kritisch zur Ausweitung des Strafrechts *Jahn/Brodowski*, JZ 2016, 969 ff.

1103 Vgl. hierzu in Bezug auf die Einführung von Korruptionstatbeständen in Bezug auf Sportwettbetrug und die Manipulation berufssportlicher Wettbewerbe (BT-Drucks. 18/8831) kritisch *Dannecker/Schröder* in: NK-StGB, § 299a Rn. 59; *Kindhäuser*, ZIS 2011, 461, 469; *Krack*, ZIS 2016, 540, 544, der ausführt, dass das Allgemeinrechtsgut „Integrität des Sports" auf das die Einführung der Tatbestände gestützt werden soll, nicht die für einen Straftatbestand erforderliche „Rechstgutsqualität" aufweist.

1104 Vgl. hierzu 1. Kapitel B. (S. 30 ff.).

Sanktionierung verzichtet werden soll.[1105] Die Tatbestände bezwecken die Stabilisierung der „Funktion einer Institution von ganz entscheidender Bedeutung".[1106] Um das Gesundheitswesen funktionsfähig zu erhalten, muss gewährleistet sein, dass dieses System bezahlbar bleibt und in seiner finanziellen Stabilität gesichert wird. Nur auf diese Weise kann sichergestellt werden, dass für jeden die erforderlichen und möglichen medizinischen Leistungen finanziert werden können. Andererseits ist es notwendig auch das Vertrauen in die Leistungserbringer an sich zu stärken, damit die Menschen im Krankheitsfall erforderliche Untersuchungen und Behandlungen bei ihrem Arzt wahrnehmen.[1107] Um den Schutz der Institution des Gesundheitswesen sicherzustellen, der durch die vorstehenden Säulen mitgetragen wird, müssen diese ausreichend geschützt werden und Verhaltensweisen, die zu unzulässigen Kooperationen führen, unterbunden werden.

Wie bereits im 1. Kapitel der Arbeit dargestellt, existieren auf dem Gesundheitsmarkt kriminogene Faktoren, die solche Korruptionen durchaus begünstigen bzw. erleichtern und zu mannigfaltigen schädlichen Verhaltensweisen führen. Hierdurch kommt es zu steigenden Kosten[1108] und einem Vertrauensverlust. Das Gesundheitswesen betrifft den wohl empfindlichsten und wichtigsten Bereich der existenziellen Daseinsfürsorge.[1109] Massive Kostensteigerungen, Rationierungen oder nicht am Wohl des Patienten ausgerichtete Entscheidungen sowie mangelndes Vertrauen in die Ärzte wirken sich im Zweifel auf das Leben der Menschen aus. Somit ist eine Strafwürdigkeit zu bejahen.

III. Ergebnis

Die Entscheidung des Großen Senats und seine darin vorgenommene sachgerechte einschränkende Auslegung der §§ 299, 331 ff. StGB[1110] hat zum

1105 *Kubiciel/Tsambikakis*, medstra 2015, 11, 12; *Murmann* in: Duttge, S. 114, der darauf hinweist, dass es in Bezug auf den Gleichbehandlungsgrundsatz einer Begründung bedarf, „*wenn materiell rechtsverletzende Verhaltensweisen, die in anderen Lebensbereichen strafbewehrt sind, wegen der besonderen Ausgestaltung der Primärrechtsordnung tatbestandlich nicht erfasst werden.*"

1106 *Dannecker/Schröder* in: NK-StGB, § 299a Rn. 60.

1107 *Dannecker/Schröder* in NK-StGB, § 299a Rn. 62.

1108 BT-Drucks. 18/6446, S. 11; *Dannecker/Schröder* in: NK-StGB, § 299a Rn. 61; *Dannecker*, ZRP 2013, 37, 39.

1109 *Dannecker*, ZRP 2013, 37, 41.

1110 *Kubiciel*, WiJ 2016, 1 sieht darin eine „bemerkenswert restriktive Auslegung".

Ausschluss der Anwendbarkeit der Korruptionstatbestände des Strafgesetzbuches für niedergelassene Vertragsärzte geführt. Die Tatbestände der § 263 StGB und § 266 StGB können nach hier vertretener Auffassung korruptive Verhaltensweisen nicht annähernd hinreichend abdecken und auch deren Unrechtsgehalt nicht ausreichend erfassen,[1111] da dieser nicht nur in der Verletzung von Vermögensinteressen begründet ist, sondern auch in der Wettbewerbsstörung und der Verletzung des Vertrauens der Patienten in die Unabhängigkeit der heilberuflichen Entscheidungen zu sehen ist.[1112] Daher ist nicht abzustreiten, dass der Gesundheitsmarkt vor allem unter Berücksichtigung der im 1. Kapitel der Arbeit aufgezeigten Besonderheiten dieses Marktes, der enormen Bedeutung der Institution des Gesundheitswesens, der nicht ausreichenden Selbstregulierung des Marktes und der fehlenden Erfassung des Unrechtsgehalts von Korruption durch außerstrafrechtlichen Maßnahmen grundsätzlich ein effektives Strafrecht benötigt und dessen Einführung grundsätzlich gerechtfertigt erscheint.[1113] Dies sollte vor allem dann gelten, wenn es wie vorliegend um Verhaltensweisen geht, die die Qualität von Kriminalunrecht aufweisen.[1114] Gleichzeitig könnten auf diese Weise auch „divergierende Strafrechtsregime" in Bezug auf angestellte Ärzte, Ärzte mit Beamtenstatus und Vertragsärzte vereinheitlicht werden,[1115] was auch unter verfassungsrechtlichen Gesichtspunkten im Hinblick auf den Gleichbehandlungsgrundsatz und die Rechtsklarheit erstrebenswert erscheint.[1116] Hierbei sollte das richtige Maß jedoch nicht aus dem Auge verloren werden. Es muss auch beachtet werden, dass Kooperation auf dem Gesundheitsmarkt im Rahmen von Forschungen und Weiterentwicklungen unabdingbar sind. Ein „Zuviel" kann dazu führen, dass *„eine Flucht in Neutralisierungsstrategien"*[1117]

1111 BR-Drucks. 360/15, S. 1. Vgl. hierzu ausführlich 2. Kapitel A. II. (S. 128 ff.).

1112 BT-Drucks. 18/6446, S. 12.

1113 Im Ergebnis so auch *Dannecker*, ZRP 2013, 37; *Schröder*, NZWiSt 2015, 321, 323; *Dannecker/Schröder* in: Kubiciel/Hoven, S. 52; *Fischer*, medstra 2015, 1; *Brettel/Duttge/Schuhr*, JZ 2015, 929, 930 f.; *Gaede/Lindemann/Tsambikakis*, medstra 2015, 142, 144 f.; *Kubiciel*, MedR 2016, 1; *Kubiciel*, WiJ 2016, 1, 2; *Kubiciel/Tsambikakis*, medstra 2015, 11, 12; einschränkend dagegen: *Kronawitter*, S. 87: Die Einführung sei *„noch von der Einschätzungsprärogative des Gesetzgebers umfasst"* und *„nicht per se verfassungswidrig"*, allerdings wegen des ultima ratio-Prinzips *„bedauerlich"*.

1114 *Murmann* in: Duttge, S. 109. Vgl. hierzu ausführlich 1. Kapitel A. II. (S. 21 ff.).

1115 *Geiger*, medstra 2015, 97, 98.

1116 *Reinhardt*, S. 261 sieht darin einen Beitrag zur „Rechtssicherheit".

1117 *Badle* in: Duttge, S. 31.

erfolgt und infolgedessen neue Wege gefunden werden, um Kooperationen zu schließen und das Strafrecht zu umgehen.[1118] Deswegen muss auch weiterhin die Bekämpfung von Korruption mit außerstrafrechtlichen Mitteln und mittels vorbeugenden Maßnahmen verfolgt werden.[1119]

C. Die wichtigsten Gesetzesentwürfe und der Erlass des Gesetzes zur Bekämpfung von Korruption im Gesundheitswesen

Zu der Auffassung, dass strafrechtliche Mittel zur umfassenden Bekämpfung von Korruption, insbesondere aufgrund des Beschlusses des Großen Senats, gerechtfertigt sind, gelangte – wie bereits festgestellt – zu Recht auch der Gesetzgeber. Über ein Jahr nach dem Beschluss wurden die ersten nennenswerten Gesetzesentwürfe vorgelegt und setzten einen jahrelangen Prozess, der viele Gesetzesentwürfe, Vorschläge, Anregungen und auch Kritik hinsichtlich der Einführung eines neuen Tatbestandes zur Korruptionsbekämpfung im Gesundheitswesen umfasste, in Gang. Am 04.06.2016 ist schließlich das Gesetz zur Bekämpfung von Korruption im Gesundheitswesen in Kraft getreten.[1120] Im Folgenden erfolgt eine Darstellung der wichtigsten Gesetzesentwürfe und des wesentlichen Verlaufs bis hin zum Erlass der §§ 299a, 299b StGB in ihrer heute geltenden Ausgestaltung.

I. Gesetzgebungsinitiativen in der 17. Legislaturperiode

In der 17. Legislaturperiode existierten mit dem Entwurf eines Präventionsgesetzes seitens der Bundesregierung und dem Entwurf eines Strafrechtsänderungsgesetzes der Bundesländer Hamburg und Mecklenburg-Vorpommern

---

1118 *Badle* in: Duttge, S. 31; *Dannecker/Schröder* in: NK-StGB, § 299a Rn. 64; *Badle*, medstra 2015, 2, 3; *Pragal/Handel*, medstra 2015, 337, 339; *Kölbel*, ZIS 2016, 452, 459; *Kölbel*, medstra 2016, 193, 194.

1119 *Dannecker/Schröder* in: NK-StGB, § 299a Rn. 64; *Pragal*, ZIS 2006, 63, 81; *Badle*, medstra 2015, 2 f.; *Geiger*, medstra 2015, 321, 322; *Kölbel*, medstra 2016, 193 f.; *Kubiciel/Tsambikakis*, medstra 2015, 11, 12; *Duttge* in: Duttge, S. 10 f.; *Murmann* in: Duttge, S. 110 f.; *Kubiciel* in: Kubiciel/Hoven, S. 69.

1120 BGBl. I 2016, 1254.

zwei Gesetzgebungsverfahren, die jeweils dem Grundsatz der Diskontinuität[1121] anheim fielen.[1122]

1. BT-Drucksache 17/14184 vom 26.06.2013

Die Regierungskoalition[1123] sah die Einführung eines Verbots der Bestechlichkeit bzw. Bestechung von Leistungserbringern im SGB V ausgestaltet als „Omnibusgesetz“[1124] vor (§§ 307c, 70 Abs. 3 SGB V). Änderungen im StGB waren nicht vorgesehen.

a) Wortlaut

Der Entwurf enthielt unter anderem die Einführung eines dritten Absatzes in den bestehenden § 70 SGB V sowie eines § 307c SGB V, wonach die Annahme oder die Gewährung eines nicht nur geringfügigen wirtschaftlichen Vorteils dafür, dass andere Leistungserbringer oder Dritte bei Verordnungen, Zuweisungen, Untersuchungen oder Behandlungen von gesetzlich Versicherten begünstigt oder bevorzugt werden, mit Geld- oder Freiheitsstrafe geahndet werden sollten.

b) Kritik an dem Entwurf der Regierungskoalition

Einer solchen Verortung der Norm im SGB V wurde zu Recht teils sehr kritisch begegnet, da durch diese von Beginn an kein Raum für eine Strafbarkeit im Rahmen der Behandlung von Privatpatienten bleibt und Ärzte eine unterschiedliche

---

1121 Unter dem Diskontinuitätsprinzip wird die sachliche, personelle und organisatorische Neugestaltung nach dem Ende einer Legislaturperiode verstanden. Das Diskontinuitätsprinzip gilt auch im Deutschen Bundestag, weswegen sämtliche Gesetzesvorhaben aufgrund der sachlichen Diskontinuität am Ende der jeweiligen Legislaturperiode zwingend verfallen, sofern sie noch nicht verabschiedet worden sind. Mit dem Anfang einer neuen Legislaturperiode muss somit auch das jeweilige Gesetzgebungsverfahren erneut beginnen.

1122 Zuvor gab es bereits einen Gesetzesentwurf „Korruption im Gesundheitswesen wirksam bekämpfen“ der SPD-Fraktion im November 2010, der jedoch keinen Erfolg brachte.

1123 Die Regierungskoalition der 17. Legislaturperiode wurde von CDU/CSU und FDP gebildet.

1124 *Schneider*, Rechtsgutachten, S. 3. Ein Omnibusgesetz ist ein Gesetz, das unterschiedliche Sachverhalte regelt, die in keinem sachlichen Zusammenhang stehen. Im Rahmen des Omnibusverfahrens muss bei der Abstimmung im Gesetzgebungsorgan (Bundestag) der ganze Gesetzesentwurf entweder angenommen oder abgelehnt werden, weshalb man dieses Verfahren gerne nutzt, um mehrere kleine Gesetzesänderungen zu veranlassen oder eine unumstrittene Änderung mit einer umstrittenen Änderung zu verknüpfen. Auf diese Weise ist es möglich einen Gesetzesentwurf durch das Verfahren zu befördern, der als eigener Entwurf eventuell keine Zustimmung bekommen hätte.

Behandlung, orientiert daran, wo sie arbeiten und ob sie gesetzlich oder privat versicherte Personen behandeln, erfahren würden.[1125] Des Weiteren ist eine solche Verortung in strafrechtlichen Nebengesetzen nicht mit dem Entschluss des Gesetzgebers in Einklang zu bringen, den Tatbestand der Bestechung und der Bestechlichkeit im geschäftlichen Verkehr im Rahmen des Korruptionsbekämpfungsgesetzes im StGB zu verorten.[1126] Zu beachten ist das Signal, das mit einer Verortung im StGB an die Öffentlichkeit gesendet wird.[1127] Damit kommt zum Ausdruck, dass Korruption im Gesundheitswesen genauso schwer wiegt wie andere Arten von Korruption, die vom StGB erfasst werden.[1128] Es erscheint schwer nachvollziehbar, warum ausgerechnet Korruption in einem so bedeutenden Sektor wie dem Gesundheitswesen nicht mit einer Regelung im Strafgesetzbuch geahndet wird. Bei einer Einordnung im SGB V kann daher das Bild einer Verharmlosung der Taten entstehen. Des Weiteren sind die kriminalpolitischen Erwägungen unter besonderer Berücksichtigung der Bedeutung des Gesundheitswesens zu beachten, die für die Verortung im StGB sprechen.[1129]

Im Ergebnis ist daher das Scheitern dieses Vorschlags als „Hau-Ruck-Versuch" zu begrüßen.[1130] Wenngleich zu erwähnen ist, dass bereits nach der damaligen Gesetzbegründung ein dualistischer Rechtsgüterschutz vorgesehen war. Neben dem Vertrauen des Versicherten in die Unabhängigkeit der heilberuflichen

---

1125 *Schneider*, HRRS 2013, 473, 476; *Kubiciel/Tsambikakis*, medstra 2015, 11, 13; *Schröder*, NZWiSt 2015, 321 322 f.; BT-Drucks. 17/1484, S. 28: Verortung im SGB V sei *„falsch und keine transparente Grundlage zur Eindämmung von Korruption"*, Privatpatienten würden hierdurch zum *„Freiwild bei Bestechung und Bestechlichkeit"*. *Bausback* in: Kubiciel/Hoven, S. 34; vgl. zu diesem Aspekt auch *Rogall* in: SK-StGB, § 299a Rn. 9.

1126 Ausschussdrucks. 17(14)0399(19) v. 12.04.2013, S. 82 f.

1127 Ein Nachweis von einer abschreckenden Wirkung von Normen des SGB V liegt nicht vor, vgl. des IKK e.V., Stellungnahme vom 13.05.2013, S. 4. Vgl. hierzu bereits 2. Kapitel B. II. 1. b) bb) (2) (b) (S. 184 ff.).

1128 *Kubiciel/Tsambikakis*, medstra 2015, 11, 13; *Schröder*, NZWiSt 2015, 321, 322 f.; *Kubiciel*, WiJ 2016, 1, 7.

1129 Vgl. 2. Kapitel B. II. 2. (S. 196 ff.). Die Vorschrift des § 70 Abs. 3 S. 1 SGB V ist zudem zu unbestimmt und allgemein gehalten und definiert nicht klar genug die sozialschädlichen Verhaltensweisen, so dass diese für die Adressaten der Norm nicht eindeutig erkennbar sind, Bundesärztekammer, Stellungnahme vom 14.05.2013, S. 6. Auch der § 307c Abs. 3 SGB V erfuhr Kritik hinsichtlich seiner Formulierung, *Schneider*, HRRS 2013, 473, 479; Ausschussdrucks. 17(14)0424(9) v. 14.05.2013, S. 5 f.; Ausschussdrucks. 17(14)0420 v. 08.05.2013, S. 2, 6; *Schneider*, HRRS 2013, 473, 476.

1130 *Bausback* in: Kubiciel/Hoven, S. 34 f.

Entscheidungen sollte das Allgemeininteresse an der Vermeidung des Anfalls von Mehrkosten für die Versorgung sowie das Interesse der Wettbewerber nicht in unlauterer Weise bei der Inanspruchnahme ihrer Leistungen benachteiligt zu werden, geschützt werden.[1131] Der dualistische Rechtgüterschutz wurde in den Entwürfen bis zu der Gesetz gewordenen Fassung der §§ 299a, 299b StGB zumindest verfolgt[1132], obwohl diese Tatbestände eine vollkommen abweichende Einordnung und Ausgestaltung vorsehen.

2. *BR-Drucks. 451/13 vom 05.07.2013*

Der Gesetzesantrag[1133] eines Strafrechtsänderungsgesetzes zur Bekämpfung der Korruption im Gesundheitswesen (StrÄndG) des Bundesrates sah dagegen die Einführung eines neuen Tatbestandes für Bestechlichkeit und Bestechung im Gesundheitswesen im StGB im Rahmen eines § 299a StGB vor.[1134] Der Bundesrat sah in der fehlenden Strafbarkeit nach § 299 StGB und §§ 331 ff. StGB eine Regelungslücke begründet, von der *„eine nicht zu legitimierende Signalwirkung ausgeht und die daher durch den Gesetzgeber zu schließen ist.“*[1135] Dabei sah er die „Notwendigkeit“, explizit mit einer Regelung im Strafgesetzbuch – und eben nicht mit einer im Sozialgesetzbuch – klarzustellen, *„dass Bestechlichkeit und Bestechung im Gesundheitssystem in hohem Maße sozialschädliche und damit nicht zu tolerierende Verhaltensweisen darstellen.“*[1136]

a) Wortlaut

In dem § 299a sollten sowohl die Bestechlichkeit als auch die Bestechung von Heilberufsangehörigen, die für die Berufsausübung oder die Führung der Berufsbezeichnung eine staatlich geregelte Ausbildung erfordern, erfasst werden, wenn

---

1131 BT-Drucks. 17/14184, S. 30. Vgl. die Rechtsgüter der heutigen Tatbestände 3. Kapitel A. I. (S. 243 ff.)

1132 Ob die Annahme eines doppelten Rechtsgüterschutzes aufgrund der Gesetz gewordenen Fassung der §§ 299a, 299b StGB noch vertretbar ist, wird im 3. Kapitel A. I. 3. (S. 273 ff.) analysiert.

1133 Zum Gesetzesentwurf vgl. BT-Drucks. 17/14575.

1134 Zusätzlich sollte zur Verfolgung besonders schwerer Fälle der § 100a StPO dahingehend ergänzt werden, dass auch eine Telekommunikationsüberwachung möglich sein sollte und der Anwendungsbereich von § 300 StGB um den § 299a StGB erweitert werden.

1135 BR-Drucks. 451/13, S. 4.

1136 BR-Drucks. 451/13, S. 7.

diese im Zusammenhang mit der Ausübung dieses Berufes einen Vorteil dafür fordern, annehmen bzw. angeboten bekommen, dass sie bei dem Bezug, der Verordnung oder der Abgabe von Arznei-, Heil- oder Hilfsmitteln oder Medizinprodukten oder bei der Zuweisung von Patienten oder Untersuchungsmaterial einen anderen im inländischen oder ausländischen Wettbewerb bevorzugen oder sich in sonstiger unlauterer Weise beeinflussen lassen.

b) Kritische Erläuterung

Bereits am Wortlaut ist erkennbar, dass dieser Entwurf somit deutlich weiter gefasst war, als der der Regierungskoalition.[1137] In den Anwendungsbereich der Vorschrift fielen nicht nur Leistungserbringer nach dem SGB V, sondern auch Ärzte, die freiberuflich tätig sind und nicht über eine Zulassung zur Behandlung von gesetzlich versicherten Personen verfügen.[1138] Somit konnten auch Sachverhalte geregelt werden, die sich aus der Behandlung von Privatpatienten ergeben.[1139] Neben den akademischen Heilberufen waren von § 299a Abs. 1 StGB – wie in der heutigen Fassung des § 299a StGB auch – auch die Gesundheitsfachberufe vom Anwendungsbereich umfasst, soweit deren Ausbildung gesetzlich geregelt ist.[1140] Auch dieser Entwurf verfolgte eine „dualistische Schutzgutkonzeption".[1141] Gemäß seiner Begründung sollte neben dem Schutz des freien Wettbewerbs im gesamten Gesundheitsbereich auch die Unabhängigkeit medizinischer Entscheidungen im Allgemeinen zur Stärkung des Vertrauens in die heilberuflichen Entscheidungen geschützt werden.[1142] Insofern handelte es sich bei den Entwürfen dieser Legislaturperiode um die „Geburtsstunde" der dualistischen Rechtsgutsstruktur in diesem Gesetzgebungsverfahren, die zumindest entsprechend der Gesetzesbegründung auch in den Gesetz

---

1137 Kritisch betrachtet wurde in erster Linie die Strafbarkeit jeder *unlauteren* Beeinflussung. Nach der Entwurfsbegründung sollte die Unlauterkeit durch Abgrenzung sachwidriger von sachgerechten Motiven erfolgen (vgl. BR-Drucks. 451/13, S. 13), was wiederum eine *„gesinnungsethische Bewertung"* zur Folge hätte, die dem Strafrecht jedoch fremd ist, *Kubiciel/Tsambikakis*, medstra 2015, 11, 14.

1138 *Schneider*, HRRS 2013, S. 474; BR-Drucks. 451/13, S. 10.

1139 BR-Drucks. 451/13, S. 10; BT-Drucks. 17/12451 v. 25.02.2013, S. 3.

1140 BR-Drucks. 451/13, S. 11. Vgl. hierzu ausführlich zu den §§ 299a, 299b StGB: 3. Kapitel A. III. 1. a) (S. 285 ff.).

1141 *Dannecker/Schröder* in: NK-StGB, § 299a Rn. 9.

1142 BR-Drucks. 451/13, S. 10 f.

gewordenen Tatbeständen Einhalt finden sollte[1143]. Insgesamt bildete der Entwurf in mancher Hinsicht eine generelle Basis für die wesentlichen weiteren Entwürfe in dem Gesetzgebungsverfahren.[1144]

II. Das zum verabschiedeten Gesetz führende Gesetzgebungsverfahren und das Gesetz in seiner finalen Fassung

1. Gesetzesantrag des Freistaats Bayern vom 15.01.2015 – BR-Drucks. 16/15

a) Recht zur Einbringung des Gesetzesentwurfs durch den Freistaat Bayern

Bis zu dem Gesetzesentwurf des Freistaats Bayern war es – trotz Einigung von CDU, CSU und SPD auf die Einführung eines Straftatbestandes der Bestechlichkeit und Bestechung im Gesundheitswesen im StGB in der 18. Legislaturperiode im Koalitionsvertrag vom 27.11.2013 des Deutschen Bundestages[1145] – zunächst still um die Einführung neuer Straftatbestände geworden. Das Bayerische Staatsministerium der Justiz hatte sodann einen Diskussionsentwurf zum Gesetzesvorhaben beigetragen,[1146] der zunächst vom bayerischen Justizminister Prof. Dr. Winfried Bausback im Juli präsentiert wurde[1147] und zu Beginn des Jahres 2015 gemäß Beschluss der Bayerischen Staatsregierung an den Bundesrat mit dem Antrag, diesen Gesetzesentwurf gemäß Art. 76 Abs. 1 GG im Bundestag einzubringen, übermittelt wurde.[1148]

1143 BT-Drucks. 18/6446, S. 12 f.; inwiefern die Annahme des doppelten Rechtsgüterschutzes tatsächlich vertretbar ist, wird im 3. Kapitel A. I. 3. (S. 273 ff.) erörtert.

1144 *Rogall* in: SK-StGB, § 299a Rn. 8, sah diesen Entwurf als „Vorbild" für weitere Vorschläge.

1145 Koalitionsvertrag vom 27.11.2013, S. 55: *„Wir werden einen neuen Straftatbestand der Bestechlichkeit und Bestechung im Gesundheitswesen im Strafgesetzbuch schaffen."*

1146 Diskussionsentwurf des Bayerischen Staatsministeriums der Justiz, „Entwurf eines Gesetzes zur Bekämpfung der Korruption im Gesundheitswesen" vom 25.07.2014.

1147 Pressemitteilung des Bayerischen Staatsministerium der Justiz vom 25.07.2014.

1148 Nach § 15 Abs. 1 i.V.m. § 23 Abs. 3 GO-BT kann ein Land verlangen, dass ein Beratungsgegenstand, hier namentlich der Gesetzesentwurf, gemäß § 36 Abs. 2 GO-BR unmittelbar auf die Tagesordnung einer Bundesratssitzung gesetzt wird.

b) *Wortlaut des Gesetzesentwurfes*

Der Gesetzesentwurf basiert auf dem Gesetzesentwurf des Bundesrats vom 05.07.2013 – BR-Drucks. 451/13 –, der der Diskontinuität anheimgefallen war, und knüpft an dessen generellen Regelungsgehalt an.[1149] Die wesentliche Vorschrift lautet:

„§ 299a Bestechlichkeit und Bestechung im Gesundheitswesen
(1) Wer als Angehöriger eines Heilberufs, für den im Inland eine berufsständische Kammer eingerichtet ist, im Zusammenhang mit der Ausübung dieses Berufs einen Vorteil für sich oder einen Dritten als Gegenleistung dafür fordert, sich versprechen lässt oder annimmt, dass er bei dem Bezug, der Verordnung, der Empfehlung, der Verabreichung oder der Abgabe von Arznei-, Heil- oder Hilfsmitteln oder Medizinprodukten oder bei der Zuführung von Patienten oder Untersuchungsmaterial
1. einen anderen im inländischen oder ausländischen Wettbewerb in unlauterer Weise bevorzuge oder
2. in sonstiger Weise seine Berufsausübungspflichten verletze,
wird mit Freiheitsstrafe bis zu drei Jahren oder mit Geldstrafe bestraft.
(2) Ebenso wird bestraft, wer einem Angehörigen eines Heilberufs im Sinne des Absatzes 1 im Zusammenhang mit dessen Berufsausübung einen Vorteil für diesen oder einen Dritten als Gegenleistung dafür anbietet, verspricht oder gewährt, dass er bei dem Bezug, der Verordnung, der Verabreichung oder der Abgabe von Arznei-, Heil- oder Hilfsmitteln oder Medizinprodukten oder bei der Zuführung von Patienten oder Untersuchungsmaterial
1. ihn oder einen anderen im inländischen oder ausländischen Wettbewerb in unlauterer Weise bevorzuge oder
2. in sonstiger Weise seine Berufsausübungspflicht verletze.“

c) *Richtungsweisender Entwurf*

Der Entwurf wurde von der Justizministerkonferenz zunächst als eine durchaus brauchbare Arbeitsgrundlage für die Gesetzesentwicklung angesehen.[1150] Dies bestätigt sich, wenn man den danach veröffentlichten Referentenentwurf des Bundesministeriums der Justiz und für Verbraucherschutz und den daraus folgenden Gesetzesentwurf, der schließlich in dem aktuellen Gesetz mündete, betrachtet. Bis kurz vor Schluss war die grundsätzliche Ausgestaltung dieses Tatbestandsentwurfes, insbesondere die Einführung einer zweiten Alternative

---

1149 BR-Drucks. 16/15, S. 3.

1150 *Kubiciel/Tsambikakis*, medstra 2015, 11.

der Tathandlung, die den Verstoß gegen Berufsausübungspflichten enthielt und neben die wettbewerbsbezogene Alternative trat, für das weitere Gesetzgebungsverfahren prägend. Wiederum wurde ein doppelter Rechtsgüterschutz angestrebt, der neben dem Schutz des Wettbewerbs auch die Unabhängigkeit medizinischer Entscheidungen und damit das Vertrauen der Allgemeinheit in die Integrität der Heilberufsangehörigen schützen sollte. Der Schutz des Patientenwohls sollte insbesondere durch die Einführung der zweiten Tathandlungsalternative zum Ausdruck kommen.[1151]

d) Kritik

aa) Anwendungsbereich zu eng

Nachdem sich der Tatbestand des § 299a Abs. 1 StGB ausschließlich auf Angehörige eines Heilberufes bezieht, bildet er ein Sonderdelikt im StGB. Nicht erfasst von diesem Begriff sind demnach diejenigen, die einen Gesundheitsfachberuf ausüben, also somit Altenpfleger, Krankenpfleger, Hebammen, Logopäden, Masseure, Ergotherapeuten, Medizinische Fachangestellte, Medizinisch-technische Assistenten, Pharmazeutisch-technische Assistenten, usw.[1152], da diesen nach Auffassung der bayerischen Staatsregierung keine vergleichbare *„zentrale Lenkungs- und Verteilungsfunktion auf dem Gesundheitsmarkt zukommt“*.[1153] In den Anwendungsbereich der Norm würden vielmehr nur die akademischen Heilberufe fallen, für die auch eine berufsständische Kammer eingerichtet ist.[1154] Es wurde teilweise zu bedenken gegeben, dass gerade auch nicht-akademische Heilberufler ein Interesse an der Zuweisung von Patienten haben.[1155] Die Beeinflussung von Ärzten durch den nicht-akademischen Heilberufsangehörigen durch seine Vorteilsgabe wird jedoch grundsätzlich von § 299a Abs. 2 StGB erfasst.

bb) Unbestimmtheit

Rechtsunsicherheiten wurden aufgrund dessen erwartet, dass sich die Norm auf Handlungen bezog, die *„im Zusammenhang mit der Ausübung“* des Heilberufs

---

1151 BR-Drucks. 16/15, S. 21.

1152 *Schneider*, Rechtsgutachten, S. 6.

1153 BR-Drucks. 16/15, S. 17. Vgl. zum erforderlichen Täterkreis 3. Kapitel A. III. 1. a) (S. 285 ff.).

1154 *Schneider*, Rechtsgutachten, S. 6: Dies sind insbesondere Ärzte, Zahnärzte, Tierärzte, Apotheker und Psychotherapeuten.

1155 *Steenbreker*, MedR 2015, 660, 662; *Schneider/Kaltenhäuser*, medstra 2015, 24, 30.

durchgeführt werden. Der Zusatz des zu unbestimmten Begriffs *„Zusammenhang"* ist an dieser Stelle nicht erforderlich, sodass etwaige Unsicherheiten entbehrlich gewesen wären.[1156] Dennoch hat sich diese Formulierung im erlassenen Gesetz letztendlich durchgesetzt.

Vor allem wurde aber die Formulierung in § 299a Abs. 1 Nr. 2 StGB *„in sonstiger Weise seine Berufsausübungspflichten verletze"* kritisiert.[1157] Bedenken wurden hiergegen in verfassungsrechtlicher Hinsicht geäußert, da insofern jede Berufsausübungspflicht in Betracht komme und die Gefahr der Verletzung des Bestimmtheitsgebots bestehe.[1158] Sinn des Strafrechts muss es aber sein, klare Normen zu schaffen, die für die Normadressaten die Strafbarkeit gewisser Verhaltensweisen erkennen lassen.[1159] In dem Gesetzesantrag wird hierzu ausgeführt, dass es sich insofern um den Grundtatbestand handle, der auch korruptives Handeln außerhalb von Wettbewerbssituationen erfasst.[1160] Eine solche Begründung verhilft dem Adressaten bei einer Bestimmung, ob sein Verhalten ein strafbares darstellt, allerdings mangels Bestimmtheit ebenfalls nicht weiter, weswegen auch im Rahmen einer Auslegung die Unbestimmtheit der Norm nicht umgangen werden kann.[1161]

Die Unbestimmtheit spiegle sich auch in dem Verweis auf die Berufsausübungspflichten wider. Es wurde vertreten, dass eine wettbewerbsbezogene Konkretisierung dieses Begriffes an der Schutzrichtung scheitere, die mit dem neuen Tatbestand avisiert wird und – wie bereits die beiden Entwürfe der vorhergehenden Legislaturperiode – neben dem Wettbewerbsschutz auch die Unabhängigkeit

---

1156 *Kubiciel/Tsambikakis*, medstra 2015, 11, 14, die für die Formulierung *„in Ausübung des Heilberufs"* plädieren.

1157 Und auch das Spiegelbild in § 299a Abs. 2 Nr. 2 StGB.

1158 *Kubiciel/Tsambikakis*, medstra 2015, 11, 14; *Schneider/Kaltenhäuser*, medstra 2015, 24, 31: *„selektives Strafrecht ohne sachliches Differenzierungskriterium"*; *Steenbreker*, MedR 2015, 660, 662: der ausführt, die Formulierung stelle ein *„beunruhigendes Novum"* dar.

1159 *Kubiciel/Tsambikakis*, medstra 2015, 11, 14, es fehle an der Vorhersehbarkeit der in Frage kommenden Pflichten für die Normadressaten.

1160 Gesetzesantrag, BR-Drucks. 16/15, S. 21.

1161 *Kubiciel/Tsambikakis*, medstra 2015, 11, 14; *Steenbreker*, MedR 2015, 660, 663, der einen Vergleich mit § 306f I StGB zieht, der ebenfalls *„kein geeignetes Modell rechtsstaatlicher Strafgesetzgebung sein kann"*. *Schneider/Kaltenhäuser*, medstra 2015, 24, 31 äußerten sich dahingehend, dass es sich insoweit um einen Tatbestand handle, der bereits beim *„Anschein der Käuflichkeit"* Anwendung finden soll; ähnlich *Kubiciel/Tsambikakis*, medstra 2015, 11, 14: „Hybridtatbestand".

heilberuflicher Entscheidungen umfasst und deswegen ebenso die Verletzungen von Berufsausübungspflichten *„zum zentralen Unrechtskern“*[1162] erhebe.[1163] Kritisiert wurde, dass es durch diese Erklärung und den damit verbundenen Schutz von Interessen, die bereits von vorhandenen Delikten erfasst werden würden, zu einer exzessiven Auslegung der Korruptionsdelikte und einem *„konturenlosen Schutzgüterpluralismus“* komme.[1164] Insbesondere würden die körperliche Unversehrtheit und der Informed Consent im Rahmen der Einwilligung in die ärztliche Behandlung umfassend durch die §§ 223 ff. StGB geschützt.[1165] Zusätzlich genießen die Geheimhaltungsinteressen der Patienten bereits einen Schutz in § 203 StGB,[1166] so dass eine Vorverlagerung der Strafbarkeit nicht notwendig sei.[1167] Dem ist jedoch entgegenzuhalten, dass ein Vertrauensschutz durch rechtswidrige und aufgrund von Vorteilsgewährungen getroffene Entscheidungen erforderlich sein kann, weil durch diese Entscheidungen nicht immer der Wettbewerb oder die Gesundheit unmittelbar beeinträchtigt werden müssen.[1168] Gemessen an der Begründung war außerdem eine engere Auslegung gewollt, in der die Berufsausübungspflichten durch andere Normen konkretisiert werden.[1169] Hierdurch werden jedoch die vorstehenden Kritikpunkte in Bezug auf die Unbestimmtheit nicht beseitigt, da es sich bei den Normen, die zur Konkretisierung heranzuziehen sind, um keine Parlamentsgesetze handelt und der parlamentarische Gesetzgeber nicht alle Strafbarkeitsvoraussetzungen selbst vorgegeben hat, wie nachstehend noch genauer erläutert wird.

Teilweise sah man in dem Verweis auf die Berufsausübungspflichten die Ausgestaltung als echtes Blankett[1170] begründet, der die *„Bildung eines strafrechtlichen*

1162 Gesetzesantrag, BR-Drucks. 16/15, S. 3.

1163 *Steenbreker,* MedR 2015, 660, 663. Auch medizinische Behandlungsregeln sind eben Berufsausübungspflichten und dienen dem Patientenwohl, werden jedoch bereits von § 223 StGB geschützt, vgl. *Kubiciel/Tsambikakis,* medstra 205, 11, 14.

1164 *Geiger,* medstra 2015, 97, 104; so auch *Steenbreker,* MedR 2015, 660, 663.

1165 *Steenbreker,* MedR 2015, 660, 664; *Kubiciel/Tsambikakis,* medstra 2015, 11, 14.

1166 *Dannecker,* ZRP 2013, 37, 40 f.

1167 *Cosack,* ZIS 2013, 226, 227 f.; *Kubiciel/Tsambikakis,* medstra 2015, 11, 14, die vorschlagen besser von *„gesundheitsmarktbezogenen Berufsausübungspflichten“* zu sprechen, um nur die relevanten Pflichten zu erfassen und den Anwendungsbereich genauer zu bestimmen.

1168 Vgl. hierzu noch 2. Kapitel C. II. 3. c) aa) (S. 219 f.); *Schröder,* NZWiSt 2015, 321, 325; *Kubiciel,* WiJ 2016, 1, 9.

1169 BR-Drucks. 16/15, S. 21 f.

1170 *Schneider/Kaltenhäuser,* medstra 2015, 24, 31; *Aldenhoff/Valluet,* medstra 2015, 195, 196 zum Referentenentwurf.

Flickenteppichs" fördere.[1171] Diese Zweifel sind nicht gänzlich abzustreiten, da die berufsrechtlichen Regelungen in den Berufsordnungen der Landesärztekammern nicht vollkommen einheitlich sind, was wiederum zu nicht gerechtfertigten Differenzierungen bei den Strafbarkeitsrisiken führt.[1172] Zudem stellt sich das Problem der Einhaltung des Art. 103 Abs. 2 GG und seiner kompetenzwahrenden Funktion.[1173] Zieht man zur Auslegung der Berufsausübungspflichten die jeweiligen für den Beruf geltenden Vorschriften heran, sind einige Verpflichtungen nicht nur in gesetzlichen Regelungen enthalten, sondern eben auch in den Berufsordnungen der Landesärztekammern, die jedoch nicht durch förmliches Gesetz zur Gesetzgebung berufen sind.[1174] Die Berufsordnungen der Landesärztekammern werden durch die Delegiertenversammlung, die sich aus gewählten Mitgliedern – approbierten Ärzten – zusammensetzt, getroffen, wodurch die Ärzte selbst durch einschlägige Regelungen die strafrechtlichen Grenzen festlegen können.[1175] Je schwerer die Strafandrohung ist, umso genauer muss der parlamentarische Gesetzgeber aber bereits die Voraussetzungen des strafbaren Verhaltens selbst vorgeben, weshalb bei einer Strafandrohung von bis zu drei Jahren Freiheitsstrafe mit dem Begriff der Berufsausübungspflichten keine ausreichende Vorgabe vorhanden ist.[1176]

2. *Referentenentwurf des Bundesministeriums der Justiz und für Verbraucherschutz vom 04.02.2015*[1177]

Der Referentenentwurf sah in Übereinstimmung mit dem bayerischen Gesetzesentwurf als geschützte Rechtsgüter sowohl den lauteren Wettbewerb im Gesundheitswesen als auch den Schutz des Vertrauens der Patienten in die Integrität der medizinischen Entscheidungen und das damit einhergehende Vertrauen der Allgemeinheit in die Integrität der Heilberufsangehörigen an.[1178] Damit wurde

1171 *Schneider/Kaltenhäuser*, medstra 2015, 24, 31.

1172 *Schneider/Kaltenhäuser*, medstra 2015, 24, 31 mit dem Beispiel der unterschiedlichen Umsetzung der berufsrechtlichen Zulässigkeit des Sponsorings der passiven Teilnahme an Fortbildungsveranstaltungen in den Berufsordnungen.

1173 *Steenbreker*, MedR 2015, 660, 664.

1174 *Steenbreker*, MedR 2015, 660, 664 m.w.N.

1175 *Schneider/Kaltenhäuser*, medstra 2015, 24, 31.

1176 *Steenbreker*, MedR 2015, 660, 664.

1177 Referentenentwurf des BMJV vom 04.02.2015.

1178 Referentenentwurf des BMJV vom 04.02.2015, S. 11, 15.

die einzige Konstante des doppelten Rechtsgüterschutzes in den über die Jahre ergangenen Entwürfen wiederum beibehalten.

a) Wortlaut

Der Referentenentwurf stimmte weitestgehend mit dem bayerischen Gesetzesantrag überein und wurde lediglich wie folgt abgeändert:

> *„§ 299a Bestechlichkeit und Bestechung im Gesundheitswesen*
>
> *(1) Wer als Angehöriger eines Heilberufs, ~~für den im Inland~~ der für die Berufsausübung oder die Führung der Berufsbezeichnung eine ~~berufsständische Kammer eingerichtet ist~~ staatlich geregelte Ausbildung erfordert, im Zusammenhang mit der Ausübung ~~dieses~~ seines Berufs einen Vorteil für sich oder einen Dritten als Gegenleistung dafür fordert, sich versprechen lässt oder annimmt, dass er bei dem Bezug, der Verordnung~~, der Empfehlung, der Verabreichung~~ oder der Abgabe von Arznei-, Heil- oder Hilfsmitteln oder von Medizinprodukten oder bei der Zuführung von Patienten oder Untersuchungsmaterial*
>
> *1. einen anderen im inländischen oder ausländischen Wettbewerb in unlauterer Weise bevorzuge oder*
>
> *2. in sonstiger Weise seine Berufsausübungspflichten verletze,*
>
> *wird mit Freiheitsstrafe bis zu drei Jahren oder mit Geldstrafe bestraft.*
>
> *(2) Ebenso wird bestraft, wer einem Angehörigen eines Heilberufs im Sinne des Absatzes 1 im Zusammenhang mit dessen Berufsausübung einen Vorteil für diesen oder einen Dritten als Gegenleistung dafür anbietet, verspricht oder gewährt, dass er bei dem Bezug, der Verordnung~~, der Verabreichung~~ oder der Abgabe von Arznei-, Heil- oder Hilfsmitteln oder von Medizinprodukten oder bei der Zuführung von Patienten oder Untersuchungsmaterial*
>
> *1. ihn oder einen anderen im inländischen oder ausländischen Wettbewerb in unlauterer Weise bevorzuge oder*
>
> *2. in sonstiger Weise ~~seine Berufsausübungspflicht~~ Berufsausübungspflichten verletze.“*[1179]

Neben einer Erweiterung des § 300 StGB auf die §§ 299a, 299b StGB war in § 301 StGB überdies eine relative Antragspflicht aufgenommen worden. Der Entwurf sah auch Änderungen für das SGB V vor, die einen regelmäßigen Austausch der Erfahrungen auch unter Einbindung der Staatsanwaltschaften

---

1179 Unterstreichungen und Durchstreichungen wurden von der Verfasserin zur Hervorhebung der Änderungen vorgenommen.

bezweckten. Diese Bestrebungen im SGB V wurden auch in dem schlussendlich erlassenen Gesetz fortgeführt.[1180]

b) Kritische Würdigung des Referentenentwurfes

Im Gegensatz zu dem bayerischen Gesetzesantrag hat der Referentenentwurf seinen Anwendungsbereich in allen Tatbestandsalternativen auch auf nicht-akademische Heilberufsangehörige erstreckt. Dies wird damit begründet, dass maßgeblich auf den Schutz des Vertrauens der Patienten in die Integrität der heilberuflichen Berufsausübung und die damit verbundenen Entscheidungen abgestellt wird, sowie darauf, dass zunehmend auch ärztliche Aufgaben auf andere Heilberufsgruppen wie z.B. in § 63 Abs. 3c SGB V übertragen werden.[1181]

Zudem wurde die Variante der Verabreichung von Arzneimitteln in § 299a Abs. 1 bzw. § 299a Abs. 2 StGB gestrichen. Diese Variante soll bereits von dem Merkmal der Abgabe erfasst werden, die jede Übergabe an den Patienten beinhaltet.[1182] Eine solch weite Auslegung dieses Begriffes erscheint durchaus zweifelhaft, da die bloße Abgabe bzw. Übergabe im wörtlichen Sinne eher als ein *„Überreichen des Medikaments"* verstanden werden dürfte als eine direkte Anwendung des Medikaments an dem Patienten.[1183] Die bayerische Variante war in dieser Hinsicht bestimmter.

Es blieb die problematische Formulierung der „Berufsausübungspflichten".[1184] Neben mangelnder Vereinbarkeit mit Art. 103 Abs. 2 GG und dem

---

1180 Vgl. hierzu ausführlich 3. Kapitel C. II. (S. 363 ff.).

1181 Referentenentwurf des BMJV vom 04.02.2015, S. 16; a.A.: *Kubiciel/Tsambikakis*, medstra 2015, 11, 15; *Steenbreker*, MedR 2015, 660, 662, die die Angehörigen nicht-akademischer Heilberufe lediglich als potentielle Täter in der Funktion als Vorteilsgeber sehen. Kritisch zur weiten Fassung des Täterkreises auch *Andreschewski*, S. 184 ff. Ausführlich zum Täterkreis 3. Kapitel A. III. 1. a) (S. 285 ff.). Die Auswahl des Adressatenkreises ist wiederum auf Kritik gestoßen. Die Bundesärztekammer sieht in der vorgenommenen Selektion eine *„verfassungsrechtlich relevante Ungleichbehandlung"* der vom Tatbestand erfassten Personengruppen gegenüber den übrigen am Gesundheitsmarkt beteiligten Gruppen, für die es keine hinreichenden Erkenntnisse und Rechtfertigungen gibt, da diese ebenso Adressaten von unrechtmäßigen Beeinflussungen sein können und auch im Hinblick auf den bezweckten Schutz des Wettbewerbs diese Auswahl nicht überzeuge, Bundesärztekammer, Stellungnahme vom 20.03.2015, S. 5 f., die sich für eine abstrakte Fassung ausspricht: *„Wer im Zusammenhang mit seiner Berufsausübung im Gesundheitswesen [...]"*.

1182 Referentenentwurf des BMJV vom 04.02.2015, S. 19.

1183 So wohl auch *Steenbreker*, MedR 2015, 660, 662.

1184 So auch Bundesärztekammer, Stellungnahme vom 20.03.2015, S. 7 f.; *Gaede/Lindemann/Tsambikakis*, medstra 2015, 142, 152; *Geiger*, medstra 2015, 97, 103; *Wigge*,

Gleichheitsgrundsatz des Art. 3 Abs. 1 GG,[1185] wurde kritisiert, dass durch die weit gefasste Verweisung auf außerstrafrechtliche Normen auch solche Verstöße unter Strafe gestellt werden, die sich auch unabhängig von der Einflussnahme Dritter aus dem Verhältnis zwischen Arzt und Patient selbst entwickeln und das Vertrauen des Patienten gerade nicht durch Dritte beeinflusst wird.[1186] Jedoch wäre in solchen Konstellationen der Vertrauensschutz des Patienten – der die wesentliche Schutzrichtung dieser Tatbestandsvariante bildete – nicht mehr unmittelbar betroffen. Eine Auswirkung wäre nur insofern auf das Schutzgut des Vertrauens zu befürchten, als die Patienten die Bereitschaft der Ärzte zu Pflichtverstößen gegen eine entsprechende Gegenleistung nicht ausschließen könnten.[1187] Die grundsätzliche Käuflichkeit standes- oder strafrechtswidriger Taten nach § 299a StGB zu bestrafen, würde aber zu einer Verschmelzung des Vertrauensschutzes mit allen einschlägigen, sich auf die Heilberufe beziehenden Normen führen und § 299a StGB wäre *„zum strafrechtlichen Hüter des Standesrechts vor kollusiven Beschädigungen durch Ärzte und Patienten erhoben worden“*.[1188] Aufgrund dieser unklaren Formulierung war zum damaligen Zeitpunkt zu hoffen, dass der Gesetzgeber diese nicht in sein Gesetz übernimmt.

NZS 2015, 447, 450; *Andreschewski,* S. 206. Nachdem auch der Referentenentwurf explizit auf den Schutz der Patienten- und Allgemeinwohlinteressen verweist (Referentenentwurf des BMJV vom 04.02.2015, S. 21.), wurde eine wettbewerbsrechtliche Konkretisierung des Begriffes abgelehnt, *Gaede/Lindemann/Tsambikakis,* medstra 2015, 142, 152.

1185 *Steenbreker*, MedR 2015, 660, 662 ff.; *Wigge*, NZS 2015, 447, 450; *Geiger*, medstra 2015, 97, 103; *Aldenhoff/Valluet*, medstra 2015, 195.

1186 Vgl. hierzu die Beispiele von *Saliger* in: FS Kargl, S. 493, 503 und *Schröde*r, NZWiSt 2015, 321, 326.

1187 *Dannecker/Schröder* in: NK-StGB, § 299a Rn. 19.

1188 *Schröder*, NZWiSt 2015, 321, 326. Unklar war auch, in welchem Verhältnis die beiden Varianten des § 299a Abs. 1 Nr. 1 und Nr. 2 StGB stehen, *Geiger,* medstra 2015, 97, 101 ff. Nach teilweise vertretener Auffassung werde dem zweiten Schutzgut keine hinreichende Bedeutung zuteil, so dass § 299a Abs. 1 Nr. 2 StGB obsolet sei, *Gaede/Lindemann/Tsambikakis*, medstra 2015, 142, 147, 153. Andere wiederum sprachen dem Wettbewerbsmodell in § 299a Abs. 1 Nr. 1 StGB die *„strafbarkeitsbegründende Funktion“* ab, nachdem dieses *„lediglich einen Ausschnitt aus dem Anwendungsbereich“* des Grundtatbestandes in Gestalt der Verletzung der Berufsausübungspflichten bilde, *Bittmann/Brockhaus/Rübenstahl/Schröder/Tsambikakis,* WiJ 2015, 176, 184.

3. BT-Gesetzesentwurf / BT-Drucks. 18/6446

Der Regierungsentwurf vom 29.07.2015 hat seine Grundlage wiederum in dem vom Bundesministerium der Justiz und für Verbraucherschutz erstellten Referentenentwurf vom 04.02.2015. Wie allen bis zu diesem Tag ergangenen Gesetzesvorschlägen blieb auch hier die einzige wirkliche Konstante, der doppelte Rechtsgüterschutz, erhalten. Zum einen sollte wiederum ein fairer Wettbewerb sichergestellt werden und zum anderen das Vertrauen der Patienten in die heilberuflichen Entscheidungen geschützt werden.[1189] Der Gesetzesentwurf der Bundesregierung sah eine sehr offensichtliche Änderung vor, nach der die Bestechung und Bestechlichkeit in zwei eigene Tatbestände, §§ 299a und 299b StGB, aufgegliedert wurden.[1190] Zudem wurde die Strafrahmenverschiebung für besonders schwere Fälle der Bestechlichkeit und Bestechung im geschäftlichen Verkehr des § 300 StGB auch auf diese beiden neuen Tatbestände der §§ 299a und 299b StGB ausgeweitet.[1191] Dem Vorschlag des Bundesrates hinsichtlich der Erweiterung des § 300 StGB um die Gefahr einer erheblichen Gesundheitsgefährdung[1192] stimmte die Bundesregierung jedoch nicht zu. Dies sei zum

---

1189 BT-Drucks. 18/6446, S. 11 f. Dies kritisierend: Bundesrechtsanwaltskammer, Stellungnahme Nr. 40/2015, S. 2: Ein *„rein wettbewerbsstrafrechtliches Modell der Bekämpfung von Korruption im Gesundheitswesen"* sei anzustreben.

1190 Im Gegensatz zu dem Referentenentwurf, in dem noch die Einführung lediglich eines neuen Tatbestandes angedacht war, war diese Entscheidung für zwei Tatbestände wohl der Übersichtlichkeit und der Übereinstimmung mit den §§ 331 ff. StGB geschuldet, *Dieners*, PharmR 2016, 529. Deutscher Richterbund, Stellungnahme Nr. 22/15, S. 2 befürwortete dies wegen der damit verbundenen Strukturierung.

1191 So auch schon der Gesetzesentwurf des Freistaats Bayern BR-Drucks. 16/15 und der Referentenentwurf des BMJV vom 04.02.2015.

1192 Der Gesundheitsausschuss hat in seiner Sitzung am 14.09.2015 zu dem Gesetzesentwurf Stellung genommen und insbesondere empfohlen, in § 300 StGB („Besonders schwere Fälle der Bestechlichkeit und Bestechung im geschäftlichen Verkehr und im Gesundheitswesen") zusätzlich eine Nummer 3 aufzunehmen, nach der auch ein besonders schwerer Fall vorliegen soll, wenn *„der Täter einen anderen Menschen durch die Tat in eine Gefahr einer erheblichen Gesundheitsschädigung bringt"* (So auch schon der Entwurf des Freistaats Bayern – BR-Drucks. 16/15). In seiner Begründung argumentiert der Gesundheitsausschuss damit, dass neben den negativen finanziellen Folgen für die Kostenträger nicht vernachlässigt werden kann und darf, dass für die Patienten vor allem Gesundheitsschäden, die auf korruptem Verhalten basieren von Relevanz sind (BR-Drucks. 360/1/15, S. 1). Dem soll durch die Aufnahme auch dieser Variante Rechnung getragen werden und vor allem nach außen betont werden, dass gesundheitliche Schäden nicht hinter den anderen Varianten

einen systematisch verfehlt, nachdem § 300 StGB auch weiterhin auf § 299 StGB anwendbar bleiben soll und das neue Regelbeispiel aber nur bei §§ 299a, 299b StGB einschlägig wäre.[1193] Zum anderen sei eine solche Regelung sachlich nicht erforderlich. Die Gefahr einer erheblichen Gesundheitsgefährdung sei in der Regel *„als besonders gravierend anzusehen“*, weshalb hier generell ein unbenannter besonders schwerer Fall nach § 300 Abs. 1 S. 1 StGB vorliegt, der dem gleichen Strafmaß unterliegt.[1194] Sowohl § 299a StGB als auch § 299b StGB wurden, wie bereits im Referentenentwurf, als relative Antragsdelikte ausgestaltet.

a) Der Gesetzesentwurf im Wortlaut

„§ 299a

Bestechlichkeit ~~und Bestechung~~ im Gesundheitswesen

(1) Wer als Angehöriger eines Heilberufs, der für die Berufsausübung oder die Führung der Berufsbezeichnung eine staatlich geregelte Ausbildung erfordert, im Zusammenhang mit der Ausübung seines Berufs einen Vorteil für sich oder einen Dritten als Gegenleistung dafür fordert, sich versprechen lässt oder annimmt, dass er bei ~~dem Bezug,~~ der Verordnung oder der Abgabe von Arznei-, Heil- oder Hilfsmitteln oder von Medizinprodukten oder bei der Zuführung von Patienten oder Untersuchungsmaterial

1. einen anderen im inländischen oder ausländischen Wettbewerb in unlauterer Weise bevorzuge oder

2. ~~in sonstiger Weise seine Berufsausübungspflichten~~ seine berufsrechtliche Pflicht zur Wahrung der heilberuflichen Unabhängigkeit verletze,

wird mit Freiheitsstrafe bis zu drei Jahren oder mit Geldstrafe bestraft.

(2) Ebenso wird bestraft, wer als Angehöriger eines Heilberufs im Sinne des Absatzes 1 einen Vorteil dafür fordert, sich versprechen lässt oder annimmt, dass er bei

---

zurückstehen. Der Bundesrat hat in der 936. Sitzung am 25.09.2015 beschlossen gemäß Art. 76 Abs. 2 GG im Sinne der Empfehlungen der Ausschüsse Stellung zu nehmen (BR-Plenarprotokoll 936, TOP 30, S. 332 A; BR-Drucks. 360/15(B)). Neben der Änderung zu den besonders schweren Fällen räumte der Gesundheitsausschuss auch dem gesetzlichen Unfallversicherungsträger und dem gesetzlichen Rentenversicherungsträger eine Antragsberechtigung ein, um auch relevante Fälle außerhalb der gesetzlichen Krankenversicherung zu erfassen.

1193 BT-Drucks. 18/6446 Anlage 5.

1194 BT-Drucks. 18/6446 Anlage 5; zu der Erweiterung der Strafantragsberechtigung auf weitere Sozialversicherungsträger wollte die Bundesregierung eine Prüfung vornehmen, die sich auch auf die entsprechenden privaten Versicherungsunternehmen und die zur Tragung von Beihilfe verpflichteten Dienstherren erstreckt.

dem Bezug von Arznei-, Heil- oder Hilfsmitteln oder Medizinprodukten, die zur Abgabe an den Patienten bestimmt sind, seine berufsrechtliche Pflicht zur Wahrung der heilberuflichen Unabhängigkeit verletze.

~~(2)~~ § 299b

Bestechung im Gesundheitswesen

(1) ~~Ebenso wird bestraft, w~~ Wer einem Angehörigen eines Heilberufs im Sinne des § 299a Absatz~~es~~ 1 im Zusammenhang mit dessen Berufsausübung einen Vorteil für diesen oder einen Dritten als Gegenleistung dafür anbietet, verspricht oder gewährt, dass er bei ~~dem Bezug,~~ der Verordnung oder der Abgabe von Arznei-, Heil- oder Hilfsmitteln oder von Medizinprodukten oder bei der Zuführung von Patienten oder Untersuchungsmaterial

1. ihn oder einen anderen im inländischen oder ausländischen Wettbewerb in unlauterer Weise bevorzuge oder

2. ~~in sonstiger Weise Berufsausübungspflichten~~ seine berufsrechtliche Pflicht zur Wahrung der heilberuflichen Unabhängigkeit verletze,

wird mit Freiheitsstrafe bis zu drei Jahren oder mit Geldstrafe bestraft.

(2) Ebenso wird bestraft, wer einem Angehörigen eines Heilberufs im Sinne des Absatzes 1 im Zusammenhang mit dessen Berufsausübung einen Vorteil für diesen oder einen Dritten als Gegenleistung dafür anbietet, verspricht oder gewährt, dass er bei dem Bezug von Arznei-, Heil- oder Hilfsmitteln oder Medizinprodukten, die zur Abgabe an den Patienten bestimmt sind, seine berufsrechtliche Pflicht zur Wahrung der heilberuflichen Unabhängigkeit verletze."[1195]

b) Konkretisierung der verletzten Berufsausübungspflichten

Der Regierungsentwurf übernahm die grundsätzliche Konzeption des Referentenentwurfs und sah ebenfalls einen doppelten Rechtsgüterschutz vor; er beinhaltete gegenüber dem Referentenentwurf allerdings diverse Änderungen. Von zentraler inhaltlicher Bedeutung war die vorgenommene Konkretisierung hinsichtlich der Verletzung von Berufsausübungspflichten.[1196] Während der

1195 Unterstreichungen und Durchstreichungen wurden von der Verfasserin zur Hervorhebung der Änderungen vorgenommen.

1196 Des Weiteren sah man im Regierungsentwurf eine Einschränkung dahingehend vor, dass nach §§ 299a Abs. 2, 299b Abs. 2 StGB der Bezug von Arznei-, Heil- oder Hilfsmitteln oder Medizinprodukten nur noch dann erfasst wurde, wenn diese „*zur Abgabe an den Patienten bestimmt sind*". Der „Bezug" wurde in Absatz 2 aufgenommen, um auch die Fälle zu erfassen, in denen der Bezug durch unzulässige Einwirkung beeinflusst wurde und sich diese auch im Rahmen der Abgabe auswirkt, BT-Drucks. 18/6446, S. 22. Das im Referentenentwurf vorgesehene „Wettbewerbsmodell" wurde

Referentenentwurf und der bayerische Entwurf noch eine viel kritisierte weite Verweisung auf heilberufliche Pflichten mit der Formulierung vorsahen, dass der Heilberufsangehörige *„in sonstiger Weise seine Berufsausübungspflichten verletze"*, war der Regierungsentwurf deutlich restriktiver ausgestaltet und verlangte, dass der Täter einen Vorteil dafür fordert, dass er *„seine berufsrechtliche Pflicht zur Wahrung der heilberuflichen Unabhängigkeit verletze"*. Diese Verweisung wurde teilweise als Blankett eingeordnet,[1197] andere wiederum sahen darin ein normatives Tatbestandsmerkmal begründet.[1198] Insgesamt war die mit der neuen Formulierung verbundene Konkretisierung zumindest teilweise als Verbesserung angesehen worden.[1199] Der Referentenentwurf hatte durch seine allgemeine Verweisung auf „Berufsausübungspflichten" nicht nur Normen mit einbezogen, sondern auch vertragliche Absprachen und Vereinbarungen von freiwilligen Mitgliedern in Berufsverbänden.[1200]

c) Geäußerte Kritik an der Vertrauensbruchvariante trotz Konkretisierung und eigene Stellungnahme

aa) Notwendigkeit

Kritik wurde hinsichtlich eines eigenständigen Anwendungsbereichs gegenüber § 299a Abs. 1 Nr. 1 StGB geäußert. Der Anwendungsbereich von § 299a Abs. 1 Nr. 2 StGB sollte sich auf Fälle erstrecken, bei denen aufgrund eines Monopols keine Wettbewerbslage anzunehmen ist. Zudem sollten Konstellationen erfasst werden, die eine unzulässige Handlung außerhalb einer Wettbewerbssituation zum Gegenstand haben, wie etwa bei korruptivem Verhalten im

---

für den Bezug gestrichen, wodurch es den Heilberufsangehörigen ermöglicht wird, eigene wirtschaftliche Interessen beim Bezug von Arzneimitteln zu verfolgen, *Dieners*, PharmR 2015, 529, 530 unter Verweis auf die Kritik der Bundesvereinigung Deutscher Apothekerverbände bzgl. des Referentenentwurfs, der das Wirtschaftsmodell noch vorsah. In ihrer Stellungnahme vom 09.04.2015 kritisierte sie, dass es ein Problem sei, das notwendige Gegenseitigkeitsverhältnis zu verneinen, wenn der Preis für die Auswahl des Bezugspartners unter Unternehmen das entscheidende Kriterium sei. Zudem könne sich die Unlauterkeit bereits bei Nichteinhaltung von Preis- und Rabattvorschriften ergeben, was nicht gewollt ist.

1197 *Dannecker/Schröder* in: NK-StGB, § 299a Rn. 20; *Schröder*, NZWiSt 2015, 321, 331 f.

1198 *Gaede*, medstra 2015, 263, 266; *Kubiciel* in: Kubiciel/Hoven, S. 81 f.; *Scholz* in: Kubiciel/Hoven, S. 92.

1199 *Schröder*, NZWiSt 2015, 321, 361.

1200 *Schröder*, NZWiSt 2015, 321, 361.

Zusammenhang mit medizinisch nicht indizierten Verordnungen.[1201] Teilweise wurde angezweifelt, dass Monopolsituationen ohne Wettbewerb, die einen Patientenschutz erfordern, in der Praxis Relevanz besitzen.[1202] Für Konstellationen außerhalb des Wettbewerbs wegen nicht indizierter Maßnahmen sei ein ausreichender Schutz über die bereits bestehenden Straftatbestände gewährleistet.[1203] Demgegenüber würde die Erfassung solcher Fälle von § 299a Abs. 1 Nr. 2 StGB bereits an die Unrechtsvereinbarung anknüpfen, durch die es künftig zu Gesundheitsschäden kommen kann und damit die Strafbarkeit bereits extrem in das Vorfeld der Straftatbestände, die die körperliche Integrität und das Vertrauen des Patienten ausreichend schützen, verlagert.[1204]

Dem kann man jedoch zutreffend entgegenhalten, dass die Verlagerung der Strafbarkeit auf Korruption im Vorfeld eines spezifischen Wettbewerbsverhältnisses bereits dadurch gerechtfertigt ist, dass sowohl das Gesundheitswesen an sich als auch das Vertrauen der Patienten bereits schutzwürdig sind, wenn noch kein Wettbewerb gegeben ist.[1205] Zudem vermag es nicht verwunderlich erscheinen, dass Kritik vor allem von der Bundesärztekammer geäußert wurde, die sich zwar grundsätzlich für einen klaren Regelungskatalog ausgesprochen hatte,[1206]

1201 BT-Drucks. 18/6446, S. 21.

1202 Zu diesem Thema *Cahnbley*, MPR 2015, 145, 146; *Pragal/Handel*, medstra 2015, 337, 342; *Aldenhoff/Valluet*, medstra 2015, 195, 198 zum Referentenentwurf. *Dieners*, PharmR 2015, 529, 530 führt aus, dass solche Situationen nicht vorkommen; er verweist darauf, dass der Gemeinsame Bundesausschuss seines Wissens nach noch kein Produkt anerkannt hat, das ohne jegliche Therapiealternative existiere; a.A.: *Kubiciel*, jurisPR-StrafR 11/2016, Anm.1: Faktische Monopolstellungen seien keine Seltenheit; vor allem in ländlichen Bereichen fehle es häufig an gleichwertigen weiteren Fachärzten. Zudem seien einzelne Medikamente im Bereich der individualisierten Medizin ebenso wie neue Produkte nicht immer durch gleichwertige ersetzbar, was zumindest im Falle eines bestehenden Patentschutzes gelten müsse.

1203 Bundesärztekammer, Stellungnahme vom 20.11.2015, S. 2; vgl. zu dieser Kritik auch schon beim Entwurf des Freistaates Bayern unter 2. Kapitel C. II. 1. d) bb) (S. 209 ff.); a.A.: *Kubiciel*, WiJ 2016, 1, 8 f., der aufgrund der fehlenden Erforderlichkeit der Wettbewerbslage in § 299a Abs. 1 Nr. 2 StGB gegenüber § 299a Abs. 1 Nr. 1 StGB einen *„eigenständigen und praktisch relevanten Anwendungsbereich"* begründet sieht.

1204 *Halbe*, MedR 2015, 168, 175; *Steenbreker*, MedR 2015, 660, 663; Bundesärztekammer, Stellungnahme vom 20.11.2015, S. 8, die eine solche „Vorfeldkriminalisierung" ablehnt.

1205 *Kubiciel*, WiJ 2016, 1, 9; *Schröder*, NZWiSt 2015, 321, 325. Vgl. bereits 2. Kapitel C. II. 1. d) bb) (S. 209 ff.).

1206 Vgl. hierzu 2. Kapitel B. I. 2. (S. 175 f.).

jedoch letztendlich die Bekämpfung von Korruption durch das Strafrecht doch anzweifelte,[1207] eine „lex specialis gegen Ärzte“ ablehnte und sich für schärfere Strafen im Berufsrecht sowie eine Erweiterung der Ermittlungskompetenzen der Kammern aussprach.[1208]

bb) Verstoß gegen verfassungsrechtliche Grundsätze – Kritik und eigene Stellungnahme

(1) Gesetzlichkeitsprinzip

Bedenken wurden hinsichtlich eines Verstoßes gegen das Gesetzlichkeitsprinzip nach Art. 103 Abs. 2 GG geäußert. In diesem Zusammenhang ist von Relevanz, ob auch die Anforderungen des Art. 104 Abs. 1 S. 1 GG, wonach die Freiheit der Person nur auf Grund eines förmlichen Gesetzes und unter Beachtung der darin vorgeschriebenen Formen beschränkt werden kann, einzuhalten sind. Die Regelungen des § 299a Abs. 1 Nr. 2 und Abs. 2 und § 299b Abs. 1 Nr. 2 und Abs. 2 StGB beinhalten eine Freiheitsstrafe, der Verweis auf die berufsrechtlichen Pflichten beinhalte jedoch auch teilweise einen Verweis auf Satzungen.[1209] In diesem Zusammenhang wurde auch kritisiert, dass die Berufsordnungen, die die zentralen Berufspflichten beinhalten, von den jeweiligen berufsständischen Kammern beschlossen werden, was bedeute, dass die Interessenvertreter der Heilberufe mitbestimmen, welche Art von Zusammenarbeit strafbar sein soll, und die Tatbestandsweite eines Strafgesetzes in erheblichen Umfang vom Satzungsgeber bestimmt werde.[1210]

1207 Bundesärztekammer, Stellungnahme vom 20.11.2015, S. 2.

1208 *Korzilius*, DÄ 2013, A 61.

1209 Bundesärztekammer, Stellungnahme vom 20.11.2015, S. 3, 11, unter Verweis auf die Rechtsprechung des BVerfG, nach der das formelle Gesetz die Voraussetzungen der Strafbarkeit schon so eindeutig formulieren muss, dass ein strafbares Verhalten bereits wegen des Gesetzes und nicht erst anhand der „untergesetzlichen Norm“ voraussehbar ist, BVerfGE 14, 245, 252. Zwar erging diese Rechtsprechung lediglich zu Rechtsverordnungen und nicht zu Satzungen, jedoch sei nach der Stellungnahme davon auszugehen, dass an strafbegründende Satzungen keine anderen Anforderungen gestellt werden.

1210 Bundesrechtsanwaltskammer, Stellungnahme Nr. 40/2015, S. 2, 9; Wortprotokoll der 77. Sitzung des Ausschusses für Recht und Verbraucherschutz vom 02.12.2015, Protokoll-Nr. 18/77, S. 13; Forschende Pharma-Unternehmen, Stellungnahme vom 21.11.2015, S. 7; *Dieners*, PharmR 2015, 529, 531; so auch schon: *Badle*, medstra 2015, 139, 140; *Geiger*, medstra 2015, 97, 103; *Schneider/Kaltenhäuser*, medstra 2015, 24, 31; a.A. *Kubiciel*, WiJ 2016,1 10, insbesondere die Mitgestaltung der Kammern sei

Zunächst einmal ist also entscheidend, ob die Gesetze die „staatsorganisationsrechtlichen Vorgaben des Gesetzlichkeitsprinzips" einhalten und demzufolge die elementaren Strafbarkeitsvoraussetzungen vom Gesetzgeber selbst festgelegt wurden.[1211] Nur sofern dies der Fall ist, handelt es sich um Gesetze im Sinne des Art. 103 Abs. 2 GG, so dass auch die Frage nach der Bestimmtheit der Gesetze relevant wird.[1212]

So ist ein sog. *„Blankettstraftatbestand"*[1213], wie er im Gesetzesentwurf vorgesehen war, zwar hinsichtlich seiner Flexibilität und Dynamik ein Rechtsinstrument, das sich der Geschwindigkeit der Rechtssetzung in geeigneter Weise anpasst, jedoch muss auch im Rahmen solcher Tatbestände das verfassungsrechtliche Maß an die Anforderungen eines Strafgesetzes gewahrt werden.[1214] Hierbei müssen die Einzelheiten des Straftatbestandes nicht allein durch formelle Gesetze bestimmt werden,[1215] weswegen ein Verweis auf materielle Gesetze für sich nicht gegen das Erfordernis des förmlichen Gesetzes nach Art. 104 Abs. 1 S. 1 GG verstößt.[1216]

Zwar ist umstritten, ob dem Art. 103 Abs. 2 GG ein materieller oder formeller Gesetzesbegriff zugrunde liegt, da insbesondere das Bundesverfassungsgericht einerseits auch Rechtsverordnungen und Satzungen zu den Gesetzen im Sinne des Art. 103 Abs. 2 GG rechnet,[1217] andererseits aber diesem einen strengen Gesetzesvorbehalt zuschreibt.[1218] Das Bundesverfassungsgericht hat aber entschieden, dass bei einem Tatbestand eines Blankettgesetzes, mit welchem die Androhung einer Freiheitsstrafe verbunden ist und der auf eine Rechtsverordnung verweist und durch diese vervollständigt wird, die Grundzüge der *„Verbotsmaterie"* *„in*

---

mehr eine „Chance als ein Risiko". *Andreschewski,* S. 248 sieht einen Verstoß gegen den Parlamentsvorbehalt als begründet an.

1211 *Schröder*, NZWiSt 2015, 321, 330.

1212 *Schröder*, NZWiSt 2015, 321, 330.

1213 Vgl. zu der Abgrenzung von Blankettverweisen und rechtsnormativen Tatbestandsmerkmalen die Ausführungen von *Schröder*, NZWiSt 2016, 2015, 321, 331 f., der im Ergebnis ebenfalls zur Bejahung der Blankettmerkmale kommt, da der Gesetzesentwurf nicht selbst alle wesentlichen Merkmale festlegt, sondern es vielmehr auf die für den jeweiligen Heilberuf festgelegten berufsrechtlichen Pflichten ankommt.

1214 *Hohmann*, ZIS 2007, 38, 43.

1215 BVerfGE 32, 346, 362; *Bock* in: G/J/W, § 1 Rn. 42.

1216 BVerfGE 75, 329, 343; *Bock* in: G/J/W, § 1 Rn. 42.

1217 BVerfGE 71, 108, 114 ff.; BVerfGE 51, 60, 73; BVerfGE 38, 348, 371 f.; BVerfGE 14, 174, 185; so auch *Bock* in: G/J/W, § 1 Rn. 42

1218 BVerfGE 91, 1, 11; BVerfGE 47, 109, 120.

einem förmlichen Gesetz hinreichend umschrieben" sein müssen.[1219] Bedient sich der Gesetzgeber eines Blanketttatbestandes, hat er daher in der Strafnorm die Fälle zu definieren, die zu einer Strafbarkeit führen; überdies muss der gesamte Tatbestand hinreichend bestimmt sein, womit auch das Objekt der Verweisung gemeint ist.[1220] Nach Art. 104 Abs. 1 S. 1 GG ist die Androhung einer Freiheitsstrafe nur aufgrund eines förmlichen Gesetzes möglich. Daher muss auch hiernach der Gesetzgeber bereits selbst deutlich bestimmen, in welchen Fällen eine Strafbarkeit anzunehmen ist.[1221] Nur einzelne Spezifizierungen dürfen dem Verordnungsgeber überlassen werden.[1222] Der Gesetzgeber ist im Rahmen des Delegationsverbotes nicht dazu befugt, durch die Ausgestaltung der Strafgesetze als Blankettnormen seine exklusive Rechtssetzungsbefugnis auf die Exekutive zu übertragen.[1223]

Es ist daher aufgrund des verfassungsrechtlichen Gesetzesvorbehalts und der Wesentlichkeitslehre der Rechtsprechung der formelle Gesetzesbegriff für Art. 103 Abs. 2 GG vorzugswürdig. Dies ergibt sich auch daraus, dass die im Strafrecht geltenden Gesetze eine hohe Intensität aufweisen, die in die Grundrechte des Einzelnen eingreifen und damit einen sehr sensiblen Bereich betreffen.[1224] Dies ist auch bei den vorliegenden Gesetzen der Fall, da diese eine Freiheitsstrafe vorsehen und damit ohnehin ein förmliches Gesetz nach Art. 104 Abs. 1 S. 1 GG erforderlich ist. Es ist zu verlangen, dass bereits in den §§ 299a, 299b StGB selbst die strafrechtlich relevanten Verhaltensweisen hinreichend konkretisiert werden. Ansonsten würden berufsrechtliche Verhaltensnormen, die nicht den strengen Anforderungen des Art. 103 Abs. 2 GG und Art. 80 GG unterliegen, die Verhaltensweisen umschreiben, obwohl sie nicht unmittelbar parlamentarisch legitimiert sind.[1225]

Gemessen an diesen Voraussetzungen waren Bedenken gegen den Regierungsentwurf hinsichtlich der Einhaltung des Gesetzlichkeitsprinzips nach Art. 103 Abs. 2 GG durchaus nachvollziehbar. Aus den

---

1219 BVerfGE 78, 374, 383; vgl. auch BVerfGE 14, 174, 185.

1220 *Otto*, Jura 2005, 538; *Hohmann*, ZIS 2007, 38, 43.

1221 BVerfGE 78, 374, 381 ff.; BVerfGE 75, 329, 342; BVerfGE 14, 245, 251. Teilweise wird es bereits abgelehnt, Straftatbestände unter Art. 104 GG zu subsumieren: *Tiedemann*, S. 250 ff.; *Schuster*, S. 267 ff.

1222 BVerfGE 78, 374, 381 ff.; BVerfGE 75, 329, 342; BVerfGE 14, 254, 257; *Dannecker*, JZ 1996, 869, 874; *Hohmann*, ZIS 2007, 38, 47.

1223 BVerfG StV 2002, 247, 248; *Hohmann*, ZIS 2007, 38, 46 f.

1224 *Schröder*, NZWiSt 2015, 321, 332; BVerfGE 49, 89, 126 f.

1225 *Schröder*, NZWiSt 2015, 321, 332.

Tatbestandsvoraussetzungen der §§ 299a, 299b StGB gehen die strafbaren Verhaltensweisen nicht hinreichend hervor. So obliegt es gerade den Berufsverbänden, die „berufsrechtliche Pflicht zur Wahrung der heilberuflichen Unabhängigkeit", deren Verletzung die Gesetze unter Strafe stellen, zu konkretisieren und dadurch letztendlich auch zu entscheiden, welches Verhalten zu bestrafen ist. Sofern für die einzelnen Heilberufe keine solchen Pflichten in den Satzungen erlassen werden, entscheiden die Berufsverbände schlussendlich, ob ein strafbares Verhalten überhaupt gegeben sein kann.[1226] Zwar ist zuzugestehen, dass auch wesentliche Tatbestandvoraussetzungen wie die Tatobjekte und heilberuflichen Entscheidungen nicht erweiterbar sind,[1227] jedoch sind damit noch nicht sämtliche wesentliche Verhaltensweisen dem Strafgesetz selbst zu entnehmen. Das verbotene Verhalten ist erst in Zusammenschau mit den entsprechenden berufsrechtlichen Regelungen hinreichend definiert, weshalb der Regierungsentwurf nicht dem Gesetzlichkeitsprinzip entsprach.[1228]

(2) Bestimmtheitsgebot

Hilfsweise soll trotz der hier vertretenen Ansicht, dass der Regierungsentwurf nicht dem Gesetzlichkeitsprinzip entsprach, noch auf die geäußerte Kritik zum Bestimmtheitsgebot eingegangen werden. Kritik wurde hierbei dahingehend geäußert, dass die Formulierung einen Verstoß gegen den Bestimmtheitsgrundsatz des Art. 103 Abs. 2 GG begründe.[1229] Für die Normadressaten des

---

1226 *Schröder*, NZWiSt 2015, 321, 332 f.; *Gaede*, medstra 2015, 263, 266; Bundesärztekammer, Stellungnahme vom 20.11.2015, S. 7 ff.; *Bongartz*, S. 311. *Kubiciel* in: Kubiciel/Hoven, S. 82 sieht dagegen Regelungslücken im Berufsrecht als unschädlich an, da die Gerichte Regelungen anderer Berufsgruppen zu Rate ziehen können und im Endeffekt eine restriktive Auslegung vorgenommen werden müsse und nur *„eindeutig unvertretbare (heilberufliche) Entscheidungen kriminalisiert werden"*.

1227 So *Schröder*, NZWiSt 2015, 321, 333.

1228 Bundesärztekammer, Stellungnahme vom 20.11.2015, S. 7 ff., 11; a.A. *Schröder*, NZWiSt 2015, 321, 333.

1229 *Pragal/Handel*, medstra 2015, 337, 342; *Steenbreker*, MedR 2015, 660, 665; Bundesrechtsanwaltskammer, Stellungnahme Nr. 40/2015, S. 9; Bundesärztekammer, Stellungnahme vom 20.11.2015, S. 2; Forschende Pharma-Unternehmen, Stellungnahme vom 21.11.2015; S. 5 f.; *Andreschewski*, S. 248 führt aus dass ein Verstoß gegen den Bestimmtheitsgebot „nicht in Abrede gestellt werden" könne; etwas abgeschwächter: Deutscher Richterbund, Stellungnahme Nr. 22/15, S. 2: Es handle sich um eine unzureichende Präzisierung und die Formulierung genüge auch unter Berücksichtigung der *„Schwierigkeit, abstrakt-generell unethisches Verhalten im*

§ 299a Abs. 1 Nr. 2 StGB sei nicht auszumachen, wann und wie sie sich strafbar machen, da die Norm diesbzgl. zu ungenau formuliert sei.[1230] Es sei unklar, welche Quellen genau zur Konkretisierung herangezogen werden können und welche Kriterien diese wiederum hinsichtlich Bestimmtheit und Klarheit erfüllen müssen.[1231] Zudem sei zu beachten, dass mit einer Verletzung von berufsrechtlichen Pflichten nicht zwangsläufig auch eine Verletzung der durch die Strafnorm geschützten Interessen einhergehen müsse. Umgekehrt könne eine generell zulässige Berufshandlung aber auch strafrechtlich zu ahnden sein, wenn sie beispielsweise mit einem unzulässigen Vorteil verbunden ist.[1232]

Nach dem Bestimmtheitsgebot muss für den Normadressaten das strafbare Verhalten dem Gesetz zu entnehmen sein, so dass er erkennen kann, wann sein Handeln strafrechtliche Relevanz besitzt. Eine allgemein verbindliche Anforderung an den Grad der Bestimmtheit lässt sich nicht tätigen, weshalb im Einzelfall anhand einer wertenden Gesamtbetrachtung zu beurteilen ist, inwiefern der Gesetzgeber das Bestimmtheitsgebot beachtet hat.[1233]

Gesundheitsbereich bei der Annahme von Leistungen für alle Heilberufe-Träger zu definieren" „dem Anspruch an eine möglichst konkrete Tatbestandsfassung kaum"; *Brettel/Duttge/Schuhr*, JZ 2015, 929, 932, 935, erachten die Bestimmtheit zumindest als „zweifelhaft" und fordern eine Präzisierung; vorgeschlagen wurde die Anknüpfung an die berufsrechtliche Pflicht zur Wahrung der heilberuflichen Unabhängigkeit unter Streichung der Wettbewerbsvariante, jedoch unter der Einschränkung, dass *„die Tat mit der Gefahr einer nicht sachgerechten Behandlung […] oder einer unwirtschaftlichen, therapeutisch nicht gerechtfertigten Entscheidung verbunden ist"*; a.A.: *Gaede*, medstra 2015, 263, 266; *Kubiciel*, WiJ 2016, 1, 5.

1230 Deutscher Richterbund, Stellungnahme Nr. 22/15, S. 3 f.; Forschende Pharma-Unternehmen, Stellungnahme vom 21.11.2015, S. 7 f.; Bundesärztekammer, Stellungnahme vom 20.11.2015, S. 2. *Brettel/Duttge/Schuhr*, JZ 2015, 929, 933, 932 zweifeln daran, dass sie berufsrechtlichen Pflichten so detailliert ausgearbeitet sind, dass sie zur „strafrechtlichen Anknüpfung" geeignet sind.

1231 Deutscher Richterbund, Stellungnahme Nr. 22/15, S. 3, mit dem Hinweis, dass insofern ein Rückgriff auf die Berufsordnung für Ärzte nicht überzeuge. Forschende Pharma-Unternehmen, Stellungnahme vom 21.11.2015; S. 5 f. *Dannecker/Schröder* werfen diesbezüglich ebenfalls die Frage auf, inwiefern die Berufspflichten auf die auch wirklich strafrechtsrelevanten Pflichten eingegrenzt werden soll, *Dannecker/Schröder*, ZRP 2015, 48, 51; a.A. *Kubiciel*, WiJ 2016, 1, 5 f.

1232 *Brettel/Duttge/Schuhr*, JZ 2015, 929, 932, die dafür plädieren, dass nur bestraft werden sollte, wer medizinrechtliche Vorgaben missachtet, um eine Defensivmedizin zu verhindern.

1233 BVerfGE 126, 170, 198.

Die Wahrung des Bestimmtheitsgebotes musste im Rahmen der Formulierung des Gesetzesentwurfes bzgl. der Berufsrechtsvariante stark bezweifelt werden.[1234] Zwar wird ein Gesetz noch nicht allein dadurch unbestimmt, dass es eine Verweisung auf andere Vorschriften beinhaltet. Der Gesetzgeber ist nicht dazu verpflichtet, alle Tatbestände des Strafrechts *„ausschließlich mit unmittelbar in ihrer Bedeutung für jedermann erschließbaren deskriptiven Tatbestandsmerkmalen zu umschreiben."*[1235] Es ist zulässig, dass der Gesetzgeber zur Auslegung der Tatbestände auf außerstrafrechtliche Normen zurückgreift.[1236] Es ist zudem nicht von der Hand zu weisen, dass damit auch eine gewisse Vereinheitlichung der Normen verbunden ist, die es dem Einzelnen einfacher macht, zu wissen, was rechtens ist denn was berufsrechtlich untersagt ist, birgt dann zudem die Gefahr einer strafrechtlichen Verfolgung, was für den Normadressaten eine leichtere Erkennbarkeit strafrechtlich relevanten Verhaltens mit sich bringt.[1237] Jedoch müssen die Verweisung und das Verweisungsobjekt an sich ebenso wie der gesamte Tatbestand selbst hinreichend bestimmt sein.[1238]

Hinsichtlich der konkreten Anforderungen zur Einhaltung der gebotenen Bestimmtheit hat das Bundesverfassungsgericht einerseits entschieden, dass das Gesetz so exakt zu formulieren ist, dass dem Adressaten *„die Grenze des straffreien Raums klar vor Augen"* geführt wird.[1239] Auf der anderen Seite hat es diesbezüglich in einer Vielzahl von Entscheidungen demgegenüber einschränkend ausgeführt, dass das *„Risiko der Bestrafung erkennbar"* sein muss.[1240] Jedoch gesteht es selbst ein, dass dieses Merkmal durchaus kritisch zu betrachten ist,

---

1234 a.A.: *Kubiciel* in: Kubiciel/Hoven, S. 82; *Scholz* in: Kubiciel/Hoven, S. 92 ff.

1235 BVerfGE 78, 205, 213. So auch: BVerfGE 4, 352, 358; BVerfGE 11, 234, 237; BVerfGE 28, 175, 183.

1236 BVerfGE 126, 170, 198. *Brettel/Duttge/Schuhr*, JZ 2015, 929, 931: Dies muss vor allem vor dem Hintergrund gelten, dass die Strafvorschrift bei wörtlicher Wiedergabe der berufsrechtlichen Regelungen nicht mehr knapp genug gehalten und eine solche Wiedergabe wegen der regional unterschiedlichen Regelungen nicht möglich wäre. Außerdem entstünde bei einer Abweichung des Strafrechts von den berufsrechtlichen Regelungen ebenfalls eine enorme Rechtsunsicherheit. *Kubiciel*, WiJ 2016, 1, 5 führt an, dass die Normen mit §§ 331 ff. StGB vergleichbar sind, die ebenfalls auf außerstrafrechtliche Normen zur Konkretisierung zurückgreifen und nicht sämtliche strafbaren Verhaltensweisen im Detail aufzählen.

1237 *Schröder*, NZWiSt 2015, 361.

1238 *Hohmann*, ZIS 2007, 38, 43; *Otto*, Jura 2005, 538; *Bock* in: G/J/W, § 1 StGB Rn. 43.

1239 BVerfGE 32, 3246, 362; BVerfGE 25, 269, 285.

1240 BVerfGE 92, 1, 12; BVerfGE 87, 209, 224; BVerfGE 71, 108, 115; BVerfGE 47, 109, 121.

da das Risiko der Bestrafung demnach umso mehr besteht, je unzureichender ein Tatbestand formuliert wurde. Dieses Argument dient folglich nur dazu, dem Umstand gerecht zu werden, dass der Gesetzgeber trotz der Vielschichtigkeit des Lebens und der diversen Fallkonstellationen, das Gesetz nur so genau fassen kann, wie es der Regelungsbereich zulässt.[1241] Die Möglichkeit der Bestimmung des zu erfassenden Verhaltens entscheidet daher darüber, inwieweit eine „verfassungsrechtlich verlangbare Bestimmtheit" bestehen kann.[1242] Es ist folglich abzuwägen, da eine sehr bestimmt formulierte Norm dazu führen kann, dass weitere relevante Verhaltensweisen von ihr nicht erfasst werden. Es ist dabei legitim und natürlich, dass auch im Strafrecht nicht auf die Verwendung allgemeiner Begrifflichkeiten verzichtet werden kann. Es muss dem Einzelnen allerdings möglich sein, anhand der gängigen Auslegungsmethoden, wie beispielsweise durch die Heranziehung weiterer Normen, das Schutzgut der Norm, die verbotenen Verhaltensweisen und die damit verbundenen Sanktionen zu erkennen.[1243] Im Bereich des Strafrechts und den mit den Gesetzen verbundenen weitreichenden Grundrechtseingriffen ist das Maß der rechtsstaatlich vorausgesetzten Bestimmtheit höher als in Gebieten, die die Grundrechte weniger einschränken.[1244]

An diesen Anforderungen gemessen, ist schon die Verweisung auf die *„berufsrechtliche Pflicht zur Wahrung der heilberuflichen Unabhängigkeit"* dahingehend als unklar anzusehen, dass nicht eindeutig erkennbar ist, welche Rechtsverordnungen und Normen zur genaueren Definition herangezogen werden sollen.[1245] Hierbei kommen allein für die Vertragsärzte mehrere Vorschriften aus verschiedenen Gesetzesbereichen in Betracht, wie die jeweils einschlägige Berufsordnung, das AMG, die BÄO, das SGB V, die GOÄ und das BtMG, aber auch die strafrechtlichen Gesetze nach §§ 203 und 218c StGB.[1246] Auch der Aspekt, dass diese Regelungen den Ärzten ohnehin in ihrem Beruf begegnen und sie daher dahingehende Informationspflichten treffen, führt nicht dazu, dass die geltenden Anforderungen an das Maß der Bestimmtheit außer Kraft gesetzt werden.[1247] Generell erscheint für den einzelnen Berufsträger eine Informationspflicht

1241 BVerfGE 71, 108, 115.
1242 BVerfGE 92, 1, 12.
1243 BVerfGE 45, 363, 371.
1244 BVerfG NJW 1998, 669, 670.
1245 So auch *Geiger*, CCZ 2016, 58, 59.
1246 *Schröder*, NZWiSt 2015, 321, 327.
1247 *Hohman*, ZIS 2007, 38, 48.

hinsichtlich seines Tätigkeitsbereichs und den dort vorherrschenden berufsrechtlichen Verboten, heilberufliche Entscheidungen mit einem Vorteil zu verbinden, zumutbar.[1248]

Zudem sieht das Bundesverfassungsgericht für Strafnormen, die sich ausschließlich an Adressaten richten, die „*aufgrund ihrer Ausbildung oder praktischen Erfahrung bestimmte Fachkenntnisse*“ innehaben, keine Bedenken, wenn „*allgemein davon ausgegangen werden kann, daß der Adressat aufgrund seines Fachwissens imstande ist, den Regelungsgehalt solcher Begriffe zu verstehen und ihnen konkrete Verhaltensanweisungen zu entnehmen.*“[1249] Selbst wenn man aber diese Rechtsprechung, die für unbestimmte Rechtsbegriffe gilt, auf Blanketttatbestände überträgt,[1250] ist vorliegend zu beachten, dass sich die Straftatbestände nicht nur an Heilberufsangehörige richten und daher die allgemeinen Bestimmtheitsanforderungen Bestand haben müssen. Es ist nicht anzunehmen, dass für Nicht-Fachkundige ohne weiteren Nachforschungsbedarf strafbares Verhalten zu erkennen ist. Durch die Verweisungen sowohl ins Sozialrecht als auch ins jeweils einschlägige Berufsrecht ist mit der Lektüre der jeweiligen Normen ein erheblicher Aufwand verbunden, zumal sich sodann auch innerhalb der einzelnen Gesetze die Frage stellt, welche konkreten Normen der Gesetzgeber gemeint hat. Von einzelnen Normadressaten wird daher verlangt, dass sie sämtliche in Betracht kommende Vorschriften der diversen Berufsordnungen parat haben, um tatsächlich die strafbare Relevanz ihres Verhaltens einschätzen zu können.[1251]

Dies erscheint mit dem Bestimmtheitsgrundsatz der Art. 103 Abs. 2 GG nicht mehr vereinbar zu sein. Es lassen sich aus dem Straftatbestand an sich nicht die Fälle strafbaren Verhaltens ablesen. Dieses ergibt sich konkret erst aus den Verweisungsobjekten. Auch wenn es zulässig ist, dass sich der Gesetzgeber solcher Verweisungen auf außerstrafrechtliche Normen bedient, ist in diesem Fall dennoch nicht das Mindestmaß an Bestimmtheit gewahrt. Zudem sind die Berufsordnungen, die vornehmlich zu den Verweisungsobjekten zählen, nicht allesamt gleich, wodurch der Normadressat eine weitere Konkretisierung nicht ohne Weiteres vornehmen kann.[1252]

1248 *Schröder*, NZWiSt 2015, 361, 362.

1249 BVerfGE 48, 48, 57. So auch BVerfGE 26, 186, 204.

1250 So *Schröder*, NZWiSt 2015, 361, 363.

1251 A.A.: Schröder, NZWiSt 2015, 361, 363.

1252 So auch schon *Aldenhoff/Valluet*, medstra 2015, 195, 196 ff.; FSA, Stellungnahme vom 13.11.2015, S. 8. *Bongartz*, S. 310 kommt zu dem Ergebnis, dass zumindest eine „gewisse Unklarheit“ geblieben wäre.

(3) Verstoß gegen Art. 3 Abs. 1 GG

Es wurde zudem kritisiert, dass in der Norm ein Verstoß gegen Art. 3 Abs. 1 GG festgelegt sei, nachdem die Berufsordnungen unterschiedlich strenge bzw. teilweise keine Kriterien hinsichtlich der Berufspflichten zur Wahrung der heilberuflichen Unabhängigkeit enthalten und es damit zu keiner einheitlichen Verfolgung und Bestrafung kommen könne. Die Normadressaten gehören unterschiedlichen Berufsgruppen an, die verschiedene Berufsausübungsregeln oder gar für die gleichen Berufsgruppen unterschiedliche regionale Regeln vorschreiben bzw. teilweise gar keine geltenden Berufsordnungen existieren, was zur Folge habe, dass für die einzelnen Gruppen keine einheitlichen Richtlinien bei der Verfolgung der Tat gelten können und es daher zu unterschiedlichen Bewertungen hinsichtlich der Strafbarkeit kommen werde, was einen Verstoß gegen den Gleichheitsgrundsatz in Art. 3 Abs. 1 GG mit sich bringen würde.[1253]

Hiergegen wurde jedoch eingewandt, dass beispielsweise auch im Rahmen der §§ 331 ff. StGB je nach Bundesland, Stadt und Behörde unterschiedliche Regeln gelten, die eine differenzierte Bestrafung nach dem StGB nach sich ziehen.[1254] Bestraft wird nach der für den Einzelnen im konkreten Fall geltenden Norm und nicht nach einem einheitlichen Maßstab für alle, weswegen es auch in Kauf zu nehmen und akzeptabel sei, dass sich jeder über die geltenden Regeln der Kammer, der er angehört, informiert und diese einhält.[1255] Jedoch stellt sich das Problem auch für Dritte, die bei ihrer Zusammenarbeit mit Heilberufsangehörigen genauestens prüfen müssen, welche Berufspflichten für diese gelten und inwiefern sie sich dem Risiko einer Strafbarkeit aussetzen.[1256] Für eine solche

---

1253 *Schneider/Kaltenhäuser*, medstra 2015, 24, 31, die ausführen, dass aufgrund der unterschiedlichen berufsrechtlichen Regelungen in den Berufsordnungen der Landesärztekammern ein *„strafrechtlicher Flickenteppich"* zu befürchten sei. *Pragal/Handel*, medstra 2015, 337; *Schneider/Ebermann*, A&R 2015, 202, 207; *Cahnbley*, MPR 2015, 145, 147; *Taschke/Zapf*, medstra 2015, 332, 336; Bundesrechtsanwaltskammer, Stellungnahme Nr. 40/2015, S. 2, 8 f.; Die forschenden Pharma-Unternehmen, Stellungnahme vom 02.11.2015, S. 6 f.; Bundesärztekammer, Stellungnahme vom 20.11.2015, S. 2. Ebenso schon: *Aldenhoff/Valluet*, medstra 2015, 195, 197; *Bittmann/Brockhaus/Rübenstahl/Schröder/Tsambikakis*, WiJ 2015, 176, 178; *Gaede/Lindemann/Tsambikakis*, medstra 2015, 142, 152; a.A. *Kubiciel*, WiJ 2016 1, 6. Weitergehend und diff. *Schröder*, NZWiSt 2015, 321, 328 f. *Gaede*, medstra 2015, 263, 266 führt aus, dass nur die beruflichen Pflichten zur heilberuflichen Unabhängigkeit Anwendung finden, die bundesweit anerkannt seien und über die *„kein ernsthafter Streit"* existiere.

1254 *Kubiciel*, WiJ 2016, 1, 5 f.

1255 *Kubiciel*, WiJ 2016, 1, 6.

1256 *Dieners*, PharmR 2015, 529, 531.

Differenzierung ist kein sachliches Kriterium erkennbar. Zwar kann für eine Unterscheidung zwischen den einzelnen Berufsgruppen auf ihre unterschiedlichen Einflussmöglichkeiten hinsichtlich korruptiven Verhaltens verwiesen werden. Jedoch ist nicht ersichtlich, warum beispielsweise für einen Arzt oder Apotheker in einem Bundesland andere Strafbarkeitskriterien gelten sollten als in einem anderen Bundesland.[1257] Verfassungsrechtlich wäre diese Tatbestandsalternative daher durchaus auch unter diesem Gesichtspunkt angreifbar gewesen.

4. Weiterer Vorgang im Gesetzgebungsverfahren

Auch im weiteren Gesetzgebungsverfahren blieb die Kritik hinsichtlich der Unbestimmtheit des Verweises auf die berufsrechtlichen Pflichten nicht aus. So wurden in der ersten Beratung im Bundestag Bedenken hinsichtlich der Verfassungsmäßigkeit der Bezugnahme auf die heilberuflichen Pflichten geäußert.[1258] Ebenfalls ergab die Anhörung der Sachverständigen im Rechtsausschuss im Dezember 2015 viel Kritik an der Vertrauensbruchvariante.[1259] Danach kam es zu Verzögerungen und die geplante Verabschiedung des Gesetzes wurde vom ersten Quartal des Jahres 2016 auf den Sommer 2016 verschoben.[1260] Zwischenzeitlich stand das Gesetzesvorhaben gemäß Nachrichten aus der Presse sogar gänzlich vor dem Aus, nachdem es erhebliche Kritik an der geplanten Streichung der Berufsrechtsvariante seitens der sozialdemokratischen Gesundheitsexperten gegeben hatte.[1261]

Unmittelbar danach kam es jedoch gemessen an dem bis dahin langwierigen Prozess doch recht unvermittelt zu einer Einigung in der Koalition.[1262] Die Koalition verständigte sich auf die Streichung der Vertrauensbruchvariante, um so den *„Bedenken im Hinblick auf die Unbestimmtheit und Uneinheitlichkeit bei*

1257 Dies kritisierend auch Badle, DAZ.online, 18.04.2016; *Bongartz*, S. 311.

1258 Plenarprotokoll 18/137, S. 13480: Dr. Jan-Marco Luczak (CDU/CSU) weist darauf hin, dass für die Normadressaten klar erkennbar sein muss, wann ein Verhalten strafbar ist und die unterschiedlichen berufsrechtlichen Regelungen der einzelnen Bundesländer nicht zu einer unterschiedlichen Strafbarkeit führen dürfen.

1259 Wortprotokoll der 77. Sitzung des Ausschusses für Recht und Verbraucherschutz vom 02.12.2015, Protokoll-Nr. 18/77, S. 13, 18, 27, 28.

1260 Süddeutsche Zeitung, „Pharma-Millionen fließen vorerst weiter“, 12.03.2016.

1261 Süddeutsche Zeitung, „Kampf gegen korrupte Ärzte droht zu scheitern“, 08.04.2016; DocCheck, „Antikorruptionsgesetz: Tatbestand Stillstand“, 15.04.2016.

1262 *Rogall* in: SK-StGB, § 299a Rn. 12: *„Zum Zeitpunkt der parlamentarischen Beratungen“* waren noch einige Eckpunkte ungeklärt.

einem Teil der in Bezug genommenen Berufsordnungen Rechnung" zu tragen, ohne den Schutz des Vertrauens der Patienten in die Integrität heilberuflicher Entscheidungen aufgeben zu wollen.[1263] Für die Vertrauensbruchvariante sei ohnehin nur ein sehr geringer Anwendungsbereich gegeben gewesen, da fast alle Fälle korruptiven Verhaltens von der Wettbewerbsvariante erfasst würden.[1264] Die verfassungsrechtlichen Zweifel in Kombination mit dem Aspekt, dass die Streichung der Variante keine Strafbarkeitslücken mit sich bringe, habe schlussendlich zur Streichung geführt.[1265] Die Streichung führte in der Opposition dagegen zu großer Entrüstung. Es wurde darin eine Aufgabe des einst erklärten Ziels des Schutzes des Patientenvertrauens in sachgerechte Entscheidungen gesehen.[1266] Die Koalition sei den Lobbyinteressen erlegen, nachdem man nicht einmal den Versuch unternommen habe, eine bessere Formulierung der Vertrauensbruchvariante zu finden.[1267]

Ebenso wurde Kritik an der Streichung vom Bundesrat geäußert, der ausführt, dass die Streichung „nicht sachgerecht" sei und damit ein wesentlicher Schutzzweck des Gesetzes nun nicht mehr zum Ausdruck komme, der vor allem dem Patientenwohl diente.[1268] Obwohl der Bundesrat deutlich zum Ausdruck brachte, dass seiner Meinung nach mit der Streichung Schutzlücken einhergehen

---

1263 BT-Drucks. 18/8106, S. 15, 17; Plenarprotokoll 18/164, S. 16162. Bis zuletzt wurde dieser Punkt auch noch im Ausschuss für Recht und Verbraucherschutz am 13.04.2016 diskutiert und war sehr umstritten: Die CDU/CSU hielt die Bezugnahme auf die Berufspflichten für zu unbestimmt, nachdem diese landesrechtlich unterschiedlich ausgestaltet seien bzw. unterschiedlich interpretiert werden; Die Fraktion BÜNDNIS 90/DIE GRÜNEN wollte die Berufspflichten belassen und eine bundeeinheitliche Ausgestaltung dieser; die Fraktion der SPD dagegen hat keinerlei Bedenken hinsichtlich einer Unbestimmtheit aufgrund des Verweises, da auch andere Rechtsgebiete Verweisungen auf Landesrecht vorsehen, vgl. BT-Drucks. 18/8106, S. 14.

1264 BT-Drucks. 18/8106, S. 13; Plenarprotokoll 18/164, S. 16158.

1265 Plenarprotokoll 18/164, S. 16158.

1266 Plenarprotokoll 18/164, S. 16156.

1267 Plenarprotokoll 18/164, S. 16159. Mit der Streichung nicht einverstanden war insbesondere die Fraktion die Linke, die durch ihre Sprecherin Kathrin Vogler verlauten ließ, dass man die Lösung für eine „Schmalspurlösung" halte und man sich vom eigentlich verfolgten Zweck, nämlich dem Patientenschutz nun weit entfernt habe und nur noch ein Schutz von Pharmaunternehmen und der Ausgaben der Krankenkassen gewährleistet werde, vgl. *Evans/Rücker*, PZ online 13/2016.

1268 BR-Drucks. 181/16 (Beschluss), S. 1. Kritisch z.B. auch GKV-Spitzenverband, Statement vom 14.04.2016, der sich dafür einsetzen möchte, dass *„die nächsten Schritte folgen"*.

könnten, die das Patientenvertrauen massiv beeinträchtigen können, verzichtete er auf die Anrufung des Vermittlungsausschusses.[1269] Er beschränkte sich in seiner Entschließung am Ende der geäußerten Kritik darauf, die Bundesregierung zu bitten, im Falle, dass die Strafbarkeitslücken ein solches Ausmaß erreichen, dass das Vertrauen der Patienten tatsächlich beeinträchtigt werden könnte, die erforderlichen Gesetzesänderungen in dem von ihm aufgezeigten Umfang vorzunehmen.[1270]

5. Vorgenommene Änderungen gegenüber dem Gesetzesentwurf (BT-Drucks. 18/6446) und deren Bewertung

Der Gesetzesentwurf wurde kurz vor Schluss folglich noch einmal in erheblicher Weise geändert, was vor allem den verfassungsrechtlichen Bedenken geschuldet war.[1271] Aufgrund der lang anhalten Diskussionen hinsichtlich der Vertrauensbruchvariante war deren plötzliche gänzliche Streichung die umfassendste Änderung des Entwurfes, jedoch wurden auch weitere wesentliche Änderungen vorgenommen.

a) Keine Vertrauensbruchvariante

Die Streichung der Vertrauensbruchvariante stieß teilweise auf kritische Stimmen,[1272] insbesondere weil mit dem Wegfall dieser berufsrechtlichen Aspekte das Vertrauen der Patienten in die Integrität der heilberuflichen Entscheidungen nun nicht mehr geschützt werde,[1273] teilweise jedoch auch auf Zuspruch,

---

1269 BR-Drucks. 181/16 (Beschluss), S. 1 f.

1270 BR-Drucks. 181/16 (Beschluss), S. 2: *„Der Bundesrat bittet daher die Bundesregierung […]"*.

1271 *Badle*, medstra 2015, 139, 140; *Pragal/Handel*, medstra 2015, 337, 342; *Taschke/Zapf*, medstra 2015, 332, 336 f.; *Gaede/Lindemann/Tsambikakis*, medstra 2015, 142, 152 f.; *Dieners*, PharmR 2015, 532; *Jary*, PharmR 2015, 99, 103.

1272 GKV-Spitzenverband, Statement vom 14.04.2016, der die Streichung als *„höchst problematisches Zugeständnis an die Ärztekammern, die Medizinprodukte- und Pharmaindustrie"* betitelte. Ebenso kritisch *Scholz* in: Kubiciel/Hoven, S. 93; *Dannecker/Schröder* in: Kubiciel/Hoven, S. 56 ff., die zwar die Ablehnung der Blankettverweisung befürworten, aber nicht die gänzliche Ablehnung der Variante; *Kubiciel* in: Kubiciel/Hoven, S. 80 ff.; *Kölbel*, medstra 2015, 193; *Duttge* in: Kubiciel/Hoven, S. 22 f.; *Schröder* in: Frewer/Bergemann/Jäger, S. 144 ff.

1273 *Dann/Scholz*, NJW 2016, 2077, 2080 unter Verweis auf BT-Drucks, 18/6446, S. 16, der einen solchen Schutz noch vorsah.

da mit dieser kaum Anwendungsverlust einherginge.[1274] Für die ursprünglich bezweckten Anwendungsbereiche der Monopolstellungen[1275] und medizinisch nicht indizierten Verordnungen sollen nach der Beschlussempfehlung des Bundestags die Grundsätze des § 299 StGB und das UWG herangezogen werden, zumal in der Beschlussempfehlung die Meinung vertreten wird, echte Monopolsituationen auf dem Gesundheitsmarkt würden ohnehin selten vorkommen und wenn doch, wäre die Vorteilsgewährungen oftmals wettbewerbsrelevant.[1276] Die Streichung des „Berufsrechtmodells" in der Fassung des Regierungsentwurfes ist, wie bereits in der kritischen Stellungnahme ausgeführt, grundsätzlich zumindest unter verfassungsrechtlichen Gesichtspunkten zu befürworten.[1277] Die zu dieser Tatbestandsvariante geäußerten verfassungsrechtlichen Bedenken verdienen daher Zustimmung. Inwiefern mit der verbleibenden Wettbewerbsvariante korruptive Sachverhalte ausreichend erfasst werden, wird bei der Analyse der konkreten Ausgestaltung der Tatbestände im 3. Kapitel erörtert.[1278]

b) *Keine Strafbarkeit bei „der Abgabe" von Arzneimitteln – faktischer Ausschluss der Apotheker?*

Zudem wurde auch die Strafbarkeit in den §§ 299a und 299b StGB bei der Abgabe von Arznei-, Heil- oder Hilfsmitteln oder von Medizinprodukten

---

1274 *Geiger*, CCZ 2016, 172, 175 f., der das Entstehen von Strafbarkeitslücken durch die Streichung als „Missverständnis" bezeichnet. So würden die Berufsausübungsregelungen weiterhin über § 3a UWG als sogenannte Marktverhaltungsregelungen in die Strafvorschrift mit einbezogen werden. Die Streichung war daher vielmehr eine *„verfassungsrechtliche Hygienemaßnahme"* und keine inhaltliche Entschärfung. Die Streichung befürworteten im Ergebnis auch z.B.: Bunderechtsanwaltskammer, Stellungnahme Nr. 40/2015. S. 5; *Gaede/Lindemann/Tsambikakis,* medstra 2015, 142; *Schneider,* medstra 2016, 195.

1275 Bezweckt war der Schutz in Situationen, in denen aufgrund einer Monopolstellung eine Wettbewerbslage nicht gegeben ist und es daher an einer Bevorzugung von einem Wettbewerber gegenüber anderen Wettbewerbern fehlt.

1276 BT-Drucks. 18/8106, S. 15 f.: Danach soll der Begriff des Wettbewerbs weit ausgelegt werden, weswegen auch Medikamente, die im Rahmen einer Therapiealternative verschrieben werden können, eine Wettbewerbssituation begründen können. Das gleiche gilt für den Bereich der personalisierten oder individualisierten Medizin.

1277 *Rauer/Pfuhl*, PharmR 2016, 357, 358: *„sehr begrüßenswert"*; *Schlund*, NJW-Spezial 2016, 312: „Erfreulicherweise". *Rogall* in: SK-StGB, § 299a Rn. 13 bezeichnet die Streichung aufgrund der Bedenken zumindest als „konsequent". Vgl. hierzu ausführlich 2. Kapitel C. II. 3. c) bb) (S. 221 ff.).

1278 Vgl. 3. Kapitel A. III. 1. (S. 285 ff.), 3. (S. 322 ff.)

gestrichen, wodurch faktisch die Apotheker als einzige Heilberufsgruppe aus dem in Betracht kommenden Kreis der Täter auf der Nehmerseite entfernt wurden und nur noch im Rahmen einer aktiven Bestechung in den Täterkreis fallen können.[1279] Durch die vorgenommene Änderung werden die Einkaufs- und Abgabeentscheidungen von Apothekern nicht mehr von den Tatbeständen erfasst.[1280] Dies sei nach der Beschlussempfehlung aber auch nicht erforderlich, nachdem der Tatbestand nunmehr keine Mittel und Produkte erfasst, die zur bloßen Abgabe bestimmt sind, sondern auch schon beim Bezug nur Mittel und Produkte, die zur unmittelbaren Anwendung gedacht sind.[1281] Im Übrigen soll es ausreichend sein, dass bereits die vorher erfolgte Entscheidung hinsichtlich des Bezugs unter Strafe gestellt ist, wenn die Vorteile für die Anwendung, also als eine spezielle Abgabeform, geleistet werden.[1282] Letzteres Argument geht jedoch fehl, nachdem die Strafbarkeit von Bezugsentscheidungen auf die zur unmittelbaren Anwendung bestimmten Mittel beschränkt wurde.[1283]

Durch diese Änderung befürchtet nicht nur der Bundesrat aufgrund der wesentlichen Stellung, die die Apotheker im Gesundheitswesen einnehmen, das Entstehen von Strafbarkeitslücken.[1284] Die Apotheker werden nun nicht mehr bei der Abgabe strafbar sein, da sie die Mittel und Produkte nicht unmittelbar anwenden, sondern nur übergeben. Durch die überwiegende Ausnahme von Apothekern aus dem passiven Tatbestand fällt die unzulässige Einflussnahme auf die Apotheker bei der Abgabe von Medikamenten und Medizinprodukten vollständig aus dem Anwendungsbereich heraus. Auch wenn den Apothekern keine vergleichbare Lenkungsfunktion auf dem Gesundheitsmarkt wie den Ärzten zukommt, sie auch keine diesen ebenbürtige Vertrauensstellung auf dem

---

1279 *Gehrlein*, MBZ Nr. 8, 17.06.2016, S. 6; *Dann/Scholz*, NJW 2016, 2077, 2078; *Tsambikakis*, medstra 2016, 131, 132; *Brettel/ Mand*, A&R 2016, 99, 100; *Sartorius*, S. 30.

1280 *Dannecker/Schröder* in: Kubiciel/Hoven, S. 52. Kritisch hierzu: BR-Drucks. 181/16(Beschluss), S. 2.

1281 BT-Drucks. 18/8106, S. 16.

1282 BT-Drucks. 18/8106, S. 16.

1283 *Dannecker/Schröder* in: NK-StGB, § 299a Rn. 109; *Tsambikakis*, medstra 2016, 131, 132.

1284 BR-Drucks. 181/16(Beschluss), S. 2. Kritisch auch: *Dannecker/Schröder* in: NK-StGB, § 299a Rn. 112 f.; *Gelshorn*, S. 171; *Grzesiek/Sauerwein*, NZWiSt 2016, 369, 271; *Heil/Oeben*, PharmR 2016, 217, 221; *Kubiciel*, jurisPR-StrafR 11/2016, Anm.1; *Kubiciel*, jurisPR-Compl 3/2016, Anm. 1; *Kubiciel*, ZMGR 2016, 289, 290; *Rauer/Pfuhl*, PharmR 2016, 357, 360; *Schlund*, NJW-Spezial 2016, 312; *Tsambikakis*, medstra 2016, 131, 135; *Kronawitter*, S. 69.

Gesundheitsmarkt einnehmen und sich ihre Tätigkeit intensiver an wirtschaftlichen Faktoren orientiert,[1285] erscheint der Ausschluss der Apotheker nicht gerechtfertigt. Betrachtet man den Entscheidungsspielraum, der den Apothekern im Rahmen der Abgabe von Medikamenten in vielen Fällen – vor allem bei den nicht verschreibungspflichtigen Medikamenten – trotz einiger Vorgaben verbleibt bzw. vom Arzt auch bei verschreibungspflichtigen Medikamenten eingeräumt werden kann und den Aspekt, dass sie letztendlich in einigen Fällen über das Medikament entscheiden, das abgegeben wird, zeigt sich, dass sie durchaus der rechtswidrigen Beeinflussung bei der Medikamentenabgabe ausgesetzt sein können und hierdurch eine sachgerechte Medikamentenabgabe gefährdet werden kann.[1286] Verstärkt wird dieser Aspekt durch die Apothekenpflicht von vielen Arzneimitteln, die den Apothekern zum einen eine wesentliche Position auf dem Markt und zum anderen durch die Pflicht zur Erteilung von wesentlichen Informationen und der Empfehlung von Medikamenten auch gegenüber den Kunden eine überlegene Stellung verschafft.[1287]

Es ist zutreffend, dass für diesen Bereich bereits einige sozial- und preisrechtliche Regeln existieren,[1288] jedoch ist dies bei den Ärzten ebenfalls der Fall und diese werden dennoch vom neuen Tatbestand umfasst, so dass diese Differenzierung im Ergebnis nicht nachvollziehbar ist. Es ist daher davon auszugehen, dass mit dieser Einschränkung durchaus eine nennenswerte Lücke im Rahmen des neuen Korruptionstatbestandes entsteht.[1289] Es ist zu befürchten, dass hierdurch verstärkt eine Beeinflussung durch Einwirkung auf und über Apotheker erfolgen wird.[1290]

1285 Vgl. zu diesen Kritikpunkten *Dannecker/Schröder* in: NK-StGB, § 299a Rn. 111.

1286 So auch *Litsch*, apotheke adhoc, 14.04.2016: Die Abgabe von Arzneimitteln sei ein *„hochgradig korruptionsgefährdeter Bereich, der nun im Dunkeln bleiben darf"*; *Brettel/Mand*, A&R 2016, 99, 100; *Tsambikakis*, medstra 2016, 131, 132; *Dannecker/Schröder* in: NK-StGB, § 299a Rn. 112; *Bongartz*, S. 305,

1287 *Dannecker/Schröder* in: NK-StGB, § 299a Rn. 112; *Bahner*, S. 29.

1288 So Meyer, DAZ.online, 18.04.2016.

1289 So auch *Tsambikakis*, medstra 2016, 131, 132; *Badle*, DAZ.online, 18.04.2016; *Kubiciel*, jurisPR-StrafR 11/2016, Anm. 1, 3, der von einem „Kollateraleffekt" bedingt durch die kurz vor Verabschiedung vorgenommenen Änderungen am Gesetz, spricht; *Bahner*, S. 31 f.; *Dannecker/Schröder* in: NK-StGB, § 299a Rn. 113; BR-Drucks. 181/16, S. 2; *Sartorius*, S. 30 f.; a.A.: wohl *Geiger*, CCZ 2016, 172, 174, der diese Einschränkung auf Ärzte mit der Reichweite ihrer Entscheidungsbefugnis begründet.

1290 *Tsambikakis*, medstra 2016, 131, 131 f.; *Dannecker/Schröder* in: NK-StGB, § 299a Rn. 112; *Pragal/Handel*, medstra 2015, 337, 339; *Bongartz*, S. 305.

c) *Keine Strafbarkeit beim Bezug von Heilmitteln*

Hinsichtlich der Strafbarkeit von Bezugsentscheidungen von Heilberufsangehörigen wurde eine Einschränkung dahingehend vorgenommen, dass der Bezug von Heilmitteln aus der zweiten Tatbestandsvariante gestrichen wurde.[1291] Eine weitere Änderung erfolgte dahingehend, dass der Bezug von Arznei- und Hilfsmitteln sowie von Medizinprodukten nur solche Mittel und Produkte betrifft, die zur unmittelbaren Anwendung durch die Heilberufsangehörigen oder ihre Berufshelfer[1292] bestimmt sind. Gemeint sind also Mittel und Produkte, die nicht erst verordnet werden, sondern ohne Verordnung sofort beim oder am Patienten angewendet werden.[1293] Nach der Beschlussempfehlung des Ausschusses für Recht und Verbraucherschutz bergen diese Fälle die Gefahr, dass die vom Schutzzweck umfassten Rechtsgüter des lauteren Wettbewerbs und der Integrität heilberuflicher Entscheidungen durch Vorteile, die für Bezugsentscheidungen

---

1291 Kritisch zu dem „Bezug von Arzneimitteln" äußerten sich bereits *Brettel/Duttge/Schuhr*, JZ 2015, 929, 934, die für eine Streichung der §§ 299a/b Abs. 2 StGB des Regierungsentwurfes plädierten, da der Bezug. kaum eine therapeutische Konsequenz habe und generell auch nicht unmittelbar abgerechnet wird, so dass er sich auch nicht auf die zu schützenden Rechtsgüter auswirke. Zudem wurde kritisiert, dass es sich bei Heilmitteln um medizinische Dienstleistungen handle, die persönlich erbracht werden, sodass diese von Ärzten nur verordnet, jedoch nicht bezogen werden können. So auch Bundesärztekammer, Stellungnahme vom 20.11.2015, S. 16 f.; allgemein kritisch zum ehemaligen § 299a Abs. 2 des Regierungsentwurfes, da bereits die meisten Fallkonstellationen von § 299a Abs. 1 Nr. 1 erfasst seien: Bundesrechtsanwaltskammer, Stellungnahme Nr. 40/2015, S. 8. Zudem würden durch die Einbeziehung des Bezugs von Arzneimitteln Apotheker im Vergleich zu anderen Unternehmen, die nicht auf dem Gesundheitsmarkt agieren, wesentlich benachteiligt. Diese Unternehmen würden gerade nicht strafrechtlich belangt werden, wenn sie ihren Wareneinkauf an der Gewährung von Vorteilen orientieren, *Kraft/Lange*, Legal Tribune Online, 09.05.2016.

1292 Mit Berufshelfer sind Personen gemeint, die organisatorisch und weisungsgebunden im Rahmen der Tätigkeit des Heilberufsangehörigen mitwirken. Die für die berufsmäßig tätigen Gehilfen des § 203 Abs. 3 S. 2 StGB geltenden Grundsätze können diesbzgl. Anwendung finden, BT-Drucks. 18/8106, S. 16.

1293 BT-Drucks. 18/8106, S. 14. Beispielsweise werden hiervon die unmittelbare Verwendung von Prothesen und Implantaten sowie unmittelbar anzuwendende Arzneimittel durch den Heilberufsangehörigen erfasst. Wird, wie beispielsweise im Rahmen der ambulanten Krebstherapie oder im Bereich der Substitutionstherapie, das Mittel oder Produkt aufgrund einer Verordnung vom Heilberufsangehörigen bezogen und sodann unmittelbar angewandt, wird sich die Strafbarkeit generell schon an die Verordnung anschließen, BT-Drucks. 18/8106, S. 14 f.

gewährt werden, beeinträchtigt werden können.[1294] Hingegen knüpft die Fassung des Gesetzesentwurfs, die noch eine allgemeine Strafbarkeit bei Bezugsentscheidungen vorsah, nicht an eine solche Beeinträchtigung an, da sich die Unlauterkeit der Bevorzugung auch aus Missachtung von Rabatt- und Preisvorschriften ergeben konnte und daher eine Anknüpfung an eine unlautere wettbewerbsrechtliche Bevorzugung nicht vorgesehen war.

Damit fallen auch hier die Apotheker im Wesentlichen aus dem Anwendungsbereich heraus, wenn sie bei dem Bezug von Arzneimitteln unzulässig beeinträchtigt werden.[1295] Auch hierdurch ist eine Strafbarkeitslücke zu befürchten, da auch das Gewähren von beispielsweise Naturalrabatten von Pharmaunternehmen an Apotheker keine Seltenheit ist.[1296] Dementsprechend werden auch die Pharmaunternehmen und Medizinproduktehersteller, die einen Vorteil gewähren, nicht von dem spiegelbildlich ausgestalteten § 299b StGB erfasst.[1297] Auch die Gesundheitsfachberufe werden nunmehr insgesamt kaum dieser Alternative unterfallen, da sie nicht zur Verordnung von Leistungen oder Produkten befugt sind und Laboren kein Untersuchungsmaterial zuführen.[1298] Jedoch wird demgegenüber die Zuführung von Patienten vom Gesetzgeber sehr weit gefasst, weswegen teilweise vertreten wird, auch Empfehlungen hierunter zu subsumieren und damit die Gesundheitsfachberufe auch hiervon erfasst sein können, ebenso wie bei dem Bezug von Medizinprodukten.[1299] In einigen Fällen wird ein Rückgriff auf § 299 StGB möglich sein, wenn der Vorteil einem Angestellten in der Apotheke gewährt wird, da den Ausführungen des Gesetzgebers

---

1294 Demgegenüber sah der Gesetzesentwurf keine Anknüpfung der Bezugsentscheidungen an eine unlautere Bevorzugung im Wettbewerb vor, da die Unlauterkeit hierbei auch aus Verstößen gegen Preis- und Rabattvorschriften resultieren kann und es sodann an einem „korruptionsspezifischen Unrechtsgehalt" oder eine Beeinträchtigung des Vertrauens in die Integrität heilberuflicher Entscheidungen fehlen würde, BT-Drucks. 18/6446, S. 22.

1295 *Kubiciel*, jurisPR-Compl 3/2016, Anm. 1, der von keiner bewussten Entscheidung zur Privilegierung von Apothekern durch die Streichung ausgeht, sondern von einem „Kollateraleffekt" der Streichung des Berufsrechtsmodells.

1296 *Tsambikakis*, medstra 2016, 131, 132; *Pragal*, ZIS 2006, 63, 73 f. m.w.N.

1297 *Kubiciel*, jurisPR-StrafR 11/2016, Anm. 1.

1298 *Geiger*, CCZ 2016, 172, 174.

1299 *Geiger*, CCZ 2016, 172, 174. Vgl. zur Weite des Begriffes der Zuführung 3. Kapitel A. III. 1. b) cc) (3) (c) (S. 310 ff.).

nicht entnommen werden kann, dass es sich bei den §§ 299a, 299b StGB um abschließende Sonderregeln handelt.[1300]

d) *Kein Antragsdelikt*

Des Weiteren wurden die Tatbestände als Offizialdelikte ausgestaltet, weswegen nun eine Strafverfolgung seitens der Staatsanwaltschaft von Amts wegen erfolgen muss. Zur Begründung wurde ausgeführt, dass neben dem Wettbewerbsschutz auch das Vertrauen der Patienten in die Integrität der heilberuflichen Entscheidungen geschützt ist, was ein *„überindividuelles Rechtsgut von großer Bedeutung"* darstellt.[1301] Nachdem insofern Interessen der Allgemeinheit durch Verwirklichung der neuen Korruptionstatbestände erheblich belangt werden, ist das Einschreiten von Amts wegen geboten.[1302] Die Änderung trägt damit dem Aspekt Rechnung, dass ein Antragserfordernis immer nur dann gerechtfertigt ist, wenn die Belange der Allgemeinheit durch eine Tatbegehung so unerheblich tangiert werden, dass eine Verfolgung der Tat nur auf Wunsch des Verletzten zu erfolgen hat oder wenn zwar Allgemeininteressen berührt werden, jedoch der Verletzte ein Interesse an der Geheimhaltung oder dem Ruhen der Tat haben kann.[1303]

1300 *Kubiciel*, jurisPR-StrafR 11/2016, Anm. 1. Dies ist jedoch umstritten. Teilweise wurde im Gesetzgebungsverfahren vertreten, die §§ 299a, 299b StGB lassen als leges speciales eine Anwendung der §§ 299, 331 ff. StGB nicht mehr zu und seien abschließend, *Pragal/Handel*, medstra 2015, 337, 344; *Tsambikakis*, medstra 2016, 131, 140 vertritt diese Auffassung zumindest in Bezug auf die §§ 331 ff. StGB; *Kubiciel/Tsambikakis*, medstra 2015, 11, 15 sahen § 299a StGB als lex specialis gegenüber §§ 331 ff. StGB an. *Momsen/Laudien* in: Beck`scher Online Kommentar StGB, § 299a Rn. 33: Spezialität des § 299a StGB gegenüber § 299 StGB. Für Tateinheit sprechen sich in Bezug auf § 299 StGB dagegen z.B. aus: BT-Drucks. 18/6446, S. 16; *Dannecker/Schröder* in: NK-StGB, § 299a Rn. 213; *Sahan* in: G/J/W, § 299a Rn. 30; *Gaede*, medstra 2015, 263, 267; *Hohmann* in: MüKo, § 299a Rn. 53; so wohl auch *Kronawitter*, S. 150 für § 299 StGB und §§ 331 ff. StGB. Vgl. ausführlich zum Streitstand: *Dannecker/Schröder* in: NK-StGB, § 299a Rn. 212 ff. *Sartorius*, S. 85: § 299 Abs. 1 Nr. 1 StGB steht in einem Spezialverhältnis zu § 299a StGB mit der Folge, dass § 299 I Nr.1 StGB verdrängt wird; § 299 Abs. 1 Nr. 2 StGB steht in Tateinheit zu § 299a StGB und § 299a StGB steht in Tateinheit zu §§ 331ff. StGB.

1301 BT-Drucks. 18/8106, S. 17.

1302 *Schlund*, NJW-Spezial, 2016, 312.

1303 BT-Drucks. 18/8106, S. 16 unter Verweis auf *Bosch/Sternberg-Lieben* in: Schönke/Schröder, § 77 Rn. 5.

Dem ist generell zuzustimmen und die Ausgestaltung als Offizialdelikt, auch gemessen am Schutzzweck der Norm, konsequent.[1304] Aufgrund der erheblichen Gefahr von Korruption im Gesundheitswesen und dessen enorme Bedeutung für die Allgemeinheit und auch für den Schutz des Patienten ist eine Ausgestaltung als Antragsdelikt nicht sachgerecht.[1305] Durch die Verwirklichung der Tatbestände wird neben dem Vertrauen und den Belangen des einzelnen Patienten immer auch das Vertrauen der Allgemeinheit in das Gesundheitswesen maßgeblich beeinträchtigt. Zudem betreffen auch die wirtschaftlichen Folgen in den meisten Fällen die Solidargemeinschaft und den Wettbewerb insgesamt. Betrachtet man die anderen Offizialdelikte, die allesamt Verbrechen oder teilweise auch Vergehen darstellen, ist ihnen allen gemein, dass sie vor allem Verstöße gegen die Grundsätze des menschlichen und gesellschaftlichen Miteinanders beinhalten. Es erscheint daher zutreffend und im Sinne des Vertrauensschutzes ein angemessenes Signal, das Antragserfordernis zu streichen. Die Ausgestaltung als Offizialdelikt ist folglich eine begrüßenswerte Änderung, da dadurch auch eine präventive Wirkung entfaltet werden kann.

6. *Das Gesetz in seiner endgültigen Fassung bei der Verabschiedung*

Das am 30.05.2016 vom Bundestag verabschiedete Gesetz zur Bekämpfung von Korruption im Gesundheitswesen, welches am 04.06.2016 in Kraft getreten ist, weist gegenüber dem Regierungsentwurf somit die folgende Fassung auf:

„§ 299a

Bestechlichkeit im Gesundheitswesen

~~(1)~~ Wer als Angehöriger eines Heilberufs, der für die Berufsausübung oder die Führung der Berufsbezeichnung eine staatlich geregelte Ausbildung erfordert, im Zusammenhang mit der Ausübung seines Berufes einen Vorteil für sich oder einen Dritten als Gegenleistung dafür fordert, sich versprechen lässt oder annimmt, dass er

1. bei der Verordnung ~~oder der Abgabe~~ von Arznei-, Heil- oder Hilfsmitteln oder von Medizinprodukten,

---

1304 So auch *Kubiciel,* jurisPR-StrafR 11/2016, Anm. 1, der eine Vergleichbarkeit mit dem als Antragsdelikt ausgestalteten § 299 StGB ablehnt, da dieser dem Prinzipal-Agent-Modell folgt, das jedoch auf die §§ 299a, 299b StGB nicht übertragbar sein soll.

1305 So schon zum Regierungsentwurf (18/6446): *Brettel/Duttge/Schuhr,* JZ 2015, 929, 935; *Bausback* in: Kubiciel/Hoven, S. 41: „Wermutstropfen am Gesetzentwurf"; Deutsche Stiftung Patientenschutz, Patientenschutz Info-Dienst, 2/2016, 23.03.2016, S. 2. So im Ergebnis auch *Bongartz,* S. 272.

~~(2)~~2. bei dem Bezug von Arznei-~~, Heil-~~ oder Hilfsmitteln oder von Medizinprodukten, die jeweils zur unmittelbaren Anwendung durch den Heilberufsangehörigen oder einen seiner Berufshelfer ~~zur Abgabe an den Patienten~~ bestimmt sind, oder
3. bei der Zuführung von Patienten oder Untersuchungsmaterial
~~1.~~ einen anderen im inländischen oder ausländischen Wettbewerb in unlauterer Weise bevorzuge ~~oder 2. seine berufsrechtliche Pflicht zur Wahrung der heilberuflichen Unabhängigkeit verletze~~, wird mit Freiheitsstrafe bis zu drei Jahren oder mit Geldstrafe bestraft.

§ 299b

Bestechung im Gesundheitswesen

~~(1)~~ Wer einem Angehörigen eines Heilberufs im Sinne des § 299a~~Absatz 1~~ im Zusammenhang mit dessen Berufsausübung einen Vorteil für diesen oder einen Dritten als Gegenleistung dafür anbietet, verspricht oder gewährt, dass er
1. bei der Verordnung ~~oder der Abgabe~~ von Arznei-, Heil- oder Hilfsmitteln oder von Medizinprodukten,
~~(2)~~ 2. bei dem Bezug von Arznei-~~, Heil~~- oder Hilfsmitteln oder von Medizinprodukten, die jeweils zur unmittelbaren Anwendung durch den Heilberufsangehörigen oder einen seiner Berufshelfer ~~zur Abgabe an den Patienten~~ bestimmt sind, oder
3. bei der Zuführung von Patienten oder Untersuchungsmaterial
~~1.~~ ihn oder einen anderen im inländischen oder ausländischen Wettbewerb in unlauterer Weise bevorzuge ~~oder 2. seine berufsrechtliche Pflicht zur Wahrung der heilberuflichen Unabhängigkeit verletze~~, wird mit Freiheitsstrafe bis zu drei Jahren oder mit Geldstrafe bestraft.“[1306]

§ 300 StGB findet zudem Anwendung auf die §§ 299a, 299b StGB. Änderungen sieht der Gesetzesentwurf auch für das SGB V vor, indem durch die „*Institutionalisierung eines Erfahrungsaustausches sowie durch die Einführung von Berichtspflichten*“[1307] eine Verbesserung der Zusammenarbeit zwischen den Einrichtungen zur Bekämpfung von Fehlverhalten im Gesundheitswesen, die nach § 81a SGB V und § 197a SGB V bei den Kassenärztlichen Vereinigungen, Kassenärztlichen Bundesvereinigungen, Krankenkassen und dem Spitzenverband Bund der Krankenkassen errichtet werden, angestrebt wird.[1308]

1306 Unterstreichungen und Durchstreichungen wurden von der Verfasserin zur Hervorhebung der Änderungen vorgenommen.

1307 BT-Drucks. 18/6446, S. 14.

1308 BT-Drucks. 18/6446, S. 14. Vgl. hierzu 3. Kapitel C. II. (S. 363 ff.).

III. Stellungnahme

Mit dem Erlass des Gesetzes zur Bekämpfung von Korruption im Gesundheitswesen hat das jahrelange „Ringen" um die Aufnahme von Tatbeständen im StGB im Jahre 2016 ein Ende gefunden. Überraschend war hierbei vor allem das abrupte Ende des Gesetzgebungsverfahrens, in welchem die viel kritisierte Vertrauensbruchvariante ersatzlos gestrichen wurde.

Aufgrund der nun allein verbliebenen Wettbewerbsvariante erscheint es zweifelhaft, ob die Tatbestände tatsächlich noch in erster Linie das eigentliche Vorhaben des Gesetzgebers, namentlich die Erfassung von Korruptionsunrecht, verwirklichen können. Allein gemessen an dem Wortlaut der Norm ist zunächst festzustellen, dass sich die Tatbestände im Laufe des Gesetzgebungsverfahren nach und nach von einem Korruptionsmodell hin zu einem Wettbewerbsmodell entwickelt haben, was letztendlich durch die Streichung der Vertrauensbruchvariante manifestiert wurde. Der Schutz des Patientenvertrauens in die interessengerechte Wahrnehmung der dem Vertragsarzt zugewiesenen Position war gerade in der Vertrauensbruchvariante deutlich zum Ausdruck gekommen und nicht in der nunmehr verbliebenen Wettbewerbsvariante.

Inwiefern eine Einordnung in den 30. Abschnitt des StGB unter entsprechender Ausgestaltung der Tatbestände treffender gewesen wäre und inwiefern durch die konkrete Ausgestaltung der neuen Tatbestände nunmehr tatsächlich noch Korruptionsunrecht geschaffen wurde bzw. ob durch die Streichung der Vertrauensbruchvariante tatsächlich Lücken bei der Erfassung korruptiver Sachverhalte im Zusammenhang mit der Verordnungstätigkeit des Vertragsarztes entstanden sind, wird im Rahmen des nächsten Kapitels durch eine Analyse der neuen Tatbestände untersucht.

3. Kapitel Die Straftatbestände „Bestechlichkeit und Bestechung im Gesundheitswesen“: Grundsatzfragen, Auslegung und ausgewählte Probleme

A. Die Tatbestände §§ 299a, 299b StGB

I. Geschützte Rechtsgüter

Nach der dem neuen Gesetz zugrundeliegenden Gesetzesbegründung sollen mit den neuen Straftatbeständen zwei Rechtsgüter geschützt werden. Zum einen soll die Sicherung des fairen Wettbewerbs im Gesundheitswesen[1309] und zum anderen der Schutz des Vertrauens der Patienten in die Integrität heilberuflicher Entscheidungen gewährleistet werden.[1310] Im Rechtsausschuss des Bundestags wurde die Meinung vertreten, die beiden Schutzgüter werden gleichrangig geschützt.[1311]

1. Wettbewerb

Die §§ 299a, 299b StGB schützen sowohl den inländischen als auch den ausländischen Wettbewerb im Gesundheitswesen.[1312] Geschützt wird damit der lautere und freie Wettbewerb ebenso wie die mit dem Vorteilsgeber im Wettbewerb stehenden Personen.[1313] Einen mittelbaren Schutz sollen zudem die Vermögensinteressen der Wettbewerber im Gesundheitswesen, der Patienten und der gesetzlichen Krankenversicherungen erfahren.[1314] Zugute kommen soll der Schutz des lauteren Wettbewerbs auch den Ärzten, Apothekern und Heilberufsgruppen, die ihre Tätigkeit ehrlich und unbeeinflusst verrichten.[1315]

1309 Hiervon soll auch der Schutz der Wettbewerber umfasst sein, vgl. *Dannecker/Schröder* in: NK-StGB, § 299a Rn. 45.

1310 BT-Drucks. 18/6446, S. 12 f.

1311 BT-Drucks. 18/8106, S. 14.

1312 *Dannecker/Schröder* in: NK-StGB, § 299a Rn. 30.

1313 *Dannecker/Schröder* in: NK-StGB, § 299a Rn. 30; *Kölbel*, medstra 2016, 193.

1314 BT-Drucks. 18/6446, S. 13.

1315 BT-Drucks. 18/6446, S. 12.

Aufgrund der im 1. Kapitel der Arbeit dargestellten zahlreichen Reglementierungen – die sich nur auf die Grundsätze im Zusammenhang mit der vertragsärztlichen Verordnungstätigkeit bezogen haben und damit nicht abschließend sind – auf dem Gesundheitsmarkt, die unter Umständen einer ständigen Erweiterung unterliegen werden,[1316] ist es fraglich, ob und inwieweit auf dem Gesundheitsmarkt tatsächlich ein freier Wettbewerb stattfindet.[1317] Aufgrund der extremen Reglementierungen werden wirtschaftliche Verhaltensweisen in erheblicher Weise vorgegeben und begrenzt, wodurch sich der Gesundheitsmarkt von einem freien Markt deutlich unterscheidet.[1318] Preise für die Erbringung ärztlicher Tätigkeiten sowie für Mittel und Produkte sind zumeist vorgegeben und können nicht frei ausgehandelt werden.[1319] Neben den zahlreichen Reglementierungen ist außerdem von Relevanz, dass der Vertragsarzt *„in das System öffentlicher, staatlich gelenkter Daseinsfürsorge“*[1320] eingebunden ist und diese weiterhin eine Staatsaufgabe darstellt, auch wenn sie in Teilen in privatwirtschaftlicher Ausführung wahrgenommen wird, weshalb eine Kontrolle und Sicherstellung weiterhin dem Staat obliegt.[1321] Der Wettbewerb auf

1316 *Schröder*, NZWiSt 2015, 321, 325; *Dannecker/Schröder* in: NK-StGB, § 299a Rn. 31; zu den starken Reglementierungen auch *Martiny* in: Duttge, S. 18; *Brettel/Duttge/Schuhr*, JZ 2015, 929, 933; *Gaede/Lindemann/Tsambikakis*, medstra 2015, 142, 150; *Dannecker/Schröder* in: Kubiciel/Hoven, S. 63 f.; *Duttge* in: Kubiciel/Hoven, S. 22 f. Vgl. hierzu 1. Kapitel B. VI. (S. 46 ff.).

1317 *Dannecker/Schröder* in: NK-StGB, § 299a Rn. 31; *Brettel/Duttge/Schuhr*, JZ 2015, 929, 933.

1318 *Brettel/Duttge/Schuhr*, JZ 2015, 929, 933; *Duttge* in: Kubiciel/Hoven, S. 22 f.: Von einem freien Wettbewerb sei *„im dichten Regulierungsgestrüpp [...] beim besten Willen nichts zu sehen“*; *Dannecker/Schröder* in: Kubiciel/Hoven, S. 22 f.; *Dannecker/Schröder* in: NK-StGB, § 299a Rn. 31; *Schuhr* in: Spickhoff, 2018, §§ 299a, 299b, Rn. 8; *Martiny* in: Duttge, S. 18; *Schröder*, NZWiSt 2015, 321, 325; *Gaede/Lindemann/Tsambikakis*, medstra 2015, 142, 150; *Tsambikakis*, medstra 2016, 131, 132; *Andreschewski*, S. 219 f.; *Sartorius*, S. 38; *Eisele* in: Schönke/Schröder, § 299a Rn. 2. Für den Bereich der gesetzlichen Krankenversicherung: *Schnapp* in: Duttge, S. 65. Vgl. zum Wettbewerb auf dem Gesundheitsmarkt auch *Dannecker*, ZRP 2013, 37, 39; *Nestler*, GesR 2016, 70, 74. Vgl. schon 1. Kapitel C. (S. 76 ff.).

1319 *Schnapp* in: Duttge, S. 65; *Duttge* in: Kubiciel/Hoven, S. 22 f.

1320 BGHSt 57, 202, 208.

1321 *Dannecker/Schröder* in: NK-StGB, § 299a Rn. 31 m.w.N.; vgl. auch *Dannecker*, ZRP 2013, 37, 41.

dem Gesundheitsmarkt ist daher einer sozialstaatlichen Lenkung unterzogen, was ihn wiederum von einem freien Wettbewerb unterscheidet.[1322]

Das ärztliche Handeln kann daher nicht als das verstanden werden, was man typischerweise als ökonomisches Handeln bezeichnen würde.[1323] Vertragsärzte sind aufgrund ihrer Zulassung dazu verpflichtet, an der Versorgung von gesetzlich versicherten Patienten teilzunehmen. Hierbei nehmen sie trotz vielen Gesetzen, Richtlinien und Regelungen eine Machtposition ein, da nur sie die Verordnungen vornehmen können und diese Verordnungen für viele zwingend erforderlich oder gar überlebenswichtig sind, so dass daher schon von der Grundkonstellation eine andere Situation vorherrscht als bei dem üblichen Waren- und Leistungsaustausch. Dies ergibt sich insbesondere auch aufgrund der enormen Vertrauensstellung des Arztes gegenüber dem Patienten, die ihm die vordergründige Verfolgung wirtschaftlicher Interessen grundsätzlich untersagen dürfte.[1324] Es wird daher vorgeschlagen, den *„gesundheitsrechtlichen Steuerungs-, Verteilungs- und Ordnungsmechanismus gegen unlautere Verzerrungen [...] bzw. den vom Gesundheitsrecht strukturierten Markt für Gesundheitsdienstleistungen vor der Umgehung der diesen Markt konstituierenden Regeln*“[1325] zu schützen und nicht vordergründig den freien Wettbewerb.[1326] Ein solches Verständnis wird den Gegebenheiten auf dem Gesundheitsmarkt, die sich von

---

1322 Vgl. hierzu *Brettel/Mand*, A&R 2016, 99, 102; *Dannecker/Schröder* in: NK-StGB, § 299a Rn. 31.

1323 *Duttge* in: Kubiciel/Hoven, S. 23; vgl. hierzu auch *Kölbel*, medstra 2016, 193, 194; Deutscher Richterbund, Stellungnahme Nr. 10/15, S. 2.

1324 Vgl. hierzu die Ausführungen im 3. Kapitel A. I. 2. a) (S. 246 ff.).

1325 *Kubiciel*, MedR 2016, 1 ff.; *Dannecker/Schröder* in: NK-StGB, § 299a Rn. 31; *Eisele* in: Schönke/Schröder, § 299a Rn. 2, der ebenfalls ausführt, dass *„das Bild eines freien Wettbewerbs“* nicht passend ist, da das Gesundheitswesen in vielen Teilen staatlich reguliert sei und es daher *„um den Schutz des Wettbewerbs in seiner vom Gesetzgeber und den Akteuren des Gesundheitswesens geordneten Form“* gehe; vgl. zum *„Steuerungs-, Verteilungs- und Ordnungsmechanismus auf dem Gesundheitsmarkt“* auch *Brettel/Mand*, A&R 2016, 99, 102.

1326 *Dannecker/Schröder* in: NK-StGB, § 299a Rn. 31, die zudem den Schutz der Chancengleichheit der Mitbewerber auf der Geberseite als unmittelbares Schutzgut ansehen, a.a.O. Rn. 45 f.; a.A. *Rogall* in: SK-StGB, § 299a Rn. 3, der diese Meinung ablehnt, da § 299a gerade ein Offizialdelikt sei und es somit keinen Verletzten gebe, der als Rechtsgutträger anzusehen wäre. Auch *Fischer*, StGB, §299a Rn. 3 führt einschränkend aus, dass der freie Wettbewerb geschützt wird, *„soweit ein solcher überhaupt vorhanden und zulässig ist“*; *Sartorius*, S. 38 sieht ebenfalls nicht den allgemeinen Wettbewerb, sondern den auf dem Gesundheitsmarkt vorherrschenden als geschützt an,

den auf einem freien Markt üblicherweise anzutreffenden deutlich unterscheiden, besser gerecht und der Schutz erfolgt zugeschnitten auf die Besonderheiten des Gesundheitsmarktes sowie etwaiger zukünftiger möglicher Änderungen auf diesem.[1327]

2. Vertrauen der Patienten in die Integrität heilberuflicher Entscheidungen

Der Schutz des Vertrauens der Patienten in die Integrität heilberuflicher Entscheidungen soll nach Auffassung des Gesetzgebers ebenfalls einen unmittelbaren Schutz durch die §§ 299a, 299b StGB erfahren. Teilweise wurde dieser Schutz des Vertrauens kritisiert.[1328] Hierbei wird jedoch die Bedeutung des Vertrauensschutzes für das Gesundheitswesen und für den ursprünglich und gemäß der Gesetzesbegründung avisierten Korruptionstatbestand verkannt.

a) Bedeutung des Vertrauensverhältnisses zwischen Arzt und Patient

aa) Vertrauensverhältnis zwischen Arzt und Patient

Das Vertrauensverhältnis zwischen Arzt und Patient ist ein wesentlicher Faktor für eine funktionierende Behandlung und damit von erheblicher Bedeutung für das Gesundheitswesen. Das Vertrauen hat an vielen Stellen im Gesetz und in weiteren Normen und Regelungen seinen Niederschlag gefunden, so dass ein nur untergeordneter oder mittelbarer Schutz gemessen an den Schutzpflichten des Staates gegebenenfalls nicht ausreichend sein könnte. So führte bereits das LG Mainz aus, dass die essentielle Verpflichtung der Ärzte die *„Erbringung ärztlicher Leistungen im Rahmen der Verwirklichung des gemeinsamen Werks christlicher Nächstenliebe“* sei.[1329] Im Vordergrund müsse also *„der medizinisch indizierte Einsatz und nicht etwa der ökonomisch optimierte Einkauf der Medizinprodukte und allgemein die Wirtschaftlichkeit der Mittelverwaltung“* stehen.[1330]

1327 Bezweifelnd, ob die Bezugnahme auf den freien Wettbewerb „hinreichend zukunftsoffen“ ist, *Dannecker/Schröder* in: NK-StGB, § 299a Rn. 31; *Schröder*, NZWiSt 2015, 321, 325.

1328 *Cosack*, ZIS 2012, 226, 230; *Gaede/Lindemann/Tsambikakis*, medstra 2015, 142, 147; *Steenbreker*, MedR 2015, 600, 663; *Frank/Vogel*, AnwBl 2016, 94, 96.

1329 LG Mainz NJW 2001, 906.

1330 *Duttge* in: Duttge, S. 9 unter Bezugnahme auf LG Mainz NJW 2001, 906.

(1) Das Vertrauensverhältnis und sein Niederschlag in der Rechtsordnung sowie in ethischen Richtlinien

An vielen Stellen im Gesetz spiegelt sich das besondere Vertrauensverhältnis zwischen Arzt und Patient wider. Zudem spielen auch heute noch die ethischen Ansprüche an die Ärzte eine besondere Rolle. Bereits dadurch wird signalisiert, dass das Vertrauensverhältnis einen besonderen Schutz zu erfahren hat und für das Gesundheitswesen von essentieller und für die Allgemeinheit und jeden Einzelnen durchaus auch von existenzieller Bedeutung sein kann.

(a) Eid

In Deutschland ist es zwar nicht verpflichtend nach der Approbation einen Eid oder ein Gelöbnis abzulegen, jedoch werden der Eid des Hippokrates oder das Genfer Gelöbnis gerne im Rahmen medizinischer Diskussionen im Sinne von ethischen Richtlinien oder als Ehrenkodex mit einbezogen.[1331]

(aa) Eid des Hippokrates

Die erste grundlegende Formulierung einer ärztlichen Ethik bildete der Eid des Hippokrates. Auch wenn er heute nicht mehr geleistet wird und an einigen Stellen auch überholt ist, findet er dennoch vielfach seinen Niederschlag in der ärztlichen Ethik, wie z.B. durch die ärztliche Schweigepflicht[1332] und das Verbot sexueller Handlungen[1333]. Bereits hierin kommt zur Geltung, dass auch dieser Eid den Arzt als eine Vertrauensperson beschrieb. Es kam zudem an weiteren Stellen zum Ausdruck, dass die Gesundheit des Patienten und das Handeln des Arztes zum Wohle des Patienten an erster Stelle stehen: *„Meine Verordnungen werde ich treffen zu Nutz und Frommen der Kranken, nach bestem Vermögen und Urteil; ich werde sie bewahren vor Schaden und willkürlichem Unrecht [...] Welche Häuser ich betreten werde, ich will zu Nutz und Frommen der Kranken*

1331 *Simon*, Ärzteblatt Heft 28-29, 19.07.2010, 14: Die meisten Ärzte sind der Auffassung, die Unterstützung beim Suizid verstößt gegen den ärztlichen Ethos.

1332 *„Was ich bei der Behandlung sehe oder höre oder auch außerhalb der Behandlung im Leben der Menschen, werde ich, soweit man es nicht ausplaudern darf, verschweigen und solches als ein Geheimnis betrachten.“*, Eid des Hippokrates, abgedruckt in *Dettmeyer*, Kapitel 1, S. 4.

1333 *„Welche Häuser ich betreten werde, ich will zu Nutz und Frommen der Kranken eintreten, mich enthalten jedes willkürlichen Unrechtes und jeder anderen Schädigung, auch aller Werke der Wollust an den Leibern von Frauen und Männern, Freien und Sklaven.“*, Eid des Hippokrates, abgedruckt in *Dettmeyer*, Kapitel 1, S. 4.

eintreten, mich enthalten jedes willkürlichen Unrechtes und jeder anderen Schädigung [...]“.[1334] Der Eid ist aber dahingehend zu kritisieren, dass er zum einen mit der modernen Medizin nicht mehr in Einklang steht und zum anderen durch die „paternalistische“ Ausrichtung seines Inhalts das Selbstbestimmungsrecht der Patienten keine Berücksichtigung findet und dadurch der Eindruck entsteht, der Arzt würde die Entscheidungen alleine treffen, was heute nicht mehr zeitgemäß ist.[1335]

(bb) Genfer Gelöbnis

Eine modernere Fassung zum Eid des Hippokrates bildet die Genfer Deklaration bzw. das Genfer Gelöbnis, welches im September 1948 auf der 2. Generalversammlung des Weltärztebundes in Genf verabschiedet wurde und in den folgenden Jahren mehrfach revidiert wurde: „*Ich werde meinen Beruf nach bestem Gewissen und mit Würde ausüben. Die Gesundheit meiner Patientin oder meines Patienten wird mein oberstes Anliegen sein [...] Ich werde mit allen in meiner Macht stehenden Mitteln die Ehre und die edlen Traditionen des ärztlichen Berufes aufrechterhalten [...] Ich werde mich bei der Erfüllung meiner ärztlichen Pflichten meiner Patientin oder meinem Patienten gegenüber nicht durch Alter, Krankheit oder Behinderung, Glaube, ethnische Herkunft, Geschlecht, Staatsangehörigkeit, politische Zugehörigkeit, Rasse, sexuelle Orientierung, soziale Stellung oder durch andere Faktoren beeinflussen lassen. Ich werde den höchsten Respekt vor menschlichem Leben wahren. Ich werde, selbst unter Bedrohung, meine medizinischen Kenntnisse nicht zur Verletzung von Menschenrechten und bürgerlichen Freiheiten anwenden.*“[1336]

Hierin kommt klar zum Ausdruck, dass materielle Gründe nie vordergründig leitend bei der Behandlung des Arztes sein dürfen.[1337] Es stehen auch in dieser Fassung der Patient und seine Gesundheit an erster Stelle.

(cc) Deklaration von Helsinki

Die vom Weltärzteverbund im Jahr 1964 verabschiedete „Deklaration zu Ethischen Grundsätzen für die medizinische Forschung am Menschen“, auch bekannt als Deklaration von Helsinki, galt als Grundlage für viele Länder, die heute eine aktualisierte Fassung hiervon anwenden. Deswegen gilt sie auch allgemein

---

1334 Eid des Hippokrates, abgedruckt in *Dettmeyer,* Kapitel 1, S. 4.

1335 *Sass* in: Pieper/Thurnherr, S. 80; *Lesser,* S. 71.

1336 Weltärztebund, Deklaration von Genf in der Fassung von 2006.

1337 *Erices/Frewer/Gumz,* Ethik MedR 2013, 103, 109.

als *der* Standard der ethischen Richtlinien für Ärzte. In Deutschland wird sie von den Ethikkommissionen auch neben den gesetzlichen Regelungen angewandt.[1338] In den allgemeinen Grundsätzen wird in der aktuellen Fassung auf die Genfer Deklaration verwiesen und den Internationalen Kodex für ärztliche Ethik: „*Der Arzt soll bei der Ausübung seiner ärztlichen Tätigkeit im besten Interesse des Patienten handeln.*“[1339] Des Weiteren heißt es dort: „*Es ist die Pflicht des Arztes, die Gesundheit, das Wohlergehen und die Rechte der Patienten zu fördern und zu erhalten, auch jener, die an der medizinischen Forschung beteiligt sind. Der Erfüllung dieser Pflicht dient der Arzt mit seinem Wissen und Gewissen.*“[1340] Wiederum kommt zum Ausdruck, dass jeder Arzt seinem Patienten gegenüber eine unbeeinflusste Loyalität an den Tag zu legen hat.

(dd) Berufsordnung

Heute gilt für alle in Deutschland tätige Ärzte die (Muster-) Berufsordnung bzw. die jeweilige von den Landesärztekammern umgesetzte Fassung und das ihr vorstehende Gelöbnis, in dem wiederum viele der vorstehenden Grundsätze zum Ausdruck kommen, da es die offizielle deutsche Übersetzung der Deklaration von Genf, autorisiert durch den Weltärztebund, enthält.[1341]

Des Weiteren ist auch in der Präambel der MBO-Ä festgehalten, dass die Berufsordnung neben der Festlegung von Berufspflichten von Ärztinnen und Ärzten gleichfalls unter anderem dazu bestimmt ist, „*das Vertrauen zwischen Ärztinnen und Ärzten und Patientinnen und Patienten zu erhalten und zu fördern.*“ Auch die §§ 31, 32 MBO-Ä schützen das Vertrauensverhältnis, indem sie von wirtschaftlichen Interessen unabhängige und einzig an medizinischen

1338 *Richter/Bussar-Maatz*, Dtsch Arztebl 2005, 102 (11), A 730.

1339 Siehe Ziffer 3 „Allgemeine Grundsätze“ der Deklaration des Weltärzteverbundes in der revidierten Fassung 2013 von der 64. Generalversammlung des Weltärzteverbundes auf der Tagung in Fortaleza (Brasilien) in der deutschen Übersetzung der Bundesärztekammer.

1340 Siehe Ziffer 4 a.a.O.

1341 Das ärztliche Gelöbnis in der (Muster-)Berufsordnung für die in Deutschland tätigen Ärztinnen und Ärzte – MBO-Ä 1997 – in der Fassung der Beschlüsse des 121. Deutschen Ärztetages 2018 in Erfurt, geändert durch Beschluss des Vorstandes der Bundesärztekammer am 14.12.2018, (MBO-Ä); zum Teil zitiert in der Einführung A. dieser Arbeit (S. 1).

Kriterien und am Patientenwohl ausgerichtete Entscheidungen verlangen und diese schützen.[1342]

(ee) Zwischenergebnis

Ein ethischer Anspruch an die Ärzte kommt damit auch heute noch im Berufsrecht und in vielen Grundsätzen des ärztlichen Handelns weltweit zum Ausdruck. Die Einhaltung gewisser ethischer Standards ist nach wie vor wünschenswert und erforderlich. Dies ergibt sich schon aus der Schutzbedürftigkeit der Gesundheit und auch daraus, dass den Ärzten regelmäßig Patienten gegenüberstehen, die ein enormes Wissensdefizit im Vergleich zu ihnen aufweisen[1343]. Um korruptivem Verhalten entgegenzuwirken, ist daher ein Festhalten an den wesentlichen Werten des hippokratischen Eids unerlässlich.[1344] Damit sollten auch diese Werte in die neuen Vorschriften mit einfließen. Maßgeblich sind hierbei vor allem das Vertrauensverhältnis des Patienten zu seinem Arzt und die in erster Linie am Wohle des Patienten ausgerichtete Behandlung.

(b) Freie Arztwahl

Auch an weiteren Stellen im Gesetz kommt das Vertrauensverhältnis deutlich zum Ausdruck. So obliegt es generell dem Patienten, sich einen Arzt frei und unabhängig auszuwählen.[1345] Der Patient schließt nach h.M. mit diesem einen Arztvertrag ab, der sich an den Regeln des Dienstvertragsrechts orientiert.[1346] In diesem Verhältnis obliegt dem Arzt das Haftungsrisiko für die Behandlung. Zwei Einschränkungen ergeben sich für einen Patienten, der bei der gesetzlichen Krankenkasse versichert ist, jedoch. Zum einen muss er einen Arzt wählen, der an der vertragsärztlichen Versorgung teilnimmt und darf nur in Notfällen auf einen anderen Arzt zurückgreifen, § 76 Abs. 1 Abs. 1a SGB V. Zum anderen darf er den Arzt nach § 76 Abs. 3 SGB V innerhalb eines Kalendervierteljahres nur bei Vorliegen eines triftigen Grundes wechseln, was beispielsweise im Falle eines nachhaltig gestörten Vertrauensverhältnisses zum derzeitigen Arzt

---

1342 Vgl. hierzu bereits die Ausführungen im 1. Kapitel B. VI. 1. a) dd) (S. 50 f.) sowie im 2. Kapitel B. II. 1. b) bb) (2) (a) (S. 182 f.).

1343 Vgl. 1. Kapitel B. III. (S. 40 ff.).

1344 So auch *Gaßner/Klass*, PharmR 2002, 386, 391.

1345 Vgl. § 76 Abs. 1 SGB V: *„Die Versicherten können unter den zur vertragsärztlichen Versorgung zugelassenen Ärzten [...] frei wählen.“*

1346 BVerfG MedR 2005, 91; BGH wistra 2012, 341, 343; *Quaas* in: Quaas/Zuck, § 14 Rn. 4.

angenommen werden kann.[1347] Wie wichtig die Arztwahl für den Patienten ist, zeigt sich auch in einer Versichertenbefragung der Kassenärztlichen Bundevereinigung aus dem Jahre 2014, nach der 72 % der befragten Patienten sich nicht zu irgendeinem Facharzt, sondern nur zu *ihrem* ausgewählten Wunschfacharzt überweisen lassen wollten.[1348]

Die Möglichkeit des Patienten, sich seinen Arzt nach § 76 SGB V selbst auszusuchen und darüber zu entscheiden, ob er eine Behandlung von diesem durchführen lassen will, ist daher eine Entscheidung, die vor allem von Vertrauen in den Arzt und sein Handeln seitens des Patienten geprägt sein dürfte.[1349] So betont auch der Große Senat in seiner Entscheidung, dass der Vertragsarzt gerade deswegen die Behandlung des Patienten vornehme, weil dieser sich den Vertragsarzt konkret hierfür im Rahmen einer freien Entscheidung ausgesucht habe.[1350] Die gesetzliche Krankenkasse habe keinerlei Einfluss auf diese Wahl des Patienten und sei generell an die Entscheidung gebunden.[1351] Der in freier Entscheidung ausgewählte Arzt werde sodann vom Patienten *„als „sein" Arzt wahrgenommen, den er beauftragt hat und dem er sein Vertrauen schenkt"*.[1352] Es obliegt dem Arzt, mit dem Patienten zusammen eine Behandlungsart und deren Dauer festzulegen.[1353]

(c) Aufklärungspflicht

Prägend für die Beziehung zwischen Arzt und Patient ist insbesondere auch die dem Arzt gegenüber dem Patienten obliegende Aufklärungspflicht. Diese ist in der Ethik und dem Recht zugleich begründet.[1354] Aufgrund des Selbstbestimmungsrechts des Patienten und der damit einhergehenden zivilrechtlichen Konkretisierung der freien Persönlichkeitsentfaltung und der Achtung der

1347 *Uhlenbruck/Laufs* in: Laufs/Uhlenbruck, § 41 Rn. 5.

1348 aerzteblatt.de, 30.07.2014.

1349 Vgl. auch *Dannecker/Schröder* in: NK-StGB,§ 299a Rn. 62, die einen *„fortwährenden Vertrauensvorschuss des Patienten"* für erforderlich erachten. *Schröder* in: Frewer/Bergemann/Jäger, S. 125; *Schmidt*, S. 23: *„besonderes Vertrauen"*; OLG Hamm, NJW 1995, 786, 787.

1350 BGHSt 57, 202, 208, 213.

1351 BGHSt 57, 202, 213.

1352 BGHSt 57, 202, 213.

1353 Vgl. auch *Dannecker*, ZRP 2013, 37, 41: Die Einbindung des Patienten in die vom Arzt zu treffenden Entscheidungen ergeben das *„Leitbild eines kooperativen Projekts"* und *„macht die Beziehung zwischen Arzt und Patient zu einer persönlichen"*.

1354 *Quaas* in: Quaas/Zuck, § 14 Rn. 82.

Menschenwürde, bleibt der Patient im Rahmen der ärztlichen Behandlung auch eigenverantwortliches Subjekt, weswegen es seiner Einwilligung in die ärztliche Behandlung bedarf.[1355]

Das Bundesverfassungsgericht führte insoweit aus: „*Mitwirkung, Dialog und Stärkung der Eigenverantwortung des Patienten sind nur möglich, wo dieser zunächst über die in seinem Fall bestehende medizinische Situation aufgeklärt worden ist; ein unaufgeklärter Patient vermag demgegenüber in der Regel nicht mehr zu sein als ein passives Objekt ärztlicher Fürsorge. Die Aufklärung des Patienten befreit den Arzt von der Last der alleinigen Verantwortung. Sie macht den Patienten im Hinblick auf die zu treffende Entscheidung zu einem verständigen Partner.*“[1356] Für eine wirksame Einwilligung ist eine Aufklärung unabkömmlich. Die ärztliche Aufklärung soll es dem Patienten ermöglichen den Eingriff und die damit einhergehenden Folgen zumindest in den Grundzügen zu verstehen und die Risiken im „Großen und Ganzen“ zu überblicken.[1357] Vor allem auch im Hinblick darauf, dass im Rahmen des Behandlungsverhältnisses bedeutende Grundrechte betroffen sind und der Patient wesentliche Entscheidungen eigenverantwortlich und aufgrund der Informationen seines Arztes treffen muss, handelt es sich bei der Beziehung zwischen Arzt und Patient um eine solche, die von einem Vertrauen geprägt ist, das über das übliche Maß im Rahmen eines normalen Dienstvertrages weit hinausgeht.[1358] Dem Patienten liegen meist nur die Aussagen des Arztes zur Orientierung vor, da ihm das notwendige Wissen fehlt, um selbst eine verlässliche Diagnose zu stellen und er nicht durch einfache Recherche das Urteil des Arztes überprüfen kann.[1359] Der Patient hat daher das Recht auf eine umfassende Aufklärung aus dem Behandlungsvertrag, bei

---

1355 *Quaas* in: Quaas/Zuck, § 14 Rn. 82.

1356 BVerfGE 52, 131.

1357 *Quaas* in: Quaas/Zuck, § 14 Rn. 84 f.; BGH MDR 2000, 701; OLG Brandenburg NJW-RR 2000, 24. Hierzu zählen daher insbesondere der Befund des Arztes, Art, Ablauf, Bedeutung, Schwere, der voraussichtliche Verlauf und die Folgen des Eingriffs und die Risiken, ihre Wahrscheinlichkeit und insbesondere ihr Verhältnis zu den Heilungschancen, eine Abwägung mit anderen Behandlungsmöglichkeiten und das wahrscheinliche Risiko einer Verschlechterung des Gesundheitszustandes ohne einer Behandlung, OLG Brandenburg NJW-RR 2000, 398, 399; *Quaas* in: Quaas/Zuck, § 14 Rn. 84. Die Intensität der Aufklärung orientiert sich an dem jeweiligen Einzelfall, der Schwere der Krankheit und der Eilbedürftigkeit und Gefährlichkeit eines Eingriffes, *Quaas* in: Quaas/Zuck, § 14 Rn. 85.

1358 BVerfGE 52, 131.

1359 In diesem Sinne auch *Dannecker*, ZRP 2013, 37, 40.

deren Ausbleiben die Tatbestände der Körperverletzung eingreifen können.[1360] Bedenkt man zudem, dass es hierbei in vielen Fällen um existenzielle Entscheidungen geht, machen sich die besondere Abhängigkeit des Patienten von seinem Arzt und das erforderliche Vertrauen verstärkt bemerkbar.[1361]

(d) Schweigepflicht

Von besonderer Bedeutung ist zudem die ärztliche Schweigepflicht, die sich aus dem Behandlungsvertrag zwischen Arzt und Patient, aus dem StGB, der MBO-Ä, dem Bundesdatenschutzgesetz und den Datenschutzgesetzen der einzelnen Bundesländer ergibt. Die Schweigepflicht, die eine der wesentlichen Berufspflichten des Arztes darstellt, beruht auf dem Vertrauensverhältnis zwischen Arzt und Patient,[1362] und hat insoweit eine *„substantielle Bedeutung“.*[1363] *„Wer sich in ärztliche Behandlung begibt, muss und darf erwarten, dass alles, was der Arzt im Rahmen seiner Berufsausübung über seine gesundheitliche Verfassung erfährt, geheim bleibt [...] Nur so kann zwischen Patient und Arzt jenes Vertrauen entstehen, das zu den Grundvoraussetzungen ärztlichen Wirkens zählt, weil es die Chancen der Heilung vergrößert und damit – im Ganzen gesehen – der Aufrechterhaltung einer leistungsfähigen Gesundheitsfürsorge dient.“*[1364]

Im Rahmen seiner Behandlung begibt sich der Patient ganz in die Hände des Arztes, so dass im Vordergrund die persönliche Beziehung und nicht eine *„technische Reparatur“* zu sehen ist.[1365] Dieses Vertrauen und der damit verbundene Eingriff in die Privatsphäre sollen besonders nach § 203 StGB geschützt werden, weswegen das Schutzgut dieser Vorschrift in erster Linie das Individualinteresse an der Geheimhaltung gewisser Tatsachen ist.[1366] Nur mittelbaren Schutz erfährt daher das allgemeine Interesse in die Verschwiegenheit der Angehörigen gewisser Berufe.[1367] Damit soll gewährleistet werden, dass sich der Patient dem

---

1360 *Dannecker*, ZRP 2013, 37, 40.

1361 *Dannecker*, ZRP 2013, 37, 40 spricht von einer starken *„Asymmetrie der Arzt-Patienten-Beziehung“.*

1362 BGH NJW, 1968, 2290.

1363 OLG Karlsruhe MedR 2007, 253, 254.

1364 BVerfG NJW 1972, 1123, 1124.

1365 *Zuck* in: Quaas/Zuck, § 72 Rn. 12.

1366 BGHZ 115, 123; 122, 115; *Eisele* in: Schönke/Schröder, § 203 Rn. 3; *Fischer*, StGB, § 203 Rn. 2.

1367 BGHZ 115, 123; 122, 115; *Eisele* in: Schönke/Schröder, § 203 Rn. 3; *Fischer*, StGB, § 203 Rn. 2.

Arzt ohne jegliche Bedenken anvertrauen und ihm von seinen physischen und psychischen Problemen erzählen kann.[1368]

Der Arzt erhält im Laufe eines Behandlungsverhältnisses nicht nur die Informationen aufgrund der von ihm durchzuführenden Anamnese, sondern auch aufgrund des besonderen vertrauensvollen Verhältnisses, das sich zwischen den beiden Parteien natürlicherweise entwickelt und auch für die erforderliche Mitwirkung des Patienten an der Behandlung notwendig ist.[1369] Die Schweigepflicht bezieht sich dabei auf sämtliche Angelegenheiten und Details, die dem Arzt im Rahmen seiner Behandlung des Patienten bekannt werden, wovon neben den körperlichen und seelischen Nöten insbesondere auch familiäre, berufliche und wirtschaftliche Details, unabhängig davon, ob sie sich auf den Patienten selbst beziehen oder nicht, umfasst sind.[1370]

Die Schweigepflicht kann nur in besonderen Ausnahmesituationen[1371] gebrochen werden und verwirkt auch nicht mit dem Tod des Patienten. Geschützt wird die Vertrauensbeziehung auch durch das Zeugnisverweigerungsrecht, welches dem Arzt nach § 53 Abs. 1 Nr. 3 StPO eingeräumt wird und durch § 383 Abs. 1 Nr. 6 ZPO. Diese Verpflichtung zum Schweigen zeigt, dass das Vertrauen zum Arzt *„als Grundvoraussetzung ärztlichen Wirkens“* keine Beeinträchtigung erfahren darf.[1372]

(e) Persönliche Leistungserbringung

Auch die Verpflichtung zur persönlichen Leistungserbringung ist ein wesentliches Indiz für das besonders vertrauensvolle Verhältnis. Die persönliche Leistungserbringung ist ein typisches Merkmal der freiberuflichen Tätigkeit und stellt die Forderung an den Arzt, stets führend und eigenverantwortlich seine Aufgaben zu erfüllen, auch wenn er sich zur Erfüllung anderer Mitarbeiter bedient. Niederschlag hat die Höchstpersönlichkeit zum einen in § 613 S. 1 BGB gefunden, zum anderen in § 19 Abs. 1 MBO-Ä, § 32 Abs. 1 Ärzte-ZV und in § 15 Abs. 1 des Bundesmantelvertrages-Ärzte. Die Pflicht zur persönlichen

---

1368 Ähnlich auch *Scholz* in: Spickhoff, Medizinrecht, § 9 MBO Rn. 1.

1369 *Zuck* in: Quaas/Zuck, § 72 Rn. 11.

1370 *Fischer*, StGB, § 203 Rn. 6 ff.

1371 Entbindung von der Schweigepflicht; wenn der Arzt gesetzlich zur Meldung verpflichtet ist z.B. nach dem Bundesseuchengesetz oder dem Geschlechtskrankheitengesetz; zur Wahrung eines Interesses, das höher eingeordnet wird als das Interesse des Patienten an der Schweigepflicht, wie z.B. bei ansteckenden Krankheiten oder Kindesmisshandlung.

1372 *Ulsenheimer* in: Ulsenheimer Rn. 859.

Leistungserbringung spiegelt wider, dass der Patient ein enormes und auch zugleich schützenswertes Interesse an der persönlichen Behandlung durch den von ihm gewählten Arzt hat und gerade nicht an einen Dritten verwiesen werden möchte.[1373]

(2) Behandlungsvertrag

Nicht nur aus dem Gesetz, sondern auch aus dem Aspekt, dass zwischen dem Arzt und dem Patienten ein individueller Vertrag abgeschlossen wird, ergibt sich das besondere Vertrauensverhältnis. Allein dieser Akt bedarf schon eines gewissen Vertrauens, das die Parteien einander entgegenbringen.[1374] So sieht auch das BSG das persönliche Vertrauen zwischen Arzt und Patient als grundlegende Basis der Behandlungsbeziehung an: „*Das besondere Vertrauensverhältnis zwischen Arzt und Patient ist eine wesentliche Bedingung für eine erfolgreiche ärztliche Behandlung. Dem Versicherten ist dementsprechend grundsätzlich das Recht eingeräumt, unter den an der kassenärztlichen Versorgung teilnehmenden Ärzten frei zu wählen (§ 368 b Abs. 1 RVO*[1375]*), also den Arzt auszusuchen, der sein Vertrauen genießt.*“[1376]

Besonders aber der Vertragsinhalt an sich, der über die Gesundheit des Menschen und damit das höchste Gut geschlossen wird, das der Patient im Rahmen des Vertrages in gewisser Weise in die Hände des Arztes legt, impliziert, dass ein besonderes Vertrauen für eine solche Behandlung erforderlich ist. Vor allem auch wegen der existentiellen Bedeutung – auch im Rahmen von Vorsorgeuntersuchungen – und der Bedeutung für das Leben und Wohlergehen des Patienten und seiner Familie sowie den damit verbundenen Einblicken des Arztes, wird das Verhältnis von Grund auf von Vertrauen geprägt.[1377] So hatte bereits *Eberhardt Schmidt* im Jahr 1957 das Verhältnis zwischen Arzt und Patient wie folgt umschrieben: „*Das Verhältnis zwischen Arzt und Patient ist weit mehr als eine juristische Vertragsbeziehung, ist verankert in den menschlichen Beziehungen der Menschen untereinander und entfaltet sich nur da in einer gerade auch für die gesundheitliche Betreuung des Patienten förderlichen Weise, wo eben*

1373 *Peikert,* MedR 2000, 352, 354.

1374 *Peintinger,* S. 183 m.w.N.

1375 § 368d RVO regelte die freie Arztwahl, die heute in § 76 Abs. 1 SGB V ihren Niederschlag gefunden hat.

1376 BSGE 59, 172, 179.

1377 *Deutsch* in: Spickhoff, Medizinrecht, Einl.1, Rn. 17 f.; vgl. auch *Kern* in: Laufs/Kern, § 38 Rn. 1 ff. und bereits BGH, NJW 1959, 811, 813.

diese sittlichen Momente von Mensch zu Mensch es tragen und seinen Gehalt bestimmen.“[1378]

Der Große Senat führte in seiner Entscheidung aus, dass die wesentlichen, die Vertragsbeziehung bestimmenden Elemente das persönliche Vertrauen und die Gestaltungsfreiheit seien.[1379] Gegenstand, Form und Dauer der Behandlung obliegen allein der Wahl des Arztes und des Patienten. In dieser Beziehung stehe „*der Gesichtspunkt der individuell geprägten, auf Vertrauen sowie freier Auswahl und Gestaltung beruhenden persönlichen Beziehung*“ in einem besonderen Maße im Vordergrund.[1380] Insofern gestalte sich auch die Verordnung von Arznei- und Hilfsmitteln als wesentlicher Bestandteil der vertragsärztlichen Behandlung und „*vollzieht sich innerhalb des personal geprägten Vertrauensverhältnisses zwischen der versicherten Person und dem von ihr gewählten Vertragsarzt*“.[1381] Auch der Aspekt, dass der Vertragsarzt an die Beachtung des Wirtschaftlichkeitsgebots nach § 12 Abs. 1 SGB V gebunden sei und nur notwendige und wirtschaftliche Leistungen erbringen dürfe, vermöge den Umstand nicht zu ändern, dass der Arzt in erster Linie im Interesse des Patienten und in dessen Auftrag tätig werde.[1382] Im Rahmen einer Gesamtbetrachtung stehen trotz des zu beachtenden Gebots der Wirtschaftlichkeit die Behandlung des Patienten und die besondere Bindung an diesen, die sich aus dem Behandlungsverhältnis ergebe, im Vordergrund.[1383]

Und auch *Adolf Laufs* führt zu Beginn eines Buches einleitend aus: „*Seit alters gründet die Idee des Arztes auf Wissenschaft und Humanität. Naturwissenschaftliche Erkenntnis und Nächstenliebe leiten den berufenen Arzt gleichermaßen. Nüchternes Wissen und technisches Können dürfen nie die Würde des selbstentscheidenden Kranken und den unersetzlichen Wert jedes einzelnen Menschen vergessen lassen.*“[1384]

Das subjektive Vertrauensverhältnis zwischen Arzt und Patient ist auch nach *Göppinger* die Basis einer gedeihlichen Behandlung.[1385] Auch der Bundesgerichtshof führt unter Bezugnahme auf Schmidt aus, „*dass das Verhältnis zwischen Arzt und Patient ein starkes Vertrauen voraussetzt, dass es in starkem Maße*

1378 *Schmidt* in: Ponsold, S. 1 f.
1379 BGHSt 57, 202, 208.
1380 BGHSt 57, 202, 208.
1381 BGHSt 57, 202, 209.
1382 BGHSt 57, 202, 217.
1383 BGHSt 57, 202, 217.
1384 *Laufs* in: Laufs/Uhlenbruck, S. 1.
1385 *Göppinger*, S. 53 ff.; vgl. hierzu auch *Erices/Frewer/Gumz*, Ethik MedR 2013, 103, 108.

in der menschlichen Beziehung wurzelt, in die der Arzt zu dem Kranken tritt und dass es daher weit mehr als eine juristische Vertragsbeziehung ist."[1386]

bb) Das Recht des Patienten auf Vertrauen und die Folgen fehlenden Vertrauens

Diese besondere Beziehung, die ein „intimes, höchstpersönliches Vertrauensverhältnis" darstellt,[1387] bedarf auch eines Schutzes vor korruptiven Einflüssen, um den Schutz vor beeinflussten Handlungen sicherzustellen. Hierin liegt ein wesentlicher Unterschied zu anderen Wettbewerben und vertraglichen Beziehungen, bei denen finanzielle Interessen und der Wettbewerb in erster Linie Schutz erfahren. Bei Korruption im Zusammenhang mit den Vertragsärzten ist der Leidtragende oftmals der Patient, wenn der Arzt seine Entscheidungen nicht am Patienteninteresse ausrichtet und dessen Vertrauen in die medizinische Versorgung und damit den Arzt wird dadurch erheblich beeinträchtigt, so dass wesentliche Untersuchungen unter Umständen gar nicht mehr wahrgenommen werden.[1388] Allein ein dahingehender Verdacht vermag das Vertrauen einzelner Patienten zu beeinträchtigen.[1389]

Es ist daher erforderlich, dass der Arzt allein unter Berücksichtigung der medizinischen Erkenntnisse Behandlungen gemeinsam mit dem Patienten festlegt; die in diesem Zusammenhang zu treffenden Entscheidungen dürfen von keinem Dritten, auch nicht vom Staat, beeinflusst werden.[1390] Der Patient ist von dieser unbeeinflussten Entscheidungsausübung des Arztes abhängig, da nur so seine Gesundheit umfassenden Schutz erfahren kann. Der Patient hat daher gerade das Recht, unbeeinflusst von seinem Arzt behandelt zu werden[1391] und auf diese

---

1386 BGHZ 29, 46, 53.

1387 *Geiger* in: FS Stein, S. 83, 90.

1388 *Kubiciel*, Stellungnahme vom 02.12.2015, S. 4; *Braun*, S. 157 f.; *Dannecker/Schröder* in: Kubiciel/Hoven, S. 53; *Maas*, NStZ 2015, 305, 308. So auch *Hoppe* in seiner Rede zur Eröffnung des 106. Deutschen Ärztetages am 20. Mai 2003 in Köln, Der Internist 2003, M 132, M 133, der ausführt, dass für das Vertrauen der Patienten zum Arzt auch entscheidend ist, dass man sich gewiss sein kann, dass die Entscheidung des Arztes nicht von materiellen Einflüssen abhängt. Vgl. hierzu bereits 2. Kapitel B. II. 2. a) (S. 196 ff.).

1389 BT-Drucks. 18/6446, S. 12; Referentenentwurf des BMJV vom 04.02.2015, S. 11. Ähnlich *Dannecker*, ZRP 2013, 37, 41; *Schneider/Kißling*, A&R 2012, 261; *Dannecker/Schröder* in: Kubiciel/Hoven, S. 53; *Kubiciel*, WiJ 2016, 1, 2.

1390 *Dannecker*, ZRP 2013, 37, 41 unter Verweis auf BGHSt 57, 202.

1391 *Schröder*, NZWiSt 2015, 321, 325; *Bahner*, S. 21; *Dannecker*, ZRP 2013, 37, 41; *Dannecker/Schröder* in: Kubiciel/Hoven, S. 57. Ähnlich *Bausback* in: Kubiciel/Hoven,

unbeeinflusste Behandlung auch vertrauen zu können. Das Vertrauen ist eine elementare Voraussetzung für die Gewährleistung der Gesundheitsfürsorge.[1392]

Die wesentliche ärztliche „Hauptpflicht" ist die Behandlung des Patienten, die auf dem Vertrauensverhältnis aufbauen muss.[1393] Im Rahmen eines ärztlichen Behandlungsverhältnisses existiert ein ärztlicher Handlungs- und Beurteilungsspielraum, der ohne jegliche weitere Einflussnahme oder Kontrolle stattfindet.[1394] Das Vertrauen ist dabei nach Auffassung des BVerfG die *„Grundvoraussetzung ärztlichen Wirkens"*.[1395]

Ein Verweis auf die Möglichkeit des Patienten einen anderen Arzt aufzusuchen, vermag nicht zu überzeugen,[1396] da ein einmal entstandener Verdacht, der Arzt lasse sich zu beeinflussten Entscheidungen verleiten, erfordert, dass der Patient einen dahingehenden Verdacht überhaupt erst schöpft, was ihm schon aufgrund der bereits erläuterten Informationsasymmetrie und den im Gesundheitssystem komplexen Abrechnungsmethoden, bei denen der Kassenpatient in der Regel nicht einmal eine Abrechnung übermittel bekommt, schwer fallen dürfte.[1397] Die Patienten wissen teilweise vielleicht gar nicht, ob *ihr* Arzt der Korruption zugänglich ist und können sich damit auch nicht selbst umfassend schützen.[1398] Ein Selbstschutz des Patienten erscheint daher nur schwer möglich, weshalb er auf sein Recht zur sachgerechten Patientenbehandlung und den Schutz von diesem umso mehr angewiesen ist. Des Weiteren würde die Annahme eines solchen Verdachtes die Arzt-Patienten-Beziehung empfindlich beeinträchtigen. Das Vertrauen des Patienten wird in der Regel nicht nur gegenüber dem betroffenen Arzt beeinträchtigt werden, sondern aufgrund der negativen Erfahrung auch gegenüber anderen Ärzten.[1399]

S. 36, der ausführt der Patient *„muss darauf vertrauen können, dass bei der Behandlung allein sein Wohl das Handeln bestimmt"*.

1392 *Schröder*, NZWiSt 2015, 321, 325.

1393 *Ulsenheimer* in Ulsenheimer, § 15 Rn. 1180.

1394 *Duttge* in: Bormann/Wetzstein, S. 543.

1395 BVerfGE 32, 373, 380.

1396 So *Cosack*, ZIS 2013, 226, 230, der ausführt der Patient könne das Vertrauensverhältnis durch die freie Arztwahl selbst schützen.

1397 Vgl. hierzu auch die Ausführungen von *Schröder*, NZWiSt 215, 321, 325, der den Verweis auf die freie Arztwahl zum Selbstschutz des Patienten als „naiv" einordnet.

1398 *Schröder*, NZWiSt 2015, 321, 325.

1399 *Gelshorn*, S. 128. Ebenso ausführend, dass bereits der Verdacht der Beeinflussbarkeit zu einem gesamten Vertrauensverlust führt, BT-Drucks. 18/6446, S. 12; BT-Drucks. 18/8106, S. 14. Vgl. hierzu auch *Dannecker*, ZRP 2013, 37, 41; *Schneider/Kißling*, A&R 2012, 261.

cc) Zusammenfassung

Nicht nur unter Beachtung der Ausführungen des Großen Senats, der vor allem das Vertrauensverhältnis zwischen Arzt und Patient für deren Beziehung und damit auch das Gelingen einer Behandlung und Genesung des Patienten in den Vordergrund stellt, woraus man durchaus den Eindruck gewinnen kann, dass gerade dieser Aspekt vordergründig Schutz erfahren sollte,[1400] sondern auch unter Beachtung der vielen Vorschriften und ethischen Grundsätze, die dieses Verhältnis prägen und Ausdruck der besonderen Berücksichtigung dieser vertrauensvollen Beziehung sind, ist die grundsätzliche wesentliche Bedeutung des Vertrauensverhältnisses zwischen Arzt und Patient nicht zu verleugnen. Zudem sind hierbei auch ganz natürliche und alltägliche Aspekte zu beachten. Den Patienten ist das besondere Vertrauen zu ihren Ärzten sehr wichtig. So ist es nur natürlich und eine konsequente Schlussfolgerung, dass man bei der Wahl des Arztes neben den fachlichen Qualitäten des Arztes vor allem das Vertrauen zu diesem in den Vordergrund stellt.

b) Vertrauensschutz als Rechtsgut und Umsetzung des Vertrauensschutzes

Nachdem der Vertrauensschutz aufgrund seiner enormen Bedeutung in jedem Falle zu Recht strafrechtlichen Schutz im Rahmen der Tatbestände erfahren soll, stellt sich nunmehr die Frage nach der konkreten Umsetzung dieses Vertrauensschutzes. Vom Gesetzgeber wurde, offensichtlich entsprechend der jüngeren Rechtsprechung zu den §§ 331 ff. StGB, das Rechtsgut als „Schutz des Vertrauens der Patienten in die Integrität heilberuflicher Entscheidungen“ umschrieben.[1401] Teilweise wird allerdings in Bezug auf den Vertrauensschutz bei §§ 331 ff. StGB vertreten, dass im Zentrum des Schutzes die „Sachlichkeit“ der Dienstausübung stehen sollte. [1402] Nach anderer Auffassung sind die innere und äußere

---

1400 So auch: Bundesärztekammer, Stellungnahme vom 20.11.2015, S. 5, die den Gesetzesantrag vom Freistaat Bayern vom 15.01.2015 damit kritisiert hat, dass er sich in der Begründung in keiner Weise mit den Besonderheiten des Arzt-Patienten-Verhältnisses befasst, sondern nur den Austausch von Waren und Dienstleistungen auf dem Gesundheitsmarkt diskutiert.

1401 *Dannecker/Schröder* in: NK-StGB, § 299a Rn. 42 unter Verweis auf die einschlägige Rspr. BGHSt 30, 46, 48; 43, 370, 377; 47, 22, 25; 49, 214, 227; a.A.: *Schuhr* in: Spickhoff, StGB §§ 331 - 338 Rn. 6 f., der das als ein Schutzziel ansieht, das nicht mit einem Schutzgut zu verwechseln sei.

1402 *Schuhr* in: Spickhoff, StGB §§ 331 - 338 Rn. 6 f., *Sowada* in: LK-StGB, § 331 Rn. 37.

Funktionsbedingung gleichermaßen zu schützen. Das Vertrauen bzw. die Vorstellung der Allgemeinheit, dass die Aufgabenwahrnehmung sachgerecht erfolgt, stelle die „äußere Funktionsbedingung“ dar, nachdem die Institutionen auf die Akzeptanz der Allgemeinheit angewiesen sind.[1403] Die Lauterkeit der Ausführung und die Bereitschaft hierzu stellen dagegen eine „innere Funktionsbedingung“ dar, derer es bedarf, um überhaupt eine ordnungsgemäße Aufgabenwahrnehmung zu ermöglichen.[1404] Es gehe um die Funktionsfähigkeit der Institutionen insgesamt, die dann gegeben sei, wenn die Amtsausübung objektiv sachlich erfüllt werde (innere Funktionsbedingung) und auch das Vertrauen der Allgemeinheit in die sachgerechte und unbeeinflusste Amtsausführung vorhanden sei (äußere Funktionsbedingung).[1405]

Der Gesetzgeber hat somit bei Übertragung dieser Auffassung mit dem Schutz des Vertrauens der Patienten in die Integrität heilberuflicher Entscheidungen[1406] die äußere Funktionsbedingung hervorgehoben. Fraglich ist jedoch, inwiefern „das Vertrauen“ tatsächlich als Rechtsgut für sich durch das Strafrecht geschützt werden kann.

aa) Vertrauensschutz im Gesundheitswesen – keine Ethisierung des Rechts

Der Schutz des Vertrauens zwischen Arzt und Patient erscheint aufgrund dessen enormer Bedeutung grundsätzlich nicht *„zu viel an staatlichem Paternalismus“*.[1407] Die Funktionsfähigkeit des Gesundheitswesens im Falle eines tatsächlichen Vertrauensverlustes der Patienten nicht als beeinträchtigt anzusehen,[1408] vermag im Grundsatz zumindest dann nicht zu überzeugen, wenn der Vertrauensverlust nicht nur bei einzelnen Patienten vorliegt. Das Vertrauensverhältnis ist als eine Grundvoraussetzung für das Funktionieren der Gesundheitsvorsorge anzusehen. Die Arzt-Patienten-Beziehung wurzle *„in starkem Maße in der menschlichen Beziehung“*.[1409] Die ärztliche Berufsausübung muss sich daher

1403 *Loos* in: FS Welzel, S. 889 f.

1404 *Loos* in: FS Welzel, S. 889 f.

1405 *Fischer*, StGB, § 331 Rn. 2; *Hefendehl*, S. 321; *Loos* in: FS Welzel, S. 889 f.; *Stein/Deiters* in: SK-StGB, §§ 331 Rn. 8 f.

1406 BT-Drucks. 18/6446, S. 12 f.; BT-Drucks. 18/8106, S. 17.

1407 So aber *Cosack*, ZIS 2013, 226, 230.

1408 So aber *Cosack*, ZIS 2013, 226, 230.

1409 BGHZ 29, 46, 53. Vgl. auch *Dannecker*, ZRP 2013, 37, 41, der zutreffend ausführt, dass es im Rahmen eines Behandlungsverhältnisses um eine persönliche Beziehung geht, *„bei der es der Arzt nicht mit einem bloßen Krankheitsfall, sondern mit einem kranken Menschen, einer kranken Person, zu tun hat“*.

in erster Linie insbesondere *„nicht an ökonomischen Erfolgskriterien, sondern an medizinischen Notwendigkeiten orientieren“*[1410] und dies gilt es sicherzustellen, damit das Vertrauen in die Behandlung und damit die sachgerechten heilberuflichen Entscheidungen weiterhin gewährleistet ist und die Gesundheitsvorsorge als staatliche Aufgabe erfolgreich umgesetzt werden kann. Mit dem Schutz des Vertrauens im Gesundheitswesen ist daher auch keine Ethisierung des Rechts verbunden.[1411]

Die Vertrauensbeeinträchtigung in die Integrität der heilberuflichen Entscheidung kann im schlimmsten Falle zur Frage über Leben und Tod werden.[1412] Vertrauen spielt für die Funktionsfähigkeit des Gesundheitsmarktes damit auch wie für andere Märkte allgemein eine große Rolle. Fehlt das Vertrauen, ziehen sich beispielsweise auch Anleger an Aktienmärkten zurück und Verbraucher schränken ihren Konsum ein. [1413] Somit wird Vertrauen nicht nur als „kulturelle Ressource“ eingeordnet, sondern darüber hinaus eben sogar als Rechtsgut von Straftatbeständen anerkannt.[1414] Auf die Bedeutung des Vertrauens für die Funktionalität des Gesundheitsmarktes wurde bereits ausführlich hingewiesen. Hierbei ist das Vertrauen zu den Ärzten aber noch einmal einer anderen Rangordnung zuzuordnen als auf anderen Märkten, da es von existenzieller Bedeutung ist und von einer Informationsasymmetrie begleitet wird, die noch mehr Vertrauen erfordert, und im Falle mangelnden Vertrauens nicht nur eine Kapitalanlage unterlassen wird, sondern im Zweifelsfalle der Patient keinen Arzt mehr aufsucht und wesentliche Untersuchungen unterlassen werden.[1415]

1410 BVerfG NJW 2001, 2788, 2789.

1411 So auch *Dannecker/Schröder* in: Kubiciel/Hoven, S. 57. Unter der Ethisierung des Rechts versteht man die Aufhebung der Trennung von Recht und Moral und damit die zunehmende Ergänzung von rechtlichen Normen durch ethische Standards, vgl. *Vöneky* in: Ethik und Recht, S. 129.

1412 *Dannecker/Schröder* in: NK-StGB, § 299a Rn. 61 sehen auch die durch die korruptiven Handlungen verursachten Mehrausgaben als entscheidend über Leben und Tod an, wenn dadurch die Gelder für teure Behandlungen fehlen.

1413 *Beckemper*, ZIS 2011, 318.

1414 *Beckemper*, ZIS 2011, 318 m.w.N., der Kapitalanlagebetrug nach § 264a StGB schützt beispielsweise das Vertrauen der Allgemeinheit in den Kapitalmarkt.

1415 So auch *Dannecker/Schröder* in: NK-StGB, § 299a Rn. 62.

bb) Vertrauensschutz als grundsätzlich legitimes Ziel des Gesetzgebers

Wie bereits erörtert[1416], kann der Gesetzgeber grundsätzlich eine freie Entscheidung dahingehend treffen, ob ein bestimmtes Rechtsgut, dessen Schutz er als wesentlich einstuft, einen Schutz durch das Strafrecht und den diesem zur Verfügung stehenden Mitteln erfahren und wie dies im Einzelnen ausgestaltet sein soll.[1417] Damit ist durch die Verfassung nicht der Erlass des Gesetzgebers von strafrechtlichen Vorschriften zum Vertrauensschutz der Patienten ausgeschlossen.[1418] Die erhebliche Einschätzungs- und Entscheidungsprärogative wird lediglich durch den Verhältnismäßigkeitsgrundsatz eingeschränkt. Gemessen hieran ist das Vertrauensverhältnis zwischen Arzt und Patient wegen seiner enormen und vor allem auch für den Einzelnen im Endeffekt existenziellen Bedeutung vom Staat und insbesondere vom Gesetzgeber zu schützen.[1419]

Wie bereits gesehen, besteht zwischen dem Schutz der Gesundheit und dem Vertrauen in die behandelnden Ärzte ein zwingender Zusammenhang, der zur Folge hat, dass das Vertrauen eine Grundvoraussetzung für eine sinnvolle gesundheitliche Versorgung ist. Ein solcher Vertrauenstatbestand kann vom Staat geschaffen werden, indem er dem Vertrauen höchsten Schutz zukommen lässt.

Gemessen an dem Schutz der Gesundheit, erscheint die Einschränkung der Akteure auf dem Gesundheitsmarkt in ihren Freiheitsrechten auch nicht unangemessen. Sinn und Zweck des Strafrechts ist es, ein Verhalten zu sanktionieren, das die Geeignetheit aufweist *„das Sozialgefüge der Rechtsgesellschaft in besonders gravierendem Maße zu gefährden oder zu schädigen“* und es deshalb rechtfertigt, dass durch die Strafe in so erheblicher Weise in die Rechte des Täters eingegriffen wird.[1420] Ein Verhalten durch das Strafrecht zu erfassen, ist daher angezeigt, wenn es die Gefahr einer besonders schweren Rechtsgutsverletzung birgt und aus dem Rahmen des Vertretbaren herausfällt.[1421] Aufgrund der existenziellen Bedeutung des Gesundheitswesen ist der Gesetzgeber damit nicht nur berechtigt das Vertrauen als Gemeinschaftsbelang zu schützen, sondern sogar verpflichtet.[1422]

1416 Vgl. hierzu 2. Kapitel B. II. 1. a) (S. 177 ff.).

1417 BVerfGE 50, 142, 162; 120, 224, 240.

1418 Vgl. auch *Schröder*, NZWiSt 2015, 321, 324.

1419 *Bausback* in: Kubiciel/Hoven, S. 35; zur Einschätzungsprärogative bzgl. der schützenswerten Rechtsgüter auch *Geiger*, medstra 2015, 97, 101. Vgl. hierzu schon 2. Kapitel B. II. 1. a) (S. 177 ff.) und 2. (S. 196 ff.).

1420 *Dannecker*, ZRP 2013, 37, 38.

1421 *Dannecker*, ZRP 2013, 37, 38.

1422 *Kubiciel* in: Kubiciel/Hoven, S.70.

cc) Vertrauensschutz als Rechtsgut

Fraglich ist jedoch, ob das Vertrauen tatsächlich ein hinreichend bestimmtes Rechtsgut darstellt und auf welche Weise konkret das Vertrauen am sinnvollsten seinen Schutz erfahren sollte.

(1) Kritik am Vertrauensschutz als Rechtsgut

(a) Keine ausreichende Bestimmtheit und Begrenzung

Teilweise wird dem Schutz des Vertrauens bereits allgemein seine Eignung als Rechtsgut abgesprochen. Die Kritiker bezweifeln insbesondere, ob das „*Vertrauen in etwas*" ausreichend sein könne, um zur Begrenzung von Strafrecht beizutragen und kritisieren, dass hiermit ein zu weitgehender Schutzumfang verbunden wäre, da bei einer Anwendung dieses Verständnisses auf sämtliche Tatbestände das Rechtsgut nicht hinreichend bestimmt und zu umfassend wäre.[1423] So führt auch *Schuhr* aus, dass dem Begriff des Vertrauens die hinreichenden Konturen fehlen und mit dessen Verwendung, insbesondere aufgrund eines oftmals nicht hinreichenden Bezugs zum ursprünglich verfolgten Schutzzweck der Norm, weitere Unklarheiten einhergehen können.[1424] Das Vertrauen der Einzelnen müsse sich auf ein klar definierbares und eingrenzbares „Rechtsinstitut" beziehen.[1425] Nachdem die Allgemeinheit Vertrauen in vielerlei Dinge haben könne, wäre es auf diese Art möglich zahlreiche Rechtsgüter zu schaffen.[1426]

Zudem wäre bei Bestechungsdelikten das Rechtsgut im Falle des Vertrauensschutzes in die sachgerechte Dienstausführung kaum einzuschränken, da sich bereits durch Verhaltensweisen, die mit geringen Gefahren für die sachgerechte Verwaltungsausübung verbunden sind, eine Beeinträchtigung des Vertrauens der Allgemeinheit und damit eine Strafbarkeit ergeben könnten.[1427] Bei der Auslegung der einzelnen Tatbestandsmerkmale auf das Vertrauen abzustellen, wenn die Tatbestände aber beispielsweise bei §§ 331 ff. StGB eigentlich an die Unbestechlichkeit anknüpfen, sei ebenfalls kritisch zu bewerten, da die Unbestechlichkeit als eigentliches Thema damit in den Hintergrund trete.[1428] Das

1423 *Baumann*, BB 1961, 1057, 1058; *Friedhoff*, S. 22; *Anastasopoulou*, S. 177.

1424 *Schuhr* in: Spickhoff, 2018, §§ 331 – 337 Rn. 5.

1425 *Schuhr* in: Spickhoff, 2018, §§ 331 – 337 Rn. 5.

1426 *Baumann*, BB 1961, 1057, 1058, der ausführt, es werde beispielsweise nicht das Vertrauen in die Unversehrtheit des Körpers geschützt, sondern die Unversehrtheit des Körpers an sich. *Böse*, ZIS 2018, 119, 121 mit Beispielen.

1427 *Dölling*, JuS 1981, 570, 573; *Gribl*, S. 74.

1428 *Schuhr* in: Spickhoff, 2018, §§ 331 – 337 Rn. 4.

Vertrauen zähle zu den *„sozialpsychologischen Befunden“*, die insgesamt zu unbestimmt seien, um sie als Rechtgutskomponente anzusehen.[1429]

Eine Rechtsgutsverletzung wäre fraglich, wenn die Allgemeinheit das Vertrauen schon verloren hat.[1430] Maßgeblich sei zudem nicht das *„Vertrauen in bestimmte Funktionszusammenhänge“*, sondern vielmehr *„deren Funktionsfähigkeit“* an sich, so dass im Rahmen der §§ 331 ff. StGB mit jeder unzulässigen Beeinflussung und damit bereits durch einzelne Verletzungshandlungen, die *„Reinheit der Amtsführung“* an sich verletzt werde.[1431] Es sei gerade nicht erforderlich, dass das Rechtsgut insgesamt „funktionsunfähig“ werde.[1432] Teilweise wird vertreten, für die Erschütterung des Vertrauens wäre die Aufdeckung von rechtswidrigen Handlungen erforderlich.[1433]

In diesem Zusammenhang wird auch kritisiert, dass so der Schutz des Vertrauens in der Konsequenz am besten durch die Nichtoffenlegung von Bestechungsfällen erreicht werden würde.[1434] Es sei anzunehmen, dass zum Zwecke des Vertrauensschutzes der *„Anschein der Nichtkäuflichkeit“* ausreiche, wenn der Anschein der Käuflichkeit im Fall der §§ 331 ff. StGB für die Annahme der Strafbarkeit ausreichend sei.[1435] Solche unrichtigen Vorstellungen strafrechtlich zu schützen, sei jedoch nicht üblich.[1436]

Teilweise wird vertreten, Vertrauen komme durch fehlendes Misstrauen zustande.[1437] Vertrauen könne aber nur begründet werden, wenn ihm ein messbarer Inhalt zukomme, da ansonsten ein „Nullum“ zu einem Rechtsgut erhoben wird, was jedoch nicht möglich sei.[1438]

1429 *Roxin*, AT I, § 2 Rn. 84; *Anastasopoulou*, S. 178.
1430 *Roxin*, AT I, § 2 Rn. 84.
1431 *Roxin*, AT I, § 2 Rn. 85.
1432 *Roxin*, AT I, § 2 Rn. 85.
1433 *Anastasopoulou*, S. 177.
1434 *Ransiek*, StV 1996, 446, 450; *Höltkemeier*, S. 60.
1435 *Adamski*, S. 59.
1436 *Ransiek*, StV 1996, 446, 450; *Höltkemeier*, S. 58.
1437 *Amelung* in: Hefendehl/v. Hirsch/Wohlers, S. 172.
1438 *Amelung* in: Hefendehl/v. Hirsch/Wohlers, S. 172; *Sowoda* in: LK-StGB, Vor § 331 Rn. 35, der jedoch letztendlich dennoch zu dem Ergebnis kommt, dass die Verwaltung der „Abnahmebereitschaft des Publikums“ bedürfe und daher die Außenwirkung von Korruption „Rechtsgutsrelevanz“ besitze; *Amelung* in: Hefendehl/v. Hirsch/Wohlers, S. 172.

(b) *Kritik an Kollektivrechtsgütern und die Rechtsfigur der „vergeistigten Zwischenrechtsgüter“*

Auch allgemein wird Kritik an solchen Kollektivrechtsgütern[1439] geäußert. Diese dienen dem *„Schutz solcher Ordnungen und Institutionen, derer der Mensch als „vergesellschaftetes Wesen“ eines komplexen, hochgradig differenzierten und sich wandelnden Gemeinwesens bedarf, um überhaupt individuelle Freiheit entfalten zu können“*.[1440] Es wird kritisiert, dass es sich bei Kollektivrechtsgütern um zu unbestimmte und vage formulierte Rechtsgüter handle.[1441] Teilweise sieht man darin auch eine „Entmaterialisierungstendenz“ begründet.[1442] Es handle sich um ein „strukturell uferloses Konzept“, das zu einer nicht gerechtfertigten Ausdehnung führen könne.[1443] Zudem sei damit die Gefahr einer Vorverlagerung des Schutzes durch das Strafrecht verbunden.[1444] Ebenfalls sei die Feststellung einer Beeinträchtigung solcher Rechtsgüter erschwert, da bei der Verletzung von Institutionen beispielsweise mehrere Taten erforderlich seien und ein Täter nur für die von ihm begangene Tat belangt werden dürfe und nicht für die Taten Anderer, die aber unter Umständen auch zur Beeinträchtigung beigetragen haben.[1445]

So führt *Roxin* konkret aus, dass das Vertrauen der Bevölkerung im Rahmen der §§ 331 ff. StGB noch nicht durch eine dem Tatbestand zurechenbare Handlung gefährdet sei.[1446] An der Bestrafung dürfe sich in solchen Fällen aber gerade nichts ändern, denn auch in diesem Falle wäre die *„vom Gesetzgeber angestrebte absolute Tabuisierung bestimmter Verhaltensweisen“* gefährdet.[1447] Die Strafbarkeit werde allein durch den Handlungsunwert getragen.[1448]

Im Zusammenhang mit der Einordnung des Vertrauensschutzes wurde deshalb ausgehend von den kollektiven Rechtsgütern die Rechtsfigur der

---

1439 Die Rechtsgutslehre unterscheidet zwischen Individual- und Kollektivrechtsgütern. Hinter dieser Ansicht steht das dualistische Verständnis, dass Rechtsgüter existieren, die dem Staat (bzw. Kollektiv) und andere Rechtsgüter dem einzelnen Individuum zuzuweisen sind, vgl. *Hefendehl*, S. 73 ff.; *Tiedemann*, S. 113 ff., 119 f.; *Hefendehl*, GA 2002, 20, 24; a.A. personale Rechtsgutslehre: *Roxin*, AT I, § 2 Rn. 7.

1440 *Dannecker/Schröder* in: NK-StGB, § 299a Rn. 42; *Hefendehl*, S. 76 ff.

1441 *Hassemer*, JuS 1990, 850; *Roxin*, AT I, § 2 Rn. 78; *Bussmann*, KritV 1989, 126, 129.

1442 *Krüger*, S. 15.

1443 *Meliá* in: Hefendehl, S. 58 unter Verweis auf *Rudolphi*, ZRP 1979, 214, 216.

1444 *Rudolphi*, ZRP 1979, 214.

1445 *Roxin*, AT I, § 2 Rn. 79 ff.

1446 *Roxin*, AT I, § 11 Rn. 161.

1447 *Roxin*, AT I, § 11 Rn. 160.

1448 *Roxin*, AT I, § 11 Rn. 161.

„vergeistigten Zwischenrechtsgüter“ entwickelt.[1449] Der Gesetzgeber schaltet zur Erreichung des Schutzes des eigentlichen Rechtsgutes eine Institution dazwischen, die durch Strafrecht zu schützen ist.[1450] Es wird hierbei der Standpunkt vertreten, dass allein die Verletzung des vergeistigten Zwischenrechtsgutes ausreiche, sofern dieser ein eigener Unwert zugeschrieben werden kann.[1451] Allein die Verletzung des Zwischenrechtsgutes stelle damit einen „strafwürdigen Unwert“ dar.[1452] Nicht erforderlich ist – trotz dessen vorausgesetzter Existenz – die Verletzung bzw. konkrete Gefahr für das Endrechtsgut.[1453] *Schünemann* führt aus, dass die Zwischenrechtsgutsverletzung *„die Brücke zu den Verletzungsdelikten i.e.S. (d.h. mit faßbarem Rechtsgut) schlägt“*.[1454] Daraus wird gefolgert, dass mit der Verletzung des Zwischenrechtsgutes immer auch die Gefährdung des Endrechtsgutes verbunden sei.[1455] Damit wird nicht auf eine mögliche Beeinträchtigung des endgültigen Rechtsgutes, sondern auf die Verletzung des Zwischenrechtsgutes abgestellt, durch die eine Beeinträchtigung des Endrechtsgutes nicht mehr sicher auszuschließen sei.

So wird vertreten, dass bei den §§ 331 ff. StGB beispielsweise der Schutz des unterstellten Endrechtsguts des Vertrauens in die Funktionsfähigkeit einer Institution am besten durch eine integre Ausübung der jeweiligen Position gewährleistet werde.[1456] Durch die Verletzung der ordnungsgemäßen Amtsausübung entsteht möglicherweise noch keine konkrete Verletzung des Vertrauens der Allgemeinheit, dennoch liegt ein strafwürdiger Unwert vor, wenn das Amt nicht sachgerecht und unbeeinflusst ausgeübt wird. Würde man die Verletzung des Vertrauens in die Funktionsfähigkeit der Institution im Sinne eines Kollektivrechtsgutes verlangen, wäre die Feststellung einer konkreten Beeinträchtigung durch nur eine Handlung schwer nachzuweisen, aber eine Gefährdung auch nicht ohne Weiteres auszuschließen. Durch die Zwischenschaltung des Zwischenrechtsgutes der Integrität der Berufsausübung kann der strafwürdige

---

1449 *Hefendehl*, S. 175 ff.; *Rüdiger*, S. 60 f.; *Schünemann*, JA 1975, 787, 798; *Roxin*, AT I, § 11 Rn. 161.

1450 *Schünemann* in: Rechtgutstheorie, S. 152. Vgl. zu den verschiedenen Ansätzen der Zwischenrechtsgüter die Ausführungen bei *Mölders*, S. 119 f.

1451 *Schünemann*, JA 1975, 787, 793.

1452 *Schünemann*, JA 1975, 787, 798; *Roxin*, AT I, § 11 Rn. 161; *Wolter*, S. 328 f.

1453 *Saal*, S. 104 f.; *Roxin*, AT, § 11 Rn. 161.

1454 *Schünemann*, JA 1975, 787, 798; *Saal*, S. 110.

1455 *Saal*, S. 110; *Schünemann*, JA 1975, 787, 798.

1456 *Dölling*, JuS 1981, 570, 573; *Gribl*, S. 74; *Ransiek*, StV 1996, 446, 450. Vgl. hierzu und zum Folgenden noch unter 3. Kapitel A. I. 2. b) cc) (3) (S. 269 ff.).

Handlungsunwert durch die Verletzung der sachgerechten Dienstausübung erfasst werden und der hiermit unter Umständen einhergehenden Gefährdung des Endrechtsgutes Rechnung getragen werden.[1457]

Eine teleologische Reduktion und eine etwaige damit einhergehende Strafbarkeitsbeschränkung im Falle von ungefährlichen Handlungen werden bei der Annahme eines Zwischenrechtsgutes grundsätzlich abgelehnt.[1458] Nur minimale Verstöße sollen keine Berücksichtigung finden und insofern eine restriktive Auslegung des Tatbestandes vorgenommen werden, da diese schon „in abstracto" das geschützte Rechtsgut nicht beeinträchtigen können.[1459]

Kritiker des Zwischenrechtsguts[1460] stellen sich auf den Standpunkt, dass unklar sei, was genau das Zwischenrechtsgut bilde.[1461] Die Annahme eines Zwischenrechtsguts werde vor das eigentliche Rechtsgut geschoben und bringe eine unübersichtliche Vorverlagerung der Strafbarkeit mit sich.[1462] Durch die Schaffung von Zwischenrechtsgütern werde deren Rechtsgutsrelevanz suggeriert, wobei es eigentlich schon ein Endrechtsgut gebe. Es handle sich um Güter, die es eigentlich nicht gebe und die aufgrund ihrer Abstraktheit gar nicht erst verletzt werden können bzw. nur durch mehrere Handlungen und bilden daher keine möglichen Rechtsgüter des Strafrechts.[1463] In der Annahme von Zwischenrechtsgütern wird eher ein *„Indiz für eine unzutreffende Rechtsgutsbestimmung als für ein legitimes Zwischenrechtsgut"* gesehen.[1464] Die Konkretisierung des eigentlichen Rechtsgutes mache die Konstruktion eines Zwischenrechtsgutes obsolet.[1465]

(2) Befürworter des Vertrauensschutzes als mögliches Rechtsgut

Dass Vertrauen grundsätzlich ein Rechtsgut darstellen kann, wird allerdings unterstützt von einer Entscheidung des BVerfG, das in einer Entscheidung ausführte, dass es das Grundgesetz grundsätzlich nicht verbiete, *„in dem solchermaßen enttäuschten Vertrauen ein Rechtsgut zu erblicken, welches des strafrechtlichen*

1457 In dem Sinne auch *Dölling*, JuS 1981, 570, 573; *Gribl*, S. 74; *Ransiek*, StV 1996, 446, 450.

1458 *Schünemann*, JA 1975, 787, 798; *Wolter*, S. 328 f.

1459 *Roxin*, AT I, § 11 Rn. 161; *Schünemann*, JA 1975, 787, 798.

1460 *Hefendehl*, S. 177 ff. m.w.N.; *Anastasopoulou*, S. 149 ff.

1461 *Hefendehl*, S. 175; *Rüdiger*, S. 62.

1462 *Amelung* in: Hefendehl/v. Hirsch/Wohlers, S. 176; *Hefendehl*, S. 176.

1463 Vgl. hierzu *Mölders*, S. 120 hinsichtlich der Kritik von *Krüger*, S. 126 ff.

1464 *Hefendehl*, S. 175 f.

1465 *Hefendehl*, S. 178.

Schutzes bedürftig sei.“[1466] Auch der BGH führte in einer Entscheidung betreffend die §§ 331 ff. StGB aus, dass durch die Sicherstellung der Unbestechlichkeit und der sachgerechten Ausführung *„die Grundlage für das Vertrauen der Bevölkerung erhalten“* werde, die wiederum Voraussetzung für die Ausübung der Verwaltung sei[1467] und sieht zudem in seiner jüngeren Rechtsprechung das Vertrauen als geschütztes Rechtsgut an.[1468] Vertrauen sollte zudem nicht isoliert betrachtet werden, sondern im Zusammenhang mit einer bestimmten Person oder einer Institution, die von einer gewissen Bedeutung ist.[1469] Insofern könnte das Vertrauen „in etwas“ auch als ein Rechtsgut umschrieben werden und sei gerade nicht konturenlos. Das Vertrauen in einen konkreten Bezugsgegenstand sei ein „kausal verletzbares Objekt.“[1470]

Im Strafrecht wird im Zusammenhang mit dem Vertrauen als Rechtsgut überwiegend das Vertrauen der Allgemeinheit beschrieben, das gewissen Institutionen unseres Sozialsystems zukommen muss, damit diese ihren Pflichten sachgerecht nachkommen können.[1471] Kommt es zu einer rechtswidrigen Handlung, wirke sich diese nicht nur auf die Institution selbst aus, sondern das Vertrauen der Allgemeinheit in diese Institution und deren ordnungsgemäße Aufgabenerfüllung schwinde, wodurch der erheblichere Schaden begründet werde, da die Institutionen ohne das entsprechende Vertrauen ihre Aufgaben nicht ordnungsgemäß erfüllen können.[1472] Das Vertrauen sei ein Zustand, der sich aus eigenen Erfahrungen und den Erfahrungen anderer sowie der Mitteilung und Weitergabe zusammensetzt,[1473] Dieses werde beeinträchtigt durch die

---

1466 BVerfG NStZ 1985, 173.

1467 BGHSt 15, 88, 96 f.

1468 Vgl. hierzu schon Fn. 1401.

1469 *Hefendehl*, GA 2007, 1, 12.

1470 *Hefendehl*, GA 2007, 1, 12.

1471 *Tiedemann*, S. 85. *Hefendehl*, S. 125, 238 ff. bezieht sich in diesem Zusammenhang beispielsweise auf das Geld, das erst durch das Vertrauen der Allgemeinheit in das Geld als Tauschmittel zustande kommt. Würde die Allgemeinheit das Geld nicht als Tauschmittel einsetzen, weil sie kein Vertrauen in die Währung hat, würde diese ihren Sinn verlieren und wäre überflüssig. Ohne das Vertrauen würde damit das Geld nicht als Tauschmittel genutzt werden.

1472 *Hefendehl*, S. 320; *Tiedemann*, S. 85 f. Hierin liegt ein wesentlicher Unterschied zu anderen Rechtsgütern. Schwindet beispielsweise das Vertrauen in die körperliche Unversehrtheit, geht damit nicht automatisch eine Gesundheitsschädigung einher. Das Vertrauen ist für den Schutz des Rechtsguts der körperlichen Unversehrtheit damit nicht zwingend erforderlich, vgl. hierzu *Hefendehl*, S. 126.

1473 *Hefendehl*, GA 2007, 1, 13.

rechtswidrigen Handlungen der Entscheidungsinhaber und damit durch ein reales Verhalten.[1474] Kommt es zu mehreren Verstößen, werde das Vertrauen immer weiter beeinträchtigt und die Institution erschüttert.[1475]

Auch die „seelisch-geistigen" Zustände können einer Verletzung unterliegen.[1476] Damit handle es sich bei dem Vertrauen auch nicht nur um einen Sachverhalt „ideeller" Art.[1477] Das Vertrauen kann auch nicht durch die Nichtaufdeckung von Straftaten geschützt werden. Der Rechtstaat ist zur Aufklärung von solchen Fehlverhaltensweisen verpflichtet.[1478]

(3) Stellungnahme

Der BGH hat das Vertrauen in eine unabhängige und sachgerechte Verwaltung als *„einen der Eckpfeiler der Gesellschaft"* betitelt,[1479] weswegen grundsätzlich anzunehmen ist, dass Vertrauen auch entsprechenden Schutz erfahren darf. Es ist auch nicht abzusprechen, dass der Schutz des Vertrauens für die Funktionsfähigkeit des Gesundheitswesens als Institution erforderlich ist, da bei abnehmendem Vertrauen die Akzeptanz der Gesundheitsversorgung sinken wird und dies, wie bereits ausgeführt, mit negativen Folgen in vielerlei Hinsicht verbunden sein kann.[1480] Der Kritik am Vertrauensschutz kann insoweit nicht zugestimmt werden, als ausgeführt wird, ein Vertrauensschutz werde in der Konsequenz am besten durch eine Verdeckung der Straftaten erreicht, da durch die gezielte Verdeckung solcher Taten das Vertrauen der Allgemeinheit nicht gestärkt wird. Ein solches Vorgehen ist auch nicht zielführend, da damit die sachwidrigen Entscheidungen nicht unterbunden, sondern noch gestärkt werden und der Vertrauensverlust nicht die einzige Folge von rechtswidrigen Verhaltensweisen ist. Dies trägt nicht zur Bekämpfung von Korruption bei und erscheint daher kein sachgerechtes Argument zu sein. Zudem ist der Staat zur Aufdeckung verpflichtet.

Der Kritik ist aber insoweit zuzustimmen, als durch eine einzelne Tat das gesamte Vertrauen der Allgemeinheit noch nicht wegfallen und die Institution des Gesundheitswesens noch nicht in ihrer Funktionsfähigkeit beeinträchtigt sein wird. Hierdurch kann wohl lediglich das Vertrauen einzelner Personen

---

1474 *Sporer*, S. 60 f.
1475 *Hefendehl*, S. 126.
1476 *Hefendehl*, GA 2002, 21, 23.
1477 *Hefendehl*, GA 2007, 1, 12 f.
1478 *Sporer*, S. 61.
1479 BGH NJW 2004, 3569, 3571.
1480 Vgl. 2. Kapitel B. II. 2. a) (S. 196 ff.) und 3. Kapitel A. I. 2. a) bb) (S. 257 f.).

beeinträchtigt werden. Jedoch ist es möglich, dass bereits durch mehrere einzelne Fälle ein Verdacht entsteht, der wiederum im Falle seiner Erhärtung durch weitere Fälle einen Vertrauensverlust mit sich bringen könnte. Im Ergebnis ist aber dennoch jede einzelne Tat zu bestrafen, auch wenn durch sie noch nicht das Vertrauen der Allgemeinheit oder die Institution erschüttert wird, denn jede einzelne Tat stellt einen Unwert dar. Wenn aber durch die einzelne Tat das Vertrauen der Allgemeinheit insgesamt noch nicht konkret gefährdet wird bzw. nicht klar absehbar ist, durch welche Tat explizit eine solche konkrete Gefährdung bzw. Verletzung eintritt, leidet das Vertrauen der Allgemeinheit zwar in gewissem Sinne durch jede Tat, wird aber nicht bereits durch jede konkret gefährdet oder verletzt. Des Weiteren ist zumindest nicht von der Hand zu weisen, dass trotz der grundsätzlichen Befürwortung und der Erforderlichkeit des Vertrauensschutzes sich auch Schwierigkeiten bei der konkreten Bestimmung des Vertrauens an sich ergeben. Was genau ist also „das“ Vertrauen der Patienten in eine unbeeinflusste und sachgerechte Behandlung?

Es stellt sich an dieser Stelle die Frage, ob das Arzt-Patienten-Vertrauen in diesem Zusammenhang als institutionelle Tatsache begriffen werden kann. Nach *Searle* werden Tatsachen, die auf einem menschlichen Übereinkommen beruhen als *„institutionelle Tatsachen“* bezeichnet.[1481] Solche können nur bestehen, *„wenn die Leute gewisse Überzeugungen und andere geistige Einstellungen haben […]“*.[1482] Institutionelle Tatsachen bedürfen für ihre Existenz menschlicher Institutionen.[1483] Es ist zunächst einmal zutreffend, dass das Vertrauen der Allgemeinheit den Ärzten zukommen muss, damit die Institution des Gesundheitswesens funktionieren kann. Eine vertrauensvolle Beziehung zum Arzt wird von der Allgemeinheit daher wohl erwartet und auch gefordert. Es ist insoweit eine Akzeptanz der Allgemeinheit gegeben, die bei schwindendem Vertrauen der Allgemeinheit sinken wird.[1484]

1481 *Searle*, S. 11 f.

1482 *Searle*, S. 73.

1483 *Searle*, S. 11 f., 37. Er unterscheidet zwischen rohen und institutionellen Tatsachen, wobei roh alle Tatsachen sind, die unabhängig von menschlichen Institutionen existieren können. Eine 5-Dollar-Geldnote, bedarf beispielsweise für ihre Daseinsberechtigung in Form der institutionellen Tatsache der menschlichen Institution des Geldes.

1484 *Stein/Deiters* in: SK-StGB, Vor § 331 Rn. 9, die ausführen, dass bei allgemeiner Anerkennung der Institution ist, die Inanspruchnahme und Akzeptanz dieser steigt und je mehr eine positive Vorstellung schwindet, umso mehr wird dies dazu führen, dass die entsprechenden Institutionen nicht mehr in Anspruch genommen werden.

Teilweise wird jedoch angenommen, „das" Vertrauen könne „keine sozialpsychologische Größe" sein und nur normativ bestimmt werden.[1485] Das Gesundheitssystem lasse gerade – wenn auch nur in engen Grenzen – auch die Verfolgung wirtschaftlicher Interessen zu, weswegen die Patienten grundsätzlich nicht auf Entscheidungen vollkommen frei von der Verfolgung jeglicher wirtschaftlicher Interessen vertrauen können. Sie können damit nur auf die Einhaltung der Regelungen des Gesundheitsrechtes vertrauen, die die Ökonomisierung begrenzen.[1486] Entsprechend kann sich schwindendes Vertrauen auch nur bei der Beeinträchtigung dieses Vertrauens ergeben. Es ist grundsätzlich zuzustimmen, dass eine Bestimmung des Vertrauens aufgrund unterschiedlicher Vorstellungen der Allgemeinheit nicht ohne Weiteres möglich ist. Wenn einzelne Personen die Meinung vertreten, der Arzt verfolge auch ökonomische Interessen, andere Personen jedoch davon ausgehen, Ärzte erbringen ihre Tätigkeit vollkommen unabhängig von eigenen wirtschaftlichen Interessen, unterliegen die Personen einer unterschiedlichen Vertrauensvorstellung.[1487] Sofern Personen einen niedrigeren Maßstab an die Sachgerechtigkeit der Entscheidungen des Arztes anlegen, wird ihr Vertrauen – welches zweifelsohne für eine ärztliche Behandlung erforderlich ist – in Situationen gegebenenfalls nicht verletzt, in denen andere ihr Vertrauen bereits verlieren. Zwar steht dies dem grundsätzlichen Verlangen nach einem umfassenden Vertrauensschutz nicht entgegen, wenngleich hier allerdings absehbar ist, dass eine Bestimmung von dem Vertrauen an sich allgemeingültig Schwierigkeiten bereitet.

Festzuhalten ist aber, dass auch bei einer normativen Bestimmung des Vertrauens aufgrund der vorhandenen Vorschriften eine unbeeinflusste Behandlung, die vordergründig das Wohle des Patienten zum Gegenstand hat, anzunehmen ist, da das Berufsrecht die unbeeinflusste Behandlung durch die Ärzte bereits schützt. Ein darüber hinausgehendes Verhalten des Arztes, dass neben einer grundsätzlich am Wohle der Patienten ausgerichteten Behandlung aber ein Handeln fern von jeglicher eigener Wirtschaftlichkeit fordert, wird nicht jeder Patient gleichermaßen seinem Vertrauen zugrunde legen.

1485 *Bahner*, S. 24 f.; *Kubiciel* in: Kubiciel/Hoven, S. 71.

1486 *Kubiciel* in: Kubiciel/Hoven, S. 71; *Bahner*, S. 25; *Kubiciel*, MedR 2016, 1, 2; *Sartorius*, S. 37: Ein allgemeines Vertrauen der Patienten in die Unabhängigkeit der heilberuflichen Entscheidungen, die auch frei von ökonomischen Interessen sind, könne nicht geschützt werden.

1487 *Kubiciel* in: Kubiciel/Hoven, S. 70 f.; *Bahner*, S. 24 f.

Das Vertrauen und die damit verbundene Akzeptanz der Institution des Gesundheitswesens sind erforderlich für dessen Funktionsfähigkeit. Das Vertrauen ist jedoch grundsätzlich die Unterstellung, dass sich die anderen Menschen normgerecht verhalten und damit ist Bezugspunkt des Vertrauens gerade das rechtmäßige Handeln selbst. Darüber hinausgehende Anforderungen an das Vertrauen lassen sich wohl nur individuell bestimmen und nicht allgemeingültig für die Definition des Vertrauens festlegen. Damit bildet das Vertrauen die „Kehrseite faktischer Normgeltung“.[1488]

Es wird daher, wie bereits erwähnt, vertreten, dass beispielsweise bei §§ 331 ff. StGB die Integrität und Sachgerechtigkeit der Amtsführung zu schützen sei und nicht das Vertrauen, da bei einer sachgerechten Amtsausführung in der Konsequenz das Vertrauen der Allgemeinheit entstehe und nicht mehr gesondert geschützt werden müsse.[1489] In diesem Sinne führt *Dölling* aus, dass eine „korrekte Amtsführung“ die *„beste Garantie für öffentliches Vertrauen in die Verwaltung“* sei.[1490] In diesem Falle wäre es nicht erforderlich, den Vertrauensschutz in den „Mittelpunkt“[1491] des Schutzes zu stellen und die „Außenwirkung“[1492] von Korruption hervorzuheben.

Dem ist grundsätzlich zuzustimmen. In erster Linie ist relevant, dass im Rahmen der Behandlung durch den Arzt eine allein am Patientenwohl ausgerichtete und sachgerechte Behandlung unabhängig von Beeinflussungen Dritter erfolgt und eine solche Behandlung entsprechend gesichert wird.[1493] Die Gefahr der Beeinflussung durch die Gewährung von Vorteilen muss daher ausgeschlossen werden, um „Interessenkonflikte“ zu vermeiden.[1494] Insbesondere dem Arzt wurden, wie eingangs der Arbeit dargestellt, besondere Rechte und Pflichten übertragen, weshalb der Bürger davon ausgehen dürfen muss, dass der Arzt seine Machtposition sachgerecht ausübt und sein Handeln nicht käuflich ist.[1495]

1488 *Böse,* ZIS 2018, 119, 120; *Amelung* in: Hefendehl/v. Hirsch/Wohlers, S. 172.

1489 *Dölling,* JuS 1981, 570, 573; *Gribl,* S. 74; *Ransiek,* StV 1996, 446, 450. *Schuhr* in: Spickhoff, 2018, §§ 299a, 299b Rn. 8, für die §§ 299a, 299b: Der Schutz der Integrität heilberuflicher Entscheidungen bringe „reflexhaft“ auch einen Vertrauensschutz mit sich. Vgl. 3. Kapitel A. I. 2. b) cc) (1) (b) (S. 265 ff.).

1490 *Dölling,* JuS 1981, 570, 573. Für §§ 299a, 299b auch schon *Dannecker/Schröder* in: NK-StGB, § 299a Rn. 42; *Kölbel,* medstra 2016, 193, 194.

1491 Kölbel, medstra 2016, 193, 194.

1492 *Sowade* in: LK-StGB, § 331 Rn. 35.

1493 *Kölbel,* medstra 2016, 193, 194.

1494 *Kölbel,* medstra 2016, 193, 194.

1495 *Korte* in: MüKo-StGB, § 331 Rn. 8.

Das notwendige Vertrauensverhältnis entsteht durch positive eigene Erfahrungen oder dementsprechende Weiterempfehlungen von anderen Patienten oder Ärzten, die einen darin bestätigen, dass der Arzt eine sachgerechte Behandlung durchführt, alle erforderlichen und optimalen Behandlungsmöglichkeiten ausschöpft bzw. zumindest vorschlägt und sich hierbei durch das Patientenwohl leiten lässt und nicht von Vorteilsgewährungen beeinflussen lässt. Damit wird durch die ordnungsgemäße Wahrnehmung der ärztlichen Behandlung auch der Grundstein für das Vertrauen der Patienten gelegt, dieses Vertrauen bestärkt und erhalten.

Wird diese sachgerechte Aufgabenwahrnehmung entsprechend nicht nur durch berufsrechtliche Regeln, die vielen sogar gänzlich unbekannt sind[1496], sondern durch strafrechtliche Vorschriften sichergestellt und im Falle der Zuwiderhandlung entsprechend geahndet, wird hierdurch das Vertrauen zusätzlich stabilisiert.[1497] Die Sachlichkeit der Entscheidungen gewährleistet eine ordnungsgemäße Berufsausübung, die wiederum Vertrauen erzeugt. Es erscheint daher am sachgerechtesten, das Vertrauen, welches für die Funktionsfähigkeit der Institution Gesundheitswesen zwingend erforderlich ist, durch eine sachgerechte Ausführung des Berufes an sich, und somit über die Konstruktion der Zwischenrechtsgüter zu schützen.[1498] Die Konstruktion der Zwischenrechtsgüter ermöglicht nach der hier vertretenen Auffassung eine differenzierte Behandlung und Feststellung von der Beeinträchtigung eines Rechtsgutes. Es wird sichergestellt, dass Tathandlungen erfasst werden, wenn diesen ein eigener Handlungsunwert zugeschrieben werden kann. Eine Vorverlagerung der Strafbarkeit ist damit hiermit nicht verbunden, wenn die Tat eigenen Unwert besitzt und zu den zu ahndenden Verhaltensweisen zu rechnen ist.

3. Doppelter Rechtsgüterschutz

a) Schutzgüterpluralismus

Der *„doppelte Rechtsgüterschutz“*[1499] wurde nicht von allen begrüßt und es wurde bezweifelt, ob ein gleichwertiger Schutz beider Rechtsgüter tatsächlich

---

1496 Vgl. hierzu 2. Kapitel B. II. 1. b) bb) (2) (b) (S. 184 ff.).

1497 *Luhmann*, S. 87 f., der insbesondere auch die „Institutionen des Strafens“ für erforderlich erachtet, um entstehendes Misstrauen zu verhindern, vgl. a.a.O., S. 87.

1498 *Dannecker/Schröder* in: NK-StGB, § 299a Rn. 42. In diesem Sinne auch *Dölling*, JuS 1981, 570, 573; *Gribl*, S. 74; *Ransiek*, StV 1996, 446, 450 für die §§ 331 ff. StGB.

1499 *Geiger*, CCZ 2016, 172, 173 führt aus, dass *„bei richtiger Zählweise wohl eher“* von einem dreifachen Rechtsgüterschutz zu sprechen ist, da laut dem Gesetzgeber neben dem Vertrauensschutz und dem Wettbewerbsschutz *„mittelbar“* auch die

gewährleistet werden kann[1500]. Auf den ersten Blick zutreffend wurden in diesem Zusammenhang Bedenken dahingehend geäußert, dass die Tatbestandsstruktur des § 299 StGB durch den neben dem Schutz des Wettbewerbs verfolgten Schutz des Vertrauensverhältnisses zwischen Arzt und Patient, in nicht unbedenklicher Weise „strapaziert“ werde.[1501] Man würde nunmehr *„der Vorstellung eines Rechtsgüterpluralismus zu folgen“* versuchen, um damit den Anschein eines umfassenden Schutzes zu erwecken.[1502] Neben dem Wettbewerbsmodell und dem sowieso schon umstrittenen Geschäftsherrenmodell in § 299 StGB soll nun auch noch das Vertrauen des Patienten Schutz in § 299a StGB erfahren.[1503]

Bei der Gesetzgebung im Strafrecht ist stets darauf zu achten, dass hinreichende Konturen vorhanden sind, die die zu schützenden Rechtsgüter und die Grenzen der Normauslegung erkennen lassen. Es erscheint zunächst zweifelhaft, inwieweit die Grenzen der Normauslegung vorliegend noch gewahrt werden. So soll nach der Gesetzesbegründung unzweifelhaft auch das Vertrauen des Patienten in die Unabhängigkeit der ärztlichen Entscheidungen geschützt werden.[1504] Durch die Verortung der Normen im 26. Abschnitt des StGB und vor allem durch

---

Vermögensinteressen der Wettbewerber, Patienten und gesetzlichen Krankenkassen geschützt werden sollen (vgl. BT-Drucks. 18/6446, S. 13). Die Vermögensinteressen werden jedoch nicht unmittelbar geschützt, weswegen diese Ansicht abzulehnen ist.

1500 Zu den Zweifeln an der Annahme eines doppelten Rechtsgüterschutzes insbesondere *Dieners/ Cahnbley*, MPR 2016, 48, 49; *Kubiciel*, ZMGR 2016, 289, 290; *Tsambikakis*, medstra 2016, 131, 132; *Sartorius*, S. 36; *Kronawitter*, S. 104 ff.; kritisch auch *Momsen/ Laudien* in: Beck`scher Online Kommentar StGB, § 299a Rn. 8: Schutzreflex.

1501 *Dannecker/Schröder*, ZRP 2015, 48, 51; kritisch deswegen *Rogall* in: SK-StGB, § 299a Rn. 2, der den Vertrauensschutz als Rechtsgut mit selbständiger Bedeutung ablehnt, da der Tatbestand nunmehr immer einen Wettbewerbsverstoß voraussetzt, weswegen „nur über das Lauterkeitsrecht“ ein Schutz des Vertrauens zu gewährleisten sei (vgl. auch *Tsambikakis*, medstra 2016, 131, 132 f.; *Kölbel*, medstra 2016, 193; *Rosenau* in: SSW-StGB, § 299a Rn. 2) und der Schutz des Verbrauchers und des Patienten durch dieses ohnehin erfasst wäre. Zudem kann ein wettbewerbswidriges Verhalten auch gerade im Interesse des Patienten liegen, so auch *Eisele* in: FS Neumann, S. 1079; *Kölbel*, medstra 2016, 193; *Brettel/Mand*, A&R 2016, 101.

1502 *Momsen* in: Beck`scher Online Kommentar StGB, 31. Auflage, § 299 Rn. 7.

1503 *Momsen* in: Beck´scher Online Kommentar StGB, 31. Auflage, § 299 Rn. 7; *Kronawitter*, S. 104.

1504 Aufgrund des doppelseitigen Rechtsgüterschutzes wird die Erfassung der verschiedenen Anwendungsfälle der §§ 299a, 299b StGB sowohl für die Wissenschaft als auch für die Praxis als *„Herkulesaufgabe“* bezeichnet, *Taschke/Zapf*, medstra 2015, 332, 334; *Grzesiek/Sauerwein*, NZWiSt 2016, 369, 370.

deren letztendliche Ausgestaltung werde rechtspolitisch das Vertrauensverhältnis zwischen Arzt und Patient, welches der Große Senat in seiner Entscheidung besonders betont hat und der Schutz der besonderen öffentlichen Aufgaben des Vertragsarztes dem Schutz des Wettbewerbs des Gesundheitsmarktes untergeordnet.[1505] Der nachrangige Schutz komme auch dadurch zur Geltung, dass die Vorschriften dem § 299 StGB nachgebildet wurden.[1506]

Des Weiteren wurde durch die Streichung des ursprünglich vorgesehenen Berufsrechtmodells auch die Tatbestandsalternative gestrichen, die im Wesentlichen den Vertrauensschutz bezweckte.[1507] Dies lege die Vermutung nahe, dass von Beginn an nur ein *„abgestuftes Doppelrechtsgut"* angestrebt wurde, das in erster Linie den Schutz des Wettbewerbs vorsah und nur nachrangig den Schutz des Vertrauens.[1508] Auch wenn das Berufsrechtsmodell unter verfassungsrechtlichen Gesichtspunkten nicht wie gehabt hätte bestehen bleiben sollen, trage dessen Streichung dazu bei, dass der Vertrauensschutz auch im Wortlaut des Gesetzes nicht mehr klar zum Ausdruck kommt. Gemessen daran scheine die Erreichung des ursprünglich verfolgten doppelten Rechtsgüterschutzes weiter in die Ferne zu rücken.[1509]

1505 Deutscher Richterbund, Stellungnahme Nr. 10/15, S. 2; so im Ergebnis auch *Dann/Scholz*, NJW 2016, 2077, die ausführen, dass nur mittelbar das Patienteninteresse an einer unbeeinflussten Behandlung geschützt werde und primär der Wettbewerb; ebenso nur einen primären Schutz des Wettbewerbs sehen *Tsambikakis*, medstra 2016, 131, 132 m.w.N.; *Gaede/Lindemann/Tsambikakis*, medstra 2015, 142, 147; *Scholz* in: Kubiciel/Hoven, S. 96; a.A.: *Kubiciel*, KPzKP, 2015, S. 7.

1506 *Kölbel*, medstra 2016, 193, der als Indiz für den untergeordneten Schutz auch die ursprüngliche Reihenfolge der Tatbestandsalternativen heranzog, bei der die wettbewerbsbezogene der vertrauensschutzbezogenen vorstand. *Duttge* in: Kubiciel/Hoven, S. 24 sieht in der Fassung des Gesetzes und durch die Streichung des Berufsrechtsvariante die *„Marginalisierung des individuellen Arzt-Patienten-Verhältnisses nunmehr bekräftigt, so dass die zuvor noch behauptete (sekundäre) Schutzdimension (auch) in Bezug auf die „heilberufliche Integrität" damit restlos hinfällig geworden ist". Bongartz*, S. 276 sieht den Schutz des Vertrauens wegen des Wegfalls der Vertrauensbruchvariante nur noch als *„unverbindliche, leerlaufende Rechtsansicht" an.*

1507 *Tsambikakis*, medstra 2016, 131, 132; vgl. hierzu auch *Gaede*, medstra 2015, 263, 264; *Dieners*, PharmR 2015, 529, 530; *Brettel/Duttge/Schuhr*, JZ 2015, 929, 933; *Sartorius*, S. 36; *Kronawitter*, S. 105.

1508 *Kölbel*, medstra 2016, 193; in diesem Sinne auch: *Kubiciel/Tsambikakis*, medstra 2015, 11, 13 f.; *Gaede/Lindemann/Tsambikakis*, medstra 2015, 142, 147.

1509 *Kölbel*, medstra 2016, 193 spricht insofern von einer „Leerformel".

Dies werde durch einen weiteren Aspekt unterstrichen, der der Begründung zum Gesetz zu entnehmen ist. So ist ein dem Arzt gewährter Rabatt, den er an den Kostenträger oder Patienten weitergibt, kein Strafbarkeitsgrund. Es bleibt jedoch das Vertrauen des Patienten außen vor, wenn der Arzt den Bezug von Arznei- und Hilfsmitteln an einem Rabatt für die Kostenträger oder auch den Patienten selbst orientiert und hierfür keine Strafbarkeit vorgesehen wird.[1510]

Es wird daher teilweise davon ausgegangen, dass der Vertrauensschutz aufgrund des Wortlauts der Norm und seiner zusätzlichen Verortung im 26. Abschnitt des StGB, der nach h.M. bisher keinen Schutz des Vertrauens vorsieht, – wenn überhaupt – eine lediglich untergeordnete Rolle spielen wird.[1511] Stellenweise kommt man sogar zu dem Ergebnis, dass es sich bei den §§ 299a ff. StGB um *„reines Wettbewerbsstrafrecht“* handle.[1512] Nachdem das Strafrecht klare Konturen verlangt, werde es zu keiner weiten Auslegung diesbzgl. kommen können.

1510 *Meyer*, DAZ.online, 18.04.2016.

1511 Auch nicht überzeugt von dem doppelten Rechtsgüterschutz aufgrund der finalen Änderungen: *Tsambikakis*, medstra 2016, 131, 132; *Dann/Scholz*, NJW 2016, 2077, 2078; *Duttge* in: Kubiciel/Hoven, S. 22 ff.; *Rogall* in: SK-StGB, § 299a Rn. 2: Vertrauen sei kein Rechtsgut *„mit eigenständiger Bedeutung“*; *Hohmann* in: MüKo-StGB, § 299a Rn. 1 u. 4; *Rönnau/Wegner* in: Achenbach/Ransiek/Rönnau, §§ 299a, 299b StGB Rn. 26: Der Gesetzgeber habe ein „reines (Leistungs-) Wettbewerbsdelikt“ erlassen; *Kubiciel*, jurisPR-Compl 3/2016, Anm. 1: Die Tatbestände schützen nicht das Vertrauen der Patienten in die Integrität der heilberuflichen Entscheidungen, „sondern nur den fairen Wettbewerb“; *Sartorius*, S. 36 geht von einem nur noch mittelbaren Schutz des Vertrauens aus; so auch *Kronawitter*, S. 105 f. und *Bongartz*, S. 276; ebenfalls für einen mittelbaren Schutz des Vertrauens, soweit auch der Wettbewerb beeinträchtigt ist: *Eisele* in: Schönke/Schröder, § 299a Rn. 2 und *Rosenau* in: SSW-StGB, 299a Rn. 2. Den doppelten Schutz zumindest anzweifelnd: *Dieners/Cahnbley*, MPR 2016, 48, 49: Patientenvertrauen wird nur noch mittelbar geschützt; *Kölbel*, medstra 2016, 193; *Gaede* in: NK-WiStR, § 299a, Rn. 12 ff.; a.A.: *Dannecker/Schröder* in: Kubiciel/Hoven, S. 60 ff.; *Dannecker/Schröder* in: NK-StGB, § 299a Rn. 39 ff.; *Schuhr* in: Spickhoff, §§ 299a, 299b StGB Rn. 8; *Schröder* in: Frewer/Bergemann/Jäger, S. 147 ff.; *Geiger*, CCZ 2016, 172, 174; *Bahner*, S. 21. Den doppelten Rechtsgüterschutz zumindest kritisch betrachtend *Brettel/Mand*, A&R 2016, 99, 101, die ausführen, dass die Beachtung des Schutzes des Patientenvertrauens die Auslegung der Tatbestände „verkomplizieren“ werde.

1512 *Kölbel*, medstra 2016, 193; *Kubiciel*, jurisPR-Compl 3/2016 Anm. 1: „keine echten Korruptionstatbestände“; einschränkend *Dannecker/Schröder* in: NK-StGB, § 299a Rn. 39: Zumindest dem Handlungsobjekt nach handle es sich um „ein Wettbewerbsdelikt“; *Rogall* in: SK-StGB, § 299a Rn. 4: „reine Wettbewerbsdelikte“. Von „Wettbewerbsdelikten“ spricht kritisch auch *Geiger*, CCZ 2016, 172, 173.

Die Bundesrechtsanwaltskammer kritisierte den doppelten Rechtsgüterschutz und befürwortete ein *„rein wettbewerbsstrafrechtliches Modell"* zur Bekämpfung von Korruption im Gesundheitswesen unter Ablehnung der Orientierung der Normen am Vertrauen in die Integrität heilberuflicher Entscheidungen.[1513] Nachdem das Strafrecht dem ultima ratio-Prinzip gerecht werden müsse, könne nicht *„jedes – etwa moralisch schützenswerte – Gut"* auch strafrechtlichen Schutz erfahren.[1514] Zudem sei der Schutz dieses Rechtsguts ein *„Fremdkörper"* im Rahmen der Tatbestände des 26. Abschnitts, der nach allgemeiner Auffassung nur den Wettbewerb schützt und kein Berufsideal.[1515] Beziehe man zusätzlich die Schutzgüter in eine Bewertung mit ein, die zudem noch einen mittelbaren Schutz erfahren sollen, seien die Konturen und Grenzen bei der Anwendung der Norm und damit die Trennung von strafbaren und straffreien Sachverhalten wesentlich erschwert.[1516] So wurde bereits im Rahmen der Regelungsentwürfe erkannt, dass mit den neuen Straftatbeständen durchaus von § 299 StGB abweichende Schutzrichtungen verfolgt werden und es daher zu Ungereimtheiten kommen könne.[1517] Dies wurde im Ergebnis vom Gesetzgeber aber so hingenommen.

b) Dualistisches Schutzkonzept

Auf der anderen Seite ist aber nicht außer Acht zu lassen, dass der Gesetzgeber auch im Rahmen der Gesetz gewordenen Fassung der §§ 299a, 299b StGB weiterhin mehrfach betonte, dass neben dem fairen Wettbewerb im Gesundheitswesen

---

1513 Bundesrechtsanwaltskammer, Stellungnahme Nr. 40/2015, S. 2.

1514 Bundesrechtsanwaltskammer, Stellungnahme Nr. 40/2015, S. 2.

1515 Bundesrechtsanwaltskammer, Stellungnahme Nr. 40/2015, S. 5 f.: Diese lehnt sogar die Tauglichkeit der Integrität heilberuflicher Entscheidungen als Rechtsgut der Korruption an sich ab. Teilweise wird die Vergleichbarkeit von der weiter gefassten Strafbarkeit bei den §§ 331 ff. StGB kritisiert, da die Beziehung zwischen Arzt und Patient nicht mit der zwischen Amtsträger und Staat vergleichbar sei, *Kronawitter*, S. 104 m.w.N.; die Patienten können bei fehlendem Vertrauen den Arzt unproblematisch wechseln, wohingegen ein solcher Wechsel dem Bürger bei einem Amtsträger nicht ohne Weiteres möglich sei, *Kronawitter*, S. 105. Diese Ansicht verkennt nach Auffassung der Verfasserin jedoch die Wesentlichkeit der Vertrauensbeziehung zwischen Arzt und Patient und die Bedeutung einer Beeinträchtigung dieser Beziehung, vgl. hierzu bereits 3. Kapitel A. I. 2. a) (S. 246 ff.).

1516 *Geiger*, medstra 2015, 97, 101 f. mit einem anschaulichen Beispiel zu der Problematik.

1517 Vgl. *Geiger*, medstra 2015, 97, 101, der auf den Referentenentwurf des BMJV vom 04.02.2015, S. 15 f. hinweist, der auf die unterschiedlichen Schutzrichtungen der Normen Bezug nimmt.

auch weiterhin das Vertrauen der Patienten in die Integrität heilberuflicher Entscheidungen geschützt werden soll.[1518] Gemessen an der Einordnung der Gesetze in einen Bereich, der vordergründig den Wettbewerb schützt und vor allem gemessen an der inhaltlichen Ausgestaltung der Norm ist jedoch die in den vorstehenden Ausführungen zum Ausdruck kommende Skepsis durchaus nicht von der Hand zu weisen, und es stellt sich die Frage, ob und wie dennoch das Vertrauen der Patienten geschützt werden soll.

aa) Differenzierung zwischen Handlungsobjekt und Rechtsgut

Denkbar wäre es hierbei, dass der Gesetzgeber den unbeeinflussten Wettbewerb als Handlungsobjekt ausgestaltet hat, dessen Verletzung zwei Rechtsgüter beeinträchtigen kann.[1519] Werden die Entscheidungen der Heilberufsangehörigen durch rechtswidrige Vorteilsgewährungen beeinflusst, werden demnach sowohl der Wettbewerb als auch das Patientenvertrauen verletzt. Eine solche Konzeption, die zwischen Handlungsobjekt und Rechtsgut differenziert, ist dem Strafrecht zumindest nicht vollkommen fremd, wie beispielsweise § 267 StGB zeigt, bei dem das Handlungsobjekt die Urkunde ist und das Rechtsgut das Vertrauen des Rechtsverkehrs in die Echtheit und Unverfälschtheit hinsichtlich der Herkunft der Urkunde.[1520] Mit dem Einwirken auf das Handlungsobjekt muss nicht zwangsläufig immer nur dieses verletzt werden, sondern es können auch weitere Folgen und Verletzungen für andere Objekte und Rechtsgüter damit verbunden sein bzw. automatisch einhergehen. Unter diesem Gesichtspunkt erscheint es zumindest nicht zwingend einen doppelten Rechtsgüterschutz abzulehnen, zumal es ausdrücklich das Ziel des Gesetzgebers war, beide Güter vom Schutzzweck der Norm zu umfassen.

1518 BT-Drs. 18/8106, S. 13, 17: Der Patientenschutz bleibe „selbstverständlich Schutzzweck des Gesetzes“.

1519 *Dannecker/Schröder* in: Kubiciel/Hoven, S. 61; *Dannecker/Schröder* in: NK-StGB, § 299a Rn. 35.

1520 *Dannecker/Schröder* in: Kubiciel/Hoven, S. 61 f., die auch ein weiteres Beispiel mit § 211 StGB darstellen, bei dem Handlungsobjekt der Mensch und Rechtsgut aber das Leben ist. Es handle sich daher um keine „Ad hoc-Zweckkonstruktion“. *Dannecker/Schröder* in: NK-StGB, § 299a Rn. 35; *Schröder* in: Frewer/Bergemann/Jäger, S. 149. Vgl. auch *Roxin,* AT I, § 2 Rn. 65: Handlungsobjekt des Diebstahls ist eine „fremde, bewegliche Sache“, geschützte Rechtsgüter sind aber das Eigentum und der Gewahrsam.

bb) Wille des Gesetzgebers und Ausgestaltung der Norm

Des Weiteren ist fraglich, inwiefern der Wille des Gesetzgebers zum Schutz des Patientenvertrauens, trotz der Streichung des Berufsrechtsmodells, generell weiterhin zum Ausdruck kommt. Im Rahmen der Unrechtsvereinbarung finden weiter wesentliche berufsrechtliche Vorschriften, wie beispielsweise § 30 MBO-Ä bei der Prüfung des Merkmals der Unlauterkeit Berücksichtigung, bei dem der Patient gerade im Mittelpunkt der Pflicht zur Wahrung der Unabhängigkeit der Ärzte steht.[1521] Zudem hat der Gesetzgeber die Formulierung der Tathandlungen der §§ 299a, 299b StGB stark an der Vorschrift des § 31 MBO-Ä ausgerichtet.[1522] Schutzzweck des § 31 MBO-Ä ist aber, dass der Patient sich darauf verlassen können soll, dass der Arzt die Behandlung und die Empfehlung weiterer Leistungserbringer ausschließlich auf medizinische Gesichtspunkte stützt und im Interesse des Patienten vornimmt sowie der Schutz des Wettbewerbs der Ärzte untereinander.[1523] Damit knüpft der Gesetzgeber an Fälle an, die sich auf die Beziehung zwischen Heilberufsangehörigen und Patienten beziehen und nicht auf Heilberufsangehörige und Krankenkassen.[1524] Hierin könnte man wiederum einen Anhaltspunkt dafür erkennen, dass der Schutz dieser Beziehung weiterhin mit dem Tatbestand bezweckt wird.

Der Gesetzgeber hat überdies in §§ 299a, 299b StGB hauptsächlich die Bestrafung von Geschäftsinhabern vorgesehen, was diese Gesetze entscheidend von § 299 StGB unterscheidet, der keine Bestrafung von Geschäftsinhabern vorsieht. Diese Unterscheidung ist aber aufgrund der ähnlichen Ausgestaltung durch die Aufnahme des Wettbewerbsmodells auch in die §§ 299a, 299b StGB nur nachzuvollziehen, wenn sich diese Gesetze von § 299 StGB durch weitere Schutzgüter unterscheiden.[1525] Die Geschäftsinhaberbestechung im Rahmen des § 299 StGB ist tatbestandslos, weil der Inhaber aufgrund seiner Vertragsfreiheit frei in seinen Entscheidungen über den Bezug von Waren und auch darin ist, einen Vorteil

---

1521 Vgl. zur Auslegung dieses Tatbestandsmerkmals und zur Relevanz des Berufs- und Sozialrechts hierbei noch ausführlich 3. Kapitel A. III. 1. b) cc) (2) (b) und (c) (S. 302 ff.).

1522 *Dannecker/Schröder* in: NK-StGB, § 299a Rn. 36 unter Verweis auf BT-Drs. 18/6446, S. 20.

1523 *Scholz* in: Spickhoff, Medizinrecht, § 31 MBO Rn. 1; vgl. hierzu ausführlich *Schmidt*, S. 114 ff.; BGH, Urt. v. 22.01.1986 - VIII ZR 20/85; BGH, Urt. v. 21.04.2005 - I ZR 201/02; BGH, Urt. v. 13.01.2011, I ZR 111/08.

1524 *Dannecker/Schröder* in: NK-StGB, § 299a Rn. 36.

1525 Vgl. hierzu ausführlich: *Dannecker/Schröder* in: NK-StGB, § 299a Rn. 36; *Geiger*, medstra 2015, 97, 104 sieht hierin auch einen wesentlichen Unterschied.

auf Kosten von anderen zu erlangen[1526], einzelne Anbieter zu bevorzugen und unsachlichen Motiven im Rahmen seiner Entscheidung zu folgen.[1527] Zudem wäre es widersprüchlich, den Betriebsinhaber zu den geschützten Personen des § 299 StGB zu zählen und ihn zugleich als Täter einzuordnen.[1528] Darin liegt aber wiederum ein entscheidender Unterschied zu einem Vertragsarzt, der seine Entscheidungen neben dem Patientenwohl auch an gewissen vorgegebenen, insbesondere auch wirtschaftlichen, Vorgaben zu orientieren hat und nicht völlig frei seine Entscheidungen treffen kann.[1529] Insbesondere ist es dem Vertragsarzt schon durch berufsrechtliche Regelungen untersagt, sich bei seinen Verordnungen und Zuweisungen unsachlich beeinflussen zu lassen, was ihn von einem Betriebsinhaber nach § 299 StGB unterscheidet.[1530] Die Folgen unsachlicher Bevorzugungen treffen zudem neben den Mitbewerbern unter Umständen die Gesundheit des Einzelnen und auch mittelbar der Allgemeinheit sowie das Solidarsystem und dessen Vermögen.[1531]

Aber auch durch die Streichung des Antragserfordernisses und die Ausgestaltung der Gesetze als Offizialdelikte bestätigte der Gesetzgeber den Willen zur Verfolgung des doppelten Rechtsgüterschutzes. In der Begründung wird ausgeführt, dass ein Antragserfordernis vorliegend aufgrund des doppelten Rechtsgüterschutzes nicht gerechtfertigt erscheint. Hierbei wird ausdrücklich betont, dass neben dem fairen Wettbewerb eben auch das Vertrauen der Patienten geschützt werden soll und hervorgehoben, dass die Integrität der heilberuflichen Entscheidungen ein *„überindividuelles Rechtsgut von großer Bedeutung"* ist.[1532] Es ist gemessen an der Begründung und an dem Vergleich mit § 299 StGB, der ebenfalls den Wettbewerb schützt, aber ein Antragserfordernis beinhaltet, davon auszugehen, dass die Ausgestaltung als Offizialdelikt vor allem dem Vertrauensschutz geschuldet ist.[1533]

1526 *Dannecker* in: NK-StGB, § 299 Rn. 21.

1527 *Volk* in: GS für Zipf, S. 426 f.: *Dölling*, Gutachten 61. DJT, C 87; *Odenthal*, wistra 2005, 170 ff. m.w.N.

1528 Vgl. hierzu LG Frankfurt am Main, NStZ-RR 2015, 215 ff.

1529 Vgl. hierzu bereits 1. Kapitel B. VI. 3. a) dd) (S. 62 ff.).

1530 Wenngleich zu beachten ist, dass es kein allgemeines Verbot für Heilberufsangehörige zur Ausrichtung der Entscheidung an Vorteilen gibt, vgl. *Brettel/Mand*, A&R 2016, 99, 105.

1531 Vgl. hierzu 2. Kapitel B. II. 2. a) (S. 196 ff.) und 3. Kapitel A. I. 2. a) bb) (S. 257 f.).

1532 BT-Drs. 18/8106, S. 17.

1533 *Dannecker/Schröder* in: NK-StGB, § 299a Rn. 37.

Trotz der grundsätzlichen "Nachbildung" des § 299 StGB unterscheiden sich die §§ 299a, 299b StGB dennoch in einigen wesentlichen Punkten von § 299 StGB, wodurch durchaus der Wille zum Schutz auch des Vertrauens zum Ausdruck gelangt.

c) Stellungnahme

Betrachtet man daher die Intention des Gesetzgebers und die Tatsache, dass er trotz mehrfacher Änderungen der Gesetze nie von dem doppelten Rechtsgüterschutz Abstand genommen hat, ist trotz der nicht abzustreitenden Kritikpunkte der doppelte Rechtsgüterschutz weiterhin zu bejahen[1534] und das trotz der Anknüpfung an das Wettbewerbsmodell und der Einordnung der §§ 299a, 299b StGB in den Bereich der Wettbewerbsdelikte. Mit anderen Worten schließen die Einordnung in den 26. Abschnitt des StGB und vor allem die Ausgestaltung der Gesetze die Verfolgung sowohl des Schutzes des fairen Wettbewerbs als auch des Vertrauens in die Integrität der heilberuflichen Entscheidungen nicht aus, wenngleich anzumerken ist, dass die Ausgestaltung der Gesetze einen Vertrauensschutz zumindest nicht mehr unmittelbar zum Ausdruck zu bringen vermag.[1535] Dies allein vermag jedoch nicht dazu zu führen, dass der Vertrauensschutz nicht als Rechtsgut von den am Wettbewerbsmodell ausgerichteten §§ 299a, 299b StGB umfasst wird. Rechtswidrige Vorteilsgewährungen von Wettbewerbern sind im Rahmen von heilberuflichen Entscheidungen nicht nur dazu geeignet, den Wettbewerb zu beeinträchtigen, sondern auch dazu, das Vertrauen der Patienten in die Heilberufsangehörigen und deren unabhängige Behandlungsentscheidungen zu erschüttern. So haben in erster Linie die Sorge

1534 Für einen doppelten Rechtsgüterschutz auch weiterhin *Fischer*, StGB, § 299a Rn. 3; *Dannecker/Schröder* in: NK-StGB, § 299a Rn. 33, 34 ff.; *Bahner*, S. 18, 20 ff.; *Gelshorn*, S. 125; *Schroth/Hofmann*, medstra 2017, 261; a.A.: *Rogall* in: SK-StGB, § 299a Rn. 2 f.; *Gaede* in: NK-WiStR, § 299a Rn. 12 ff.; *Heger* in: Lackner/Kühl, § 299a Rn. 1; *Dann/Scholz*, NJW 2016, 2077 f.; *Brettel/Mand*, A&R 2016, 99, 101; *Gaede/Lindemann/Tsambikakis*, medstra 2015, 142, 147; *Grinblat*, MPJ 2016, 4. Kritisch auch: *Geiger*, medstra 2015, 97, 101 noch zum Referentenentwurf: „Konturenloser Rechtsgüterpluralismus"; *Grzesiek/ Sauerwein*, NZWiSt 2016, 369, 370: „Herkulesaufgabe" für die Praxis; *Jäger*, MedR, 2017, 696. Für einen mittelbaren Schutz: *Eisele* in: Schönke/Schröder, § 299a Rn. 2; *Ellbogen*, ArztR 2015, 174; *Rosenau* in SSW-StGB, 299a Rn. 2.

1535 Vgl. hierzu noch 3. Kapitel A. III. 4. (S. 327 ff.).

um das Wohl der Patienten in die Integrität heilberuflicher Entscheidungen und der Patientenschutz zur Einführung der Gesetze beigetragen.[1536]

Durch die Veränderungen im Tatbestand wurden die Tatbestände zu „Wettbewerbsdelikten“ erklärt, obwohl die Kritik an der Gesetzeslage nach dem Beschluss des Großen Senats nicht durch die Zweifel an einem fairen Wettbewerb getragen wurde, sondern vordergründig durch die Angst um die Gesundheit der Patienten und des Schutzes ihres Vertrauens in die Unbeeinflussbarkeit der ärztlichen Entscheidungen.[1537] Beweggrund für die Einführung waren eben nicht in erster Linie die Zweifel daran, ob ein hinreichender Wettbewerbsschutz auf dem Gesundheitsmarkt vorliegt, wobei ein Wettbewerb ohnehin aufgrund der vielen Reglementierungen nur eingeschränkt besteht[1538]. Der Schutz des Patientenvertrauens ist eine wesentliche Voraussetzung für das Funktionieren des Gesundheitssystems, weswegen sein Schutz das notwendige und vordergründige Ziel des Gesetzgebers war.[1539] Dies brachte der Gesetzgeber unter anderem auch dadurch zum Ausdruck, dass er betonte, dass insbesondere die berufsrechtlichen Regelungen wie z.B. § 31 MBO-Ä, der ebenfalls auch neben dem Wettbewerbsschutz unter den Ärzten den Vertrauensschutz der Patienten vorsieht, der Erfassung des Unwerts von korruptivem Verhalten auf dem Gesundheitsmarkt nicht hinreichend gerecht werde.[1540]

Der Intention des Gesetzgebers für die Schaffung der Tatbestände und den von ihm ausdrücklich verfolgten Rechtsgüterschutz nunmehr keinen nennenswerten Gehalt beizumessen, erscheint zumindest dann nicht gerechtfertigt, wenn die Tatbestände grundsätzlich eine entsprechende Berücksichtigung der Schutzgüter im Rahmen der Auslegung zulassen und hierdurch keine weiteren Unklarheiten geschaffen werden.[1541] Im Rahmen der Auslegung ist grundsätzlich auch der in der Norm zum Ausdruck kommende Wille des Gesetzgebers, wie er sich aus dem Wortlaut und dem Sinnzusammenhang der Norm ergibt,

---

1536 *Geiger*, CCZ 2016, 172, 173; so auch *Rogall* in: SK-StGB, § 299a Rn. 2. Vgl. hierzu auch die Ausführungen zu den kriminalpolitischen Erwägungen im 2. Kapitel B. II. 2. (S. 196 ff.).

1537 *Geiger*, CCZ 2016, 172, 173.

1538 Vgl. hierzu bereits 3. Kapitel A. I. 1. (S. 243 ff.).

1539 Vgl. hierzu die Ausführungen 3. Kapitel A. I. 2. a) (S. 246 ff.); BT-Drucks. 18/6446, S. 11.

1540 BT-Drs. 18/6446, S. 13.

1541 Vgl. *Dannecker/Schröder* in: NK-StGB, § 299a Rn. 39 ff.: „*Was bei der Abfassung des Tatbestands verpasst wurde […], muss aber in der Rechtsgutsbestimmung nicht aufgegeben werden*“.

aber auch wie er sich aus den Gesetzgebungsmaterialien ergibt, maßgeblich.[1542] Die Grenzen der Normauslegung sollten weiterhin erkennbar sein und durch die Gerichte konkretisiert werden, so dass Zweifel über den Anwendungsbereich der Tatbestände weitestgehend beseitigt werden.[1543] Die Berücksichtigung des vom Gesetzgeber angestrebten Rechtsgüterschutzes führt im vorliegenden Fall nicht zu einer nicht zu rechtfertigenden Konturenlosigkeit der Tatbestände, sondern zu einer bestimmteren Auslegung der Normen. Das durch die gewählte Wettbewerbsvariante in den Mittelpunkt der Norm gerückte Merkmal der unlauteren Bevorzugung im Wettbewerb bedarf zu seiner Bestimmtheit einer Auslegung, bei der zumindest eine Begrenzung erreicht werden kann, indem die Tatbestandshandlungen nur dann als erfüllt angesehen werden, wenn sich diese auf beide Rechtsgüter auswirken können.[1544] Hierdurch wird zumindest eine Berücksichtigung der beiden Rechtsgüter stattfinden und dadurch zugleich zur Bestimmtheit beigetragen.

Inwiefern der Rechtgüterschutz des Patientenvertrauens aber tatsächlich gesichert werden kann, ist eine Frage der konkreten Ausgestaltung und Anwendung der Normen. Die Strafbarkeit knüpft nunmehr in jedem Fall an die unlautere Bevorzugung im Wettbewerb an, so dass eine Beeinträchtigung des Vertrauens der Patienten ohne Verletzung des lauteren Wettbewerbs nicht mehr möglich ist.[1545] Ein dualistischer Rechtsgüterschutz kann grundsätzlich aber und sollte auch dennoch verfolgt werden.[1546]

II. Lozierung der Tatbestände im StGB

Bereits die dargestellten Gesetzesentwürfe zeigen auf, dass nicht nur eine Stelle in Betracht kam, an der man das neue “Kerngesetz“ zur Bekämpfung der Korruption im Gesundheitswesen verorten konnte. So wurde in der 17. Legislaturperiode in Betracht gezogen, die Norm im SGB V unterzubringen, wobei die späteren

1542 *Rüthers*, JZ 2006, 53, 57; BVerfGE 62, 1, 45 ff.; vgl. hierzu noch 3. Kapitel A. III. 4. (S. 327 ff.).

1543 BVerfGE 126, 170, 196 ff.; *Dannecker/Schröder* in: NK-StGB, § 299a Rn. 41.

1544 Vgl. hierzu ausführlich *Dannecker/Schröder* in: NK-StGB, § 299a Rn. 41.

1545 *Gaede*, medstra 2015, 263, 264; *Tsambikakis*, medstra 2016, 131, 133.

1546 So im Ergebnis auch *Dannecker/Schröder* in: NK-StGB, § 299a Rn. 41; *Dannecker/Schröder* in: Kubiciel/Hoven, S. 60 ff.; *Geiger*, CCZ 2016, 172; *Schröder* in: Frewer/Bergemann/Jäger, S. 147 ff.; *Bahner*, S. 21.

wesentlichen Entwürfe im Gesetzgebungsverfahren allesamt eine Verortung im 26. Abschnitt des StGB (Straftaten gegen den Wettbewerb) vorsahen.[1547]

Mehrheitlich wurde die Verortung des neuen Gesetzes im StGB befürwortet und derjenigen im SGB V vorgezogen.[1548] Dies ist vor allem deswegen nachvollziehbar, da eine Verankerung im SGB V dazu geführt hätte, dass Delikte im Rahmen der Behandlung von privat versicherten Personen von vornherein nicht vom Tatbestand erfasst werden können.[1549] Vor allem vor dem Hintergrund, dass Ärzte in kommunalen Krankenhäusern oder Universitätskliniken,[1550] Ärzte in Privatkliniken, Angestellte bei niedergelassenen Ärzten[1551], Vertragsärzte und nur Privatpatienten behandelnde Ärzte[1552] bereits vor der Einführung des Gesetzes eine unterschiedliche strafrechtliche Verfolgung erfahren haben, war eine einheitlichere Regelung wünschenswert.[1553] Dies erscheint mehr als plausibel, wenn man bedenkt, dass auch Vertragsärzte Privatpatienten behandeln und auch Kassenpatienten private Leistungen des Arztes in Anspruch nehmen können. Es ist nicht ersichtlich, warum diese Konstellationen im Falle von Korruption unterschiedlich behandelt werden sollten.[1554]

Des Weiteren ist, wie bereits erörtert, nicht zu verkennen, welche Außen- und Signalwirkung von einer Regelung im StGB ausgeht. Die Verortung im StGB signalisiert sowohl den Ärzten und Pharmaunternehmen als auch den Patienten und der Gesellschaft den hohen Stellenwert, der der Bekämpfung dieser verwerflichen Handlungen beigemessen wird und dass der Schutz vor solchen Taten eine enorme Wichtigkeit besitzt, so dass nur die Aufnahme im StGB hierfür

---

1547 Vgl. zu den wesentlichen Entwürfen aus der Literatur, die aufgrund ihrer vorgeschlagenen Ausgestaltung teilweise auch eine Verortung im 30. Abschnitt des StGB vorsahen, 3. Kapitel A. III. 5. (S. 334 ff.).

1548 So z.B. auch *Dannecker/Schröder*, ZRP 2015, 48, 51; *Kubiciel/Tsambikakis*, medstra 2015, 11, 13; *Nestler*, GesR 2016, 70; *Schröder*, NZWiSt 2015, 321, 323; eine andere Einordnung sah noch der Entwurf BT-Drs. 17/14184 vor, vgl. hierzu 2. Kapitel C. I. 1. a) (S. 203 ff.).

1549 *Schneider*, HRRS 2013, 473, 476; *Kubiciel/Tsambikakis*, medstra 2015, 11, 13; *Kubiciel*, WiJ 2016, 1, 7; Bundesrechtsanwaltskammer, Stellungnahme Nr. 40/2015, S. 5; *Bongartz*, S. 281. Vgl. hierzu bereits 2. Kapitel C. I. 1. b) (S. 203 f.) bzw. 2. Kapitel B. II. 1. b) bb) (2) (b) (S. 184 ff.).

1550 In diesen Fällen kommt eine Strafbarkeit nach §§ 331 ff. StGB in Betracht.

1551 Hier ist der Anwendungsbereich des § 299 StGB eröffnet.

1552 Vor der Einführung des § 299a StGB straflos nach dem StGB.

1553 *Kubiciel/Tsambikakis*, medstra 2015, 11, 13.

1554 *Kubiciel/Tsambikakis*, medstra 2015, 11, 13; *Bongartz*, S. 281 f.

angemessen ist.[1555] Eine Aufnahme, die "lediglich" ins SGB V erfolgt, vermittelt dagegen das Gefühl, dass die Korruption im Gesundheitswesen nicht den Stellenwert einnimmt und nicht den Schutz erfahren soll, wie es bei den anderen im StGB befindlichen Arten von Korruption der Fall ist.[1556]

III. Konkrete Ausgestaltung der §§ 299a, 299b StGB

Im Folgenden erfolgt eine Darstellung der konkreten Ausgestaltung der §§ 299a, 299b StGB. Es soll insbesondere aufgezeigt werden, ob und inwieweit die Tatbestände dazu geeignet sind, korruptive Sachverhalte im Zusammenhang mit der Verordnungstätigkeit des Vertragsarztes zu erfassen. Es werden daher zunächst die wesentlichen Tatbestandsmerkmale näher erörtert, um im Anschluss daran zu prüfen, ob und inwieweit ausgewählte korruptive Sachverhalte von den Tatbeständen erfasst werden und welche Strafbarkeitslücken aufgrund der gewählten Ausgestaltung verbleiben. Hierbei soll auch aufgezeigt werden, welche Probleme bei der Auslegung der einzelnen Tatbestandsmerkmale auftreten können, ob die Streichung der Vertrauensbruchvariante sich tatsächlich vorteilhaft auf die Bestimmtheit der Tatbestände ausgewirkt hat und welche Bedeutung den Regelungen des Gesundheitsrechts bei der Auslegung weiterhin zukommt. Anhand der Darstellung alternativer Ausgestaltungsmöglichkeiten der Tatbestände wird sodann aufgezeigt, ob mit diesen das eigentliche Ziel des Gesetzgebers – Tatbestände zur Bekämpfung korruptiven Verhaltens im Gesundheitswesen zu schaffen – besser umgesetzt worden wäre.

1. Ausgestaltung des § 299a StGB

a) Täterkreis

Um zu gewährleisten, dass sämtliche heilberufliche Entscheidungen und Verordnungen unabhängig und ohne unzulässige Einwirkung erfolgen, erfasst der Tatbestand der Bestechlichkeit im Gesundheitswesen sämtliche Angehörige eines Heilberufes, die für die Berufsausübung oder die Führung der Berufsbezeichnung einer staatlich geregelten Ausbildung bedürfen[1557] und bildet damit ein

1555 Vgl. hierzu bereits 2. Kapitel B. II. 1. b) bb) (2) (b) (S. 184 ff.) u. (4) (S. 192); *Kubiciel/Tsambikakis*, medstra 2015, 11, 13; *Bongartz*, S. 282.

1556 *Kubiciel*, WiJ 2016, 1, 7: *„suboptimale kommunikative Wirkung"*; die Aufnahme im StGB setze *„ein der Problematik angemessenes Signal"*.

1557 BT-Drucks. 18/6446, S. 17; vgl. hierzu *Rogall* in: SK-StGB, § 299a Rn. 14; *Dannecker/Schröder* in: NK-StGB, § 299a Rn. 105; *Schneider* in: Kooperationen im Gesundheitswesen auf dem Prüfstand, S. 50.

echtes Sonderdelikt, da die Zugehörigkeit zum beschriebenen Täterkreis strafbegründend ist.[1558] Neben den akademischen Heilberufen, für die das Gesetz und die Approbations(ver-)ordnungen die Ausbildung regeln, wie beispielsweise für Ärzte, Zahnärzte, Tierärzte[1559], Psychologische Psychotherapeuten, Kinder- und Jugendlichenpsychotherapeuten und Apotheker[1560], werden vom Adressatenkreis damit auch Angehörige der Gesundheitsfachberufe, die auch eine gesetzlich vorgegebene Ausbildung absolvieren, wie z.B. Gesundheits- und Krankenpfleger, Ergotherapeuten, Logopäden und Physiotherapeuten, erfasst.[1561] Insofern wurde nach der Gesetzesbegründung berücksichtigt, dass grundsätzlich das Risiko unzulässiger Einflussnahme auch bei nicht-akademischen Heilberufsgruppen

---

1558 *Hohmann* in: MüKo-StGB, § 299a Rn. 12; *Fischer*, StGB, § 299a Rn. 5; *Dannecker/Schröder* in: NK-StGB, § 299a Rn. 92; *Eisele* in: Schönke/Schröder, § 299a Rn. 9; *Heil/Oeben*, PharmR 2016, 218; *Kubiciel/Tsambikakis*, medstra 2015, 11, 15; *Rosenau* in: SSW-StGB, § 299a Rn. 3; *Momsen/Laudien* in: Beck`scher Online Kommentar StGB, § 299a Rn. 11 ff.; *Sartorius*, S. 38; *Kronawitter*, S. 106.

1559 Die Tierärzte sollen nach *Eisele* in: Schönke/Schröder, § 299a Rn. 9 durch teleologische Reduktion vom Tatbestand ausgeklammert werden, da der staatlich regulierte Wettbewerb des Gesundheitswesens nicht auf die Veterinärmedizin zutreffe, vgl. auch *Lorenz*, medstra 2017, 342 ff.; *Rosenau* in: SSW-StGB, § 299a Rn. 5; a.A. *Hohmann* in: MüKo, § 299a Rn. 13; *Rogall* in: SK-StGB, § 299a Rn. 14 und wohl auch *Dannecker/Schröder* in: NK-StGB, § 299a Rn. 94.

1560 Diese werden vom Tatbestand jedoch faktisch nicht mehr erfasst, vgl. hierzu schon 2. Kapitel C. II. 5. b) (S. 233 ff.). Es wird nicht unterschieden zwischen Freiberuflern und Angestellten, *Sartorius*, S. 39 u. *Grinblat*, MPJ 2016, 3, 5.

1561 BT-Drucks. 18/6446, S. 17. Vgl. hierzu auch *Rogall* in: SK-StGB, § 299a Rn. 15 ff. Zur Frage, ob auch Optiker in den Täterkreis fallen können und diese verneinend, vgl. *Dann/Scholz*, NJW 2016, 2077, 2078; ebenfalls verneinend für die „medizinisch-technischen Handwerksberufe“ allgemein: *Dannecker/Schröder* in: NK-StGB, § 299a Rn. 96; *Rogall* in: SK-StGB, § 299a Rn. 18; *Eisele* in: FS Neumann, S. 1076; *Großkopf/Schanz*, RDG 2016, 220, 224; *Schneider* in: Kooperationen im Gesundheitswesen auf dem Prüfstand, S. 47; *Fischer*, StGB, § 299a Rn. 5; *Damas*, wistra 2017, 129; im Ergebnis auch *Sartorius*, S. 40 f.; a.A. für Gesundheitshandwerker: *Grinblat*, MPJ 2016, 3, 5; *Ellbogen*, ArztR 2015, 173, 176. Jedoch sollen grundsätzlich auch Rettungsassistenten zum Täterkreis zählen, vgl. *Dannecker/Schröder* in: NK-StGB, § 299a Rn. 95. Nicht erfasst werden jedoch die Heilpraktiker, da diese keine staatlich geregelte Ausbildung durchlaufen, *Rogall* in: SK-StGB, § 299a Rn. 19; *Dannecker/Schröder* in: NK-StGB, § 299a Rn. 98; *Gaede/Lindemann/Tsambikakis*, medstra 2015, 148; *Damas*, wistra 2017, 128, 129; *Großkopf/Schanz*, RDG 2016, 220, 223; *Geiger*, CCZ 2016, 172, 174; *Tsambikakis*, medstra 2016, 131, 133; a.A. *Fischer*, § 299a Rn. 7; *Bahner*, S. 36 ff., die eine Erfassung de lege ferenda befürwortet.

besteht, auch wenn diese nicht ganz so erheblich wie Ärzte auf die Ausgaben im Gesundheitswesen Einfluss nehmen können und daher von ihnen kein vergleichbares wirtschaftliches Risiko ausgeht.[1562]

Es wurde jedoch kritisiert, dass durch den von dem Gesetz nach §§ 299a, 299b StGB erfassten Täterkreis Personengruppen außen vor gelassen werden, die ebenfalls im Bereich des Gesundheitswesens tätig sind und gegebenenfalls in den Tatbestand aufgenommen hätten werden sollen[1563] und es insoweit an einer nachvollziehbaren Begründung fehle, warum gewisse Berufsgruppen von dem Tatbestand erfasst werden und andere wiederum nicht.[1564] Es wird zudem gerügt, dass auch Angehörige von Gesundheitsfachberufen in den Anwendungsbereich mit einbezogen werden, obwohl diese keine mit Ärzten, Zahnärzten oder Apothekern vergleichbare Position im Rahmen der Verteilung auf dem Gesundheitsmarkt einnehmen.[1565]

Wie bereits festgestellt wurde, nehmen die Ärzte im Rahmen des Gesundheitssystems und vor allem in Bezug auf die Verordnungen eine zentrale Stellung ein, die sich aufgrund der ihnen zugewiesenen Kompetenzen und den damit verbundenen erheblichen Einflussmöglichkeiten von den weiteren Akteuren auf dem Gesundheitsmarkt deutlich unterscheidet.[1566] Die Regelungen des Berufsrechts der nicht-akademischen Heilberufsangehörigen sind nicht mit solchen

---

1562 BT-Drucks. 18/6446, S. 17.

1563 Bundesärztekammer, Stellungnahme vom 20.11.2015, S. 12 f.; so auch *Pragal/Handel,* medstra 2016, 22, 27, die für die Einbeziehung von Heilpraktikern oder nicht-ärztlichem Management-Personal in Kliniken plädieren.

1564 *Schneider*, HRRS 2013, 473, 478.

1565 *Brettel/Duttge/Schuhr,* JZ 2015, 929, 934: Diese Berufsträger besitzen *„kaum selbständige therapeutische und wirtschaftliche Entscheidungskompetenz"*; *Geiger,* CCZ 2016, 172, 174 f.; *Heil/Oeben,* PharmR 2016, 217, 218; *Bittmann/Brockhaus/Rübenstahl/Schröder/Tsambikakis,* WiJ 2015, 176, 182; *Gaede/Lindemann/Tsambikakis,* medstra 2015, 142, 148 f.; *Dieners*, PharmR 2015, 529, 532; *Schröder,* NZWiSt 2015, 321, 329; *Duttge* in: Kubiciel/Hoven, S. 28, der die Einbeziehung *„trotz ihres sehr überschaubaren Gewichts bei der Verteilung von Ressourcen des Gesundheitssystems"* kritisiert; *Bausback* in: Kubiciel/Hoven, S. 37 f., der eine Beschränkung auf Berufsgruppen, die eine *„zentrale Lenkungs- und Verteilungsfunktion auf dem Gesundheitsmarkt"* innehaben, befürwortet; *Frister* in: AG Medizinrecht im DAV/IMR, S. 80 f.; Bundesärztekammer, Stellungnahme vom 20.11.2015, S. 12; kritisch auch *Andreschewski,* S. 223; *Bongartz,* S. 286 ff., 290: Die Erfassung nicht-akademischer Heilberufe war „nicht zwingend geboten"; kritisch auch *Rönnau/Wegner* in: Achenbach/Ransiek/Rönnau, §§ 299a, 299b StGB Rn. 32.

1566 Vgl. hierzu 1. Kapitel B. VI. 3. (S. 58 ff.).

weitgehenden Regelungen und Verboten ausgestattet wie das Berufsrecht der Ärzte, weshalb diese sich durch die §§ 299a, 299b StGB erstmalig mit enormen Einschränkungen konfrontiert sehen.[1567]

Wenngleich daher zu kritisieren ist, dass besonders für die nicht-akademischen Berufe bereits außerhalb des Strafrechts klarer herausgebildet werden müsste, welches Verhalten konkret zulässig ist und welches nicht,[1568] erscheint ein Schutz auch gegenüber nur in geringerem Umfang und am Rande beteiligten Personen angemessen.[1569] Denn auch korruptives Verhalten dieser Berufsgruppen soll nicht straflos bleiben, zumal diese vor allem im Rahmen von Weiterverweisungen der Patienten an andere Leistungserbringer unzulässige Absprachen tätigen können.[1570] Der Erfassung dieser Berufsgruppen ist auch vor dem Hintergrund zuzustimmen, dass immer mehr Kompetenzen wichtige Entscheidungen zu treffen auch auf weitere Heilberufsangehörige neben den Ärzten übertragen werden.[1571] Die zum § 63 Abs. 3c SGB V erlassene Richtlinie des Gemeinsamen Bundesausschusses aus dem Jahre 2011[1572] beinhaltet beispielsweise die Möglichkeit, das Verordnen von gewissen Hilfs- und Heilmitteln und Medizinprodukten auf Alten- und Krankenpfleger zu übertragen.[1573] Außerdem wird befürchtet, dass eine zu weitgehende Einschränkung des Täterkreises dazu führen könnte, dass sich die unzulässigen Einwirkungen alsbald auf diese Hilfspersonen fokussieren würden, wenn sie gerade nicht vom Tatbestand erfasst werden.[1574] Gewiss wird diesen Personen nicht die gleiche Entscheidungsfunktion

---

1567 *Dannecker/Schröder* in: NK-StGB, § 299a Rn. 100.

1568 *Brettel/Duttge/Schuhr,* JZ 2015, 929, 934.

1569 Im Ergebnis auch *Kubiciel,* MedR 2016, 1 ff., der darauf verweist, dass das Schutzgut der Normen *„die den Ordnungsmechanismus des Gesundheitsmarktes konstituierenden gesundheitsrechtlichen Regeln“* sind, und daher einen Schutz auch gegenüber Personen als gerechtfertigt ansieht, die nur wenige Verordnungen vornehmen, da diese ebenfalls gegen die auf dem Gesundheitsmarkt vorherrschenden Reglungen verstoßen und damit eine Institution schädigen. Die Aufnahme von nicht-akademischen Berufen befürwortend auch: *Ellbogen,* ArztR 2015, 173, 175; *Pragal/Handel,* medstra 2015, 337, 339; *Wigge,* NZS 2015, 447, 448; *Fischer,* StGB, § 299a Rn. 8.

1570 BT-Drucks. 18/6446, S. 17.

1571 BT-Drucks. 18/6446, S. 17. Vgl. die Ausführungen zum Referentenentwurf im 2. Kapitel C. II. 2. b) (S. 214 f.).

1572 Bundesanzeiger 2012, S. 1128.

1573 Vgl. hierzu bereits 2. Kapitel C. II. 2. b) (S. 214 f.); *Dannecker/Schröder* in: NK-StGB, 299a Rn. 99; *Wissing/Ciernak,* NZWiSt 2016, 41, 42.

1574 *Pragal/Handel,* medstra 2015, 337, 339; *Tsambikakis,* medstra 2016, 131, 132; a.A.: *Brettel/Duttge/Schuhr,* JZ 2015, 929, 934.

zuteil wie beispielsweise den Ärzten, jedoch nehmen sie auch wesentlich an der Gesundheitsversorgung teil, weswegen ihre Erfassung vom Tatbestand zwar als zweitrangig, aber dennoch vertretbar erscheint und jedenfalls keinen Verstoß gegen das Willkürverbot begründet.[1575] Der faktische Ausschluss der Apotheker aus dem Anwendungsbereich wurde bereits erörtert und kritisiert.[1576]

b) Tathandlung

Der Heilberufsangehörige macht sich nach § 299a StGB strafbar, wenn er im Zusammenhang mit der Berufsausübung einen Vorteil für sich oder einen Dritten als Gegenleistung für die unlautere Bevorzugung eines Dritten bei dem Bezug von Arznei- oder Hilfsmitteln oder Medizinprodukten, die jeweils zur unmittelbaren Anwendung durch den Heilberufsangehörigen oder einen seiner Berufshelfer bestimmt sind, oder bei der Verordnung von Arznei-, Heil- oder Hilfsmitteln oder Medizinprodukten bzw. bei der Zuführung von Patienten oder Untersuchungsmaterial fordert, sich versprechen lässt oder annimmt. Durch den vorausgesetzten Zusammenhang der Tathandlung mit der Berufsausübung werden privat veranlasste Vorteile aus dem Anwendungsbereich ausgeschlossen, was sich aber bereits darin widerspiegelt, dass die Tathandlung *als* Heilberufsangehöriger durchgeführt werden muss.[1577]

1575 *Dannecker/Schröder* in: NK-StGB, § 299a Rn. 102, die jedoch auf die sich aus dem weiten Täterkreis ergebenden „Schwierigkeiten“ für die Bestimmung der Unlauterkeit der Bevorzugung hinweisen; *Eisele* in: Schönke/Schröder, § 299a Rn. 9; im Ergebnis so auch: *Rogall* in: SK-StGB, § 299a Rn. 17; *Rosenau* in: SSW-StGB, § 299a Rn. 4; *Aldenhoff/Valluet*, medstra 2015, 195, 196; *Brettel/Mand*, A&R 2016, 99, 101; *Geiger*, CCZ 2016, 172, 174; *Lilie/Reuter*, DABl. 2016, S. A 1790; *Pragal/Handel*, medstra 2015, 337, 339; *Brettel/Duttge/Schuhr*, JZ 2015, 929, 934; *Kubiciel*, MedR 2016, 1, 3; *Krüger*, NZWiSt 2017, 129, 131; zumindest kritisch *Kubiciel/Tsambikakis*, medstra 2015, 11, 15; *Dieners*, PharmR 2015, 529, 532; *Gaede/Lindemann/Tsambikakis*, medstra 2015, 142, 148 f.; *Schröder*, NZWiSt 2015, 321, 329.

1576 Vgl. 2. Kapitel C. II. 5. b) (S. 233 ff.); ebenso kritisch auch *Rogall* in: SK-StGB, § 299a Rn. 22; *Dannecker/Schröder* in: Kubiciel/Hoven, S. 65 f.; *Kubiciel* in: Kubiciel/Hoven, S. 83 ff.; *Tsambikakis*, medstra 2016, 131, 132; *Bahner*, S. 32 f.; *Gelshorn*, S. 167 ff.; *Kubiciel*, ZMGR 2016, 289, 290.

1577 *Dannecker/Schröder* in: NK-StGB, § 299a Rn. 114. Das Merkmal der Handlung im Zusammenhang mit der Berufsausübung ist daher generell nicht notwendig gewesen. So auch *Pragal/Handel*, medstra 2015, 337, 339; *Frister* in: AG Medizinrecht im DAV/IMR, S. 99; *Nestler*, GesR 2016, 70, 73; *Kubiciel/Tsambikakis*, medstra 2015, 11, 14; vgl. hierzu auch *Heil/Oeben*, PharmR 2016, 217, 220; a.A. *Rogall* in: SK-StGB, § 299a Rn. 34. Bezweifelnd, dass überhaupt eine Verordnung außerhalb der Berufsausübung

aa) Dreistufige Gliederung: Fordern, Sich-Versprechen-Lassen, Annehmen

Die Tathandlung umfasst das Fordern, Sich-Versprechen-Lassen oder Annehmen eines Vorteils. Der Gesetzgeber hat diesbezüglich den identischen Wortlaut wie bei § 299 StGB verwendet,[1578] weswegen grundsätzlich ein Rückgriff auf die Auslegungsgrundsätze des § 299 Abs. 1 StGB vorgenommen werden kann.[1579] Dies ist auch im Sinne der Rechtsklarheit sinnvoll und trägt zur Bestimmbarkeit der Tathandlung für die Normadressaten bei.

Die Tathandlung lässt sich in drei Stufen untergliedern.[1580] Die erste Stufe bildet die „Verhandlungsstufe“, welche auf der Seite des Vorteilsnehmers durch das Fordern und auf der Seite des Vorteilsgebers durch das Anbieten eines Vorteils gekennzeichnet wird.[1581] Der Täter des § 299a StGB bringt sein Verlangen nach einem Vorteil im Gegenzug zu einer heilberuflichen Entscheidung zum Ausdruck.[1582] Ziel ist es hierbei, eine Unrechtvereinbarung zu treffen.[1583]

Die „Vereinbarungsstufe“ bildet die zweite Stufe und erfasst das Sich-Versprechen-Lassen bzw. das Versprechen eines Vorteils.[1584] Diese Handlung ist als erfüllt anzusehen, wenn der Geber und Nehmer ausdrücklich oder konkludent eine Übereinkunft dahingehend treffen, dass der Geber dem Heilberufsangehörigen einen Vorteil zukommen lassen wird und mithin eine Unrechtsvereinbarung getroffen wird.[1585]

---

möglich sei: *Nestler*, GesR 2016, 70, 73; *Pragal/Handel*, medstra 2015, 337, 339; *Tsambikakis*, medstra 2016, 131, 138; *Bongartz*, S. 292: „Kaum vorstellbar“; *Sartorius*, S. 49: Es liegt regelmäßig ein Zusammenhang zur Berufsausübung vor; *Kronawitter*, S. 119 ff.; a.A. *Rosenau/Lorenz/Wendrich* in: Kuhlen/Kudlich, S. 64. Dafür, dass Zuführungshandlungen im privaten Bereich zumindest denkbar sind auch: *Rogall* in: SK-StGB, § 299a Rn. 35; Beispiele hierzu: *Fischer*, StGB, § 299a Rn. 7.

1578 *Dannecker/Schröder* in: NK-StGB, § 299a Rn. 115.

1579 Einen Rückgriff bejahen z.B. auch: BT-Drucks. 18/6446, S. 17; *Lilie/Reuter*, DÄBl. 2016, A 1792; *Grinblat*, MPJ 2016, 3, 6; *Jäger*, MedR 2017, 694, 696; *Rauer/Pfuhl*, PharmR 2016, 357, 359.

1580 *Dannecker/Schröder* in: K-StGB, § 299a Rn. 115; vgl. zum „Drei-Stufen-Modell“ *Geisler*, S. 147 ff.

1581 *Dannecker/Schröder* in: NK-StGB, § 299a Rn. 115.

1582 *Dannecker/Schröder* in: NK-StGB, § 299a Rn. 116.

1583 *Dannecker/Schröder* in: NK-StGB, § 299a Rn. 115 f.

1584 *Dannecker/Schröder* in: NK-StGB, § 299a Rn. 115.

1585 *Tsambikakis*, medstra 2016, 131, 138; *Dannecker/Schröder* in: NK-StGB, § 299a Rn. 117; *Dannecker/Schröder* in: NK-StGB, § 299b Rn. 16.

Die „Leistungsstufe“ in Form der Vorteilsannahme bzw. Vorteilsgewährung stellt die dritte Stufe dar.[1586] Die Vorteilsgewährung ist in der verwirklichten Annahme des Vorteils durch den Heilberufsangehörigen zu sehen und dient der Erfüllung der getroffenen Unrechtsvereinbarung.[1587] Die Annahme muss mit der Erklärung verbunden sein, die Verfügungsgewalt hinsichtlich des Vorteils erlangen zu wollen.[1588]

Die Tatbestandsvarianten des Sich-Versprechen-Lassens bzw. des Annehmens setzen somit jeweils eine Übereinkunft des Gebers und Nehmers voraus, wohingegen das Fordern bereits durch von Beginn an erfolglose einseitige Anbahnungsbemühungen gegeben ist.[1589] Die hierdurch weit nach vorne verlagerte Strafbarkeit[1590] wird grundsätzlich dem Aspekt gerecht, dass bereits solche Bemühungen, insbesondere zum Schutz des Vertrauens der Patienten und der Integrität heilberuflicher Entscheidungen, unterbunden werden sollen und unabhängig davon, ob auf das Angebot eingegangen wird, ein korruptives und strafbares Verhalten vorliegt.

bb) Vorteil

Auch für den Begriff des Vorteils kann grundsätzlich auf die zu § 299 Abs. 1 und §§ 331 ff. StGB entwickelten Auslegungsgrundsätze als Ausgangsgrundlage zurückgegriffen werden.[1591] An dieser Stelle ist auszuführen, dass die Gesetzesbegründung grundsätzlich zwar keine Bindungswirkung hat; allerdings kann die Begründung im Rahmen der Auslegung herangezogen werden, um den Willen des Gesetzgebers zu ermitteln.[1592] Im Sinne der Rechtsklarheit sind an dieser Stelle zumindest keine Gründe ersichtlich, die gegen eine grundsätzliche Heranziehung der bisher entwickelten allgemeinen Grundsätze zur Auslegung des Vorteilsbegriffes sprechen.

Danach ist ein Vorteil – unabhängig davon, ob materiell oder immateriell – alles, was die wirtschaftliche, rechtliche oder persönliche Lage des Empfängers

---

1586 *Dannecker/Schröder* in: NK-StGB, § 299a Rn. 115.

1587 *Tsambikakis,* medstra 2016, 131, 138; *Dannecker/Schröder* in: NK-StGB, § 299b Rn. 17.

1588 *Dannecker/Schröder* in: NK-StGB, § 299a Rn. 118.

1589 *Fischer*, StGB, § 299 Rn. 30. Vgl. ausführlicher hierzu auch *Sartorius,* S. 42 ff.

1590 *Dannecker/Schröder* in: NK-StGB, § 299a Rn. 321.

1591 BT-Drucks. 18/6446, S. 17; *Rogall* in: SK-StGB, § 299a Rn. 23; kritisch hierzu *Wigge,* NZS 2015, 447, 449.

1592 BVerfGE 62, 1, 45 ff.; *Rüthers,* JZ 2002, 365, 368; *Rüthers,* JZ 2006, 53, 54. Vgl. hierzu noch ausführlicher 3. Kapitel A. III. 4. (S. 327 ff.).

in irgendeiner Form verbessert, worauf er aber keinen Rechtsanspruch hat.[1593] Nachdem hier auch immaterielle Vorteile, wie z.B. Ehrenämter oder Ehrungen erfasst werden,[1594] geht der Vorteilsbegriff über den der §§ 31, 32 MBO-Ä hinaus, der eine materielle oder immaterielle Besserstellung der wirtschaftlichen Lage des Empfängers verlangt.[1595] Erfasst werden insbesondere auch die eingangs der Arbeit erwähnten auf dem Gesundheitsmarkt typischen einseitigen Zuwendungen, wie das Sponsoring von Fortbildungen und Einladungen zu Kongressen samt Übernahme von Reise- und Hotelkosten für die Heilberufsangehörigen und ihre Mitreisenden.[1596] Auch ein Vertrag, der das Erbringen einer Tätigkeit gegen ein angemessenes Entgelt zum Gegenstand hat, kann einen Vorteil begründen,[1597] wodurch auch Zuwendungen aus zulässigen Kooperationen vom Vorteilsbegriff erfasst werden können.[1598] Als Vorteil gilt auch *„die Gelegenheit zum Abschluss eines [...] Vertrages“*, so dass auch der Anspruch auf eine Zuwendung, der sich aus einem Vertrag ergibt, die Annahme eins Vorteils nicht

---

1593 *Hohmann* in: MüKo-StGB, § 299a Rn. 20; *Sartorius,* S. 45; BGH, NJW 2001, 2558, 2559; BGH, NJW 2003, 763, 764; BGH, NStZ-RR 2007, 309, 310. Hierunter fallen somit auch Verträge, bei denen sich Leistung und Gegenleistung in ausgeglichenem Verhältnis gegenüberstehen. Wegen der Weite des Begriffes eignet er sich nicht dazu den Anwendungsbereich der §§ 299a, 299b StGB einzuschränken: *Dann/Scholz,* NJW 2016, 2077, 2078; *Frister* in: AG Medizinrecht im DAV/IMR, S. 85.

1594 BT-Drucks. 18/6446, S. 17; *Bahner,* S. 45; *Grinblat,* MPJ 2016, 3, 6; *Großkopf/Schanz,* RDG 2016, 220, 225; *Dieners,* PharmR 2015, 529, 530; *Krüger,* NZWiSt 2017, 129, 132; *Passarge,* DStR 2016, 482, 483; *Tsambikakis,* medstra 2016, 131, 134; *Kubiciel* in: Kubiciel/Hoven, S. 75; *Fischer,* StGB, § 331, Rn. 11e; *Rogall* in: SK-StGB, § 299a, Rn. 27; ablehnend wegen mangelndem Einfluss *Schneider* in: Kooperationen im Gesundheitswesen auf dem Prüfstand, S. 52 ff. Zu sexuellen Zuwendungen *Graalmann-Scheerer,* MedR 2017, 601, 603.

1595 *Scholz* in: Spickhoff, § 31 MBO, Rn. 5, § 32 MBO, Rn. 2.

1596 BT-Drucks. 18/6446, S. 18; *Tsambikakis,* medstra 2016, 131, 134; *Dannecker/Schröder* in: NK-StGB, § 299a Rn. 126; *Rogall* in: SK-StGB, § 299a Rn. 26; weitere Beispiele bei *Bahner,* S. 43 ff.; *Graalmann-Scheerer,* MedR 2017, 601, 603.

1597 Vgl. das Beispiel bei *Kubiciel,* MedR 2016, 1, 3. *Frister* in: AG Medizinrecht im DAV/IMR, S. 85; *Bongartz,* S. 293.

1598 *Kubiciel* in: Kubiciel/Hoven, S. 75; BT-Drs. 18/6446, S. 18; *Sartorius,* S. 46 f. Hierzu zählen neben den Anwendungsbeobachtungen und dem Behandlungsvertrag (BT-Drucks. 18/6446, S. 18) auch sich aus dem Sozialrecht ergebende Zusammenarbeiten wie vor- und nachstationäre Behandlungen, integrierte Versorgung und bestimmte Bonuszahlungen (BT-Drucks. 18/6446, S. 18; *Tsambikakis,* medstra 2016, 131, 134) sowie Gutachterleistungen, Beratungstätigkeiten und Sponsoringverträge (*Dieners,* PharmR 2015, 529, 533; *Tsambikakis,* medstra 2016, 131, 134).

ausschließt.[1599] Damit ist der Begriff sehr weit gefasst und umfasst schon die „Verdienstmöglichkeit“ an sich, auf welche der Heilberufsangehörige generell vor Vertragsabschluss keinen Rechtsanspruch hat.[1600] Vorteile an Dritte werden auch erfasst, wenn sie dem Heilberufsangehörigen nicht gerade zur Weitergabe an den Patienten oder die Versicherung gewährt werden, da solche Vorteile dem Patienten dienen.[1601] Erfasst werden vom Vorteilsbegriff grundsätzlich auch nachträglich gewährte Zuwendungen.[1602] Es ist damit unerheblich, wann die Vorteile geleistet werden.[1603]

Der Begriff des Vorteils ist folglich nicht dazu geeignet, den Tatbestand erheblich einzuschränken.[1604] Es erscheint aber zutreffend, die Einschränkung im Rahmen der Unrechtsvereinbarung vorzunehmen[1605] und den Vorteilsbegriff nicht zu eng zu gestalten, da je nach individueller Situation oder je nach Person bereits ein Mehrwert mit dem Vorteil verbunden sein kann, auch wenn er für eine andere Person ggf. keine Besserstellung zu begründen vermag. Dementsprechend führt die Aussicht auf den Erhalt eines Vorteils entsprechend

1599 *Dannecker/Schröder* in: NK-StGB, § 299a Rn. 123; BT-Drucks. 18/6446, S. 18; *Rosenau* in: SSW-StGB, § 299a Rn. 11; *Rogall* in: SK-StGB, § 299a Rn. 26; *Dann/Scholz,* NJW 2016, 2078; *Heil/Oeben*, PharmR 2016, 217, 219; *Kubiciel*, ZMGR 2016, 289, 291; *Lilie/Reuter*, DABl. 2016, A 1792; *Tsambikakis*, medstra 2016, 131, 134; *Pragal/Handel*, medstra 2015, 337, 340; *Fischer*, StGB, § 299a Rn. 17; *Kronawitter,* S. 122; kritisch hierzu *Schneider* in: Kooperationen im Gesundheitswesen auf dem Prüfstand, S. 58.

1600 *Frister* in: AG Medizinrecht im DAV/IWR, S. 85; die weite Fassung betonen auch *Kubiciel* in: Kubiciel/Hoven, S. 75; *Großkopf/Schanz*, RDG 2016, 220, 224; *Jary,* PharmR 2015, 99, 101; *Heil/Oeben,* PharmR 2016, 217; *Rauer/Pfuhl,* PharmR 2016, 357, 359; *Rogall* in: SK-StGB, § 299a Rn. 25.

1601 *Dannecker/Schröder* in: NK-StGB, § 299a Rn. 129: Ein Ausschluss ist auch möglich, wenn der Dritte einen „eigenen Rechtsanspruch“ auf den Vorteil hat; *Rogall* in: SK-StGB, § 299a Rn. 24; hierzu auch *Tsambikakis*, medstra 2016, 131, 134.

1602 *Dannecker/Schröder* in: NK-StGB, § 299a Rn. 127: Die nachträgliche Zuwendung kann Indizwirkung haben und sie kann dem Tatbestand unterfallen, wenn sie aus einer vorausgegangenen Unrechtsvereinbarung hervorgeht (BT-Drucks. 18/6446, S. 20); vgl. hierzu auch noch 3. Kapitel A. III. 1. b) cc) (1) (S. 296 ff.) und 3. c) (S. 326 f.).

1603 *Schuhr* in: Spickhoff, 2018, §§ 299a, 299b, Rn 19.

1604 Vgl. auch *Frister* in: AG Medizinrecht im DAV/IWR, S. 85.

1605 *Jary,* PharmR 2015, 99, 101: Nicht jede Zuwendung führt zu einem Ermittlungsverfahren; von entscheidender Bedeutung ist das Vorliegen einer Unrechtsvereinbarung; *Kubiciel,* ZMGR 2016, 289, 291.

der jeweiligen persönlichen Situation zu einer unterschiedlichen Bereitschaft zur Vornahme unlauterer Bevorzugungen. Der vor allem auf den Bereich von Kooperationen bezogene Vorschlag von *Gaede*, die Annahme eines Vorteils nur dann zu bejahen, wenn die Zuwendung im Rahmen einer objektiven Betrachtungsweise die Geeignetheit aufweist, eine unlautere Bevorzugung zu bewirken, um dadurch dem Vorteilsbegriff klarere Konturen zu verleihen und das Merkmal der Unrechtsvereinbarung nicht überzustrapazieren, überzeugt daher nicht vollumfänglich.[1606] Es kann durch die Heranziehung von grundsätzlich üblichen Verhaltensweisen im Rahmen von Austauschbeziehungen nicht allgemein ausgeschlossen werden, dass ein Vorteil im konkreten Fall eine unlautere Bevorzugung bewirken kann.[1607] Es wird hierdurch zudem nicht verhindert, dass dennoch eine konkrete Prüfung der Unrechtsvereinbarung vorgenommen werden muss.[1608]

Anstelle einer Geringwertigkeits- oder Bagatellgrenze wird bei Zuwendungen, die schon grundsätzlich objektiv nicht dazu geeignet sind, unzulässig auf heilberufliche Entscheidungen Einfluss zu nehmen, von einer zulässigen sozialadäquaten Zuwendung ausgegangen, die nicht den Tatbestand des § 299a StGB erfüllen soll.[1609] Beispielhaft werden hierfür die *„geringfügigen und allgemein üblichen Werbegeschenke“* genannt.[1610] Zu differenzieren ist hierbei jedoch zwischen Zuwendungen, die wegen ihrer Geringwertigkeit und der weiteren Gegebenheiten keine Beeinflussung zur Folge haben und Zuwendungen, die sich typischerweise auf einem Markt eingebürgert haben, deswegen aber noch nicht

---

1606 *Gaede* in: NK-WiStR, § 299a Rn. 45 und § 299 Rn. 49.

1607 *Dannecker/Schröder* in: NK-StGB, § 299a Rn. 125.

1608 *Dannecker/Schröder* in: NK-StGB, § 299a Rn. 125 geben zu bedenken, dass die Prüfung der Unrechtsvereinbarung bei dem Vorschlag von *Gaede* ggf. nicht mehr mit der erforderlichen Sorgfalt vorgenommen werden würde.

1609 BT-Drucks. 18/6446, S. 17 f.; *Fischer*, StGB, § 299a Rn. 29; *Rönnau/Wegner* in: Achenbach/Ransiek/Rönnau, §§ 299a, 299b StGB Rn. 54; *Andreschewski*, S. 263: Es ist im Einzelfall eine objektive Betrachtung vorzunehmen, wann eine Eignung zur Einflussnahme vorliegt. *Rosenau/Lorenz/Wendrich* in: Kuhlen/Kudlich, S. 65 gehen davon aus, dass eine Sozialadäquanz im Hinblick auf § 32 MBO-Ä zumindest bis zu einem Betrag von ca. 50,00 € anzunehmen sei.

1610 BT-Drucks. 18/6446, S. 17. Auch kleine Geschenke von Patienten werden hier genannt, wobei Zuwendungen von Patienten ohnehin nicht vom Tatbestand erfasst werden. Vgl. hierzu mit Beispielen auch *Rogall* in: SK-StGB, § 299a Rn. 28; *Rosenau* in: SSW-StGB, § 299a Rn. 12; *Jary*, PharmR 2015, 99, 101, *Tsambikakis*, medstra 2016, 131, 134; *Eisele* in: FS Neumann, S. 1085; *Bahner*, S. 47.

als sozialadäquat und damit tatbestandlos einzuordnen sind.[1611] Insbesondere häufig oder in großem Ausmaß gewährte übliche Zuwendungen können von der Sozialadäquanz ausgenommen sein.[1612] Es ist nicht zutreffend, allein vom geringen materiellen Wert automatisch auf eine sozialadäquate Zuwendung zu schließen. Aus diesem Grund ist eine pauschale Festlegung von Beträgen zur Bestimmung der Sozialadäquanz abzulehnen.[1613] Mit wertmäßig geringen Zuwendungen können weitere Vorteile einhergehen oder sie können im Einzelfalle dennoch einen Vorteil begründen, so dass in jedem Falle eine hinreichende Prüfung der jeweiligen konkreten Situation zu erfolgen hat.

cc) Unrechtsvereinbarung

Das Fordern, Sich-Versprechen-Lassen oder Annehmen eines Vorteils kann nur dann den Tatbestand verwirklichen, wenn es mit einer speziellen Gegenleistung verknüpft werden soll. Diese Gegenleistungen werden in § 299a StGB enumerativ aufgezählt. Erst durch die Verknüpfung von Vorteil und Gegenleistung liegt die für die Korruptionstatbestände charakteristische Unrechtsvereinbarung

---

1611 *Dannecker/Schröder* in: NK-StGB, § 299a Rn. 130.

1612 *Dannecker/Schröder* in: NK-StGB, § 299a Rn. 130. *Fischer* regt zu Recht an, dass hierbei nicht das von den jeweiligen Berufsgruppen „Erwartete" als sozialadäquat angesehen werden darf, sondern nur das, was die Allgemeinheit als sozialadäquat einstuft, vgl. *Fischer*, StGB, § 299a Rn. 19; vgl. hierzu auch *Schroth/Hofmann*, medstra 2017, 259, 263. Nach *Fischer* sind geringwertige Büromaterialien und Infomaterial sowie gelegentliche Einladungen bis zu einem Wert von € 50,- grundsätzlich sozialadäquat, wenn sie nicht als selbstverständlich und regelmäßig erfolgen, a.a.O., Rn. 20; *Eisele* in: Schönke/Schröder, § 299a Rn. 40; jedoch sei die Bezahlung von Reisen und Hotelaufenthalten bei Fortbildungsreisen, bei denen der Urlaubsfaktor gegenüber dem wissenschaftlichen Faktor überwiegt, nicht sozialadäquat. *Andreschewski,* S. 264 vertritt die Auffassung, dass bei fehlender persönlicher Beziehungen bei einer Gewährung von Geschenken ohne jeglichen Anlass an Heilberufsangehörige oder an Praxispersonal von einer Eignung zur Einflussnahme auszugehen sei, da kein anderer Grund ersichtlich sei, diese Berufsgruppe zu beschenken.

1613 *Dannecker/Schröder* in: NK-StGB, § 299a; *Hohmann* in: MüKo-StGB, § 299a Rn. 24: Es bedarf jeweils einer Bestimmung im Einzelfall, ob eine „konkrete Eignung" der Zuwendung zur Beeinflussung besteht. Nach *Sartorius,* S. 75 soll auf den „Lebensschnitt des Empfängers" abgestellt werden. *Kronawitter,* S. 123 dagegen regt an, zur Beurteilung der Geringwertigkeit die von der FSA entwickelten Kriterien heranzuziehen, nach denen Geschenke, die einen Betrag von € 5,00 (Wert inkl. Umsatzsteuer) nicht überschreiten als geringwertig einzustufen sind.

vor.[1614] Die Gegenleistung für den Vorteil muss eine zukünftige unlautere Bevorzugung im inländischen oder ausländischen Wettbewerb sein und eine der in § 299a Nrn. 1 – 3 StGB definierten heilberuflichen Entscheidungen zum Gegenstand haben.[1615]

Nachdem Korruptionstaten oft verschleiert werden und grundsätzlich keiner der unmittelbar Beteiligten ein Interesse an der Aufklärung der Tat hat,[1616] sind Aufklärungsschwierigkeiten zu erwarten, weswegen oftmals eine „Indizienbewertung“ zu erfolgen haben wird, die sämtliche wesentliche belastende und entlastende Umstände mit einbezieht.[1617]

(1) Bevorzugung im Wettbewerb als Gegenleistung

Für die Verknüpfung von Leistung und Gegenleistung werden die zur Bestechung und Bestechlichkeit im geschäftlichen Verkehr entwickelten Grundsätze, nicht jedoch die zur gelockerten Unrechtsvereinbarung der §§ 331 ff. StGB herangezogen.[1618] Dies ist aufgrund des Wortlautes des § 299a StGB als zutreffend zu bewerten, da dieser mit der Formulierung *„als Gegenleistung dafür […], dass er bei […]“* zum Ausdruck bringt, dass ein Gegenseitigkeitsverhältnis zwischen

---

1614 BT-Drucks. 18/6446, S. 18; *Dann/Scholz*, NJW 2016, 2077, 2078: *„normatives Korrektiv“*; *Dannecker/Schröder* in: NK-StGB, § 299a Rn. 131; *Rosenau/Lorenz/Wendrich* in: Kuhlen/Kudlich, S. 66: „Kernelement“; *Hohmann* in: MüKo-StGB, § 299a Rn. 25: „Kern des Straftatbestandes“. *Frister* in: AG Medizinrecht im DAV/IWR, S. 87: Eine konkludente Vereinbarung dahingehend, dass die Gegenleistung seine Entscheidung beeinflusst, ist ausreichend. *Andreschewski*, S. 264, spricht der Vorteilszuwendung eine indizielle Wirkung zu, die eine Unrechtsvereinbarung zumindest naheliegend erscheinen lässt.

1615 *Dannecker/Schröder* in: NK-StGB, § 299a Rn. 131; *Hohmann* in: MüKo-StGB, § 299a Rn. 26.

1616 Vgl. hierzu schon 1. Kapitel B. II. 3. (S. 38 f.).

1617 *Dannecker/Schröder* in: NK-StGB, § 299a Rn. 134, belastende Umstände können insbesondere eine umsatzbezogene Gewinnbeteiligung, eine fehlende angemessene Gegenleistung des Arztes oder eine erhöhte Vergütung sein; *Brettel/Mand*, A&R 2016, 99, 104; *Rönnau/Wegner* in: Achenbach/Ransiek/Rönnau, §§ 299a, 299b StGB Rn. 60.

1618 BT-Drucks. 18/6446, S. 18; *Heil/Oeben*, PharmR 2016, 217, 220; *Tsambikakis*, medstra 2016, 131, 134 f.; *Gädigk*, medstra 2015, 268, 269; *Dannecker/Schröder* in: NK-StGB, § 299a Rn. 133; *Bongartz*, S. 291. Die Unschärfe des Begriffes der Unrechtsvereinbarung kritisierend: *Rauer/Pfuhl*, PharmR 2016, 357, 361. Kritisch zur Heranziehung von der Rechtsprechung zu § 299 StGB auf die §§ 299a, 299b StGB: *Kubiciel* in: Kubiciel/Hoven, S. 72 f.

dem Vorteil und der Bevorzugung vom Täter anzunehmen sein muss.[1619] Nicht erfasst sind damit grundsätzlich im Gegensatz zu §§ 331, 333 StGB Vorteile, die zur „Klimapflege", zum „Anfüttern" oder aufgrund „allgemeinen Wohlwollens" erbracht werden.[1620] Dies damit zu rechtfertigen, dass Heilberufsangehörige privatwirtschaftlich bezogene Handlungen vornehmen, bei denen ein Austausch von Vorteilen generell üblich sei und sie sich hierin von Beamten unterscheiden, die dem Gemeinwohl verpflichtet sind, erscheint gemessen an den in dieser Arbeit gewonnenen Erkenntnissen nicht gerechtfertigt.[1621]

Das Vertragsarztwesen ist ebenfalls in vielen Bereichen – insbesondere im Rahmen der Verordnungstätigkeit des Vertragsarztes – stark öffentlich-rechtlich geprägt. Von einem Austausch von Leistungen entsprechend dem üblichen Wettbewerb kann daher aufgrund der zahlreichen Regulierungen und dem überwiegenden Fehlen eines klassischen Austauschverhältnisses grundsätzlich nicht ausgegangen werden,[1622] zumal die korruptiven Handlungen außerhalb der üblichen und angemessenen Leistungen liegen. Die Tätigkeit des Vertragsarztes dient zudem zumindest auch dem Gemeinwohl, da es sich hierbei um einen Bereich der Daseinsfürsorge handelt.[1623] Um diesen Bereich zu schützen, müssen aber die Integrität der heilberuflichen Entscheidungen und das damit verbundene Vertrauen der Patienten in die Behandlungen gesichert werden. In dem sensiblen Gesundheitsbereich können schon solche Maßnahmen zur Klimapflege das Vertrauen mit weitreichenden Folgen erschüttern, wenn sie sich

---

1619 *Dannecker/Schröder* in: NK-StGB, § 299a Rn. 133: „do ut des-Verhältnis; so auch *Hohmann* in: MüKo-StGB, § 299a Rn. 26.

1620 BT-Drucks. 18/6446, S. 20; *Rönnau/Wegner* in: Achenbach/Ransiek/Rönnau, §§ 299a, 299b StGB Rn. 58; *Bahner*, S. 67; *Gelshorn*, S. 160 ff.; *Dann/Scholz*, NJW 2016, 2077, 2078; *Geiger*, CCZ 2016, 172, 175; *Graalmann-Scheerer*, MedR 2017, 601, 605; *Jäger*, MedR 2017, 694, 697; *Kubiciel*, jurisPR-StrafR 11/2016, Anm. 1; *Dieners*, PharmR 2015, 529, 530; *Grzesiek/Sauerwein*, NZWiSt 2016, 369, 370; *Tsambikakis*, medstra 2016, 131, 134 f.; *Rogall* in: SK-StGB, § 299a Rn. 36; *Rosenau* in: SSW-StGB, § 299a Rn. 14; *Wissing/Cierniak*, NZWiSt 2016, 41, 43; *Fischer*, StGB, § 299a Rn. 10. *Sartorius*, S. 51 sieht darin keine Strafbarkeitslücke begründet, da wohl meistens eine unmittelbare Verordnungs- oder Zuweisungsentscheidung aus Sicht des Gebers unmittelbar bevorstehe oder diese schon hinreichend bestimmt ist. Vgl. zu der Berücksichtigung von allgemeinen Zuwendungen jedoch auch noch 3. Kapitel A. III. 3. c) (S. 326 f.).

1621 So aber *Kubiciel*, jurisPR-StrafR 11/2016 Anm.1.

1622 Vgl. hierzu auch 3. Kapitel A. I. 1. (S. 243 ff.).

1623 Vgl. hierzu bereits 2. Kapitel B. II. 2. a) und b) (S. 196 ff.).

auf die Integrität auswirken können.[1624] Solche Fälle werden aufgrund der nunmehrigen Ausgestaltung des Tatbestandes jedoch nicht erfasst. Umso wichtiger ist es, im jeweiligen Einzelfall zu prüfen, ob die Annahme eines Gegenseitigkeitsverhältnisses tatsächlich auszuschließen ist.

Entscheidend ist nach dem Wortlaut, dass die Auswahlentscheidung „im Wettbewerb“ erfolgt.[1625] Eine unlautere Bevorzugung meint im Ausgangspunkt *„jede sachfremde Auswahlentscheidung zwischen mindestens zwei Bewerbern“*, wobei die Bevorzugung aufgrund der Ausgestaltung der Tatbestände als abstrakte Gefährdungsdelikte nicht tatsächlich durchgeführt werden muss.[1626] Erfasst werden nur Bevorzugungen, die in der Zukunft und damit zeitlich nach der Unrechtsvereinbarung liegen.[1627] Irrelevant ist dagegen, ob die Gewährung des Vorteils vor, nach oder während der Bevorzugung erfolgt bzw. erfolgen soll.[1628] Die Wettbewerbssituation muss noch nicht bei Vornahme der Tathandlung, sondern erst zum Zeitpunkt der Bevorzugung vorliegen.[1629] Nachdem die Bevorzugung erst nach der Vollendung der Tat vorgenommen wird, ist grundsätzlich zu keinem Zeitpunkt tatsachlich ein Wettbewerbsverhältnis erforderlich, wenn aber gleichwohl der Vorsatz des Täters im Zeitpunkt der Tathandlung darauf ausgerichtet sein muss, dass zukünftig eine Wettbewerbssituation entsteht.[1630] Zudem wird gefordert, dass zum Zeitpunkt der Unrechtsvereinbarung ein Wettbewerb grundsätzlich überhaupt „möglich“ ist und aufgrund der vorherrschenden Situation Mitbewerber zu erwarten sind.[1631]

1624 Vgl. hierzu 3. Kapitel A. I. 2. a) bb) (S. 257 f.) und b) aa) (S. 260 f.).

1625 *Dannecker/Schröder* in: NK-StGB, § 299a Rn. 141.

1626 BGHSt 49, 214, 228; BGH, NStZ-RR 2015, 278, 279; *Rauer/Pfuhl*, PharmR 2016, 357, 360; *Dann/Scholz*, NJW 2016, 2077, 2078; *Geiger*, CCZ 2016, 172, 175; *Tsambikakis*, medstra 2016, 131, 136 ff.; *Kubiciel*, jurisPR-Compl 3/2016, Anm. 1; *Wissing/Cierniak*, NZWiSt 2016, 41, 44 f.; *Dannecker/Schröder* in: NK-StGB, § 299a Rn. 141; *Bahner*, S. 68; *Schneider* in: Kooperationen im Gesundheitswesen auf dem Prüfstand, S. 79; *Rogall* in: SK-StGB, § 299a Rn. 35; *Sartorius*, S. 35; *Kronawitter*, S. 106.

1627 *Schuhr* in: Spickhoff, 2018, §§ 299a, 299b Rn. 19; *Dannecker/Schröder* in: NK-StGB, § 299a Rn. 143; *Gelshorn*, S. 159.

1628 *Schuhr* in: Spickhoff, 2018, §§ 299a, 299b, Rn, 19.

1629 *Dannecker/Schröder* in: NK-StGB, § 299a Rn. 144; *Rogall* in: SK-StGB, § 299a Rn. 43.

1630 *Dannecker/Schröder* in: NK-StGB, § 299a Rn. 144; *Rogall* in: SK-StGB, § 299a Rn. 43; *Tsambikakis*, medstra 2016, 131, 136: Mit einer Wettbewerbssituation muss spätestens zum Zeitpunkt der Bevorzugung gerechnet werden.

1631 *Dann/Scholz*, NJW 2016, 2077, 2078; *Gaede* in: NK-WiStR, § 299a Rn. 60; *Dannecker/Schröder* in: NK-StGB, § 299a Rn. 144.

Fraglich ist, wie weit der Begriff des Wettbewerbs auszulegen ist. Der Stellungnahme des Ausschusses für Recht und Verbraucherschutz war eine sehr weite Auslegung zu entnehmen. Danach sollen beim Vorliegen von Monopolsituationen Vorteilsgewährungen der Monopolisten auch dann wettbewerbserheblich sein, wenn diese darauf ausgelegt sind, dessen Stellung im Wettbewerb auf lange Sicht zu sichern und Wettbewerber in der Zukunft zu benachteiligen oder auszuschalten.[1632] Eine Wettbewerbsrelevanz solle auch angenommen werden, wenn es zu Vorteilsleistungen für Zuweisungen von Patienten von einem Hausarzt an den „einzigen ortsansässigen Facharzt" oder ein im weiteren Umfeld einziges Krankenhaus kommt oder medizinisch nicht indizierte Medikamente aufgrund Vorteilsgewährung verordnet werden.[1633]

Diese weite Auslegung wird teilweise darauf zurückgeführt, dass aufgrund der Streichung der Vertrauensbruchvariante mit Lücken im Rahmen der Erfassung der unzulässigen Handlungen zu rechnen war und man einer diesbezüglichen Kritik vorbeugen wollte.[1634] Eine solche Auslegung und *„vollständige Subjektivierung des Wettbewerbserfordernisses"* lassen sich vor allem aufgrund der klaren Bezeichnung im Gesetz „im Wettbewerb" und die ohnehin bestehende Weite, die durch das Abstellen auf die Vorstellung des Täters, nach der eine Gefährdung für den Wettbewerb vorliegen muss, nicht vertreten.[1635] Es ist zudem zweifelhaft, wie dem Vorteilsnehmer nachgewiesen werden kann, dass der Vorteilsgeber trotz Monopolstellung in der Vorstellung handelte, zukünftigen Wettbewerb zu beeinträchtigen.[1636] Hierzu müsste er grundsätzlich nachweislich angenommen

1632 BT-Drucks. 18/8106, S. 15; so auch *Rönnau/Wegner* in: Achenbach/Ransiek/Rönnau, §§ 299a, 299b StGB Rn. 102; *Aldenhoff/Valluett,* medstra 2015, 195, 198.

1633 BT-Drucks. 18/8106, S. 15 f.

1634 *Gaede* in: NK-WiStR, § 299a Rn. 64; *Dannecker/Schröder* in: NK-StGB, § 299a Rn. 146.

1635 *Dannecker/Schröder* in: NK-StGB, § 299a Rn. 146; *Dann/Scholz,* NJW 2016, 2077, 2078; *Gaede* in: NK-WiStR, § 299a Rn. 64. *Sartorius*, S. 63 geht davon aus, dass angelehnt an § 299 StGB der Begriff von der Rspr. wohl eher eng ausgelegt werden wird.

1636 *Dannecker/Schröder* in: NK-StGB, § 299a Rn. 147. Kritisch auch: Rosenau in: SSW-StGB, § 299a Rn. 15; *Rogall* in: SK-StGB, § 299a Rn. 44; *Geiger*, CCZ 2016, 172, 175; *Grzesiek/Sauerwein,* NZWiSt 2016, 369, 371. Anders wohl *Fischer,* StGB, § 299a Rn. 11, der zumindest ausführt, dass ein Monopol *„nicht das Ende, sondern gerade eine besonders herausgehobene Wettbewerbs-Stellung"* sei, eine *„tatsächlich vollständige „Alternativlosigkeit" einer monopolistisch angebotenen Leistung"* sei gerade kaum vorstellbar (unter Verweis auf *Tsambikakis*, medstra 2016, 131, 136); ähnlich auch *Eisele* in: Schönke/Schröder, § 299a Rn. 38.

haben, dass potentielle Wettbewerber auf den Markt treten werden und diese die Monopolstellung beeinträchtigen können. Hierbei stellt sich die Frage, wo konkret eine Grenze gezogen werden soll und wie naheliegend die Annahme etwaiger künftiger Wettbewerber sein müsste und auf welchen Zeitraum sich die Annahme erstrecken müsste. Zudem sind Monopolstellungen vorstellbar, die den Wettbewerb gar nicht erst betreffen.[1637]

Hinsichtlich der Zuweisungen an die einzigen Fachärzte oder Kliniken in der näheren Umgebung ist schon unklar, in welcher Entfernung hier eine Grenze zu ziehen ist und wie genau in diesem Zusammenhang die „angemessene räumliche“[1638] Entfernung zu bestimmen ist.[1639] Gerade in ländlicher gelegenen Ortschaften handelt es sich oftmals aufgrund eines Ärztemangels um weite Entfernungen, so dass es hier schon an der Angemessenheit scheitern dürfte.[1640] Es erscheint außerdem zweifelhaft, einen Wettbewerb dadurch künstlich zu schaffen, dass man die räumliche Entfernung erweitert, um auf einen weiteren Arzt zu stoßen, der sodann als Wettbewerber bezeichnet wird.[1641]

Hinsichtlich medizinisch nicht indizierter Verordnungen und deren Erfassung vom Tatbestand lässt sich ausführen, dass bereits eine einzelne rechtlich unzulässige Tat nicht erfasst wird, da grundsätzlich nur der von Gesetzes wegen zulässige Wettbewerb von den §§ 299a, 299b StGB geschützt wird.[1642]

1637 Vgl. hierzu *Gelshorn*, S. 177; *Kubiciel*, jurisPR-StrafR11/2016, Anm. 1; *Tsambikakis*, medstra 2015, 131, 136: Wenn bei Monopolen eine Veränderung der Situation auf dem Markt nicht absehbar ist; siehe zu den Monopolstellungen auch: *Aldenhoff/Valluet*, medstra 2015, 195, 198; *Grzesiek/Sauerwein*, NZWiSt 2016, 369, 371; *Pragal/Handel*, medstra 2015, 337, 342.

1638 BT-Drucks. 18/8106, S. 16.

1639 *Dannecker/Schröder* in: NK-StGB, § 299a Rn. 147.

1640 Vgl. hierzu auch *Tsambikakis*, medstra 2016, 131, 136; *Gelshorn*, S. 177. *Eisele* in: Schönke/Schröder, § 299a Rn. 38 führt aus, dass der „*Radius nicht zu eng gezogen werden*“ dürfe.

1641 *Dannecker/Schröder* in: NK-StGB, § 299a Rn. 147; *Gelshorn*, S. 177; *Rogall* in: SK-StGB, § 299a Rn. 44; *Tsambikakis*, medstra 2016, 131, 136 f.; *Kubiciel* in: Kubiciel/Hoven, S. 81, der zumindest ausführt, dass häufig eine „zumutbare Alternative“ fehlen wird.

1642 *Dannecker/Schröder* in: NK-StGB, § 299a Rn. 147; *Tsambikakis*, medstra 2016, 131, 137; vgl. hierzu auch *Gaede* in: NK-WiStR, § 299a Rn. 64; *Dieners/Cahnbley*, MPR 2016, 48, 50. Das ist strittig; teilweise wird vertreten, dass einzelne gesetzeswidrige Handlungen im Rahmen einer insgesamt legalen Tätigkeit vom Tatbestand des § 299 StGB erfasst werden, vgl. hierzu *Fischer*, StGB, § 299 Rn. 5; *Rogall* in: SK-StGB, § 299a Rn. 43; vgl. zum Streitstand auch *Rosenau/Lorenz/Wendrich* in: Kuhlen/Kudlich, S. 64 Fn. 69.

Die weite Auslegung des Begriffes des Wettbewerbs ist daher nicht zu befürworten. Mit dieser gehen insbesondere zu viele Unklarheiten für den Normadressaten einher, die dem Wortlaut des Tatbestandes nicht einmal im Ansatz zu entnehmen sind. Aufgrund des Ärztemangels in ländlichen Regionen ist die Annahme eines Wettbewerbs bereits von vornherein fernliegend und stellt überdies einen Widerspruch in sich dar, den es zu vermeiden gilt. Die Zuweisung an den einzigen örtlich vorhandenen Facharzt ist bereits kein Entscheidung „im Wettbewerb". Selbiges gilt für die Monopolstellungen. Eine Monopolstellung zeichnet sich gerade durch fehlenden Wettbewerb aus. Es ist daher unter dem Gesichtspunkt der Bestimmtheit eine weite Auslegung abzulehnen.

(2) Unlautere Bevorzugung

Bei der mit der Unrechtsvereinbarung bezweckten Bevorzugung muss es sich um eine unlautere Bevorzugung handeln.

(a) Berücksichtigung der Grundsätze zu § 299 StGB

Als Ausgangslage erscheint es in Übereinstimmung mit der Gesetzesbegründung zunächst einmal wiederum Sinn zu machen, auf die Auslegungsgrundsätze, die bereits zu § 299 StGB aufgestellt wurden, zurückzugreifen, um den Begriff der Unlauterkeit zu konkretisieren.[1643] Grundsätzlich bestimmt sich die Unlauterkeit daher nach dem „wettbewerbsrechtlichen Lauterkeitsrecht" und damit nach dem „Rechtsbruchtatbestand" des § 3a UWG.[1644] Unlauter ist eine Bevorzugung demnach, wenn sie dazu geeignet ist, Mitbewerber durch die Umgehung der Regeln des Wettbewerbs und durch das Ausschalten der Konkurrenz zu schädigen.[1645] Die Entscheidung zwischen Mitbewerbern soll allein aus sachlichen Erwägungen und ohne Rücksicht auf etwaige Vorteile getroffen werden.[1646] In Übereinstimmung mit § 299 StGB die Unlauterkeit daran anzuknüpfen, dass die

---

1643 BT-Drucks. 18/6446, S. 21; *Dannecker/Schröder* in: NK-StGB, § 299a Rn. 151; *Bongartz*, S. 296.

1644 *Rogall* in: SK-StGB, § 299a Rn. 48; *Bahner*, S. 72 ff.; *Brettel/Mand*, A&R 2016, 99, 102; *Geiger*, CCZ 2016, 172, 175.

1645 BGHSt 2, 396, 401; BGHSt 49, 214, 227; *Bahner*, S. 68; *Dann/Scholz*, NJW 2016, 2077, 2078; *Geiger*, CCZ 2016, 172, 175; *Tsambikakis*, medstra 2016, 131, 136 ff.; *Wissing/Cierniak*, NZWiSt 2016, 41, 44 f.; *Dannecker/Schröder* in: NK-StGB, § 299a Rn. 151; *Rogall* in: SK-StGB, § 299a Rn. 48.

1646 BGHSt 2, 396, 401; BGHSt 49, 214, 228; *Dannecker/Schröder* in: NK-StGB, § 299a Rn. 151.

Vorteilsgewährung dazu geeignet sein muss, zu einer „sachwidrigen Beeinflussung" zu führen, ist auch für §§ 299a, 299b StGB die geeignete Ausgangslage, da Handlungen, die nicht dazu geeignet sind, eine sachgerechte Entscheidung zu beeinflussen, auch nicht den Wettbewerb und die Integrität der heilberuflichen Entscheidungen als die geschützten Rechtsgüter zu beeinträchtigen vermögen.[1647]

(b) Ausschluss durch Berufs- und Sozialrecht

Bei der Bestimmung des Begriffes der Unlauterkeit ist außerdem das Primärrecht des Gesundheitswesens zu beachten.[1648] Die ist vor allem erforderlich, um Widersprüche zu den auf dem Gesundheitsmarkt bestehenden Reglementierungen zu verhindern[1649] und eine konkretere Abgrenzung zwischen strafbarem und straffreiem Verhalten zu erzielen[1650]. Ist ein Verhalten nach den Regelungen des Gesundheitsrechtes ausdrücklich erlaubt, wäre es mit erheblichen rechtlichen Unklarheiten verbunden, dieses Verhalten als „unlauter" einzustufen. Hierdurch würde man eine Handlungsunfähigkeit der Normadressaten riskieren.

Gelangt man zu der Annahme, dass eine auf einem Vorteil beruhende Bevorzugung stattfindet, die aber nach den Regelungen des Gesundheitsrechts zulässig ist, ist dieser Aspekt im Rahmen der Prüfung des Vorliegens einer unlauteren Bevorzugung zu prüfen, denn auch im UWG findet insbesondere entsprechend § 3a UWG die Missachtung von Verhaltensregelungen oder das Vorliegen ausdrücklich zulässiger Verhaltensweisen Beachtung.[1651] Bereits im Rahmen der

---

1647 *Dannecker/Schröder* in: NK-StGB, § 299a Rn. 151 f.; *Gaede* in: NK-WiStR, § 299a Rn. 152; *Sahan* in G/J/W, § 299a Rn. 22; *Tsambikakis*, medstra 2016, 131, 137. Für eine „sachfremde Entscheidung" auch *Rosenau/Lorenz/Wendrich* in: Kuhlen/Kudlich, S. 68; *Rogall* in: SK-StGB, § 299a Rn. 37: Sachwidrige Entscheidung; *Schuhr* in: Spickhoff, 2018, §§ 299a, 299b StGB Rn. 43.

1648 *Brettel/Mand*, A&R 2016, 99, 102 f.; *Dann/Scholz*, NJW 2016, 2077, 2078; *Dieners/Cahnbley*, MPR 2016, 48, 51 f.; *Geiger*, CCZ 2016, 172, 176; *Grzesiek/Sauerwein*, NZWiSt 2016, 369, 371 f.; *Kubiciel*, MedR 2016, 1, 4; *Tsambikakis*, medstra 2016, 131, 137; *Dannecker/Schröder* in: Kubiciel/Hoven, S. 62 ff.; *Eisele* in: Schönke/Schröder, § 299a Rn. 39; *Scholz* in: Kubiciel/Hoven, S. 96 ff.; *Dannecker/Schröder* in: NK-StGB, § 299a Rn. 153; *Gaede* in: NK-WiStR, § 299a, Rn. 80; *Frister* in: AG Medizinrecht im DAV/IMR, S. 82; *Schröder* in: Frewer/Bergemann/Jäger, S. 137 ff.; so schon zum bay. Gesetzesentwurf: *Kubiciel/Tsambikakis*, medstra 2015, 11, 14.

1649 So auch *Schuhr* in: Spickhoff, 2018, §§ 299a, 299b, Rn. 6.

1650 *Dannecker/Schröder* in: NK-StGB, § 299a Rn. 153.

1651 *Dannecker/Schröder* in: NK-StGB, § 299a Rn. 153.

Unlauterkeit ist zur abschließenden Beurteilung des Vorliegens eines tatbestandsmäßigen Handelns das Primärrecht zu berücksichtigen.[1652] Von einer unlauteren Bevorzugung sollte daher nur dann gesprochen werden, wenn auch unter Beachtung des Primärrechtes und der nachfolgenden Parameter keine andere Beurteilung gegeben sein kann. Dem Berufs- und Sozialrecht kann somit eine „strafbarkeitsindizierende oder -exkludierende Wirkung“ zugeschrieben werden.[1653]

Eine unlautere Handlung ist daher dann nicht anzunehmen, wenn die Bevorzugung nach den berufsrechtlichen Regelungen zulässig ist.[1654] Decken sich Bevorzugungen ausdrücklich mit den Regelungen des Primärrechts, ist eine Unrechtsvereinbarung ausgeschlossen.[1655] Dies gebietet schon die Rechtsklarheit und die Erforderlichkeit von Kooperationen auf dem Gesundheitsmarkt. Insbesondere im Zuge von Entwicklungen von Medikamenten und Therapien sowie zur umfassenden Behandlung von Patienten ist eine Zusammenarbeit gewünscht und notwendig. Erforderlich ist jedoch, dass die vereinbarte Kooperation in ihrer konkreten jeweiligen vereinbarten Form gesetzlich zugelassen ist und nicht nur eine grundsätzliche Kooperation in diesem Bereich.[1656]

Aufgrund dieser Einschränkung für zulässige Kooperationen wurde die Formulierung der unlauteren Bevorzugung kritisiert und stattdessen der Wortlaut *„in berufsrechtswidriger Weise bevorzuge“* vorgeschlagen.[1657] Diese Formulierung würde jedoch wiederum die Frage aufwerfen, welche Vorschriften des

---

1652 *Dannecker/Schröder* in: NK-StGB, § 299a Rn. 153.

1653 *Dann/Scholz*, NJW 2016, 2077, 2078; BT-Drucks. 18/6446, S. 21; *Hohmann* in: MüKo-StGB, § 299a Rn. 34; *Gaede* in: NK-WiStR, § 299a Rn. 81; *Geiger*, medstra 2016, 9, 16; *Tsambikakis*, medstra 2016, 131, 137; *Eisele* in: Schönke/Schröder, § 299a Rn. 7; *Dannecker/Schröder* in: NK-StGB, § 299a Rn. 153.

1654 BT-Drucks. 18/6446, S. 21; BT-Drucks. 18/8106, S. 14; *Schuhr* in: Spickhoff, 2018, §§ 299a, 299b StGB Rn. 44; *Schneider*, medstra 2016, 195, 202 spricht von einer asymmetrischen Akzessorietät; *Kronawitter*, S. 127 m.w.N. verwendet den Begriff der negativen Akzessorietät.

1655 *Dann/Scholz*, NJW 2016, 2077, 2080; *Geiger*, CCZ 2016, 172, 176; *Geiger*, medstra 2016, 9, 16; *Schneider/Kaltenhäuser*, medstra 2015, 24, 27; *Tsambikakis*, medstra 2016, 131, 137; *Dannecker/Schröder* in: NK-StGB, § 299a Rn. 154; *Dannecker/Schröder* in: Kubiciel/Hoven, S. 63; *Frister* in: AG Medizinrecht im DAV/IMR, S. 92 f.; *Gaede* in: NK-WiStR, § 299a Rn. 81; *Scholz* in: Kubiciel/Hoven, S. 100; *Fischer*, StGB, § 299a Rn. 6; *Jäger*, MedR 2017, 694, 698; *Eisele* in: Schönke/Schröder, § 299a Rn. 6.

1656 *Dannecker/Schröder* in: NK-StGB, § 299a Rn. 154 mit Beispiel; *Scholz* in: Kubiciel/Hoven, S. 100; *Kronawitter*, S. 127; so auch *Dieners/Cahnbely*, MPR 2016, 48, 52.

1657 *Pragal/Handel*, medstra 2015, 337, 341.

Berufsrechtes hiervon erfasst werden und eine Ungleichbehandlung aufgrund des unterschiedlichen bzw. teilweise nicht vorhandenen Berufsrechtes mit sich bringen.

Es ist jedoch nicht zulässig, umgekehrt von dem Verstoß gegen diese Vorschriften automatisch auf eine Verwirklichung der Straftatbestände zu schließen.[1658] Auch ist es nicht notwendig, für die Begründung der Unlauterkeit immer zwangsläufig einen Verstoß gegen berufsrechtliche Regelungen annehmen zu müssen.[1659] Schließlich handelt es sich bei der Unlauterkeit in der jetzigen Ausgestaltung der Gesetze um ein „rechtnormatives Tatbestandsmerkmal", das grundsätzlich unabhängig von den gesundheitsrechtlichen Regelungen definiert werden kann.[1660] Es ist insbesondere eine restriktive Auslegung vorzunehmen und eine Strafbarkeit nicht zwangsläufig anzunehmen, wenn hinsichtlich der betroffenen Kooperation noch keine einschlägige Rechtsauffassung gefunden wurde und die grundsätzliche Annahme des Täters der Legalität des Vorgehens zumindest nicht als unvertretbar einzuordnen ist.[1661] Dies ist vor allem erforderlich, um zu gewährleisten, dass die Tatbestände klare Konturen erhalten und Rechtsklarheit in Bezug auf die zu erfassenden Tathandlungen geschaffen wird, damit auch der Normadressat vorhersehen kann, wann er den straffreien Raum verlässt.[1662] Hierzu wird nicht beigetragen, wenn ein Handeln als strafbar deklariert wird, obwohl es noch nicht nachweislich als rechtswidrig eingestuft wurde und zusätzlich die Annahme der Zulässigkeit des Verhaltens vertretbar ist.

Es ist aber grundsätzlich zielführend, die Verhaltensregeln aus dem Berufs-, Heilmittelwerbe- oder auch dem Sozialrecht zum sachgerechten Aufzeigen von Grenzen im Rahmen unlauterer Handlungen heranzuziehen[1663] und die

---

1658 BT-Drucks. 18/6446, S. 22; *Geiger*, CCZ 2016, 172, 176.

1659 *Dannecker/Schröder* in: NK-StGB, § 299a Rn. 155.

1660 *Dannecker/Schröder* in: NK-StGB, § 299a Rn. 155, mit dem Hinweis, das vor allem hierin ein Unterschied zur gestrichenen Vertrauensbruchvariante besteht, die als Blankett ausgestaltet war.

1661 *Gaede/Lindemann/Tsambikakis*, medstra 2015, 142, 152; *Dann/Scholz*, NJW 2016, 2077, 2080; *Dannecker/Schröder* in: NK-StGB, § 299a Rn. 156; *Gaede* in: NK-WiStR, § 299a, Rn. 88; *Bahner*, S. 79 f.

1662 In dem Sinne auch *Rönnau/Wegner* in: Achenbach/Ransiek/Rönnau, §§ 299a, 299b StGB Rn. 109, der jedoch über niedrige Anforderungen an die Bejahung des unvermeidlichen Verbotsirrtums lösen will; so auch *Rogall* in: SK-StGB, § 299a Rn. 54, Fn. 307. Vgl. auch noch 3. Kapitel D. (S. 365 ff.).

1663 *Dannecker/Schröder* in: Kubiciel/Hoven, S. 62 ff.; *Dannecker/Schröder* in: NK-StGB, § 299a Rn. 157; ähnlich auch die Ausführungen von *Brettel/Mand*, A&R 2016, 99, 103; *Bahner*, S. 73 ff.

Rechtswidrigkeit entsprechend durch Verstöße gegen das Primärrecht aufzuzeigen.[1664] Das Vertrauen der Patienten ist insbesondere gerade dann beeinträchtigt , wenn ein Verstoß gegen berufsrechtliche Regelungen anzunehmen ist, die ebenfalls die Integrität der heilberuflichen Entscheidungen und den Wettbewerb schützen.[1665] Aufgrund des divergierenden Wettbewerbsschutzes darf von einem Verstoß nach § 3a UWG jedoch nicht ohne weitere Prüfung auf einen Verstoß gegen die §§ 299a, 299b StGB geschlossen werden.[1666] Liegen für Heilberufsangehörige keine primärrechtlichen Regelungen vor, ist zumindest ein erhöhter Argumentationsaufwand erforderlich, um nachzuweisen, dass eine vergleichbare Beeinträchtigung der geschützten Rechtsgüter vorliegt, wenngleich die Unlauterkeit nicht zwangsläufig abzulehnen sein wird.[1667]

Branchenkodizes und deren Nichteinhaltung sind bei der Prüfung der Unlauterkeit allerdings irrelevant, da diese oftmals keine „sanktionsbegrenzende" Wirkung haben und sie zudem auf diese Weise einen „demokratisch nicht legitimierten, strafbegründenden Effekt erzielen" würden.[1668] Die Heranziehung ist auch deswegen kein geeignetes Mittel, da die Kodizes grundsätzlich nur für die beteiligten Unternehmen relevant sind und in den jeweiligen unterschiedlichen Bereichen teilweise auch verschiedene und sich unter Umständen widersprechende Kodizes bestehen,[1669] so dass hierbei auch fraglich wäre, welche Kodizes zur Beurteilung herangezogen werden und gegebenenfalls eine unterschiedliche Beurteilung je nach Kodex vorzunehmen wäre. Zweifelhaft ist die Heranziehung zudem, da die Kodizes jedenfalls den Heilberufsangehörigen nicht

---

1664 *Dannecker/Schröder* in: NK-StGB, § 299a Rn. 157.

1665 *Dannecker/Schröder* in: NK-StGB, § 299a Rn. 157 f. mit Verweis auf § 31 MBO-Ä, § 2 Abs. 8 MBO-Z und §§ 73 Abs. 7, 128 SGB V.

1666 *Dannecker/Schröder* in: NK-StGB, § 299a Rn. 159. Ebenso nicht von einem Verstoß gegen Berufsrecht, auf einen Verstoß schließend *Eisele* in: FS Neumann, S. 1083 f.; *Rogall* in: SK-StGB, § 299a Rn. 49; Fn. 1642.

1667 *Dannecker/Schröder* in: NK-StGB, § 299a Rn. 138, 157.

1668 *Dannecker/Schröder* in: NK-StGB, § 299a Rn. 138, 159; vgl. zu den Kodizes zudem schon 2. Kapitel B. II. 1. b) bb) (3) (S. 188 ff.); a.A. wohl *Badle*, medstra 2017, 1; *Krüger*, NZWiSt 2017, 129, 133; *Rogall* in: SK-StGB, § 299a Rn. 48; *Bahner*, S. 227 spricht zumindest von einer *„ganz maßgeblichen Rolle"* der Prinzipien bei der Beurteilung des Vorliegens einer Unrechtsvereinbarung. *Sartorius*, S. 67 f.: Ihnen kommt zumindest eine „indizielle Bedeutung" zu und die Heranziehung der Kodizes könne zudem sachgerecht sein zur Ermittlung von strafbaren Verhaltensweisen.

1669 Vgl. zu Letzterem auch Dannecker/Schröder in: NK-StGB, § 299a Rn. 138.

immer gänzlich bekannt sein werden. Ihre Berücksichtigung würde daher eine erhebliche Unsicherheit für die Normadressaten mit sich bringen und ist daher abzulehnen.

(c) Verbleibende Bedeutung des Berufs- und Sozialrechts trotz Streichung der Vertrauensbruchvariante

Trotz der Streichung der Vertrauensbruchvariante wird das Berufs- und Sozialrecht damit weiterhin für die Auslegung der §§ 299a, 299b StGB von erheblicher Bedeutung sein[1670]. Dies gilt insbesondere für die Regelungen, die ebenfalls den Wettbewerb und die Unabhängigkeit heilberuflicher Entscheidungen schützen.[1671] Durch die Heranziehung des Primärrechts stellen sich auch weiterhin die schon bei der Vertrauensbruchvariante kritisierten Probleme, wie die unterschiedliche Ausgestaltung der einzelnen Berufsordnungen und Bundesländer und die Frage, welche Regelungen des Primärrechts zur Begründung der Strafbarkeit herangezogen werden.[1672]

Weiterhin sind damit Regelungen von Relevanz, die selbst den einzelnen Berufsträgern oftmals nicht hinreichend bekannt sind.[1673]

Im Gegensatz zur Vertrauensbruchvariante, die im Rahmen ihrer Blankettverweisung die Normen, auf die sie sich bezog, zumindest dahingehend konkretisiert hat, dass es sich um Normen handeln musste, die Pflichten zur Wahrung der heilberuflichen Unabhängigkeit vorsehen, ist hinsichtlich der unlauteren Bevorzugung nicht konkret vorgegeben, welche Regelungen von diesem normativen Tatbestandsmerkmal erfasst werden sollen. Vielfach wird daher zurecht angenommen, dass es sich bei der Streichung des Berufsrechtsmodells im Wesentlichen um eine *„verfassungsrechtliche Hygienemaßnahme“*

1670 *Geiger*, CCZ 2016, 172, 175 f.; *Brettel/Mand*, A&R 2016, 99, 103; *Tsambikakis*, medstra 2016, 131, 137; *Dannecker/Schröder* in: Kubiciel/Hoven, S. 62 f.; *Scholz* in: Kubiciel/Hoven, S. 98.

1671 *Dannecker/Schröder* in: NK-StGB, § 299a Rn. 158. Vgl. auch *Frister* in: AG Medizinrecht im DAV/IMR, S. 83; *Gaede* in: NK-WiStR, § 299a Rn. 83; *Eisele* in: Schönke/Schröder, § 299a Rn. 39: Patientenschutzbezug und Wettbewerbsbezug erforderlich.

1672 *Scholz* in: Kubiciel/Hoven, S. 98; *Dannecker/Schröder* in: NK-StGB, § 299a Rn. 157; *Kronawitter*, S. 92; *Eisele* in: Schönke/Schröder, § 299a Rn. 5: Das Primärrecht hat seine Bedeutung für die Auslegung nicht verloren. *Kubiciel*, jurisPR-Compl 3/2016 Anm. 1 bezeichnet das Problem bzgl. der unterschiedlichen Berufsordnungen dagegen als „grundsätzlich unbedenklich“. Vgl. zur Kritik an der Vertrauensbruchvariante 2. Kapitel C. II. 3. c) (S. 219 ff.).

1673 Vgl. hierzu 2. Kapitel B II. 1. b) bb) (2) (b) (S. 184 ff.) und Fn. 1024.

und nicht so sehr um eine *„inhaltliche Entschärfung"* handelt.[1674] Das Wettbewerbsrecht und auch das Berufsrecht der Heilberufsangehörigen werden bei der Auslegung dieses Merkmals weiterhin berücksichtigt.[1675] Somit ist gegenüber der Vertrauensbruchvariante keine klarere Aussage zur Frage, welche Normen aus dem Berufs- und Sozialrecht zur Konkretisierung herangezogen werden, zu verzeichnen.[1676] Nachdem diese Normen erst noch herausgearbeitet werden müssen, besteht durchaus die Gefahr, dass auch Regelungen, die sich nicht zwingend auf heilberufliche Entscheidungen beziehen, ebenso zur Grenzziehung des Merkmals der Unlauterkeit herangezogen werden wie Verpflichtungen, die sich für die Mitglieder von Berufsverbänden ergeben.[1677] Diese Möglichkeit bestand bei dem Berufsrechtsmodell nicht.[1678] Insgesamt brachte die Streichung der Vertrauensbruchvariante, die im Grundsatz wegen der mit ihr verbundenen verfassungsrechtlichen Bedenken in jedem Fall zu begrüßen war, nicht die gewünschte Rechtsklarheit. Von erheblicher Relevanz ist nunmehr ein Begriff, dessen Reichweite erst noch durch Regelungen aus den berufs-, sozial- und vertragsärztlichen Normen eingegrenzt und definiert werden muss.

Insbesondere für die Industrieunternehmen wird es einen enormen Aufwand darstellen, die jeweils geltenden gesundheitsrechtlichen Regelungen herauszuarbeiten, um zumindest eine grobe Orientierung in Bezug auf straffreie und strafbare Verhaltensweisen zu erlangen.[1679] Sinnvoll wäre es daher gewesen, zumindest eine strafbefreiende Genehmigungsregelung aufzunehmen, mit deren Hilfe sowohl für denjenigen, der eine Genehmigung ersucht, als auch für die anderen am Gesundheitswesen beteiligten Akteure Transparenz geschaffen hätte werden können.[1680] Dies hätte auch für mehr Klarheit in Bezug auf die

---

1674 *Geiger,* CCZ 2016, 172, 176.

1675 *Geiger,* CCZ 2016, 172, 176. Kritisch hierzu: *Grzesiek/Sauerwein,* NZWiSt 2016, 369, 371 f.

1676 *Dannecker/Schröder* in: Kubiciel/Hoven, S. 64: Aufgrund der Ersetzung des Berufsrechtsmodells durch den Begriff der Unlauterkeit habe der Tatbestand *„sogar an Vorhersehbarkeit verloren"*.

1677 *Dannecker/Schröder* in: Kubiciel/Hoven, S. 64 f.: Beispielsweise § 7 HWG oder § 32 MBO-Ä.

1678 *Schröder,* NZWiSt 2015, 321, 327.

1679 *Sartorius,* S. 67 geht allerdings davon aus, es sei jedem Arzt und Industrieunternehmen zumutbar, herauszufinden, welche Normen gelten.

1680 Vgl. hierzu *Badle,* medstra 2015, 139, 140 f.; *Bittmann/Brockhaus/Rübenstahl/Schröder/Tsambikakis,* WiJ 2015, 176, 193; *Brettel/Duttge/Schuhr,* JZ 2015, 929, 935. Dafür, gewisse Kooperationen ausdrücklich aus dem Tatbestand auszuklammern, vgl. hierzu *Gaede/Lindemann/Tsambikakis,* medstra 2015, 142, 154; *Pragal/Handel,*

Verhaltensweisen, für die noch keine einschlägige Rechtsauffassung gefunden wurde, gesorgt, da so im Zweifelsfalle eine Genehmigung hätte eingeholt werden können. Auf diese Weise hätte sich zumindest im Laufe der Zeit mehr Klarheit in Bezug auf unsichere Kooperationen und Sachverhalte ergeben und dadurch hätte zu einer besseren Vorhersehbarkeit strafbaren Verhaltens beigetragen werden können.

(3) Heilberufliche Handlungen nach § 299a Nrn. 1 – 3

Die Unrechtsvereinbarung muss einen Bezug zu den im Gesetz abschließend aufgeführten Heilberufshandlungen haben.[1681] Somit muss für die Vorteilsgewährung eine unlautere Bevorzugung bei der Verordnung, dem Bezug oder der Zuweisung der jeweils im Gesetz benannten Patienten oder Produkte erfolgen.

(a) Verordnung von Arznei-, Heil- oder Hilfsmitteln oder von Medizinprodukten

Hauptanwendungsfall des § 299a Nr. 1 StGB ist die Begünstigung von Vertragsärzten für die Verordnung eines speziellen Medikaments. Damit wird die Fallkonstellation, die dem Beschluss des Großen Senats zugrunde lag, von dieser Tatbestandsvariante grundsätzlich erfasst. Unter dem Begriff der Verordnung versteht man die Verschreibung der Mittel und Produkte, wobei es keinen Unterschied macht, ob diese verschreibungspflichtig sind oder nicht und diejenigen Handlungen, die mit der Verordnung in einem engen Zusammenhang stehen.[1682] Zutreffend ist, das Vorliegen einer Verordnung nicht davon abhängig zu machen, ob eine Verschreibung erforderlich ist oder nicht, da der Wortlaut eine solche Differenzierung nicht erforderlich macht.

---

medstra 2015, 337, 343; *Schröder*, NZWiSt 2015, 361, 365; *Wigge*, NZS 2015, 447, 452. Vgl. zu dem Thema Genehmigungs- vs. Ausnahmeregelung noch 3. Kapitel A. III. 5. b) bb) (S. 340 ff.).

1681 *Rogall* in: SK-StGB, § 299a Rn. 37: „Kontexthandlungen“.

1682 BT-Drucks. 18/6446, S. 20; *Rönnau/Wegner* in: Achenbach/Ransiek/Rönnau, §§ 299a, 299b StGB Rn. 80; *Eisele* in: Schönke/Schröder, § 299a Rn. 17; *Dannecker/Schröder* in: NK-StGB, 299a Rn. 162. Vgl. hierzu auch *Rogall* in: SK-StGB, § 299a Rn. 39; kritisch zu dieser Erweiterung *Heil/Oeben,* PharmR 2016, 217, 220; ebenfalls kritisch *Kubiciel* in: Kubiciel/Hoven, S. 78 f.; *Sartorius*, S. 52, da der Gesetzeswortlaut von einer „Verordnung“ und nicht von einer „Verordnungsentscheidung“ spreche und zudem Zweifel in Bezug auf den Bestimmtheitsgrundsatz anzunehmen seien; *Sartorius* lehnt eine Erfassung daher ab; so auch *Bongartz,* S. 300.

Hinsichtlich der Erfassung von Handlungen, die mit der Verordnung einhergehen, ist darauf zu achten, dass sie tatsächlich einen engen Bezug zu der „Verordnung" aufweisen, so dass es naheliegend ist, sie noch der Verordnungshandlung an sich zuzurechnen. Insbesondere die Übergabe oder Übersendung der Verordnung ist daher der „Verordnung" noch zuordenbar, da diese zum Abschluss der Verordnungshandlung zu zählen ist.[1683] Die Begrifflichkeiten zur Konkretisierung dieser Tathandlung stammen weitestgehend aus den Berufsordnungen bzw. dem Medizin- und Sozialrecht.[1684] Von dieser Tatbestandsvariante werden aufgrund ihrer Verordnungshoheit in erster Linie Handlungen von Ärzten erfasst sein.[1685]

(b) Bezug von Arznei- oder Hilfsmitteln oder von Medizinprodukten

Nach § 299 Nr. 2 StGB ist zu bestrafen, wer als Heilberufsangehöriger einen Vorteil dafür fordert, sich versprechen lässt oder annimmt, dass er bei dem Bezug von Arznei- oder Hilfsmitteln oder von Medizinprodukten, die jeweils zur unmittelbaren Anwendung durch den Heilberufsangehörigen oder einen seiner Berufshelfer bestimmt sind, einen anderen in unlauterer Weise bevorzugt. Berufshelfer ist hierbei derjenige, der *„organisatorisch und weisungsgebunden für den Heilberufsangehörigen handelt"*.[1686] Wie bei § 203 Abs. 3 S. 2 StGB sind davon die Personen erfasst, die im beruflichen Handlungsbereich des Hauptberuflers tätig sind, wie z.B. Sprechstundenhilfen oder medizinisch-technische Assistenten.[1687] Bezug wird definiert als *„jegliche Form des Sich-Verschaffens"*.[1688]

1683 Vgl. zum Beispiel der Übersendung der Verordnung: BT-Drucks. 18/6446 S. 20.

1684 BT-Drucks. 18/6446, S. 20, Arzneimittel: § 2 AMG, Medizinprodukte: § 3 MPG, Heil- und Hilfsmittel: §§ 32, 33 SGB V; vgl. hierzu schon 1. Kapitel B. VI. 3. a) aa) (S. 58 f.) Fn. 298 und 300.

1685 *Rogall* in: SK-StGB, § 299a Rn. 39; *Gaede* in: NK-WiStR, § 299a Rn. 66; *Dannecker/Schröder* in: NK-StGB, § 299a Rn. 162. Vgl. zur Verordnungshoheit der Ärzte 1. Kapitel B. VI. 3. a) (S. 58 ff.).

1686 *Rauer/Pfuhl,* PharmR 2016, 357, 360; *Dannecker/Schröder* in: NK-StGB, § 299a Rn. 168.

1687 BT-Drucks. 18/8106, S. 15; *Rauer/Pfuhl,* PharmR 2016, 357, 360.

1688 BT-Drucks. 18/6446, S. 20; *Damas*, wistra 2017, 128, 131. Dies soll unabhängig davon gelten, ob auf eigene Rechnung oder fremde, vgl. BT-Drucks. 18/6446, S. 22; *Rosenau* in: SSW-StGB, § 299a Rn. 40; *Momsen/Laudien* in: Beck`scher Online Kommentar StGB, § 299a Rn. 23. Auch einzelne Handlungen, wie die Bestellung, die Abnahme oder die Prüfung und Bezahlung werden erfasst, vgl. *Dannecker/Schröder* in: NK-StGB, § 299a Rn. 167; *Jary,* PharmR 2015, 99, 102; *Tsambikakis,* medstra 2016, 131, 135; *Bahner*, S. 59; *Gelshorn,* S. 166; *Hohmann* in: MüKo-StGB, § 299a Rn. 38.

Vordergründig findet diese Variante auf Fälle Anwendung, in denen das Mittel direkt an den Patienten ohne Verordnung abgegeben wird, was beispielsweise bei Prothesen, Implantaten oder Beruhigungsmitteln die Regel ist.[1689] Bei Praxisbedarf[1690] und Sprechstundenbedarf[1691] dagegen sprechen die besseren Gründe gegen eine Einordnung unter § 299a Nr. 2 StGB, da bei der Beschaffung dieser Produkte wesentliche weitere unternehmerische Verhandlungsspielräume bestehen und durch die hierbei verfolgten wirtschaftlichen Interessen des Heilberufsangehörigen keine Patienteninteressen verletzt werden.[1692]

(c) *Zuführung von Patienten oder Untersuchungsmaterial*

Nach § 299a Nr. 3 StGB wird die Zuführung eines Patienten oder von Untersuchungsmaterial gegen Vorteilsgewährung sanktioniert. Der Begriff der Zuführung wird dabei in Anlehnung an den sozial- und berufsrechtlichen Begriff nach § 73 Abs. 7 SGB V und § 31 MBO-Ärzte definiert. Man versteht darunter

---

1689 BT-Drucks. 18/8106, S. 14. Vgl. auch *Rosenau* in: SSW-StGB, § 299a Rn. 27; *Eisele* in: FS Neumann, S. 1085; *Damas*, wistra 2017, 128, 131; *Schneider* in: Kooperationen im Gesundheitswesen auf dem Prüfstand, S. 75. Diesen Begriff kritisierend, da unklar sei, welche Mittel hierunter fallen: *Grzesiek/Sauerwein*, NZWiSt 2016, 369, 370 f. Nach *Bongartz*, S. 301 f. müssten auch Bezugsentscheidungen, die Mittel betreffen, die nicht unmittelbar am Patienten angewendet werden, erfasst werden, da ansonsten eine Lücke beim Wettbewerbsschutz entstehe.

1690 Unter Praxisbedarf werden Handschuhe, Desinfektionsmittel, Röntgengeräte usw. verstanden, vgl. *Dannecker/Schröder* in: NK-StGB, § 299a Rn. 168; *Heil/Oben*, PharmR 2016, 217, 221; *Damas*, wistra 2017, 128, 131; *Eisele* in: Schönke/Schröder, § 299a Rn. 18.

1691 Unter Sprechstundenbedarf versteht man Produkte, die der Vertragsarzt bei der Behandlung verwendet und verbraucht oder dem Patienten gegeben werden, der auf diese einen Anspruch in Form von Sachleistungen hat, wie beispielsweise Verbandsmaterial, Pflaster, usw., vgl. *Dannecker/Schröder* in: NK-StGB, § 299a Rn. 168.

1692 *Dannecker/Schröder* in: NK-StGB, § 299a Rn. 168; *Gaede* in: NK-WiStR, § 299a Rn. 72; *Gaede*, medstra 2015, 263, 264 f.; *Heil/Oeben*, PharmR 2016, 217, 221; *Pragal/Handel*, medstra 2016, 22, 26; *Tsambikakis*, medstra 2016, 131, 135; *Bahner*, S. 61; *Damas*, wistra 2017, 128, 131. *Sartorius*, S. 57 geht grundsätzlich im Ergebnis von einer Erfassung der Vorschrift von „Verbrauchsmaterialien des Praxisalltags“, wie insbesondere Sprechstundenbedarf aus, wenn sie zur unmittelbaren Anwendung durch Heilberufsangehörige oder seine Berufshelfer bestimmt sind. Auch Medizinprodukte sollen grundsätzlich erfasst werden, *Sartorius*. S. 58. Nach *Kronawitter*, S. 115 f., soll der Praxisbedarf auch vom Bezug erfasst werden, da dieser Begriff weit ausgelegt werden solle.

„die Einwirkung auf einen Patienten mit der Absicht, diesen bei der Auswahl eines Heilberufsanhängers zu beeinflussen".[1693] Dies kann durch die Überweisung oder Zuweisung an einen speziellen Arzt oder eine Apotheke oder auch durch eine bloße Empfehlung erfolgen.[1694] Mündliche und unverbindliche Empfehlungen sind ebenfalls hierzu zu zählen.[1695]

Auch Empfehlungen unter den Begriff der Zuführung zu subsumieren, wurde in der Literatur jedoch teilweise kritisiert und bestritten, was in erster Linie mit den abweichenden Begrifflichkeiten in § 31 MBO-Ä begründet wurde.[1696] § 31 Abs. 1 MBO-Ä spricht von der Zuweisung, während § 31 Abs. 2 MBO-Ä den Begriff der Empfehlung verwendet. Bei der Zuweisung oder Zuführung nutze der Zuweisende seine Autorität gegenüber dem Zugewiesenen aus, um auf diesen einzuwirken, wohingegen im Rahmen der Empfehlung die Selbstbestimmung des Patienten nicht durch eine konkrete Manipulation eingeschränkt werde.[1697] Es soll bei der Zuführung daher erforderlich sein, dass der

---

1693 *Rauer/Pfuhl*, PharmR 2016, 357, 360; BT-Drucks. 18/6446, S. 20; *Dannecker/Schröder* in: NK-StGB, § 299a Rn. 170; *Momsen/Laudien* in: Beck`scher Online Kommentar StGB, § 299a Rn. 25.

1694 BT-Drucks. 18/6446, S. 20; *Heil/Oeben*, PharmR 2016, 217, 221.

1695 BT-Drucks. 18/6446, S. 20; *Dannecker/Schröder* in: NK-StGB, § 299a Rn. 170; *Hohmann* in: MüKo-StGB, § 299a Rn. 41; *Damas*, wistra 2017, 128, 132; *Graamann-Scheerer*, MedR 2017, 601, 605; *Lilie/Reuter*, DABl. 2016, A. 1794; *Rogall* in: SK-StGB, § 299a Rn. 41; *Andreschewski*, S. 267; *Kronawitter*, S. 118 f.; a.A. *Fischer*, StGB, § 299a Rn. 16, der zumindest unverbindliche Hinweise als nicht erfasst ansehen will, wenn der Patient eine freie Entscheidung getroffen hat und über den mit der Zuweisung verbundenen Vorteil aufgeklärt wurde. Kritisch *Tsambikakis*, medstra 2016, 131, 135: Unverbindliche sowie mündliche Erklärungen werden bereits von dem Begriff der Zuweisung i.S.d. § 31 MBO-Ä erfasst; die Verwendung einer anderen Begrifflichkeit ist daher mit unnötigen Unsicherheiten verbunden; *Gaede* in: NK-WiStR, § 299a Rn. 74; *Schneider/Ebermann*, medstra 2018, 67, 68. Den Begriff der Zuführung ebenfalls kritisierend, da mit ihm Rechtsunsicherheiten einhergehen, *Grzesiek/Sauerwein*, NZWiSt 2016, 369, 371.

1696 *Schneider*, medstra 2016, 195, 202. Kritisch auch: *Kubiciel* in: Kubiciel/Hoven, S. 79 f. *Sartorius*, S. 60, möchte einen weiten Zuführungsbegriff nicht kritisieren, sofern bei dem *„entscheidenden Tatbestandsmerkmal der Unrechtsvereinbarung ein strengerer Maßstab angelegt wird"*. Vgl. zur Reichweite des Begriffes im Rahmen des § 31 I MBO-Ä bereits 1. Kapitel B. VI. 1. a) dd) (S. 50 f.).

1697 *Schneider*, medstra 2016, 195, 202; so auch *Bahner*, S. 63 f.; *Gaede* in: NK-WiStR, § 299a Rn. 75; für ein engeres Begriffsverständnis auch *Großkopf/Schanz*, RDG 2016, 220, 225; *Kubiciel* in: Kubiciel/Hoven, S. 79 f.; *Schneider* in: Kooperationen im Gesundheitswesen auf dem Prüfstand, S. 75 ff.

Heilberufsangehörige bewusst seine Machtstellung und den Wissensunterschied zum Patienten ausnutze.[1698] Eine vom Patienten selbst getroffene Entscheidung sei nur dann anzunehmen, wenn er in eigener Verantwortung agiere und hierbei nicht vom Heilberufsangehörigen geleitet werde, was insbesondere der Fall ist, wenn der Heilberufsangehörige dem Patienten Alternativen aufzeigt oder ihm erklärt, welche Verdienstmöglichkeiten dem Empfohlenen entstehen können.[1699] Eine Zuführung solle zudem abzulehnen sein, wenn der Patient nach einer Empfehlung gefragt hat oder diese hinreichend begründet entsprechend § 32 Abs. 2 MBO-Ä erfolgt.[1700]

Es ist nach richtiger Auffassung aber immer eine Zuführung zu bejahen, wenn der Heilberufsangehörige seinen Patienten absichtlich bei der Wahl beeinflussen will.[1701] Im Ergebnis ist es unerheblich, ob eine Empfehlung oder eine Zuführung vorliegt. Beide sind dazu geeignet, das Selbstbestimmungsrecht des Patienten zu beeinflussen, wenn sie vom Arzt nicht in wirtschaftlicher Unabhängigkeit erfolgen und dem Patienten dies aber nicht bewusst ist; in beiden Fällen kann nicht von einer unbeeinflussten und allein am Patienteninteresse getroffenen Empfehlung gesprochen werden.[1702] Wird der Heilberufsangehörige um eine Empfehlung gebeten, ist er ebenfalls dazu verpflichtet, eine unbeeinflusste Entscheidung abzugeben.[1703] Allein die Nachfrage des Patienten kann den Arzt nicht von der Verpflichtung zur unbeeinflussten Behandlung entbinden.[1704] Gerade wenn der Patient um die Hilfe des Arztes bittet, zeigt dies die besondere Abhängigkeit des Patienten von der Entscheidung des Arztes auf. Der Arzt muss daher auch in solchen Fällen eine unbeeinflusste Empfehlung aussprechen. Dem Verweis auf den Wortlaut des § 31 MBO-Ä und die unterschiedlichen Begrifflichkeiten von Zuweisung und Zuführung ist zudem entgegenzuhalten, dass nach der herrschenden Meinung auch Empfehlungen unter den Begriff der

---

1698 *Schneider*, medstra 2016, 195, 202; *Schneider/Ebermann*, medstra 2018, 67, 68 f.

1699 *Schneider/Ebermann*, medstra 2018, 67, 68; *Fischer*, § 299a Rn. 16.

1700 So auch *Schuhr* in: Spickhoff, 2018, §§ 299a, 299b StGB Rn. 34; *Bahner*, S. 66.

1701 *Rönnau/Wegner* in: Achenbach/Ransiek/Rönnau, §§ 299a, 299b StGB Rn. 92; *Dannecker/Schröder* in: NK-StGB, § 299a Rn. 172; *Rogall* in: SK-StGB, § 299a Rn. 41; *Rosenau* in: SSW-StGB, § 299b Rn. 29.

1702 Hierzu ausführlich: *Dannecker/Schröder* in: NK-StGB, § 299a Rn. 172; *Rönnau/Wegner* in: Achenbach/Ransiek/Rönnau, §§ 299a, 299b StGB Rn. 93.

1703 *Rönnau/Wegner* in: Achenbach/Ransiek/Rönnau, §§ 299a, 299b StGB Rn. 94; *Rogall* in: SK-StGB, § 299a Rn. 41; *Wissing/Cierniak*, NZWiSt 2015, 41, 45.

1704 Vgl. auch *Dannecker/Schröder* in: NK-StGB, § 299a Rn. 172.

Zuweisung zu subsumieren sind.[1705] Selbst die Gesetzesbegründung, die darauf abstellt, der Begriff sei wie bei § 31 Abs. 1 MBO-Ä zu verstehen, ordnet dem Begriff der Zuführung auch die Empfehlungen unter.[1706] Zudem hat der Gesetzgeber den Begriff der Zuführung und eben nicht den der Zuweisung verwendet.[1707] Bereits nach dem allgemeinen Sprachgebrauch erscheint der Begriff der Zuführung wesentlich weiter zu verstehen zu sein als der Begriff der Zuweisung, da eine Weisung regelmäßig anordnenden Charakter haben dürfte, während der Begriff „Führung" demgegenüber durchaus weiter im Sinne von „jemanden anleiten", wie z.B. als Mannschaftsführer eines Teams, verstanden werden kann und hierbei auch ein Miteinander und unverbindliche Ratschläge eine Rolle spielen.[1708] Aufgrund der Verwendung des Begriffes der Zuführung ist daher davon auszugehen, dass es gerade nicht relevant sein sollte, auf welche Art und Weise die Einwirkung erfolgt.[1709]

c) *Erfassung ausgewählter Sachverhalte*

Fraglich ist, ob die eingangs der Arbeit erwähnten und im kriminologischen Sinne korruptiven Fallkonstellationen[1710], die der Gesetzgeber unter anderem auch mit den neuen Gesetzen erfassen wollte, unter Berücksichtigung der vorstehenden Ausführungen zu der Reichweite der einzelnen Tatbestandsmerkmale in den Anwendungsbereich der Vorschriften fallen.

Bei der Erfassung von Anwendungsbeobachtungen wird es entscheidend darauf ankommen, ob die geleistete Entschädigung an die Ärzte nach ihrer Art und Höhe so bemessen ist, dass nach § 67 Abs. 6 S. 3 AMG kein Anreiz für eine bevorzugte Empfehlung oder Verschreibung geschaffen wird. Vor allem wenn Beobachtungen keine nennenswerten Erkenntnisse versprechen oder an deren Ergebnissen keinerlei Interesse besteht bzw. diese ohne Wert sind, wird

---

1705 *Rönnau/Wegner* in: Achenbach/Ransiek/Rönnau, §§ 299a, 299b StGB Rn. 93 unter Verweis in Fn. 330 auf BGH, NJW 2011, 2211, 2217 und *Schuhr* in: Spickhoff, 2018, § 31 MBO Rn. 3, der die Auffassung *Schneiders* diesbzgl. ablehnt. Vgl. auch schon 1. Kapitel B. VI. 1. a) dd) (S. 50 f.).

1706 BT-Drucks. 18/6446, S. 20; so auch *Rönnau/Wegner* in: Achenbach/Ransiek/Rönnau, §§ 299a, 299b StGB Rn. 93.

1707 *Rönnau/Wegner* in: Achenbach/Ransiek/Rönnau, §§ 299a, 299b StGB Rn. 93.

1708 Vgl. zur Interpretation des Wortes „Führen" mit anschaulichen Beispielen *Rönnau/Wegner* in: Achenbach/Ransiek/Rönnau, §§ 299a, 299b StGB Rn. 93.

1709 *Rogall* in: SK-StGB, § 299a Rn. 41.

1710 Vgl. hierzu 1. Kapitel A. II. 2. (S. 21 ff.). Vgl. auch die Fallbeispiele bei *Kronawitter*, S. 151 ff.

die Annahme der Strafbarkeit bei einer erhöhten Entschädigung zumindest nahe liegen.[1711] Wesentlich wird daher bei der Prüfung des Vorliegens einer Unrechtsvereinbarung das Verhältnis zwischen Vergütung und Gegenleistung sowie dessen Angemessenheit sein.[1712] Zu beachten sind bei der Bemessung des Honorars insbesondere der Zeitaufwand und der Schwierigkeitsgrad.[1713] Weitere zu beachtende Indizien können sich bei einer Betrachtung der weiteren beruflichen Zusammenarbeit zwischen Vertragsarzt und Unternehmen, des weiteren Umgangs mit den Erkenntnissen aus den Studien und deren Offenlegung sowie der Regelmäßigkeit des Mitwirkens an solchen Studien[1714] und einer auffällig hohen Anzahl an Teilnehmern ergeben[1715]. Die Anwendung von strikten Prüfungsmustern[1716] allein vermag daher nicht zu überzeugen, da im jeweiligen

1711 *Rogall* in: SK-StGB, § 299a Rn. 56; *Bahner*, S. 235; *Broch*, PharmR 2016, 314, 318; *Dann/Scholz*, NJW 2016, 2077, 2079; *Großkopf/Schanz*, RDG 2016, 220, 227; *Schneider/Strauß*, HRRS 2011, 333, *337; Dannecker/Schröder* in: NK-StGB, § 299a Rn. 175: Relevant ist insbesondere der „objektive Wert“ der vom Arzt gewonnenen Erkenntnisse. *Fischer* geht grundsätzlich von der Bejahung von Korruption aus, wenn das durchschnittliche jährliche Einkommen € 20.000,- beträgt, der Aufwand allerdings nur wenige Stunden im Monat betrug, *Fischer*, StGB, § 299a Rn. 23.

1712 BT-Drucks. 18/6446, S. 19; *Bahner*, S. 235; *Schneider*, medstra 2016, 195, 203; *Dannecker/Schröder* in: NK-StGB, § 299a Rn. 175; *Dann/Scholz*, NJW 2016, 2077, 2079; *Kubiciel*, MedR 2016, 1, 3; *Tsambikakis*, medstra 2016, 131, 138; *Großkopf/Schanz*, RDG 2016, 220, 227; vgl. auch *Scholz* in: Kubiciel/Hoven, S. 104. *Andreschewski*, S. 280 f. Vgl. zur Angemessenheit auch *Sartorius*, S. 120 ff.

1713 *Eisele* in: Schönke/Schröder, § 299a Rn. 26; vgl. auch *Großkopf/Schanz*, RDG 2016, 220, 227; *Andreschewski*, S. 281.

1714 Vgl. hierzu und zu weiteren Indizien: *Dannecker/Schröder* in: NK-StGB, § 299a Rn. 175; *Tsambikakis*, medstra 2016, 131, 138; *Rogall* in: SK-StGB, § 299a Rn. 56. *Rönnau/Wegner* in: Achenbach/Ransiek/Rönnau, §§ 299a, 299b StGB Rn. 63 spricht sich insoweit für eine „Gesamtbetrachtung“ aus.

1715 *Tsambikakis*, medstra 2016, 131, 138; *Gaede/Lindemann/Tsambikakis*, medstra 2015, 142, 151. *Andreschewski*, S. 283: Eine Unrechtsvereinbarung liege nahe, wenn die ärztliche Unabhängigkeit im Rahmen von ärztlichen Entscheidungen nicht mehr gewahrt wird.

1716 Es existieren verschiedene Ansätze zur Beurteilung der Angemessenheit der Vergütung im Allgemeinen, vgl. hierzu den Überblick bei *Kronawitter*, S. 128 ff.; *Bahner/Bechtler/Hartmannsgruber/Piltz/Schulz-Hildebrand*, medstra 2016, 343 f. zur sog. „Würzburger Erklärung“, nach der entscheidend ist, ob auf den Vorteil normalerweise ein Anspruch bestehe oder den Parteien bekannt sei, dass mit dem Vorteil eine Zuweisung erwartet werde. *Schneider*, medstra 2016, 195 ff. hat zur Prüfung der Angemessenheit eine 2-Stufen-Prüfung entwickelt, nach der auf der 1. Stufe beurteilt wird, ob der Vertragspartner des Arztes einen nachvollziehbaren wirtschaftlichen

Einzelfall eine Vielzahl von Indizien zu berücksichtigen sein wird. Das Strafbarkeitsrisiko sollte zumindest dadurch eingeschränkt werden können, dass entsprechend § 33 MBO-Ä der schriftliche Vertrag vor seiner Unterzeichnung der Ärztekammer vorgelegt wird.[1717]

Einladungen von Pharmakonzernen werden insbesondere dann kritisch zu betrachten sein, wenn eine Verbindung mit einer späteren Bezugsentscheidung besteht. Bei einem angemessenen Honorar für einen Vortrag ist in der Regel keine Strafbarkeit anzunehmen. Selbiges soll grundsätzlich auch für ein erhöhtes Honorar gelten, wenngleich diesem aber Indizwirkung für die Annahme einer Unrechtsvereinbarung zukommen kann.[1718] Die Grenze wird bei einem „Scheinhonorar“ überschritten sein oder wenn das Honorar einen Teil enthält, der als Gegenleistung einer Bevorzugung einzuordnen ist.[1719]

Wenn der geldwerte Vorteil ausschließlich für eine berufsbezogene Fortbildung verwendet wird, wird in der Regel keine Strafbarkeit gegeben sein; geht der Vorteil über das Notwendige hinaus, ist er unangemessen und berufsrechtswidrig nach § 32 Abs. 2 S. 2 MBO-Ä wird ebenfalls, sofern keine Verknüpfung mit einer Bevorzugung vorliegt, noch keine Strafbarkeit angenommen.[1720] Erforderlich ist, dass die Vorteile in einem solchen Maß gewährt werden, dass anzunehmen ist, der Heilberufsangehörige werde hierfür eine hinreichend festgelegte und bestimmte unlautere Bevorzugung vornehmen.[1721]

Nutzen durch den Vertragsabschluss habe, der über der Einflussnahme auf den Arzt und der Bevorzugung des Vertragspartners liege; liegt kein solcher Nutzen vor, sei eine Angemessenheit nicht anzunehmen. Ansonsten ist auf der 2. Stufe zu prüfen, ob die aufgewendete Arbeit des Arztes zu dem gewährten Entgelt in einem angemessenen Verhältnis steht. *Kronawitter,* S. 136 ff. schlägt eine Kombination der Würzburger Erklärung und der Zweistufentheorie vor. Vgl. zu einem Fallbeispiel bei Anwendungsbeobachtungen auch *Kronawitter*, S. 151 ff.

1717 *Tsambikakis,* medstra 2016, 131, 138; *Pragal/Handel,* medstra 2016, 22, 26; *Wissing/Cierniak*, NZWiSt 2016, 41, 44; *Dannecker/Schröder* in: NK-StGB, § 299a Rn. 175.

1718 *Eisele* in: Schönke/Schröder, § 299a Rn. 23. Vgl. zu den Kriterien und der Angemessenheit bei marktüblichen Preisen, *Sartorius*, S. 130 ff. m.w.N.

1719 *Eisele* in: Schönke/Schröder, § 299a Rn. 23; *Großkopf/Schanz,* RDG 2016, 220, 227 f.

1720 *Eisele* in: Schönke/Schröder, § 299a Rn. 24; *Dannecker/Schröder* in: NK-StGB, § 299a Rn. 179; vgl. auch *Großkopf/Schanz,* RDG 2016, 220, 226; vgl. hierzu auch *Bahner,* S. 254 ff. *Rönnau/Wegner* in: Achenbach/Ransiek/Rönnau, §§ 299a, 299b StGB Rn. 71: So lange der Vorteil für die auf den Beruf bezogenen Fortbildung gewährt wird und angemessen ist, kann daraus kein Anfangsverdacht abgeleitet werden.

1721 *Dannecker/Schröder* in: NK-StGB, § 299a Rn. 179 sprechen von einer „konkreten Gegenleistung“; *Großkopf/Schanz,* RDG 2016, 220, 226.

Zuwendungen in Form von Geschenken und Einladungen begründen, soweit sie als sozialadäquat einzuordnen sind, in der Regel keine strafbare Unrechtsvereinbarung.[1722] Handelt es sich jedoch um darüber hinausgehende Zuwendungen, können diese dagegen durchaus Vorteile darstellen, die als Gegenleistung die grundsätzliche Erklärung eines Heilberufsangehörigen zur bevorzugten Verordnung oder Zuweisung begründen.[1723] Dies wird insbesondere bei häufig oder gar regelmäßig getätigten Zuwendungen anzunehmen sein.[1724]

Gewährte Rabatte werden, wie bereits erläutert, nicht vom Tatbestand erfasst, wenn sie an den Patienten oder den Kostenträger weitergegeben werden, da sie im Sinne dieser und grundsätzlich dem Wettbewerb dienlich sind.[1725] Eine Strafbarkeit erscheint zudem fraglich bei im Wettbewerb grundsätzlich zulässigen Preisen, mit denen das Unternehmen zumindest noch seine eigenen Kosten gedeckt hat oder einen geringen Gewinn erzielt. [1726] Ist in dem Preis kein angemessener Gegenwert zu dem Produkt zu sehen und wird dieser dennoch über einen längeren Zeitraum angeboten, könnte darin eine Vorteilsgewährung gesehen werden,[1727] wenngleich nicht außer Acht gelassen werden darf, dass ein Unternehmen damit eventuell nur eine Kundenbindung erzielen möchte, ohne dass damit eine Verknüpfung mit einer Bevorzugung verbunden sein muss.[1728] Zu prüfen ist in diesen Fällen auch, ob der Bezug unter medizinischen

---

1722 Vgl. hierzu schon 3. Kapitel A. III. 1. b) bb) (S. 291 ff.).

1723 *Dannecker/Schröder* in: NK-StGB, § 299a Rn. 180; *Eisele* in: Schönke/Schröder, § 299a Rn. 27.

1724 *Dannecker/Schröder* in: NK-StGB, § 299a, Rn .180.

1725 Vgl. hierzu schon 3. Kapitel A. III. 1. b) bb) (S. 291 ff.); BT-Drucks. 18/6446, S. 20; BT-Drucks. 18/8106, S. 15; *Bahner,* S. 50; *Dannecker/Schröder* in: NK-StGB, § 299a Rn. 186; *Gaede* in: NK-WiStR, § 299a Rn. 80 f.; *Geiger,* medstra 2016, 9 ff.

1726 *Dann/Scholz,* NJW 2016, 2077, 2079. Vgl. auch *Dannecker/Schröder* in: NK-StGB, § 299a Rn. 186, die Steigerung der „Attraktivität“ von den Produkten durch die entsprechende Gestaltung von Preisen ist für sich noch nicht unlauter; *Gaede* in: NK-WiStR, § 299a Rn. 79. Vgl. zu zulässigen Verkaufsförderungsmaßnahmen, *Bahner,* S. 196 ff. Auch generell übliche Skonti werden grundsätzlich keine Strafbarkeit begründen, solange sie sich im gängigen Rahmen bewegen, vgl. *Dannecker/Schröder* in: NK-StGB, § 299a Rn. 186.

1727 *Wissing/Cierniak,* NZWiSt 2016, 41, 43; *Dann/Scholz,* NJW 2016, 2077, 2079.

1728 *Dann/Scholz,* NJW 2016, 2077, 2079 f. m.w.N. Vgl. zu Rabatten oder günstigen Preisen für die Ausstattung der Praxis und der Frage nach einer Verknüpfung dieser mit einer Bevorzugung auch *Geiger,* medstra 2016, 9 ff.; *Gaede/Lindemann/Tsambikakis,* medstra 2015, 142, 151.

Gesichtspunkten gerechtfertigt ist.[1729] Sog. „Kick-Backs" werden jedoch regelmäßig vom Tatbestand erfasst sein, wenn diese für die Verordnung geleistet wurden.[1730]

Unternehmens- und Gewinnbeteiligungen, die insbesondere von der Anzahl der Zuweisung von Patienten abhängig sind, sind mit wesentlichen rechtlichen Unklarheiten verbunden und beinhalten regelmäßig ein zumindest erhöhtes Strafbarkeitsrisiko in Bezug auf die §§ 299a Nr. 3, 299b Nr. 3 StGB, insbesondere wenn sie sich unmittelbar auf die Anzahl zugewiesener Patienten beziehen.[1731] Ein relevantes Indiz ist daher regelmäßig darin zu sehen, dass der Gewinn von den Zuweisungen abhängig ist und sich aus den Zuweisungen unmittelbare Folgen für die eigene Beteiligung ergeben.[1732] Sofern der Arzt durch die Zuweisung von Patienten einen „spürbaren Einfluss" auf die Höhe seiner Gewinnbeteiligung nehmen kann, wird eine Unrechtsvereinbarung nicht mehr ohne Weiteres auszuschließen sein, wobei auch die Anzahl der Zuweisungen, der gesamte Umsatz des Unternehmens und die Höhe der Beteiligung eine wesentliche Rolle spielen können.[1733] Unerheblich ist folglich, ob eine unmittelbare Gewinnbeteiligung an der jeweiligen Zuführung erfolgt oder ob die Zuführungen allgemein zu einem vermehrten Patientenaufkommen bei dem Unternehmen führen und der Arzt sodann „mittelbar" an dem hieraus resultierenden Gewinn im Rahmen von „Gewinnausschüttungen" des Unternehmens beteiligt wird.[1734]

Ausgeschlossen werden kann eine Strafbarkeit in diesen Fällen sicher nur, wenn mit den Zuweisungen des Arztes keine Auswirkungen auf die Beteiligung verbunden wäre.[1735] Eine Spürbarkeit des Einflusses wird aber regelmäßig auch dann zu verneinen sein, wenn die Beeinflussung des Gewinns durch

1729 *Rönnau/Wegner* in: Achenbach/Ransiek/Rönnau, §§ 299a, 299b StGB Rn. 73.

1730 *Dannecker/Schröder* in: NK-StGB, § 299a Rn. 186.

1731 *Gaede* in: NK-WiStR, § 299a Rn. 84; *Dannecker/Schröder* in: NK-StGB, § 299a Rn. 189.

1732 *Scholz* in: Kubiciel/Hoven, S. 104.

1733 *Dannecker/Schröder* in: NK-StGB, § 299a Rn. 189; *Gaede* in: NK-WiStR, § 299a Rn. 84; *Bahner,* S. 184; *Scholz* in: Kubiciel/Hoven, S. 104; *Tsambikakis,* medstra 2016, 131, 137 f.; *Eisele* in: Schönke/Schröder, § 299a Rn. 34.

1734 *Tsambikakis,* medstra 2016, 131, 138; *Dannecker/Schröder* in: NK-StGB, § 299a Rn. 189.

1735 *Tsambikakis,* medstra 2016, 131, 138; *Bahner,* S. 184, jeweils unter Verweis auf BGH NJW 2011, 2211, 2217; vgl. auch *Wissing/Cierniak,* NZWiSt 2016, 41, 44; *Pragal/Handel,* medstra 2016, 22, 25.

heilberufliche Entscheidungen in keinem Verhältnis zu der Gewinnausschüttung steht und für diese daher aufgrund ihrer Geringfügigkeit nicht ausschlaggebend waren.[1736]

Es ist aber darüber hinaus in Bezug auf den „spürbaren Einfluss“ auch stets zu hinterfragen, ob tatsächlich eine Unrechtsvereinbarung vorliegt. Im Rahmen einer umfassenden Beteiligung wird der Heilberufsangehörige nicht nur in Ausnahmefällen mittels heilberuflicher Entscheidungen die ihm zustehenden Gewinne beeinflussen können.[1737] Zurecht wird daher ausgeführt, dass es zumindest ein Indiz gegen eine Unrechtsvereinbarung sein kann, wenn die Beteiligung eines Heilberufsangehörigen dem Vergleich mit Beteiligungen von Personen, die keine Heilberufsangehörigen sind, standhält und die Personen bei einer gleich hohen Beteiligung gleichermaßen am Unternehmen und dessen Gewinn partizipieren würden.[1738] Hierbei spielen jedoch weitere wesentliche Details des Einzelfalls und der Verträge, wie beispielsweise die Abhängigkeit einer Unternehmensbeteiligung von der Ausübung der heilberuflichen Tätigkeit, eine wesentliche Rolle.[1739] Ein relevanter Einfluss auf die Gewinnbeteiligung ist regelmäßig zu verneinen, wenn nur gelegentlich Zuweisungen an das Unternehmen erfolgen, an welchem der Arzt eine Beteiligung hat, oder die Zuweisungen fachlich gerechtfertigt bzw. zur Behandlung erforderlich sind.[1740] Es ist daher jeweils eine umfassende Betrachtung sämtlicher Indizien vorzunehmen.[1741]

Allein von einem spürbaren Einfluss auf eine Unrechtsvereinbarung zu schließen ist ebenso wenig angezeigt, wie von dem Vorliegen eines Fremdvergleichs auf die Tatbestandlosigkeit zu schließen.

1736 *Rönnau/Wegner* in: Achenbach/Ransiek/Rönnau, §§ 299a, 299b StGB Rn. 75; *Schuhr* in: Spickhoff, 2018, §§ 299a, 299b StGB Rn. 16; *Rönnau/Wegner* in: FS Kindhäuser, S. 967.

1737 *Rönnau/Wegner* in: Achenbach/Ransiek/Rönnau, §§ 299a, 299b StGB Rn. 76.

1738 *Rönnau/Wegner* in: Achenbach/Ransiek/Rönnau, §§ 299a, 299b StGB Rn. 76 m.w.N. in Fn. 283; *Rönnau/Wegner* in: FS Kindhäuser, S. 967 f.

1739 *Scholz* in: Kubiciel/Hoven, S. 89 f.; *Rönnau/Wegner* in: Achenbach/Ransiek/Rönnau, §§ 299a, 299b StGB Rn. 76.

1740 Vgl. dazu auch *Dannecker/Schröder* in: NK-StGB, § 299a Rn. 189.

1741 *Rönnau/Wegner* in: FS Kindhäuser, S. 970.

d) Subjektiver Tatbestand

Auf der subjektiven Tatbestandsseite wird Vorsatz (mindestens dolus eventualis) verlangt. Im Falle des Forderns eines Vorteils ist absichtliches Handeln in Bezug auf den Abschluss einer Unrechtsvereinbarung erforderlich.[1742]

2. Ausgestaltung des § 299b StGB

§ 299b StGB umfasst das Spiegelbild zu § 299a StGB und sanktioniert somit durch die Erfassung des Vorteilsgebers die aktive Bestechung von Heilberufsangehörigen. Vorteilsgeber und Vorteilsnehmer werden damit gleichermaßen als Täter behandelt und nicht etwa der Geber lediglich als Teilnehmer angesehen. Der Grund dafür, dem Geber im Rahmen von Unrechtsvereinbarungen nicht etwaige strafmildernde Umstände zukommen zu lassen oder gar das Risiko von Strafbarkeitslücken einzugehen, ergibt sich daraus, dass der Vorteilsgeber einen so relevanten Beitrag – nämlich den Anstoß – zur Tat leistet, dass seine Einstufung als Täter gerechtfertigt erscheint.[1743] Schließlich leisten im Rahmen der Unrechtsvereinbarung sowohl der Nehmer durch die Annahme als auch der Geber durch die Gewährung, das Versprechen oder das Anbieten eines Vorteils jeweils einen Beitrag, der diese Vereinbarung ausmacht, da sie zwangsläufig durch das Miteinander beider Seiten bedingt ist.[1744]

a) Täterkreis

Es handelt sich um ein „Jedermann-Delikt" bzw. Allgemeindelikt,[1745] das nicht auf bestimmte Personen oder Personenkreise beschränkt ist.[1746] In erster Linie werden hierbei Mitarbeiter bei Pharmaunternehmen oder Herstellern von Medizinprodukten und Ärzte oder Therapeuten, die sich die Vermittlung von Patienten gegen eine Vorteilsgewährung erkauft haben, in den Täterkreis fallen.[1747]

1742 *Rogall* in: SK-StGB, § 299a Rn. 66; *Hohmann* in: MüKo-StGB, § 299a Rn. 42.

1743 *Dannecker/Schröder* in: NK-StGB, § 299b Rn. 4.

1744 *Dannecker/Schröder* in: NK-StGB, § 299b Rn. 4; vgl. ausführlich zu der Thematik: *Geisler*, S. 147 ff.

1745 *Rogall* in: SK-StGB, § 299b Rn. 3; *Fischer*, StGB, § 299b Rn. 2; *Gaede* in: NK-WiStR, § 299b Rn. 3; *Dannecker/Schröder* in: NK-StGB, § 299b Rn. 6; *Gelshorn*, S. 196; *Tsambikakis*, medstra 2016, 131, 138; *Wissing/Cierniak*, NZWiSt 2016, 41, 54 f.; *Kronawitter*, S. 106; *Bongartz*, S. 285.

1746 BT-Drucks. 18/6446, S. 23; *Grzesiek/Sauerwein*, NZWiSt 2016, 369, 371; *Dannecker/Schröder* in: NK-StGB, § 299b Rn. 6; *Eisele* in: Schönke/Schröder, § 299b Rn. 2.

1747 *Grzesiek/Sauerwein*, NZWiSt 2016, 369, 371.

Vom Täterkreis des § 299b StGB werden auch die Apotheker erfasst, weshalb diese Vorschrift im Gegensatz zu § 299a StGB für sie durchaus von Relevanz ist.[1748] Vor allem Kooperationen, wie beispielsweise bei Verträgen zur Versorgung der Bewohner von Heimen nach § 12a ApoG oder zur Krankenhausversorgung, bei der Versorgung von Patienten mit Zytostatika und allgemein bei der Kooperation mit anderen Heilberuflern, insbesondere Ärzten.[1749] Dass möglicher Täter des § 299b StGB jedermann sein kann und keine Eingrenzung auf einen bestimmten Personenkreis vorgesehen ist, erscheint grundsätzlich aufgrund der weitestgehend klaren Ausgestaltung der Norm mit den verfassungsrechtlichen Grundsätzen vereinbar. Aus der Norm geht generell klar hervor, dass sich jedermann strafbar machen kann. Zudem sind die grundsätzlichen Voraussetzungen des Tatbestandes hinreichend definiert. Es besteht die Möglichkeit die sich im Zusammenhang mit der Unrechtsvereinbarung ergebenden Unklarheiten durch Informationen und Rechtsprechungsergebnisse, die bereits zu § 299 StGB existieren, zu beseitigen. Eine Einschränkung erscheint zudem aufgrund der enormen Auswirkungen der Initiation einer Unrechtsvereinbarung nicht als sachgerecht.

b) Tathandlung

aa) Dreistufige Gliederung: Anbieten, Versprechen, Gewähren

Die Tathandlung lässt sich wie bei § 299a StGB in drei Stufen untergliedern.[1750] Die „Verhandlungsstufe" in Form des Anbietens ist zu bejahen, wenn der Geber *„dem Heilberufsangehörigen ausdrücklich oder konkludent erklärt, dass er einen Vorteil in Aussicht stellt, um den Abschluss einer Unrechtsvereinbarung zu erreichen."*[1751] Geber und Nehmer haben somit eine Verhandlung zu führen, die auf die Vorteilsannahme durch den Heilberufsangehörigen abzielt.[1752] Die

---

1748 *Rogall* in: SK-StGB, § 299b Rn. 3; *Mand,* DAZ, 2015, 18; *Tillmanns,* DAZ 2016, 20; *Brettel/Mand*, A&R 2016, 99, 103 Fn. 62; *Bahner*, S. 29 ff.; *Dannecker/Schröder* in: NK-StGB, § 299b Rn. 9; *Heil/Oben,* PharmR 2016, 217, 221.

1749 *Tillmanns,* DAZ 2016, 20; *Mand,* DAZ, 2015, 18; *Bahner*, S. 32 f.

1750 *Dannecker/Schröder* in: NK-StGB, § 299b Rn. 11 ff.; vgl. zum „Drei-Stufen-Modell" *Geisler*, S. 147 ff.; vgl. hierzu bereits 3. Kapitel A. III. 1. b) aa) (S. 290 f.).

1751 *Dannecker/Schröder* in: NK-StGB, § 299b Rn. 12.

1752 Umstritten ist, ob für die Vollendung der Tathandlung des Anbietens die Kenntnisnahme bzw. tatsächliche Kenntnisnahme des Heilberufsangehörigen bzw. einer Mittelsperson aus dem Lager des Adressaten erforderlich ist oder ob der Zugang der Erklärung ausreichend ist. Nachdem es sich um ein abstraktes Gefährdungsdelikt handelt und deswegen weder der Abschluss einer Unrechtsvereinbarung noch

„Vereinbarungsstufe“ erfasst das Versprechen eines Vorteils. Die „Leistungsstufe“ in Form der Vorteilsgewährung ist in der tatsächlichen Zuwendung des Vorteils an den Heilberufsangehörigen durch den Täter zu sehen.[1753] Erforderlich für die Vollendung ist damit der Zugang des Vorteils bei dem Heilberufsangehörigen oder einem Dritten. Als ausreichend wird erachtet, dass es dem Willen des Gebers entspricht, *„dass der Nehmer den Sinn der Vorteilshingabe verstehen werde“*.[1754]

bb) Im Zusammenhang mit der Berufsausübung des Heilberufsangehörigen

Die jeweilige Tathandlung muss im Zusammenhang mit der Ausübung des Berufes durch den Heilberufsangehörigen stehen.[1755] Ausreichend ist hierbei auch eine Handlung, die auf eine mittelbare Beeinflussung abzielt. Der Tatbestand wird daher auch als erfüllt angesehen, wenn beispielsweise Apotheker zwischengeschaltet werden und die Absprache nicht direkt mit dem Heilberufsangehörigen erfolgt.[1756]

---

eine tatsächliche Gewährung des Vorteils erforderlich sind, erscheint die Auffassung der h.M., nach der bei einer schriftlichen Erklärung auf den Zugang der Erklärung beim Heilberufsangehörigen abzustellen ist, vorzugswürdig (bei der mündlichen Erklärung reicht die Kenntnisnahme). Die Gefahr ergibt sich vorliegend aufgrund der erforderlichen Vereinbarung daraus, dass dem Vorteilsnehmer ein Angebot zugeht, welches er sodann nur noch anzunehmen bräuchte. Würde man hier auf die Kenntnisnahme abstellen, würde der Zeitpunkt der Vollendung zu weit nach hinten verlagert und der Nachweis der Kenntnisnahme wäre erschwert zu führen, weswegen die Ausgestaltung als abstraktes Gefährdungsdelikt wohl weitestgehend ins Leere laufen würde. Gestützt werden diese Ausführungen durch die fehlende Versuchsstrafbarkeit; vgl. zu dem Vorstehenden *Dannecker/Schröder* in: NK-StGB, § 299b Rn. 13; *Geisler*, S. 149 f. (in Bezug auf die §§ 331 ff. StGB).

1753 *Tsambikakis*, medstra 2016, 131, 138; *Dannecker/Schröder* in: NK-StGB, § 299b Rn. 17.

1754 *Dannecker/Schröder* in: NK-StGB, § 299b Rn. 17: Auf das Verständnis des Nehmers kommt es hierbei nicht an.

1755 Vgl. hierzu auch *Rogall* in: SK-StGB, § 299b Rn. 6: Ist der Arzt kaufmännischer Leiter einer Klinik, ist der Bezugspunkt bei dessen Bestechung eine kaufmännische und keine heilberufliche Tätigkeit; *Krüger*, NZWiSt 2017, 129, 131 f.; *Eisele* in: FS Neumann, S. 1084.

1756 *Tsambikakis*, medstra 2016, 131, 132.

cc) Unrechtsvereinbarung als Gegenleistung für unlautere Bevorzugung

Der Vorteil muss eine Gegenleistung für die unlautere Bevorzugung im Wettbewerb darstellen und somit Gegenstand einer Unrechtsvereinbarung sein und einen Bezug zu einer der in § 299b Nrn. 1-3 StGB aufgeführten Fallvarianten aufweisen.[1757] Erforderlich sind wiederum ein Wettbewerbsverhältnis und die Benachteiligung eines Wettbewerbers.[1758]

c) Vorsatz

Der Vorsatz des Täters muss hinsichtlich aller objektiven Tatbestandsmerkmale gegeben sein.[1759] Er muss sich insbesondere bewusst sein, dass es sich bei dem Vorteilsnehmer um einen Heilberufsangehörigen handelt. Geht der Täter in rechtlich irrtümlicher Weise davon aus, dass der Vorteilsnehmer kein Heilberufsangehöriger im Sinne der §§ 299a, 299b StGB sei, liegt allenfalls ein Verbotsirrtum nach § 17 StGB vor.[1760]

3. Verbleibende Strafbarkeitslücken aufgrund konkreter Ausgestaltung

Eine Anwendung der Norm wird grundsätzlich trotz der wettbewerbsrechtlichen Ausgestaltung auch auf Sachverhalte möglich sein, die den Vertrauensschutz des Patienten gegenüber seinem Arzt betreffen. Dennoch ist fraglich, ob ein umfassender Vertrauensschutz gewährleistet werden kann und alle Fälle, die diesen betreffen, von den neuen Tatbeständen erfasst werden. Insbesondere Fälle, in denen die medizinischen Entscheidungen in erster Linie an wirtschaftlichen Interessen ausgerichtet werden und nicht am Wohle des Patienten, könnten vom neuen Straftatbestand nicht erfasst werden, da dessen Wortlaut sich maßgeblich am Wettbewerbsschutz orientiert.

1757 *Rogall* in: SK-StGB, § 299b Rn. 7: Bei „abgenötigten Zuwendungen“ fehlt es gerade an diesem „do-ut-de-Verhältnis“; *Gaede* in: NK-WiStR, § 299b Rn. 9; *Rosenau* in: SSW-StGB, § 299b Rn. 5.

1758 *Rogall* in: SK-StGB, § 299b Rn. 8.

1759 *Rogall* in: SK-StGB, § 299b Rn. 10: Grundsätzlich ist dolus eventualis ausreichend, hinsichtlich des Aspekts, *„dass das Verhalten des Täters einer unlauteren Bevorzugung im Wettbewerb den Weg bereiten soll“*, ist jedoch Absicht erforderlich.

1760 Wie hier: *Dannecker/Schröder* in: NK-StGB, § 299b Rn. 22; *Eisele* in: Schönke/Schröder, § 299b Rn. 7. *Rogall* in: SK-StGB, § 299b Rn. 11: Subsumtionsirrtum, der zu Verbotsirrtum führen kann.

a) Fehlende Wettbewerbslage

Solche Fallkonstellationen können daher insbesondere auftreten, wenn es an einer wettbewerbsbezogenen Bevorzugung eines Anbieters fehlt. Das kommt bei Konstellationen in Betracht, bei denen eine Monopolstellung gegeben ist und daher keine Wettbewerbssituation vorzufinden ist.[1761] Maßgebend sind hierfür die Verordnungen von patentgeschützten Arznei-, Heil- oder Hilfsmitteln bzw. Medizinprodukten.[1762] Des Weiteren fallen aber auch neue Arzneimittel darunter, für die es keine gleichwertigen Alternativen gibt.[1763]

Zwar wird in der Gesetzesbegründung diesbezüglich ausgeführt, dass Monopolstellungen kaum vorliegen könnten, da beispielsweise bei patentgeschützten Medikamenten auch Re- oder Parallelimporte die Monopolstellung auflösen.[1764] Zudem wird erläutert, dass beim Einführen neuer Medikamente und Produkte davon auszugehen sei, dass eine Wettbewerbslage vorliege, wenn der Vorteil mit dem Ziel gewährt wird, eine dauerhafte Bindung aufzubauen und den Eintritt in den Markt von weiteren Konkurrenten und damit den Eintritt einer Wettbewerbslage zu verhindern.[1765]

Jedoch kann diesen Ausführungen, wie bereits erläutert, nicht uneingeschränkt zugestimmt werden.[1766] § 299 StGB geht zwar auch dann von einer Wettbewerbslage aus, wenn mit der Vorteilsgewährung langfristig Konkurrenten ausgeschaltet werden sollen, jedoch wird teilweise angenommen, dass man mit dem Eintritt der Wettbewerbslage bei der versprochenen Bevorzugung rechnen müsse.[1767] Zudem war im Regierungsentwurf dargelegt worden, dass der Tatbestand des damaligen § 299a Abs. 1 Nr. 2 StGB eben wegen der Monopolstellungen erforderlich sei.[1768] Dem ist auch im Hinblick auf die eingeschränkte

---

1761 BR-Drucks. 181/16 (Beschuss), S. 2; *Tsambikakis*, medstra 2016, 131, 136 f.: Die Strafbarkeitslücke wurde sehenden Auges in Kauf genommen; *Kronawitter*, S. 106.

1762 BR-Drucks. 181/16 (Beschuss), S. 2.

1763 GKV-Spitzenverband, Mitteilung vom 14.04.2016.

1764 BT-Drucks. 18/8106, S. 16. Vgl. zur Praxisrelevanz von Monopolstellungen jedoch *Aldenhoff/Valluet*, medstra 2015, 195, 198; *Dieners*, PharmR 2015, 529, 530; *Grzesiek/Sauerwein*, NZWiSt 2016, 369, 371; *Pragal/Handel*, medstra 2015, 337, 342.

1765 BT-Drucks. 18/8106, S. 17.

1766 Vgl. hierzu bereits 3. Kapitel A. III. 1. b) cc) (1) (S. 296 ff.).

1767 Vgl. hierzu BGHSt, 10, 358, 367 f.; BGHSt 49, 214, 228; *Dannecker/Schröder* in: NK-StGB, § 299a Rn. 144.

1768 BT-Drucks. 18/6446, S. 20; vgl. hierzu *Wissing/Cierniak*, NZWiSt 2016, 41, 45; *Cahnbley*, MPR 2015, 145, 146; *Dieners*, PharmR 2015, 529, 530 f. Kritisch daher auch: *Dannecker/Schröder* in: NK-StGB, § 299a Rn. 77; *Tsambikakis*, medstra 2016, 131, 136.

Auswahl an Fachärzten in ländlichen Regionen oder bei Arzneien in individualisierten medizinischen Bereichen zuzustimmen.[1769] Ebenso verhält es sich mit neu entwickelten Mitteln und Produkten, insbesondere wenn ein Patentschutz besteht.[1770] Auch können Importe keine Abhilfe verschaffen, wenn für sie nicht gleichermaßen eine Zulassung nach dem Arzneimittelrecht existiert oder sich im Endeffekt keine Bevorzugung eines „Marktteilnehmers“, ergibt.[1771] Nunmehr wird jedoch von einer Anwendung des § 299a StGB auf Monopole auch ohne die Berufsrechtsvariante ausgegangen, obwohl zuvor erklärt wurde, dass es an der für die Wettbewerbsvariante erforderlichen Wettbewerbssituation fehlen würde, was widersprüchlich ist.[1772] Sofern die Rechtsprechung den Begriff des Wettbewerbs künftig restriktiv auslegt, wäre das Gewähren von Vorteilen seitens der Pharmaunternehmen oder der Fachärzte bzw. Kliniken an die Vertragsärzte in solchen Situationen somit straffrei möglich.[1773]

Ein weiterer Fall ist eine unzulässige Einflussnahme bei medizinisch nicht indizierten Verordnungen, da es in diesem Falle an einer Entscheidung zwischen mehreren Wettbewerbern fehlt.[1774] Hierzu wurde bereits ausgeführt, dass nach hier vertretener Auffassung bereits eine einzelne rechtlich unzulässige Tat nicht vom Tatbestand erfasst wird, da grundsätzlich nur der von Gesetzes wegen zulässige Wettbewerb von den §§ 299a, 299b StGB geschützt wird und es

---

1769 *Kubiciel* in: Kubiciel/Hoven, S. 81. Vgl. hierzu bereits 3. Kapitel A. III. 1. b) cc) (1) (S. 296 ff.).

1770 *Kubiciel,* jurisPR-StrafR 11/2016, Anm. 1.

1771 *Schuhr* in: Spickhoff, 2018, §§ 299a, 299b StGB Rn. 37.

1772 Dies kritisierend auch *Tsambikakis,* medstra 2016, 131, 136: „inkonsequent“; er führt aus, dass viel dafür spreche, dass der Gesetzgeber eine etwaige Strafbarkeitslücke bewusst in Kauf genommen hat.

1773 Für eine nicht zu weitgehende Auslegung des Wettbewerbsbegriffes auch *Dannecker/ Schröder* in: NK-StGB, § 299a Rn. 146; *Dann/Scholz,* NJW 2016, 2077, 2078; *Gaede* in: NK-WiStR, § 299a Rn. 64. Von einer restriktiven Auslegung sei künftig vor allem auch wegen der Einführung des Geschäftsherrenmodells in § 299 Abs. 1 Nr. 2 StGB auszugehen: *Kubiciel,* jurisPR-Compl 3/2016, Anm. 1; *Kubiciel,* jurisPR-StrafR 11/ 2016, Anm. 1, der die Prognose von auftretenden Strafbarkeitslücken bei Monopolanbietern aufstellt; *Kubiciel* in: Kubiciel/Hoven, S. 83; *Tsambikakis,* medstra 2016, 131, 136.

1774 Vgl. hierzu BR-Drucks. 451/13 (Beschluss), S. 17; *Kronawitter,* S. 106; a.A. wohl *Andreschewski,* S. 258, die sich der Meinung anschließt, dass Entscheidungen im Rahmen einer Behandlung, die medizinisch nicht indiziert sind und nur wegen einer Vorteilsgewährung getroffen werden, weiterhin eine Bevorzugung begründen.

somit an einer Verletzung des Wettbewerbs fehlt.[1775] Teilweise wird vertreten, eine medizinisch nicht indizierte Behandlung wirke sich in erster Linie auf die Gesundheit des Patienten aus und nicht auf den Wettbewerb.[1776] Die Strafbarkeit eines solchen Verhaltens solle daher auch von den einschlägigen und vorrangigen Körperverletzungsdelikten erfasst werden.[1777] Diese Auffassung ist jedoch abzulehnen, da der Schutz des Vertrauens der Patienten als wesentlicher Bestandteil und elementare Voraussetzung für das Funktionieren des Gesundheitssystems eines eigenständigen Schutzes bedarf.[1778]

Auch nicht umfasst sind Sachverhalte, bei denen der Arzt lediglich Arzneimittelverordnungen vornimmt, die sich allein auf den Wirkstoff beziehen.[1779] Hier fehlt es an einem unmittelbaren Zusammenhang, da der Arzt die Auswahl des Medikaments nicht final vornimmt und damit niemanden konkret bevorzugt.

b) *Faktischer Ausschluss der Apotheker*

Strafbarkeitslücken ergeben sich auch durch den Ausschluss der Apotheker aus dem Täterkreis des § 299a StGB. Erhalten Apotheker Vorteile als Gegenleistung für die unlautere Bevorzugung beim Bezug von Arzneimitteln, werden diese überwiegend mangels unmittelbarer Anwendung am Patienten ebenso wenig vom Tatbestand erfasst wie unlautere Bevorzugungen bei der Abgabe von Medikamenten. Aufgrund der enormen Relevanz der Weitergabe von Medikamenten von pharmazeutischen Unternehmen an die Apotheken zur Weiterveräußerung und Abgabe, wird hierdurch eine durchaus relevante Strafbarkeitslücke erwartet, zumal auch die Vorteilsgeber in diesem Verhältnis nach § 299b StGB straffrei bleiben.[1780] Zudem steht zu befürchten, dass die pharmazeutischen Unternehmen ihre Beeinflussungen in Zukunft vermehrt auf die Apotheker verlagern.[1781]

1775 Vgl. hierzu 3. Kapitel A. III. 1. b) cc) (1) (S. 296 ff.).

1776 *Frank/Vogel*, AnwBl. 2016, 94, 97; *Tsambikakis*, medstra 2016, 131, 137.

1777 *Tsambikakis*, medstra 2016, 131, 137; *Andreschewski*, S. 258 führt aus, dass medizinisch indizierte Entscheidungen, die zur Gefährdung oder Verletzung der körperlichen Integrität führen, durch die Körperverletzungsdelikte zu ahnden sind. Motiv des Vorteilsgebers sei unabhängig davon, ob eine medizinische Indikation vorliege oder nicht, die Steigerung des Absatzes und damit immer das gleiche.

1778 *Schröder*, NZWiSt 2015, 321, 325; *Kubiciel*, WiJ 2016, 1, 8 f.

1779 BR-Drucks. 181/16 (Beschluss), S. 2.

1780 Vgl. hierzu schon 2. Kapitel C. II. 5. b) (S. 233 ff.); *Tsambikakis*, medstra 2016, 131, 132; *Kubiciel*, jurisPR-Compl 3/2016 Anm. 1; a.A. wohl *Rosenau/Lorenz/Wendrich* in: Kuhlen/Kudlich, S. 67 Fn. 95, die ausführen, dass eine solche Kritik den fragmentarischen Charakter des Strafrechts verkenne.

1781 *Pragal/Handel*, medstra 2016, 22, 26; *Kubiciel* in: Kubiciel/Hoven, S. 84.

c) Allgemeine Zuwendungen

Ausdrücklich nicht erfasst werden von den neuen Gesetzen beispielsweise geringfügige und allgemein übliche Werbegeschenke, denen es an der objektiven Eignung mangelt, heilberufliche Entscheidungen zu beeinflussen.[1782] Solche Zuwendungen vermögen sich zwar nicht auf den Ordnungsmechanismus des Wettbewerbs auszuwirken, können aber durchaus dazu in der Lage sein, das Vertrauen der Patienten in die Integrität der heilberuflichen Entscheidungen zu beeinflussen. Eine Unrechtsvereinbarung im Sinne der §§ 299a, 299b StGB kommt jedoch jedenfalls in Betracht, wenn die Zuwendungen, auch wenn sie geringfügig sind, aufgrund ihres Ausmaßes oder ihrer Häufigkeit zu einer Beeinflussung des Heilberufsangehörigen führen und er zu einer „konkreten Gegenleistung“ bereit ist.[1783]

Des Weiteren nicht unmittelbar erfasst sind auch solche Vorteile, die ohne konkrete Gegenleistung gewährt werden. So werden von § 331 StGB beispielsweise Zuwendungen erfasst, die eben keiner Handlung konkret zugeordnet werden können und vielmehr eine „*Sicherung der allgemeinen Geneigtheit*“ oder „*Zuwendungen auf gute Zusammenarbeit*“ darstellen,[1784] und damit nur das allgemeine „*Wohlwollen*“ des Vorteilsnehmers erkaufen sollen.[1785] Mit der Erfassung solcher Handlungen soll gerade dem „*durch bewusstes Handeln erweckten bösen Anschein der Käuflichkeit*“ entgegengesteuert werden.[1786] Die Erfassung solcher Handlungen hätte daher maßgeblich zu dem Vertrauensschutz der Patienten beigetragen, da durch sie zur Geltung kommt, dass jegliche Einwirkung auf den Vertragsarzt unterbunden wird. Nicht relevant für die Strafbarkeit nach §§ 299a, 299b StGB ist daher beispielweise die Finanzierung von Teilnahmen an Fortbildungsveranstaltungen, die über die notwendigen Kosten für diese Veranstaltung hinausgeht und gerade nicht für eine konkrete Gegenleistung seitens des Arztes gewährt wird. Damit sind aber maßgebliche Sachverhalte, die auch oftmals in der Vergangenheit im Zentrum der Kritik standen und typische Beispiele für Korruption im Gesundheitswesen bilden, nicht von den neuen Gesetzen umfasst. Für eine solche „*Stimmungsarbeit*“ muss nicht zwingend eine Unrechtsvereinbarung vorhanden sein.[1787]

1782 BT-Drucks, 18/6446, S. 17.

1783 *Dannecker/Schröder* in: NK-StGB, § 299a Rn. 179.

1784 *Fischer*, StGB, § 331 Rn. 24 unter Verweis auf BGHSt 15, 91; 185; 222; 250; 286; 355.

1785 BT-Drucks. 18/6446, S. 18.

1786 *Fischer*, StGB, § 331 Rn. 24.

1787 *Kölbel*, medstra 2016, 193, 194.

Zudem werden grundsätzlich auch keine Zuwendungen erfasst, die für bereits erfolgte Handlungen gewährt werden und somit eine Belohnung darstellen.[1788] Solche Zuwendungen sind nur dann strafbar, wenn sie Bestandteil einer Unrechtsvereinbarung sind.[1789] Aber auch solche Vorteile können maßgeblich dazu beitragen, dass der Vertragsarzt sein Verordnungsverhalten dadurch beeinflussen lässt und das Vertrauen der Patienten in den Arzt und seine Entscheidungen nachhaltig negativ beeinträchtigt wird. Solche Handlungen können als Indizien im Rahmen der Feststellung einer Unrechtsvereinbarung berücksichtigt werden.[1790] Aufgrund der eingeschränkten Möglichkeiten zur Handlung des Heilberufsangehörigen und der sehr genauen Wiedergabe dieser im Rahmen der Tatbestände, wird in der Regel eine konkrete Zuordnung der Gegenleistung möglich sein. Zudem wird es sich grundsätzlich um wiederholte Handlungen handeln, die nicht im Einzelnen konkret festgehalten werden müssen, sondern nur deren „Gattung".[1791] Eine zwingende und umfassende Strafbarkeitslücke muss sich hieraus daher nicht zwangsweise ergeben.

4. *Stellungnahme zur konkreten Ausgestaltung der §§ 299a, 299b StGB*

Die konkrete Ausgestaltung der §§ 299a, 299b StGB ist im Ergebnis nicht als optimal, sondern als durchaus verbesserungswürdig einzuordnen.[1792] Wie bereits eingangs der Arbeit beschrieben, handelt es sich bei dem Gesundheitsmarkt um einen Bereich, der auch einer entsprechend ausgestalteten und auf seine Besonderheiten Rücksicht nehmenden strafrechtlichen Vorschrift bedarf.[1793] Um in diesem umfassenden Bereich eine geeignete Vorschrift zu erlassen, ist weit mehr

1788 BT-Drucks. 18/6446, S. 18.

1789 *Dannecker/Schröder* in: NK-StGB, § 299a Rn. 143.

1790 *Dannecker/Schröder* in: NK-StGB, § 299a Rn. 127 für nachträgliche Zuwendungen u. Rn. 140; *Rogall* in: SK-StGB, § 299a Rn. 36, nachträgliche Vorteile werden erfasst, wenn sie schon Gegenstand einer Unrechtsvereinbarung gewesen sind, so auch *Bahner*, S. 67 f.; allgemein zum konkreten Gegenseitigkeitsverhältnis; *Gaede* in: NK-WiStR, § 299a Rn. 46; BT-Drucks. 18/6446, S. 20.

1791 Zu vorstehendem Satz und hierzu *Dannecker/Schröder* in: NK-StGB, § 299a Rn. 140.

1792 *Dannecker/Schröder* in: Kubiciel/Hoven, S. 46: *„Überzeugend, gar ein Werk aus Meisterhand geschaffen, kann man die aktuelle Gesetzeslage wahrhaftig nicht nennen".* *Grzesiek/Sauerwein*, NZWiSt 2016, 369, 371: *„weiterhin kritisch zu betrachten"*; *Gaede* in: NK-WiStR, § 299a Rn. 6: *„Kompromisscharakter"*.

1793 Vgl. hierzu 1. Kapitel C. (S. 76 ff.); *Geiger*, medstra 2015, 97, 104.

erforderlich, *„als nur mit ein paar kleineren Modifikationen das klassische Wettbewerbsdelikt des § 299 StGB abzuschreiben“.*[1794]

Die Vorschrift gibt Anlass zur Kritik, nachdem nun die Apotheker – unabhängig davon, ob beabsichtigt oder nicht[1795] – nicht mehr vom Straftatbestand des § 299a StGB erfasst werden, wenn sie aufgrund einer rechtswidrigen Beeinflussung von mehreren in Frage kommenden Medikamenten das des Vorteilsgebers abgeben. Zudem ist auch der Bezug von Medikamenten durch Apotheker aus dem Tatbestand herausgefallen. Im Gegenzug hierzu erscheint die Erweiterung des Täterkreises auf die Gesundheitsfachberufe zwar vertretbar, jedoch eher als zweitrangig, nachdem vor allem die Ärzte eine Lenkungsfunktion im Gesundheitssystem einnehmen.[1796]

Die Streichung der Berufsrechtsvariante brachte im Endeffekt nicht gänzlich die gewünschte Klarheit, da auch weiterhin Unsicherheit hinsichtlich des in Bezug genommenen Primärrechts existiert und die Strafbarkeit aufgrund der weiteren Hinzuziehung des Berufsrechts im Rahmen des Tatbestandsmerkmals der Unlauterkeit für ein und dasselbe Verhalten variieren kann.[1797] Unklarheiten

---

1794 *Duttge* in: Kubiciel/Hoven, S. 23; *Ramb*, CCZ 2015, 262, 263; *Geiger*, medstra 2015, 97, 104; *Sartorius*, S. 37. Zu den Schwierigkeiten der Verfassung eines den Besonderheiten des Gesundheitsmarktes gerecht werdenden Vorschrift auch *Bausback* in: Kubiciel/Hoven, S. 36; *Dannecker/Schröder* in: NK-StGB, § 299a Rn. 66; *Duttge* in: Kubiciel/Hoven, S. 15; *Brettel/Duttge/Schuhr*, JZ 2015, 929, 930 f.; *Kubiciel/Tsambikakis*, medstra 2015, 11, 12; *Schuhr*, NStZ 2012, 11, 15; *Steenbreker*, MedR 2015 660, 661.

1795 *Kubiciel*, jurisPR-StrafR 11/2016, Anm. 1, S. 3: Ordnet die fehlende Strafbarkeit der Apotheker als „Kollateraleffekt“ der Streichung der Berufsrechtsvariante ein. Ebenso wohl *Grzesiek/Sauerwein*, NZWiSt 2016, 369, 371, die ansonsten von einem redaktionellen Fehler ausgehen. Vgl. zu dieser These auch *Dannecker/Schröder* in: Kubiciel/Hoven, S. 66, Fn. 93.

1796 Vgl. hierzu 1. Kapitel B. VI. 3. (S. 58 ff.).

1797 Ähnlich auch *Dannecker/Schröder* in: NK-StGB, § 299a Rn. 68; *Tsambikakis*, medstra 2016, 131, 138: Unklarheiten, die sich bei der Auslegung des Berufsrechts ergeben, werden so auf das Strafrecht übertragen; so auch *Bongartz*, S. 299. Teilweise wird vorgeschlagen, dieses Problem durch eine restriktive Auslegung zu lösen und nur Handlungen zu erfassen, die ohne Zweifel pflichtwidrig und somit gesundheitsrechtlich nicht vertretbar sind, vgl. *Kubiciel*, jurisPR-Compl 2016, Anm. 1; *Sartorius*, S. 31 ff.; *Kronawitter*, S. 93 f. Dadurch würde auch den Regelungen, die bereits außerhalb des StGB existieren, hinreichend Rechnung getragen, *Kronawitter*, S. 94; *Brettel/Duttge/Schuhr*, JZ 2015, 929, 930 f. Geahndet werden sollen nur Verhaltensweisen, die aufgrund eines gemeinsamen Konsens der einzelnen Kammern pflichtwidrig sind, vgl. *Brettel/Duttge/Schuhr*, JZ 2015, 929, 930 f.; *Kronawitter*, S. 94.

ergeben sich zudem für die Heilberufsangehörigen, die über keine eigene Berufsordnung verfügen. Damit wird das Primärrecht weiterhin eine wesentliche strafbarkeitsbegrenzende Funktion innehaben.[1798]

Im Vergleich zu der Vertrauensbruchvariante sind nunmehr jedoch aufgrund des weitestgehend unbestimmten Merkmals der Unlauterkeit die in Bezug zu nehmenden Normen des Primärrechtes nicht ohne Weiteres erkennbar. Die verfassungsrechtlichen Bedenken, die in dieser Hinsicht gegen die Vertrauensbruchvariante vorgetragen wurden,[1799] sind damit nicht gänzlich beseitigt worden,[1800] da die Probleme hinsichtlich der Frage, welche Regelungen des Primärrechtes herangezogen werden, die unterschiedliche Ausgestaltung in der jeweiligen Berufsordnungen – soweit solche überhaupt existieren – und die Reichweite der mit diesen verbundenen Strafbarkeitsbegrenzung bestehen geblieben ist.

Ein Verstoß gegen die Gesetzgebungskompetenzen liegt in der Bezugnahme auf das Primärrecht jedoch nicht begründet. Zwar ist es dem Bundesgesetzgeber im Rahmen seines grundsätzlichen Rechts, Strafrecht nach Art. 74 Abs. 1 Nr. 1 GG zu erlassen, nicht gestattet ein Gebiet zu regeln, das grundsätzlich der Kompetenz der Länder unterfällt. Jedoch ist das vorliegend auch nicht der Fall. Das Recht zur Regelung der Berufsausübung steht weiterhin den Ländern zu und wird durch die Schaffung der Tatbestände auch nicht dadurch berührt, dass für einige Heilberufe mit den Tatbeständen erstmals – mangels entsprechender berufsrechtlicher Regelungen – geregelt wird, dass eine unlautere Bevorzugung gegen die Gewährung eines Vorteils nicht möglich ist.[1801] Es ist daher davon auszugehen, dass die Tatbestände auch der Meinung gerecht werden, die nur das Mindestmaß von dem zulassen, was notwendig ist, um die Tathandlung zu umschreiben und den Bundesgesetzgeber auf die Verwendung von Blanketttatbeständen verweisen soweit Gebiete betroffen sind, die der Kompetenz der Länder unterliegen.[1802] Eine Aufnahme bzw. Heranziehung des Berufsrechts in den Tatbestand hat nur soweit stattgefunden, wie es

---

1798 Vgl. hierzu die Ausführungen im 3. Kapitel A. III. 1. b) cc) (2) (b) und (c) (S. 302 ff.).

1799 Vgl. hierzu 2. Kapitel C. II. 3. c) (S. 219 ff.).

1800 *Sartorius*, S. 31 ff. sieht dagegen keine verfassungsrechtlichen Bedenken, insbesondere in Bezug auf den Bestimmtheitsgrundsatz, begründet. Strafbar sollen nur unzweifelhaft pflichtwidrige Verhaltensweisen sein. Vgl. zur vermeintlichen Europarechtswidrigkeit der Tatbestände, *Kronawitter*, S. 99 ff.

1801 Vgl. hierzu und zum Folgenden *Schröder*, NZWiSt 2015, 361, 365; *Dannecker/Schröder* in: NK-StGB, § 299a Rn. 70.

1802 Vgl. zu dieser verfassungsrechtlichen Meinung *Oeter* in: v. Mangoldt/Klein/Starck, GG, Art. 74 Rn. 19.

zwingend zur Beschreibung des strafrechtlich relevanten Verhaltens erforderlich ist. Dies muss dem Gesetzgeber zur Schaffung von hinreichend bestimmten Tatbeständen gerade beim Vorliegen unterschiedlicher Berufsordnungen zugestanden werden.[1803]

Im Ergebnis ist es dem Gesetzgeber allerdings gelungen, Gesetze zu schaffen, denen die Normadressaten zumindest die grundsätzlichen wesentlichen Voraussetzungen der Strafbarkeit selbst entnehmen können[1804] und die das erfasste Unrecht zum Ausdruck bringen. Hinsichtlich der kritisierten Reichweite der Unlauterkeit ist es den Normadressaten zumindest zumutbar, sich über die ergangene Rechtsprechung zu § 299 StGB näher zu informieren.[1805] Zwar kann diese nicht uneingeschränkt auf die §§ 299a, 299b StGB übertragen werden, jedoch kann mit Hilfe dieser und in Kombination mit der Berücksichtigung der geschützten Rechtsgüter und des Primärrechts des Gesundheitsbereichs das erfasste Verhalten erkannt werden.[1806]

Auch wenn die gänzliche Streichung des Berufsrechtsmodells im Ergebnis unter Umständen nicht notwendig und eine umfassende Überarbeitung ausreichend gewesen wäre, wurde somit zumindest ein Tatbestand geschaffen, der mehr Klarheit und Vorhersehbarkeit mit sich bringt als der ursprüngliche Gesetzesentwurf. Die Streichung der Vertrauensbruchvariante in ihrer Form im Gesetzesentwurf war aufgrund der erheblichen verfassungsrechtlichen Bedenken aber zu begrüßen.[1807]

1803 Kritisch auch *Schröder*, NZWiSt 2015, 361, 365; *Dannecker/Schröder* in: NK-StGB, § 299a Rn. 70.

1804 *Dannecker/Schröder* in: NK-StGB, § 299a Rn. 68. Verfassungsrechtlich durchgreifende Bedenken sieht auch nicht *Gaede* in: NK-WiStR, § 299a Rn. 19 ff. *Bongartz*, S. 312, sieht die Tatbestände als „wohl hinreichend bestimmt“ an; *Rönnau/Wegner* in: Achenbach/Ransiek/Rönnau, §§ 299a, 299b StGB Rn. 20: „verfassungsgemäß“.

1805 *Gaede* in: NK-WiStR, § 299a Rn. 20; *Dannecker/Schröder* in: NK-StGB, § 299a Rn. 68. *Rönnau/Wegner* in: Achenbach/Ransiek/Rönnau, §§ 299a, 299b StGB Rn. 20 führt aus, dass mittels Auslegung eine hinreichendere Bestimmtheit der Tatbestände erzielt werden könne.

1806 *Dannecker/Schröder* in: NK-StGB, § 299a Rn. 68; kritisch zur „unbesehenen Übernahme“ der Rechtsprechung zu § 299 StGB *Kubiciel* in: Kubiciel/Hoven, S. 73 und *Brettel/Mand*, A&R 2016, 99, 102. Zu Recht weist auch *Sartorius*, S. 38 darauf hin, dass die Auslegungsgrundsätze zu § 299 StGB nicht ohne eingehende Prüfung übertragen werden können, da die Besonderheiten des Gesundheitsmarktes zu beachten sind. In diesem Sinne auch *Kronawitter*, S. 91.

1807 Vgl. hierzu 2. Kapitel C. II. 3. c) bb) (S. 221 ff.). *Schuhr* in: Spickhoff, 2018, §§ 299a, 299b, Rn. 4, nunmehr sei ein *„technisch deutlich besserer Tatbestand entstanden“*.

Dennoch ist zu befürchten, dass durch diese Streichung der Patientenschutz nun nicht mehr hinreichend zum Ausdruck gebracht wird. Die gänzliche Streichung der Berufsrechtsvariante und der damit einhergehende Verzicht auf eine eigenständige Tatbestandsvariante zum Schutz des Vertrauens in die Integrität der heilberuflichen Entscheidungen bzw. nach hier vertretener Auffassung zum Schutz der Integrität der heilberuflichen Berufsausübung selbst[1808], sind vor allem deswegen zu kritisieren, da nunmehr das eigentlich verfolgte Ziel des Gesetzgebers – die Schaffung eines Korruptionstatbestandes[1809] – nicht mehr hinreichend im Tatbestand zum Ausdruck kommt und gerade aufgrund der enormen Bedeutung des Vertrauensschutzes eine konkrete Widerspiegelung des Schutzes von diesem angezeigter gewesen wäre, als die Erfassung durch die Wettbewerbsvariante, die diesen Schutz nicht hinreichend zum Ausdruck zu bringen vermag.[1810] Korruptionsunrecht muss nicht zwangsläufig einen messbaren oder greifbaren Schaden, wie einen Vermögensschaden oder eine unmittelbare Benachteiligung, die wiederum mit Schäden für den betroffenen Mitbewerber einhergehen, beinhalten. Der „Schaden", der durch Korruption im Gesundheitswesen verursacht wird, scheint insbesondere – neben möglichen finanziellen und gesundheitlichen Auswirkungen – in erster Linie in der Beeinträchtigung des Vertrauens in sachgerechte Entscheidungen zu liegen, welche für die Funktionsfähigkeit des Gesundheitssystems zwangsläufig erforderlich ist. Missbrauchen die Heilberufsangehörigen die ihnen übertragene Macht und leidet dadurch das Vertrauen, sind die damit einhergehenden Schäden nicht

---

1808 Vgl. 3. Kapitel A. I. 2. b) cc) (3) (S. 269 ff.).

1809 Vgl. hierzu 1. Kapitel A. (S. 9) sowie 2. Kapitel B. II. 2. (S. 196 ff.).

1810 In diesem Sinne auch *Dannecker/Schröder* in: Kubiciel/Hoven, S. 67; *Dannecker/Schröder* in: NK-StGB, § 299a Rn. 66, 75: Es wurde versäumt, Tatbestände zu erlassen, *„die auf eine überzeugende Art und Weise den Kern des Korruptionsunrechts im Gesundheitswesen"* erfassen; eine *„zu starke wettbewerbsrechtliche Ausrichtung"* auch kritisierend: *Gelshorn,* S. 197; *Kubiciel* in: Kubiciel/Hoven, S. 85: Die Tatbestände sind nicht *„gegen die Korruption im Gesundheitswesen"* gerichtet, *„sondern schützen den Wettbewerb auf dem Gesundheitsmarkt"*. Die Reduzierung auf das Wettbewerbsmodell kritisieren auch: *Duttge* in: Kubiciel/Hoven, S. 22 ff.; *Scholz* in: Kubiciel/Hoven, S. 93; *Schröder* in: Frewer/Bergemann/Jäger, S. 144 ff.; *Kubiciel,* jurisPR-Compl 2016, Anm. 1. Kritisch auch hinsichtlich der wettbewerbsbezogenen Ausrichtung: *Kölbel,* medstra 2016, 193, 194, der an die vorhandenen Interessenkonflikte anknüpfen will. Die Entscheidung zur Reduzierung auf das Wettbewerbsmodell befürwortend: Bundesrechtsanwaltskammer, Stellungnahme Nr. 40/2015, S. 5; *Gaede/Lindemann/Tsambikakis,* medstra 2015, 142; *Schneider,* medstra 2016, 195; *Gaede* in: NK-WiStR, § 299a Rn. 29.

immer unmittelbar zu beziffern, sondern ergeben sich nach und nach aus einem Vertrauensschwund.

Für die konkrete Erfassung von Korruption wäre es erforderlich gewesen, die Leistung bzw. das Anbieten eines Vorteils als Gegenleistung für die Vernachlässigung der anvertrauten Entscheidungsmacht und damit der interessenwidrigen Ausübung dieser Macht im Tatbestand zum Ausdruck zu bringen. Stattdessen wird die Gewährung des Vorteils gegen Vornahme einer unlauteren Bevorzugung im Wettbewerb bestraft.[1811]

Die gewählte Wettbewerbsvariante erscheint auch hinsichtlich ihrer konkreten Ausgestaltung, insbesondere der Verhaltensumschreibung und der Reichweite diesem Korruptionsunrecht des Gesundheitsmarktes zumindest nicht vollkommen gerecht zu werden, ebenso wenig wie ihr der Schutz des Vertrauens der Patienten zu entnehmen ist. [1812] Dies spiegelt sich beispielsweise darin wider, dass Bevorzugungen im Zusammenhang mit Monopolstellungen außerhalb des Wettbewerbs ebenso wie medizinisch nicht indizierte Verordnungen oder wirkstoffbezogene Verordnungen nicht vom Tatbestand erfasst werden, sie aber gleichwohl dazu geeignet sind, das Vertrauen der Patienten zu beeinträchtigen.[1813] Die Anknüpfung an den Wettbewerb erscheint daher nicht das beste Mittel der Wahl gewesen zu sein. Dies bestätigt sich, wenn man bedenkt, dass durch den primären Schutz von unbeeinflussten Entscheidungen dem Wettbewerb auch ein entsprechender Schutz zugekommen wäre.[1814] Wenngleich den Tatbeständen die Erfassung von Korruptionsunrecht nicht unmittelbar zu entnehmen ist und eine andere korruptionsorientierte Ausgestaltung wünschenswert gewesen wäre, wird man grundsätzlich davon ausgehen können, dass zumindest im Falle des Vorliegens einer Wettbewerbslage auch Korruptionsfälle von den Tatbeständen erfasst werden, da im Falle der Vorteilsgewährung für eine unlautere Bevorzugung der Vorteilsnehmer in der Regel auch die ihm anvertraute Macht zur Erlangung des Vorteils für sich vernachlässigen wird.[1815] Von einem reinen Wettbewerbsrecht ist daher im Falle der Annahme einer Wettbewerbslage und

---

1811 *Kubiciel* in: Kubiciel/Hoven, S. 85; *Dannecker/Schröder* in: NK-StGB, § 299a Rn. 75.

1812 *Dannecker/Schröder* in: NK-StGB, § 299a Rn. 75.

1813 BR-Drucks. 18/16, S. 1; *Dannecker/Schröder* in: NK-StGB, § 299a Rn. 77; *Kubiciel* in: Kubiciel/Hoven, S. 80 ff.; *Kubiciel,* jurisPR-Compl 2016, Anm. 1; *Scholz* in: Kubiciel/Hoven, S. 93.

1814 *Kölbel*, medstra 2016, 193, 194; *Schröder* in: Frewer/Bergemann/Jäger, S. 146; *Dannecker/Schröder* in: NK-StGB, § 299a Rn. 75; kritisch hierzu auch *Scholz* in: Kubiciel/Hoven, S. 96; *Nestler*, GesR 2016, 70, 72; *Duttge* in: Kubiciel/Hoven, S. 23.

1815 *Dannecker/Schröder* in: NK-StGB, § 299a Rn. 79.

sofern erkennbare Interessen an der Nichtannahme von Vorteilen bestehen, nicht auszugehen,[1816] wenngleich der Gesetzgeber sein ursprüngliches Ziel – die Schaffung von Korruptionstatbeständen zum umfassenden Schutz des Patientenvertrauens – im Ergebnis wohl nur teilweise erreicht hat.

Es ist aber zweifelsohne nicht möglich, im Vornherein alle denkbaren Fälle von einem Straftatbestand zu erfassen, weswegen die Gesetze als brauchbare Arbeitsgrundlage für die Gerichte anzusehen sind.[1817] Diesen obliegt es nun, mit ihren Entscheidungen die Konturen der Gesetze ohne Wertungswidersprüche und unter Beachtung der Charakteristik des Gesundheitsmarktes im Detail festzulegen und auszugestalten.[1818] Derzeit bestehende Unbestimmtheiten können auf diese Weise zumindest langfristig eingedämmt und die Merkmale des Tatbestandes konkretisiert werden.[1819] Von wesentlicher Bedeutung sollte bei der Präzisierung der Tatbestände insbesondere auch der ursprüngliche subjektive Wille des Gesetzgebers bei der Schaffung der Tatbestände sein; denn Gesetze geben gerade den Willen des Gesetzgebers wieder und können nur dessen Willen zum Ausdruck bringen, da Gesetze selbst keinen eigenen Willen haben können.[1820] Dieser Wille wird, sofern er nicht in den Normtexten selbst zum Ausdruck kommt, vor allem in den Gesetzgebungsmaterialien zu ermitteln sein.[1821] Er

1816 *Dannecker/Schröder* in: NK-StGB, § 299a Rn. 79 f. Für die Annahme reinen Wettbewerbsrechts auch *Kölbel*, medstra 2016, 193; *Kubiciel* in: Kubiciel/Hoven, S. 85; *Kubiciel*, jurisPR-Compl 3/2016, Anm. 1.

1817 *Gaede* in: NK-WiStR, § 299a Rn. 29; *Dannecker/Schröder* in: NK-StGB, § 299a Rn. 68, 229.

1818 *Kubiciel*, WiJ 2016, 1, 7; *Kubiciel* in: Kubiciel/Hoven, S. 73; *Brettel/Duttge/Schuhr*, JZ 2015, 929, 932; *Sartorius*, S. 32: Die Gerichte haben die Verpflichtung inne, „*an der Erkennbarkeit der Anwendung der §§ 299a, 299b StGB*" mitzuwirken. *Bongartz*, S. 315 geht davon aus, dass es ein wenig Zeit in Anspruch nehmen wird, bis sich eine Linie der Rechtsprechung abzeichnen wird.

1819 Vgl. hierzu auch *Dannecker/Schröder* in: NK-StGB, § 299a Rn. 229.

1820 Vgl. hierzu insbesondere auch *Rüthers*, JZ 2006, 53, 57; *Rüthers Rn.* 718 f., der ausführt, dass grundsätzlich nur der Wille des Rechtsanwenders oder der des Gesetzgebers bei der Auslegung zur Geltung kommen könne, a.a.O. Rn. 719; *Rüthers*, JZ 2006, 53, 57; BVerfGE 2, 266, 276. Für die subjektive Auslegungszielbestimmung auch *Rüthers/Fischer/Birk*, § 22 Rn. 806 ff. Den Willen des Gesetzes aber berücksichtigend beispielsweise BVerfGE 71, 81, 105; 124, 25, 39; entscheidend sei der „*objektivierte Wille des Gesetzgebers*", wie er sich insbesondere aus dem Wortlaut und dem Sinnzusammenhang ergebe, BVerfGE 133, 168, 205, vgl. auch: *Seiler*, S. 24; BVerfGE 133, 168, 205.

1821 Vgl. BVerfGE 62, 1, 45 ff.

sollte vom Rechtsanwender im Rahmen der Auslegung berücksichtigt werden, denn im Falle der objektiven Auslegung durch den Richter wird grundsätzlich dessen Sichtweise und damit seine subjektive Rechtsansicht zur Auslegungsfrage wiedergegeben.[1822] Vor allem bei der Regelung wie der vorliegenden, bei der der Gesetzgeber den Zweck der Bekämpfung von Korruption und einen Vertrauensschutz bezweckte und nunmehr aber dieses Ziel nicht mehr unmittelbar zum Ausdruck kommt, wird deutlich, dass eine subjektive Auslegungszielbestimmung entsprechend dem Willen des Gesetzgebers sinnvoll ist und dieser Zweck das Auslegungsziel darstellen sollte.

5. Alternative Gestaltungsmöglichkeiten der Straftatbestände

Der Gesetzgeber wollte einen Tatbestand zur Bekämpfung korruptiver Praktiken im Gesundheitswesen schaffen. In erster Linie sollte *„gewährleistet werden, dass heilberufliche Entscheidungen frei von unzulässiger Einflussnahme getroffen werden.“*[1823] Es ist daher verwunderlich, dass am Ende des Gesetzgebungsverfahrens ein weiterer Versuch, den Vertrauensschutz in einem „eigenständigen Regelungsmodell“ zu erfassen, ausblieb.[1824] Im Laufe des Gesetzgebungsverfahrens wurden diesbezüglich einige Vorschläge geäußert, die vor allem eine Einordnung bei den §§ 331 ff. StGB vorschlugen.[1825] Über diese Einordnung könnte

---

1822 *Rüthers*, JZ 2002, 365, 368; *Rüthers*, JZ 2006, 53, 54; *Rüthers Rn.* 797.

1823 BT-Drucks. 18/6446, S. 11.

1824 *Dannecker/Schröder* in: NK-StGB, § 299a Rn. 76.

1825 *Dannecker*, ZRP 2013, 37, 41 sprach sich von Beginn an für eine Einordung von neuen Tatbeständen im Bereich der Amtsdelikte im weiteren Sinne aus. Ein Antrag von Abgeordneten und der Fraktion DIE LINKE vom 02.07.2015 sah eine Anlehnung der neuen Strafrechtsnorm an die Korruptionsstraftatbestände bei Amtsträgerinnen und Amtsträgern nach §§ 331 ff. StGB vor, vgl. BT-Drucks. 18/5452, S. 4. Es wird in diesem Antrag auf den Ansatz von Transparency International verwiesen. Die Antikorruptionsorganisation hatte einen eigenen Entwurf zur möglichen Strafbarkeit von niedergelassenen Vertragsärzten und weiteren Leistungserbringern aufgestellt. Transparency International bezeichnet Vertragsärzte als *„Treuhänder öffentlicher Gelder der Kassen bzw. der Solidargemeinschaft“*. Aus diesem Grund solle eine Gleichstellung von Vertragsärzten mit Amtsträgern erfolgen, indem nach § 95 SGB V Vertragsärzte nach dem Verpflichtungsgesetz verpflichtet werden. Mit der Einordnung im 30. Abschnitt könne in jedem Fall in angemessener Weise der besonderen Verantwortung, die den Vertragsärzten gegenüber ihren Patienten und auch gegenüber der Allgemeinheit obliegt, Ausdruck verliehen werden. Ebenso wie Amtsträger sollen auch Ärzte einer Bestechung nicht zugängig sein, um das

das Vertrauen der Allgemeinheit in die Lauterkeit und Integrität der ärztlichen Tätigkeit umfassender geschützt werden. Denn das Vertrauen wird dann nicht mehr hinreichend geschützt, wenn der Patient nicht mit Sicherheit davon ausgehen kann, dass der Arzt seine Behandlung unabhängig von Einflüssen Dritter allein am Wohle des Patienten orientiert.[1826] Die vorgenommene Ausgestaltung und damit einhergehende Verortung im 26. Abschnitt des Besonderen Teils des StGB[1827] erscheint insofern zumindest als diskussionswürdig, als auch eine Unterbringung von entsprechend anders ausgestalteten Korruptionstatbeständen im Abschnitt der „Straftaten im Amt" im 30. Abschnitt des StGB durchaus eine Alternative darstellen hätte dürfen.[1828]

a) Verortung der §§ 299a, 299b StGB im 26. Abschnitt des StGB

In der Begründung des Gesetzesentwurfs wurde die Verortung im 26. Abschnitt des StGB damit belegt, dass mit § 299a Abs. 1 S. 1 StGB in erster Linie der „*wettbewerbsrechtlich strukturierte Ordnungsmechanismus*" geschützt wird.[1829] Des Weiteren wird für die Einordnung im Abschnitt mit den Straftaten gegen den Wettbewerb angeführt, dass das neue Gesetz dem des § 299 StGB nachgebildet wurde.[1830] Hiergegen spreche auch nicht, dass die Vorschrift ebenso das Vertrauen der Patienten „*in die Integrität heilberuflicher Entscheidungen*" schützen soll.[1831]

Allgemeinwohl vor missbräuchlicher Ausübung anvertrauter Macht zu bewahren, vgl. hierzu Transparency International, Pressemitteilung vom 04.04.2013.

1826 *Dannecker*, ZRP 2013, 37, 41. Auch der Deutsche Richterbund sprach im Laufe des Gesetzgebungsverfahrens sein Bedauern dahingehend aus, dass nicht versucht wurde, Bekämpfung von Korruption im Gesundheitswesen durch „Erweiterung des Anwendungsbereichs der §§ 331 ff. StGB auf Angehörige der Heilberufe unter Strafe zu stellen", Deutscher Richterbund, Stellungnahme Nr. 22/15, S. 2, jedoch ohne einen konkreten Formulierungsvorschlag vorzutragen.

1827 Das StGB ist in einen Allgemeinen und einen Besonderen Teil unterteilt, die jeweils in einzelne Abschnitte gegliedert sind.

1828 *Dannecker*, ZRP 2013, 37, 41 f.; a.A. *Kubiciel/Tsambikakis*, medstra 2015, 11, 13: Dieser Ort biete „*kein adäquates Umfeld*" für den § 299a StGB. *Cosack*, ZIP 2013, 226, 232 sah den 22. Abschnitt des StGB (Betrug und Untreue) als geeignetstes Umfeld an.

1829 BT-Drucks. 18/6446, S. 16; dies kritisierend: Bundesärztekammer, Stellungnahme vom 20.11.2015, S. 6, die bemängelt, dass nicht die Gründe für Korruption beseitigt werden.

1830 BT-Drucks. 18/6446, S.16; so auch *Bongartz*, S. 283.

1831 BT-Drucks. 18/6446, S.16.

Eine Verortung im 30. Abschnitt des StGB müsse dagegen schon deswegen ausscheiden, weil der von der Vorschrift des § 299a StGB umfasste Täterkreis in der Regel keine Amtsträger beinhaltet.[1832] Dass es sich bei dem Gesundheitsmarkt um einen stark regulierten und damit um keinen freien Markt handelt, steht nach Auffassung von *Kubiciel* der Einordnung in den 26. Abschnitt dagegen nicht entgegen,[1833] da eine Einbeziehung von regulierten Märkten in den Anwendungsbereich der §§ 298 ff. StGB nicht unüblich sei und der Wettbewerb den Schutz immer in seiner konkreten Gestalt erfahre.[1834]

Innerhalb der Einordnung in den 26. Abschnitt wurde auch eine Erweiterung des § 299 StGB auf Vertragsärzte und Heilberufsgruppen sowie alle Angehörigen freier Berufe und selbständige Unternehmer angedacht, was insbesondere dem Schutzgut des § 299 StGB, namentlich dem Wettbewerb, entsprochen hätte.[1835] Ausschlaggebend für eine Schaffung der neuen Tatbestände war wohl der Aspekt, dass damit auch Angehörige freier Berufe vom Tatbestand erfasst worden wären, die nicht den selben wirtschaftlichen und sozialen Stand haben wie Heilberufe und daher ein hoher Widerstand erwartet wurde.[1836] Inwiefern eine solche umfassende Erweiterung mangels Vergleichbarkeit der Korruptionsanfälligkeit der Märkte mit dem Gesundheitsmarkt und der besonderen Stellung auf diesem jeweiligen Markt mit der Stellung des Arztes einer verfassungsrechtlichen Prüfung stand gehalten hätte, wäre vor allem auch vor dem Hintergrund des fragmentarischen Charakters des Strafrechts höchst fragwürdig gewesen.[1837] Insgesamt wurde die Einordnung der neuen Tatbestände in den 26. Abschnitt vielfach begrüßt.[1838]

1832 BT-Drucks. 18/6446, S.16.

1833 So aber *Brettel/Duttge/Schuhr,* JZ 2015, 929, 931.

1834 *Kubiciel,* WiJ 2016, 1, 8.

1835 *Schneider*, Rechtsgutachten, S. 30. Ein weiterer Vorschlag, allerdings zur Einordnung als § 299a StGB, findet sich zudem bei *Frister* in: AG Medizinrecht im DAV/IWR, S. 99 f., der nur Entscheidungen erfassen möchte, deren Kosten der Verantwortliche Entscheidungsträger nicht selbst übernimmt. Ansonsten bestünde die Gefahr, dass die Konzentration auf die verfolgten Schutzgüter verloren ginge. Dies ist jedoch sehr zweifelhaft. Es kommt beim Vertrauensschutz nicht in erster Linie darauf an, wer die Kosten zu tragen hat, sondern darauf, ob der Heilberufsangehörige an sich durch rechtswidrige Vorteilsgewährung beeinflussbar ist.

1836 *Kubiciel,* WiJ 2016, 1, 8.

1837 Vgl. zur Stellung des Vertragsarztes 1. Kapitel B. VI. (S. 46 ff.) und zum fragmentarischen Charakter 2. Kapitel B. II. 1. c) (S. 193 ff.).

1838 Bundesrechtsanwaltskammer, Stellungnahme 40/2015, S. 2; *Kubiciel*, WiJ 2016, 1, 7: *„Beste Alternative gewählt“*.

b) Alternative Ausgestaltung und Einordnung im 30. Abschnitt des StGB

aa) Grundsätzliche systematische Einordnung im 30. Abschnitt

In der Begründung zum Regierungsentwurf wird erörtert, dass eine Verortung der Gesetze in dem 30. Abschnitt deshalb nicht möglich war, da die Angehörigen der Heilberufsgruppen regelmäßig keine Amtsträgereigenschaft besitzen. Dies allein ist als Argument für eine andere Verortung kaum ausreichend, da die Entscheidung des Großen Senats eine Erweiterung des Anwendungsbereichs der §§331 ff. StGB auch auf Angehörige der Heilberufe generell de lege ferenda zulassen würde.[1839] Zudem geht es bei der Einordnung in den 30. Abschnitt um eine grundsätzliche Vergleichbarkeit mit den Amtsträgerdelikten.

Verwundert haben die wettbewerbsorientierte Ausgestaltung und die Einordnung in den 26. Abschnitt vor allem auch vor dem Hintergrund, dass vordergründig die Sorge um das Vertrauen der Patienten in die Integrität heilberuflicher Entscheidungen und der Patientenschutz zur Einführung der Gesetze beigetragen haben.[1840] So trage die Verortung im 26. Abschnitt gerade nicht dem Aspekt Rechnung, dass von Angehörigen der Heilberufe auch ein *„ethisch einwandfreies Verhalten“* im Rahmen ihrer Aufgaben- und Pflichtenerfüllung erwartet werde.[1841]

Eine Ausdehnung der §§ 331 ff. StGB wurde jedoch mit dem Argument kritisiert, dass die Beziehung zwischen Amtsträger und Staat nicht mit der Beziehung zwischen Arzt und Patient vergleichbar wäre.[1842] Zudem werde eine Übertragung

1839 Deutscher Richterbund, Stellungnahme Nr. 10/15, S. 2. Für eine Aufnahme in den 30. Abschnitt sprach sich auch *Dannecker*, ZRP 2013, 37, 41 aus, der dafür plädiert, die Bereiche der Daseinsvorsorge in den Anwendungsbereich der §§ 331 ff. StGB einzubeziehen. Vgl. auch BT-Drucks. 18/5452; Transparency International, Pressemitteilung vom 04.04.2013; ähnlich auch *Bittmann/Brockhaus/Rübenstahl/Schröder/Tsambikakis*, WiJ 2015, 176, 178; Für eine Einordnung in den 30. Abschnitt auch *Brettel/Duttge/Schuhr*, JZ 2015, 929, 934 f.; *Schröder*, NZWiSt 2015, 361, 363 f.

1840 *Geiger*, CCZ 2016, 172, 173, der die Einordnung in den 26. Abschnitt als der „Historie geschuldet“ einordnet und darin begründet sieht, dass der Gesetzgeber wohl „reflexartig“ mangels Anwendbarkeit des § 299 StGB diesen Abschnitt als passend erachtete.

1841 Deutscher Richterbund, Stellungnahme Nr. 22/15, S. 2. Kritisch hierzu *Kubiciel*, WiJ 2016, 1, 7.

1842 Bundesrechtsanwaltskammer, Stellungnahme 40/2015, S. 7; *Duttge* in: Duttge, S. 9; im Ergebnis eine Einordnung bei den §§ 331 ff. StGB ablehnend auch *Kubiciel*, WiJ 2016, 1, 7: *„keine mit einem Amtsträger vergleichbare generelle Loyalitäts- und Integritätspflichten“*; *Gaede/Lindemann/Tsambikakis*, medstra 2015, 142; 145 f.; *Kubiciel/*

von *„an ethischen Idealen orientierten Regelungen“* in das StGB vom ultima ratio-Prinzip verhindert.[1843] Ein *„ethisch angemessenes Verhalten“* könne ohne konkrete Bezugspunkte nicht einfach erzwungen werden.[1844] Solange sich die Ärzte in keinem Dienst-, Amts- oder Beauftragungsverhältnis befinden, das öffentlich-rechtlicher Natur ist, resultiere aus ihrem Handeln auch keine Gefahr für die von den Amtsträgerdelikten geschützten Rechtsgüter.[1845] Eine solche Verantwortung könne einen nur dann treffen, wenn einem im Gegenzug auch die Kehrseite, also die Rechte, die nur diejenigen erhalten, die in öffentlich-rechtlichen Institutionen arbeiten, zugutekommen und man insofern eine andere Stellung genießt, als die übrigen am Wirtschafsleben Beteiligten und in die Institution entsprechend eingebunden wird.[1846] Ärzten obliege es gerade nicht, die Repräsentation des Staates zu übernehmen und sich ganz in den Dienst des Allgemeinwohls zu stellen.[1847] Dies könne man auch nicht daraus ableiten, dass die Vertragsärzte Verfahren und Regeln einzuhalten haben, die die Leistungsvergabe und Verordnung von Medikamenten im Gesundheitswesen und damit die öffentlich-rechtliche Gesundheitsfürsorge betreffen.[1848] Die Normen im Gesundheitswesen unterscheiden sich von den Normen des öffentlichen Dienstrechts der Amtsträger, die die Uneigennützigkeit der Berufsausübung gewährleisten, was im Gesundheitswesen jedoch nicht der Fall sei.[1849] Vielmehr können die Ärzte eben auch in wirtschaftlicher Eigennützigkeit agieren, weshalb es ihnen an den Amtsträgern obliegenden „Loyalitäts- und Integritätspflichten“ fehle.[1850] Nachdem der 30. Abschnitt aber gerade diese Pflichten und die damit verbundenen Regeln und Verfahrensvorschriften schützt, und die Heilberufsgruppen aber nur die Regeln und Verfahren zu beachten haben, die für den Leistungsaustausch und

---

Tsambikakis, medstra 2015, 11, 13; *Gelshorn*, S. 134 f.; *Nestler*, GesR 2016, 70, 72; *Steenbreker,* MedR 2015, 660, 662.

1843 Bundesrechtsanwaltskammer, Stellungnahme 40/2015, S. 7.

1844 *Kubiciel*, WiJ 2016, 1, 7.

1845 *Kubiciel/Tsambikakis*, medstra 2015, 11, 13.

1846 *Kubiciel/Tsambikakis,* medstra 2015, 11, 13.

1847 *Kubiciel* WiJ, 1, 7 f.; vgl. zur fehlenden Repräsentationspflicht auch *Kubiciel/Tsambikakis,* medstra 2015, 11, 13; *Nestler*, GesR 2016, 70, 72.

1848 *Kubiciel/Tsambikakis*, medstra 2015, 11, 13.

1849 *Kubiciel/Tsambikakis*, medstra 2015, 11, 13.

1850 *Kubiciel*, WiJ 2016, 1, 8; *Brettel/Duttge/Schuhr*, JZ 2015, 929, 934 f.

die Verordnungen im Bereich des Gesundheitswesens aufgestellt sind, wäre der 30. Abschnitt *„kein angemessenes Umfeld"*.[1851]

Eine solche Argumentation ist jedoch vor dem Hintergrund der Vorschrift des § 352 StGB, die ebenfalls im 30. Abschnitt des StGB verortet wurde und nicht nur Amtsträger erfasst, nicht ganz stichfest.[1852] Die Auffassung, hierbei handle es sich lediglich um eine *„punktuelle Ausnahme"*, die keinen Anlass dazu gebe, auch weitere Tatbestände in den 30. Abschnitt aufzunehmen, die sich nicht an Amtsträger richten, überzeugt nicht.[1853] So handelt es sich bei § 352 StGB nicht um den einzigen Tatbestand, der eine solche "Ausnahme" vorsieht, wie die §§ 352 ff. StGB zeigen. Erwähnenswert ist insoweit vor allem § 356 StGB, der die „Zuverlässigkeit und Integrität der Anwaltschaft" schützt.[1854] Zwischen dem Schutz der neuen Tatbestände zur Korruption im Gesundheitswesen, die auch die Sachlichkeit und Unabhängigkeit medizinischer Entscheidungen und das Vertrauen in die Integrität der heilberuflichen Entscheidungen schützen sollen und dem von § 356 StGB bezweckten Schutz besteht daher durchaus eine greifbare Ähnlichkeit, weswegen eine Aufnahme, von Tatbeständen an dieser Stelle auch in Betracht käme.[1855] Auch *Dannecker* plädiert dafür, die Bereiche der Daseinsvorsorge in den Anwendungsbereich der §§ 331 ff. StGB einzubeziehen, selbst wenn Private für diese verantwortlich sind. Besteht ein bestimmtes Schutzbedürfnis, erscheint eine Spezialregelung im Rahmen der Amtsdelikte im weiteren Sinne durchaus angebracht.[1856] Das dargelegte Schutzbedürfnis des Vertrauens der Patienten und der hohe Stellenwert dieses Schutzes für die Gesundheit und die damit vom Staat zu leistende Gesundheitsfürsorge im Rahmen der Daseinsvorsorge stellen aufgrund ihrer extremen Wichtigkeit, insbesondere aufgrund des Grundrechtsschutzes und ihrer existenziellen Bedeutung, einen Sachverhalt dar, der eine solche Erweiterung durchaus rechtfertigt.[1857]

1851 *Kubiciel*, WiJ 2016, 1, 8; *Gaede/Lindemann/Tsambikakis*, medstra 2015, 142, 145 f.; *Kubiciel/Tsambikakis*, medstra 2015, 11, 13; *Gelshorn*, S. 134 f.; *Nestler*, GesR 2016, 70, 72; *Steenbreker*, MedR 2015, 660, 662.

1852 *Brettel/Duttge/Schuhr*, JZ 2015, 929, 934 f.; *Schröder*, NZWiSt 2015, 361, 363 f.

1853 So aber *Kubiciel*, WiJ 2016, 1, 8, Fn. 57.

1854 *Brettel/Duttge/Schuhr*, JZ 2015, 929, 935.

1855 So im Ergebnis auch *Dannecker*, ZRP 2013, 37, 41; *Schröder*, NZWiSt 2015, 361, 364 f., *Brettel/Duttge/Schuhr*, JZ 2015, 929, 935: Sprechen sich für eine Einordnung des Tatbestandes als § 356a StGB oder als Ersatz des § 354 StGB aus.

1856 *Dannecker*, ZRP 2013, 37, 41.

1857 Vgl. auch *Dannecker*, ZRP 2013, 37, 41.

bb) Konkrete Ausgestaltungsmöglichkeiten im 30. Abschnitt

(1) Erweiterung des Anwendungsbereichs des § 11 StGB

Eine Möglichkeit, den Vertrauensschutz umfassend zu gewährleisten, böte die Erweiterung des § 11 Abs. 1 Nr. 2 StGB auch auf Vertragsärzte und Heilberufsangehörige. Hierdurch könnte ein umfassender Schutz durch die Einbeziehung in die §§ 331 ff. StGB erreicht werden. Zudem könnte damit auch eine gleiche Behandlung von Krankenhausärzten[1858] und Vertragsärzten erzielt werden, was wiederum im Sinne der Rechtsklarheit erstrebenswert wäre. Befürwortet wurde stellenweise auch eine Schaffung einer den § 331 Abs. 3, § 333 Abs. 3 StGB vergleichbaren Genehmigungsmöglichkeit,[1859] die dadurch erreicht werden könnte. Jedoch ist trotz der generellen funktionalen Vergleichbarkeit mit den Amtsträgern zu beachten, dass Ärzte ihre Tätigkeit selbständig, auf eigenes wirtschaftliches Risiko und im Rahmen eines – wenn auch stark reglementierten – Wettbewerbs erbringen. Der Große Senat hat in seiner Entscheidung „verbindlich“[1860] entschieden, dass Vertragsärzte keine Amtsträger im Sinne der §§ 331 ff., 11 Abs. 1 Nr. 2 lit. c StGB sind. Dennoch können diese eine vergleichbare Position inne haben, die ebenso schutzbedürftig ist.

So hat bereits der 3. Strafsenat die Amtsträgereigenschaft des Vertragsarztes bejaht.[1861] Selbst Amtsträger müssen nicht zwangsläufig einen Beamtenstatus haben. Es ist eine funktional und nicht organisationsrechtliche Betrachtung vorzunehmen.[1862] Der Begriff ist funktionell dahingehend auszulegen, dass der Amtsträger als Repräsentant des Staates und damit als dessen verlängerter Arm auftritt. Ein wesentliches Indiz hierfür liegt vor allem bei Aufgaben vor, die ihrem Wesen nach generell dem Staat obliegen.[1863] Diese Kriterien können zumindest auch als Indizien für eine amtsträgerähnliche Tätigkeit herangezogen werden.

Die Ärzte nehmen eine Aufgabe der öffentlichen Daseinsvorsorge, namentlich die Gesundheitsfürsorge wahr, die abstrakt betrachtet zu den Aufgaben

---

1858 Ärzte in Krankenhäusern in öffentlich-rechtlicher Trägerschaft sind nach allgemeiner Auffassung und ständiger Rechtsprechung Amtsträger nach § 11 Abs. 1 Nr. 2 lit. c StGB, vgl. beispielsweise: BGH NStZ 2000, 90, 91; OLG Karlsruhe wistra 2011, 199, 200.

1859 *Kubiciel*, MedR 2016, 1, 4; *Süße/Püschel*, Newsdienst Compliance 2016, 71001.

1860 *Dannecker*, ZRP 2013, 37, 38.

1861 BGH NStZ-RR 2012, 35 ff.

1862 *Duttge* in: FS Steinhilper, S. 205.

1863 *Ulsenheimer* in: Laufs/Kern, § 152 Rn. 65; BGH NJW 2001, 2104; BGH NJW 1999, 2378; BGH NStZ 04, 380, 381.

der öffentlichen Verwaltung zählt. Auch die Gesundheitsfürsorge gehört zu der Daseinsvorsorge, die wiederum die *„Bedürfnisse und Interessen, die in der örtlichen Gemeinschaft wurzeln oder auf sie einen spezifischen Bezug haben“*,[1864] umfasst. Mithin werden hiervon die Dienstleistungen der Kommunen umfasst, die im allgemein öffentlichen Interesse er-bracht werden. Das Bundesverfassungsgericht definiert die Daseinsvorsorge als eine Leistung, *„derer der Bürger zur Sicherung einer menschenwürdigen Existenz unumgänglich bedarf.“*[1865] Der Vertragsarzt nimmt mit der Erhaltung der Gesundheit der Bürger und deren Behandlung und Heilung von Krankheiten eine Aufgabe wahr, die zur Daseinsvorsorge zählt und damit generell eine staatliche Aufgabe. So hat der Große Senat auch ganz klar betont, dass der Vertragsarzt *„in das System öffentlicher, staatlich gelenkter Daseinsfürsorge“*[1866] eingebunden ist. Damit beansprucht der Vertragsarzt auch in einer vergleichbaren Weise wie die Amtsträger Vertrauen im Rahmen seiner Aufgabenwahrnehmung, da es für den Bürger generell unerheblich ist, durch wen die Aufgabenwahrnehmung erfolgt. Dieses besondere Vertrauen steht auch nicht im Widerspruch dazu, dass der Arzt dem Bürger nach Auffassung des Großen Senats auf vertraglich gleichgeordneter Ebene gegenübertritt. Die Handlung des Arztes lasse nach Auffassung des Großen Senats lediglich den Anschein einer hoheitlich gesteuerten Verwaltungsausübung vermissen, weil das persönliche Verhältnis zwischen Arzt und Patient so enorm im Vordergrund stehe. Dies ändert aber nichts daran, dass der Vertragsarzt generell eine Stellung einnimmt, die faktisch durchaus mit der eines Amtsträgers vergleichbar ist. Die Tätigkeit an sich und ihr Charakter wird kein anderer, nur weil die Wahrnehmung der Aufgabe originär durch einen Privaten erfolgt. Auch verändert sich dadurch eben nicht das besondere Vertrauen, dass von der Allgemeinheit in die Lauterkeit, der mit dieser Aufgabe verbundenen Entscheidungen gesetzt wird.

Auch wenn der Große Senat der Tätigkeit ihren hoheitlichen Charakter wegen des vordergründigen Vertrauensverhältnisses zurecht abspricht, handelt es sich nach wie vor um eine Aufgabe der öffentlichen Verwaltung (hier aber originär durch einen Privaten vorgenommen und diesem zugewiesen), in die das selbe Vertrauen der Allgemeinheit, wie in die übrigen Aufgaben, die von Beamten wahrgenommen werden, fließt. Die Maßstäbe an Loyalität und Integrität bleiben daher die gleichen. Nachdem sich die Tätigkeit sich auf das Gesundheitswesen

---

1864 BVerfGE 79, 127, 151. Vgl. hierzu auch schon 2. Kapitel B. II. 1. a) (S. 177 ff.) und 2. (S. 196 ff.).

1865 BVerfGE 66, 248, 258.

1866 BGHSt 57, 202, 208.

und damit ein existenzielles Gut bezieht, geht mit dieser Aufgabenerfüllung auch das besondere Interesse der Allgemeinheit an einer unbeeinflussten Wahrnehmung einher, welches für die gesamte Ärzteschaft und alle Heilberufe mit einem gewissen Ansehen nach außen verbunden ist, für das sie selbstverständlich auch einzustehen haben. Dies ist unabhängig davon der Fall, ob die Ausübung nun einen hoheitlich gesteuerten Charakter erkennen lässt oder nicht. Mit der Ausübung nehmen die Vertragsärzte gleichermaßen Vertrauen in Anspruch wie die übrigen Amtsträger.

Zudem ist es nicht korrekt, dass im Gesundheitswesen die Uneigennützigkeit der Entscheidungen nicht geschützt wird. So lassen Normen wie z.B. § 32 MBO-Ä einen anderen Eindruck entstehen. Solche Normen bezwecken gerade, dass die Entscheidungen allein am Wohl des Patienten orientiert erfolgen. Zahlreiche Normen im SGB V und anderen Berufsordnungen unterstützen diesen Eindruck (§ 73 Abs. 3 SGB V, § 128 SGB V, § 5 Abs. 2 i.V.m. § 3 BÄO, § 7 HWG, usw.). Es ist daher nicht zu weitgehend, dem Vertrauen einen angemessenen Schutz auch im StGB zukommen zu lassen. Die Aufgabenwahrnehmung im Gesundheitswesen nimmt daher ebenso ein Vertrauen in Anspruch wie die übrigen Aufgaben, die von Amtsträgern wahrgenommen werden, wenn der Bereich der Gesundheitsfürsorge nicht sogar darüber hinausgeht. Dieses Vertrauen misst sich auch nicht daran, ob man die Aufgabe mit hoheitlichem Charakter ausführt oder ohne. Es bleibt eine Aufgabe der öffentlichen Verwaltung, die ebenso auch ein solches Vertrauen in Anspruch nimmt, weswegen die Vertragsärzte durchaus funktional mit Amtsträgern zumindest vergleichbar sind, da sie mindestens im gleichen Maße Vertrauen in Anspruch nehmen.

Die Tatbestände der §§ 331 ff. StGB sind aber trotz der funktionalen Vergleichbarkeit und der den Ärzten obliegenden Pflichten hinsichtlich Integrität, Loyalität und Wahrung des Ansehens nicht auf die ärztliche Tätigkeit zugeschnitten. Dies macht sich beispielsweise bemerkbar, wenn man die Norm auf Ärzte anwendet. Strafbar ist nach § 331 Abs. 1 StGB die Annahme des Vorteils, der *für die Dienstausübung* gewährt wird. Dienstausübung meint aber nur diejenigen Tätigkeiten, die von den Amtsträgern nur aufgrund ihres Amtes übernommen werden können.[1867] Ärzte sind aber schon durch § 15 Abs. 1 SGB V im Bereich der gesetzlichen Krankenversicherung und durch § 4 Abs. 3 MBKK im Bereich der privaten Krankenversicherung dazu berechtigt, die Ansprüche von Versicherten umzusetzen und auch das Handeln von anderen Leistungserbringern

---

1867 *Geiger*, medstra 2015, 97, 100 mit Verweis auf *Heine/Eisele* in: Schönke/Schröder, StGB, § 331 Rn. 31 m.w.N.

zu veranlassen.[1868] Allein aus dem Status, der einem Arzt zuteilwird, und im Bereich der GKV aus der Zulassung als Vertragsarzt, ergibt sich daher schon die ärztliche Handlungsmacht, die eben nicht an eine nochmal verliehene Amtsträgerstellung anknüpft.[1869] Eine Anwendung der §§ 331 ff. StGB scheint daher nicht die ideale Lösung zu sein. Die Heilberufsangehörigen üben stellenweise mangels vergleichbarer Entscheidungsgewalt keine mit den Amtsträgern funktionell vergleichbare Tätigkeit aus. Eine Erfassung auch dieser Personen vom neuen Tatbestand der Korruption ist aber wie bereits aufgezeigt im Sinne des bezweckten und notwendigen umfassenden Schutzes sinnvoll, auch wenn ihre Entscheidungsgewalt geringer ist.

Zudem wird durch die mittels Korruption beeinflussten Entscheidungen von Ärzten nicht primär das Vertrauen in die staatliche Tätigkeit und dessen ordnungsmäße Funktionalität verletzt, sondern das Vertrauen in die Unabhängigkeit und allein am Patientenwohl ausgerichteten Entscheidungen der Ärzte.[1870] Die Beziehung zwischen Arzt und Patient basiert noch mehr auf einer persönlichen Vertrauensbasis als es bei Amtsträgern der Fall ist.

(2) Einführung eines § 356a StGB

Demnach erscheint es zielführend und auch der Bedeutung des Schutzes angemessen, die Normen in den 30. Abschnitt als eigenständige Normen einzuordnen.[1871] Hierdurch kann ein umfassender Schutz erzielt werden, bei dem der Vertrauensschutz der Patienten im Vordergrund steht, was gemessen an dessen Bedeutung von primärer Bedeutung ist. Zudem kann aber auch der Wettbewerb einen geeigneten Schutz erfahren, da auch dessen Lauterkeit vom Schutzzweck umfasst ist. So umfasst der Vertrauensschutz nämlich auch allgemein die Loyalität und Unbeeinflussbarkeit des Arztes, sowie die Integrität seiner Entscheidungen. Sinnvoll erscheint daher die Einordnung an der Stelle der §§ 352 ff. StGB, da sich dort weitere Tatbestände wiederfinden, die keine Amtsträgerstellung voraussetzen. Dennoch ist auch diesen Tatbeständen ein Vertrauensschutz immanent. Um einen solchen Schutzzweck sollte es gemessen an den Ausführungen

---

1868 *Geiger*, medstra 2015, 97, 100.

1869 *Geiger*, medstra 2015, 97, 100.

1870 *Geiger*, medstra 2015, 97, 100.

1871 Für einen eigenständigen Tatbestand äußerte sich auch schon *Schuhr*, NStZ 2012, 11, 15, der ausführte es bedürfe eines Tatbestands, der *„die involvierten Interessen in den Blick nimmt und darauf aufbauend eine für die Adressaten befolgbare Verhaltensnorm formuliert“*.

zu dem erforderlichen Schutz des Vertrauensverhältnisses zwischen Arzt und Patient auch beim Korruptionsstrafrecht im Gesundheitswesen vordergründig gehen. Zuzustimmen ist daher dem Vorschlag, der Tatbestand wäre am besten systematisch im Bereich eines § 356a StGB einzugliedern gewesen.[1872]

Die Einordnung als § 356a StGB würde sich aufgrund der Ähnlichkeit des Schutzzweckes mit dem des § 356 StGB anbieten, der *„die Loyalität des Anwalts gegenüber der eigenen Mandantschaft vor Interessenkollisionen und damit die Zuverlässigkeit und Integrität der Anwaltschaft“* schützt.[1873] Eine offensichtliche Vergleichbarkeit mit dem § 356 StGB, der das Vertrauen der Allgemeinheit in die Zuverlässigkeit und Integrität der Anwaltschaft und sonstiger Rechtsbeistände und zudem das Vertrauen des Vertretenen in die Loyalität des Rechtsbeistands schützt,[1874] ist nicht abzustreiten. Nach dieser Ansicht, die sich noch auf den Regierungsentwurf bezog, ist die Anknüpfung an die berufsrechtliche Pflicht zur Wahrung der heilberuflichen Unabhängigkeit unter Streichung der Wettbewerbsvariante, jedoch unter der Einschränkung, dass *„die Tat mit der Gefahr einer nicht sachgerechten Behandlung […] oder einer unwirtschaftlichen, therapeutisch nicht gerechtfertigten Entscheidung verbunden ist“*, zu befürworten.[1875] Mit

1872 So auch *Dannecker*, ZRP 2013, 37, 41; *Brettel/Duttge/Schuhr*, JZ 2015, 929, 935; *Schröder*, NZWiSt 2015, 361, 363 ff.

1873 *Brettel/Duttge/Schuhr*, JZ 2015, 929, 935. Alternativ plädiert diese Ansicht für eine Einordnung als neuer § 354 StGB. Vgl. auch schon *Dannecker*, ZRP 2013, 37, 41, der als Beispiel für die sinnvolle Schaffung von Sonderregelungen den Tatbestand des Parteiverrats anführt, der neben den *„dem Rechtsanwalt anvertrauten rechtlich geschützten Interessen der Mandanten“* auch *„das Ansehen der Anwaltschaft als wichtigem Teil der Rechtspflege“* schützt.

1874 *Heine/Weißer* in: Schönke/Schröder, § 356 Rn. 1.

1875 *Brettel/Duttge/Schuhr*, JZ 2015, 929, 935. Dieses Gesetz könnte damit in § 356a Abs. 3 StGB lauten: *„Wer als Arzt oder Zahnarzt im Zusammenhang mit der Ausübung dieses Berufes und unter Verstoß gegen ein ausdrückliches berufsrechtliches Verbot einen Vorteil für sich oder einen Dritten als Gegenleistung dafür fordert […], dass er bei der Verordnung, der Verabreichung oder der Abgabe von Arznei- […] oder bei der Zuführung von […] 1. die Sachgerechtigkeit der ärztlichen bzw. zahnärztlichen Behandlung (§ 28 Abs. 1 S. 1 bzw. Abs. 2 S. 1 SGB V) gefährdet oder 2. unwirtschaftliche Entscheidungen trifft, soweit diese nicht therapeutisch gerechtfertigt sind, wird mit […].“* § 356a Abs. 3 StGB könnte lauten: *„Die Tat ist nicht strafbar, wenn die zuständige Ärzte- bzw. Zahnärztekammer die Rechtmäßigkeit der Annahme des Vorteils festgestellt oder die Annahme erlaubt vorher erlaubt hat. Die Tat ist ebenfalls nicht strafbar, wenn sie unter dem Vorbehalt der Genehmigung erfolgt und der Kammer unverzüglich angezeigt wird.“*; vgl. zu diesen Vorschlägen Duttge, Korruptionsstrafrecht im Gesundheitswesen.

dieser Ausgestaltung bliebe aber nach wie vor ein Verweis auf die berufsrechtlichen Vorschriften verbunden. Außerdem wird die vorzunehmende Beurteilung, ob eine unwirtschaftliche, therapeutisch nicht gerechtfertigte Entscheidung vorliegt, regelmäßig ein Gutachten oder einen Sachverständigenbeweis erforderlich machen.[1876]

Vorgeschlagen wurde daher ein alternatives Regelungsmodell in Form eines selbständigen Professionsdelikts.[1877] Konkret soll diese Vorschrift das Verbot beinhalten, dass sich die Ärzte für ihre heilberuflichen Entscheidungen von anderen beeinflussen und kaufen lassen. Mit Umsetzung dieses Vorschlags ginge die Übernahme des § 31 MBO-Ä in das StGB über eine Einordnung als § 203a StGB oder als § 356a StGB einher.[1878] Zum Schutz des Vertrauens der Patienten sei es gerade nicht erforderlich, den Schutz über die Grenzen des § 31 MBO-Ä hinaus zu erstrecken, nachdem rechtswidrige Vorteilsgewährungen primär durch Akteure aus der Privatwirtschaft erfolgen.

Diese Ausgestaltung wäre vor allem deswegen sinnvoll, da mit der Übernahme des § 31 MBO-Ä keine Unbestimmtheiten wegen des Verweises auf das unterschiedliche Berufsrecht eingetreten wären. Hiermit wäre für die Normadressaten grundsätzlich eine erhöhte Rechtssicherheit einhergegangen, da sie sich einfacher über den Strafbarkeitsrahmen informieren könnten.[1879] Insbesondere für nicht Heilberufsangehörige wäre in einem entsprechend ausgestalteten Tatbestand zur Bestechung das Risiko eine Strafbarkeit leichter anhand des Studiums der einschlägigen Norm und der hierzu ergangenen Rechtsprechung abzusehen. Die Vorhersehbarkeit des strafbaren Verhaltens wäre besser gewährleistet als in der derzeitigen Fassung der Gesetze. Für einige Heilberufsangehörige würden mit einem solchen Tatbestand zwar Strafverschärfungen gegenüber dem Berufsrecht einhergehen, diese erscheinen aber anhand der Bedeutung des Gesundheitswesens verkraftbar.[1880]

Jedoch können mit dieser Ausgestaltung des neuen § 356a StGB auch Unsicherheiten verbunden sein, wenn der neue Tatbestand über die einzelnen berufsrechtlichen Verbote hinausgeht, was aufgrund der teilweise unterschiedlichen

---

1876 *Schröder*, NZWiSt 2015, 361, 364, Fn. 21.

1877 Die folgenden Ausführungen entsprechen denen von *Schröder*, NZWiSt 2015, 361, 363 ff.

1878 Zudem sei eine spiegelbildlich ausgestaltete Norm in das StGB aufzunehmen, die die Beeinflussung von Heilberufsangehörigen und damit die Strafbarkeit der Vorteilsgeber vorsieht.

1879 *Schröder*, NZWiSt 2015, 361, 365.

1880 *Schröder*, NZWiSt 2015, 361, 364.

Ausgestaltung der Berufsordnungen und der regionalen Unterschiede auch nicht auszuschließen ist.[1881] Solche wären durch die Satzungsgeber zu beseitigen, um eine entsprechende Rechtsklarheit sicherzustellen.[1882] Durch diese Ausgestaltung des Tatbestandes würden die durch die aktuellen Gesetze ergebenden Strafbarkeitslücken überwiegend eingedämmt werden, da das Vorliegen einer Wettbewerbslage gerade nicht erforderlich wäre und damit auch die Vorteilsgewährung im Falle des Vorliegens einer Monopolstellung oder bei nicht vorhandener Konkurrenz im näheren Umkreis vom Tatbestand erfasst wäre. Es würde gerade keiner Entscheidung zwischen mehreren Wettbewerbern bedürfen, so dass der Tatbestand auch bei medizinisch nicht indizierten Verordnungen gegen Vorteilsannahme einschlägig wäre. Damit würden wesentliche Sachverhalte, die zum umfassenden Vertrauensschutz der Patienten beitragen, durch diesen Tatbestand ebenfalls erfasst werden.

Zu befürworten wäre ebenfalls die mehrfach vorgeschlagene Aufnahme einer strafbefreienden Genehmigungsregelung entsprechend §§ 331 Abs. 3, 333 Abs. 3 StGB. Mit der Einführung einer an § 331 Abs. 3 StGB angelehnten Vorschrift geht nicht nur ein Vorteil für den jeweiligen Anfragenden einher, sondern eine solche Transparenzklausel liegt auch im Allgemeininteresse, denn durch sie kann besser abgeschätzt werden, welche Taten davon erfasst werden, und damit auch eine effektivere Korruptionsbekämpfung erreicht werden.[1883] Nachdem durch solche Genehmigungsklauseln konkrete Zweifelsfälle verbindlich beantwortet werden können,[1884] ist diese Variante einer Ausnahmeregelung für erlaubte Fälle vorzuziehen, da sie in ihrer Anwendung flexibler ist. Durch die Aufnahme von Ausnahmeregelungen sollen gewünschte Kooperationen auf dem Gesundheitsmarkt von der Strafbarkeit ausdrücklich ausgenommen und gefördert werden.[1885] Eine solche Ausnahmeregelung wird zwar ebenso eine Förderung der gewünschten Kooperationsformen auf dem Gesundheitsmarkt mit sich bringen und erspart die vorzunehmenden Genehmigungsverfahren und den damit für alle aufzuwendenden Zeitaufwand, jedoch kann allein hierdurch nicht jede Kooperationsform verbindlich für den Normadressaten geklärt

---

1881 *Brettel/Duttge/Schuhr,* JZ 2015, 929, 931.

1882 *Schröder*, NZWiSt 2015, 361, 365.

1883 *Duttge* in: Kubiciel/Hoven, S. 27; *Bongartz,* S. 323.

1884 *Brettel/Duttge/Schuhr,* JZ 2015, 929, 935.

1885 *Schröder*, NZWiSt 2015, 361, 365 m.w.N. in Fn. 36 auf *Wigge*, NZS 447, 452 f.; *Gaede/Lindemann/Tsambikakis,* medstra 2015, 142, 154; *Aldenhoff/Valluet*, medstra 2105, 195, 196, 198 f.

werden. Mehr Klarheit verschafft damit das Genehmigungsverfahren, in dem der explizite Fall und seine Besonderheiten beurteilt werden und eine individuelle Entscheidung getroffen wird, die Rechtssicherheit schafft.[1886] Somit kann auch der Rechtsunkundige im Vorfeld eine verbindliche Klärung erzielen, was im Fall der Auslegung von vorhandenen Ausnahmeregelungen gegebenenfalls nicht immer hinreichend sichergestellt ist.

c) Zusammenfassung

Unter Zugrundelegung der vorstehenden Ausführungen erscheint die Einführung der §§ 299a, 299b StGB in ihrer jetzigen Ausgestaltung im 26. Abschnitt des StGB zur Erreichung des verfolgten Ziels – die Einführung von Tatbeständen, die letztendlich den Schutz des Vertrauens in die Integrität heilberuflicher Entscheidungen und des Wettbewerbs auf einem streng regulierten Markt zum Gegenstand haben – nicht die sachgerechteste Lösung gewesen zu sein. Im Ergebnis wäre, gemessen an den in dieser Arbeit gewonnenen Erkenntnissen, die Einführung eines § 356a StGB die dem Ziel des Gesetzgebers gerecht werdendere Lösung gewesen. Insbesondere die von *Schröder* vorgeschlagene Übernahme des Berufsrechts vermag zu überzeugen und dies nicht zuletzt aufgrund der mit ihr einhergehenden klaren Gesetzesfassung, die im Ergebnis besser mit dem verfolgten Vertrauensschutz harmoniert und diesen zum Ausdruck bringt als die jetzigen Tatbestände. Auf diese Weise wäre auch die nunmehr vorgenommene Ausdehnung der Tatbestandsstruktur des § 299 StGB durch die Übernahme des Wettbewerbsmodells und einen im Wortlaut nicht hinreichend zum Ausdruck kommenden Rechtsgüterschutz vermieden worden.[1887]

IV. Reformbedarf

Die vorstehenden Ausführungen zeigen, dass die Schaffung eines Straftatbestandes zur Erfassung von Korruption im Gesundheitswesen alles andere als eine

---

1886 Ebenfalls für das Genehmigungsverfahren: *Brettel/Duttge/Schuhr*, JZ 2015, 929, 935; *Duttge* in: Kubiciel/Hoven, S. 27; *Kubiciel*, MedR 2016, 1, 4; *Bittmann/Brockhaus/Rübenstahl/Schröder/Tsambikakis*, WiJ 2015, 176, 193; *Bongartz*, S. 323. Kritisch dagegen: *Frister* in: AG Medizinrecht im DAV/IWR, S. 94 ff. Für eine Ausnahmeregelung: *Schröder*, NZWiSt 2015, 361, 365 sowie hierzu auch *Wigge*, NZS 2015, 447, 452 f.; *Gaede/Lindemann/Tsambikakis*, medstra 2015, 142, 152; *Aldenhoff/Valluet*, medstra 2015, 195, 196, 198 f.

1887 Vgl. zu dieser Kritik auch *Dannecker/Schröder*, ZRP 2015, 48, 51; in diese Richtung auch *Brettel/Duttge/Schuhr*, JZ 2015, 929, 934.

einfache Aufgabe darstellt.[1888] Eine bestimmte Formulierung zu finden, die die unterschiedlichen Regelungen in den einzelnen Berufsordnungen berücksichtigt, das Vertrauen umfassend schützt und den Besonderheiten des Gesundheitsmarktes gerecht wird, erscheint in letzter Perfektion schwer umsetzbar. Im Ergebnis ist daher zweifelhaft, ob die Schaffung einer neuen Norm tatsächlich sinnvoll ist. Die Tatbestände sind nunmehr in ihrer aktuellen Fassung erlassen und stellen im Ergebnis zumindest eine Basis dar, um der Korruption im Gesundheitswesen auch mittels Straftatbeständen gezielter Einhalt zu gewähren.[1889]

Die zum Teil enorme Kritik, die den Gesetzen entgegengebracht wird, ist sicher auch ein Resultat, das sich aus einem langjährigen „Ringen“ um die Schaffung dieser Tatbestände und den damit verbundenen Erwartungen ergibt. Mit der Einführung einer gänzlich neuen Fassung der Gesetze gehen wiederum erneute Unsicherheiten einher und der perfekte, allumfassende aber dennoch hinreichend bestimmte Tatbestand wird auch auf diese Weise nicht geschaffen werden können. Im Ergebnis erscheint es daher sinnvoller, auf den neuen Strafgesetzen aufzubauen und diese anhand der zukünftig auftretenden Anwendungsschwierigkeiten weiter zu verbessern. Im Endeffekt wird ohnehin erst die längere praktische Anwendung der Normen durch die Gerichte und die von diesen erlassene Rechtsprechung zeigen, inwiefern Nachbesserungen seitens des Gesetzgebers vorzunehmen sind.[1890]

V. Anwendbarkeit von § 300 StGB

In § 300 StGB werden Regelbeispiele für besonders schwere Fälle vorgesehen. Insofern wird das Risiko gesehen, dass eine Verschiebung des Strafrahmens zum Regelfall bei der Anwendung der § 299a und § 299b StGB wird, da die Tatbestandsmerkmale der Gewerbsmäßigkeit und des Vorteils großen Ausmaßes regelmäßig bei der Berufsausübung erfüllt sein werden.[1891] Somit fehle es an einem erkennbaren höheren Unrecht im Rahmen des § 300 StGB. Dem kann jedoch nicht uneingeschränkt zugestimmt werden.

Das erhöhte Unrecht ergibt sich im Falle von § 300 Nr. 1 StGB daraus, dass der Wert des Vorteils erheblich über dem Durchschnitt liegt und wird tatbestandsspezifisch

1888 *Bausback* in: Kubiciel/Hoven, S. 36; *Brettel/Duttge/Schuhr*, JZ 2015, 929, 930 f., 935; *Dannecker/Schröder* in: NK-StGB, § 299a Rn. 66; *Kubiciel/Tsambikakis*, medstra 2015, 11, 12; *Schuhr*, NStZ 2012, 11, 15; *Steenbreker*, MedR 2015, 660, 661.

1889 *Dannecker/Schröder* in: NK-StGB, § 299a Rn. 229 m.w.N. in Fn. 709.

1890 So auch *Dannecker/Schröder* in: NK-StGB, § 299a Rn. 229.

1891 *Brettel/Duttge/Schuhr*, JZ 2015, 929, 935, die für eine Streichung der Strafschärfungsgründe im Gesundheitswesen plädieren; *Kubiciel*, jurisPR-Compl 3/2016 Anm. 1; *Rogall* in: SK-StGB, § 299a Rn. 76.

ermittelt.[1892] Damit erscheint das erhöhte Unrecht durchaus erkennbar. Hinsichtlich des Regelbeispiels der Gewerbsmäßigkeit ist darauf abzustellen, ob der Täter in der Absicht handelt, wiederholt eine Tat zu begehen und sich eine *„fortlaufende Einnahmequelle von einigem Gewicht und einer gewissen Dauer verschaffen will"*.[1893] Dieses Regelbeispiel wird oftmals erfüllt sein, da die Kooperationen oder das Zusammenwirken regelmäßig auf Dauer angelegt sein werden und nicht nur für einen einzelnen Bezug eines Arzneimittels bestehen werden.[1894] Dennoch ergibt sich hieraus gerade eine erhöhte Gefahr aus diesen auf Dauer angelegten Zusammenarbeiten, die strafrechtlich einen erhöhten Unrechtswert im Vergleich zu einer einzelnen korruptiven Tat aufweisen, weswegen die Verschiebung des Strafrahmens angemessen erscheint.

Die vom Gesundheitsausschuss empfohlene Aufnahme eines neuen Regelbeispiels im Falle der Gefahr einer erheblichen Gesundheitsschädigung ist zu verneinen, da bereits ein hinreichender Schutz durch die §§ 223 ff. StGB vorliegt und auch eine systematische Einordnung in den 26. Abschnitt hinsichtlich des Bezugs zur körperlichen Unversehrtheit abzulehnen ist.[1895] Eine Einbeziehung über einen unbenannten besonders schweren Fall in solchen Fällen ist allerdings ebenso möglich[1896] wie Fälle nachhaltiger Schädigung von Mitbewerbern[1897] und sittenwidrige Vorgänge[1898].

1892 *Fischer*, StGB, § 300 Rn. 4 m.w.N.: Für einen Vorteil großen Ausmaßes ist in der Regel ein Betrag ab mindestens € 10.000,- bis € 50.000,- erforderlich. Die Rechtsprechung hat dagegen einen Betrag von € 50.000,- als objektive Wertgrenze festgelegt, BGH, NZWiSt 2016, 359, 361. Bei mehreren Teilleistungen im Rahmen einer Unrechtsvereinbarung ist bei Vorliegen lediglich einer Handlung der Gesamtwert der Zuwendung entscheidend, *Dannecker/Schröder* in: NK-StGB, § 300 Rn. 11; *Rogall* in: SK-StGB, § 300 Rn. 6; BGH, NStZ-RR 2010, 279.

1893 *Tsambikakis*, medstra 2016, 131, 139. Das gewerbsmäßige Handeln ist insbesondere dann gegeben, wenn ein ganzes „Korruptionssystem" entstehen soll, das regelmäßige Vorteile mit sich bringt, *Kronawitter*, S. 148; *Rogall* in: SK-StGB, § 300 Rn.9.

1894 *Kubiciel*, jurisPR-Compl 3/2016 Anm. 1.

1895 *Tsambikakis*, medstra 2016, 131, 139; Bundesrechtsanwaltskammer, Stellungnahme Nr. 40/2015, S. 10; Bundesärztekammer, Stellungnahme vom 20.11.2015, S. 20. So auch schon: *Kubiciel/Tsambikakis*, medstra 2015, 11, 15 zum bayerischen Gesetzesantrag; *Gädigk*, medstra 2015, 268, 271.

1896 BT-Drucks. 18/6446, S. 23; *Rogall* in: SK-StGB, § 300 Rn. 11; *Hohmann* in: MüKo-StGB, § 300 Rn. 4; *Heine/Eisele* in: Schönke/Schröder, § 300 Rn. 6.

1897 *Rogall* in: SK-StGB, § 300 Rn. 11; *Rosenau* in: SSW-StGB, § 300 Rn. 5; *Fischer*, StGB, § 300 Rn. 7.

1898 *Dannecker* in: NK-StGB, § 300 Rn. 26; *Fischer*, StGB, § 300 Rn. 7.

VI. Fehlende Erweiterung des § 100a StPO

Bemängelt wurde teilweise, dass keine Erweiterung des § 100a Abs. 2 StPO um die Tatbestände der § 299a und § 299b StGB vorgenommen wurde.[1899] Korruption im Gesundheitswesen erfolge, gemessen an den Erfahrungswerten, oftmals anhand *„systematischer Absprachen“*, *„in die ein ganzes Netzwerk an Ärzten oder anderen Angehörigen von Heilberufen verstrickt ist“*.[1900] Um gegen ein solch systematisches Vorgehen eine Chance auf Aufdeckung zu haben, sei auch die Telekommunikationsüberwachung eine der wesentlichen benötigten Eingriffsmöglichkeiten.[1901]

Dies ist grundsätzlich zutreffend, da bei korruptiven Absprachen in der Regel keiner der unmittelbar Beteiligten ein Interesse an der Aufdeckung und Aufklärung der Tat hat und diese regelmäßig verdeckt erfolgen.[1902] Als Zeugen fungierende Personen oder schriftliche Dokumente, mit Hilfe derer sich die unzulässigen Absprachen nachweisen lassen können, fehlen in der Regel.[1903] Zudem wurde kritisiert, dass durch die fehlende Erweiterung ein „prozessuales Zweiklassenstrafrecht“ geschaffen wurde, nachdem die Bestrafung von angestellten Ärzten bei Annahme eines besonders schweren Falles und gleichem Strafrahmen wie bei den §§ 299a, 299b StGB möglich ist.[1904]

Jedoch erscheint die Ablehnung der Erweiterung des § 100a StPO unter Berücksichtigung des informationellen Selbstbestimmungsrechtes der jeweils betroffenen Patienten zumindest nicht vollkommen unberechtigt erfolgt zu sein.[1905] Eine Überwachung der Gespräche zwischen Arzt und Patienten hätte zur Folge, dass der Patient nicht frei und selbstbestimmt über die Weitergabe und Offenlegung seiner persönlichen Informationen bestimmen könnte. Dies

---

1899 Deutscher Richterbund, Stellungnahme Nr. 22/15, S. 3; *Cosack*, ZRP 2016, 18, 19 f.; *Gädigk*, medstra 2015, 268, 272; *Schneider* in: Kooperationen im Gesundheitswesen auf dem Prüfstand, S. 100.

1900 Deutscher Richterbund, Stellungnahme Nr. 22/15, S. 3.

1901 Deutscher Richterbund, Stellungnahme Nr. 10/15, S. 3.

1902 Vgl. hierzu bereits 1. Kapitel B. II. 3. (S. 38 f.); *Dannecker/Schröder* in: NK-StGB, § 299a Rn. 217; *Gädigk*, medstra 2015, 268, 272; *Cosack*, ZRP 2016, 18 ff.

1903 *Rosenau/Lorenz/Wendrich* in: Kuhlen/Kudlich, S. 60.

1904 *Schneider* in: Kooperationen im Gesundheitswesen auf dem Prüfstand, S. 99.

1905 *Pragal/Handel*, medstra 2015, 337, 338; *Dannecker/Schröder* in: NK-StGB, § 299a Rn. 217 erachten die Entscheidung des Gesetzgebers zumindest als „nachvollziehbar“; *Rosenau/Lorenz/Wendrich* in: Kuhlen/Kudlich, S. 61; *Gaede* in: NK-WiStR, § 299a StGB Rn. 26.

wiederum erscheint mit dem mit § 299a StGB verfolgten Schutz des Vertrauensverhältnisses zwischen Arzt und Patient nicht uneingeschränkt vereinbar. Zwar dient diese Überwachung wiederum der Aufdeckung von korruptiven Machenschaften, wodurch das Vertrauen des Patienten in die Integrität der heilberuflichen Entscheidung geschützt wird. Auf der anderen Seite ist allerdings nicht abzustreiten, dass eine Abhörung der Gespräche in einem so sensiblen Bereich das Vertrauensverhältnis beeinträchtigen könnte.[1906]

Die Erweiterung des § 100a StPO wäre unter Wahrung des informationellen Selbstbestimmungsrechtes deswegen wohl nur dann denkbar, wenn es möglich wäre, die Abhörungsmaßnahmen auf die wesentliche Korrespondenz zwischen Vorteilsgeber und Vorteilsnehmer so einzugrenzen, dass die Aufzeichnung von personenbezogenen Daten der Patienten auf ein absolutes Minimum beschränkt würde.[1907] Ist dies keine tatsächlich realisierbare Möglichkeit, erscheinen die mit der Abhörung einhergehenden Auswirkungen auf das Selbstbestimmungsrecht zu weitgehend.[1908] An dieser Einschätzung vermag auch der Aspekt nichts zu ändern, dass bei Amtsträgern oder der Bestechung im geschäftlichen Verkehr eine Telekommunikationsüberwachung möglich ist. Diese ist bei Amtsträgern gerade nicht bei der einfachen Vorteilsannahme möglich, sondern lediglich im Rahmen der §§ 332, 334 StGB.[1909] Zudem unterscheiden sich die Strafrahmen der Delikte dahingehend, dass auch bei Verwirklichung des § 300 StGB zumindest die Bestechung von Amtsträgern einem höheren Strafmaß unterliegt.[1910] Vor allem bei der Bestechung im geschäftlichen Verkehr dürfte außerdem der sensible Bereich der persönlichen und vertraulichen Angaben von Patienten nicht in vergleichbarer Häufigkeit und Intensität betroffen sein, da hier oftmals geschäftliche und weniger höchstpersönliche gesundheitliche Daten im Vordergrund stehen werden.

1906 *Rosenau/Lorenz/Wendrich* in: Kuhlen/Kudlich, S. 60; Nds. LT Drucks. 17/8336, S. 2.

1907 *Dannecker/Schröder* in: NK-StGB, § 299a Rn. 217; *Cosack*, ZRP 2016, 18, 19 f.

1908 *Dannecker/Schröder* in: NK-StGB, § 299a Rn. 217; *Schröder*, ZIS 2019, 71, 76, Fn. 54 bezweifelt, ob von der Korrespondenz zwischen Vorteilsgeber und Vorteilsnehmer im Regelfall *„personenbezogende Daten der Patienten betroffen sind"*.

1909 Vgl. hierzu *Rosenau/Lorenz/Wendrich* in: Kuhlen/Kudlich, S. 61.

1910 Vgl. hierzu *Rosenau/Lorenz/Wendrich* in: Kuhlen/Kudlich, S. 61.

B. Einziehung von Taterträgen

Bei Straftaten, die der Erlangung von rechtswidrigen Vermögenswerten dienen, und damit auch bei den §§ 299a, 299b StGB ist eine Einziehung von Taterträgen oder des Wertes von Taterträgen gemäß den §§ 73 ff. StGB unter den dort aufgeführten Voraussetzungen grundsätzlich zulässig.[1911] Ziel dieser Regelungen ist: *„Straftaten dürfen sich nicht lohnen"*.[1912] Nach dem BVerfG dienen sie darüber hinaus auch dem Vertrauen der Allgemeinheit in das Rechtssystem und der Unterbindung der Schaffung von Anreizen zur Begehung von am Gewinn ausgerichteten Straftaten.[1913]

Die Regelungen zur Einziehung von Taterträgen gelten grundsätzlich auch für Straftaten, für die bereits Verfolgungsverjährung eingetreten ist. Allerdings ist an dieser Stelle darauf hinzuweisen, dass der 3. Strafsenat des BGH die in Art. 316h S. 1 EGStGB vorgesehene Möglichkeit der Rückwirkung für die Anordnung der Vermögensabschöpfung – auch wenn für die Taten, aus denen etwas erlangt wurde, bereits vor dem Inkrafttreten der Neuregelung der Einziehung von Taterträgen am 01.07.2017 Verfolgungsverjährung eingetreten war – für verfassungswidrig erachtet.[1914] Damit werde gegen das Verbot echt rückwirkender Gesetze verstoßen.[1915] Der Auffassung des 3. Strafsenats des

---

1911 *Rogall* in: SK-StGB, § 299a Rn. 77. Die Vorschrift des § 302 StGB „Erweiterter Verfall", die ebenfalls für die §§ 299a, 299b StGB galt und eine Anwendung des § 73d StGB aF im Falle des gewerbsmäßigen Handelns oder beim Vorliegen einer Bandenmitgliedschaft des Täters vorsah, wurde durch Art. 2 Nr. 39 des Gesetzes zur Reform der strafrechtlichen Vermögensabschöpfung vom 13.4.2017, BGBl. I S. 872 mit Wirkung vom 01.07.2017 aufgehoben. Die erweiterte Einziehung von Erträgen aus einer Tat ist nun deliktsübergreifend und abschließend in § 73a nF geregelt, weswegen der Gesetzgeber eine Verweisnorm für nicht mehr notwendig hielt, BR-Drucks. 418/16, S. 71. Die Neuregelung war Folge der Richtlinie 2014/42EU des Europäischen Parlaments und des Rates vom 03.04.2014 über die Sicherstellung und Einziehung von Tatwerkzeugen und Erträgen aus Straftaten in der Europäischen Union (Abl. 2014 L 127, 39, ; 2014 L 138, 11, vgl. hierzu *Krick* in: MüKo-StGB, § 302 Rn.1 f.

1912 *Köhler*, NStZ 2017, 497, 498.

1913 BVerfGE 110, 1 – 33 Rn. 103.

1914 BGH NJW 2019, 1891.

1915 BGH NJW 2019, 1891. So beispielsweise auch *Saliger*, ZIS 2020, 210; *Fischer*, StGB, § 76a Rn. 8. Er hat daher dem Bundesverfassungsgericht die Frage vorgelegt, ob die Regelungen des Art. 316h S. 1 EGStGB gegen das Rechtsstaatsprinzip des Art. 20 Abs. 3 GG und die in den Grundrechten verankerten Grundsätze der Rechtssicherheit und des Vertrauensschutzes verstößt, soweit er die § 76a Abs. 2 S. 1 i.V.m. § 78 Abs. 1 S. 2 und § 76b Abs. 1 StGB auch für anwendbar erklärt, wenn die Taten, aus

BGH ist grundsätzlich zuzustimmen, da Art 316h S. 1 EGStGB nachträglich in einen bereits abgeschlossenen Sachverhalt eingreift. Für verjährte Straftaten war nach dem alten Recht keine Einziehung vorgesehen. Durch die Regelung in Art. 316h S. 1 EGStGB wird eine Einziehung jedoch möglich, wodurch die vorherige rechtliche Lage geändert wird. Es sind zudem keine durchschlagenden Gründe ersichtlich, die gegen einen Vertrauensschutz sprechen würden.[1916] In Bezug auf die §§ 299a, 299b StGB ist unabhängig hiervon zu beachten, dass Tathandlungen aufgrund Art. 103 Abs. 2 GG und § 1 StGB grundsätzlich ohnehin erst ab deren Inkrafttreten am 04.06.2016 bestraft werden können.[1917]

I. Das „durch die Tat Erlangte"

Nach § 73 Abs. 1 StGB kann das Gericht die Einziehung anordnen, wenn der Täter oder Teilnehmer durch eine rechtswidrige Tat oder für sie etwas erlangt hat. Selbiges gilt nach § 73 Abs. 2 StGB für die Nutzungen, die der Täter oder Teilnehmer aus dem Erlangten gezogen hat bzw. nach § 73 Abs. 3 StGB für Gegenstände, die durch Veräußerung des Erlangten oder als Ersatz für dessen Zerstörung, Beschädigung oder Entziehung oder auf Grund eines erlangten Rechts erworben wurden. Vorausgesetzt wird zunächst einmal das Vorliegen einer „von der Anklage umfassten und vom Tatrichter festgestellten" rechtswidrigen Tat im Sinne des § 11 Abs. 1 Nr. 5 StGB.[1918]

Der Beteiligte muss durch die Tat oder für die Tat etwas erlangt haben. Die Feststellung des Erlangten erfolgt im Rahmen einer zweistufigen Prüfung, bei der zunächst das tatsächlich Erlangte eruiert wird und anschließend „wertende

denen etwas erlangt wurde, bereits vor dem Inkrafttreten der Neuregelung der Einziehung von Taterträgen am 01.07.2017 Verfolgungsverjährung eingetreten war.

1916 *Saliger*, ZIS 2020, 211; vgl. zu Beispielen fehlenden Vertrauensschutzes BVerfGE 30, 367, 387 ff.; BVerfGE 135, 1, 22 f.

1917 Dies ist auch dann der Fall, wenn die Annahme des Vorteils vor dem Inkrafttreten und die unlautere Bevorzugung danach vorgenommen wurde. Etwas anderes kann aber dann gelten, wenn nach dem 04.06.2016 die Annahme eines versprochenen Vorteils erfolgt, den sich der Heilberufsangehörige vor dem 04.06.2016 nur hatte versprechen lassen und der noch nicht konkret und letztverbindlich im Rahmen einer Unrechtsvereinbarung festgelegt wurde und somit eine erneute Unrechtsvereinbarung nach dem 04.06.2016 anzunehmen ist, vgl. hierzu *Dannecker/Schröder* in: NK-StGB, § 299a Rn. 227 mit weiteren Beispielen; *Dann/Scholz*, NJW 2016, 2077, 2080.

1918 *Fischer*, StGB, § 73 Rn. 9; BGHSt 28, 369.

Gesichtspunkte“ berücksichtigt werden.[1919] „Etwas“ meint hierbei nach dem Bruttoprinzip *„die Gesamtheit des materiell tatsächlich Erlangten“* und damit *„die Gesamtheit der wirtschaftlich messbaren Vorteile, die dem Täter oder Teilnehmer durch oder für die Tat zugeflossen sind“*.[1920] „Durch die Tat“ meint hierbei die Vermögenswerte, die dem Täter *„aufgrund der Verwirklichung des Tatbestandes in irgendeiner Phase des Tatablaufs zufließen“* und damit die „Tatbeute“.[1921] „Für die Tat“ meint die Gegenleistungen, die der Täter für sein rechtswidriges Verhalten erhält, allerdings nicht auf der Verwirklichung des Tatbestandes an sich beruhen.[1922] Damit ist zunächst die gesamte Auftragssumme bei der Korruption das Erlangte,[1923] denn auch wenn eine Zahlung erst nach der Vornahme weiterer Handlungen durch den Täter vorgenommen wird, war diese Zahlung

---

1919 BT-Drucks. 18/9525, S. 62; *Fischer,* StGB, § 73 Rn. 11; *Eser/Schuster* in: Schönke/Schröder, § 73 Rn. 5; *Rübenstahl,* NZWiSt 2018, 255; *Köhler,* NStZ 2017, 497, 505: Prüfung erfolgt nach dem Schema: „Grundsatz – Ausnahme – Rückausnahme“.

1920 *Fischer,* StGB, § 73 Rn. 12, BT-Drucks. 18/9525, S. 61 f.; *Eser/Schuster* in: Schönke/Schröder, § 73 Rn. 5; 11: Auch Gewinne, die sich erst später realisieren, wie z.B. aus aktiven Bestechungshandlungen, werden erfasst. *Köhler,* NStZ 2017, 497, 502: Das Bruttoprinzip stellt im Kern ein „Abzugsverbot für Aufwendungen des Täters“ dar; es ist eine „gegenständliche (tatsächliche) Betrachtungsweise“ anzuwenden. Diese Neuregelung unterscheidet sich zunächst von der teilweise vertretenen Auffassung der Rspr., nach der bei der Feststellung des unmittelbar Erlangten nach § 73 Abs. 1 StGB nicht die gesamte Gegenleistung zu berücksichtigen, sondern lediglich auf den Vertragsschluss selbst abzustellen sei, dessen Wert sich wiederum nach dem zum Zeitpunkt des Vertragsschlusses zu erwartenden Gewinn bemisst, BGHSt 50, 299, 308 f.; *Dannecker/Schröder* in: NK-StGB, § 299a Rn. 221; *Fischer,* StGB, § 73 Rn. 1; Bespr. der Entscheidung insbesondere bei *Saliger,* NJW 2006, 3377; *Hohn,* wistra 2006, 321. Danach werde bei der korruptiven Erteilung eines Auftrags nur der Auftrag aus der Tat erlangt und gerade nicht der gesamte vereinbarte Lohn, BGHSt 50, 299, 309 f. In der Konsequenz finden damit die Gegenleistungen des Bestechenden Berücksichtigung, *Fischer,* StGB, § 73 Rn. 17. Nach der Neufassung der Tatbestände ist diese Ansicht allerdings wohl nicht mehr vertretbar, da hierbei die Auffassung des Bruttoprinzips bestätigt wurde, nach dem ausreichend sein soll, dass die Vermögenswerte zu irgendeinem Zeitpunkt, wenn auch nur für einen Zeitraum geflossen sind und Gegenleistungen finden zunächst zumindest auf der 1. Stufe keine Berücksichtigung, BGH, NStZ 2011, 83; BGHSt 50, 227; *Fischer,* StGB, § 73 Rn. 19; BT-Drucks. 18/9525, S. 46; *Eser/Schuster* in: Schönke/Schröder, § 73 Rn. 9.

1921 *Fischer,* StGB, § 73 Rn. 23; BGHSt 47, 260, 268; BGHSt 50, 299, 309; BGHSt 56, 39, 45.

1922 *Fischer,* StGB, § 73 Rn. 24: Der „Lohn“, wie insbesondere eine Provision oder Belohnung; BGHSt 50, 299, 309 f.

1923 BT-Drucks. 18/9525, S. 68; *Köhler,* NStZ 2017, 503; *Eser/Schuster* in: Schönke/Schröder, § 73 Rn. 13; *Fischer,* StGB, § 73d Rn. 8.

bereits beim Vertragsschluss angelegt.[1924] Das Erlangte können neben beweglichen Sachen aller Art auch konkrete Chancen auf Abschluss eines Vertrages sein sowie das Entgelt für die Tat, insbesondere die Leistung des Vorteilsgebers bei Korruption.[1925] Schätzungen sind bei der Bestimmung des Erlangten nach § 73d Abs. 2 StGB zulässig.

Somit können bei strafbaren Bestechungen im Gesundheitswesen, die den Verordnungen der eigenen Medikamente der jeweiligen Pharmaunternehmen dienen, insbesondere jeweils die erzielten Einnahmen aus den Verordnungen, also die Kaufpreise für die Produkte inkl. der damit erzielten Gewinne sowie der zu erwartende Gewinn in Form der Verbesserung der Marktposition[1926] durch die Verordnungen das Erlangte darstellen. Bei Bestechungen im Zusammenhang mit der Durchführung von Anwendungsbeobachtungen können die Unternehmen neben den Einnahmen und Gewinnen aus den Verordnungen ihrer Produkte auch einen geldwerten Vorteil in Form der Arbeitsleistung[1927] des Arztes für die Erfüllung des Vertrages bei der Durchführung und ggf. eine etwaige verbesserte Marktposition durch die Erkenntnisse der Beobachtungen und weitere hieraus resultierende Vorteile erlangen. Bei Zuweisungen gegen Entgelt wird das Erlangte der Leistungserbringer vor allem in den Einnahmen aus den daraufhin zustande kommenden Verhandlungsverträgen bzw. die hierdurch vereinnahmten Honorare sein; ggf. kommt im jeweiligen Einzelfall auch eine verbesserte Marktstellung in Betracht.

Im Rahmen der Verwirklichung der Bestechlichkeit sind beispielsweise bei einem Arzt die vereinnahmten Vorteile, sei es in der Form von Sachleistungen oder geldwerten Zuwendungen sowie die Honorare für die Erbringungen seiner Leistungen, wie die Verordnungen oder im Falle von Anwendungsbeobachtungen die Entschädigung das Erlangte.

II. Berücksichtigung von Aufwendungen

Nach § 73d Abs. 1 S. 1 StGB sind bei der Bestimmung des Wertes des Erlangten Aufwendungen des Täters abzuziehen.[1928] Aufwendungen sind dabei *„alle*

1924 *Eser/Schuster* in: Schönke/Schröder, § 73 Rn. 13. Ein unmittelbares Kausalverhältnis zwischen Tat und Bereicherung ist nicht erforderlich, BT-Drucks. 18/9525, S. 67.

1925 BGHSt 30, 46, 47; BGH, NStZ-RR 2004, 242, 244.

1926 Vgl. BT-Drucks. 18/9525, S. 62 unter Verweis auf *Eser* in: Schönke/Schröder, 29. Auflage 2014, § 73 Rn. 6.

1927 Vgl. BT-Drucks. 18/9525, S. 62.

1928 Es erfolgt somit eine Konkretisierung des Bruttoprinzips, vgl. BT-Drucks. 18/9525, S. 67; *Rettke*, wistra 2018, 234 ff. Hierdurch erfolgt im Endeffekt wieder eine Annäherung an die Rspr des 5. Strafsenat (vgl. Fn. 1920), vgl. auch *Fischer*, StGB, § 73d Rn. 8.

geldwerten Leistungen, die zur Ermöglichung oder Durchführung der Tat aufgewendet wurden“.[1929] Dies können beispielsweise Leistungen aus Verträgen, Kaufpreise, Herstellungs- und Transportkosten, Bestechungsleistungen und Belohnungen sein.[1930] Neben dem zeitlichen Zusammenhang besteht auch das Erfordernis einer „inneren (sachlichen) Beziehung“.[1931] Nicht abgezogen werden dürfen nach § 73d Abs. 1 S. 2 HS 1 StGB aber Leistungen, die „für die Begehung der Tat“ oder „für ihre Vorbereitung“ aufgewendet wurden.[1932] Damit soll zum Ausdruck kommen, dass alles, was für ein „verbotenes Geschäft“ erbracht wurde, verloren sein muss.[1933] Das Verbotene ist hierbei die „Erwerbstat“; Aufwendungen für strafrechtlich nicht zu beanstandende Leistungen sind mindernd zu berücksichtigen, auch wenn sie „*demselben tatsächlichen Verhältnis wie der strafrechtlich missbilligte Vorgang entstammen*“.[1934] Hiervon wiederum sind nach

---

1929 *Fischer*, StGB, § 73d Rn. 4.

1930 *Fischer*, StGB, § 73d Rn. 4; *Köhler*, NStZ 2017, 497, 506; vgl. auch *Rettke*, wistra 2018, 234, 236 mit weiteren Beispielen.

1931 *Köhler*, NStZ 2017, 497, 506.

1932 Übertragung des Rechtsgedankens des § 817 S. 2 BGB, wonach alles, was für ein verbotenes Geschäft aufgewendet wurde, verloren sein muss, vgl. BGHSt 52, 227; *Fischer*, StGB, § 73d Rn. 5. Kritisch hierzu *Gebauer*, ZRP 2016, 101, 103; *Rönnau/Bergemeier*, GA 2017, 1, 7 ff.

1933 BT-Drucks. 18/9525, S. 67; *Köhler*, NStZ 2017, 497, 506; BGHSt 52, 227; *Fischer*, StGB, § 73d Rn. 4: Das Geschäft muss von vornherein verboten gewesen sein, so dass hieraus keine wirksame Verbindlichkeit erwachsen kann. *Fischer*, § 73d Rn. 8: Aufwendungen können nur abgezogen werden, sofern sie sich auf einen „beanstandungsfreien Teil“ des korruptiv erreichten Geschäfts beziehen.

1934 BT-Drucks. 18/9525, S. 68; *Köhler*, NStZ 2017, 497, 506 ff. mit folgenden Beispielen: Bei „Betäubungsmittelhandel“ greift das Abzugsverbot, da Beschaffungskosten für Betäubungsmittel Aufwendungen für die Begehung einer Tat nach § 29a Abs. 1 S. 1 BtMG sind und somit verbotene Betäubungsmittelgeschäfte. Bei der „Steuerhinterziehung“ getätigte Aufwendungen für einen Steuerberater: Das Abzugsverbot greift, da Steuerberater bewusst für die Vorbereitung der Tat eingesetzt wurde und die Tat gegen § 370 Abs. 1 AO verstößt. „Bestechung“: Wenn ein Bauunternehmer B den Zuschlag für den Bau eines Schwimmbads erhält, weil er dem Leiter des Bauamts dafür 100.000,- € gezahlt hat und der Bau wird ausgeführt, ist der Werklohn erlangt. Die Kosten für die Herstellung des Schwimmbads und das Bestechungsgeld sind Aufwendungen und abzuziehen. Das Bestechungsgeld ist ein gewährter Vorteil nach § 334 StGB. Das Geld wurde für die Begehung der Tat aufgewendet. Es fällt unter das Abzugsverbot. Bei den anderen Kosten handelt es sich um Kosten für die Durchführung des Bauauftrages und damit um Investitionen in Erlaubtes. (Die Frage der Wirksamkeit eines durch Bestechung erlangten (Werk-)Vertrages ist damit ohne Belang, vgl. dazu *Heine*, NStZ 2015, 127, 132). Die

§ 73d Abs. 1 S. 2 HS 2 StGB Leistungen ausgenommen, die zur Erfüllung einer Verbindlichkeit gegenüber dem Verletzten aufgewendet werden. Jedoch findet diese Rückausnahme nur Anwendung auf Delikte, die individuelle Vermögensinteressen schützen, denn nur die Gegenleistung zur Erfüllung einer wirksamen Verbindlichkeit kann die Folgen der Norm auslösen.[1935] Werden durch die Erwerbstat Rechtsgüter der Allgemeinheit geschützt, wie insbesondere bei den Bestechungsdelikten, findet die Regelung keine Anwendung.[1936]

Kosten für die Herstellung für das jeweilige Medikament in Form von Material-, Herstellungs-, Personal- und Transportkosten stellen damit grundsätzlich im Zusammenhang mit der Bestechung bei Verordnungen abzugsfähige Aufwendungen der Unternehmen dar, denn die Herstellung von Medikamenten und deren Verkauf ist grundsätzlich ein beanstandungsfreier Vorgang. Die Medikamente werden in der Regel nicht unmittelbar zum Zwecke der Korruptionstat gefertigt. Auch die Bezahlung der Entschädigung im Rahmen der Anwendungsbeobachtungen ist grundsätzlich abzugsfähig,[1937] jedenfalls soweit eine beanstandungslose Gegenleistung des Arztes vorliegt.[1938] Nicht abzugsfähig ist jedoch beispielsweise das darüber hinaus gewährte Schmiergeld selbst,[1939] unabhängig davon in welcher Form es geleistet wird. Denn diese Schmiergelder werden für nach Strafrecht und teilweise auch Primärrecht unzulässige Vorgänge aufgewendet. Bei Zuweisungen gegen Entgelt sind bei dem bestechenden Leistungserbringer seine Aufwendungen für die grundsätzlich zulässige Behandlung des Patienten daher von dem Erlangten abzuziehen, das geleistete Entgelt jedoch wiederum nicht, weil die Zuweisung gegen Entgelt ein verbotener Vorgang

---

Baukosten fallen damit nicht unter das Abzugsverbot. Sie werden vom ursprünglich Erlangten abgezogen.

1935 *Köhler*, NStZ 497, 509; BT-Drucks. 18/9525, S. 68: Findet bei Betrugstaten Anwendung. Bei einem mittels Betrug zustande gekommenen Vertrag wird die Gegenleistung abgezogen.

1936 *Köhler*, NStZ 2017, 497, 509, Fn. 115.

1937 Vgl. hierzu auch BT-Drucks. 18/9525, S. 68, wonach etwa auch bei einem durch Bestechung erlangten Werkvertrag die Aufwendungen für die grundsätzlich beanstandungsfreie Werkleistung abzugsfähig sind.

1938 BT-Drucks. 18/9525, S. 68; im Endeffekt daher wie BGHSt 50, 299: Bei Bestechungen, bei denen ein Vertrag erlangt wird, ist die Auftragssumme zwar erlangt und auch das Schmiergeld kann nicht in Abzug gebracht werden, die Aufwendungen für die Erfüllung des Vertrages werden aber nicht für die Begehung der Tat aufgewendet und sind abzugsfähig.

1939 *Eser/Schuster* in: Schönke/Schröder, § 73d Rn. 4, 5.

ist. Beim bestochenen Arzt beispielsweise können Personal- und Materialkosten[1940] sowie sein Arbeitsaufwand zur Vornahme der grundsätzlich zulässigen Behandlung oder zur Erfüllung von Verträgen bei Anwendungsbeobachtungen Aufwendungen sein. Am Ende werden daher regelmäßig der Gewinn und ggf. entstandene mittelbare Vorteile, wie eine Besserstellung auf dem Markt, die abzuschöpfenden Vermögenswerte darstellen.[1941]

III. Stellungnahme

Die Regelungen zur Einziehung von Taterträgen bilden eine gute Möglichkeit, um durch Straftaten entstandene rechtswidrige Vermögenslagen wieder auszugleichen. Auch im Falle der Korruption im Gesundheitswesen ist es zutreffend, diese „Nutznießung von Verbrechensgewinnen zu unterbinden“[1942]. Dennoch liegt der Kern der Folgen von korruptiven Verhaltensweisen im Gesundheitswesen im Wesentlichen nicht in der entstandenen unzulässigen Vermögenssituation. Zwar ist es ebenfalls nicht zu tolerieren, wenn unzulässige Vermögensverschiebungen stattfinden und den Krankenkassen und Wettbewerbern hierdurch Schäden entstehen. Wie bereits erörtert, wird es aber oftmals schon keinen Vermögensschaden geben. Der eigentliche Schaden von Korruption liegt in diesem Bereich in der mit diesen Handlungen verbundenen nicht sachgerechten Wahrnehmung der heilberuflichen Berufsausübung und dem damit schwindenden Vertrauen der Allgemeinheit in die Integrität der heilberuflichen Entscheidungen begründet und bildet damit einen Schaden, der nicht in Zahlen messbar ist und von wesentlich weiteren Konsequenzen ist, als ein bloßer Vermögensschaden.

Anzudenken wäre an dieser Stelle, ob durch eine Kronzeugenregelung – die Tatbeteiligten durch Milderung oder Absehen von einer Strafe einen „Anreiz zur Aufklärungs- und Präventionshilfe“ geben soll – zumindest ein Beitrag hätte geleistet werden können, um unzulässige Absprachen aufzudecken, die zu dem schwindenden Vertrauen beitragen.[1943] Wie bereits erläutert, findet Korruption oftmals im Verborgenen statt und die Intransparenz des Gesundheitswesens trägt dazu bei, dass Täter, Tatbeteiligte und auch etwaige Geschädigte nur

---

1940 *Eser/Schuster* in: Schönke/Schröder, § 73d Rn. 4.

1941 BT-Drucks. 18/9525, S. 68.

1942 BT-Drucks. 18/9525, S. 45.

1943 *Fischer*, § 46b StGB Rn. 3; BT-Drucks. 16/6268, S. 1. Aufgrund der fehlenden Erweiterung des § 100a Abs. 2 StGB um die §§ 299a, 299b StGB (vgl. 3. Kapitel A. VI. (S. 350 f.) werden diese beiden Tatbestände nicht vom Tatkatalog des § 46b StGB erfasst.

schwer aufzufinden sind.[1944] Korruption liegt oftmals ein systematisches und organisiertes Vorgehen von vielen Beteiligten zugrunde.[1945] Zweck der Kronzeugenregelung ist es, im Rahmen von organisierter Kriminalität zur Aufdeckung und Prävention beizutragen.[1946] Auch wenn die tatsächliche Wirkung der Kronzeugenregelung in kriminalpolitischer Hinsicht in der Praxis umstritten ist und teilweise vermutet wird, dass die Regelung zumindest in den schwerkriminellen Bereichen, die sich durch umfassend organisierte Machenschaften auszeichnen, nicht die gewünschte Aufklärung herbeiführt,[1947] ist es dennoch durchaus denkbar, dass zumindest in einigen Bereichen in Bezug auf korruptive Absprachen im Gesundheitswesen und diesbezüglichem organisierten Vorgehen durch die Anwendung einer solchen Regelung ein unterstützender Beitrag im Rahmen der Ermittlungsarbeit, sei es in Form von nachträglicher Aufdeckung korruptiver Absprachen oder in Form der Verhinderung solcher Absprachen durch präventive Maßnahmen, geschaffen werden kann.

C. Auswirkungen auf die Healthcare-Compliance

Durch die neuen Gesetze und dem damit auch einhergehenden erhöhten Verfolgungsdruck werden sich die Anforderungen an die Compliance-Konzepte für die Healthcare-Unternehmen in Zukunft weiterhin erhöhen.[1948] Bestehende Compliance-Maßnahmen sind anzupassen und Zusammenarbeiten und Kooperationen einer Prüfung zu unterziehen.[1949] Ein Kontrollbedarf ergibt sich insbesondere für die Handlungsbeziehungen zwischen der Pharmaindustrie und den Ärzten, die vor allem auch die Anwendungsstudien, Fortbildungen und Kongresseinladungen auf ihre rechtliche Rechtfertigung hin zu überprüfen haben.[1950]

1944 Vgl. 1. Kapitel B. II. 3. (S. 38 f.).

1945 Vgl. 3. Kapitel A. VI. (S. 350 f.) und 1.Kapitel B. II. 3. (S. 38 f.).

1946 *Fischer*, § 46b StGB Rn. 3; *Kinzig* in: Schönke/Schröder, § 46b StGB Rn. 1; BT-Drucks. 16/6268, S. 11 f.

1947 Vgl. hierzu *Fischer*, § 46b StGB Rn. 4 ff. m.w.N. zu dieser Thematik; *Kinzig* in: Schönke/Schröder, § 46b StGB Rn. 2 m.w.N.

1948 *Kubiciel*, jurisPR-Compl 3/2016, Anm. 1; *Ramb* in: Kubiciel/Hoven, S. 253: „erheblichen Anstieg von Haftungsrisiken".

1949 *Kubiciel*, jurisPR-Compl 3/2016, Anm. 1.

1950 *Kubiciel*, jurisPR-Compl 3/2016, Anm. 1. Vgl. auch *Taschke/Zapf*, medstra 2015, 332, 334.

I. Folgen der §§ 299a, 299b StGB für Compliance-Maßnahmen

Die Ausführungen zur Unrechtsvereinbarung zeigen mehr als deutlich, dass eine umfassende Auseinandersetzung und Verknüpfung der wettbewerbs-, berufs-, medizin- und strafrechtlichen Bereiche für die Compliance-Abteilungen im Gesundheitswesen zwingend erforderlich sein werden.[1951] Auch das Berufsrecht wird weiterhin von essentieller Wichtigkeit für die Auslegung der neuen Straftatbestände sein.[1952] Damit sind auch die künftigen Änderungen in diesen Regelungsbereichen, die sich auf die Strafbarkeit nach den neuen Gesetzen auswirken können, zu beachten. Zudem ist weiter zu beobachten, inwiefern die Regelungen des Primärrechtes zur Auslegung der Unrechtsvereinbarung in der Rechtsprechung herangezogen werden und dies entsprechend in die Compliance-Maßnahmen mit einzubeziehen.

Zu berücksichtigen ist hierbei vor allem, dass nach allgemein vertretener Auffassung grundsätzlich bereits auch der Abschluss eines Vertrages als Vorteil im Rahmen der Bestechungsdelikte eingeordnet werden kann.[1953] Dass durch das Eingehen von Kooperationsverträgen mit Heilberufsangehörigen im Zusammenhang mit dessen Berufsausübung ohne einen strafwürdigen Hintergrund schon wesentliche der erforderlichen Voraussetzungen der neuen Tatbestände erfüllt sind,[1954] vermag jedoch nicht zu überzeugen und ist zu weit gegriffen, da es insbesondere noch an der Gegenleistung in Form der unlauteren Bevorzugung für die Strafbarkeit fehlt und allein von dem Vorliegen einer Kooperation nicht auf die Erfüllung des Tatbestandes geschlossen werden kann.[1955]

Gleichwohl können auch grundsätzlich zulässige Kooperationen, wie beispielsweise Anwendungsbeobachtungen und vertragliche Kooperationen dem Tatbestand unterfallen, wenn keine angemessenen Vergütungen geleistet werden oder die Vergütungen an Bedingungen geknüpft werden und dadurch strafrechtliche Relevanz erhalten.[1956] Gewisse Konstellationen sind für die Beteiligten

---

1951 *Geiger*, CCZ 2016, 172, 177.

1952 Vgl. hierzu 3. Kapitel A. III. 1. b) cc) (2) (b) (S. 302 ff.) und (c) (S. 306 ff.); in diesem Sinne auch *Geiger*, CCZ 2016, 172, 177.

1953 Vgl. hierzu 3. Kapitel A. III. 1. b) bb) (S. 291 ff.).

1954 Vgl. hierzu *Geiger*, medstra 2015, 97, 104: Der Tatbestand sei dadurch schon *„zu wesentlichen Teilen erfüllt“*; *Geiger*, medstra 2015, 321, 322; *Geiger*, CCZ 2016, 172, 177.

1955 *Bongartz*, S. 296.

1956 Vgl. hierzu auch *Dannecker/Schröder* in: NK-StGB, § 299a Rn. 175, 191; *Tsambikakis*, medstra 2016, 131, 138.

auf dem Gesundheitsmarkt, der *„wie kein anderer gesellschaftlicher Bereich von Kooperationen abhängig ist“*[1957] und auf dem Kooperationen sogar durch das Gesetz verlangt werden, zumindest mit einem Risiko der Begründung eines Anfangsverdachts verbunden.[1958] Obwohl Kooperationen im Gesundheitswesen eindeutig gewünscht sind und auch gebraucht werden, müssen daher alle Kooperationsbeziehungen mit den Heilberufsangehörigen einer kritischen und umfassenden Prüfung unterzogen werden und werden auch permanent weiterhin einer solchen zu unterziehen sein.

Deswegen wird es in Zukunft dringender denn je von Nöten sein, im Rahmen von Kooperationsverträgen die wichtigsten Grundprinzipien der Healthcare-Compliance, namentlich das Trennungs-, Äquivalenz-, Transparenz- und Dokumentationsprinzip, streng einzuhalten.[1959] In der Praxis wird vor allem dem Äquivalenzprinzip eine umfassende Bedeutung zuteil werden. Dieses besagt, dass Leistung und Gegenleistung, welche von Heilberufsangehörigen und medizinischen Einrichtungen für Pharmakonzerne oder Unternehmen auf dem Gesundheitsmarkt erbracht werden, in einem angemessenen Verhältnis zueinander stehen müssen.[1960] So wurde schon im Gesetzesentwurf ausgeführt, dass die Zusammenarbeit auf dem Gesundheitsmarkt grundsätzlich gewollt ist und es daher nicht zu beanstanden ist, wenn für die heilberuflichen Leistungen angemessene Entgelte gewährt werden und ohne das Hinzutreten weiterer

---

1957 *Geiger*, medstra 2015, 97, 104.

1958 *Geiger*, medstra 2015, 97, 104. *Heil/Oeben*, PharmR 2016, 217, 222 gehen davon aus, dass dadurch auch grundsätzlich zulässige Kooperationen unter den Verdacht von unzulässiger Kooperation geraten können.

1959 Diese 4 Prinzipien ergeben sich aus FSA, Gemeinsamer Standpunkt zur strafrechtlichen Bewertung der Zusammenarbeit zwischen Industrie, medizinischen Einrichtungen, und deren Mitarbeitern; sie sind auch verankert in FSA, Kodex für die Zusammenarbeit der pharmazeutischen Industrie mit Ärzten, Apothekern und anderen Angehörigen medizinischer Fachkreise, S. 49; *Geiger*, CCZ 2016, 172, 178: Die 4 Grundprinzipien bilden die Grundlagen einer transparenten Zusammenarbeit und Kooperation; *Dannecker/Schröder* in: NK-StGB, § 299a Rn. 138; *Halbe*, MedR 2015, 168, 175; *Krüger*, NZWiSt 2017, 129, 133 f.; *Bahner*, S. 177; *Rogall* in: SK-StGB, § 299a Rn. 51; *Geiger*, CCZ 2011, 1, 8; *Passarge*, PharmR 2011, 80; *Klümper/Vollebregt*, PharmR 2009, 313, 316; *Sartorius*, S. 111; *Kronawitter*, S. 141; *Bongartz*, S. 61. Vgl. zum FSA schon 2. Kapitel B. II. 1. b) bb) (3) (a) und (b) (S. 188 ff.) insbes. Fn. 1027, 1041. Vgl. zu den 4 Grundprinzipen auch *Bahner*, S. 227 ff. m.w.N.

1960 *Passarge*, PharmR 2011, 80, 82; BT-Drucks. 18/6446, S. 17 f.; *Geiger*, CCZ 2016, 172, 177; *Bahner*, S. 228; *Dannecker/Schröder* in: NK-StGB, § 299a Rn. 140; *Gaede* in: NK-WiStR, § 299a Rn. 87; *Sahan* in: G/J/W, § 299a Rn. 23; *Bongartz*, S. 62 f.

Umstände die Honorierung der Leistungen generell nicht den Verdacht einer Unrechtsvereinbarung begründen soll.[1961] Dies gilt jedoch immer dann nicht, wenn das Entgelt den Wert der Leistung übersteigt und keine Angemessenheit nach wirtschaftlichen Gesichtspunkten festzustellen ist. Der Gesetzgeber berücksichtigt bei seinen Ausführungen damit vor allem den begründeten Verdacht, dass Korruption zumeist in scheinlegale Vertragsbeziehungen eingebettet wird.[1962] Im Vordergrund wird zudem die Beachtung des Trennungsprinzips stehen, das besagt, dass entgeltliche und unentgeltliche Zuwendungen unabhängig von Beschaffungsentscheidungen oder etwaigen Umsatzgeschäften erfolgen müssen.[1963]

Die FSA-Kodizes beinhalten auch neben den vier zuvor genannten Grundprinzipen im Wesentlichen Verhaltensregeln, die vermeiden sollen, dass Ärzte in rechtswidriger Art in ihren heilberuflichen Entscheidungen beeinflusst werden und sehen auch entsprechende Sanktionierungen im Falle des Verstoßes vor.[1964] Diese Kodizes berücksichtigen bereits einen wesentlichen Teil der sich aus den neuen Tatbeständen ergebenden Gefahren und stellen teilweise sogar noch strengere Verhaltensanforderungen an die einzelnen Kooperationen, so dass bei deren Einhaltung strafrechtliche Sanktionen zumindest erheblich minimiert werden können.[1965] Einen wichtigen Anhaltspunkt bieten mangels allgemeinverbindlicher und vorhandener Rechtsprechung zu den neuen Gesetzen zudem die bisher ergangenen Kommentierungen, die Rechtsprechung zu § 299 StGB und die Gesetzesbegründung, die vor allem für die Zusammenarbeit zwischen Pharmaindustrie und Ärzten konkrete Kriterien zu wesentlichen Kooperationsbeziehungen beinhaltet.[1966]

Aufgrund der steten Bemühungen des Gesetzgebers und auch der verschärfteren Rechtsprechung ist es für alle Beteiligten des Gesundheitsmarktes von essentieller Bedeutung, die Grenzen der Gesetze zu kennen und nur innerhalb dieser zu agieren. Aufgrund der andauernden Entwicklung, mit der immer neue Anforderungen an die beteiligten Akteure einhergehen, ist eine Einzelfallberatung nicht mehr ausreichend.[1967] Erforderlich ist vielmehr ein umfassendes

---

1961 BT-Drs. 18/6446, S. 18.

1962 *Geiger*, CCZ 2016, 172, 178.

1963 *Heil/Oeben*, PharmR 2016, 217, 222; *Bahner*, S. 227 f. m.w.N.; *Bongartz*, S. 61 f.

1964 Vgl. hierzu näher: *Diener* in: Kubiciel/Hoven, S. 236 ff.

1965 *Diener* in: Kubiciel/Hoven, S. 241 ff.; vgl. z.B. § 18 FSA-Kodex „Fachkreise“; so wohl auch schon *Badle*, medstra 2015, 139, 140; *Heil/Oeben*, PharmR 2016, 217, 222; *Geiger*, CCZ 2016, 172, 178; *Dieners*, PharmR 2015, 529, 532.

1966 BT-Drs. 18/6446, S. 18 ff.

1967 *Tsambikakis* in: Kubiciel/Hoven, S. 271.

Gesamtkonzept mit Verhaltensrichtlinien, die so abstrakt, sachlich und umfassend gefasst werden, dass sie in der Lage sind, etwaige Haftungsrisiken auszuschließen bzw. zumindest weitestgehend einzudämmen.[1968] Vor allem vor dem Hintergrund der vom LG München I ergangenen „Neubürger-Entscheidung", haben der Vorstand und auch jedes Vorstandsmitglied die notwendige Sorgfalt zu ergreifen, um Gesetzesverstöße zu vermeiden und dies durch ein ausreichendes und umfassendes Compliance-Management-System sicherzustellen, da sie ansonsten für die Verletzung ihrer Organisationspflicht haftbar gemacht werden können.[1969] Aber auch im Lichte der zahlreichen globalen Verschärfungen wird es insbesondere für die international agierenden Unternehmen unerlässlich sein, ihr Compliance-System kritisch zu hinterfragen.[1970] Die Unternehmensabläufe müssen einer kontinuierlichen Prüfung unterzogen werden, inwiefern risikobehaftete Schwachstellen bestehen.[1971] Durch zahlreiche weltweite Transparenzinitiativen wird zudem eine umfassendere Kontrolle auch der Öffentlichkeit möglich sein.[1972] Die Kooperationen sind daher explizit zu dokumentieren und nachvollziehbar zu gestalten.[1973] Nur auf diese Weise wird es den Unternehmen möglich sein, die haftungsrechtlichen Risiken einzudämmen.

II. Compliance-Funktion der §§ 81a, 197a SGB V

Fraglich ist, inwieweit die §§ 81a, 197a SGB V und die hieran vorgenommenen Änderungen eine Compliance-Funktion beinhalten. Hiernach soll allen Sachverhalten nachgegangen werden, die auf Unregelmäßigkeiten oder auf die rechts- oder zweckwidrige Nutzung von Finanzmitteln hindeuten. Die Staatsanwaltschaft ist unverzüglich zu unterrichten, wenn ein Anfangsverdacht für strafbare Behandlungen mit nicht nur geringfügiger Bedeutung für die gesetzliche Krankenversicherung besteht, vgl. §§ 81a Abs. 4, 197a Abs. 4 StGB. Durch diese

---

1968 *Tsambikakis* in: Kubiciel/Hoven, S. 271.

1969 LG München I, Urt. v. 10.12.13 – 5 HK O 1387/10, NZG 2014, 345.

1970 *Ramb* in: Kubiciel/Hoven, S. 253 ff., 267; vgl. beispielsweise die strengen Anforderungen im US-Recht: *Ramb*, CCZ 2015, 262, 264 ff. *Geiger*, CCZ 2016, 172 ist der Ansicht, dass zunächst nur die „politische Diskussion" nachlassen wird, der „praktische Diskurs" aber erst am Anfang stehe.

1971 So auch *Gehring* in: Kubiciel/Hoven, S. 224.

1972 *Ramb* in: Kubiciel/Hoven, S. 253 ff.; *Diener* in: Kubiciel/Hoven, S. 249; *Geiger*, CCZ 2016, 172, 178.

1973 Vgl. hierzu auch die Regelungen in den Pharmakodizes wie z.B. § 18 FSA-Kodex „Fachkreise" oder § 17 AKG /Arzneimittel und Kooperationen im Gesundheitswesen e.V.; *Geiger*, CCZ 2016, 172, 178.

Regelungen wurde der Überwachungsdruck weiterhin erhöht, weswegen auch hierdurch die Verstärkung von Compliancemaßnahmen erforderlich ist. Hierdurch wurde insoweit keine Erleichterung für die Akteure auf dem Gesundheitsmarkt geschaffen, da diese Stellen zum Erfahrungsaustausch nicht nach außen Beratungen übernehmen, sondern vielmehr im Zweifelsfalle die Sachverhalte an die Staatsanwaltschaft weitergeben müssen, die bei einem Anfangsverdacht auch ein entsprechendes Verfahren einleiten wird.[1974]

Durch die Änderungen, die das neue Gesetz in diesem Bereich vorsieht, wird die Zusammenarbeit der nach §§ 81a SGB V und 197a SGB V bei den Kassenärztlichen Vereinigungen, bei den Krankenkassen und beim Spitzenverband sowie den Kassenärztlichen Bundesvereinigungen Bund der Krankenkassen einzurichtenden Stellen zur Bekämpfung von Fehlverhalten im Gesundheitswesen durch Institutionalisierung eines Erfahrungsaustausches und Einführung von Berichtspflichten verstärkt.[1975] An dem regelmäßigen Erfahrungsaustausch sind die berufsständischen Kammern und die Staatanwaltschaft gemäß §§ 81a Abs. 3, 197a Abs. 3 SGB V entsprechend zu beteiligen, wodurch deren Erfahrungen aus der berufs- und strafrechtlichen Verfolgung des Fehlverhaltens ebenfalls Berücksichtigung finden können.[1976] Hierdurch soll nicht nur ermittelt werden, inwieweit eine Pflicht zur Unterrichtung bei einem Anfangsverdacht besteht, sondern auch zur Erörterung und Klärung von zulässigen und unzulässigen Kooperationen im Rahmen der Behandlung des Patienten beigetragen werden.[1977] Die Folge soll eine bundesweit einheitlichere Vorgehensweise insgesamt und vor allem auch bei der Einschaltung der Staatsanwaltschaften sein.[1978]

Aufgrund der Gefahr der Einleitung eines Ermittlungsverfahrens bei Vorliegen eines Anfangsverdachtes ist eine Rückfrage daher nicht risikolos möglich, so dass die Einholung einer rechtlichen Einschätzung der Kassenärztlichen Vereinigung, der Krankenkasse, des Spitzenverbandes oder der Kassenärztlichen

---

1974 So im Ergebnis auch *Dannecker/Schröder* in: Kubiciel/Hoven, S. 68; *Dannecker/Schröder* in: NK-StGB § 299a Rn. 191; *Geiger,* CCZ 2016, 172, 174. Zur Frage inwiefern die Staatsanwaltschaft die beim Erfahrungsaustausch erlangten Informationen im Rahmen einer Anklage verwenden darf: *Schröder* in: Frewer/Bergemann/Jäger, S. 141 ff.

1975 BT-Drs. 18/6446, S. 14.

1976 BT-Drs. 18/6446, S. 24 f.

1977 *Hess* in: KassKomm, § 81a Rn. 11.

1978 *Dann/Scholz,* NJW 2016, 2077, 2080; *Kronawitter,* S. 251.

Bundesvereinigung einer unabhängigen Rechtsberatung nicht gleichstehen kann.[1979]

Insbesondere den Vorschriften der §§ 81a Abs. 5 S. 2 SGB V und 197a Abs. 5 SGB V und der darin zum Ausdruck kommenden Berichtspflicht auch bzgl. konkreter Fallbeispiele, wiederholt aufgetretener Fälle und sonstiger geeigneter Fälle[1980], wird eine besondere Rolle zuteil, da die Berichte im Internet veröffentlicht werden. In der Gesetzesbegründung wird hierzu ausgeführt, dass hiermit der Informationszweck verfolgt wird *„vereinzelte Strukturen der Leistungserbringung und Versorgung aufzudecken, die Fehlverhalten begünstigen können, und organisatorische Maßnahmen zu dessen Vermeidung zu entwickeln“*.[1981] Dadurch ist es allen Akteuren möglich, einen Befund zu Fehlverhalten im Gesundheitswesen zu erhalten und anhand der darin erlangten Erkenntnisse noch detaillierter und auch effektiver die erforderlichen Maßnahmen zur Vermeidung eines solchen Fehlverhaltens einzuleiten.[1982] Hierzu kann zumindest ein eingeschränkter Beitrag zur Beseitigung von Rechtsunsicherheiten geleistet werden, wenngleich hierdurch zweifelsohne nicht die umfassenden Compliancekonzepte und Beratungen durch Rechtsanwälte ersetzt werden können.

D. Ausblick und Folgen des Gesetzes

Die §§ 299a, 299b StGB stellen im Ergebnis und gemessen an den ihnen vorangegangenen Entwürfen eine solide Grundlage zur Bekämpfung von Korruption im Gesundheitswesen mit Mitteln des Strafrechts dar. Die Ausführungen zeigen aber auch, dass nach wie vor einige Aspekte um die neuen Tatbestände ungeklärt geblieben sind und daher abzuwarten bleibt, welche praktischen Folgen tatsächlich mit der Einführung der neuen Gesetze für den Gesundheitsmarkt verbunden sein werden.

1979 *Dannecker/Schröder* in: NK-StGB, § 299a Rn. 192; *Dannecker/Schröder* in: Kubiciel/Hoven, S. 68; *Geiger*, CCZ 2016, 172, 173 sieht die Gefahr begründet, dass die Krankenkassen künftig den Staatsanwaltschaften die Korruptionsfälle übermitteln werden.

1980 Hierzu zählen nach der Gesetzesbegründung auch Einzelfälle, die organisatorische Maßnahmen begründen können, wie beispielsweise Verhaltensweisen, die einen enormen Schaden mit sich brachten oder eine Wiederholung vermuten lassen, BT-Drs. 18/6446, S. 25.

1981 BT-Drs. 18/6446, S. 25.

1982 GKV-Spitzenverband, Stellungnahme 02.12.2015, S. 17.

Es bleibt zudem abzuwarten, ob die von *Kubiciel* erwartete Kritik von Seiten der Europäischen Kommission tatsächlich eintreten wird.[1983] *Kubiciel* befürchtet insbesondere einen Verstoß gegen Artikel 7 des Strafrechtsübereinkommens über Korruption des Europarates vom 27.01.1999, nach dem das Versprechen, Anbieten oder Gewähren eines ungerechtfertigten Vorteils als Gegenleistung dafür, dass eine Person in einem Unternehmen unter Verstoß gegen ihre Pflichten eine Handlung tätigt oder nicht tätigt, als Straftat zu erfassen ist, sowie gegen Art. 2 des Rahmenbeschlusses 2003/568/JI vom 22.07.2003 zur Bekämpfung von Bestechung im privaten Sektor.[1984] Er geht davon aus, dass die Streichung der Berufsrechtsvariante, die zur Folge hatte, dass nunmehr immer eine Wettbewerbslage vorliegen muss, und der faktische Ausschluss der Apotheker bei § 299a StGB aus europarechtlicher Sicht Anlass zur Kritik geben. Inwieweit durch die nunmehr erforderliche Wettbewerbslage tatsächlich Strafbarkeitslücken bestehen bleiben, wird zu großen Teilen auch von der Auslegung des Begriffes des Wettbewerbs abhängen; nimmt man entgegen der hier vertretenen Auffassung eine weite Auslegung des Wettbewerbsbegriffes vor, werden weitere wesentliche Konstellationen erfasst[1985] und eine Kritik nach europäischem Recht wird eher nicht zu erwarten sein. Zudem wurde aber ohnehin bereits ausgeführt, dass trotz des Bezugs zur Wettbewerbslage nicht von einem reinen Wettbewerbsrecht auszugehen ist und auch viele relevante Verhaltensweisen von den Tatbeständen erfasst werden.[1986] Es ist daher höchst zweifelhaft, ob der Tatbestand in dieser Hinsicht tatsächlich europarechtlich kritikwürdig ist; zumal

1983 *Kubiciel*, jurisPR-StrafR 11/2016, Anm. 1; einen Verstoß gegen Europarecht sieht auch begründet *Kronawitter*, S. 99 ff.; a.A. *Rönnau/Wegner* in: Achenbach/Ransiek/Rönnau, §§ 299a, 299b StGB Rn. 21; *Gaede* in: NK-WiStR, § 299a Rn. 30.

1984 *Kubiciel*, jurisPR-StrafR 11/2016, Anm. 1.

1985 3. Kapitel A. III. 1. b) cc) (1) (S. 296 ff.) u. 3. a) (S. 323 ff.). Es ist zudem fraglich, ob nicht nach Artikel 2 Abs. 3 des Rahmenbeschlusses 2003/568/JI vom 22.07.2003 noch eine Erklärung vorgenommen werden kann, nach der ein Mietgliedstaat erklärt, dass er nur Handlungen für strafbar erklärt, die sich auf den Wettbewerb auswirken. Nach Art. 2 Abs. 5 des Rahmenbeschlusses sollte Art. 2 rechtzeitig vor dem 22.07.2010 dahingehend geprüft werden, ob die Geltungsdauer der Erklärungen verlängert werden kann. Eine Fristverlängerung wurde offensichtlich nicht beschlossen, weswegen aber noch nicht auf eine Ablehnung geschlossen werden kann, *Kronawitter*, S. 96 m.w.N. Könnte Deutschland eine solche Erklärung abgeben, würde wegen der Voraussetzung der Wettbewerbslage zumindest ein Verstoß gegen Artikel 2 des Rahmenbeschlusses ausscheiden.

1986 Vgl. 3. Kapitel A. III. 4. (S. 327 ff.).

die Streichung der Berufsrechtsvariante unter verfassungsrechtlichen Gesichtspunkten zu begrüßen war.[1987]

Eher kritikwürdig erscheint der faktische Ausschluss der Apotheker aus dem Anwendungsbereich des § 299a StGB, der eine Strafbarkeitslücke entstehen lässt. Hier bleibt abzuwarten, wie erheblich sich der fehlende Anwendungsbereich des § 299a StGB im Endeffekt auswirken wird. Relevant ist insbesondere die Abgabe nicht verschreibungspflichtiger, aber apothekenpflichtiger Mittel, die der Apotheker unter eigener Beratung an die Patienten abgibt.[1988] De lege ferenda erscheint die Erfassung solcher Taten von den Tatbeständen aber zumindest nicht ausgeschlossen.[1989] Zudem können jedenfalls einzelne Kooperationen über § 299b StGB, die Beihilfe zu § 299a StGB oder ggf. hinsichtlich angestellter Apotheker über § 299 StGB erfasst werden.[1990]

Für die vielen Angehörigen der Heilberufsgruppen, die von den neuen Gesetzen betroffen sind, wird sich zukünftig jedoch einiges ändern – überwiegend wahrscheinlich dahingehend, dass das eigene Handeln und etwaige Kooperationen genauer hinterfragt und konkret geprüft werden.[1991] So wird man im Rahmen von Kooperationen miteinander und mit der Pharmaindustrie nicht mehr so unbeschwert agieren und die Strafbarkeit des Handelns genauer hinterfragen. Wurden bisher korrupte Verhaltensweisen nicht vom Bereich des Strafrechts erfasst, wird sich das künftig ändern und Kooperationen intensiver und extensiver von den Staatsanwälten verfolgt werden.[1992] Eine Geld- oder Freiheitsstrafe werden allerdings zumindest nur diejenigen erhalten, die sich außerhalb der einzuhaltenden Regeln und Gesetze bewegen und sich auf Kooperationen einlassen, die nicht hinreichend geregelt und deren strafrechtliche Erfassung unklar ist.[1993] Die mit einem Ermittlungsverfahren verbundenen und belastenden

---

1987 *Rönnau/Wegner* in: Achenbach/Ransiek/Rönnau, §§ 299a, 299b StGB Rn. 21.

1988 *Dannecker/Schröder* in: NK-StGB, § 299a Rn. 111 f.

1989 *Rönnau/Wegner* in: Achenbach/Ransiek/Rönnau, §§ 299a, 299b StGB Rn. 21 m.w.N. in Fn. 96.

1990 *Dannecker/Schröder* in: NK-StGB, § 299a Rn. 113; vgl. auch 2. Kapitel C. II. 5. c) (S. 236 ff.).

1991 *Andreschewski*, S. 295: Ein „Umdenken" werde „hoffentlich" mit der Einführung der Tatbestände einhergehen.

1992 *Kubiciel*, WiJ 2016, 1, 10. *Paßmann*, Der Gastroenterologe 2016, 47, 50: Beteiligungen an Kooperationen werden für alle Mitwirkenden mit Strafbarkeitsrisiken einhergehen.

1993 *Kubiciel*, WiJ 2016, 1, 10; *Heil/Oeben*, PharmR 2016, 217, 222 sehen ein Risiko hauptsächlich bei komplexeren Formen der Zusammenarbeit und weniger bei zweiseitigen Kooperationen.

Folgen für jeden Verdächtigen und sein Umfeld werden hierdurch jedoch nicht aufgehoben. Es sollte darauf geachtet werden, dass Kooperationen, die gemäß dem Berufs- und Sozialrecht erlaubt und gegebenenfalls sogar ausdrücklich gewünscht sind, auch nicht den Straftatbeständen unterfallen.[1994] Dies gebietet schon die Rechtsklarheit.

Wenn teilweise geäußert wird, es sei zu befürchten, dass Kooperationen und damit auch Innovationen unter Umständen nunmehr in einem geringeren Maße und Umfang erfolgen werden als bisher,[1995] ist diese Aussage anzuzweifeln. Wie bereits eingangs der Arbeit aufgezeigt, ist der Gesundheitsmarkt ein extrem umsatzstarker Markt, der ein starkes Wachstumspotential beinhaltet und die Unternehmen werden zwangsläufig zur Verfolgung ihrer Ziele und zur Erzielung von Gewinnen weiterhin Kooperationen eingehen und Forschung betreiben müssen.[1996] Es ist nicht ersichtlich, weshalb diese von solchen nunmehr Abstand nehmen sollten, wenngleich die Kooperationen in Zukunft wohl konkreter geregelt und einer umfassenderen juristischen Absicherung unterliegen werden, um die Überschreitung der Schwelle zur Strafbarkeit zu verhindern. Diese Folgen der neuen Tatbestände erscheinen aber durchaus gerechtfertigt, um die Legalität von Kooperationen sicherzustellen. Unzweifelhaft als legal einzustufende Handlungen im Zusammenhang mit Verordnungen und Kooperationen werden auch in Zukunft nicht strafbar sein.

In Bezug auf Kooperationen, die sich in einem dunkelgrauen Bereich bewegen, wird ein erhöhtes Risiko der Strafbarkeit nicht ohne weiteres auszuschließen sein. Dies erscheint aber deswegen vertretbar, da mit Korruption auch negative Folgen für Innovationen und Effizienz einhergehen. Kann man sich den Verkauf eigener Produkte erkaufen und muss sich nicht mittels Weiterentwicklungen oder weiterer Optimierungen der eigenen Leistungen oder Produkte gegen Konkurrenten durchsetzen, besteht die Gefahr, dass dies zu Lasten von Innovationen geht. Die Bestrebungen von Konkurrenten zur Verbesserung der

---

1994 *Geiger*, medstra, 2016, 9, 16; *Schneider/Kaltenhäuser,* medstra 2015, 24, 27; *Dann/Scholz*, NJW 2016, 2077, 2080.

1995 So *Grzesiek/Sauerwein*, NZWiSt 2016, 369, 372.

1996 Die Zusammenarbeit zwischen Industrie und Ärzten sowie medizinischen Einrichtungen erscheint erforderlich, da die einen über das Kapital und das erforderliche Equipment verfügen und die anderen über das fachliche Wissen, *Bauer* in: FS Oberender, S. 635. Vgl. zur Vielzahl der angemeldeten neuen Produkte und auch der dahingehenden Kritik, dass es sich hierbei nicht immer um tatsächliche medizinische Innovationen handle, *Windt/Boeschen/Glaeske*, S. 26, 131 bzw. *Schönhöfer* in: Arnim, S. 54 f.

eigenen Produkte und der Schaffung von Produkten, die diejenigen der Konkurrenz an Wirkung, Vermeidung von Nebenwirkungen und im Rahmen der Preisgestaltung im positiven Sinne übertreffen, sorgen gerade für Innovationen. Das Interesse der Gesellschaft an eindeutig legalen Kooperationen sollte daher grundsätzlich überwiegen, weshalb die Distanzierung des Gesetzgebers von zweifelhaften Kooperationen sinnvoll erscheint. Das gesellschaftliche Interesse wird in der Existenz korruptionsfreier Kooperationen zu sehen sein, da hiermit Qualität und Fortschritt eher sichergestellt werden, als durch Kooperationen, die sich im Bereich der Korruption bewegen.

Empfehlenswert erscheint es dennoch, bei unbekannten Formen der Kooperation nicht unreflektiert ein Ermittlungsverfahren einzuleiten, sondern vielmehr danach zu entscheiden, ob ein Verhalten mit vertretbarer Argumentation noch als lauter eigestuft werden kann.[1997] Um eine *„Überkriminalisierung“* zu verhindern, ist es unabdingbar, dass Staatsanwaltschaft und auch Strafrichter von zu schnellen Entscheidungen absehen und eine hinreichende Auswertung der Indizien vornehmen.[1998] Zudem wird man sich auch verstärkt an den Vorgaben des Primärrechts zu orientieren haben.[1999] Ist eine Kooperationsform nicht eindeutig nach dem Berufs- oder Sozialrecht zulässig, erscheint es sinnvoll, auch zu berücksichtigen, ob die Zusammenarbeit zumindest weitestgehend einer zulässigen Form der Kooperation zuzuordnen ist.[2000]

Kubiciel zieht dabei eine Parallele zur Untreue, bei der ein Verhalten, das nicht im Gesundheitsrecht geregelt wird, nur dann strafbar ist, wenn es im Rahmen einer Orientierung an den im Gesundheitsrecht geltenden Richtlinien *„eindeutig unvertretbar und evident strafwürdig ist“*.[2001] Ziel der Rechtsprechung zur Untreue war es, eine Vorhersehbarkeit strafbaren Verhaltens zu schaffen und unter verfassungsrechtlichen Gesichtspunkten eine Beschränkung der Strafbarkeit auf eindeutige Fälle vorzunehmen, so dass die Normadressaten weitestgehend Klarheit dahingehend haben, wann sie sich in einen strafbaren Bereich begeben.[2002] Auch für die Bestimmung „eindeutig unvertretbaren“ oder „evident strafwürdigen“ Verhaltens ist es jedoch erforderlich, dass geeignete dogmatische

1997 *Dann/Scholz*, NJW 2016, 2077, 2080.
1998 *Dann/Scholz*, NJW 2016, 2077, 2080.
1999 *Dann/Scholz*, NJW 2016, 2077, 2080.
2000 *Kubiciel*, WiJ 2016, 1, 11.
2001 *Kubiciel*, WiJ 2016, 1, 11 unter Verweis auf die Rechtsprechung zur Untreue, vgl. zu dieser Rspr. bereits 2. Kapitel A. II. 1. b) dd) (2) (f) (S. 147 ff.).
2002 Vgl. hierzu bereits 2. Kapitel A. II. 1. b) dd) (2) (f) (S. 147 ff.).

Mittel entwickelt bzw. angewendet werden und Fallgruppen geschaffen werden, die eine Vorhersehbarkeit strafbaren Verhaltens ermöglichen.[2003] Denn solche zusätzlichen Kriterien, die gerade keinen ausdrücklichen Niederschlag im Wortlaut der Normen finden, dürfen nicht mit weiteren Unsicherheiten für die Normadressaten einhergehen.

Im Gegensatz zur Untreue müssen bei den §§ 299a, 299b StGB durch die Anwendung der Tatbestände und durch die Rechtsprechung erst noch einzelne Fallgruppen zur Aufgliederung der Konstellationen gebildet werden, um tatsächlich eine Verbesserung der Vorhersehbarkeit strafbaren Verhaltens für gesundheitsrechtlich unklare Kooperationen erlangen zu können. Eine unklare Rechtslage darf aber in jedem Falle nicht zu Lasten des Normadressaten gehen.[2004]

Es stellt sich zudem die Frage, wie solche Fälle, in denen eine unklare Rechtslage vorliegt, rechtsdogmatisch zu behandeln sind. In diesen Fällen von einem unvermeidbaren Verbotsirrtum auszugehen,[2005] erscheint zweifelhaft, da das fehlende Vorliegen einer eindeutigen Rechtslage grundsätzlich „*kein Problem der subjektiven Vorwerfbarkeit*“ darstellt.[2006] Ist bereits objektiv nicht eindeutig geklärt, wann ein strafbares Verhalten vorliegt, kann darüber grundsätzlich auch kein Irrtum vorliegen, da dies keine unzureichende subjektive Leistung ist.[2007] Die mangelnde Rechtklarheit ist ein Aspekt, der dem Gesetzgeber zuzurechnen, weswegen denjenigen zuzustimmen ist, die diese Problematik auf der objektiven Tatbestandsebene lösen möchten.[2008] Es muss grundsätzlich aus der ex-ante Sicht erkennbar sein, wann ein unvertretbares Verhalten vorliegt bzw. wann das Risiko für ein strafbares Verhalten besteht.[2009] Eine weitere Präzisierung hinsichtlich des Auslegungsbereiches in Bezug auf noch unklare Bereiche ist, wie bereits erwähnt, von der Rechtsprechung vorzunehmen. Solange die Rechtsprechung für solche unklaren Fälle jedoch noch nicht vorliegt, ist grundsätzlich, wenn eine Erkennbarkeit strafbaren Verhaltens unter Berücksichtigung sämtlicher Indizien ausscheidet, eine Strafbarkeit abzulehnen.[2010] Auch wenn man

---

2003 Vgl. allgemein auch die Ausführungen des Bundesverfassungsgerichtes in BVerfGE 126, 170 ff.

2004 *Lenckner*, JuS 1968, 304, 308; *Cornelius*, GA 2015, 101 und 109.

2005 So beispielsweise BGH NJW 2007, 3078, 3079.

2006 *Cornelius*, GA 2015, 101.

2007 *Cornelius*, GA 2015, 101, 108 f.

2008 *Lenckner*, JuS 1968, 304, 308; *Cornelius*, GA 2015, 101, 109 ff. m.w.N.

2009 Vgl. hierzu bereits 2. Kapitel C. II. 3. c) bb) (2) (S. 224 ff.).

2010 *Cornelius*, GA 2015, 101, 119.

daher in unklaren Fällen eine Strafbarkeit nur bei evident strafbarem Verhalten annehmen möchte, bedarf es hierfür einer weiteren Präzisierung durch die Rechtsprechung, da ansonsten weitere Unklarheiten geschaffen werden.

Im Ergebnis bleibt aber zunächst abzuwarten, wie restriktiv oder weit die Strafverfolgungsbehörden die Tatbestandsmerkmale in der Praxis nunmehr tatsächlich auslegen werden,[2011] oder um es mit den Worten von *Geiger* zu beschreiben: *„Nun wird das Ringen um die sach- und systemgerechte Auslegung der Straftatbestände durch die Strafjustiz beginnen."*[2012]

E. Zusammenfassung

Der bezweckte und auch notwendige Vertrauensschutz, der für das Funktionieren des Gesundheitssystems und dessen Ziel, die Gesundheit der Bürger zu schützen, zwingend erforderlich ist und am besten wohl durch den Schutz der Sachgerechtigkeit der Berufsausübung erzielt wird, wird durch die Ausgestaltung der Tatbestände nach hier vertretener Auffassung nicht vollumfänglich garantiert werden können.[2013] Zwar lässt sich die Ausgestaltung und Verortung der Normen im Grundsatz mit dem verfolgten doppelten Rechtsgüterschutz vereinbaren.[2014] Jedoch steht zu befürchten, dass sich bei der Anwendung der Tatbestände auch weiterhin Schutzlücken ergeben.[2015] Dies ergibt sich aus dem faktischen Ausschluss der Apotheker aus dem Tatbestand und vor allem aus der zum Ende des Gesetzgebungsverfahrens abrupten und ersatzlosen Streichung der Vertrauensbruchvariante und der daraus resultierenden Folge, dass aufgrund des Festhaltens am Wettbewerbsmodell das strafbare Verhalten auf jeden Fall einen Wettbewerbsbezug aufweisen muss.[2016] Ursprüngliches Ziel des Gesetzgebers und der Grund für die Schaffung der Gesetze war jedoch der Schutz des Patientenvertrauens in eine sachgerechte Berufsausübung der Heilberufsangehörigen. Nunmehr kommt dieser Schutz im Tatbestand durch die Wahl des

2011 *Süße/Püschel,* Newsdienst Compliance 2016, 71001 entnehmen den teilweise vorgenommenen personellen Aufstockungen und dem Agieren der Verfolgungsbehörden vor der Gesetzesänderung bereits den Anschein, dass keine restriktive Handhabung erfolgen wird.

2012 *Geiger,* CCZ 2016, 172, 176 plädiert aber zudem für eine Schaffung von Schwerpunktstaatsanwaltschaften, die gesundheitsrechtlich spezialisiert sind.

2013 Vgl. 3. Kapitel A. III. 3. (S. 322 ff.) und 4. (S. 327 ff.).

2014 Vgl. 3. Kapitel A. I. 3. c) (S. 281 ff.).

2015 Vgl. 3. Kapitel A. III. 1. b) cc) (1) (S. 296 ff.) und 3. (S. 322 ff.).

2016 Vgl. 3. Kapitel A. III. 3. (S. 322 ff.).

Wettbewerbsmodells zumindest nicht mehr unmittelbar zum Ausdruck, sondern vielmehr der Schutz des Wettbewerbs bzw. des Marktes des Gesundheitswesens, der durch das Gesundheitsrecht konstruiert wird, und damit auch der Pharmaunternehmen vor ungerechtfertigter Benachteiligung.[2017]

Festzuhalten ist zudem, dass trotz Streichung der Vertrauensbruchvariante die Probleme hinsichtlich der Heranziehung des Primärrechtes für den Tatbestand nicht beseitigt wurden, da es weiterhin für die Auslegung des Tatbestandsmerkmals der Unlauterkeit wesentlich ist. Insgesamt können die Normadressaten dem Tatbestand aber entnehmen, unter welchen grundsätzlichen Voraussetzungen ein Verhalten den straffreien Bereich verlässt, und er erscheint unter verfassungsrechtlichen Gesichtspunkten zumindest nicht schwerwiegenden Bedenken zu begegnen. Die nunmehr verbleibenden Unsicherheiten hinsichtlich der Reichweite und des Anwendungsbereichs der Norm können durch die Rechtsprechung durch Konkretisierungen geschlossen werden.[2018] Verbleiben trotz des Erlasses eines Strafgesetzes weiterhin Lücken hinsichtlich der zu schützenden Rechtsgüter, obliegt es dem Gesetzgeber, *„zu entscheiden, ob er die Strafbarkeitslücke bestehen lassen oder durch eine neue Regelung schließen will.“*[2019] Es ist seine Aufgabe festzulegen, welches Verhalten unter Zugrundelegung der jeweiligen Lage strafbar sein soll. Die staatlichen Schutzpflichten richten sich primär an den Gesetzgeber und bedürfen des Schutzes durch Gesetze.[2020]

2017 Vgl. 3. Kapitel A. III. 4. (S. 327 ff.).

2018 Vgl. zum Präzisierungsgebot allgemein auch die Ausführungen des Bundesverfassungsgerichtes in BVerfGE 126, 170, 198.

2019 BVerfG, NJW 2010, 754, 755 unter Verweis auf: BVerfGE 71, 108, 114 ff, NJW 1986, 1671; BVerfGE 73, 206, 234 ff., NJW 1987, 43; BVerfGE 92, 1, 11 ff., NJW 1995, 1141; BVerfGE 105, 135, 157, NJW 2002, 1779. Dafür, dass die zuständigen Gerichte für Strafsachen der Aufgabe der Verbesserung der Bestimmtheit der Tatbestandsmerkmale durch eine verbindliche Rechtsprechung besser gerecht werden können als der Gesetzgeber durch einzelne Nachbesserungen, *Dannecker/Schröder* in: NK-StGB, § 299a Rn. 229.

2020 BVerfGE 39, 1, 44; 88, 203, 254; 117, 202, 226 f; 125, 39, 78.

Schlussbetrachtung: Zusammenfassung der wesentlichen Ergebnisse

Nachfolgend werden die wesentlichen Ergebnisse der vorliegenden Untersuchung kurz zusammengefasst.

Für Korruption im Gesundheitswesen lässt sich die Existenz einer allgemein verbindlichen Definition nicht feststellen. Aufgrund der erfolgten Analyse kann Korruption im Gesundheitswesen aber zusammengefasst definiert werden, als *die Verknüpfung eines Vorteils mit der Ausübung übertragener Entscheidungsmacht für eine öffentliche oder private Institution zwischen Vorteilsgeber und Vorteilsnehmer, wobei die mit der Übertragung der Entscheidungsmacht zugeteilte Rolle ebenso wie die damit verbundenen und zu verfolgenden Interessen für die Institution für die Verwirklichung von eigenen Interessen an dem Vorteil durch ein Tun oder Unterlassen vernachlässigt werden bzw. werden sollen und somit eine unsachgerechte Wahrnehmung der übertragenen Position erfolgt.*[2021]

Der Gesundheitsmarkt ist ein Markt, der aufgrund seiner strukturellen Besonderheiten, insbesondere der dort vorherrschenden starken Reglementierung und vielfach auftretender Intransparenz bedingt durch diese Reglementierungen und eine Vielzahl beteiligter Akteure sowie einer enormen Informationsasymmetrie, durchaus zahlreiche Anreize für ein solch korruptives Verhalten schafft.[2022] Auf diesem Markt nimmt der Vertragsarzt eine Stellung ein, die ihn aufgrund seiner Machtposition, die er zum einen aufgrund seines überlegenen Wissens und zum anderen aufgrund seiner zentralen Stellung und der damit einhergehenden umfassenden Entscheidungskompetenzen im Verordnungssystem einnimmt, besonders in den Fokus korruptiver Beeinflussungen rückt.[2023] Der Arzt übt seine Tätigkeit trotz Zulassung als Vertragsarzt und den damit einhergehenden Rechten und Pflichten im Rahmen eines freien Berufes aus. Im Rahmen der Verordnungstätigkeit nimmt er keine Vertreterstellung für die gesetzlichen Krankenkassen ein und schließt somit auch entgegen der lange Zeit vom BSG und BGH verfolgten Vertretertheorie keine Verträge als Vertreter der gesetzlichen Krankenkassen mit den Apotheken zugunsten des Patienten

2021 Vgl. hierzu ausführlich 1. Kapitel, A. I. 3. (S. 18 ff.).

2022 Vgl. 1. Kapitel B. I.-VI. (S. 30 ff.).

2023 Vgl. 1. Kapitel B. VI. (S. 46 ff.), insbesondere 3. (S. 58 ff.) und 4. (S. 74 f.).

ab. Der Zahlungsanspruch der Apotheken gegen die Krankenkassen ergibt sich vielmehr bereits aus dem SGB V.[2024] Dies und auch das Wirtschaftlichkeitsgebot sowie weitere Regelungen, denen der Arzt bei der vertragsärztlichen Behandlung unterliegt, ändern jedoch nichts daran, dass der Vertragsarzt nach wie vor eine zentrale Stellung bei den Verordnungen einnimmt, weswegen die unzulässigen Einwirkungen auf diesen mannigfaltig sind.[2025] Diese kriminogenen Faktoren des Gesundheitswesens tragen im Ergebnis zu einer Rechtfertigung der Entscheidung zur Einführung der §§ 299a, 299b StGB bei.

Nachdem lange Zeit umstritten war, wie korruptive Verhaltensweisen im Rahmen der Verordnungstätigkeit des Vertragsarztes nach dem StGB zu ahnden sind,[2026] hat der Große Senat – im Ergebnis zu Recht – am 29.03.2012 entschieden, dass der Vertragsarzt weder Beauftragter im Sinne des § 299 StGB a.F. noch Amtsträger nach § 11 Abs. 1 Nr. 2 lit. c StGB ist.[2027] Im Rahmen einer solch weitreichenden Entscheidung wäre eine umfassendere Auseinandersetzung mit den wesentlichen Argumenten des zuvor jahrelang bestehenden Rechtsstreites wünschenswert gewesen.[2028] Es ist davon auszugehen, dass diese Entscheidung nicht nur für die ihr zugrundeliegende Verordnungstätigkeit von Arzneimitteln gilt, sondern auch für die weiteren Verordnungen des Vertragsarztes.[2029] Des Weiteren beinhaltet die Entscheidung des Großen Senats nach der hier vertretenen Ansicht aber keine weiteren Einflüsse insbesondere auf die Untreue- und die Betrugsstrafbarkeit in diesem Zusammenhang. Die Annahme der Vermögensbetreuungspflicht ist trotz dieser Entscheidung und auch trotz Aufgabe der Vertretertheorie weiterhin als grundsätzlich gerechtfertigt anzusehen, da der Vertragsarzt wesentlich mit seinen Verordnungen auf das Vermögen der gesetzlichen Krankenkassen Einfluss nimmt. Die Vermögensbetreuungspflicht ist insbesondere nicht deswegen zu verneinen, weil der Vertragsarzt in erster Linie die Behandlung des Patienten wahrnimmt und hierbei dem Wirtschaftlichkeitsgebot unterworfen ist. Ausreichend ist, dass der Vertragsarzt auch die Vermögensinteressen der gesetzlichen Krankenkassen wahrnimmt und hierbei

---

2024 Vgl. zur Aufgabe der Vertretertheorie insbesondere 1. Kapitel B. VI. 3. b) (S. 68 ff.).

2025 Vgl. zu den möglichen Einwirkungsformen bei der Verordnungstätigkeit 1. Kapitel A. II. 2. (S. 21 ff.).

2026 Vgl. zum Meinungsstreit vor dem Beschluss des Großen Senats 2. Kapitel A. I. 1. (S. 79 ff.).

2027 Vgl. zur Darstellung der Entscheidungsgründe 2. Kapitel A. I. 2. d) (S. 111 ff.).

2028 Vgl. zu dieser Kritik 2. Kapitel A. I. 2. d) cc) (S. 116 ff.).

2029 Vgl. hierzu 2. Kapitel A. I. 2. d) dd) (S. 123 ff.).

selbstständig agiert.[2030] Dennoch können die Tatbestände der §§ 263, 266 StGB die wesentlichen korruptiven Sachverhalte im Zusammenhang mit der Verordnungstätigkeit des Vertragsarztes nicht hinreichend erfassen. Diese Vermögenstatbestände erscheinen nicht geeignet, das korruptive Unrecht hinreichend zu erfassen, da sie immer einen Vermögensschaden voraussetzen, der bei Korruption jedoch nicht zwangsläufig vorliegen muss.[2031]

Die sich an den Beschluss des Großen Senats anschließende Entscheidung des Gesetzgebers zur Schaffung neuer Tatbestände im StGB zur Bekämpfung von Korruption im Gesundheitswesen war daher grundsätzlich zu begrüßen. Die Entscheidung erscheint insbesondere auch dadurch gerechtfertigt zu sein, dass das bestehende Berufs- und Sozialrecht insbesondere keine umfassende Erfassung der korruptiven Sachverhalte und der an diesen Beteiligten ermöglicht, erforderliche Ermittlungsmaßnahmen nur eingeschränkt vorhanden sind und der soziale Unwert korruptiver Verhaltensweisen nur unzureichend zum Ausdruck gebracht wird.[2032] Die Initiativen zur Selbstregulierung der Gesundheitsbranche sind zwar grundsätzlich zu befürworten, vermögen aber korruptive Sachverhalte auch nicht in der erforderlichen Effektivität einzudämmen.[2033] Aufgrund der enormen Bedeutung des Gesundheitswesens und der möglichen schwerwiegenden Folgen unsachgerechter Entscheidungen im Gesundheitswesen tragen auch weitere kriminalpolitische Gesichtspunkte die Entscheidung des Gesetzgebers.[2034] Der Entschluss ist in verfassungsrechtlicher Hinsicht nicht zu beanstanden und führt im Ergebnis zu keiner ungerechtfertigten Ungleichbehandlung im Verhältnis zu anderen freien Berufen.[2035]

Von seinem ursprünglichen Ziel – der Schaffung eines Tatbestandes zur Bekämpfung von Korruption auf dem Gesundheitsmarkt und dem umfassenden Schutz des Patientenvertrauens – hat sich der Gesetzgeber am Ende des Gesetzgebungsverfahrens zumindest teilweise durch die ersatzlose Streichung der Vertrauensbruchvariante und das Festhalten allein am Wettbewerbsmodell entfernt. Die Streichung der Vertrauensbruchvariante war in ihrer zuletzt bestehenden Fassung im Gesetzesentwurf zwar im Ergebnis unter verfassungsrechtlichen

2030 Vgl. zur Annahme der Vermögensbetreuungspflicht 2. Kapitel A. II. 1. b) dd) (2) (S. 137 ff.).

2031 Vgl. zur mangelnden Erfassung korruptiver Sachverhalte durch die §§ 263, 266 StGB 2. Kapitel A. II. 1. c) (S. 152 ff.) und 2. (S. 159 ff.), III. (S. 172 f.).

2032 Vgl. 2. Kapitel B. II. 1. b) bb) (2) (b) (S. 184 ff.) und (4) (S. 192).

2033 Vgl. 2. Kapitel B. II. 1. b) bb) (3) (b) (S. 188 ff.) und (4) (S. 192).

2034 Vgl. zu der kriminalpolitischen Rechtfertigung 2. Kapitel B. II. 2. (S. 196 ff.).

2035 Vgl. hierzu 2. Kapitel B. II. 1. (S. 177 ff.) insbes. b) (S. 180 ff.) und c) (S. 193 ff.).

Gesichtspunkten zu begrüßen,[2036] jedoch ist nunmehr in jedem Falle eine Anknüpfung an ein Verhalten *im Wettbewerb* erforderlich, was zur Folge haben kann, dass je nach Auslegung der einzelnen Tatbestandsmerkmale zumindest nach der hier vertretenen Auffassung Schutzlücken bei korruptiven Sachverhalten ohne Wettbewerbsbezug bestehen bleiben können.[2037]

Die Verortung von Normen zur Bekämpfung der Korruption im Gesundheitswesen erscheint zudem anhand der grundsätzlich verfolgten gesetzgeberischen Ziele systematisch nicht sachgerecht; eine Verortung eines alternativen Regelungsmodells in Form eines § 356a StGB im 30. Abschnitt des StGB wäre diesem Ziel wesentlich gerechter geworden.[2038] Dennoch ist die Verfolgung des doppelten Rechtsgüterschutzes trotz der Ausgestaltung der Tatbestände weiter zu bejahen.[2039] Der Vertrauensschutz stellt hierbei aufgrund der essentiellen Bedeutung des Vertrauens für die Beziehung zwischen Arzt und Patient ein grundsätzlich schützenswertes Rechtsgut dar, dessen Schutz insbesondere über die sachgerechte Wahrnehmung der Berufsausübung durch die Heilberufsangehörigen erzielt wird.[2040]

Anlass zur Kritik bieten die Gesetze insbesondere aufgrund des faktischen Ausschlusses der Apotheker aus dem Tatbestand. Die Erweiterung auf die Gesundheitsfachberufe erscheint dagegen im Ergebnis zumindest vertretbar.[2041] Festzuhalten ist, dass die Streichung der Vertrauensbruchvariante im Endeffekt wohl nicht den gewünschten Mehrwert in der Hinsicht gebracht hat, dass dem Primärrecht des Gesundheitswesens weiterhin über die Auslegung des Tatbestandsmerkmals der Unlauterkeit eine wesentliche Bedeutung für die Feststellung der Strafbarkeit zukommen wird. Damit bleiben auch die hiermit verbundenen und im Rahmen der Vertrauensbruchvariante kritisierten Schwierigkeiten, insbesondere aufgrund der unterschiedlichen Ausgestaltung des Berufsrechts, der fehlenden Existenz des Berufsrechts in manchen Berufsgruppen und ggf. der Frage danach, welche Regelung zur Auslegung heranzuziehen sind, vorhanden.[2042] Die Tatbestände erscheinen aber dennoch den verfassungsrechtlichen Anforderungen gerecht zu werden, da insbesondere die wesentlichen Merkmale strafbaren

2036 Vgl. 2. Kapitel C. II. 3. c) bb) (S. 221 ff.).
2037 Vgl. zu möglichen Schutzlücken 3. Kapitel A. III. 3. (S. 322 ff.).
2038 Vgl. hierzu 3. Kapitel A. III. 5. (S. 334 ff.).
2039 Vgl. hierzu 3. Kapitel A. I. 3. c) (S. 281 ff.).
2040 Vgl. hierzu 3. Kapitel A. I. 2. b) cc) (3) (S. 269 ff.).
2041 Vgl. zum Täterkreis des § 299a StGB 3. Kapitel A. III. 1. a) (S. 285 ff.).
2042 Vgl. 3. Kapitel A. III. 1. b) cc) (2) (b) und (c) (S. 302 ff.) sowie 4. (S. 327 ff.).

Verhaltens hinreichend bestimmt im Tatbestand selbst widergegeben werden. Etwaige Präzisierungen sind nunmehr von den Gerichten vorzunehmen; diese haben den Tatbeständen nach und nach die noch erforderlichen Konturen zu verschaffen.[2043] Damit sind die Tatbestände im Ergebnis dazu geeignet, Korruptionsunrecht in weiten Teilen zu erfassen und so einen Beitrag zur Eindämmung von Korruption im Gesundheitswesen zu leisten.

Wünschenswert wäre allerdings gleichwohl ein Tatbestand gewesen, der sich auf die Besonderheiten des Gesundheitsmarktes und insbesondere den Vertrauensschutz des Patienten konzentriert. Der neue Tatbestand ist § 299 StGB nachgebildet und schafft in seiner derzeitigen Fassung zumindest keinen umfassenden Schutz des Vertrauens der Patienten. So finden der Vertrauensschutz und dessen Schutz in vielen Vorschriften ihren Niederschlag und bildet auch die maßgebliche Grundlage der der medizinischen Tätigkeit zugrundeliegenden ethischen Grundsätze und des Berufsrechts. Auch der Große Senat hat in seiner Entscheidung das Vertrauensverhältnis zwischen Arzt und Patient durchgehend in den Vordergrund gestellt.[2044] Zudem ist der Gesundheitsmarkt kein klassischer freier Markt, sondern ein Markt, der stark reguliert wird und daher viele Besonderheiten aufweist.[2045] Das wesentliche Schutzziel, das dem Staat auch aufgrund seiner Verpflichtung zum Schutz der Gesundheit und des Lebens der Menschen obliegt, nämlich die Schaffung eines Tatbestandes zum Schutz der Unabhängigkeit der heilberuflichen Entscheidungen, wurde daher nicht vollumfänglich erreicht. Dennoch sind die §§ 299a, 299b StGB eine solide Arbeitsgrundlage, auf der die Rspr. nun aufbauen kann.

Der Vertrauensschutz der Patienten ist in erheblicher Weise bedeutsam für eine erfolgreiche Behandlung und damit auch für den Schutz des existenziellen Guts der Gesundheit. Bereits ein unterlassener Arztbesuch kann über das Leben einzelner Personen entscheiden. Daher ist es die Verpflichtung des Staates, für einen Schutz des Vertrauensverhältnisses zu sorgen. Inwiefern ein solcher Schutz aufgrund der momentanen konkreten Ausgestaltung und die dennoch bestehenden Strafbarkeitslücken derzeit wirklich gewährleistet werden kann, ist allerdings sehr fraglich und bleibt abzuwarten. Insoweit hat auch der Bundesrat seine Bedenken geäußert und die Bundesregierung darum gebeten mit wachsamen Augen „*zu beobachten, ob zukünftig in der Praxis [...] Strafverfolgungslücken in einem Umfang auftreten, der geeignet ist, das Vertrauen der Patienten in das*

2043 Vgl. 3. Kapitel A. III. 4. (S. 327 ff.).

2044 Vgl. zur Bedeutung des Vertrauensschutzes 3. Kapitel A. I. 2. (S. 246 ff.).

2045 Vgl. hierzu 3. Kapitel A. I. 1. (S. 243 ff.).

Gesundheitssystem zu beeinträchtigen. Sollte dies der Fall sein, müssten die notwendigen gesetzlichen Änderungen im Sinne dieser Entschließung vorgenommen werden".[2046] Dem ist uneingeschränkt zuzustimmen, da der Patient davon ausgehen können muss, dass der Arzt sich bei der Behandlung einzig und allein an seinem Wohle orientiert. „*Nur so kann zwischen Patient und Arzt jenes Vertrauen entstehen, das zu den Grundvoraussetzungen ärztlichen Wirkens zählt, weil es die Chancen der Heilung vergrößert und damit – im Ganzen gesehen – der Aufrechterhaltung einer leistungsfähigen Gesundheitsfürsorge dient.*"[2047]

2046 BR-Drucks. 181/16(Beschluss), S. 2.
2047 BVerfG NJW 1972, 1123, 1124; BVerfGE 44 353, 372 f.

Literaturverzeichnis

Achenbach, Hans/Ransiek, Andreas/ Rönnau, Thomas (Hrsg.), Handbuch Wirtschaftsstrafrecht, 5. Auflage, Heidelberg 2019 (zitiert: *Bearbeiter* in: Achenbach/Ransiek/Rönnau)

Adamski, Vivien, Die gesetzliche Konzeption der Bestechungsdelikte. Zugleich ein Vorschlag für eine künftige Fassung der §§ 331 ff. StGB, Frankfurt 2012 (zitiert: *Adamski*)

Ahlf, Ernst-Heinrich, Zum Korruptionsbegriff, Versuch einer Annäherung, in: Kriminalistik Jhrg. 50, 1996, S. 154 – 157 (zitiert: *Ahlf*)

Aldenhoff, Hans-Hermann/Valluet Susanne, Entwurf des BMJV zur Korruption im Gesundheitswesen (§299a StGB), medstra 04/2015, S. 195 – 199

Alemann, Ulrich von, Politische Korruption: Ein Wegweiser zum Stand der Forschung, in Ulrich von Alemann (Hrsg.), Dimensionen politischer Korruption, Wiesbaden 2005, S. 13 – 49 (zitiert: *Alemann* in: Alemann)

Amelung, Knut, Der Begriff des Rechtsguts in der Lehre vom strafrechtlichen Rechtsgüterschutz, in: Roland Hefendehl/Andrew von Hirsch/Wolfgang Wohlers (Hrsg.), Die Rechtgutstheorie, Legitimationsbasis des Strafrechts oder dogmatisches Glasperlenspiel?, Baden-Baden 2003, S. 155 – 182 (zitiert: *Amelung* in: Hefendehl/v. Hirsch/Wohlers)

Anastasopoulou, Ionnan, Deliktstypen zum Schutz kollektiver Rechtsgüter, München 2005 (zitiert: *Anastasopoulou*)

Andreschewski, Manja, Der Weg zur Bestechung und Bestechlichkeit im Gesundheitswesen, Hamburg 2018 (zitiert: *Andreschewski*)

Appel, Ivo, Verfassung und Strafe, Zu den verfassungsrechtlichen Grenzen staatlichen Strafens, Berlin 1998, (zitiert: *Appel*)

Axer, Peter, Zur demokratischen Legitimation in der gemeinsamen Selbstverwaltung – dargestellt am Beispiel des Bundesausschusses der Ärzte und Krankenkassen, in: Friedrich E. Schnapp.(Hrsg.), Funktionale Selbstverwaltung und Demokratieprinzip – am Beispiel der Sozialversicherung, Frankfurt a. M. 2001, S. 115 – 149 (zitiert: *Axer* in: Schnapp)

Axer, Peter, Arzneimittelversorgung in der gesetzlichen Krankenversicherung durch Apotheken – Zum Vertragsrecht nach § 129 SGB V, in: Hermann Butzer/Markus Kaltenborn/Wolfgang Meyer (Hrsg.), Festschrift für Friedrich E. Schnapp zum 70. Geburtstag – Organisation und Verfahren im sozialen Rechtsstaat, Berlin 2008, S. 349 – 366 (zitiert: *Axer* in: FS Schnapp)

Badle, Alexander, Betrug und Korruption im Gesundheitswesen, NJW 2008, S. 1028 – 1033

Badle, Alexander, Wie viel Strafrecht braucht der deutsche Gesundheitsmarkt? – Erfahrungen aus der staatsanwaltschaftlichen Praxis, in: Gunnar Duttge (Hrsg.), Tatort Gesundheitsmarkt – Rechtswirklichkeit – Strafwürdigkeit – Prävention, Band 20 der „Göttinger Studien zu den Kriminalwissenschaften" im Universitätsverlag, Göttingen 2011 (zitiert: *Badle* in: Duttge)

Badle, Alexander, § 299a StGB – Eine Prognose aus Sicht der Strafverfolgung, medstra 2015, S. 139 – 142

Badle, Alexander, Übertriebene Erwartungen an einen Straftatbestand der Bestechlichkeit und Bestechung im Gesundheitswesen, medstra 2015, S. 2 – 4

Badle, Alexander, Das Gesetz zur Bekämpfung von Korruption im Gesundheitswesen – ein ernstes Zwischenfazit aus der staatsanwaltschaftlichen Praxis, medstra 2017, S. 1 – 2

Bahner, Beate, Gesetz zur Bekämpfung von Korruption im Gesundheitswesen, Das Praxishandbuch, Heidelberg 2017 (zitiert: *Bahner*)

Bahner, Beate,/Bechtler, Oliver/Hartmannsgruber, Karl/Piltz, Mareike/Schulz-Hildebrand, Rita, Kooperation oder Korruption? – Würzburger Erklärung zur Angemessenheit der ärztlichen Vergütung innerhalb von medizinischen Kooperationen, medstra 2016 , S. 343 – 354

Ballhausen, Benedikt, Das arztrechtliche System als Grenze der arbeitsteiligen Medizin – zugleich ein Beitrag zur privatrechtsdogmatischen Integration des Arztrechts, in: Göttinger Schriften zum Medizinrecht, Band 14, Universitätsverlag Göttingen 2013 (zitiert: *Ballhausen*)

Bannenberg, Britta/Schaupensteiner, Wolfgang, Korruption in Deutschland, Portrait einer Wachstumsbranche, 3. Auflage, München 2007 (zitiert: *Bannenberg/Schaupensteiner*)

Bauer Hartwig, Kooperation zwischen Ärzten und Industrie: Der Umgang mit Interessenkonflikten, in: Georg Rüter/Patrick Da-Cruz/Philipp Schwegel (Hrsg.), Gesundheitsökonomie und Wirtschaftspolitik - Festschrift zum 70. Geburtstag von Prof. Dr. Dr. h. c. Peter Oberender, Stuttgart 2011, S. 633 – 646 (zitiert: *Bauer* in: FS Oberender)

Baumann, Jürgen, Zur Problematik des Bestechungstatbestände, BB 1961, S. 1057 – 1067

Bausback, Winfried, Bestechlichkeit und Bestechung im Gesundheitswesen, in: Michael Kubiciel/Elisa Hoven (Hrsg.), Korruption im Gesundheitswesen, Tagungen und Kolloquien, 1. Auflage, Baden-Baden 2016, S. 33 – 42 (zitiert: *Bausback* in: Kubiciel/Hoven)

Beckemper, Katharina, Das Rechtsgut „Vertrauen in die Funktionsfähigkeit der Märkte", ZIS 5/2011, S. 318 – 323

Beckemper, Katharina, Entscheidungsanmerkung, Zur Verfassungsmäßigkeit der Untreue, BVerfG, Beschl. v. 23.6.2010 – 2 BvR 2559/08, 2 BvR 105/09, 2 BvR 491/09, ZJS 2011, S. 88 – 92

Becker, Ulrich/Kingreen, Thorsten/Axer, Peter, SGB V - Gesetzliche Krankenversicherung, 2. Auflage, München 2010 (zitiert: *Bearbeiter* in: Becker/Kingreen, 2. Auflage)

Becker, Ulrich/Kingreen, Thorsten, SGB V - Gesetzliche Krankenversicherung, 5. Auflage, München 2017 (zitiert: *Bearbeiter* in: Becker/Kingreen)

Bergmann, Karl Otto/Pauge, Burkhard/Steinmeyer, Heinz-Dietrich, Gesamtes Medizinrecht, 2. Auflage, Baden-Baden 2014 (zitiert: *Bearbeiter* in: Gesamtes MedR)

Bernsmann, Klaus/Schoß, Christian, Vertragsarzt und „kick-back“, zugleich Anmerkung zu OLG Hamm, Urteil vom 22.12.2004, GesR 2005, S. 193 – 196

Bieback, Karl-Jürgen, Solidarität und Sozialversicherung, SGb 01/2012, S. 1 – 9

Birkenbach, Christian, Die Einschätzungsprärogative des Gesetzgebers, Analyse einer Argumentationsfigur in der (Grundrechts-)Rechtsprechung des Bundesverfassungsgerichts, Tübingen 2015 (zitiert: *Birkenbach*)

Bittmann, Folker/Brockhaus, Matthias/Rübenstahl, Markus/Schröder, Kathie/Tsambikakis, Michael, WisteV-Stellungnahme zum Entwurf eines Gesetzes zur Bekämpfung der Korruption im Gesundheitswesen – § 299a StGB-E, WiJ 2015, S. 176 – 196

Böse, Martin, Das Bundesverfassungsgericht "bestimmt“ den Inhalt des Untreuetatbestandes, Jura 2011, S. 617 – 623

Böse, Martin, Das Rechtsgut der Auslandsbestechung (§335a StGB), ZIS 4/2018, S. 119 – 129

Böse, Martin/Mölders, Simone, Die Durchführung sog. Anwendungsbeobachtungen durch den Kassenarzt als Korruption im Geschäftsverkehr (§ 299 StGB)?, MedR 2008, S. 585 – 591

Bongartz, Eva Maria, Korruptionsstrafbarkeit niedergelassener (Vertrags-) Ärzte wegen bevorzugender Verordnung von Arznei-, Heil- und Hilfsmitteln, Frankfurt am Main 2017 (zitiert: *Bongartz)*

Brand, Christian, Der Insolvenzverwalter als Amtsträger und Täter der §§ 331, 332 StGB, DZWIR 2008, S. 318 – 327

Brand, Christian, Der Vertragsarzt als Amtsträger und Täter der §§ 331f. StGB?, in: Arbeitsgemeinschaft Medizinrecht im Deutschen Anwaltverein, Berlin; Institut für Rechtsfragen der Medizin, Düsseldorf (Hrsg.), Brennpunkte des Arztstrafrechts, 2. Düsseldorfer Medizinstrafrechtstag, Baden-Baden 2012, S.127 – 152 (zitiert: *Brand* in: DAV/IMR)

Brand, Christian/Hotz Dominik, Das „vertragsärztliche Wirtschaftsstrafrecht" nach BGH, Beschl. v. 29.03.2012, GSSt 2/11, PharmR 2012, S. 317 – 322

Brandts, Ricarda/Seier, Jürgen, Zur Untreue des Vertragsarztes, in: Holm Putzke/ Bernhard Hardtung/Tatjana Hörnle/Reinhard Merkel/Jörg Scheinfeld/Horst Schlehofer/Jürgen Seier (Hrsg.), Festschrift für Rolf Dietrich Herzberg zum 70. Geburtstag – Strafrecht zwischen System und Telos, Tübingen 2008, S. 811 – 826 (zitiert: *Brandts/Seier* in: FS Herzberg)

Braun, Julian, Industrie und Ärzteschaft, Göttingen 2011 (zitiert: *Braun*)

Braun, Julian, Ärztekorruption und Strafrecht – steht das ultima-ratio-Prinzip der Schaffung eines neuen Strafrechtstatbestandes entgegen?, MedR 2013, S. 277 – 284

Brettel, Hauke/Duttge, Gunnar/Schuhr, Jan C., Kritische Analyse des Entwurfs eines Gesetzes zur Bekämpfung von Korruption im Gesundheitswesen, JZ 2015, S. 929 – 935

Brettel, Hauke/Mand, Elmar, Die neuen Straftatbestände gegen Korruption im Gesundheitswesen, A&R 2016, S. 99 – 105

Broch, Uwe, Compliance-Gespenst "Anwendungsbeobachtungen"? – Eine Versachlichung der Diskussion tut Not, PharmR 2016, S. 314 – 320

Brockhaus, Matthias/Dann, Matthias/Teubner, Patrick/Tsambikakis, Michael, Im Auftrag der Krankenkasse – Der Vertragsarzt im Wettbewerb? – Zugleich eine Anmerkung zu OLG Braunschweig, wistra 2010, 234, wistra 2010, S. 418 –422

Brockhaus, Matthias/Dann, Matthias/Teubner, Patrick/Tsambikakis, Michael, Vertragsärzte als Amtsträger?, ZMGR 2011, S. 123 – 129

Bülte, Jens, Der Vertragsarzt-Beschluss des Großen Senats und die Vertragsarztuntreue – zugleich eine Besprechung von OLG Stuttgart, Urt. v. 18.12.2012 – 1 Ss 559/12, NZWiSt 9/2013, S. 346 – 355

Busse, Reinhard/Blümel, Miriam/Ognyanova, Diana, Das deutsche Gesundheitssystem - Akteure, Daten, Analysen, 1. Auflage, Berlin 2013 (zitiert: *Busse/Blümel/Ognyanova*)

Bussmann, Kai-D., Das Entstehen eine neuen Rechtsgutsbegriffs – Verständigungen in Strafverfahren, KritV 1989, S. 376 – 397

Butenschön, Ines, Der Vertragsarzt zwischen Untreue und Betrug, Verordnung unwirtschaftlicher Medikamente und Vereinbarung von „Kick-backs" – insbesondere zur Vermögensbetreuungspflicht von Vertragsärzten, Frankfurt am Main, Berlin, Bern, Bruxelles, New York, Oxford, Wien 2012 (zitiert: *Butenschön*)

Cahnbley, Ann-Kristin, Die geplanten Tatbestände der Bestechlichkeit und Bestechung im Gesundheitswesen – Strafverfolgungsrisiken und kritische Anmerkungen zum Berufsrechtsmodell, MPR 2015, S. 145 – 148

Clade, Harald, Herzklappen-Komplex – In 32 Fällen Anklage, Deutsches Ärzteblatt, Jg. 97, Heft 44, 03.11.2000, A 2897

Cornelius, Kai, Die Verbotsirrtumslösung zur Bewältigung unklarer Rechtslagen – ein dogmatischer Irrweg, GA 2015, S. 101 – 124

Corsten, Johannes/Raddatz, Johannes-Maximilian, Anmerkung zu OLG Stuttgart, Urt. v. 18.12.2012 – 1 Ss 559/12 (LG Stuttgart), MedR 2013, S. 538 – 540

Corts, Dietmar, Gilt die Entscheidung des BGH Großer Senat für Strafsachen: "Keine Strafbarkeit von Kassenärzten wegen Bestechlichkeit" auch für den Medizinproduktebereich?, MPR 2013, S. 122 – 124

Cosack, Katrin, Gleichstellung von zuwendungsbedingten vertrags- und privatärztlichen Verschreibungen bei der Normierung eines neuen Straftatbestandes, ZIS 5/2013, S. 226 – 233

Cosack, Katrin, Korruptionsbekämpfung im Gesundheitswesen ohne Telekommunikationsüberwachung – eine legislative Lücke, ZRP 2016, S. 18 – 20

Dahm, Franz-Josef, „Zulässige Vorteilsnahme oder unzulässige Zuweisung gegen Entgelt, in: Herbert Schiller/Michael Tsambikakis (Hrsg.), Kriminologie und Medizinrecht - Festschrift für Gernot Steinhilper, Heidelberg, München, Landsberg, Frechen, Hamburg 2013, S. 25 – 45 (zitiert: *Dahm* in: FS Steinhilper)

Damas, Jens-Peter, Praxisfragen der Korruption im Gesundheitswesen – Fallbeispiele zu §§299a und 299b StGB mit Erläuterungen und dogmatischen Überlegungen, wistra 2017, S. 128 – 136

Dann, Matthias/Scholz Karsten, Der Teufel steckt im Detail – Das neue Anti-Korruptionsgesetz für das Gesundheitswesen, NJW 2016, S. 2077 – 2080

Dannecker, Gerhard, Strafrecht in der Europäischen Gemeinschaft, JZ 1996, S. 869 – 880

Dannecker, Gerhard, Korruption durch Zuwendung finanzieller Leistungen an Ärzte – zugleich eine Anmerkung zur Entscheidung des OLG Braunschweig vom 23.2.2010, GesR 2010, S. 281 – 286

Dannecker, Gerhard, Die Straflosigkeit der Korruption niedergelassener Vertragsärzte als Herausforderung für den Gesetzgeber, ZRP 2/2013, S. 37 – 42

Dannecker, Gerhard/Schröder, Thomas, Neuregelung der Bestechlichkeit und Bestechung im geschäftlichen Verkehr – Entgrenzte Untreue oder wettbewerbskonforme Stärkung des Geschäftsherrnmodells?, ZRP 2015, S. 48 – 51

Dannecker, Gerhard/Schröder, Thomas, Zu den neuen §§ 299a, 299b – auch zu ihren Risiken und Nebenwirkungen, in: Michael Kubiciel/Elisa Hoven (Hrsg.), Korruption im Gesundheitswesen, Tagungen und Kolloquien, 1. Auflage, Baden-Baden 2016, S. 43 – 68 (zitiert: *Dannecker/Schröder* in: Kubiciel/Hoven)

Dettmeyer, Reinhard, Medizin & Recht – Rechtliche Sicherheit für den Arzt, 2. Auflage, Berlin 2006 (zitiert: *Dettmeyer*)

Deutsch, Erwin/Spickhoff, Andreas, Medizinrecht, 7. Auflage, Berlin 2014 (zitiert: *Deutsch/Spickhoff,* Medizinrecht)

Diener, Holger, (Strafrechts-)Prävention im Gesundheitswesen: Ein Beitrag der Pharmaindustrie durch Selbstregulierung in: Michael Kubiciel/Elisa Hoven (Hrsg.), Korruption im Gesundheitswesen, Tagungen und Kolloquien, 1. Auflage, Baden-Baden 2016, S. 233 – 252 (zitiert: *Diener* in: Kubiciel/Hoven)

Dieners, Peter, Der niedergelassene Arzt als Beauftragter im Sinne des § 299 StGB, PharmR 2010, S. 232 – 233

Dieners, Peter, Niedergelassene Vertragsärzte als „Beauftragte der Krankenkassen"? – Von der Überdehnung eines Straftatbestandes, PharmR 2010, S. 613 – 619

Dieners, Peter, Die neuen Tatbestände zur Bekämpfung der Korruption im Gesundheitswesen, PharmR 2015, S. 529 – 533

Dieners, Peter/Cahnbley, Ann-Kristin, Die neuen Tatbestände der Bestechlichkeit und Bestechung im Gesundheitswesen (§§ 299a, b StGB) und ihr Verhältnis zu den Vorschriften des ärztlichen Berufsrechts und des Heilmittelwerberechts, MPR 2016, S. 48 – 52

Dieners, Peter/Taschke, Jürgen, Die Kooperation der medizinischen Industrie mit Ärzten und Krankenhäusern – Die aktuelle Rechtsprechung und ihre Konsequenzen, PharmR 2000, S. 309 – 321

Dinter, Lasse, Der Pflichtwidrigkeitsvorsatz der Untreue, Zugleich ein Beitrag zur gesetzlichen Bestimmtheit des § 266 StGB, Heidelberg 2012 (zitiert: *Dinter*)

Dölling, Dieter, Betrug und Bestechlichkeit durch Entgeltannahme für eine vorgetäuschte Dienstpflichtverletzung?, JuS 1981, S. 570 – 574

Dölling, Dieter, Empfehlen sich Änderungen des Straf- und Strafprozeßrechts, um der Gefahr von Korruption in Staat, Wirtschaft und Gesellschaft wirksam zu begegnen, in: Ständige Deputation des Deutschen Juristentags (Hrsg.) Verhandlungen des 61. Deutschen Juristentags Karlsruhe 1996, Band I (Gutachten) Teil C, München 1996 (zitiert: *Dölling,* Gutachten 61. DJT)

Dölling, Dieter (Hrsg.), Handbuch der Korruptionsprävention für Wirtschaftsunternehmen und öffentliche Verwaltung, München 2007 (zitiert: *Bearbeiter* in: Dölling)

Duttge, Gunnar, „Infauste Prognose" oder Aussicht auf Genesung? – Eine thematische Einführung zur Korruption im Gesundheitswesen, in: Duttge Gunnar (Hrsg.), Tatort Gesundheitsmarkt – Rechtswirklichkeit – Strafwürdigkeit – Prävention, Band 20 der „Göttinger Studien zu den

Kriminalwissenschaften“ im Universitätsverlag, Göttingen 2011, S. 3 – 11 (zitiert: *Duttge* in: Duttge)

Duttge, Gunnar, Der Vertragsarzt als Amtsträger?, in: Schiller Herbert/Tsambikakis Michael (Hrsg.), Kriminologie und Medizinrecht – Festschrift für Gernot Steinhilper, Heidelberg, München, Landsberg, Frechen, Hamburg 2013, S. 203 – 215 (zitiert: *Duttge* in: FS Steinhilper)

Duttge, Gunnar, Das Gewissen im Kontext des modernen Arztrechts, in: Franz-Josef Bormann/Verena Wetzstein (Hrsg.), Gewissen – Dimensionen eines Grundbegriffs medizinischer Ethik, Berlin 2014, S. 543 – 560 (zitiert: *Duttge* in: Bormann/Wetzstein)

Duttge, Gunnar, Strafrecht als sinnvolles Regelungsinstrument im Gesundheitswesen?, in: Michael Kubiciel/Elisa Hoven (Hrsg.), Korruption im Gesundheitswesen, Tagungen und Kolloquien, 1. Auflage, Baden-Baden 2016, S. 15 – 32 (zitiert: *Duttge* in: Kubiciel/Hoven)

Eckstein, Ken/Püschel, Carolin, Aktuelle Gesetzesvorhaben zur Korruptionsbekämpfung, Newsdienst Compliance 2015, 71001

Eggerts, Olaf/Klümper, Mathias, Die Strafbarkeit niedergelassener Vertragsärzte gemäß § 299 StGB, A&R 2010, S. 211 – 217

Eisele, Jörg, Korruption im Gesundheitswesen. Grund und Grenzen der Strafbarkeit des Arztes als Geschäftsinhaber, in: Frank Saliger/Young-Whan Kim/Shing I Liu/Christos Mylonopoulos/Keiichi Yamanaka/Yongliu Zheng/Juarez Tavares/Osman Isfen (Hrsg.), Rechtsstaatliches Strafrecht, Festschrift für Ulfrid Neumann zum 70. Geburtstag, 2017, S. 1075 – 1088 (zitiert: *Eisele* in: FS Neumann)

Eisenberg, Ulrich/Kölbel, Ralf, Kriminologie, 7. Auflage, Tübingen 2017 (zitiert: *Eisenberg/Kölbel*)

Ellbogen, Klaus Andreas, Korruptionsbekämpfung im Gesundheitswesen – zum Entwurf des § 299a StGB, ArztR 2015, S. 173 – 179

Erices ,Rainer/Frewer, Andreas/Gumz, Antje, Strafbare Bestechlichkeit von Vertragsärzten und Ethik – Überlegungen zu Grauzonen der Korruption im Gesundheitswesen, Ethik Med 2013, S. 103 – 113

Fenger, Hermann/Göben, Jens, Sponsoring im Gesundheitswesen - zulässige Formen der Kooperation zwischen medizinischen Einrichtungen und der Industrie, 1. Auflage, München 2004 (zitiert: *Fenger/Göben*)

Fischer, Christiane, Bekämpft die Freiwillige Selbstkontrolle der Pharmaindustrie Korruption im Gesundheitswesen?, GuP 2014, S. 91 – 96

Fischer, Thomas, Interne und externe Compliance-Kontrolle im Gesundheitswesen, in: Kempf, Eberhard/Lüderssen, Klaus/Volk, Klaus (Hrsg.),

Unternehmenskultur und Wirtschaftsstrafrecht, Berlin 2015, S. 163 - 178 (zitiert: *Fischer* in: Kempf/Lüderssen/Volk)

Fischer Thomas, Korruptionsverfolgung im Gesundheitswesen – dringender denn je!, medstra 2015, S. 1 – 2.

Fischer, Thomas, Strafgesetzbuch, 62. Auflage 2015, München (zitiert: *Fischer,* StGB, 62. Auflage)

Fischer, Thomas, Strafgesetzbuch, 66. Auflage 2019, München (zitiert: *Fischer,* StGB)

Frank, Rainer/Vogel, Sebastian T., Korruptionsbekämpfung im Gesundheitswesen – symbolisch und (un)gut – Die geplante Einführung des § 299a StGB wirft mehr Fragen auf als beantwortet werden, AnwBl 2/2016, S. 94 – 100

Frenzel, Eike Michael, Das Gesetzgebungsverfahren – Grundlagen, Problemfälle und neuere Entwicklungen, JuS 2010, S. 119 – 124

Friedhoff, Tobias, Die straflose Vorteilsannahme. Zu den Grenzen der Strafwidrigkeit des § 331 StGB – mit vergleichender Darstellung der entsprechenden Normen in Österreich und der Schweiz, Gießen 2012 (zitiert: *Friedhoff)*

Frister, Helmut, Überlegungen zur Ausgestaltung des künftigen § 299a StGB, in: Arbeitsgemeinschaft Medizinrecht im Deutschen Anwaltverein, Berlin - Institut für Rechtsfragen der Medizin, Düsseldorf (Hrsg.), Aktuelle Entwicklungen im Medizinstrafrecht, 5. Düsseldorfer Medizinstrafrechtstag, 1. Auflage, Baden-Baden 2015, S. 75 – 100 (zitiert: *Frister* in: AG Medizinrecht im DAV/IMR)

Gaede, Karsten, Patientenschutz und Indizienmanagement – Der Regierungsentwurf zur Bekämpfung von Korruption im Gesundheitswesen, medstra 2015, Heft 05, S. 263 – 268

Gaede, Karsten, Untreue im Gesundheitswesen – Ein Kommentar, in: Michael Kubiciel/Elisa Hoven (Hrsg.), Korruption im Gesundheitswesen, Tagungen und Kolloquien, 1. Auflage, Baden-Baden 2016, S. 69 – 88 (zitiert: *Gaede* in: Kubiciel/Hoven)

Gaede, Karsten/Lindemann, Michael/Tsambikakis, Michael, Licht und Schatten – Die materiellrechtlichen Vorschriften des Referentenentwurfs des BMJV zur Bekämpfung von Korruption im Gesundheitswesen, medstra 2015, Heft 03, S. 142 – 154

Gädigk, Cornelia, Kein Sonderstrafrecht für Ärzte – Ein Einwurf aus Sicht der Ermittlungspraxis, medstra 2015, S. 268 – 273

Gärditz, Klaus Ferdinand, Demokratieprinzip des Strafrechts und Ultima Ratio-Grundsatz, JZ 2016, S. 641 – 650

Gaßner, Maximilian, Korruption im Gesundheitswesen in Hans Herbert von Arnim (Hrsg.), Korruption und Korruptionsbekämpfung - Beiträge auf der 8.

Speyerer Demokratietagung vom 27. und 28. Oktober 2005 an der Deutschen Hochschule für Verwaltungswissenschaften Speyer, Berlin 2007, S. 59 – 80 (zitiert: *Gaßner* in: Arnim)

Gaßner, Maximilian, Korruption im Gesundheitswesen – Definition, Ursachen, Lösungsansätze – NZS 2012, S. 521 – 525

Gaßner, Maximilian/Klaas, Andreas, "Korruptionsfalle Gesundheitswesen" - Darstellung, Strukturen und Lösungsansätze (Teil 1), PharmR 2002, S. 309 – 326

Gaßner, Maximilian/Klaas, Andreas, "Korruptionsfalle Gesundheitswesen" - Darstellung, Strukturen und Lösungsansätze (Teil 2), PharmR 2002, S. 356 – 361

Gaßner, Maximilian/Klaas, Andreas, "Korruptionsfalle Gesundheitswesen" - Darstellung, Strukturen und Lösungsansätze (Teil 3), PharmR 2002, S. 386 – 393

Gebauer, Tim, Reform der strafrechtlichen Vermögensabschöpfung, ZRP 2016, S. 101 – 104

Gehring, Stefan, Compliance in der Pharmaindustrie, in: Michael Kubiciel/ Elisa Hoven (Hrsg.), Korruption im Gesundheitswesen, Tagungen und Kolloquien, 1. Auflage 2016, S. 223 – 232 (zitiert: *Gehring* in: Kubiciel/Hoven)

Gehrlein, Stefanie, Korruptionsbekämpfungsgesetz, Neues Gesetz mit vielen Haken und Ösen, MBZ Nr. 8, 17.06.2016, S. 6

Geiger, Daniel, Antikorruption im Gesundheitswesen, CCZ 2011, S. 1 – 11

Geiger, Daniel, High Noon im Gesundheitswesen: Niedergelassene Vertragsärzte sind keine tauglichen Täter der Korruptionsdelikte – Besprechung des Beschlusses des Großen Senats für Strafsachen am BGH vom 29.3.2012 – GSSt 2/11, CCZ 2012, S. 172 – 181

Geiger, Daniel, Ärzte-Korruption – Wie viel Strafrecht braucht das Gesundheitswesen?, NK 25. Jg. 2/2013, S. 136 – 148

Geiger, Daniel, Neues Strafbarkeitsrisiko § 299a StGB – Chance für die Healthcare-Compliance?, medstra 2015, S. 97 – 104

Geiger, Daniel, Rabatte im Arzneimittelhandel – erwünschter Preiswettbewerb oder verbotene Korruption?, medstra 2016, Heft 01, S. 9 – 17

Geiger, Daniel, Die Stellungnahme des Deutschen Instituts für Compliance (DICO) e.V. zum Gesetzentwurf der Bundesregierung vom 21. Oktober 2015 für ein „Gesetz zur Bekämpfung von Korruption im Gesundheitswesen“ (BT-Drs. 18/6446), CCZ 2016, S. 58 – 60

Geiger, Daniel, Das Gesetz zur Bekämpfung von Korruption im Gesundheitswesen und seine Auswirkungen auf Strafverfolgung und Healthcare-Compliance, CCZ 2016, S. 172 – 178

Geiger, Daniel, Rabatte im Einzelhandel – erwünschter Preiswettbewerb oder verbotene Korruption?, medstra 2016, S. 9 – 17

Geiger, Willi, Wie frei ist ein Arzt?, in: Johann Peter Ruppert (Hrsg.), Freiheit und Verantwortung in Gesellschaft und Erziehung, Festschrift für Erwin Stein, Bad Homburg, Gehlen 1969 (zitiert: *Geiger* in: FS Stein)

Geis, Mark, Tatbestandsüberdehnungen im Arztstrafrecht am Beispiel der "Beauftragtenbestechung" des Kassenarztes nach § 299 StGB, wistra, 2005, S. 369 – 371

Geis, Mark, Das sozialrechtliche Wirtschaftlichkeitsgebot – kriminalstrafbewehrtes Treuegesetz des Kassenarztes), GesR 2006, S. 345 – 356

Geis, Mark, Ist jeder Kassenarzt ein Amtsarzt?, wistra 2007, S. 361 – 365

Geis, Mark, StGB § 299 Abs. 2, § 300 (Bestechung von Kassenärzten) - Zur Bestechung von Kassenärzten durch einen Apotheker; zugleich Anmerkung zu OLG Braunschweig, Beschluss vom 23.02.2010 – Ws 17/10, wistra 7/ 2010, S. 280

Geis, Mark, (Vertrags-)Arztbild des BGH versus Publikumswahrnehmung, GesR 2011, S. 641 – 648

Geisler, Nicole, Korruptionsstrafrecht und Beteiligungslehre, Berlin 2013 (zitiert: *Geisler*)

Gelshorn, Svenja, Der Vertragsarzt als Täter der Korruptionstatbestände – Eine Analyse von BGHSt 57, 202 und der §§ 299a, 299b StGB, Hamburg 2018 (zitiert: *Gelshorn*)

Göppinger, Hans, Die Aufklärung und Einwilligung bei der ärztlichen, besonders der psychiatrischen Behandlung, in: Fortschritte der Neurologie, Psychiatrie und ihrer Grenzgebiete, 1956, Bd. 24, S. 53 – 107 (zitiert: *Göppinger)*

Goetze, Erik, Arzthaftungsrecht und kassenärztliches Wirtschaftlichkeitsgebot, Heidelberg 1989 (zitiert: *Goetze*)

Graalmann-Scheerer, Das Gesetz zur Bekämpfung der Korruption im Gesundheitswesen vom 30.5.2016 (BGBl. I S. 1254) – Eine Einführung in die neue Rechtslage", MedR 2017, S. 601 – 611

Graf, Jürgen Peter/Jäger, Markus/Wittig, Petra, Wirtschafts- und Steuerstrafrecht, 2. Auflage, München 2017 (zitiert: *Bearbeiter* in: G/J/W)

Greiner, Stefan/Benedix, Mathias, Struktur und Systematik des Wirtschaftlichkeitsgebotes im SGB V, SGb 01/2013, S. 1 – 6

Gribl, Kurt, Der Vorteilsbegriff bei den Bestechungsdelikten, Heidelberg 1993 (zitiert: *Gribl*)

Grinblat, Roman, Voraussetzungen des § 299a StGB-Neu und Auswirkungen auf dem Gesundheitsmarkt, MPJ 2016, S. 3 – 9

Großkopf, Volker/Schanz, Michael, Bestechung und Bestechlichkeit im Gesundheitswesen – im Spannungsverhältnis zwischen Korruption und Kooperation, RDG 2016, S. 220 – 228

Grzesiek, Mathias Alexander/Sauerwein, Theresa, Was lange währt, wird endlich gut: §§ 299a und b StGB als „Allheilmittel" zur Bekämpfung von Korruption im Gesundheitswesen?, NZWiSt 2016, S. 369 – 374

Haeser, Petra Alexa, Erfahrungen mit der neuen Rechtslage im Korruptionsstrafrecht und Drittmittelrecht – aus Sicht des Staatsanwalts, MedR 2002, S. 55 – 59

Halbe, Bernd, Moderne Versorgungsstrukturen: Kooperation oder Korruption?, MedR 2015, S. 168 – 175

Hassemer, Winfried, Entscheidungsbesprechung (zu BayObLG), JuS 1990, S. 850

Hauck, Ernst, Rechtsgrundlagen der medizinischen Indikationsstellung, NJW 2013, S. 3334 – 3340

Hecker, Bernd, Strafrecht AT und BT: Beteiligung von Ärzten an sog. Pharma-Marketing, JuS 2012, 852 – 855

Hefendehl, Roland, Kollektive Rechtsgüter im Strafrecht, München 2002 (zitiert: *Hefendehl*)

Hefendehl, Roland, Die Materialisierung von Rechtsgut und Deliktsstruktur, GA 2002, S. 21 – 28

Hefendehl, Roland, Mit langem Atem – Der Begriff des Rechtsguts. Oder: Was seit dem Erscheinen des Sammelbandes über die Rechtsgutstheorie geschah, GA 2007, S. 1 – 14

Hefendehl, Roland/Hohmann, Olaf, Münchener Kommentar zum Strafgesetzbuch, Band 5, §§ 263 – 358 StGB, München, 3. Auflage 2019 (zitiert: *Bearbeiter* in: MüKo-StGB)

Heil, Maria/Oeben, Marc, §§ 299a, b StGB auf der Zielgeraden – Auswirkungen auf die Zusammenarbeit im Gesundheitswesen, PharmR 2016, S. 217 – 222

Heine, Günter, Korruptionsbekämpfung im Geschäftsverkehr durch Strafrecht? Internationale Entwicklungen und rechtsvergleichende Befunde, ZBJV 2002, S. 533 – 556

Heine, Sonja, Zum Verfall bei Austauschverträgen: Wider die Aushöhlung des Bruttoprinzips, NStZ 2015, S. 127 – 136

Heinrich, Manfred, Strafrecht als Rechtsgüterschutz – ein Auslaufmodell? – Zur Unverbrüchlichkeit des Rechtsgutsdogmas, in: Heinrich, Manfred/Jäger, Christian/Schünemann, Bernd/ et al., Festschrift für Claus Roxin zum 80. Geburtstag am 15. Mai 2011, Strafrecht als Scientia Universalis, Berlin 2011 (zitiert: *Heinrich* in: FS Roxin)

Heintschel-Heinegg, Bernd, Beck´scher Online Kommentar StGB, 31. Edition, Stand 01.06.2016 (zitiert: *Bearbeiter* in: Beck´scher Online Kommentar StGB, 31. Auflage)

Heintschel-Heinegg, Bernd, Beck´scher Online Kommentar StGB, 40. Edition, Stand 01.11.2018 (zitiert: *Bearbeiter* in: Beck´scher Online Kommentar StGB)

Hellmann, Uwe/Beckemper, Katharina, Fälle zum Wirtschaftsstrafrecht, 2. Auflage, Stuttgart 2010 (zitiert: *Hellmann/Beckemper,* 2. Auflage)

Hellmann, Uwe/Beckemper, Katharina, Fälle zum Wirtschaftsstrafrecht, 3. Auflage, Stuttgart 2013 (zitiert: *Hellmann/Beckemper*)

Hellmann, Uwe/Herffs, Harro, Der ärztliche Abrechnungsbetrug, Berlin 2006, (zitiert: *Hellmann/Herffs*)

Hellmann, Uwe/Beckemper, Katharina, Fälle zum Wirtschaftsstrafrecht, 4. Auflage, Stuttgart 2018 (*Hellman/Beckemper,* 4. Auflage)

Herffs Harro, Anmerkung zu BGH, Beschluss vom 25. November 2003 – 4 StR 239/03, wistra 2006, S. 63 – 65

Hermes Georg/Walther Susanne, Schwangerschaftsabbruch zwischen Recht und Unrecht – Das zweite Abtreibungsurteil des BVerfG und seine Folgen, NJW 1993, S. 2337 – 2346

Herzog, Felix, Korruption im Gesundheitswesen, in: Lieb, Klaus/Klemperer, David/Ludwig, Wolf-Dieter (Hrsg.), Interessenkonflikte in der Medizin, Berlin 2011, S. 127 – 137 (zitiert: *Herzog* in: Lieb/Klemperer/Ludwig)

Hettinger, Michael, Das Strafrecht als Büttel?, Fragmentarische Bemerkungen zum Entwurf eines Korruptionsbekämpfungsgesetzes des Bundesrats vom 3.11.1995, NJW 1996, S. 2263 – 2273

Höffling, Christian, Korruption als soziale Beziehung, Wiesbaden 2002 (zitiert: *Höffling*)

Höltkemeier, Kai, Sponsoring als Straftat, Die Bestechungsdelikte auf dem Prüfstand, Berlin 2005 (zitiert: *Höltkemeier*)

Hohmann, Olaf, Gedanken zur Akzessorietät des Strafrechts, ZIS 1/2007, S. 38 – 48

Hohn, Kristian, Abschöpfung der Steigerung des Firmenwerts als Bruttowertersatzverfall?, wistra 2006, S. 321 – 325

Hoppe, J.D., Vertrauen in den Arztberuf – Rede zur Eröffnung des 106. Deutschen Ärztetages am 20. Mai 2003 in Köln, Der Internist 2003, M 132 – M 138

Hoven, Elisa, Postskriptum: Die Entscheidung des 4. Strafsenats vom 16. August 2016, in: Michael Kubiciel/Elisa Hoven (Hrsg.), Korruption im Gesundheitswesen, Tagungen und Kolloquien, 1. Auflage, Baden-Baden 2016, S. 153 – 154 (zitiert: Hoven in: Kubiciel/Hoven)

Ihwas, Saleh R./Lorenz, Manuel, BGH, Beschl. v. 29.3.2012 – GSSt 2/11 Entscheidungsbesprechung – Strafbarkeit des niedergelassenen Vertragsarztes nach den Korruptionsdelikten des StGB, ZJS 2012, S. 712 – 719

Imbeck, Martin, Zum Verhältnis zwischen Vertragsarzt und gesetzlicher Krankenkassenversicherung, Eine historische Nachlese zum Beschluss des Großen Senats für Strafsachen vom 29. März 2012, in: Schiller, Herbert/Tsambikakis, Michael (Hrsg.), Kriminologie und Medizinrecht - Festschrift für Gernot Steinhilper, Heidelberg, München, Landsberg, Frechen, Hamburg 2013, S. 77 90 (zitiert: *Imbeck* in: FS Steinhilper)

Jäger, Christian, Auswirkungen sozial- und berufsrechtlicher Regelungen auf Unrechtsvereinbarungen nach §§ 299a ff. StGB, MedR 2017, S. 694 – 701

Jahn, Matthias/Brodowski, Dominik, Krise und Neuaufbau eines strafverfassungsrechtlichen Ultima Ratio-Prinzips, JZ 2016, S. 969 – 980

Jarass, Hans D./Pieroth, Bodo, GG – Grundgesetz für die Bundesrepublik Deutschland, Kommentar, 14. Auflage, München 2016 (zitiert: *Bearbeiter* in: Jarass/Pieroth)

Jary, Kathrin, Anti-Korruption – Neue Gesetzesvorhaben zur Korruptionsbekämpfung im Gesundheitswesen und im internationalen Umfeld, PharmR 2015, S. 99 – 108

Joecks, Wolfgang/Miesbach, Klaus (Hrsg.), Münchener Kommentar zum StGB, Band 5, §§ 263 – 358 StGB, München 2014 (zitiert: *Bearbeiter* in: MüKo- StGB)

Kaspar, Johannes, Verhältnismäßigkeit und Grundrechtsschutz im Präventionsstrafrecht, Baden-Baden 2014 (zitiert: *Kaspar*)

Kindhäuser, Urs, Sicherheitsstrafrecht – Gefahren des Strafrechts in der Risikogesellschaft, Universitas 1992, S. 227 – 235

Kindhäuser, Urs, Voraussetzungen strafbarer Korruption in Staat, Wirtschaft und Gesellschaft, ZIS 2011, S. 461 – 469

Kindhäuser, Urs/Neumann, Ulfrid/Paeffgen, Hans-Ullrich (Hrsg.), Strafgesetzbuch, Band 3, 5. Auflage, Baden-Baden 2017 (zitiert: *Bearbeiter* in: NK-StGB)

Klein, Eckart, Grundrechtliche Schutzpflicht des Staates, NJW 1989, S. 1633 – 1640

Klötzer, Antje, Ist der niedergelassene Vertragsarzt tatsächlich tauglicher Täter der §§ 299, 331 StGB?, NStZ, 2008, S. 12 – 17

Klümper, Mathias/Vollebregt, Erik, Business Compliance 2.0 – Neue Compliance-Ansätze im Unternehmen zur Bewältigung kommender Herausforderungen, PharmR 2009, S. 313 – 319

Knickrehm, Sabine/Kreikebohm, Ralf/Waltermann, Raimund, Kommentar zum Sozialrecht -VO (EG) Nr. 883/2004, SGB I bis SGB XII, SGG, BAföG, BEEG,

Kindergeldrecht (EStG), UnterhaltsvorschussG, WoGG, 5. Auflage, München 2017 (zitiert: *Bearbeiter* in: K/K/W)

Kölbel, Ralf, Abrechnungsbetrug im Krankenhaus – Erste wirtschaftsstrafrechtliche und -kriminologische Überlegungen, NStZ 2009, S. 312 – 318

Kölbel, Ralf, Die Einweisungsvergütung – eine neue Form von Unternehmensdelinquenz im Gesundheitssystem?, wistra 2009, S. 129 – 132

Kölbel, Ralf, Strafbarkeitsnahe vertragsärztliche Kooperationsformen, NStZ 2011, S. 195 – 200

Kölbel, Ralf, Korruptionsprävention im Gesundheitssystem durch Selbstkontrolle der Wirtschaft?, in: Gunnar Duttge (Hrsg.), Tatort Gesundheitsmarkt – Rechtswirklichkeit – Strafwürdigkeit – Prävention, Band 20 der „Göttinger Studien zu den Kriminalwissenschaften" im Universitätsverlag, Göttingen 2011, S. 87 – 107 (zitiert: *Kölbel* in: Duttge)

Kölbel, Ralf, Anmerkung zum Beschluss des BGH vom 29.03.2012, Az.: GSSt 2/11 (Strafrechtliche Stellung von Vertragsärzten), StV 2012, S. 592 – 595

Kölbel, Ralf, Korruption im Gesundheitswesen. Kriminologische Vorüberlegungen zur Einführung von § 299a StGB n.F., in: Arbeitsgemeinschaft Medizinrecht im Deutschen Anwaltverein, Berlin - Institut für Rechtsfragen der Medizin, Düsseldorf (Hrsg.), Aktuelle Entwicklungen im Medizinstrafrecht, 5. Düsseldorfer Medizinstrafrechtstag, 1. Auflage, Baden-Baden 2015, S. 57 – 74 (zitiert: *Kölbel* in: AG Medizinrecht im DAV/IMR

Kölbel, Ralf, §§ 299a ff. StGB und die unzuträgliche Fokussierung auf den Wettbewerbsschutz, medstra 2016, S. 193 – 194

Köhler, Marcus, Die Reform der strafrechtlichen Vermögensabschöpfung – Teil 1/2, NStZ 2017, S. 497 – 512

Körner, Anne/Leitherer, Stephan/Mutschler, Bernd/Rolfs, Christian, Kasseler Kommentar Sozialversicherungsrecht, SGB I SGB V SGB VI SGB VII SGB X SGB XI, Band 1, Stand der 102. Ergänzungslieferung: 1. Dezember 2018, München (zitiert: *Bearbeiter* in: KassKomm)

Korzilius, Heike, Interview mit Prof. Dr. med. Frank Ulrich Montgomery, Präsident der Bundesärztekammer: „Kein Sondergesetz gegen Ärzte", Dtsch Arztebl 2013, A 61.

Kraatz, Erik, Anmerkung zu einer Entscheidung des BGH, Beschluss vom 29.03.2012 (GSSt 2/11; NZWiSt 2012, 268) – Zur Bestechung eines Vertragsarztes, NZWiSt 2012, S. 273 – 278

Krack, Ralf, Sportwettbetrug und Manipulation von berufssportlichen Wettbewerben, Regierungsentwurf zu §§ 265c, 265d StGB, ZIS 2016, S. 540 – 551

Krauskopf, Dieter, Soziale Krankenversicherung, Pflegeversicherung, Kommentar, Band 1: SGB I, SGB IV, SGB V §§ 1 bis 68, 95. Auflage, München 2017 (zitiert: *Krauskopf*)

Kremer, Ralf/ Wittmann, Christian, Vertragsärztliche Zulassungsverfahren, 2. Auflage, München 2015 (zitiert: *Kremer/Wittmann*)

Kreul, Kristina, Die Strafbarkeit niedergelassener Vertragsärzte beim Pharmamarketing de lege lata und de lege ferenda unter besonderer Berücksichtigung der Verordnung von Arzneimitteln, Essen 2017 (zitiert: *Kreul*)

Krick, Carsten, Die Strafbarkeit von Korruptionsdelikten bei niedergelassenen Vertragsärzten, A&R 2011, S. 3 – 14

Kronawitter, Stefanie, Korruption im Gesundheitswesen, Die Strafbarkeit des niedergelassenen Arztes nach § 299a StGB, Erlangen 2018 (zitiert: *Kronawitter*)

Krüger, Matthias, Die Entmaterialisierungstendenz beim Rechtsgutsbegriff, Berlin 2000 (zitiert: *Krüger*)

Krüger, Matthias, Pharma-Marketing im Gestrüpp des Korruptionsstrafrechts – Neues zum Vertragsarzt als (un-)tauglicher Täter der Korruptionsdelikte, ZIS 2011, S. 692 – 705

Krüger, Matthias, Konsequenzen aus dem Plenarbeschluss in Sachen Vertragsärzte, StraFo 2012, S. 308 – 316

Krüger, Matthias, Kooperationen versus Korruption im Gesundheitswesen – Gedanken zu §§ 299a, 299b StGB, NZWiSt 2017, S. 129 – 137

Kubiciel, Michael, Bestechung und Bestechlichkeit im geschäftlichen Verkehr – Zu einer wettbewerbsorientierten Umsetzung des sog. Geschäftsherrenmodells in § 299 StGB, ZIS 2014, S. 667 – 673

Kubiciel, Michael, Das Gesetz zur Bekämpfung der Korruption im Gesundheitswesen: verfassungsgemäß und systemkompatibel?, Schriftliche Fassung der Stellungnahme in der öffentlichen Anhörung vor dem Rechtsausschuss des Deutschen Bundestages am 2.12.2015 zum Regierungsentwurf eines Gesetzes zur Bekämpfung der Korruption im Gesundheitswesen – BT-Drs. 18/6446 (21.10.2015) -, in: Michael Kubiciel (Hrsg.), Kölner Papier zur Kriminalpolitik, 2015, S. 1 – 22

Kubiciel, Michael, Die Straftatbestände gegen die Korruption im Gesundheitswesen: verfassungskonform, kriminalpolitisch angemessen und effektiv?, WiJ 2016, S. 1 – 11

Kubiciel, Michael, Bestechlichkeit und Bestechung im Gesundheitswesen – Grund und Grenze der §§ 299a, 299b StGB-E, MedR 2016, S. 1 – 4

Kubiciel, Michael, Die Tatbestände gegen Korruption im Gesundheitswesen und die Folgen für die Healthcare Compliance, jurisPR-Compl 3/2016, Anm. 1

Kubiciel, Michael, Kriminalisierung der Korruption im Gesundheitswesen – Inhalt und Tragweite der §§ 299a, 299b StGB, jurisPR-StrafR 11/2016 Anm. 1

Kubiciel, Michael, Die Tatbestände gegen die Korruption im Gesundheitswesen und ihre Folgen in der Praxis, ZMGR 2016, S. 289 – 293

Kubiciel, Michael, Legitimation und Interpretation der §§ 299a, 299b StGB, in: Michael Kubiciel/Elisa Hoven (Hrsg.), Korruption im Gesundheitswesen, Tagungen und Kolloquien, 1. Auflage, Baden-Baden 2016, S. 69 – 88 (zitiert: *Kubiciel* in: Kubiciel/Hoven)

Kubiciel, Michael/Tsambikakis, Michael, Bestechlichkeit und Bestechung im Gesundheitswesen (§299a StGB) – Stellungnahme zum Entwurf des Bayerischen Staatsministeriums der Justiz, medstra 2015, S. 11 – 15

Kühl, Ingo, Wirtschaftlichkeitsgebot und Vertragsarzt im Strafrecht, Heidelberg 2014 (zitiert: *Kühl*)

Küpper, Gregor, Keine Strafbarkeit von Vertragsärzten wegen Bestechlichkeit bei Annahme von Zuwendungen der Pharmaindustrie, BGH v. 29.03.2012 – GSSt 2/11, jurisPR-StrafR 16/2012 Anm. 2

Kulhanek, Tobias Oliver, Der fragmentarische Charakter des Strafrechts als Argumentationsfigur, Exemplifiziert an der Frage nach einem Deliktskatalog für eine Verbandsstrafbarkeit, ZIS 2014, S. 674 – 678

Lackner, Karl/Kühl, Kristian, Strafgesetzbuch: StGB, 29. Auflage, München 2018, (zitiert: *Bearbeiter* in: Lackner/Kühl)

Lagodny, Otto, Strafrecht vor den Schranken des Grundgesetzes, Tübingen 1996 (zitiert: *Lagodny*)

Laufhütte, Heinrich Wilhelm/Rissing-van Saan, Ruth/Tiedemann, Klaus, Leipziger Kommentar Strafgesetzbuch: StGB Band 9/Teil 1 (§§ 263 bis 266b), 12. Auflage, Berlin/Boston 2012 (zitiert: *Bearbeiter* in: LK-StGB)

Laufhütte, Heinrich Wilhelm/Rissing-van Saan, Ruth/Tiedemann, Klaus, Leipziger Kommentar Strafgesetzbuch: StGB Band 10: §§ 284 – 305a, 12. Auflage, Berlin, 2008 (zitiert: *Bearbeiter* in: LK-StGB)

Laufs, Adolf/Kern, Bernd-Rüdiger, Handbuch des Arztrechts, 4. Auflage, München 2010 (zitiert: *Bearbeiter* in: Laufs/Kern)

Laufs, Adolf/Uhlenbruck, Wilhelm, Handbuch des Arztrechts, 2. Auflage, München 1999 (zitiert: *Bearbeiter* in: Laufs/Uhlenbruck)

Lege, Joachim, Knappheit und Verteilungsgerechtigkeit im Gesundheitswesen, VVDStRL 70 (2011), S. 112 – 151

Leimenstoll, Ulrich, Vermögensbetreuungspflicht des Vertragsarztes?, Heidelberg 2012 (zitiert: *Leimenstoll*)

Leimenstoll, Ulrich, Der Vertragsarzt – Tauglicher Täter einer Untreue zu Lasten der gesetzlichen Krankenkassen?, wistra 4/2013, S. 121 – 129

Leimenstoll, Ulrich, Das Verhältnis der Vertragsärzte zu den Krankenkassen aus dem Blickwinkel des Wirtschaftsstrafrechts – Anmerkungen zu BGH, Beschl. v. 16.8.2016 – 4 StR 163/16, MedR 2017, S. 96 – 102

Leipold, Klaus/Tsambikakis, Michael/Zöller, Mark A. (Hrsg.), AnwaltKommentar StGB, 2. Auflage, Bonn 2015 (zitiert: *Bearbeiter* in: AnwK-StGB)

Leitner, Werner/Rosenau, Henning (Hrsg.), Wirtschafts- und Steuerstrafrecht, Nomos Kommentar, 1. Auflage, Baden-Baden 2017 (*Bearbeiter* in: NK-WiStR)

Lenckner, Theodor, Wertausfüllungsbedürftige Begriffe im Strafrecht und der Satz „nulla poena sine lege", JuS 1968, S. 304 – 310

Lenckner, Theodor, Privatisierung der Verwaltung und „Abwahl des Strafrechts"? Zur Frage der strafrechtlichen Amtsträgereigenschaft am Beispiel der für die Bauverwaltung tätigen Planungsbüros, ZStW 106. Bd. (1994), S. 502 – 546

Lesser, Ralf, Die Einwilligung des Patienten, Zur rechtsgeschäftlichen Natur der Einwilligung in medizinische Maßnahmen und zur Bedeutung des Patientenrechtegesetzes, Düsseldorf 2016/Zürich 2017 (zitiert: *Lesser*)

Lewis, Kurt, Field theory in social science: Selected theoretical papers (editec by Dorwin Cartwight), New York 1951 (zitiert: *Lewis*)

Lieb, Klaus/Brandtönies, Simone, Eine Befragung niedergelassener Fachärzte zum Umgang mit Pharmavertretern, Deutsches Ärzteblatt International 2010, 107(22), S. 392 – 398

Lilie, Hans/Reuter, Marcel, Anti-Korruptionsgesetz: Die Auslegungsspielräume müssen sich noch zeigen, DABl. 2016, A. 1790

Lindemann, Michael, Untreue im Gesundheitswesen in: Michael Kubiciel/Elisa Hoven (Hrsg.), Korruption im Gesundheitswesen, Tagungen und Kolloquien, 1. Auflage, Baden-Baden 2016, S. 129 – 144 (zitiert: *Lindemann* in: Kubiciel/Hoven)

Lindemann, Michael/Ratzel, Rudolf, Brennpunkte des Wirtschaftsstrafrechts im Gesundheitswesen, Baden-Baden 2010 (zitiert: *Bearbeiter* in: Lindemann/Ratzel)

Litzcke, Sven/Linssen, Ruth/Maffenbeier, Sina/Schilling, Jan, Korruption: Risikofaktor Mensch; Wahrnehmung – Rechtfertigung – Meldeverhalten, Wiesbaden 2012 (zitiert: *Litzcke/Linssen/Maffenbeier/Schilling)*

Litzka, Philippe, Korruptionsstrafrecht für niedergelassene Vertragsärzte – Eine kritische Bestandsaufnahme zu diskutierten Gesetzgebungsinitiativen, WiJ 2/2013, S. 80 – 88

Loos, Fritz, Zum „Rechtsgut" der Bestechungsdelikte, in: Stratenwerth Günter/Kaufmann Armin/Geilen Gerd/Hirsch Hans Joachim/Schreiber Hans-Ludwig/Jakobs Günther/Loos Fritz (Hrsg.), Festschrift für Hans Welzel zum 70. Geburtstag am 25. März 1974, Berlin 1974, S. 879 – 895 (zitiert: *Loos* in: FS Welzel)

Lorenz, Henning, Korruptionsbekämpfung im Gesundheitswesen und Veterinärmedizin – ein ungleiches Paar?, medstra 2017, S. 342 – 346

Lüderssen, Klaus, Die Zusammenarbeit von Medizinprodukte-Industrie, Krankenhäusern und Ärzten: strafbare Kollusion oder sinnvolle Kooperation; [vorgetragen am 3. Mai 1997], Stuttgart 1998 (zitiert: *Lüderssen*)

Luhmann, Niklas, Vertrauen, Ein Mechanismus der Reduktion sozialer Komplexität, 5. Auflage, Konstanz und München 2014 (zitiert: *Luhmann*)

Maas, Heiko, Wann darf der Staat strafen?, NStZ 2015, S. 305 – 309

Magnus, Dorothea/Bublitz, Christoph/Repantis, Dimitris, Ärztliche Strafbarkeitsrisiken beim Verschreiben von Arzneimitteln für medizinisch nicht indizierte *lifestyle* Zwecke, medstra 2015, S. 205 – 214

Makoski, Kyrill, Zusammenarbeit zwischen Krankenhäusern und Vertragsärzten - sozialrechtlich erwünscht, berufsrechtlich verboten?, MedR 2009, S. 376 – 386

Mand, Elmar J., Achtung, strafbar! Neuer Gesetzentwurf weitet das Korruptionsstrafrecht im Gesundheitsbereich aus, DAZ 2015 (Nr. 33), S. 18

v. Mangoldt, Hermann/Klein, Friedrich/Starck, Christian, Kommentar zum Grundgesetz: GG, Band 2: Art. 20 – 82 GG, 7. Auflage, München 2018 (zitiert: *Bearbeiter* in: v. Mangoldt/Klein/Starck, GG)

Manthey, Christina, Der Arzt als „Schlüsselfigur" der Arzneimittelversorgung, GesR 11/2010, S. 601 – 604

Martiny, Anke, Facetten des Fehlverhaltens im Gesundheitswesen, in: Gunnar Duttge (Hrsg.), Tatort Gesundheitsmarkt – Rechtswirklichkeit – Strafwürdigkeit – Prävention, Band 20 der „Göttinger Studien zu den Kriminalwissenschaften" im Universitätsverlag, Göttingen 2011 (zitiert: *Martiny* in: Duttge)

Maunz, Theodor/Schmidt-Bleibtreu, Bruno /Klein, Franz/Bethge, Herbert, Bundesverfassungsgerichtsgesetz, 50. Ergänzungslieferung, München Januar 2017 (zitiert: *Bearbeiter* in: Maunz/Schmidt-Bleibtreu/Klein/Bethge)

Meliá, Manuel Cancio, Vorverlagerung ohne Ende und Organisationsdelikte, in: Hefendehl, Roland (Hrsg.), Grenzenlose Vorverlagerung des Strafrechts?, Berlin 2010 (zitiert: *Meliá* in Hefendehl)

Mölders, Simone, Bestechung und Bestechlichkeit im internationalen geschäftlichen Verkehr, 2009 (zitiert: *Mölders*)

Murmann, Uwe, Schlusswort: Einige Bemerkungen zur Korruption im Gesundheitswesen, in: Gunnar Duttge (Hrsg.), Tatort Gesundheitsmarkt - Rechtswirklichkeit - Strafwürdigkeit - Prävention, Band 20 der „Göttinger Studien zu den Kriminalwissenschaften" im Universitätsverlag, Göttingen 2011, S. 109 - 114 (zitiert: *Murmann* in: Duttge)

Nestler, Nina, Phänomenologie der Wirtschaftskriminalität im Gesundheitswesen, JZ 2009, S. 984 - 991

Nestler, Nina, Nachvertragliche Wettbewerbsverbote angestellter Ärzte: Grenzen und Fallstricke der Vertragsgestaltung, GesR 2016, S. 65 - 70

Neumann, Volker, Der Anspruch auf Krankenbehandlung - ein Rahmenrecht?, SGb 1998, S. 609 - 614

Neupert, Michael, Risiken und Nebenwirkungen: Sind niedergelassene Vertragsärzte Amtsträger im strafrechtlichen Sinne?, NJW 2006, S. 2811 - 2814

de Nève, Dorothée, Korruption und Demokratie - Perspektiven der Politikwissenschaft, in Achathaler Lukas/Hofmann Domenica/Pazmandy Matthias (Hrsg.), Korruptionsbekämpfung als globale Herausforderung - Beiträge aus Praxis und Wissenschaft, Wiesbaden 2011, S. 129 - 147 (zitiert: *de Nève* in: Achathaler/DomenicaPazmandy)

Niehaus, Holger, Annäherungen an einen Korruptionsbegriff des (deutschen) Strafrechts, in: Peter Graeff/Jürgen Grieger (Hrsg.) Was ist Korruption? - Begriffe, Grundlagen und Perspektiven gesellschaftswissenschaftlicher Korruptionsforschung, Baden-Baden 2012, S. 55 - 65 (zitiert: *Niehaus* in: Graeff/Geiger)

Noak, Thorsten, Betrugstäterschaft bzw. –teilnahme von Ärzten beim Bezug von Röntgenkontrastmitteln?, MedR 2002, S. 76 –83

Nöckel, Anja, Grundprobleme zu § 299 StGB - Bestechlichkeit und Bestechung im geschäftlichen Verkehr, ZJS 2013, S. 50 - 56

Noweski, Michael, Der Gesundheitsmarkt - Liberalisierung und Regulierung als Resultat politischer Koalitionen, 2. Auflage, Berlin 2012 (zitiert: *Noweski*)

Obermayer, Cornelia, Das ärztliche Rezept, Dissertation 1991, Justus-Liebig-Universität Gießen (zitiert: *Obermayer*)

Odenthal, Hans-Jörg, Der „geschäftliche Betrieb" als Leistungsempfänger nach § 299 StGB, wistra 2005, S. 170 - 172

Otto, Harro, Die Auslegung von Blankettstraftatbeständen, Jura 2005, S. 538 - 539

Palandt, Palandt Bürgerliches Gesetzbuch, 76. Auflage, München 2017 (zitiert: *Bearbeiter* in: Palandt)

Passarge, Malte, Aktuelle Entwicklungen und Tendenzen im Bereich Health Care Compliance – unter besonderer Berücksichtigung mittelständischer Unternehmen, PharmR 2011, S. 80 – 85

Passarge, Malte, Aktuelle Entwicklungen in der Gesetzgebung zur Korruptionsbekämpfung, DStR 2016, S. 482 – 487

Paßmann, J., Korruption im Gesundheitswesen - Sonderstrafrecht für Ärzte, Der Gastroenterologe 2016, S. 47 – 50

Paulduro, Aurelia, Die Verfassungsmäßigkeit von Strafrechtsnormen, insbesondere der Normen des Strafgesetzbuchs im Lichte der Rechtsprechung des Bundesverfassungsgerichts, München 1992 (zitiert: *Paulduro*)

Pauly, Mark V., The Economics of Moral Hazard: Comment, in: American Economic Review, Vol. 58, No. 3, Part 1,Jun. 1968, S. 531 – 537

Peikert, Peter, Persönliche Leistungserbringungspflicht, MedR 2000, S. 352 – 359

Peintinger, Michael, Therapeutische Partnerschaft – Aufklärung zwischen Patientenautonomie und ärztlicher Selbstbestimmung, Wien 2003 (zitiert: *Peintinger*)

Plagemann, Hermann (Hrsg.), Münchener Anwaltshandbuch Sozialrecht, 4. Auflage, München 2013 (zitiert: *Bearbeiter* in: MAH SozR)

Pragal, Oliver, Das Pharma-„Marketing" um die niedergelassenen Kassenärzte: "Beauftragteneigenschaft" gemäß § 299 StGB!, NStZ, 2005, S. 133 – 136

Pragal, Oliver, § 299 StGB – keine Straftat gegen den Wettbewerb!, ZIS 2006, S. 63 – 81

Pragal, Oliver/ Apfel, Henner, Bestechlichkeit und Bestechung von Leistungserbringern im Gesundheitswesen, A&R, 2007, S. 10 – 19

Pragal, Oliver/Handel,Timo, Der Regierungsentwurf zur Bekämpfung der Korruption im Gesundheitswesen – ein großer Wurf mit kleinen Schwächen (Teil 1), medstra 2015, S. 337 – 344

Pragal, Oliver/Handel, Timo, Der Regierungsentwurf zur Bekämpfung der Korruption im Gesundheitswesen – ein großer Wurf mit kleinen Schwächen (Teil 2), medstra 2016, S. 22 – 27

Prütting, Dorothea, Medizinrecht Kommentar, Köln 2016 (zitiert: *Bearbeiter* in: MedR-Komm)

Puschke, Jens, Legitimation, Grenzen und Dogmatik von Vorbereitungstatbeständen, Tübingen 2017 (zitiert: *Puschke*)

Quaas, Michael, Zur Berufsfreiheit des Freiberuflers, insbesondere der Ärzte, MedR 2001, S. 34– 37

Quaas, Michael/Zuck Rüdiger, Medizinrecht, 2. Auflage, München 2008 (zitiert: *Bearbeiter* in: Quaas/Zuck, 2. Auflage)

Quaas Michael/Zuck Rüdiger, Medizinrecht, 3. Auflage, München 2014 (zitiert: *Bearbeiter* in: Quaas/Zuck)

Ramb, Michael, Healthcare Compliance: Aktuelle Entwicklungen und globale Trends, CCZ 2015, S. 262 – 268

Ramb, Michael, Die neuen §§ 299a, 299b StGB im Lichte globaler Entwicklungen im Bereich Healthcare Compliance, in: Michael Kubiciel/Elisa Hoven (Hrsg.), Korruption im Gesundheitswesen, Tagungen und Kolloquien, 1. Auflage, Baden-Baden 2016, S. 253 – 268 (zitiert: *Ramb* in: Kubiciel/Hoven)

Ransiek, Andreas, Strafrecht und Korruption – Zum Gutachten C für den 61. Deutschen Juristentag, StV 1996, S. 446 – 453

Ransiek, Andreas, Zur Untreuestrafbarkeit des Vertragsarztes, medstra 2015, S. 92 – 97

Rauer, Nils/Pfuhl, Fabian, Das Gesetz zur Bekämpfung der Korruption im Gesundheitswesen, PharmR 2016, S. 357 – 362

Reese, Ulrich, Vertragsärzte und Apotheker als Straftäter? - eine strafrechtliche Bewertung des "Pharma-Marketings", PharmR 2006, S. 92 – 101

Reinhardt, Katharina, Korruption im Gesundheitswesen, Zur Strafbarkeit von Ärzten bei Kontakten mit der Arzneimittel- und Medizinprodukteindustrie de lege lata und de lege ferenda, Berlin 2018 (zitiert: *Reinhardt*)

Rettke, Arne, Das normative Brutto-Prinzip des § 73d StGB, wistra 2018, S. 234 – 241

Richter, Christoph/Bussar-Maatz, Roswitha, Deklaration von Helsinki, Standard ärztlicher Ethik – Plädoyer für eine klare und einheitliche Richtlinie zur Anwendung der Deklaration, Dtsch Arztebl 2005, 102(11), A 730 – A 732

Rönnau, Thomas, Untreue als Wirtschaftsdelikt, ZStW 119 (2007), S. 887 – 926

Rönnau, Thomas/Bergemeier, Moritz, Grund und Grenzen der Bruttoeinziehung – Zur Gestaltung der Bruttoabschöpfung anlässlich der Reform der strafrechtlichen Vermögensabschöpfung –, GA 2017, S. 1 – 19

Rönnau, Thomas/Wegner, Kapitalbeteiligung von Heilberufsangehörigen an Unternehmen im Gesundheitssektor – strafbare Korruption?, in: Martin Böse/ Kay H. Schumann/ Friedrich Toepel (Hrsg.), Festschrift zum 70. Geburtstag von Professor Dr. Dr. h.c. mult. Urs Kindhäuser, Baden-Baden 2019, S. 959 – 972 (zitiert: *Rönnau/Wegner* in: FS Kindhäuser)

Rogow, Arnold A./Lasswell, Harold Dwight, Power Corruption and Rectitude, Englewood Cliffs, New Jersey, Prentice_Hall 1963 (zitiert: *Rogow/Lasswell*)

Rolfs, Christian/ Giesen, Richard Leo Ernst/Kreikebohm, Ralf/Udsching, Peter, Beck´scher Online-Kommentar Sozialrecht, 45. Auflage, Stand 01.06.2017 (zitiert: *Bearbeiter* in: Beck´scher Online-Kommentar Sozialrecht)

Rosenau, Henning/Lorenz, Henning/Wendrich, Lisa, Korruption im Gesundheitswesen, in: Kuhlen Lothar/Kudlich Hans/Gómez Martín/Ortiz de Urbina Gimeno (Hrsg.), Korruption und Strafrecht, Heidelberg 2018, S. 53 – 74 (zitiert: *Rosenau/Lorenz/Wendrich* in: Kuhlen/Kudlich)

Rotsch, Thomas, Korruption und Compliance, in: Lothar Kuhlen/Hans Kudlich/Víctor Gomez Martín/Íñigo Ortiz de Urbina Gimeno (Hrsg.), Korruption und Strafrecht, Heidelberg 2018 (zitiert: *Rotsch* in: Kuhlen/Kudlich)

Roxin, Claus, Strafrecht, Allgemeiner Teil, Band I: Grundlagen, Der Aufbau der Verbrechenslehre, München 2006 (zitiert: *Roxin,* AT I)

Roxin,Claus/Schroth, Ulrich, Handbuch des Medizinstrafrechts, 4. Auflage, Stuttgart 2010 (zitiert: *Bearbeiter* in: Roxin/Schroth)

Rudolphi, Hans-Joachim, Notwendigkeit und Grenzen einer Vorverlagerung des Strafrechtsschutzes im Kampf gegen den Terrorismus, ZRP 1979, S. 214 – 221

Rübenstahl, Markus, Korruptionsdelikte und Pharmamarketing – Sind Vertragsärzte Amtsträger oder Beauftragte der Krankenkassen?, HRRS 2011, S. 324 – 333

Rübenstahl, Markus, Bruttoabschöpfung nach neuem Recht – alte und neue Probleme (Die Perspektive eines Strafverteidigers), NZWiSt 2018, S. 255 – 261

Rüdiger, Christiane, Schutzinteresse und Deliktsstruktur der „Bestechungsdelikte“ (§§ 331 ff. StGB), Frankfurt 2007 (zitiert: *Rüdiger*)

Rüthers, Bernd, Demokratischer Rechtsstaat oder oligarchischer Richterstaat?, JZ 2002, S. 365 – 371

Rüthers, Bernd, Methodenrealismus in Jurisprudenz und Justiz, JZ 2006, S. 53 – 60

Rüthers, Bernd, Rechtstheorie, 4. Auflage, München 2008 (zitiert: *Rüthers*)

Rüthers, Bernd/Fischer, Christian/Birk, Axel, Rechtstheorie, 10. Auflage, München 2018 (zitiert: *Rüthers/Fischer/Birk*)

Saal, Martin, Das Vortäuschen einer Straftat (§ 145d StGB) als abstraktes Gefährdungsdelikt, Berlin 1997 (zitiert: *Saal*)

Säcker, Franz Jürgen/Rixecker Roland/Oetker Hartmut/Limperg Bettina, Münchener Kommentar zum Bürgerlichen Gesetzbuch, Band 1, 7. Auflage, München 2015 (zitiert: *Bearbeiter* in: MüKo-BGB)

Säcker, Franz Jürgen/Rixecker Roland/Oetker Hartmut/Limperg Bettina, Münchener Kommentar zum Bürgerlichen Gesetzbuch, Band 4, 7. Auflage, München 2016 (zitiert: *Bearbeiter* in: MüKo-BGB)

Safferling, Christoph, Bestimmt oder nicht bestimmt? Der Untreuetatbestand vor den verfassungsrechtlichen Schranken. Anmerkung zum Beschluss des BVerfG vom 23.6.2010 – 2 BvR 2559/08; 105/09; 491/09, NStZ 2011, S. 376 – 379

Sahan, Oliver, Ist der Vertragsarzt tauglicher Täter der Bestechlichkeit im geschäftlichen Verkehr gem. § 299 Abs. 1 StGB?, ZIS 2/2007, S. 69 – 74

Sahan, Oliver/Kathrin Urban, Die Unbestechlichkeit niedergelassener Vertragsärzte, ZIS 2011, S. 23 – 28

Sahan, Oliver, Zur Strafbarkeit niedergelassener Vertragsärzte wegen Bestechlichkeit – Entscheidungsanmerkung zu BGH, Beschl. v. 29.3.2012 – GSSt 2/11 (LG Hamburg), ZIS 2012, S. 386 – 389

Saliger, Frank, Kick-Back, „PPP“, Verfall – Korruptionsbekämpfung im „Kölner Müllfall“, NJW 2006, S. 3377 – 3381

Saliger, Frank, Das Unrecht der Korruption, in: Peter-Alexis Albrecht (Hrsg.), Festschrift für Walter Kargl zum 70. Geburtstag, Berlin 2015, S. 493 – 505 (zitiert: *Saliger* in: FS Kargl)

Saliger, Frank, BGH, Beschl. v. 7.3.2019 – 3 StR 192/18, Entscheidungsanmerkung, Grenzen der Rückwirkung bei der Vermögensabschöpfung, ZIS 2020, S. 210 – 211

Sartorius, Beatrice, Bestechung und Bestechlichkeit im Gesundheitswesen, Die Tatbestände der §§ 299a, 299b StGB, Hamburg 2018 (zitiert: *Sartorius*)

Sass, Hans-Martin, Medizinethik, in: Annemarie Pieper/Urs Thurnherr (Hrsg.), Angewandte Ethik, München 1998, S. 80 – 109 (zitiert: *Sass* in: Pieper/Thurnherr)

Satzger, Helmut/Schluckebier, Wilhelm/Widmaier Gunter (Hrsg.), StGB Kommentar zum Strafgesetzbuch, 4. Auflage 2019 (zitiert *Bearbeiter* in: SSW-StGB)

Savedoff, William D./Hussmann, Karen, Warum sind Gesundheitssysteme korruptionsanfällig?, in: Transparency International (Hrsg.), Jahrbuch Korruption 2006 - Schwerpunkt: Gesundheitswesen, Berlin 2006, S. 44 – 57 (zitiert: *Savedoff/Hussmann* in: Jahrbuch Korruption 2006)

Schaupensteiner, Wolfgang, Wachstumsbranche Korruption. "10 Gebote der Korruptionsbekämpfung". Forderungen an Gesetzgeber und Verwaltung, in: Bundeskriminalamt (Hrsg.), Wirtschaftskriminalität und Korruption. BKA-Herbsttagung 2002 (zitiert: *Schaupensteiner* in: BKA, Wirtschaftskriminalität und Korruption)

Schimmelpfeng-Schütte, Ruth, Ansprüche gesetzlicher Krankenkassen gegen Leistungserbringer wegen Fehlverhaltens, GesR 12/2006, S. 529 – 537

Schlund, Manuela, Korruption im Gesundheitswesen, NJW-Spezial 2016, Heft 10, S. 312

Schlösser, Jan, Verfassungsrechtliche Grenzen einer Subjektivierung des Schadensbegriffes – Zur jüngsten Rechtsprechung des BVerfG zur Untreue und ihren Folgen für eine Schadensbegründung im Rahmen des Betruges, HRRS 2011, S. 254 – 264

Schmidt, André, Kassenärzte als taugliche Täter von Bestechungsdelikten im geschäftlichen Verkehr, NStZ 2010, S. 392 – 395

Schmidt, Corinna Alexandra, Grenzen finanzieller Einflussnahme auf ärztliche Entscheidungen bei der Kooperation von Ärzten mit anderen Leistungserbringern in der Gesundheitswirtschaft, Unter besonderer Berücksichtigung der Zulässigkeit von Rückvergütungen (sog. Kick-back-Vereinbarungen) nach Maßgabe des § 31 Abs. 1 Musterberufsordnung-Ärzte), Berlin 2014 (zitiert: *Schmidt*)

Schmidt, Eberhard, Der Arzt im Strafrecht, in: Albert Ponsold (Hrsg.), Lehrbuch der gerichtlichen Medizin, 2. Auflage, Stuttgart 1957, S. 1 – 79 (zitiert: *Schmidt* in: Ponsold)

Schmitt, Jochen, Leistungserbringung durch Dritte im Sozialrecht, Köln/Berlin/Bonn/München 1990 (zitiert: *Schmitt*)

Schnapp, Friedrich E., Der Vertragsarzt – Sachwalter der gesetzlichen Krankenkassen?, in: Holm Putzke/Bernhard Hardtung/Tatjana Hörnle (Hrsg.), Strafrecht zwischen System und Telos, Festschrift für Rolf Dietrich Herzberg zum siebzigsten Geburtstag, Tübingen 2008 (zitiert: *Schnapp* in: FS Herzberg)

Schnapp, Friedrich E., Der Vertragsarzt als Sachwalter der gesetzlichen Krankenkassen?, in: Gunnar Duttge (Hrsg.), Tatort Gesundheitsmarkt – Rechtswirklichkeit – Strafwürdigkeit – Prävention, Band 20 der „Göttinger Studien zu den Kriminalwissenschaften" im Universitätsverlag, Göttingen 2011, S. 47 – 67 (zitiert: *Schnapp* in: Duttge)

Schnapp, Friedrich E., Die strafrechtliche Neujustierung der Stellung des Vertragsarztes – zugleich eine Anmerkung zum Beschluss des Großen Senats des Bundesgerichtshofs in Strafsachen vom 29.03.2012 – GSSt 2/11, GesR 2012, S. 705 – 714

Schnapp, Friedrich E./Wigge Peter (Hrsg.), Handbuch des Vertragsarztrechts, 3. Auflage, München 2017 (zitiert: *Bearbeiter* in: Schnapp/Wigge)

Schneider, Hendrik, Anmerkung zu OLG Braunschweig, Beschl. v. 23.02.2010 – Ws 17/10, StV 2010, S. 365 – 368

Schneider, Hendrik, Strafrechtliche Grenzen des Pharmamarketings – Zur Strafbarkeit der Annahme umsatzbezogener materieller Zuwendungen durch niedergelassene Vertragsärzte, HRRS 2010, S. 241 – 247

Schneider, Hendrik, Sonderstrafrecht für Ärzte? – Eine kritische Analyse der jüngsten Gesetzesentwürfe zur Bestrafung der „Ärztekorruption“, HRRS 11/2013, S. 473 – 480

Schneider, Hendrik, Das Gesetz zur Bekämpfung der Korruption im Gesundheitswesen und die Angemessenheit der Vergütung von HCP, medstra 2016, S. 195 – 203

Schneider, Hendrik, Bestechung und Bestechlichkeit im Gesundheitswesen, in: Verein Arzneimittel und Kooperation im Gesundheitswesen AKG e.V./Bundesverband der Pharmazeutischen Industrie e.V. (BPI) (Hrsg.), Kooperationen im Gesundheitswesen auf dem Prüfstand - Die §§ 299a, 299b StGB in der Praxis, Baden-Baden 2018, S. 37 – 100 (zitiert: *Schneider* in: Kooperationen im Gesundheitswesen auf dem Prüfstand)

Schneider, Hendrik/Ebermann, Thorsten, Der Regierungsentwurf zur Bekämpfung von Korruption im Gesundheitswesen, A&R 5/2015, S. 202 – 207

Schneider, Hendrik/Ebermann, Thorsten, Der Begriff der Zuführung von Patienten in den Tatbeständen Bestechlichkeit und Bestechung im Gesundheitswesen, medstra 2018, S. 67 – 73

Schneider, Hendrik/Gottschaldt, Peter, Zuweisungspauschale: Lukratives Geschäft oder Straftat?, wistra 2009, S. 133 – 137

Schneider, Hendrik/Kaltenhäuser, Niels, An den Grenzen des kreativen Strafrechts – Das Problem der akzessorischen Begriffsbildung im Wirtschaftsstrafrecht des Arztes, medstra 2015, S. 24 – 31

Schneider, Hendrik/Strauß, Erik, Die Zukunft der Anwendungsbeobachtungen – Rechtssichere Grenzen zwischen Korruption und zulässiger Kooperation angesichts der aktuellen Vorlagebeschlüsse des 3. und 5. Strafsenats des Bundesgerichtshofs (BGH HRRS 2011 Nr. 800, 801), HRRS 2011, S. 333 – 338

Schneider, Hendrik/Kißling, Kristin, Compliance im Unternehmen – Wo steht die Pharmaindustrie? Ergebnisse eines empirischen Forschungsvorhabens zur Verbreitung und Wirkung von Compliance Instrumenten in deutschen Unternehmen, A&R 2015, S. 261 – 266

Schneider, Tamara, Neues zur Vermögensbetreuungspflicht des Vertragsarztes gegenüber den gesetzlichen Krankenkassen, Urteilsanmerkung zu BGH Beschluss v. 16.08.2016 – 4 StR 163/16 (HRRS 2016 Nr. 974), HRRS 2017, S. 231 – 236

Scholz, Karsten, Rechtliche Fragen der Korruption im Gesundheitswesen aus Sicht des ärztlichen Berufsrechts, in: Michael Kubiciel/Elisa Hoven (Hrsg.), Korruption im Gesundheitswesen, Tagungen und Kolloquien, 1. Auflage, Baden-Baden 2016, S. 89 – 108

Schönhofer, Peter, Korruption im Arzneimittelmarkt, in: Arnim Hans Herbert von (Hrsg.): Defizite in der Korruptionsbekämpfung und der Korruptionsforschung, Beiträge auf der 9. Speyerer Demokratietagung vom 26. und 27. Oktober 2006 an der Deutschen Hochschule für Verwaltungswissenschaften Speyer, Berlin 2009, S. 53 – 62 (zitiert: *Schönhofer* in: Arnim)

Schönke, Adolf/Schröder, Horst, Strafgesetzbuch, 30. Auflage, München 2019 (zitiert: *Bearbeiter* in: Schönke/Schröder)

Schröder, Horst, Das Rechtsgut der Bestechungsdelikte und die Bestechlichkeit des Ermessensbeamten, GA 1961, S. 289 – 298

Schröder, Kathie/Lilie, Astrid, Niedergelassener Vertragsarzt ist weder Amtsträger noch Beauftragter, FD-StrafRBeiträge FD-StrafR 2012, 333999

Schröder, Thomas, Korruptionsbekämpfung im Gesundheitswesen durch Kriminalisierung von Verstößen gegen berufsrechtliche Pflichten zur Wahrung der heilberuflichen Unabhängigkeit: Fünf Thesen zu den §§ 299a, 299b StGB des Regierungsentwurfs vom 29.7.2015, Teil 1, NZWiSt 09/2015, S. 321 – 333

Schröder, Thomas, Korruptionsbekämpfung im Gesundheitswesen durch Kriminalisierung von Verstößen gegen berufsrechtliche Pflichten zur Wahrung der heilberuflichen Unabhängigkeit: Fünf Thesen zu den §§ 299a, 299b StGB des Regierungsentwurfs vom 29.7.2015, Teil 2, NZWiSt 09/2015, S. 361 – 365

Schröder, Thomas, Die neue Strafgesetzgebung gegen Korruption im Gesundheitswesen – Vertrauens- durch Wettbewerbsschutz?, in: Frewer Andreas/Bergemann Lutz/Jäger Christian (Hrsg.), Interessen und Gewissen – Moralische Zielkonflikte in der Medizin, Jahrbuch Ethik in der Klinik, Band 9, Würzburg 2016, S. 119 – 160 (zitiert: *Schröder* in: Frewer/Bergemann/Jäger)

Schröder, Thomas, Akteure und Probleme der Gesetzesimplementation im Strafrecht, Das Beispiel der Korruptionsstraftatbestände für das Gesundheitswesen (§§299a, 299b StGB), ZIS 2019, S. 71 – 93

Schroth, Ulrich/Hofmann Elisabeth, Die strafbegrenzende Bedeutung der Unlauterkeit im Rahmen der §§ 299a, b StGB – Zugleich ein Beitrag zu strafrechtlichen Risiken der Durchführung von Anwendungsbeobachtungen, medstra 2017, S. 259 – 267

Schünemann, Bernd, Moderne Tendenzen in der Dogmatik der Fahrlässigkeits- und Gefährdungsdelikte, JA 1975, S. 435 – 444

Schünemann, Bernd, Das Rechtsgüterschutzprinzip als Fluchtpunkt der verfassungsrechtlichen Grenzen der Straftatbestände und ihrer Interpretation, in: Hefendehl, Roland/v. Hirsch, Andrew/Wohlers, Wolfgang (Hrsg.), Rechtsgutstheorie – Legitimationsbasis des Strafrechts oder dogmatisches Glasperlenspiel?, 2003, S. 133 – 154 (zitiert: *Schünemann* in: Rechtsgutstheorie)

Schünemann, Bernd, Über Strafrecht im demokratischen Rechtsstaat, das unverzichtbare Rationalitätsniveau seiner Dogmatik und die vorgeblich progressive Rückschrittspropaganda, ZIS 2016, S. 654 – 671

Schuhr, Jan C., Funktionale Anforderungen an das Handeln als Amtsträger (§§ 331 ff. StGB) oder Beauftragter (§ 299 StGB) – Besprechung des Beschlusses des BGH vom 5.5.2011 – 3 StR 458/10, NStZ 2012, S. 11 – 15

Schuster, Frank Peter, Das Verhältnis von Strafnormen und Bezugsnormen aus anderen Rechtsgebieten, Eine Untersuchung zum Allgemeinen Teil im Wirtschafts- und Steuerstrafrecht, Berlin 2012 (zitiert: *Schuster*)

Schwerdtfeger, Gunther, Die Leistungsansprüche der Versicherten im Rechtskonkretisierungskonzept des SGB V, NZS 1998, S. 97

Searle, John, Die Konstruktion der gesellschaftlichen Wirklichkeit, Hamburg 1997 (zitiert: *Searle)*

Seiler, Christian, Auslegung als Normkonkretisierung, Heidelberg 2000 (zitiert: *Seiler*)

Simon, Alfred, Einstellung der Ärzte zur Suizidbeihilfe - Ausbau der Palliativmedizin gefordert, Ärzteblatt Heft 28-29, 19.07.2010, S. 14 – 15

Simon, Michael, Das Gesundheitssystem in Deutschland - Eine Einführung in Struktur und Funktionsweise, 6. Auflage, Bern 2017 (zitiert: *Simon*)

Smith, Adam, An Inquiry into the Nature and Causes of the Wealth of Nations, London 1776 (zitiert: *Smith*)

Sobotta, Daniel, Der Vertragsarzt – tatsächlich Beauftragter der Krankenkassen? – Betrachtungen zum Beschluss des OLG Braunschweig v. 23.2.2010 und zugleich Replik auf Dannecker, GesR 2010, 281, GesR 2010, S. 471 – 474

Sodan, Helge, Verfassungsrechtliche Anforderungen an Regelungen gemeinschaftlicher Berufsausübung von Vertragsärzten – Zum Spannungsverhältnis von Berufs- und Sozialversicherungsrecht, NZS 2001, S. 169 – 177

Spickhoff, Andreas, Patientenrechte und Patientenpflichten – Die medizinische Behandlung als kodifizierter Vertragstypus, VersR 2013, S. 267 – 282

Spickhoff, Andreas, Medizinrecht, 2. Auflage, München 2014 (zitiert: *Bearbeiter* in: Spickhoff)

Spickhoff, Andreas, Medizinrecht, 3. Auflage, München 2018 (zitiert: *Bearbeiter* in: Spickhoff, 2018)

Sporer, Nazanin, Die Auswirkung der Täuschung im Rahmen der §§ 331, 332 StGB, München 2017 (zitiert: *Sporer)*

Stächelin, Gregor, Strafgesetzgebung im Verfassungsstaat, Berlin 1998 (zitiert: *Stächelin*)

Steenbreker, Thomas, Korruptionsbekämpfung in sonstiger Weise: § 299a E-StGB und Strafgesetzgebung im Gesundheitswesen, MedR 2015, S. 660 – 664

Steinhilper, Gernot, (Kurze, weniger dogmatische, eher lebensnahe) Anmerkung zu OLG Hamm, Urteil v. 22. Dezember 2004, Az.: 3 Ss 431/04, MedR 2005, S. 238 – 240

Steinhilper, Gernot, Der Vertragsarzt – überreguliert oder noch geschützt? – Der Vertragsarzt in seinen rechtlichen Bindungen, GesR 2009, S. 337 – 346

Steinhilper, Gernot, Schwierigkeiten bei der Honorarabrechnung von Ärzten – Verlockung zum Abrechnungsbetrug?, GesR 2010, S. 398 – 401

Stellpflug, Martin, Sponsoring oder Bestechung?, Arzt und Wirtschaft, 2002, S. 26

Sturm, Anja, Der niedergelassene Vertragsarzt – (k)ein Amtsträger?, ZWH 2011, S. 41 – 47

Süße, Sascha/Lis Patrick, Compliance und Korruptionsbekämpfung im Gesundheitswesen, Newsdienst Compliance 2014, 71006

Süße, Sascha/Püschel Carolin, Die finale Fassung des Gesetzes zur Bekämpfung der Korruption im Gesundheitswesen und ihre Folgen, Newsdienst Compliance 2016, 71001

Szesny, André-M./Remplik, Yvonne J., Anmerkung zu BGH, Beschl. v. 29.3.2012 – GSSt 2/11 (LG Hamburg), MedR 2012, S. 662

Taschke, Jürgen, Die Strafbarkeit des Vertragsarztes bei der Verordnung von Rezepten, StV 7/2005, S. 406 – 411

Taschke, Jürgen/Zapf, Daniel, §§ 299a, 299b StGB-E – Folgen für die Kooperation zwischen Pharmaunternehmen und Medizinprodukteherstellern mit niedergelassenen Ärzten, medstra 2015, S. 332 – 337

Tiedemann, Klaus, Tatbestandsfunktion im Nebenstrafrecht, Untersuchungen zu einem rechtsstaatlichen Tatbestandsbegriff, entwickelt am Problem des Wirtschaftsstrafrechts, Tübinger Rechtswissenschaftliche Abhandlungen, Tübingen 1969 (zitiert: *Tiedemann*)

Tillmanns, Christian, Was ist noch erlaubt? Das neue Antikorruptionsgesetz im Gesundheitswesen steht vor der Tür – Welche Auswirkungen hat es auf die Apothekerschaft?, DAZ 2016 (Nr. 4), S. 20

Transparency International, Einführung, in Transparency International (Hrsg.) Jahrbuch Korruption 2006 – Schwerpunkt: Gesundheitswesen, Berlin 2006, S. 23 – 30 (*Transparency International* in: Jahrbuch Korruption 2006)

Tsambikakis, Michael, Strafbarkeitsrisiken korruptiven Verhaltens niedergelassener Vertragsärzte nach dem Beschluss des Großen Senats für Strafsachen, in: Herbert Schiller/Michael Tsambikakis (Hrsg.), Kriminologie und

Medizinrecht – Festschrift für Gernot Steinhilper, München, Landsberg, Frechen, Hamburg 2013, S. 217 – 224 (zitiert: *Tsambikakis* in: FS Steinhilper)

Tsambikakis, Michael, Kommentierung des Gesetzes zur Bekämpfung der Korruption in Gesundheitswesen, medstra 2016, S. 131 – 141

Ulsenheimer, Klaus, Der Vertragsarzt als Sachwalter der Vermögensinteressen der gesetzlichen Krankenkassen?, MedR 2005, S. 622 – 628

Ulsenheimer, Klaus, Neuere Entwicklungstendenzen im Arztstrafrecht, in: Herbert Schiller/Michael Tsambikakis (Hrsg.), Kriminologie und Medizinrecht - Festschrift für Gernot Steinhilper, München, Landsberg, Frechen, Hamburg 2013, S. 225 – 236 (zitiert: *Ulsenheimer* in: FS Steinhilper)

Ulsenheimer, Klaus, Arztstrafrecht in der Praxis, 5. Auflage 2015 (zitiert: *Bearbeiter* in: Ulsenheimer)

Vahlenkamp, Werner/Krauß, Ina, Korruption - hinnehmen oder handeln?, BKA Wiesbaden 1995 (zitiert: *Vahlenkamp/Krauß*)

Vöneky, Silja, Grundlagen und Grenzen der Ethisierung des Völkerrechts, in: Silja Vöneky/Britta Beylage-Haarmann/Anja Höfelmeier/Anna-Katharina Hübler (Hrsg.), Ethik und Recht – Die Ethisierung des Rechts/Ethics and Law, The Ethicalization of Law, Heidelberg 2013, S. 129 – 148 (zitiert: *Vöneky* in: Ethik und Recht)

Volk, Klaus, Die Merkmale der Korruption und die Fehler bei ihrer Bekämpfung, in: Gössel Karl Heinz/Trifterer Otto (Hrsg.), Gedächtnisschrift für Heinz Zipf, Heidelberg 1999, S. 419 – 431 (zitiert: *Volk* in: GS für Zipf)

Wabnitz, Heinz-Bernd/Janovsky, Thomas (Hrsg.), Handbuch des Wirtschafts- und Steuerstrafrecht, 4. Auflage, München 2014 (zitiert: *Bearbeiter* in: Wabnitz/Janovsky)

Walter, Andreas, Ärzte sind keine Amtsträger oder Beauftragte der gesetzlichen Krankenkassen, CCZ 2012, S. 199 – 200

Warntjen, Maximilian/Schelling, Philip, Der Vertragsarzt als „Beauftragter" der Krankenkassen - Mitarbeiter von pharmazeutischen Unternehmen im Visier der Staatsanwaltschaft?, PharmR 2010, S. 509 – 513

Weimer, Tobias, Unter Verdacht: Das Gesundheitswesen – „organisiert kriminell?!", Eine tatorientierte Betrachtung, in: Herbert Schiller/Michael Tsambikakis (Hrsg.), Kriminologie und Medizinrecht - Festschrift für Gernot Steinhilper, München, Landsberg, Frechen, Hamburg 2013, S. 237 – 265 (zitiert: *Weimer* in: FS Steinhilper)

Wengenroth, Lenard/Meyer Miriam, Amtsträger – Beauftragter – oder einfach nur Arzt?, JA 2012, S. 646 – 651

Wenzel, Frank (Hrsg.), Handbuch des Fachanwalts Medizinrecht, 3. Auflage, Köln 2013 (zitiert: *Bearbeiter* in: Wenzel)

Wessels, Johannes/Beulke, Werner/Satzger, Helmut, Strafrecht Allgemeiner Teil, Heidelberg 2017 (zitiert: *Wessels/Beulke/Satzger*, AT)

Wessing, Jürgen/Krawczyk, Lucian, Der Untreueparagraf auf dem verfassungsrechtlichen Prüfstand, NZG 2010, S. 1121 – 1124

Wiesner, Anja/Lieb, Klaus, Interessenkonflikte durch Arzt-Industrie-Kontakte in Praxis und Klinik und Vorschläge zu deren Reduzierung, in: Lieb, Klaus/ Klemperer, David/Ludwig, Wolf-Dieter (Hrsg.), Interessenkonflikte in der Medizin, Berlin 2011, S. 161 – 174 (zitiert: *Wiesner/Lieb* in: Lieb/Klemperer/ Ludwig)

Wigge, Peter, Arzneimittelversorgung durch niedergelassene Apotheker in der gesetzlichen Krankenversicherung, NZS 1999, S. 584 – 589

Wissing, Volker/Ciernak, Jürgen, Strafbarkeitsrisiken des Arztes und von Betriebsinhabern nach dem Entwurf eines Gesetzes zur Bekämpfung von Korruption im Gesundheitswesen, NZWiSt 2016, S. 41 – 47

Wittig, Petra, Die Rechtsprechung zur Steuerhinterziehung durch Erlangen eines unrichtigen Feststellungsbescheides vor dem Hintergrund des Beschlusses des BVerfG vom 23.6.2010 (2 BvR 2559/08), ZIS 2011, S. 660 – 668

Wigge, Peter, Grenzen der Zusammenarbeit im Gesundheitswesen – der Gesetzentwurf zur Bekämpfung von Korruption im Gesundheitswesen, NZS 2015, S. 447 – 453.

Wollersheim, Ulrike, „Zuweisung gegen Entgelt“ im Berufsrecht der Ärzte und im SGB V, in: Herbert Schiller/Michael Tsambikakis (Hrsg.), Kriminologie und Medizinrecht - Festschrift für Gernot Steinhilper, München, Landsberg, Frechen, Hamburg 2013, S. 157 – 167 (zitiert: *Wollersheim* in: FS Steinhilper)

Wolter, Jürgen, Objektive und personale Zurechnung von Verhalten, Gefahr und Verletzung in einem funktionalen Straftatsystem, Berlin 1981 (zitiert: *Wolter)*

Wolter, Jürgen (Hrsg.), SK-StGB, Systematischer Kommentar zum Strafgesetzbuch, Band V, §§ 242-302 StGB, Köln, 9. Auflage 2019 (zitiert: *Bearbeiter* in: SK-StGB)

Zimmermann, Doris A., Entwicklungstendenzen im Gesundheitswesen - Kritische Analysen, Alternativen und Potenziale, Bad Homburg 2008 (zitiert: *Zimmermann*)

Zöller, Mark A., Abschied vom Wettbewerbsmodell bei der Bekämpfung der Wirtschaftskorruption?- Überlegungen zur Reform des § 299 StGB, GA 2009, S. 137 – 149

Internetquellen

apotheke adhoc, Anti-Korruptionsgesetz - AOK: Apotheke hochgradig korruptionsgefährdet, AOK Bundesverbandschef Martin Litsch, 14.04.2016, abrufbar unter: http://m.apotheke-adhoc.de/nachrichten/politik/nachricht-detail-politik/antikorruptionsgesetz-aok-martin, abgerufen am 20.09.2016 (zitiert: *Litsch*, apotheke adhoc, 14.04.2016)

aerzteblatt.de, Viele Deutsche haben ein sehr gutes Vertrauensverhältnis zu ihrem Arzt, 30.07.2014, abrufbar unter: http://www.aerzteblatt.de/nachrichten/59557, abgerufen am 02.09.2016 (zitiert: aerzteblatt.de, 30.07.2014)

Berliner Zeitung, Baumann Daniel, Korruption unter Ärzten – Bestechende Aussichten für Mediziner, vom 17.07.2012, abrufbar unter: http://www.berliner-zeitung.de/wirtschaft/korruption-unter-aerzten-bestechende-aussichten-fuer-mediziner4188188; abgerufen am 09.08.2016 (zitiert: Berliner Zeitung, Korruption unter Ärzten – Bestechende Aussichten für Mediziner, 17.07.2012)

BfArM (Bundesinstitut für Arzneimittel und Medizinprodukte), Verkehrsfähige Arzneimittel im Zuständigkeitsbereich desBfArM, Stand 18.10.2016, abrufbar unter: http://www.bfarm.de/DE/Service/Statistik/AM_statistik/statistik-verkf-am-zustBfArM.html, abgerufen am 19.10.2016 (zitiert: BfArM, Verkehrsfähige Arzneimittel im Zuständigkeitsbereich desBfArM, Stand 18.10.2016)

Bundesärztekammer, „Allgemeine Grundsätze" der Deklaration des Weltärzteverbundes in der revidierten Fassung 2013 von der 64. Generalversammlung des Weltärzteverbundes auf der Tagung in Fortaleza (Brasilien) in der deutschen Übersetzung der Bundesärztekammer, abrufbar unter: http://www.bundesaerztekammer.de/presse/pressemitteilungen/news-detail/weltaerztebund-neufassung-der-deklaration-von-helsinki-in-deutscher-uebersetzung-veroeffentlicht/, abgerufen am 10.08.2016 (zitiert: „Allgemeine Grundsätze" der Deklaration des Weltärzteverbundes in der revidierten Fassung 2013 von der 64. Generalversammlung des Weltärzteverbundes auf der Tagung in Fortaleza (Brasilien) in der deutschen Übersetzung der Bundesärztekammer)

Bundesärztekammer, (Aktualisierte) Stellungnahme der Bundesärztekammer zu BT-Drucksache 17/12213, BT-Drucksache 17/12693, BT-Drucksache 17/12451, Ausschussdrucksache 17(14)0416, Ausschussdrucksache 17(14)0420, vom 14.05.2013, abrufbar unter: http://www.bundesaerztekammer.de/fileadmin/user_upload/downloads/Stn_BAEK_Korruption_14052013.pdf, abgerufen am 06.05.2016 (zitiert: Bundesärztekammer, Stellungnahme vom 14.05.2013)

Bundesärztekammer, Montgomery: "Wir wollen aus dem Generalverdacht raus", Pressemitteilung vom 21.05.2013, abrufbar unter: http://www.bundesaerztekammer.de/aerztetag/aerztetage-ab-2006/116-deutscher-aerztetag-2013/presse/interview-rp/, abgerufen am 04.05.2016 (zitiert: Bundesärztekammer, Pressemitteilung vom 21.05.2013)

Bundesärztekammer, Stellungnahme vom 20.11.2015 zum Regierungsentwurf – Entwurf eines Gesetzes zur Bekämpfung von Korruption im Gesundheitswesen vom 27.07.2015 i.d.F. der BT-Drs. 18/6446 vom 21.10.2015, abrufbar unter: http://www.bundesaerztekammer.de/fileadmin/user_upload/downloads/pdf-Ordner/Stellungnahmen/20151120BAEKStellRegEKorruptionGw.pdf, abgerufen am 15.05.2016 (zitiert: Bundesärztekammer, Stellungnahme vom 20.11.2015)

Bundesrechtsanwaltskammer, Stellungnahme Nr. 40/2015, November 2015, Zum Gesetzentwurf der Bundesregierung zur Bekämpfung der Korruption im Gesundheitswesen vom 21.10.2015 (BT-Drucks. 18/6446), abrufbar unter: http://www.brak.de/zur-rechtspolitik/stellungnahmen-pdf/stellungnahmen-deutschland/2015/november/stellungnahme-der-brak-2015-40.pdf, abgerufen am 18.04.2016 (zitiert: Bundesrechtsanwaltskammer, Stellungnahme Nr. 40/2015)

Bussmann, Kai-D., Unzulässige Zusammenarbeit im Gesundheitswesen durch „Zuweisung gegen Entgelt", Ergebnisse einer empirischen Studie im Auftrag des GKV-Spitzenverbandes, September 2012, abrufbar unter: https://www.gkv-spitzenverband.de/media/dokumente/presse/publikationen/Studie_Zuweisung_gegen_Entgelt_2012.pdf, abgerufen am 29.10.2018 (zitiert: *Bussmann,* Unzulässige Zusammenarbeit im Gesundheitswesen durch „Zuweisung gegen Entgelt")

Bussmann Kai/Burkhart Michael/Salvenmoser Steffen, Wirtschaftskriminalität – Pharmaindustrie, PricewaterhouseCoopers AG Wirtschaftsprüfungsgesellschaft und Martin-Luther-Universität Halle-Wittenberg (Hrsg.), April 2013, abrufbar unter: https://www.pwc.de/de/gesundheitswesen-und-pharma/assets/pharmabranche-fehlt-rezept-gegen-korruption.pdf, abgerufen am 29.10.2018 (zitiert: *Bussmann/Burkhart/Salvenmoser*)

DAZ.online, Fedwisch-Drentrup Hinnerk (Redakteur), Juristen zum Antikorruptionsgesetz – Apotheker sollten sich nicht in Sicherheit wiegen, Oberstaatsanwalt Badle Alexander und Gesundheistrechtler Meyer Hilko J., Stuttgart 18.04.2016, abrufbar unter: https://www.deutsche-apotheker-zeitung.de/news/artikel/2016/04/15/juristenaussern-sich-vorsichtig-optimistisch-zu-neuen-straftatbestanden, abgerufen am 20.12.2016 (zitiert: Meyer bzw. Badle, DAZ.online, 18.04.2016)

Deutsche Bank DB Research, Wachstumsmarkt Gesundheitswirtschaft, 09.12.2012, abrufbar unter: https://www.dbresearch.de/PROD/DBR_INTERNET_DE-PROD/PROD0000000000288714/Pr%C3%A4sentation%3A_Wachstumsmarkt_Gesundheitswirtschaft.PDF, abgerufen am 22.09.2016 (zitiert: Deutsche Bank DB Research, Wachstumsmarkt Gesundheitswirtschaft, 09.12.2012)

Deutsche Stiftung Patientenschutz, Stellungnahme zum Entwurf der Bundesregierung eines Gesetzes zur Bekämpfung von Korruption im Gesundheitswesen Bundestags-Drucksache 18/6446 vom 21.10.2015, Patientenschutz Info-Dienst, Ausgabe 2/2016, 23.03.2016, abrufbar unter: https://www.stiftung-patientenschutz.de/uploads/docs/Korruption_im_Gesundheitswesen_Patientenschutz_Info-Dienst_2016_02.pdf, abgerufen am 08.06.2016 (zitiert: Stiftung Patientenschutz, Patientenschutz Info-Dienst, 2/2016, 23.03.2016)

Deutscher Richterbund, Stellungnahme Nr. 10/15, April 2015, Stellungnahme zum Referentenentwurf des Bundesministeriums der Justiz und für Verbraucherschutz zur Bekämpfung von Korruption im Gesundheitswesen, abrufbar unter: http://www.drb.de/fileadmin/docs/Stellungnahmen/2015/DRB_150410_Stn_Nr_10_Bekaempfung_von_Korruption_im_Gesundheitswesen.pdf, abgerufen am 10.08.2016 (zitiert: Deutscher Richterbund, Stellungnahme Nr. 10/15)

Deutscher Richterbund, Stellungnahme Nr. 22/15, November 2015, Stellungnahme des Deutschen Richterbundes zum Gesetzentwurf der Bundesregierung zur Bekämpfung von Korruption im Gesundheitswesen (BT-Drs. 18/6446), abrufbar unter: https://www.bundestag.de/blob/397842/1e28a02c74f8855f7c66abefd34a7b03/drb-data.pdf, abgerufen am 10.08.0216 (zitiert: Deutscher Richterbund, Stellungnahme Nr. 22/15)

Die forschenden Pharma-Unternehmen, Stellungnahme zum Gesetzentwurf der Bundesregierung vom 21.10.2015 für ein „*Gesetz zur Bekämpfung von Korruption im Gesundheitswesen*" (BT-Drs. 18/6446), vom 02.11.2015, abrufbar unter: https://www.bundestag.de/blob/404838/5f4006a02fe591887a78820fa6569e80/wortprotokoll-data.pdf, abgerufen am 09.02.2019 (zitiert: Die forschenden Pharma-Unternehmen, Stellungnahme vom 02.11.2015)

Die WirtschaftsWoche, „Ratiopharm: Geld und Geschenke für Ärzte", vom 17.11.2009, abrufbar unter: http://www.wiwo.de/unternehmen/ratiopharm-geld-und-geschenke-fuer-aerzte-/5593926.html, abgerufen am 10.10.2016

(zitiert: Die WirtschaftsWoche, „Ratiopharm: Geld und Geschenke für Ärzte“, 17.11.2009)

DocCheck, Antikorruptionsgesetz: Tatbestand Stillstand, 15.04.2016, abrufbar unter: http://news.doccheck.com/de/127144/antikorruptionsgesetz-tatbestand-stillstand/, abgerufen am 02.02.2019 (zitiert: DocCheck, „Antikorruptionsgesetz: Tatbestand Stillstand, 15.04.2016)

Duttge Gunnar, Korruptionsstrafrecht im Gesundheitswesen (Folien zum Vortrag), Deutscher Anwaltverein – Arbeitsgemeinschaft Medizinrecht, 15. Frühjahrstagung 2015, Frankfurt/Main, 25.04.2015, abrufbar unter: http://arge-medizinrecht.de/wp-content/uploads/2016/04/05duttge-01.pdf, angerufen am 24.07.2017 (zitiert: Duttge, Korruptionsstrafrecht im Gesundheitswesen)

EHFCN, Study on Corruption in the Healthcare Sector, HOME/2011/ISEC/PR/047-A2, October 2013, European Union, 2013, abrufbar unter: https://www.stt.lt/documents/soc_tyrimai/20131219_study_on_corruption_in_the_healthcare_sector_en.pdf, abgerufen am 29.10.2018 (zitiert: *EHFCN*, Study on Corruption in the Healthcare Sector)

Evans Jennifer/Rücker Daniel, Antikorruptionsgesetz – Regierung einigt sich, Pharmazeutische Zeitung online, Ausgabe 13/2016, abrufbar unter: abrufbar unter: http://www.pharmazeutische-zeitung.online/index.php?id=62713, abgerufen am 23.08.2016 (zitiert: *Evans/Rücker*, PZ online 13/2016)

Frankfurter Rundschau, Korruption unter Ärzten – Bestechende Aussichten für Mediziner, vom 17.07.2012, abrufbar unter: http://www.fr-online.de/wirtschaft/korruption-unter-aerzten-bestechende-aussichten-fuer-mediziner,1472780,16637350.html, abgerufen am 10.12.2015 (zitiert: Frankfurter Rundschau, Korruption unter Ärzten – Bestechende Aussichten für Mediziner, vom 17.07.2012)

Freiwillige Selbstkontrolle für die Arzneimittelindustrie e.V. (FSA), Stellungnahme zum Gesetzentwurf der Bundesregierung vom 21.10.2015 für ein Gesetz zur Bekämpfung von Korruption im Gesundheitswesen (BT-Drs. 18/6446), 13.11.2015, abrufbar unter: http://www.fsa-pharma.de/fileadmin/Downloads/Pdf_s/Pressemitteilungen/15-11-13_Stellungnahme_Regierungsentwurf.pdf, abgerufen am 04.05.2016 (zitiert: FSA, Stellungnahme vom 13.11.2015)

Freiwillige Selbstkontrolle für die Arzneimittelindustrie e.V., Gemeinsamer Standpunkt zur strafrechtlichen Bewertung der Zusammenarbeit zwischen Industrie, medizinischen Einrichtungen, und deren Mitarbeitern, April 2001, abrufbar unter: https://www.fsa-pharma.de/fileadmin/Downloads/Pdf_s/Diverses/Gemeinsamer_Standpunkt.pdf, abgerufen am 09.04.2019 (zitiert: FSA, Gemeinsamer Standpunkt zur strafrechtlichen Bewertung der

Zusammenarbeit zwischen Industrie, medizinischen Einrichtungen, und deren Mitarbeitern)

Freiwillige Selbstkontrolle für die Arzneimittelindustrie e.V. (FSA), Kodex für die Zusammenarbeit der pharmazeutischen Industrie mit Ärzten, Apothekern und anderen Angehörigen medizinischer Fachkreise, Mai 2014, abrufbar unter: https://www.fsa-pharma.de/fileadmin/Downloads/Pdf_s/Kodizes__Empfehlungen/FSA-Kodex_Fachkreise_Web.pdf, abgerufen am 09.04.2019 (zitiert: FSA, Kodex für die Zusammenarbeit der pharmazeutischen Industrie mit Ärzten, Apothekern und anderen Angehörigen medizinischer Fachkreise)

GKV-Spitzenverband, Position des GKV-Spitzenverbandes zu dem Expertengespräch über Konsequenzen aus dem BGH-Beschluss zur Strafbarkeit von Kassenärzten wegen Bestechlichkeit am 24.10.2012, abrufbar unter: https://www.gkvspitzenverband.de/media/dokumente/presse/pressemitteilungen/2013/Position_G-KV_BGH-Urteil_zu_Korruption.pdf, abgerufen am 13.09.2016 (zitiert: Position des GKV-Spitzenverbandes zu dem Expertengespräch über Konsequenzen aus dem BGH-Beschluss zur Strafbarkeit von Kassenärzten wegen Bestechlichkeit am 24.10.2012)

GKV-Spitzenverband, Stellungnahme zum Gesetzesentwurf der Bundesregierung eines Gesetzes zur Bekämpfung von Korruption im Gesundheitswesen (BT-Drs. 18/6446) von Meseke Stephan, 02.12.2015, abrufbar unter: https://www.gkv-spitzenverband.de/media/dokumente/presse/presse_themen/fehlverhalten/Meseke_Stellungnahme_Korruption_im_Gesundheitswesen_ am_2122015.pdf, abgerufen am 06.05.2016 (zitiert: GKV-Spitzenverband, Stellungnahme 02.12.2015)

GKV-Spitzenverband, „Wichtiges Etappenziel bei der Korruptionsbekämpfung erreicht“, Statement vom 14.04.2016, abrufbar unter: https://www.gkv-spitzenverband.de/presse/pressemitteilungen_und_statements/pressemitteilung_369408.jsp, abgerufen am 04.10.2016 (zitiert: GKV-Spitzenverband, Statement vom 14.04.2016)

IKK e.V., Stellungnahme des IKK e.V. zu den Änderungsanträgen zur Korruptionsbekämpfung der Fraktionen der CDU/CSU und FDP sowie der Fraktion der SPD zum Entwurf eines Gesetzes zur Förderung der Prävention (Ausschussdrucksachen 17(14)0416 und 17(14)0420) vom 13.05.2013, abrufbar unter: https://www.ikkev.de/uploads/media/IKKev_Stellungnahme_Korruption_Anträge_CDUCSU_FDP_und_SPD.pdf, abgerufen am 29.11.2016 (zitiert: Stellungnahme des IKK e. V. vom 13.05.2013)

Kassenärztliche Bundesvereinigung, Richtig kooperieren – Mit Praxisbeispielen und Informationen zum Anti-Korruptionsgesetz, abrufbar unter: http://www.kbv.de/html/14349.php, abgerufen am 25.05.2017 (zitiert: Kassenärztliche Bundesvereinigung, Richtig kooperieren)

Ketterer Sandra, „Gekaufte Mediziner“, Das Parlament Nr. 14-15, 2012, Innenpolitik, abrufbar unter http://www.das-parlament.de/2012/14_15/Innenpolitik/38472700/318158, abgerufen am 10.10.2016 (zitiert: *Ketterer,* Das Parlament Nr. 14-15, 2012)

Kraft Oliver/Lange Julia, Gesetz zur Bekämpfung der Korruption im Gesundheitswesen - Was lange währt, wird doch strafbar, Legal Tribune Online, 09.05.2016, abrufbar unter: http://www.lto.de/recht/hintergruende/h/korruption-gesundheitswesen-gesetz-verabschiedet-neuerungen-aerzte-und-pharmaunternehmen/ abgerufen am 23.08.2016 (zitiert: *Kraft/Lange,* Legal Tribune Online, 09.05.2016)

Kubiciel, Michael, Schriftliche Fassung der Stellungnahme in der öffentlichen Anhörung vor dem Rechtsausschuss des Deutschen Bundestags am 2.12.2015 zum Regierungsentwurf eines Gesetzes zur Bekämpfung der Korruption im Gesundheitswesen – BT-Drs. 18/6446 (21.10.2015) -, abrufbar unter https://www.bundestag.de/blob/397590/60c0dc306c5668ef82833b159194eb58/kubiciel-data.pdf, abgerufen am 20.10.2018 (zitiert: *Kubiciel,* Stellungnahme vom 02.12.2015)

Neue Westfälische, „Ratiopharm-Skandal: Ärzte werden nicht bestraft“, vom 13.09.2009, abrufbar unter: http://www.nw.de/nachrichten/thema/ 3135367_Ratiopharm-Skandal-Aerzte-werden-nicht-bestraft.html, abgerufen am 10.10.2016 (zitiert: Neue Westfälische, „Ratiopharm-Skandal: Ärzte werden nicht bestraft“, 13.09.2009)

n-tv online, Richter können nichts machen, Ärzte-Bestechung ist völlig legal, 22.06.2012, abrufbar unter: http://www.n-tv.de/politik/Aerzte-Bestechung-ist-voellig-legal-article6562536.html, abgerufen am 09.08.2016 (zitiert: n-tv online, Ärzte-Bestechung ist völlig legal, 22.06.2012)

PONS, online-Wörterbuch, Latein – Deutsch: corrumpere, abrufbar unter: http://de.pons.com/%C3%BCbersetzung/latein-deutsch/corrumpere, abgerufen am 03.05.2015 (zitiert: PONS, online-Wörterbuch, Latein – Deutsch)

rp online, HNO-Ärzte in Bedrängnis, Korruption in der Hörgeräte-Branche, 08.01.2009, abrufbar unter: https://rp-online.de/wirtschaft/unternehmen/korruption-in-der-hoergeraete-branche_aid-12449397, abgerufen am 09.10.2018 (zitiert: rp online, „Korruption in der Hörgeräte-Branche“, 08.01.2009)

Schneider Hendrik, Rechtsgutachten zu dem „Entwurf eines Gesetzes zur Bekämpfung von Korruption im Gesundheitswesen“ des Bundesministeriums der Justiz und für Verbraucherschutz, abrufbar unter: http://docplayer.org/11963428-Rechtsgutachten-zu-dem-entwurf-eines-gesetzes-zur-bekaempfung-von-korruption-im-gesundheitswesen-des-bundesministeriums.html, abgerufen am 04.05.2016 (zitiert: *Schneider,* Rechtsgutachten)

Spiegel Online, Legale Korruption, 14.09.2009, abrufbar unter: http://www.spiegel.de/spiegel/print/d-66886614.html, abgerufen am 24.10.2018 (zitiert: Spiegel Online, „Legale Korruption“, 14.09.2009.

Spiegel Online, “Das erschüttert den Glauben an den Rechtsstaat“, 14.09.2009, abrufbar unter: http://www.spiegel.de/wirtschaft/service/ratiopharm-skandal-das-erschuettert-den-glauben-an-den-rechtsstaat-a-648892.html, abgerufen am 27.10.2018 (zitiert: Spiegel Online, „Das erschüttert den Glauben an den Rechtsstaat“, 14.09.2009)

Spiegel Online, Ärzte dürfen Geschenke von Pharmafirmen annehmen, 22.06.2012, abrufbar unter: http://www.spiegel.de/wissenschaft/medizin/bgh-aerzte-duerfen-geschenke-der-pharmaindustrie-annehmen-a-840406.html, abgerufen am 09.08.2016 (zitiert: Spiegel Online, „Ärzte dürfen Geschenke von Pharmafirmen annehmen“, 22.06.2012)

Statistisches Bundesamt, Gesundheitspersonal, abrufbar unter: https://www.destatis.de/DE/Themen/Gesellschaft-Umwelt/Gesundheit/Gesundheitspersonal/gesundheitspersonal.html, abgerufen am 20.06.2020 (zitiert: Statistisches Bundesamt, Gesundheitspersonal)

Statistisches Bundesamt, Pressemitteilung Nr. 164 vom 12.05.2020, „Gesundheitsausgaben im Jahr 2018 um 4% gestiegen“, abrufbar unter: https://www.destatis.de/DE/Presse/Pressemitteilungen/2020/05/PD20_164_23611.html#:~:text=Mit%20einem%20Ausgabenanteil%20von%2056,%C3%BCber%20denen%20des%20Jahres%202017., abgerufen am 20.06.2020 (zitiert: Statistisches Bundesamt, Pressemitteilung Nr. 164 vom 12.05.2020)

Statistisches Bundesamt/Robert Koch Institut, Gesundheitsausgaben in Deutschland in Mio. €. Gliederungsmerkmale: Jahre, Art der Einrichtung, Art der Leistung, Ausgabenträger, abrufbar unter: http://www.gbe-bund.de/oowa921-install/servlet/oowa/aw92/WS0100/_XWD_PROC?_XWD_306/3/XWD_CUBE.DRILL/_XWD_334/D.733/4433, abgerufen am 20.06.2020 (zitiert: Statistisches Bundesamt/Robert Koch Institut, Gesundheitsausgaben in Deutschland in Mio. €)

Süddeutsche Zeitung, Pharma-Millionen fließen vorerst weiter, 12.03.2016, abrufbar unter: https://www.sueddeutsche.de/gesundheit/geplantes-antikorruptionsgesetz-pharma-millionen-fliessen-vorerst-weiter-1.2904353, abgerufen am 03.02.2019 (zitiert: *Süddeutsche Zeitung*, „Pharma-Millionen fließen vorerst weiter“, 12.03.2016)

Süddeutsche Zeitung, „Kampf gegen korrupte Ärzte droht zu scheitern“, 08.04.2016, abrufbar unter: https://www.sueddeutsche.de/politik/anti-korruptionsgesetz-kampf-gegen-korrupte-aerzte-droht-zu-scheitern-1.2938715, abgerufen am

03.02.2019 (zitiert: Süddeutsche Zeitung, „Kampf gegen korrupte Ärzte droht zu scheitern“, 08.04.2016)

SWR, Weiße Kittel – dunkle Geschäfte, 21.01.2010, Odysso – Wissen entdecken, abrufbar unter: https://www.swr.de/-/id=5880580/property=download/nid=1046894/1aom1xg/Odysso_100121.pdf, abgerufen am 10.10.2018 (zitiert: SWR, „Weiße Kittel – dunkle Geschäfte“, 21.01.2010)

Transparency International - Deutsches Chapter e.V., Transparenzmängel im Gesundheitswesen, Ressourcenverschwendung, Missbrauch, Betrug – Einfallstore zur Korruption, abrufbar unter: https://www.transparency.de/fileadmin/pdfs/30.40.01StudieGes_4_00.pdf, abgerufen am 02.04.2015 (zitiert: Transparency International, Transparenzmängel im Gesundheitswesen)

Transparency International, Transparenzmängel, Korruption und Betrug im deutschen Gesundheitswesen - Kontrolle und Prävention als gesellschaftliche Aufgabe, Grundsatzpapier, Stand Juni 2008, 5. Auflage, abrufbar unter: https://www.transparency.de/fileadmin/pdfs/Themen/Gesundheitspapier_Stand_2008_Auflage_5_08-08-18.pdf, abgerufen am 02.04.2015 (zitiert: Transparency International, Transparenzmängel, Korruption und Betrug im deutschen Gesundheitswesen)

Transparency International, Positionspapier zu Anwendungsbeobachtungen vom 03.11.2010, abrufbar unter http://transparency.de/fileadmin/pdfs/Themen/Gesundheitswesen/Positionspapier_Anwendungsbeobachtungen_10-11-03.pdf, abgerufen am 22.09.2016 (zitiert: Transparency International, Positionspapier Anwendungsbeobachtungen vom 03.11.2010)

Transparency International, Transparency legt eigenen Vorschlag zur strafrechtlichen Sanktionierung von niedergelassenen Vertragsärzten vor, Pressemitteilung vom 04.04.2013, abrufbar unter: https://www.transparency.de/2013-04-04-Vertragsaerzte-sank.2266.0.html, abgerufen am 23.08.2016 (zitiert: Transparency International, Pressemitteilung vom 04.04.2013)

Vdek, Daten zum Gesundheitswesen: Versicherte, Krankenversicherungsschutz der Bevölkerung in Prozent und Millionen 2018, abrufbar unter: https://www.vdek.com/presse/daten/b_versicherte.html, abgerufen am 20.06.2020 (zitiert: *Vdek*, Daten zum Gesundheitswesen: Versicherte)

Vereinte Nationen, United Nations handbook on practical anti-corruption measures for prosecutors and investigators, Vienna September 2014, abrufbar unter: https://www.unodc.org/pdf/crime/corruption/Handbook.pdf, abgerufen am 07.07.2017 (zitiert: Vereinte Nationen, 2014)

Weltärztebund, Deklaration von Genf in der Fassung von Mai 2006, abrufbar unter:http://www.bundesaerztekammer.de/fileadmin/user_upload/downloads/Genf.pdf, abgerufen am 18.06.2016 (zitiert: Weltärztebund, Deklaration von Genf in der Fassung von 2006)

Windt Roland/Boeschen Daniela/Glaeske Gerd, Innovationsreport 2014 – Wissenschaftliche Studie zur Versorgung mit innovativen Arzneimitteln – Eine Analyse von Evidenz und Effizienz, Zentrum für Sozialpolitik – Universität Bremen, abrufbar unter: https://www.tk.de/centaurus/servlet/contentblob/641170/Datei/121104/Innovations-report_2014_Langfassung.pdf, abgerufen am 01.11.2016 (zitiert: *Windt/Boeschen/Glaeske*)

World Bank, Poverty Reduction and Economic Management, Helping countries combat Corruption, The Role of the World Bank, September 1997, abrufbar unter: http://www1.worldbank.org/publicsector/anticorrupt/corruptn/corrptn.pdf, abgerufen am 07.07.2017, (zitiert: The World Bank, 1997)

www.ingramcontent.com/pod-product-compliance
Ingram Content Group UK Ltd.
Pitfield, Milton Keynes, MK11 3LW, UK
UKHW021130041026
8980IPUK00034B/1445

9 783631 864203